Civilización y cultura de España

QUINTA EDICIÓN

Vicente Cantarino

The Ohio State University

UPPER SADDLE RIVER, NEW JERSEY 07458

Library of Congress Cataloging-in-Publication Data
Cantarino, Vicente
    Civilización y cultura de España/Vicente Cantarino.—5. ed.
        p. cm.
    ISBN 0-13-194638-2 (alk. paper)
    1. Spain—Civilization. I. Title.
    DP48.C235 2005
946—dc22   2005018390

Executive Editor: *Bob Hemmer*
Sponsoring Editor, Spanish: *María F. García*
Editorial Assistant: *Debbie King*
Executive Director of Market Development:
    Kristine Suárez
Director of Editorial Development: *Julia Caballero*
Production Supervision: *Nancy Stevenson*
Full-Service Project Management: *Katie Ostler*
    and Sue Katkus, Schawk, Inc.
Assistant Director of Production: *Mary Rottino*
Supplements Editor: *Meriel Martínez Moctezuma*
Media Editor: *Samantha Alducin*
Media Production Manager: *Roberto Fernandez*
Prepress and Manufacturing Buyer: *Brian Mackey*

Prepress and Manufacturing Assistant Manager:
    Nick Sklitsis
Interior Design: *Van Mua, Schawk, Inc.*
Cover Art Director: *Jayne Conte*
Director, Image Resource Center: *Melinda Reo*
Interior Image Specialist: *Beth Boyd Brenzel*
Manager, Rights & Permissions IRC: *Zina Arabia*
Photo Research: *Jerry Marshall*
Senior Marketing Manager: *Jacquelyn Zautner*
Marketing Assistant: *Bill Bliss*
Publishing Coordinator: *Claudia Fernandes*
Publisher: *Phil Miller*
Cover images: *Courtesy of Vicente Cantarino*

This book was set in 10/12 New Baskerville by Schawk, Inc., and was printed and bound by Courier Stoughton. The cover was printed by Courier Stoughton. Photo acknowledgments appear on page xii, which constitutes a continuation of the copyright page.

Pearson Education LTD., London
Pearson Education Australia PTY, Limited, Sydney
Pearson Education Singapore, Pte. Ltd
Pearson Education North Asia Ltd, Hong Kong
Pearson Education Canada, Ltd., Toronto

Pearson Educación de México, S.A. de C.V.
Pearson Education-Japan, Tokyo
Pearson Education Malaysia, Pte. Ltd
Pearson Education, Upper Saddle River, New Jersey

10 9 8 7 6 5 4
ISBN: 0-13-194638-2

Índice

CAPÍTULO 3

CAPÍTULO 4

CAPÍTULO 5

CAPÍTULO 9

CAPÍTULO 10

CAPÍTULO 11

La vida cultural durante el siglo XIX 286

CAPÍTULO 16

España en la actualidad: El reinado de Juan Carlos I **424**

PREFACE

Since *Civilización y cultura de España* was first published, it has been revised and updated on several occasions to include the most important events that have taken place since its publication, and also to offer a better view of those events whose chronological immediacy had not yet allowed any historical perspective. With the *Fifth Edition*, a fundamental aim has been to further clarify historical and cultural points and to include reference to developments and trends that have surfaced in the cultural life of Spain during the last few years.

The *Fifth Edition* offers an important improvement that we hope will be as welcome as we believe it to be innovative.

The Companion Website, accessed at **www.prenhall.com/cantarino** provides readers with additional resources, including summary outlines of each chapter, web links for further research and discussion, and an online version of the end-of-chapter comprehension questions. Readers can also link to the robust author website to find additional support materials such as a large number of quizzes and tests for both teacher and student that provide programmed instant electronic feedback and evaluation.

Although contemporary history and culture remain of paramount importance in the text, I have not undervalued or excessively reduced the presentation of those past events and accomplishments that have earned Spain an important place in the community of nations.

The very favorable reception the text has enjoyed since its publication has convinced me that its fundamental approach was not only justified on academic grounds, but also welcomed by students of Spanish culture. Thus the *Fifth Edition* remains as it was originally conceived as an **interpretative history**. It not only presents the basic political, social, economic, religious, and cultural data that constitute the structure of Spanish history, but it also singles out and explains those elements that have been decisive in forging the cultural identity of Spain.

Although I have my own opinions on most of the topics discussed, I avoid judging ideas and events from a partisan or personal point of view. Whenever a judgment is necessary for a better presentation of the subject matter, it is not my own personal opinion that has been expressed in the text, but that of Spanish authors, present or past, since, in my mind, in order to understand other individuals or societies, we must recognize their motivations. And even though I often refer to results or consequences of historical events and actions, I purposely try to abstain in all cases from making the final critical judgment.

This *Fifth Edition* also retains its **comparative approach**. It is obvious that Spain's greatest achievements and failures cannot be effectively discussed and taught if they are presented as isolated historical phenomena having a merely linear projection from their Spanish past to their future. Thus, besides this **vertical line** that stretches from yesterday to tomorrow, I also show the **horizontal line** of history that connects Spanish events with those of other nations of the European community with which Spain was in close contact.

Such an approach to Spanish civilization can be, I believe, justified on several grounds:

1. A nation's cultural life does not consist of a series of events, all equally important, connected only by chronological sequence. Although we may speak, as we often do, of a chain of events, the history of a nation is more like a biography of a person, whose life is shaped by all his or her experiences, not all of which have the same relevance.

2. There is really no such thing as a Spanish civilization, independent from and unrelated to, that of the rest of Europe. There is indeed a Spanish version of a culture

and a civilization fundamentally common to all members of the so-called Western Civilization, although their particular development in Spain might, and in fact often does, differ from that in others.

3. From a more practical point of view, presentation of the subject matter along these lines will provide students with a more complete comprehension of Spanish civilization and offer them points of reference that will help them to understand better not only Spanish cultural history but also all cultural history.

Throughout the text, the dates following important names in the sciences, letters, and arts refer to their birth and death dates. For rulers, kings, and popes, however, the dates given indicate the length of their reign.

In writing this edition I have kept in mind the linguistic ability of the book's prospective readers. Thus, though the text preserves the linguistic fluidity characteristic of the Spanish language, it uses a simpler vocabulary and straightforward manner of expression. A vocabulary and an index are provided to make the student's task easier.

As with previous editions, the *Fifth Edition* can be used for a semester course. Yet it does not offer the minimum the student must know at a given level, but rather sufficient material from which both, teachers and students, can choose for a variety of interests and levels of learning. Thus, the student more pressed for time, or the teacher who may prefer to discuss specific themes more fully, will find that the text lends itself to be used for specific subjects, whether political, social, or cultural, because each section is self-contained.

As with previous editions, more so with this one, I must express deeply felt thanks to my students at the University of Texas at Austin and The Ohio State University, who, with their intellectual awareness and interest for Spain, were a driving force behind this effort.

VICENTE CANTARINO
The Ohio State University

CRÉDITOS

Photos by Vincent Cantarino unless otherwise noted.

202 (left) Scala/Art Resource, N.Y.; **202 (right)** Scala/Art Resource, N.Y.; **219 (left)** Scala/Art Resource, N.Y.; **219 (bottom)** Scala/Art Resource, N.Y.; **220 (top left)** Art Resource, N.Y.; **220 (top right)** Diego Velazquez de Silva, "Les Meninas" (with Velazquez' self-portrait) or "The Family of Philip IV," 1665. Oil on Canvas, 138 x 276 cm. Museo del Prado, Madrid, Spain. Copyright Erich Lessing/Art Resource, N.Y.; **221 (left)** Murillo, Bartolomeo Esteban. (1618–1682) Children Eating Sweets. Copyright Scala/Art Resource, NY. Alte Pinakothek, Munich Germany; **221 (right)** Neil Lukas © Dorling Kindersley, Courtesy of the Museo de Bellas Artes, Seville; **255** Scala/Art Resource, N.Y.; **256 (left)** Museo del Prado, Madrid, Spain/SuperStock, Inc.; **256 (right)** Scala/Art Resource, NY. Museo del Prado, Madrid, Spain; **257** © Bettman/CORBIS; **364** Francisco Santiago Barbara Photographer; **365** Pablo Gargallo, El Profeta, Hirshhorn Museum and Sculpture Garden/Smithsonian Institution Washington, DC; **366 (left)** Mateo Inurria (1877–1924) La Forma Museo Nacional Centro de Arte Reina Sofia Madrid, Spain; **366 (right)** Jose Maria Clará, Diosa, Artists Rights Society (ARS), photo by Vincent Cantarino; **369** Pablo Picasso 1881–1973, Portrait of Fernade Olivier 1909, Oil on canvas 65 x 54.5 cm/2005 Estate of Pablo Picasso/Artists Rights Society (ARS) New York/Artothek; **370 (top)** Picasso, Pablo (1881–1973) Monument at the Civic Center in Chicago © Artists Rights Society, NY Art Resource, N.Y.; **370 (bottom)** UNESCO/United Nations Educationa., Scientific and Cultural Organization; **371** Salvador Dali (1904–1989) The Enigma of Desire - My Mother, My Mother, Artists Rights Society (ARS), New York, SuperStock, Inc.; **415** Fundacion Juan March

INTRODUCCIÓN

En esta introducción se ofrece una descripción de las diversas regiones geográficas de la Península con referencia a su economía y costumbres. La naturaleza de su diversidad y la importancia que los pueblos peninsulares han recibido desde los primeros siglos de la historia justifican su incorporación a cualquier estudio de España y de los españoles.

La descripción de España por regiones naturales se aproxima bastante a las divisiones administrativas modernas de autonomías y provincias. Éstas, aunque en última instancia basadas en razones geográficas naturales, responden en muchos casos a procesos históricos y a razones políticas y económicas.

LA PENÍNSULA

La Península Ibérica está situada en el extremo suroeste del continente europeo. Tiene una extensión de 583.500 km^2 (225.290 millas cuadradas), de los cuales 492.247 km^2 (190.060 millas cuadradas), o sea un 84%, corresponden a España y el resto a Portugal. Son parte integrante del territorio español las Islas Baleares en el mar Mediterráneo y las Islas Canarias en el océano Atlántico. España es uno de los países de Europa occidental de mayor extensión. Sólo Francia, con 547.030 km^2, es mayor; Alemania tiene hoy, tras su reunificación, una extensión de 356.910 km^2, e Italia 301.230 km^2.

El número de sus habitantes se estima en la actualidad en poco más de 40 millones y su distribución muestra unas peculiaridades dignas de mención. Comparada con otras naciones europeas, España ofrece la mayor concentración urbana de todo el continente europeo, con marcada aglomeración en zonas o centros muy determinados. Mientras algunas regiones, como Extremadura y partes de la Meseta Central, mantienen una población muy reducida, otras, como la región catalana y la valenciana, tienen una gran densidad de población. En los centros metropolitanos de

Mapa de España

Madrid y Barcelona se aglomeran unos diez millones de personas, es decir, casi el 25% de la población total.

GEOGRAFÍA FÍSICA DE LA PENÍNSULA

Cordilleras y montañas

El territorio español, con una línea costera de casi 5.000 kilómetros de longitud, tiene como fronteras naturales: al norte el mar Cantábrico y los montes Pirineos, que lo separan de Francia: al sur el océano Atlántico y al este el mar Mediterráneo. Sólo al oeste, la frontera Portugal, está determinada por límites arbitrarios de origen político, que se remontan a la Edad Media.

Desde el punto de vista de su verticalidad, no hay territorio europeo, excepto Suiza, tan montañoso y elevado como el español. Una sexta parte del suelo español (unos 100.000 km^2) tiene una elevación de más de mil metros, y más de la mitad se halla situada entre 500 y 1.000 metros de altura sobre el nivel del mar. Madrid, por ejemplo, es la capital más elevada de Europa. También sus montañas son de las más elevadas, sobre todo en el norte y en el sur, donde los picos alcanzan alturas superiores a los 3.400 metros (más de 11.000 pies). En todas las cadenas de las montañas predomina la dirección este a oeste, con excepción de una, la cordillera Ibérica, que se extiende desde el noreste hacia el sur.

El centro de la Península en su totalidad forma una elevada meseta inclinada suavemente hacia el Atlántico y rodeada casi toda ella por una franja litoral relativamente estrecha, delimitada hacia el interior por estribaciones de montañas de altura muy variada.

El extremo norte de la Península está marcado por una cadena continua de montañas que va desde el mar Mediterráneo hasta el océano Atlántico. En su primera parte sirve de frontera entre España y Francia y recibe el nombre de Montes Pirineos o Sistema Pirenaico. Éstos continúan con el nombre de Sistema Cantábrico o Montes Cantábricos, porque se extienden hacia el oeste paralelamente al mar del mismo nombre. Los Montes Cantábricos se abren en el extremo occidental de la Península en un extenso sistema llamado Macizo Galaico porque cubre la región de Galicia.

En el centro de la Península, dividiendo la Meseta Central, se encuentra el llamado Sistema Central, que sigue una dirección este hacia el suroeste, dividiendo la Meseta en dos partes, la Submeseta del Norte y la Submeseta del Sur. Las montañas más importantes y elevadas forman la Sierra del Guadarrama con picos que sobrepasan los 2.500 metros de altura y continúan en la Sierra de Gredos y la de Gata, ya casi en Portugal.

Más al sur, dividiendo la Submeseta del Sur, se encuentran los Montes de Toledo, sistema de menor longitud y altura. Y todavía más al sur, cerrando la Meseta Central, se encuentra el Sistema Bético, un elevado sistema que sirve de línea divisoria entre la Meseta y Andalucía. Sus puntos más importantes son los de la escabrosa Sierra Morena, cuyo paso más famoso es el desfiladero de Despeñaperros.

Al sur de la Península y marcando la línea desde El Estrecho de Gibraltar y la Sierra de Ronda hasta el Mediterráneo, se encuentra el Sistema Penibético. Sus montañas más importantes forman Sierra Nevada cuyos picos, junto con los de los Pirineos, son los más elevados de España (Mulhacén, 3.478 metros, 11.292 pies de altura).

En la zona este de la Península y desprendiéndose de los Montes Cantábricos se extiende el Sistema Ibérico, que llega hasta el mar Mediterráneo, delimitando por el interior la zona costera de Levante. Este sistema es el único en la Península que sigue la dirección norte hacia el sureste creando con los Pirineos una depresión triangular que se abre al Mediterráneo.

Ríos de la Península

El conjunto de montañas que cruza la Península crea un sistema hidrográfico muy definido. En la zona norte, el Sistema Cantábrico da lugar a ríos de corto cauce que desembocan en el Mar Cantábrico. Sólo en la parte oeste, en Galicia, el río Miño es de notable longitud y su corriente se dirige en dirección suroeste, desembocando en el Océano Atlántico.

En la Submeseta del Norte, en la Meseta Central, numerosos ríos, Esla, Pisuerga Tormes, Adaja, van incrementando el caudal del Duero, el río más representativo de esta zona. La Submeseta del Sur está regada por dos ríos, el Tajo, con sus afluentes Jarama y Alagón al norte de los Montes de Toledo, y el Guadiana en la depresión que se forma entre estos montes y el Sistema Bético.

En la región andaluza, los Sistemas Bético, al norte, y Penibético, al sur, unidos en su parte oriental, se abren en un amplio valle regado por el río Guadalquivir y sus afluentes, de los que el más importante es el Genil.

En el Levante peninsular, en la depresión triangular que forma el Sistema Pirenaico desde su conjunción con los Montes Ibéricos abriéndose hacia el este, fluye el río Ebro, que con sus fuentes en los Montes Cantábricos se extiende hasta desembocar en el mar Mediterráneo.

En esta zona, y naciendo en los Montes Ibéricos, se encuentran dos ríos: el Turia o Guadalaviar, cuyo caudal se desvía casi en su totalidad para regar las huertas de la zona valenciana; y el río Segura, más al sur, que riega las tierras de Murcia, pero que tiene carácter torrencial de muy variable caudal.

La condición física de la Península determina su situación hidrográfica, que queda dividida en dos zonas: la España húmeda y la seca. La primera se extiende desde el extremo norte hasta la mitad de la Meseta Norte, con su parte septentrional, cantábrica y pirenaica alcanzando un nivel medio de lluvias de unos 800 milímetros anuales (32 pulgadas), mientras Santiago en Galicia y San Sebastián en el País Vasco registran los mayores niveles con una media anual de unos 1.543 milímetros (60 pulgadas). La España seca, con excepción de numerosos puntos favorecidos por las montañas, la cantidad de lluvia decrece hacia el sur, llegando a zonas en el sureste que no reciben ninguna por más de cinco meses al año.

GEOGRAFÍA POLÍTICA

Provincias y regiones

Provincia es la división impuesta por la autoridad a un territorio para facilitar su administración y gobierno. Aunque generalmente sus límites son artificiales, éstos no llegan a ser arbitrarios, ya que suelen basarse en alguna característica común de sus habitantes que puede ser lingüística, económica o simplemente geográfica.

Históricamente las provincias en España fueron creadas por los romanos con el propósito de organizar los territorios peninsulares conquistados. El nombre de provincia se deriva del latín *provincere*, en su significado de provincere, es decir la autoridad concedida a los magistrados para vencer la resistencia de la población nativa ante el avance romano. Sólo más tarde se aplicó al territorio sometido a ese poder.

Inicialmente, la organización administrativa romana creó sólo dos provincias en la Península: la Hispania Citerior (más cerca) y la Hispania Ulterior (más lejana). Más tarde fueron tres: Tarraconense, Lusitania y Bética.

Aún cuando en los siglos siguientes las provincias romanas sufrieron alteraciones, influyeron durante la Edad Media en la formación de los reinos cristianos de Asturias, Galicia, León, Castilla, Aragón, y de los reinos árabes en Al-Andalus: Valencia y Badajoz (Extremadura).

El reconocimiento de las regiones históricas se mantuvo con mayor o menor vigencia hasta el siglo XVII, cuando la Casa Real de Borbón introdujo la centralización administrativa tradicional en Francia. Aunque la referencia a las regiones nunca dejará de usarse, su realidad política cambió al darse una mayor importancia a la dependencia directa de la capital y al eliminarse la distinción de derechos y leyes regionales.

A principios del siglo XIX se reconocían 18 regiones, de ellas 14 se denominaban reinos: Castilla la Nueva, Castilla la Vieja, Extremadura, León, Galicia, Navarra, Aragón, Valencia, Murcia, Granada, Sevilla, Jaén, Córdoba y Mallorca. Algunas de estas regiones habían sido reinos medievales, cristianos o musulmanes. Se reconocían además dos principados: Asturias y Cataluña, un señorío: Vizcaya, y las Islas Baleares y las Islas Canarias.

El concepto moderno de provincia surgió en 1812, y se estabilizó en 1833 con el número de 49 en la Península, las Islas Baleares y las Islas Canarias. Estas últimas se dividieron en dos provincias en 1927 debido a la rivalidad existente entre Santa Cruz de Tenerife y Las Palmas. Generalmente las provincias llevan el nombre de su ciudad más importante que es su capital.

La organización en provincias no eliminó totalmente la designación de regiones, aunque la administración se mantuvo con una dependencia centralizada.

España está dividida en 50 provincias, 47 peninsulares y 3 insulares, agrupadas en 15 regiones. Los orígenes de estas regiones son varios; mientras algunas son naturales y reflejan la geografía del país o responden a divisiones administrativas introducidas por los romanos hace unos dos mil años, otras son de origen más reciente, y otras se deben a la configuración política que España fue adoptando desde la Edad Media.

Las provincias llevan generalmente el nombre de su ciudad más importante, que es también su capital. Las regiones, sin embargo, por el hecho de no ser divisiones administrativas, no tenían capital propiamente hablando, aunque, con frecuencia, por razones económicas, culturales o históricas, tendían a agruparse en torno a una o más ciudades, que así llegaban a ser el centro de la región, como por ejemplo Barcelona en Cataluña, Zaragoza en Aragón y Burgos en Castilla.

Regiones autónomas

Desde la entrada en vigor de la Constitución de 1978, la centralización administrativa de la nación, vigente durante siglos, ha sido sustituida por un sistema *federativo* de regiones, países o comunidades, que gozan de una autonomía administrativa más o menos completa. Esta división responde, con relativamente pocos aunque importantes cambios, a la antigua división de reinos y regiones. La división en comunidades autónomas tiene una particular importancia ya que al estar, en algunos casos, basada sobre las características lingüísticas, culturales o simplemente históricas de los varios grupos, tiende a subrayar las diferencias existentes entre ellos.

De éstos, el grupo catalán y el vasco son sin duda los que manifiestan peculiaridades más marcadas. Otros grupos, como el valenciano y el gallego, aunque en grado menor, encuentran también su justificación en aspectos lingüísticos e históricos. Otros, en cambio, apenas las tienen, como la división Castilla-León, que agrupa dos regiones tradicionales y reinos medievales distintos; y Castilla-La Mancha, que une la parte meridional de Castilla la Nueva con La Mancha, que es estrictamente una región geográfica. La Comunidad de Madrid responde a una división puramente administrativa y política.

La división en provincias nunca eliminó su agrupación tradicional en regiones autónomas. Tampoco la división en regiones ha eliminado las provincias, ni su importancia administrativa.

El mapa político-administrativo de España, con sus divisiones autonómicas y provincias, tiene hoy el carácter siguiente:

ANDALUCÍA—ocho provincias: Málaga, Jaén, Córdoba, Sevilla, Huelva, Cádiz, Granada y Almería.

Mapa de las regiones autónomas

ARAGÓN—tres provincias: Huesca, Teruel y Zaragoza.

ASTURIAS—una sola provincia, con su capital en Oviedo.

BALEARES—una provincia, con su capital en Palma de Mallorca.

CANARIAS—dos provincias: Las Palmas y Santa Cruz de Tenerife.

CANTABRIA—una provincia, con su capital en Santander.

CASTILLA-LA MANCHA—cinco provincias: Albacete, Ciudad Real, Cuenca, Guadalajara y Toledo.

CASTILLA-LEÓN—nueve provincias: Ávila, Burgos, León, Palencia, Salamanca, Segovia, Soria, Valladolid y Zamora.

CATALUÑA—cuatro provincias: Barcelona, Tarragona, Lérida y Gerona.

COMUNIDAD DE MADRID—una provincia con su capital en Madrid.

COMUNIDAD VALENCIANA—tres provincias: Valencia, Alicante y Castellón de la Plana.

EXTREMADURA—dos provincias: Cáceres y Badajoz.

GALICIA—cuatro provincias: La Coruña, Lugo, Orense y Pontevedra.

MURCIA—una provincia, con su capital en Murcia.

NAVARRA—una provincia, con su capital en Pamplona.

PAÍS VASCO—tres provincias: Álava, Guipúzcoa y Vizcaya.

LA RIOJA—una provincia, con su capital en Logroño.

Las lenguas

El mapa lingüístico de la Península es muy variado y no ofrece la unidad que se pudiera esperar de un país relativamente aislado y situado como al margen de constantes influencias de otros pueblos, por ejemplo, del centro de Europa. Sin embargo su variada configuración geográfica y su larga historia han hecho que la población peninsular tenga una variedad de idiomas propios. Unos, como el vasco, tienen una historia muy larga, otros han ido evolucionando de orígenes comunes, a lo largo de su historia.

En el norte de la Península, en la región vasconavarra, se habla el vasco, idioma totalmente distinto de los demás, cuyo origen y relación con otras lenguas no ha podido ser determinado hasta el presente. Es, según se cree, uno de los más antiguos del continente europeo y probablemente derivado directamente del utilizado por los habitantes primitivos de la Península Ibérica.

El resto de la Península es, lingüísticamente, un país latino. Es decir, a lo largo de su historia, desde su ocupación por Roma, los varios grupos de la población primitiva fueron abandonando sus idiomas propios, para adoptar, en cambio, el latín introducido por los conquistadores romanos, hace ya más de dos mil años.

Bajo la influencia de las peculiaridades étnicas y lingüísticas de los pueblos sometidos al Imperio romano, el latín hablado fue transformándose hasta convertirse en las varias lenguas llamadas latinas, como el francés, el italiano, el rumano y las lenguas peninsulares. Estas, además de la variedad lingüística causada por razones de tipo étnico, presentan también un reparto geográfico que responde a la historia de la Península, concretamente a los años decisivos de las luchas de Reconquista contra los árabes (900–1200) que fueron también los años decisivos en su formación. Así, por ejemplo, el grupo lingüístico central, originariamente hablado en Castilla la Vieja, de la que recibe su nombre, se extiende por toda la Meseta, León, Extremadura, Andalucía, Murcia, Aragón y las Islas Canarias. Más tarde, a causa de la hegemonía castellana en la vida política y cultural de España, el castellano llegó a ser idioma oficial de la nación y recibir el nombre de español con que generalmente se le conoce. Además del castellano, se habla, en el oeste peninsular, en Galicia, el gallego, y, hacia el sur, el portugués, que es el idioma oficial de Portugal; y en las zonas orientales el catalán, el valenciano y el mallorquín.

A pesar de la gran preponderancia cultural, económica y política del castellano, casi un 26% de la población de España considera otro como su idioma propio. Entre éstos el catalán por su mayor número, un 17%, y su importancia cultural y económica, es sin duda el de mayor importancia. Se considera que hablan gallego un 7% y vasco un 2% de la población. Sin embargo el porcentaje de la población que usa las lenguas es muy variado en las diferentes regiones. También varía mucho su uso público y el familiar. De todos se puede afirmar que la tendencia de los siglos pasados, hacia una unificación lingüística en torno al castellano, ha desaparecido en los últimos años, y al proceso de "castellanización" ha sucedido un mayor interés en el cultivo de las lenguas peculiares en cada región.

REGIONES GEOGRÁFICAS DE ESPAÑA

La zona cantábrica

En el norte, la cordillera Cántabro-Pirenaica se extiende a lo largo de toda la Península. Su tramo oriental, que recibe el nombre de montes Pirineos, forma con sus elevadas montañas una barrera de separación entre España y Francia que sólo permite el cruce por contados pasos.

Su continuación, los montes Cantábricos, forman en la vertiente norte una estrecha faja litoral en la que las nubes condensadas en torno a los altos picos de las montañas ocasionan frecuentes lluvias. Sus numerosos ríos, Bidasoa en la frontera con Francia, Nervión, Deva, Nalón y el Ebro, entre otros, muchas veces torrenciales, tienen un curso muy corto y llegan en rápida pendiente al mar, donde desembocan en una costa rocosa y maciza en la zona cantábrica, o sinuosa y quebrada por hermosas rías en la gallega. De un clima húmedo y templado, con inviernos suaves y veranos frescos, toda la zona está cubierta de prados de gran fertilidad cuyo color verde claro contrasta con los tonos oscuros de los bosques de pinos, robles, chopos, olmos, castaños y hayas que cubren sus montes.

Los recursos naturales de esta zona son múltiples, aunque sobresalen la pesca, la ganadería y la explotación minera del hierro y del carbón, ambos muy abundantes en su subsuelo. Este tipo de riqueza ha contribuido a que esta zona tuviera

Figura I.1 Costa de Mundaka, Vitoria

siempre en la vida española una importancia mucho mayor de lo que su superficie relativa le pudiera dar. A esta región pertenecen el País Vasco, Asturias, y en el extremo oeste, Galicia.

La región vasca

La región geográfica vasca (Fig. I.1) no coincide necesariamente con su división administrativa. La zona geográfica comprende algo más de territorio al oeste pero menos hacia el sur, ya que hay tierras alavesas en su geografía que son puramente riojanas. Sus ciudades más importantes son San Sebastián y Bilbao, en la costa, y Vitoria hacia el sur.

En toda la región los cielos están cubiertos frecuentemente por nubes bajas y neblinosas, con un clima marítimo templado y suave, pero lluvioso. Su vegetación es variada y rica en arbolados: robles, hayas, castaños, abedules, fresnos, acebos y brezos. En los campos de sus numerosos valles se cultivan abundantemente las legumbres, verduras y hortalizas, además de numerosos y afamados frutales.

La región vasca constituye también uno de los centros fundamentales de la economía española, ya que a la agricultura y ganadería típicas del clima húmedo, y a la tradicional dedicación pesquera, se une una fortísima industrialización química, del hierro, portuaria y mecánica, que tiene especial importancia en las provincias de Vizcaya y Guipúzcoa.

La región asturiana

La región asturiana (Fig. I.2) es en realidad una continuación de la zona vasca. Es un país de montañas plegado en sierras y cordales, con valles angostos y profundos

Figura I.2 Pirineos cantábricos, Oviedo

como tajados por sus ríos y torrentes. Sus ríos de corto trayecto se inclinan rápidamente hacia el Cantábrico. Las ciudades más importantes de la zona son Oviedo, capital de Asturias y Santander, capital de Cantabria, pero que por mucho tiempo fue incluida administrativamente en Castilla la Vieja. Sus habitantes se concentran en el litoral y en las cuencas interiores, donde los poblamientos dispersos en viviendas aisladas y en pequeñas aldeas, alternan con los grandes núcleos de población.

La agricultura y la ganadería en el interior, y la pesca en la zona costera, que durante siglos fueron las actividades tradicionales, han sido ampliamente superadas por la minería y la industria, que han hecho de la región uno de los principales núcleos económicos de España. Finalmente, el turismo veraniego proporciona otra sustanciosa fuente de ingresos a la región, adquiriendo especial importancia las playas de Santander, cuya importancia se ha mantenido desde el siglo XIX.

La región gallega   *Norte de Portugal*

Administrativamente, la región gallega (Fig. I.3) comprende las provincias de La Coruña, Lugo, Orense y Pontevedra. Sus ciudades más importantes son La Coruña, Lugo, Orense, Pontevedra y Santiago de Compostela, que ha sido siempre el corazón de la región.

Geográficamente se puede considerar Galicia como parte del norte de Portugal, cuyas características comparte. Consiste de un macizo de terrenos arcaicos, sometidos por millares de años a continuadas erosiones, que han dado como resultado una línea costal muy accidentada que toma la forma de grandes y hermosas rías que han sido comparadas con los fiordos noruegos.

Figura I.3 Santiago de Compostela

Su clima es marítimo y el más lluvioso de España, y su temperatura, semejante a la del litoral cantábrico. Esta región posee el máximo de nubosidad y lluvia de la Península, contando con un promedio de más de 300 días de lluvia al año, que en su mayoría toma la forma de una llovizna suave pero continua, el *chirimiri*.

La vegetación es la propia de las zonas húmedas centroeuropeas y está caracterizada por sus arbolados de haya, pino, roble, castaño, cornizo, arce, tilo y acebo. Existe en la región una extensa zona vitícola que da como resultado varios y apreciados vinos. Sus praderas son extensas y fructíferas. Ello da lugar a que Galicia pueda ser considerada como una de las más ricas regiones ganaderas de España.

La población se encuentra dispersa en pequeñas aldeas, dedicada en su mayor parte a la agricultura y a la ganadería. El régimen de propiedad agrícola esta dominado por el minifundio, en el cual la fragmentación de la tierra alcanza grandes proporciones. La urbanización es todavía reducida, si bien Galicia no queda excluida del fenómeno general de emigración del campo a la ciudad. Los núcleos urbanos se desarrollan con mayor intensidad en torno a focos industriales que de manera incipiente comienzan a ser instalados en la zona costera

La economía tiene su base en la agricultura y en la ganadería, cuya explotación se hace conjuntamente, en especial la del ganado vacuno. En el litoral es de vital importancia la actividad pesquera con sus derivados, que incluye desde la sardina hasta los mariscos más variados. Recientemente se ha iniciado el proceso de industrialización, todavía muy reducido, y cuyos focos principales se encuentran en las provincias de La Coruña y Pontevedra, sobre todo en las ciudades de La Coruña, Ferrol y Vigo.

La Meseta Central

La zona geográfica más característica de España está constituida por la Meseta Central, que abarca casi toda la parte interior de la Península y ocupa más de una tercera parte de la superficie total del país. Llega, por el norte, hasta los montes Cantábricos, y por el sur hasta el imponente conjunto de Sierra Morena, límite norte de Andalucía. La Meseta Central queda dividida, aproximadamente en su punto medio, por el llamado Sistema Central, un conjunto de elevadas montañas y sierras que se extiende desde los Montes Ibéricos, en el este, entre las provincias de Soria y Guadalajara, y sigue en dirección suroeste llegando, entre Salamanca y Cáceres, hasta Portugal. Sus puntos más importantes son la Sierra del Guadarrama al norte de Madrid, y su continuación, la Sierra de Gredos, entre Ávila (Fig. I.4) y Toledo.

Submeseta Norte

La parte septentrional de la meseta, Submeseta Norte, incluye las regiones geográficas de León y Castilla la Vieja, que forman un grupo de gran uniformidad climática y humana a pesar de sus notables peculiaridades. Consiste, en su mayor parte, de tierras uniformes y rocosas, cuya altitud oscila entre los 680 y los 920 metros (entre 2.230 y 3.018 pies) de altura sobre el nivel del mar. Toda ella está cruzada de este a oeste por el río Duero, de 937 kilómetros de longitud, que recoge con sus varios afluentes todas las aguas de la meseta septentrional antes de desembocar en el Atlántico por la ciudad portuguesa de Oporto.

El clima es continental extremado, con inviernos largos y fríos y veranos calurosos pero cortos. Sus pocas y escasas lluvias permiten solamente una vegetación pobre y esteparia, con muy pocas arboledas. El principal medio de vida de

Figura I.4 Vista de Ávila

su población, la menos densa de toda la Península, es la agricultura, sobre todo el cultivo de cereales, aunque junto a los ríos el regadío hace posible también el cultivo de legumbres y frutas. Tiene también extensos viñedos que producen una importante industria vinícola, siendo los más importantes los de Toro y de Rueda (Valladolid).

La población se concentra en núcleos rurales, si bien su tendencia hacia la emigración se hace claramente patente, de tal modo que la densidad demográfica es bastante reducida. Las ciudades leonesas y castellanas más importantes, León, Zamora, Salamanca, Valladolid y Burgos, tienen una larga historia y mantienen todavía el prestigio de haber sido en ellas donde se llegó a formar España como nación.

Submeseta Sur

La zona meridional de la meseta, Submeseta Sur, incluye las regiones de Castilla la Nueva, Extremadura y la provincia de Albacete, que pertenece administrativamente a Murcia. Tiene una elevación algo inferior a la de la zona norte, aunque alcanza todavía una altura que oscila entre 500 y 700 metros (entre 1.640 y 2.011 pies) sobre el nivel del mar. Toda ella está recorrida de este a oeste por el río Tajo, que con 1.008 kilómetros de longitud, es el río más largo de la Península. Gran parte de su curso lo hace por terrenos rocosos y duros en los que sus aguas, en erosión de siglos, han abierto profundos tajos. En otras zonas de su curso el río se ensancha y toma aspecto de río de llanura, dando lugar a hermosas y fértiles vegas. Después de atravesar Portugal, el Tajo desemboca en el Atlántico.

La zona este de la meseta meridional, desde Cuenca (Fig. I.5) y Guadalajara hasta Toledo y Albacete, constituye una región de gran personalidad geográfica por la continuidad interrumpida de su planicie, y es conocida por el nombre de La Mancha, famosa gracias a Miguel de Cervantes, que la escogió como patria del inmortal Don Quijote de La Mancha. Ciudades importantes de esta zona son Toledo y Aranjuez, de gran importancia histórica y artística, ambas a orillas del río Tajo, Cuenca, Ciudad Real y Albacete. La ciudad más importante de esta zona es Madrid, inmensa aglomeración humana de más de cuatro millones de habitantes, capital de España desde el siglo XVI. A causa del centralismo administrativo vigente en España desde el siglo XVIII hasta el fin del régimen de Franco, Madrid ha tomado unas características sociales y económicas que no responden a las tradicionales de la región.

Figura I.5 Casas colgadas, Cuenca

Hacia el sur, corre el Guadiana, el río más estepario de todos los ríos españoles. Después de perderse en filtraciones subterráneas a pocos kilómetros de su nacimiento, vuelve a reaparecer en los llamados Ojos del Guadiana. Más adelante su caudal se acrecienta con las aguas de numerosos afluentes, y su trazado se convierte en suave y ancho aunque de escasa profundidad.

El clima, aunque más benigno que en la meseta septentrional durante el invierno, es caluroso, seco, y con escasas precipitaciones, durante sus largos veranos. La principal fuente de riqueza es la agricultura, en la que predomina el cultivo clásico del secano mediterráneo: los cereales, los viñedos y el olivo.

Los habitantes de la región se aglomeran en núcleos rurales de notable importancia, mientras que la urbanización es escasa, excepto en el gran *oasis* madrileño. Una ciudad importante de esta zona es Ciudad Real, la ciudad manchega por excelencia. Todos los poblados reflejan la riqueza agrícola y ganadera de la región. No muy lejos, en plena sierra y en la provincia de Ciudad Real, se encuentran los dos centros industriales más importantes de la región. Almadén, ciudad hoy no muy importante pero famosa desde la antigüedad por sus inagotables y ricas minas de mercurio, y Puertollano, con ricas minas de carbón y una fuerte industria de refinerías de petróleo. Industria aneja es la del acero que especialmente en Albacete ha dado lugar a las conocidas navajas y otro tipo de cuchillería. De gran importancia son la industria aceitera y la vinícola, ambas las más importantes de la zona. Toda la región sufre en la actualidad una creciente despoblación rural.

A pesar de estos ejemplos de industria, es una zona fundamentalmente agrícola y, excepto en Madrid, es la agricultura la que proporciona los ingresos fundamentales y da trabajo a la mayoría de la población.

Región extremeña

La región de Extremadura (Fig. I.6) es la continuidad geográfica de Castilla hacia las tierras de Portugal. Su suelo es feraz, muy rico en arbolado, encinas y alcornoques, aunque escasamente cultivado. Últimamente se han realizado algunos importantes planes de regadío, como el de Badajoz, que han aumentado las zonas cultivadas. Sus campos constituyen enormes fincas capaces de proporcionar alimento a gran cantidad de ganado. Entre ellos se dan numerosos dedicados a la cría del ganado de lidia. Los frutales ocupan extensas zonas en la Vera de Plasencia, La Serena y los valles surcados por el río Guadiana.

Tiene pueblos grandes y desparramados, limitados por grandes extensiones rurales alrededor de amplias casas señoriales. Sus ciudades más importantes son Cáceres hacia el norte de la zona, y Mérida y Badajoz, fundadas por los romanos a orillas del Guadiana.

La zona andaluza

Al sur de la Meseta Central se extiende la región andaluza, una de las más famosas de España por su colorido y personalidad. El río andaluz por excelencia es el Guadalquivir (Fig. I.7), que en su largo recorrido, de unos 680 kilómetros, va recogiendo las aguas de una cuenca delimitada al norte por los montes de Sierra Morena y al sur por la cordillera Penibética. La cuenca del Guadalquivir, de forma

Figura I.6 Vista del Monasterio de Guadalupe, Cáceres

triangular abierta hacia el mar, forma una zona de gran riqueza ganadera y agrícola en el norte, es agrícola en el sur, con gran abundancia de legumbres, hortalizas, arroz y frutas de todas clases. En la desembocadura del río se halla la región de Jerez de la Frontera, cuyos viñedos producen uno de los vinos más conocidos y apreciados del mundo. El río Guadalquivir atraviesa dos ciudades famosas.

Figura I.7 Río Guadalquivir y la Torre del Oro, Sevilla

Todavía en las estribaciones de Sierra Morena pasa por Córdoba, de gran importancia histórica y artística; más adelante y en plena vega, atraviesa Sevilla, una de las ciudades andaluzas por antonomasia. Con sus 700.000 habitantes Sevilla es hoy una de las ciudades más populosas de España. De una extraordinaria riqueza artística, herencia de la importancia que tuvo a través de los siglos, mantiene hoy un gran nivel económico, reflejo de la productividad de esta región. Merced a trabajos de dragado y canalización, el Guadalquivir es navegable para embarcaciones menores hasta Sevilla, ciudad que desde hace muchos siglos ha sido un puerto español de notable importancia.

La cordillera Penibética se extiende por todo el sur de la Península, dejando tan sólo una pequeña franja litoral donde se encuentran las ciudades de Cádiz, llamada por su belleza la perla del Atlántico, y en la costa mediterránea, Almería y Málaga, famosa esta última por sus hermosas playas. En las tierras altas, frente a las cumbres de Sierra Nevada y como presidiendo sobre una serie de vegas menores pero de gran riqueza agrícola, se encuentra Granada, llena todavía de tradiciones y monumentos artísticos, herencia de sus antiguos reyes moros.

Como resultado de su complejidad geográfica, el clima de Andalucía es muy diverso en las distintas zonas, aunque todas ellas corresponden a la variedad mediterránea, excepto en las particularidades propias de la alta montaña. La población se concentra especialmente en el bajo Guadalquivir y en las hoyas litorales mediterráneas, donde se aglomera en grandes núcleos.

La economía andaluza es fundamentalmente agrícola, aprovechando la elevada fertilidad del suelo y el clima favorable. Está dominada por latifundios cerealistas y olivareros, que se alternan con zonas de regadío con cultivos tropicales y con viñedos de gran calidad que, como los de Valdepeñas, los de Jerez o los de Montilla, tienen fama universal. También son numerosos los latifundios usados para la cría de ganado de lidia.

Por otra parte, la industria está muy poco desarrollada, aunque en algunos puntos aislados adquiere notable importancia, como es el caso de Sevilla y Cádiz. Esta carencia se ha visto compensada en las zonas costeras por una importante industria turística. Pero debido a su subdesarrollo y a las características de su organización socioeconómica, Andalucía ha sido tradicionalmente una de las regiones de emigración, tanto a otras regiones españolas como a otros países del mundo.

De los pueblos dominadores fue el árabe el que dejó en la región mayor huella humana y cultural. Durante muchos años fue mezclándose con la tierra hasta darle un carácter y una personalidad indiscutibles. Hoy, al contemplar la morfología de sus campos, ciudades, edificios, y hasta al escuchar el lenguaje del pueblo andaluz, no puede negarse esta secular influencia.

A pesar de su general uniformidad racial, cada ciudad, cada provincia, presenta caracteres típicos y diferencias muy marcadas. El estereotipo del andaluz lo hace alegre, decidor, hiperbólico, sentimental y fatalista. Uno de los substratos raciales de mayor importancia es el elemento gitano, que al contrario de otros países, en Andalucía perdió su nomadismo tradicional, y al asentarse, a la vez que adoptó las costumbres y el idioma de los habitantes de Andalucía, influyó en ellas dándoles un carácter especial. Barrios enteros en Granada y en Sevilla, el Albaicín, Sacro Monte, el Perchel y Triana, por ejemplo, se consideran gitanos.

Levante

Al sur de los montes Ibéricos se extiende la zona del Levante español, o región de Valencia (Fig. I.8) y Murcia. Franja estrecha entre los montes que la separan de la Meseta y el mar, su extraordinaria riqueza agrícola le proporciona una gran importancia económica. La fertilidad de su suelo y el cultivo esmerado del que se la ha hecho objeto desde hace muchos siglos han hecho de la huerta valenciana un modelo de explotación agrícola.

El clima generalmente templado, de lluvias moderadas, se hace más seco y caluroso a medida que se avanza hacia el sur y al interior. Aquí el cultivo de la tierra responde a la falta de agua. Sus montes rocosos y de poca vegetación están rodeados de franjas en las que se han plantado numerosos olivos y viñedos, ambos fuente importante de riqueza para esta zona. Más cerca del litoral las aguas de sus ríos —Mijares, Turia, Júcar y Segura— se desvían en una complicada red de canales que datan del tiempo de los romanos y de los árabes, y que sirven todavía para regar sus tierras. En ellas se cultivan las famosas naranjas de Valencia, como también limoneros y otros árboles frutales y gran variedad de cereales y hortalizas. En las zonas más bajas, sobre todo en torno a la laguna de agua dulce conocida por su nombre árabe de Albufera, al sur de Valencia, se cultiva el arroz, del que la región valenciana es la primera productora en la Península. En la región alicantina de Elche son famosos sus palmares datileros, que dan al paisaje el aspecto de oasis africano. En Castellón de la Plana, junto a interminables plantaciones de naranjos, crece la algarroba y el olivo.

Como consecuencia del aprovechamiento de las aguas para el riego, el cauce de los ríos aparece seco durante la mayor parte del año, llenándose tan sólo y temporal-

Figura I.8 Plaza de la Comunidad Valenciana, Valencia

mente como consecuencia de las lluvias torrenciales que plagan sobre todo la región del Júcar y del Segura, donde causan grandes inundaciones. La ciudad principal y centro económico de la región es Valencia, con unos 900.000 habitantes. Tienen también gran importancia Castellón de la Plana, hacia el norte, y Alicante, hacia el sur de Valencia, ambas dan nombre a las provincias de las que son capital. Más al sur la ciudad de Murcia es el centro más importante y la capital de la provincia.

La configuración geográfica del suelo, montañoso hacia la Meseta pero de fácil acceso hacia el norte, ha sido causa de que la población de la región valenciana haya tenido siempre unas relaciones muy estrechas con la catalana, a la que está unida por muchos lazos históricos y con la que mantiene en común numerosos elementos lingüísticos y culturales. Hacia el sur la región murciana comparte abundantes características con Valencia y Andalucía. La brillantez y fertilidad de ambas se unen en estas ricas tierras. El interior, continuidad de La Mancha, está formado por amplias zonas secas, pero prósperas de vid y trigo, mientras que el litoral, ampliamente irrigado por sus ríos, en muchas ocasiones desbordados, ha dado lugar a la existencia de una de las huertas más abundantes de la tierra.

Esta rica agricultura ha servido de fundamento a la importante estructura industrial que se ha visto favorecida por las buenas comunicaciones por carretera y ferrocarril. Son de gran importancia para la economía de la región las industrias arroceras y de exportación de la naranja por los puertos de Gandía y de Castellón. Y aunque la economía se basa fundamentalmente en la agricultura, la importancia económica de la industria ha llegado a superar en los últimos años el valor de aquélla.

La población se concentra en la llanura costera donde alcanza elevadas densidades, aglomerada en numerosos núcleos de población que salpican toda la huerta. Sin embargo, en las tierras altas interiores, el volumen demográfico desciende rápidamente, excepto en los valles y cuencas interiores de la mitad meridional de la región.

El riego de las huertas constituye una verdadera obra de arte. Su mecánica está regulada por el Tribunal de las Aguas, uno de los más curiosos espectáculos que ofrece Valencia para propios y extraños. Este Tribunal es de las pocas muestras vivas que aún se conservan del admirable derecho consuetudinario español, y una de las pocas instituciones medievales que mantiene sus funciones sin que su antigüedad haya menoscabado su autoridad o eficacia. El tribunal está compuesto por siete miembros, cada uno representando a una de las acequias principales. Sin documentos escritos se interroga a los acusadores, acusados y testigos, para inmediatamente, después de una corta deliberación, dictar una sentencia que es inapelable. El tribunal se reúne todos los jueves en la plaza de la catedral, junto a su puerta mayor, para revi-sar las quejas de los vecinos.

La cuenca del Ebro

En el este de la Península, la cordillera Ibérica sirve de límite a la Meseta y divide el litoral mediterráneo en dos zonas de características marcadamente diferentes. Al norte, entre la cordillera Ibérica y los montes Pirineos se abre una depresión de forma triangular abierta hacia el mar que sirve de cuenca al Ebro, el río más caudaloso de España. Nace el río Ebro en los montes Cantábricos, y después de recoger casi todas las aguas de los Pirineos cruza las tie-rras de La Rioja y Navarra para atravesar Aragón antes de desembocar en el mar Mediterráneo junto a Tortosa (Ta-rragona), donde su fuerte y constante sedimentación ha formado un inmenso delta. Desde el punto de vista climático, el centro de la cuenca constituye una de las zonas más áridas de la Península Ibérica, debido a la escasez de precipitaciones y a las temperaturas extremas. Esta aridez se va suavizando hacia los bordes, a medida que se va elevando la altitud.

La Rioja

En el ángulo occidental de la depresión del Ebro, extendiéndose sobre parte de Álava y Navarra, se halla la región conocida con el nombre de La Rioja (Fig. I.9). La parte occidental recibe el nombre de Rioja Alta o Rioja Alavesa y es fundamental-mente vitícola. Hacia el este, en la ribera derecha del río Ebro, recibe el nombre de Rioja Baja. En esta zona se cultiva más el cereal, con puntos de intenso regadío, que continúan en Navarra y Aragón. La ciudad principal es Logroño, en la que se hace evidente la sana economía de la región. Otras ciudades, Santo Domingo de la Calzada, Calahorra y Nájera, recuerdan la larga historia de la región.

La Rioja es muy famosa, sobre todo por sus viñedos, de los que se obtienen unos excelentes vinos de mesa. Tienen importancia también la producción ganadera y la agrícola, especialmente de cereales, posible por el intenso uso que se hace de las aguas del río Ebro y sus afluentes para el riego de sus tierras.

La región Navarra

Al norte de la Rioja y llegando hasta los Pirineos se encuentra la región Navarra (Fig. I.10), que a pesar de su nombre histórico y geográfico, reúne una serie de

Figura I.9 Campos de Sangüesa, provincia de Logroño
Source: Vicente Cantarino

Figura I.10 Sierra de Aralar, Navarra

comarcas diferenciadas por sus habitantes y por su clima. La región de Navarra ocupa una gran depresión entre la cordillera Cantábrica y los Pirineos, abriendo paso y comunicación entre la Península y Francia.

En gran parte de la zona el suelo es quebrado, aunque existen lugares donde predomina la llanura. Dadas estas diferencias, se da en esta región una gran variedad climatológica que va desde el clima frío al cálido. Las regiones navarras más destacadas son: la Montaña en las vertientes pirenaicas, con valles verdes rodeados de altos picachos nevados, con sus laderas cubiertas de pinos, robles, hayas y con pueblos diminutos como perdidos en sus valles, donde se explotan los bosques y se alimenta gran cantidad de cabezas de ganado; y la Ribera, a ambos lados del Ebro. La primera, Ribera Alta, es tierra quebrada y lluviosa, mientras la segunda, Ribera Baja, pertenece al clima continental árido. Entre ambas se extiende una amplia zona que pone en contactos sus diferentes características.

Los habitantes de las zonas montañosas, zona vasco-navarra, conservan gran número de las características étnicas del vascuence. Muchos hablan este idioma y tienen costumbres semejantes. Sus costumbres, música, canciones y bailes se semejan bastante a las de las regiones vecinas de Asturias y Vascongadas, aunque tienen gran influencia de raigambre castellana. También sus juegos y deportes populares son semejantes a los del País Vasco, así como las diversiones públicas.

Los habitantes del valle del Ebro, navarros, hablan el castellano, y sus costumbres se aproximan más a las castellanas y aragonesas. Su régimen de vida es agrícola, con el cultivo del trigo y la cebada, de la vid y el olivo, la remolacha y el lino. Hacia el norte, en las estribaciones de los montes Pirineos y a las orillas del rió Arga, afluente del Ebro, se encuentra Pamplona. Es ésta la capital de la provincia de Navarra y la heredera de las tradiciones políticas y culturales del antiguo reino del mismo nombre.

La región aragonesa

La región aragonesa se extiende hacia el norte hasta los montes Pirineos, que la separan de Francia, y recibe por su configuración montañosa el nombre de Alto Aragón. Su principal población es la ciudad de Huesca, de menor importancia hoy pero de muy larga historia.

Al salir de la Rioja, el río Ebro (Fig. I.11) pasa por zonas secas y rocosas hasta llegar a la región aragonesa, donde se hace amplio y majestuoso. Su curso, lleno de meandros, sirve para que sus aguas fertilicen las vegas del Bajo Aragón. Junto al río se halla Zaragoza, hermosa ciudad de economía floreciente, cuya larga historia religiosa y política se remonta hasta la época romana. Hoy es el centro económico y espiritual de toda la región aragonesa. Aragón es heredera también de tradiciones muy antiguas mantenidas en el norte merced a su situación montañosa, y en el sur como herencia de la población mudéjar predominante en esta región desde la Edad Media.

En general las temperaturas, excepto en algunas zonas de la cuenca del Ebro, son extremadas y rigurosas especialmente en invierno. El tipo aragonés pirenaico de zona húmeda y de vida fácil, se distingue bastante del montañés ibérico, de carácter más seco y áspero. La población de las zonas pirenaicas vive diseminada en sus fértiles tierras, agrupadas por valles y extensas parroquias; en las zonas áridas y secas se amontonan en grandes poblaciones cerca de los ríos, separados entre sí por extensos páramos deshabitadas. La agricultura es la base de su economía, en la que se distinguen claramente las tierras de secano, de las zonas de regadío que alcanzan altos rendimientos. La industria de derivados alimenticios es muy fuerte y de

Figura I.11 El río Ebro a su paso por Zaragoza

renombre en la Península por sus quesos, jamones de la sierra y vinos (Cariñena), base de su economía. Otras industrias de más reciente instalación y localizadas en algunos centros aislados, de las provincias de Zaragoza y Huesca, se han desarrollado al amparo de una importante producción de energía eléctrica.

La zona catalana

La zona de Cataluña está formada principalmente por una franja relativamente estrecha que se extiende desde las estribaciones orientales de los montes Pirineos por el norte y el oeste hasta la depresión del Ebro, que constituye su límite por el sur. Aislada del resto de la Península por los montes Pirineos y por la cordillera Ibérica, Cataluña tiene, por el contrario, un acceso relativamente fácil por tierra a Francia y por mar al resto de la Europa mediterránea. Ello ha sido causa de que se fuera constituyendo en la región catalana una población con peculiaridades étnicas y espirituales distintas de las que caracterizan a la población de otras regiones. Hacia el sur se encuentra el punto de contacto natural con el resto de la Península, a lo largo del litoral mediterráneo, donde Cataluña ha ejercido siempre una notable influencia económica, social y lingüística.

La unidad regional catalana viene determinada por sus aspectos humanos, económicos, culturales e históricos, ya que la geografía física ofrece una gran variedad. Los dos grandes conjuntos geográficos están constituidos por los Pirineos y la cuenca del Ebro, que ocupan respectivamente el norte y el sur de la zona, constituyendo la franja de la costa mediterránea como la zona de mayor originalidad.

La región catalana se compone de las cuatro provincias constitutivas del antiguo Principado de Cataluña. La parte septentrional o pirenaica tiene casi todas

Figura I.12 Paseo por las Ramblas, Barcelona

las características de los países de tipo alpino. El clima de la zona catalana es riguroso en las montañas, más suave y templado en el litoral. El litoral catalán es muy variado. En el norte, los montes Pirineos, cubiertos de pinos, llegan hasta el mar, formando una línea retorcida de pequeñas calas de arena suave y fina excavadas en las rocas de la montaña por el mar. Toda ella es conocida con el nombre de Costa Brava y ha sido durante muchos años un centro de atracción turística de primer orden.

Al sur de esta zona el litoral se ensancha, dando lugar a las planicies costeras características del litoral mediterráneo. En ellas, y como disputándose el terreno, se concentran las ciudades, con sus grupos industriales y comerciales, rodeadas de tierras cultivadas que dan prueba del gran adelanto agrícola e industrial de la región. El centro tradicional de la economía catalana es Barcelona, donde tiende a concentrarse toda la producción industrial y el resultado de la riqueza agrícola de Cataluña. Barcelona es además el centro espiritual de toda la región catalana. Ya desde la antigüedad, con una población mucho más numerosa que la de las demás ciudades catalanas, imprimió en la población de la región el carácter urbano y comercial que la distingue de la castellana. Con más de tres millones de habitantes, casi la mitad de la población total de la región, Barcelona mantiene un papel de representante y defensora de las peculiaridades étnicas, lingüísticas y sociales de la región catalana. Cataluña es una de las regiones más densamente pobladas de la península debido a la abundante inmigración que acude desde las diversas zonas de la nación, atraída por el elevado índice industrial de esta región. El volumen, variedad y tradición de la industria catalana, y sobre todo barcelonesa, le dan un lugar de privilegio en la economía española.

Muy cerca de la ciudad de Barcelona se encuentra, entre los picos de los montes ibéricos, el famoso monasterio de Montserrat, centro de la espiritualidad de la región catalana desde la Edad Media. Más hacia el sur, cerca ya de la desembocadura del Ebro, se encuentra la ciudad de Tarragona, que con sus numerosas ruinas da testimonio de la importancia que esta zona tuvo ya en la época romana.

Las islas

El territorio nacional se completa con las Islas Baleares en el Mediterráneo y las Islas Canarias en el Atlántico.

Islas Baleares

Las Islas Baleares forman un archipiélago con un conjunto de islas, islotes y escollos situados directamente al este de Castellón de la Plana (Valencia). Las islas que lo componen son: Mallorca (3.640 km^2), Menorca (800 km^2), Ibiza (572 km^2), Formentera (96 km^2) y las más pequeñas de Cabrera, Conejera y los diminutos islotes y peñascos de Las Bledas, del Bosque y del Esparto. La extensión total del Archipiélago es de 5.014 km^2.

Tanto geológica como geográficamente el archipiélago Balear es una prolongación del Sistema Bético peninsular y comparte con el Levante español la naturaleza

Figura I.13 Cala en Mallorca

del subsuelo, el clima y la vegetación. Su aspecto general es montañoso. Mallorca, sobre todo, está recorrida de sudoeste a nordeste por cadenas montañosas que la dividen en dos grandes regiones naturales. Los puntos más culminantes de la isla alcanzan gran elevación. Puig Mayor (1.570 m.), Puig de Galatzó (1.025 m.), Coll de Sóller (562 m), Bec de Ferrutx, en Artá (538m.), Menorca constituye una elevada meseta donde solamente destaca el pico del Toro (338 m.), pero Ibiza constituye un conjunto de elevaciones cubiertas de frondoso arbolado. Los ríos son de poco curso y gran torrencialidad. Su clima es mediterráneo puro, aunque hacia el sur aumenta la influencia del desierto africano, que se refleja en una mayor aridez. La costa balear ofrece buenos puertos, ensenadas y playas, algunas de extraordinaria belleza: Palma, Porto Pi, Porrasa, Andraitx, Sóller, Pollensa, Alcudia, Colom, Porto-Petro y Campos, en Mallorca; Mahón, Fornells, Ciudadela y Adaya, en Menorca; Ibiza y Puerto Magno o San Antonio, en Ibiza.

Su riqueza principal es agrícola y ganadera, aunque la abundancia de bosques en sus montes sostuvo durante mucho tiempo una floreciente industria de carbón vegetal y de corcho. Los principales productos de las islas son el naranjo y el albaricoquero, trigo, cebada, avena, legumbres, olivos, vino, y maíz, higos y pasas. Es muy importante la cosecha de almendras, una de las riquezas de la región. Crían abundante ganado de cerda y lanar, vacuno y caballar. La principal industria de todas las islas está constituida por los curtidos y la fabricación de calzado, embutido y, en dulce, su famosa ensaimada. La fabricación de muebles y, sobre todo, la bisutería, con las perlas mallorquinas, tienen también gran importancia.

Históricamente, los habitantes de las islas han mantenido estrecha relación con la población del litoral peninsular, con la que hoy se sienten muy unidos por su historia y sus costumbres, a pesar de las peculiaridades culturales de los isleños. Sus trajes regionales son muy característicos y pintorescos.

La extraordinaria belleza de sus costas agrestes y rocosas, abiertas en numerosas playas, junto con un clima suave, y la maravilla de sus grutas subterráneas, han hecho de las islas, especialmente Mallorca, un centro de atracción turística sin igual en toda Europa. De las otras islas sólo Menorca e Ibiza tienen una población relativamente numerosa, con una economía notable. Ambas son consideradas centros importantes de turismo. Éste ha posibilitado la creación de un complejo de industria hotelera y servicios de extraordinaria importancia, convirtiendo al archipiélago en el primer centro turístico español durante todo el año, a diferencia de la temporalidad de otras regiones.

Islas Canarias

Las Islas Canarias, situadas en el océano Atlántico frente a las costas africanas, están constituidas por un grupo de 13 islas y seis islotes tradicionalmente divididos en orientales y occidentales que, desde 1927, forman las provincias de Gran Canaria y Tenerife. La primera tiene una extensión de 4.099 km² cuadrados y está formada por las islas de Gran Canaria, Lanzarote, Fuerteventura y los islotes de Graciosa, Alegranza, Montaña Clara, Roque del este, Roque del oeste e islas de Lobos. La segunda, con una extensión de 3.443 km² está formada por las islas de Tenerife, Gomera, La Palma y Hierro. Las Palmas de Gran Canaria, capital de la provincia de este nombre, Santa Cruz de Tene-rife, capital de la isla y provincia de su nombre, y la de Santa Cruz en la isla de La Palma, son las ciudades más importantes del archipiélago canario. Por su situación geográfica, este archipiélago pertenece al continente africano, del que recibe una fuerte influencia climática sólo contrarrestada por la acción marítima del Atlántico.

Figura I.14 Lanzarote, Montaña de Fuego

Su situación oceánica, la influencia de los vientos alisios y la corriente fría que baña sus costas, son los tres factores que determinan su peculiaridad climática, la cual podemos integrar en la variedad de estepa subdesértica.

Aunque geográficamente las islas forman parte del continente africano, ya que distan solamente 115 km. de éste y 1.050 km. de las costas de Cádiz, su historia y su cultura han estado por más de cinco siglos unidas muy estrechamente a la Península. Ya en el siglo XV los reyes de Castilla, en disputa territorial con Portugal, afirmaban, que "todas las islas de Canarias, ganadas o por ganar,... afincan a los reinos de Castilla." Su población primitiva, guanche, que no era la misma en todas las islas, ha desaparecido completamente en una mezcla incesantemente renovada con los elementos étnicos peninsulares. Tanto lingüística como culturalmente la población canaria es hoy una extensión de la peninsular, de la que apenas se distingue.

La formación geológica de las Islas Canarias es totalmente volcánica, y aunque solamente tres de ellas han registrado erupciones en el período histórico, siendo el último ocurrido en La Palma en el año 1949. Se cree que el archipiélago fue originado por el hundimiento geológico del legendario continente de la Atlántida.

Con excepción de Lanzarote y Fuerteventura, son islas de gran montuosidad y alto relieve. Sus costas son generalmente abruptas, con altos acantilados basálticos, que dan lugar a escasos abrigos y calas, con pocas playas. El clima difiere mucho de acuerdo a los distintos lugares, pasando del septentrional y uniforme de las costas al frío de las montañas, de la sequedad meridional a la lluviosa zona septentrional. En general predomina el clima templado, con ausencia de calores excesivos y fríos intensos, o grandes diferencias de temperatura entre el día y la noche. Por encima de los 2.000 metros aparece la región de las nieves, con su pico más elevado, el Teide, que con 3.707 metros de altura, tiene sus cumbres cubiertas de nieve todo el año.

Su vegetación es varia y diversa, contrastando la frondosa y exuberante tropicalidad hasta la desértica región a poca distancia. En ella merece destacarse el árbol drago, de grueso tronco, desnudo de ramas, cuya copa siempre verde se levanta a gran altura. Son comunes el cardón y el pino canario. En las zonas bajas abundan los plátanos, que constituyen una de las riquezas de las islas. También se cultiva el tomate y el tabaco y, aunque en menor cantidad, frutos tropicales como la guayaba, el caqui y la chirimoya. En las zonas de temperatura media se cultivan patatas y cereales, como también la vid, el olivo, y el naranjo y otros árboles frutales.

La economía está basada en la agricultura, dentro de la cual existen dos sectores, uno arcaico y de subsistencia, y otro moderno y comercial, de productos tropicales en gran parte dedicados a la exportación. La pesca tiene una gran importancia, sobre todo como base de las grandes flotas pesqueras que complementa una importante actividad portuaria. La industria es escasa y aislada en algunos puntos. La densidad demográfica es muy desigual, alcanzando su índice máximo en Gran Canaria y el mínimo en Fuerteventura. Por otro lado, la población rural supera todavía a la urbana.

CAPÍTULO

1

ESPAÑA PREHISTÓRICA

Temas

- Condiciones geopolíticas y económicas en el mundo mediterráneo

- Diferencia entre habitantes, colonos e invasores

- Roma y Cartago, dos imperios del Mediterráneo

- Consecuencias de la rivalidad romano-cartaginesa en la formación de Hispania

---

CRONOLOGÍA DE LA ESPAÑA PREHISTÓRICA

- ◆ −23000   Primeros restos del hombre de **Neanderthal**
- ◆ −10000   Arte rupestre de Altamira
- ◆ −5000   Arte rupestre del Levante
- ◆ −1500(?)   Los **iberos** llegan a la Península

                   Los **vascos** aparecen en la Península

- ◆ −1100   Los **fenicios** establecen la colonia de Gadir
- ◆ −1000   Los **celtas** llegan a la Península
- ◆ −600   Los **tartesios** se establecen en el Sur de la Península

                   Los **griegos** fundan las colonias de Emporion

- ◆ −500   Los **cartagineses** conquistan Tartessos
- ◆ −300(?)   Arte ibérico: *Dama de Elche, Bicha de Balazote*

LOS HABITANTES PRIMITIVOS

Poco se conoce de los primeros habitantes de la Península. Los restos humanos más antiguos que han sido hallados pertenecen a la raza llamada de *Neanderthal*, que habitaba en muchas partes de Europa y toda la zona mediterránea durante el Paleolítico, o época de la piedra tallada; es decir, hace más de 25.000 años. El hombre vivía entonces con un régimen nómada, sin formar grupos permanentes, residiendo con preferencia junto a los ríos. Su ocupación primordial era la caza y la pesca y, probablemente, también la recolección de frutas silvestres. Conocía el uso del fuego y también la talla de la piedra, con la que hacía armas e instrumentos para la caza. Esta raza pobló principalmente la zona francocantábrica y perdura hoy, tal vez, en el grupo étnico vasco.

Posteriormente se extendió por la Península un nuevo tipo racial que poblaba las zonas del norte de África, desde donde pasó a ocupar el sur y el sureste de la Península. Esta población, más adelantada que la del norte, conocía la producción de instrumentos cortantes, primero de piedra y más tarde también de hueso y marfil. Su economía era principalmente recolectora, pero también se ocupaba en la caza, en cuya actividad usaba con ventaja los instrumentos que había perfeccionado. Se caracterizaba por una organización social más avanzada, en la que destacaban por su importancia el jefe con sus guerreros.

Aunque se trataba de grupos humanos muy primitivos, ambos han dejado muestras de una sensibilidad artística notable. Estas consisten en dibujos y pinturas sobre rocas, o *arte rupestre*, del que se ha encontrado un gran número.

El arte rupestre de la región francocantábrica se ha conservado en centenares de cuevas de la zona pirenaica tanto española como francesa. En la Península la representación más grandiosa y magnífica de este arte se halla en las cuevas de *Altamira* (Santander). Estas cuevas están decoradas con una serie de figuras relativamente grandes, pinturas polícromas, con una combina-ción de colores rojos, amarillos y negros. Estas pinturas representan bisontes (Fig. 1.1), mamuts, renos y osos; unos en reposo, otros en movimiento, todos dibujados con un gran poder de observación y sentido realista, usando del relieve de la roca para conseguir un mayor efecto. Se estima que fueron pintadas hace más de 10.000 años.

El arte de la región levantina se encuentra en toda la zona mediterránea desde los Pirineos hasta Andalucía, extendiéndose por la zona del norte de África. El carácter de estas pinturas es totalmente distinto del anterior. En su mayoría fueron pintadas en cuevas poco profundas, y en su realización se usa un solo color y una abstracción idealizada y esquemática de las figuras. En contraste con el aislamiento de las figuras del norte, éstas representan, por lo general, escenas articuladas de grupos en acción: animales y hombres en escenas de caza, hombres luchando, en danzas y aun en conjuntos domésticos. Estas pinturas parecen datar desde hace 5.000 años. Los ejemplos más importantes se han encontrado en *Cogul* (Lérida) (Fig. 1.2), Teruel y *Alpera* (Albacete). Al contrario de las pinturas de Altamira, que demuestran una clara relación con los pueblos del interior de Europa, éstas últimas señalan una dependencia cultural con los habitantes del norte de África, donde se han encontrado otras muy semejantes.

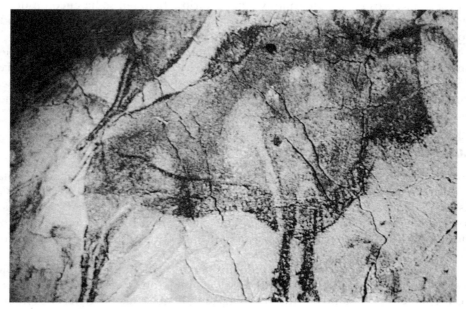

Figura 1.1 Bisonte rupestre de Altamira, Santander

Figura 1.2 Escena de caza, Roco de Moros, Lérida

LA EDAD ANTIGUA

Al comienzo de los tiempos históricos, la Península estaba habitada por varios pueblos de marcadas peculiaridades étnicas y culturales. Dan testimonio de su existencia numerosos restos, utensilios y objetos varios. También se ha encontrado un gran número de inscripciones en una escritura muy primitiva que aún no ha podido ser descifrada.

La mayor parte de los informes o las crónicas que nos han llegado de estos pueblos se debe a escritores antiguos, bíblicos, griegos y romanos, que nos hablan de ellos. Muchos de los datos que ofrecen han podido ser corroborados; otros, en cambio, no lo han sido y pueden ser producto de la fantasía de los autores mismos o de las fuentes de información que ellos usaron.

Los vascos

Son probablemente los *vascones* (vascos) el pueblo de la España antigua que más problemas ha planteado a los investigadores, tanto en su origen como en su lengua. Esto se debe, en gran medida, a la falta de información arqueológica e histórica sobre ellos. Tratándose de pueblos que habitaban en intrincadas sierras, vivieron alejados de las otras tribus hispanas de las que los escritores clásicos nos hablan con más detalle.

Sin duda se trata de un núcleo indoeuropeo formado por grupos de montañeses que, procedentes de tierras desconocidas, tomaron residencia en el Pirineo occidental en fecha también desconocida. Aunque no es fácil establecerles límites de residencia, durante los tiempos más antiguos debieron llegar, por el oeste hasta Asturias, y en el siglo III a.C., según parece, llegarían, hacia el sur por la Rioja, hasta el Ebro. Geográficamente ocuparían en la Península las tres provincias vascas (Guipúzcoa, Vizcaya y Álava), parte de Navarra y parte del Alto Aragón y, en Francia, el Departamento de los Bajos Pirineos. Sus límites hacia el sur eran las tierras ocupadas por los celtas, aunque la invasión y dominación céltica no parece haberles afectado demasiado, dado su aislamiento y carácter belicoso. No obstante, se percibe una cierta influencia celta en su cultura.

Según los historiadores romanos, en el siglo II a.C., en sus campañas militares de la Celtiberia durante la Segunda Guerra Púnica, Catón (234–149) obtuvo de ellos una sumisión nominal al poder romano. Al ser derrotados los celtíberos, los vascos ocuparon los territorios del Ebro norte de acuerdo con los romanos, hasta que más tarde fueron reducidos a sus antiguos límites.

El nombre de *navarro* no aparece hasta la época visigoda, permaneciendo éstos, junto con los cántabros, independientes hasta el reinado de Wamba (672–687).

Es difícil determinar el origen de su lengua. Los filólogos lo han buscado en las más variadas regiones sin poder solucionar el enigma hasta el presente. Ya desde el siglo XVI se viene afirmando la identidad del ibérico y del vasco; el vasco sería el heredero actual del ibérico en una derivación análoga a la del castellano del latín. Aunque los últimos estudios sobre el ibérico demuestran que entre ambas lenguas se da una relación que ni es genética, ni semejante a la de las lenguas romances con el latín. De todas maneras, las relaciones del vasco con el ibérico, o con otras lenguas, pertenecen a su prehistoria, y por no existir documentación, no se han podido determinar.

Los iberos

Los historiadores y geógrafos griegos dan el nombre de iberos a los habitantes de la Península, concretamente a los de la región del río Ebro (antiguamente llamado *Iber*). Las últimas investigaciones tienden a ver en ellos a grupos procedentes del África que se extendieron por la costa este y sur de la Península. Se trataría así de la población primitiva mediterránea que forma la base étnica de gran parte de la población peninsular en los siglos siguientes.

Según los escritores antiguos, los iberos eran hospitalarios y leales, pero de un carácter indomable que los hacía muy valiosos y temibles como soldados. Usaban para el combate puñales, lanzas y dardos. Para defenderse vestían una coraza, se cubrían la cabeza con cascos y esgrimían unos escudos redondos y pequeños. De su inclinación a la guerra dan frecuente testimonio los escritores romanos que de ellos hablan. El poeta latino Horacio, por ejemplo, les da el nombre de *belicosa Iberia*.

Vivían divididos en tribus que se agrupaban en pequeñas naciones, aunque no parecían tener una tradición clara de un gobierno común. Aparte del interés común, las tribus no tenían más vínculo de unión que su conciencia de unidad étnica. Su economía era principalmente agraria, aunque también se dedicaban a la caza y a la pesca. Aparte del intercambio de productos entre las tribus, el comercio estaba en manos de colonizadores extranjeros, griegos y fenicios, que ofrecían objetos de adorno, cerámica y joyas a cambio de los productos del país.

Muy poco se ha conservado de la arquitectura ibera, no así de su escultura, que ofrece una gran riqueza y un interés verdaderamente extraordinario. En la escultura se pueden distinguir dos grupos. Uno decorativo, representado por toros,

Figura 1.3 *Bicha de Balazote*

Figura 1.4 *Toros de Guisando*, El Tiemblo, Ávila

esfinges y otros animales, en el que destacan el toro con cabeza humana conocido por el nombre de *Bicha de Balazote* (Fig. 1.3), la *Dama de Ibiza* y los famosos *Toros de Guisando* (Fig. 1.4). El segundo comprende figuras votivas, en piedra o bronce, realizadas con fines religiosos, que representan figuras masculinas y femeninas, algunas casi de tamaño natural, en actitud de presentar ofrendas. La obra de arte ibérico más importante es, sin duda, la llamada *Dama de Elche* (Fig. 1.5), busto femenino de tamaño mayor que el natural, labrado en piedra originalmente policromada.

En general se puede afirmar que el arte ibero muestra claramente influencias griegas sobre un fondo oriental. Sus figuras, por ejemplo, con la majestuosa rigidez de sus gestos, la simetría del cabello y sus joyas y adornos, recuerdan el arte púnico. Sin embargo, la técnica empleada, la línea y el cuidado con que se labraron sus facciones recuerdan más bien el arte griego primitivo, siendo notable el detalle realista del decorado. También se ha conservado un gran número de vasijas que presentan como novedad el uso del torno de alfarero. En su decoración se hace también patente la influencia griega.

A pesar de sus características étnicas y culturales en común, los iberos mantuvieron una organización de tribus independientes, o unidas en pequeñas confederaciones determinadas más bien por razones económicas y geográficas que políticas. La cultura ibera, así como su independencia política, decayó y terminó primero a causa de su alianza con los cartagineses y después con la conquista romana de la Península.

Los celtas

Durante el último milenio antes de Jesucristo, llegaron a la Península unas tribus procedentes del continente europeo, conocidas con el nombre genérico de celtas. Entraron por los Pirineos occidentales ocupando la meseta castellana y las regiones de Galicia y Portugal. Los tartesios los contuvieron por el sur y los iberos por el este. Más tarde, al ser expulsados de la Meseta por los iberos, los celtas se establecieron definitivamente en la región occidental, donde llegaron a formar el fondo étnico galaico-portugués, o *lusitano*, nombre con que los identificaban los romanos.

Figura 1.5 *Dama de Elche,* Alicante

La ocupación de los celtas era normalmente el pastoreo y una agricultura primitiva, aunque practicaban también la caza y la pesca. También desarrollaron una incipiente industria de cerámica y tejidos, y conocían la fabricación y el uso de los metales.

Los celtas nunca formaron grandes naciones. Aunque se aliaban unos con otros en momentos de peligro, estaban generalmente organizados en unidades políticas más reducidas que una tribu pero superiores a un clan familiar. Eran muy belicosos y hacían constantemente la guerra, en la que practicaban el sistema de guerrillas y emboscadas, con el que atacaban y se defendían con ventaja incluso de fuerzas muy superiores. Los romanos, que nunca lograron dominarlos completamente, les llamaban *bandoleros* con un sentido en el que había tanto de desprecio como de temor.

Los celtíberos

El historiador griego Diodoro Sículo (siglo I a.C.), en su *Historia Universal*, explica el origen de los celtíberos en los siguientes términos:

> Estos dos pueblos, iberos y celtas, en otros tiempos habían peleado entre sí por causa del territorio, pero, hecha la paz, habitaron en común la misma tierra; después, por medio de matrimonios mixtos, se estableció afinidad entre ellos y por esto recibieron un nombre común.

En el siglo V a.C., varios grupos de origen ibero, en un principio establecidos en el sur de Francia fueron expulsados de su territorio por los galos, viéndose obligados a desplazarse hacia la Península, donde llegaron a dominar a los celtas que ocupaban la Meseta, iniciándose así la fusión de las dos razas. Aunque no formaban una sociedad unificada se designaba con el nombre genérico de *celtíberos* a los habitantes de la zona norte de la Meseta Central y *Celtiberia* a la región.

Los celtíberos se mantuvieron siempre organizados en grandes tribus que tendían a dividirse en torno a ciudades más o menos independientes. Una de ellas era Numancia, Soria, famosa por el valor con que se defendieron sus habitantes en la guerra contra los romanos. Los celtíberos no tenían un régimen político establecido, sino que estaban gobernados por asambleas del pueblo o jefes militares. Eran muy independientes y belicosos y se dedicaban con frecuencia a la guerra como mercenarios. Los historiadores antiguos hacen referencia a ellos como aliados primero de los cartagineses y más tarde de los romanos. Su táctica guerrera consistía en una gran movilidad que conseguían con su famosa infantería ligera y su caballería.

Los celtíberos perdieron su importancia política durante los últimos siglos antes de Jesucristo tras la conquista romana de la Meseta, donde quedaron, más o menos romanizados, como sustrato étnico de su población moderna.

LOS PUEBLOS COLONIZADORES

Durante los años 1500 y 1000 a.C., el desarrollo del arte de la navegación produjo en toda la zona del litoral mediterráneo un gran incremento en la actividad mercantil. Fuentes antiguas hablan de viajes, de marinos y de comerciantes que marchaban a países lejanos en busca de productos exóticos. En la mayoría de los casos se trataba de una navegación en la que el barco nunca perdía de vista la costa. Este sistema trajo muy pronto como consecuencia la fundación, a lo largo de las costas mediterráneas, de una serie de colonias que servían de escala en los viajes marítimos y desde las cuales se realizaba la actividad comercial con la población nativo.

Con el tiempo, muchas de estas colonias recibieron la protección de una guarnición más o menos fuerte y permanente que tenía la misión de asegurar el tráfico comercial de sus barcos. La permanencia que algunas colonias consiguieron, hizo de ellas el comienzo de una ocupación militar. Estas guarniciones fueron la causa de que se introdujeran en las colonias muchas de las instituciones y formas de vida de la metrópolis, dando así lugar a que se convirtieran también en centros desde los que se irradiaba la cultura y las formas de vida social de los pueblos colonizadores.

Entre los años 1000 y 500 a.C., el mundo del litoral mediterráneo se hallaba dividido en dos esferas de dominación mercantil. Por el norte, a lo largo de la costa europea, se iban multiplicando las colonias griegas. En el sur, los fenicios fundaron numerosas colonias sobre el litoral africano. De todas las colonias fenicias la más importante y famosa fue Cartago, fundada en el siglo IX a.C., origen y centro del que fue más tarde el imperio cartaginés.

La configuración cerrada del litoral mediterráneo fue la causa de que, ya durante el primer milenio antes de Jesucristo, se encontraran en la Península varios pueblos que habían llegado atraídos por la fama de la riqueza mineral de su suelo. De éstos, los principales y los que ejercieron mayor influencia fueron los griegos, que se establecieron en la costa mediterránea norte, y los fenicios, que ocuparon la zona sur. La rivalidad comercial de griegos y fenicios, complicada más tarde por la ayuda militar de Roma a los primeros y de Cartago a los segundos, fue causa de las llamadas Guerras Púnicas, las más duras y destructivas que el mundo antiguo había conocido.

Los fenicios

Hacia el año 1100 a.C., navegantes procedentes de la colonia fenicia de Tiro llegaron a la costa atlántica del sur de la Península, donde establecieron la colonia de *Gádir* (Cádiz) junto a la ciudad de Tartessos, a la que, con el tiempo, dominaron.

La nueva colonia se convirtió muy pronto en una ciudad próspera y activa, y constituyó durante siglos un centro mercantil de gran importancia, favoreciendo el establecimiento de nuevas colonias, algunas de las cuales todavía existen, tales como *Onoba* (Huelva) y *Málaca* (Málaga), entre otras.

La atracción principal para los mercaderes fenicios había sido la riqueza mineral —oro, plata y cobre— del país. Los colonizadores se aprovecharon muy pronto también de la industria pesquera, sobre todo del atún, y de la fabricación de la sal, que usaban para la conserva de la pesca

A pesar de que el pueblo fenicio poseía un elevado nivel cultural, han quedado de él muy pocos restos, y aún no está del todo claro si éstos fueron producidos en las colonias peninsulares o simplemente importados del oriente en sus viajes. Tampoco es posible determinar con certeza si se trata de arte fenicio o púnico (cartaginés). Uno de los restos más importantes es un sarcófago de mármol blanco con cabeza humana, encontrado en Cádiz. También se han hallado numerosas terracotas y joyas de oro, plata y bronce: diademas, cadenas, pendientes y anillos.

Los cartagineses

Al ser atacada la ciudad de Tiro por los ejércitos de Asiria en el año 754 a.C., el poderío de la metrópolis decayó y Cartago, su colonia más fuerte y próspera, se constituyó en heredera del poderío económico y político de los fenicios en la zona occidental del Mediterráneo.

En general, los cartagineses mantuvieron la organización de las antiguas colonias fenicias, aunque impusieron una mayor dependencia de Cartago, cuyo gobierno estaba dominado por una aristocracia mercantil.

A causa de la ambición cartaginesa por la supremacía comercial, su sistema de colonización tomó desde muy pronto un aspecto agresivo de invasión y ocupación militar que fue causa de numerosos conflictos armados con sus vecinos y con los indígenas. Ya en el año 540 a.C. los cartagineses derrotaron a los griegos en *Aleria* (Córcega), adueñándose así de la navegación en el Mediterráneo occidental. Hacia el año 500 a.C., conquistaron la ciudad de Tartessos, con lo que extendieron su dominio por todo el sur de la Península.

Los cartagineses continuaron la explotación de los metales y de los productos naturales e industriales iniciada ya por los fenicios, alcanzando así un mayor florecimiento económico. Éste se tradujo en un gran número de nuevas colonias, cuyo centro fue *Carthago Nova* (Cartagena), ciudad de gran valor estratégico y comercial.

Los cartagineses mantuvieron relaciones de relativa amistad con las tribus iberas y celtíberas. Durante muchos años respetaron su independencia política, aunque fueron exigiéndoles cada vez mayores contribuciones económicas y provisión de hombres para su ejército. Los mercenarios iberos y celtíberos llegaron a constituir una gran parte del ejército cartaginés.

Los griegos   Norte

En el siglo VII a.C. llegaron los primeros navegantes griegos a las costas de la Península Ibérica atraídos, como los fenicios, por la fama de su riqueza en metales. Durante esta época fundaron varias colonias a lo largo de la costa este y sur del Mediterráneo. Hacia el año 600 a.C. fundaron la colonia de *Massalia* (Marsella) en la costa mediterránea francesa que, al aparecer los cartagineses en el sur de la Península, llegó a ser el centro del comercio griego de toda la región. A medida que desaparecían las colonias griegas del sur de la Península, Massalia fue intensificando su comercio con otras colonias nuevas, como *Emporion* (Ampurias), *Kallipolis*, cerca de Tarragona, y *Akra Leute* (Alicante).

La más importante de todas las colonias griegas fue *Emporion,* cuya población creció rápidamente con los elementos griegos procedentes de las colonias del sur, destruidas por los cartagineses. Es aquí donde se ha encontrado la mayor parte de restos griegos: estatuas de mármol, gran cantidad de cerámica, vidrios, joyas y monedas.

La penetración de la civilización griega en la Península fue escasa y su influencia sobre las culturas indígenas no muy profunda. Sin embargo tuvo una marcada influencia en ciertos aspectos, sobre todo en la escultura y la cerámica iberas, que demuestran rasgos, técnicas y estilos claramente identificables como de origen griego.

A pesar del innegable interés de estas aportaciones económicas y artísticas, la mayor importancia de la colonización griega de la Península radica en las consecuencias políticas que ella tuvo en el desarrollo de la historia en los siglos siguientes. Merced a la colonización griega, la población del litoral mediterráneo, griega e ibera, no cayó bajo la esfera de influencia africana de los cartagineses y, cuando éstos intentaron su dominación, buscó su defensa en una alianza con Roma, a la que ya se sentía unida por lazos comunes de intereses políticos y económicos. En cierto sentido se puede afirmar que la colonización griega preparó la posterior romanización de la Península y aseguró su alianza con la cultura europea.

PREGUNTAS PARA ESTUDIO Y REPASO

1. ¿Cuáles son las características del arte rupestre en la Península?
2. ¿Con qué otros pueblos demuestran haber tenido relaciones culturales?
3. ¿De dónde procedían los iberos y en qué parte de la Península se establecieron?
4. ¿Quiénes son los vascos?
5. ¿De dónde eran originarios los celtas y en qué parte de la Península se situaron?
6. ¿A quiénes se dio el nombre de celtíberos?
7. ¿A quiénes se dio el nombre de colonizadores?
8. ¿Qué carácter tuvo la colonización cartaginesa?
9. ¿Qué importancia tuvo la colonización griega?
10. ¿Qué ejemplos de arte ibero se han conservado?

ROMA Y LA ROMANIZACIÓN DE LA PENÍNSULA

Seneca

Temas

- Expansión de Roma sobre el mundo mediterráneo

- Roma: dominio diverso sobre la Península

- Romanización de Hispania: lengua, organización social y cultural

- Cultura hispanorromana

- Lenguas primitivas y románicas

- El Derecho romano y su importancia para Hispania

- Religión de Roma y relación con el cristianismo

- Cristianización de la Península

- Romanización de la Iglesia

- Sentido nacional hispano

Cronología de la España romana 241 a.C.–400 d.C.

Los romanos conquistan la Península

a.C.

- −241   Comienza la **Primera Guerra Púnica**, Roma contra Cartago
- −218   **Segunda Guerra Púnica** (hasta 201): Aníbal ataca Sagunto

  El general romano Escipión desembarca en Ampurias
- −205   Rendición de *Gádir* (Cádiz) a los romanos
- −197(?)   *Tarraco* (Tarragona) es escogida capital de Hispania Citerior
- −192   Los romanos conquistan la antigua *Toletum* (Toledo)
- −151   El pretor Galba ataca a los lusitanos
- −147   Rebelión de Viriato
- −122   Destrucción de Numancia
- −49   Luchas entre César y Pompeyo en la Península (49–45)
- −45   Julio César conquista la antigua *Hispalis* (Sevilla)
- −38   Octavio Augusto incorpora la Península al Imperio
- −26   El emperador Octavio da batalla a cántabros y astures
- −23   Se funda la ciudad de *Emerita* (Mérida)

  Los romanos ocupan la ibérica Salduba, la nombran *Cesaraugusta* (Zaragoza)

d.C.

- 10–414   **Hispania** provincia romana
- 35   Comienza la cristianización de la Península
- 40   Santiago y san Pablo predican en España (¿?)
- 65   Muere el filósofo Séneca (4 a.C.–65 d.C.)
- 69   Vespasiano extiende el **Derecho latino** a la Península
- 211   Caracalla concede ciudadanía romana a todos los súbditos
- 285   Diocleciano reconoce la Península como una **Diócesis**
- 306   **Constantino el Grande**, Emperador (306–337)
- 313   Constantino hace paz con la Iglesia cristiana: edicto de Milán
- 325   Osio de Córdoba en el Concilio de Nicea
- 330   Constantino traslada la capital del Imperio a Constantinopla
- 379   **Teodosio el Grande,** Emperador (379–395)
- 380   Teodosio decreta oficial la religión Cristiana

ROMA

De todos los pueblos antiguos que ocuparon el territorio peninsular ninguno ejerció una influencia tan grande como Roma. Se puede afirmar que con la dominación romana de la Península y la consiguiente romanización de los pueblos peninsulares comenzó la historia de España como nación. Muchas de las características culturales, políticas y sociales de la nación española tienen su comienzo y su base en la incorporación de la Península Ibérica al Imperio Romano.

Al mismo tiempo que Cartago, heredera de las colonias fenicias del Mediterráneo, acrecentaba su poderío militar, Roma se engrandecía por toda la Italia peninsular y manifestaba su ambición de heredar el predominio griego sobre el Mediterráneo occidental. La confrontación de ambos imperios hundió el mundo mediterráneo durante más de un siglo en una serie de conflictos bélicos que se conocen con el nombre de Guerras Púnicas (264–146 a.C.). La importancia de éstas para la historia europea y española es muy grande, pues la victoria definitiva de Roma con la conquista y destrucción de Cartago (146 a.C.) señaló por muchos siglos el fin del predominio africano sobre el Mediterráneo y el comienzo de la romanización de los pueblos europeos.

En la Península, la lucha contra Cartago llevó a su conquista por Roma y la consiguiente romanización de la población peninsular. Desde la derrota de Cartago hasta la llegada de los árabes, casi mil años más tarde, la Península se mantuvo sin interrupción dentro de la esfera de influencia política y cultural establecida por Roma.

La primera Guerra Púnica (264–241 a.C.), en la que se ventiló el dominio sobre Sicilia, había terminado con la derrota de los cartagineses, que perdieron además las islas de Córcega y Cerdeña. Buscando compensación a estas pérdidas, el senado cartaginés se decidió a conquistar nuevos territorios en la Península, para lo que envió a sus mejores generales, Amílcar Barca, Asdrúbal y Aníbal. La ambición de Aníbal, que quiso apoderarse también de las colonias griegas del litoral levantino, y la decisión de la población de Sagunto de pedir ayuda a Roma fueron causa de que la campaña se convirtiera en la segunda Guerra Púnica (218–201 a.C.).

Ésta se llevó a cabo en dos frentes. Uno de ellos fue Italia, donde Aníbal, tras su famosa y atrevida marcha a través de los Pirineos y de los Alpes, derrotó a los romanos en sucesivas campañas antes de ser vencido casi a las puertas de Roma. El otro frente fue la Península Ibérica, donde los mejores generales romanos, los *Escipiones,* trataron de conquistar el territorio cartaginés para así cerrar la retirada de Italia al ejército de Aníbal.

Las campañas victoriosas de Publio Cornelio Escipión llevaron en el año 209 a.C. a la conquista de Carthago Nova, la capital cartaginesa en la Península, y tres años más tarde a la ocupación de Gádir, su último baluarte. La segunda Guerra Púnica terminó con la retirada de Aníbal a África, donde el año 202 a.C. fue derrotado por el general Escipión que, por ello, recibió el título de *el Africano* con el que hoy se le conoce.

CONQUISTA ROMANA DE LA PENÍNSULA

Se hace notar comúnmente que, a diferencia de la cartaginesa, la conquista romana de la Península fue dura, penosa y larga, tardando más de dos siglos antes de que la resistencia de los pueblos indígenas pudiera considerarse por terminada. Aunque ello es cierto, no representa bien el desarrollo de la conquista romana. Por una parte, los cartagineses nunca llegaron a dominar toda la Península, conformándose en la mayoría de los casos con alianzas más o menos forzadas con los pueblos peninsulares y dictadas por conveniencia de estrategia militar. Los romanos, en principio, llevaron a cabo una conquista muy semejante a la cartaginesa, pero con el tiempo ésta fue tomando el carácter de ocupación y dominación. Tampoco se trató, además, de una conquista llevada a cabo sin interrupción, sino que, por el contrario, tuvo varias etapas bélicas seguidas por períodos de paz, algunos de los cuales duraron muchos años.

La primera etapa de la conquista romana coincidió con la segunda Guerra Púnica, desde el desembarco de Cneo Escipión en Ampurias en el año 218 a.C. hasta la rendición de Gádir en el año 205 a.C. Como resultado de estas luchas, en las que los iberos ya participaron como aliados y mercenarios de Roma, las regiones levantinas y meridionales, sometidas antes a los cartagineses, quedaron dominadas por los romanos y fueron muy pronto incorporadas a su sistema administrativo de provincias. Así nacieron la Hispania Citerior, que incluía las regiones del este peninsular, y la Hispania Ulterior, que comprendía todo el sur de la Península.

Mucho más larga y difícil fue la segunda etapa, la conquista de la Meseta Central. En ella las tribus lusitanas y celtibéricas se mantuvieron durante muchos años apenas sometidas o en franca rebeldía contra los romanos. Hacia el año 151 a.C., el pretor Galba fue encargado de dirigir las operaciones contra los lusitanos, pero al verse incapaz de vencerlos por la fuerza, les hizo una serie de promesas de libertades a las que faltó en cuanto los lusitanos depusieron las armas. Este engaño, llamado *latrocinio de Galba*, fue causa de una nueva rebelión de las tribus lusitanas, que duró más de 10 años. Héroe de ella fue Viriato, un pastor lusitano cuyo talento natural y gran conocimiento del terreno le permitieron defenderse con ventaja y aun vencer en numerosas ocasiones a las legiones romanas. Incapaz de someter a los rebeldes, el cónsul romano se vio obligado a pactar con Viriato, reconociéndole como rey de los lusitanos. Sin embargo, el Senado romano se negó a ratificar el tratado y envió a la Península a un nuevo cónsul para que continuara la guerra contra las tribus lusitanas. Viriato, hallado desprevenido, tuvo que someterse, siendo más tarde asesinado por tres de sus jefes vendidos a Roma.

Coincidiendo con la rebelión lusitana, se sublevaron también los celtíberos. Contra ellos luchó el cónsul Metelo, famoso por sus victorias en Macedonia, quien logró dominar algunas tribus pero fue incapaz de conquistar la ciudad de *Numancia* (Soria). Con una población de aproximadamente 8.000 habitantes en tiempos de paz, y rodeada de murallas, Numancia era una de las ciudades más importantes y sede de una de las tribus celtíberas más guerreras. Ante el fracaso de varios cónsules y la derrota sufrida por el cónsul Mancino que, sorprendido en su campamento, tuvo que rendirse con 20.000 soldados de sus legiones, Roma, alarmada, decidió hacer un esfuerzo decisivo. Para ello, envió a la Península a Escipión Emiliano, el vencedor de Cartago, quien con un ejército de más de 60.000 legionarios puso cerco a la ciudad, rodeándola además con zanjas y murallas para hacer imposible cualquier ayuda exterior. Cuando al cabo de ocho meses el hambre comenzó a hacer estragos entre los numantinos, Escipión Emiliano se negó a aceptar una capitulación honrosa y los defensores de la ciudad, desesperados, mataron a los que no podían luchar, a sus mujeres y a sus hijos, incendiaron sus casas e hicieron una salida que puso fin a su vida.

Vencida Numancia, la conquista romana se extendió por el resto de la Península, distinguiéndose en ella el general Pompeyo y, años más tarde, el mismo Julio César, que fue a la Península como pretor de la Hispania Ulterior. Al estallar la guerra civil entre los partidarios de éstos, la Península se convirtió en el primer campo de lucha. César, que se hallaba en Roma, regresó a la Península y fue capaz en pocos años (49–45 a.C.) de derrotar a las legiones pompeyanas, consiguiendo así que Hispania siguiera como una provincia de la República Romana. Su sobrino, el emperador Octavio Augusto, decretó en el año 38 a.C. la incorporación definitiva de la Península como parte del Imperio.

Sin embargo, los pueblos cántabros y astures, en el norte, intentaron todavía sublevarse contra Roma. Para conquistarlos, el propio emperador Octavio acudió a la Península (26 a.C.) a dirigir personalmente el ataque contra los rebeldes. Con su rendición (20–10 a.C.) se completó la ocupación romana de la Península iniciada dos siglos antes con el desembarco de Escipión en Ampurias (218 a.C.). A ello se refería el historiador romano Tito Livio al afirmar que "España ha sido la primera provincia que se atacó y la última que se venció".

ORGANIZACIÓN ROMANA DE LA PENÍNSULA

Desde los primeros años de la conquista de la Península, los romanos fueron imponiendo sobre la población peninsular la misma organización militar y política impuesta en los demás territorios ya conquistados. La nueva organización, que en muchos casos coexistía con los sistemas políticos indígenas, servía principalmente para garantizar la autoridad de Roma y asegurar los privilegios de los ciudadanos romanos sobre todos los demás.

El Derecho romano

La base de la organización política y social de los romanos era un sistema de leyes que reglamentaban las relaciones de los individuos entre sí y con el Estado. Este sistema de leyes, conocido con el nombre de Derecho romano, fue sin duda la mayor contribución que Roma hizo a la civilización occidental.

Frente al colectivismo social de las tribus primitivas, el Derecho romano veía en el individuo el fundamento de la sociedad. El individuo necesita para actuar que tanto la sociedad como los demás individuos le reconozcan ciertas libertades básicas. Éstas, que son los derechos básicos del individuo, engendran en todos los demás una obligación a respetarlas. En el complicado sistema de derechos y obligaciones el más importante era, sin duda, el derecho a la propiedad. También tuvo gran importancia el principio de que los mismos derechos se pudieran aplicar a los grupos, llamados por ello *personas jurídicas*, y que la persona jurídica fundamental en la sociedad era la familia, cuyo jefe, el *paterfamilia*, asumía la obligación y el derecho de representarla. Estos derechos se fundaban en el ser humano sin depender de su origen étnico, pero eran poseídos por éste solamente en tanto y en cuanto formaba parte de la sociedad. Por ello era esencial la manera como el individuo se unía a la sociedad, es decir, la clase de ciudadanía de que gozaba. Este aspecto del Derecho romano tuvo una gran importancia en la configuración de la sociedad romana puesto que permitía su aplicación, bajo ciertas condiciones, a todos los pueblos sometidos a Roma.

Clases sociales

La población romana estaba dividida en tres clases: libres, semilibres y esclavos. La más importante era la clase libre que, a su vez, estaba dividida en ciudadanos romanos, latinos y extranjeros. De éstos solamente los ciudadanos romanos gozaban, aunque no fueran nativos de Roma, de los mismos derechos y privilegios que los habitantes de Roma. Los ciudadanos latinos recibían este nombre por estar gobernados por un sistema de leyes especiales, el *Jus Latii,* el cual suponía un estado de participación en el Estado romano y concedía una serie de derechos que no todos tenían.

El derecho del *Latio* o derecho latino, sirvió, a partir del tiempo de Julio César, como puente para adquirir la ciudadanía romana. El emperador Vespasiano (69–79 d.C.) extendió el derecho latino a todos los habitantes de la Península, con lo que se dio gran impulso a su romanización. Más tarde Caracalla (211–217 d.C.) concedió la ciudadanía romana a todos los súbditos del Imperio.

Colonias, ciudades y municipios

Los romanos daban el nombre de colonias a las ciudades fundadas en territorios más o menos recientemente conquistados que estaban habitadas por ciudadanos romanos o latinos. En la Península la mayoría de los colonos eran de origen nativo, aunque también había muchos legionarios romanos que, tras cumplir con su servicio militar, habían recibido en recompensa tierras en las colonias.

Las ciudades indígenas podían mantener su libertad a base de un estatuto de alianza o federación con Roma que les concedía el derecho de administrarse con gran autonomía. Una ciudad libre, con el territorio que le rodeaba, podía obtener el privilegio de gobernarse a sí misma por medio de asambleas populares con derecho a elegir sus magistrados y a promulgar sus propias leyes. Esta organización, que en realidad repetía la de Roma durante la República, se llamaba también *municipio* y tuvo gran arraigo en la Península. Bajo el emperador Caracalla todas las colonias hispanorromanas adoptaron esta organización municipal y sus ciudadanos recibieron los derechos de ciudadanía romana.

Provincias

En la Península, ya desde los primeros años de la conquista, las regiones dominadas por los romanos habían sido agrupadas jurídicamente en dos provincias: la Hispania

Citerior, que comprendía la cuenca del Ebro y la costa levantina, y la Hispania Ulterior, que se extendía por todo el sur de la Península. En tiempos del emperador Octavio Augusto (27 a.C.) esta división fue cambiada, quedando entonces la Península dividida en tres provincias: *Tarraconense*, *Lusitania* y *Bética*. A éstas, bajo el emperador Caracalla (216 d.C.), se añadió otra, con el nombre de *Gallaetia*. Finalmente, en el año 285 d.C., el emperador Diocleciano reconoció la Península como una unidad política especial con la designación de diócesis, aunque se mantuvo la división en provincias, cuyo número se aumentó con la *Cartaginense* y la *Mauritania*, que comprendía el norte de África. Posteriormente se añadió la provincia *Balearica*, que comprendía las islas.

ROMANIZACIÓN DE LA PENÍNSULA

A lo largo de los siete siglos que duró la dominación romana, la población de la Península fue sufriendo la transformación más importante de toda su historia. Al ser forzados por la conquista de Roma a formar parte de la República y más tarde del Imperio, los pueblos peninsulares fueron perdiendo su sentido de fragmentada

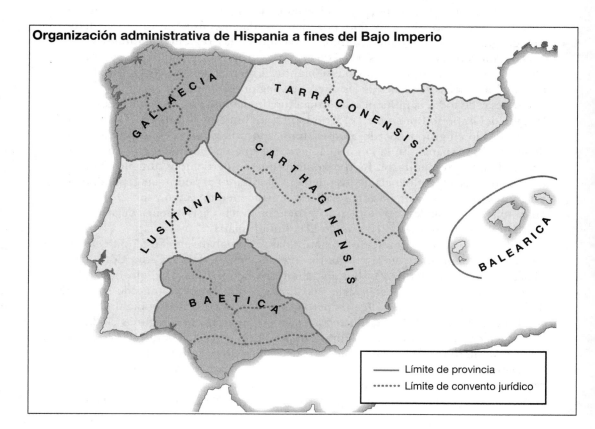

Organización administrativa de Hispania a fines del Bajo Imperio

GALLAECIA

TARRACONENSIS

LUSITANIA

CARTHAGINENSIS

BAETICA

BALEARICA

——— Límite de provincia

········· Límite de convento jurídico

independencia a medida que se sentían parte de una agrupación unificada por los intereses políticos y económicos de Roma. A ello se añadía el predominio cultural de Roma que, con el prestigio de vencedores, iba suplantando las formas de vida de los indígenas. En consecuencia se fue formando en la Península una unidad social, política y cultural muy distinta del atomismo de tribus y pueblos colonizadores que había precedido a la conquista romana.

Cultura hispanorromana

Se puede afirmar que la dominación de Roma fue causa de la formación de Hispania. Esto no quiere decir que se borraran completamente las tradiciones de los distintos pueblos indígenas. Por el contrario, el pragmatismo de la administración romana y la indiferencia de Roma hacia las formas religiosas, sociales e incluso políticas de la vida local, en tanto y en cuanto éstas no se opusieran al dominio romano, fueron causa de que las tribus y los pueblos peninsulares fueran adoptando las formas de vida de los vencedores de una manera peculiar y a un ritmo muy distinto. Así, por ejemplo, la lengua latina, aunque una de las grandes fuerzas unificadoras en la Hispania romana, fue tomando muy pronto características distintas en las distintas regiones hasta llegar a formar los *diversos idiomas* hablados hoy en la Península: gallego, catalán y castellano.

También tuvo gran importancia el sistema de provincias en que la Península llegó a estar dividida. Esta división, por estar basada en consideraciones pragmáticas, geográficas o económicas, tendía a reconocer las regiones naturales y, de hecho, también la identidad especial de los varios grupos peninsulares. Por ello, no obstante la unidad hispanorromana, se mantuvieron muchas de las peculiaridades étnicas, lingüísticas y sociales de las diferentes regiones.

A pesar de todo, la influencia de Roma fue fundamentalmente unificadora y, a la caída del Imperio Romano en el siglo V d.C., los pueblos peninsulares se habían ya convertido en grupos sociales nuevos, unificados todos por el concepto político de la nación Hispania. En la Península, las zonas que más fácilmente y con mayor profundidad se romanizaron fueron aquellas que desde tiempos antiguos habían estado abiertas a la influencia de los pueblos colonizadores y eran, en general, más ricas y avanzadas; es decir, las zonas costeras del este mediterráneo y sur. El interior, en cambio, más aislado y cerrado en sí mismo, fue mucho más reacio a dejarse conquistar militarmente y lento en aceptar la cultura romana.

Entre las principales ciudades romanizadas se contaban, en el este, Barcelona, Tarragona, Valencia, Zaragoza y Sagunto; en el sur, Sevilla, Itálica, Cádiz, Córdoba y Málaga; en el oeste Mérida y Lisboa; en el noreste, León, Astorga y Lugo. Según los historiadores romanos, hacia el siglo I d.C. había en la Península más de 500 ciudades, en su gran mayoría indígenas pero que poco a poco se iban romanizando.

Prueba del elevado grado de romanización que alcanzaron algunas ciudades hispanas y de su gran adelanto cultural e importancia en la vida política y económica, es el número y la calidad de restos artísticos que se han conservado.

Dado el carácter urbano de la cultura romana, es natural que muchos de estos restos se relacionaran con las ciudades y sirvieran para hacer la vida ciudadana más grata y apacible, como circos para pruebas gimnásticas y carreras, teatros para las representaciones escénicas como los magníficos teatros de Mérida y el de Sagunto (Fig. 2.1). Son también famosos los baños romanos. Servían al interés ciudadano los acueductos con que se abastecían de agua las ciudades, como el de Segovia (Fig. 2.2) y de Tarragona, y las vías, calzadas y puentes, como el puente de Córdoba (Fig. 2.3), que hacían posible las comunicaciones entre las ciudades y con Roma. De todas las vías la más antigua era la *vía Augusta*, que entrando por los Pirineos llegaba hasta Cartagena y de aquí, por el interior, hasta Córdoba y, por el litoral, hasta Cádiz.

De interés político eran los arcos de triunfo, como el arco de Bará (Fig. 2.4), destinados a conmemorar las glorias de los emperadores. Entre las artes decorativas fue muy importante la escultura, como la *Venus de Itálica* (Fig. 2.5). También se han conservado numerosos bustos, retratos de marcado realismo y mosaicos de gran colorido, unos representando escenas mitológicas, como el del Centauro de Valencia (Fig. 2.6), o campestres; otros jugando con motivos geométricos de muy cuidadoso trazado.

Ya a partir del siglo I a.C. los hispanos comenzaron a destacarse en la vida literaria de Roma. Notables fueron el naturalista Columela, originario de Cádiz y autor de 12 libros *De re rustica,* que ejercieron gran influencia en la teoría agrícola hasta avanzada la Edad Media; y Pomponio Mela, cuyo tratado *De chorographia* es la primera descripción del mundo hecha en lengua latina.

Las más grandes figuras de las letras hispanorromanas fueron los miembros de la familia cordobesa de los Séneca. El primero, Marco Anneo Séneca, fue famoso por su oratoria y sus escritos políticos. Más famoso todavía fue su hijo Lucio Anneo Séneca, político y orador extraordinario, gran filósofo, senador en tiempo del emperador Calígula, preceptor de Nerón y durante cinco años regente del Imperio.

Figura 2.1 Teatro romano de Sagunto, Valencia

Figura 2.2 Acueducto de Segovia

Figura 2.3 Puente romano de Córdoba

Caído en desgracia, fue acusado de traición y obligado por el emperador Nerón a quitarse la vida. Las obras de Séneca se dividen en literarias y filosóficas. Las primeras consisten en una serie de tragedias desarrolladas sobre una base de filosofía moral. En sus obras filosóficas, (*De clementia, De tranquillitate animi* y *De providentia*), Séneca propone una filosofía fundamentalmente estoica, pero en la que incluye una fe profunda en la existencia de Dios y en la inmortalidad del alma,

Figura 2.4 Arco de Bará, Tarragona   **Figura 2.5** Venus de Itálica, Sevilla

Figura 2.6 Mosaico romano de *El centauro*

dando mucha importancia a la conciencia del individuo que es, según él, la norma de toda virtud. Estas doctrinas hicieron de Séneca el escritor pagano más estimado por los autores cristianos de la antigüedad y el más leído durante la Edad Media y el Renacimiento.

También cordobés y sobrino de Séneca fue Lucano. Su obra *Farsalia* describe grandiosamente las luchas entre Pompeyo y César. Uno de los poetas romanos más inspirados fue el celtíbero Marco Valerio Marcial (40–104). Cultivó con maestría sin rival la poesía satírica, para la que prefería la forma breve, mordaz, aparentemente sin pretensiones retóricas, del *epigrama*. El retrato implacable que ha dejado de la sociedad romana ha hecho de Marcial uno de los epigramistas más extraordinarios de todos los tiempos.

Contemporáneo suyo fue Marco Fabio Quintiliano (35–95), cónsul y protegido de los emperadores Galba y Domiciano, el primer maestro público subvencionado por el fisco. Sus 12 libros, *Institutio oratoria*, sobre la educación retórica, de gusto mesurado y base moralizante, fueron extraordinariamente estimados hasta los tiempos del Renacimiento.

Del grado de romanización que llegó a alcanzar la Península da también testimonio la participación de los peninsulares en la vida política romana. Cuatro fueron los Emperadores nacidos en las provincias hispanas: Trajano, Adriano, Marco Aurelio y Teodosio.

LA RELIGIÓN DE ROMA

En general y contra lo que frecuentemente se afirma, Roma fue sumamente tolerante y hasta indiferente con las religiones indígenas. Se limitó a prohibir algunas observancias, como los sacrificios humanos, y a perseguir algunas asociaciones que, por mantener vivo el espíritu de independencia de los pueblos dominados o atacar la persona del emperador, eran consideradas como focos de agitación política y, por tanto, peligrosas para la seguridad del Estado.

La religión romana consistía en una mezcla, a veces incoherente, de mitología griega (Júpiter, Marte y Mercurio, etc.); divinización del Estado (diosa Roma) o de los emperadores; o de abstracciones sociales, políticas o de fenómenos naturales, como Victoria Augusta y Juventud. De todos ellos el culto a los emperadores llegó a tener mayor arraigo en la Península, con gran número de sacerdotes, que eran elegidos por las asambleas provinciales.

La religión cristiana y el Imperio

Un paso decisivo hacia la formación de la cultura occidental fue la extensión del cristianismo por todo el Imperio Romano. A la estructura política y legal que Roma impuso a la sociedad, la nueva religión añadió el sentido ético-religioso que le es característico.

La religión cristiana había comenzado sobre una base de subjetivismo religioso de carácter social —amor a Dios, amor al prójimo—, sólo vagamente estructurado en una jerarquía representada por los apóstoles y misioneros, cuya autoridad era exclusivamente moral. Pero al extenderse por los dominios del Imperio Romano, los apóstoles y sus sucesores fueron adoptando para la nueva religión las mismas estructuras de la organización romana y, por ser Roma todavía la capital del Imperio, fue aceptada también como el centro espiritual del mundo cristiano. Muy rápidamente, el cristianismo, que había comenzado como una nueva interpretación del judaísmo, se convirtió en una religión universalista, sin base étnica propia, pero expresada según la mentalidad y las formas de la cultura grecorromana.

Durante los primeros siglos del cristianismo, ante la actitud de los primeros cristianos, que negaban al emperador cualquier atributo sobrehumano o divino y afirmaban la igualdad de todos los hombres y razas ante Dios, y la rapidez de la expansión de la nueva religión, el Imperio se sintió amenazado en las bases de su tradición política y social. El conflicto entre ambos, que vino a durar unos 300 años, se manifestó en una serie de persecuciones brutales, entre las que destacan las ordenadas por los emperadores Nerón, Domiciano y Diocleciano. A pesar de ellas el triunfo del cristianismo fue total y, a finales del siglo III, no sólo grandes núcleos de la población urbana pertenecientes a todas las clases sociales del Imperio eran ya cristianos, sino que también su religión representaba la única organización con verdadera fe en sus propios principios morales.

En realidad, ante la degeneración moral y espiritual de la sociedad romana durante los siglos II y III, el cristianismo aparecía como la única organización aceptada por el pueblo con una doctrina política de Estado, de jerarquía social, de moral pública capaz de salvar el Imperio y, con él, la civilización romana. El emperador Constantino inició la aproximación entre Iglesia e Imperio con el edicto de Milán, promulgado el año 313 d.C. Con él terminaron las persecuciones de los cristianos, a la vez que se aseguraba a todas las religiones la igualdad ante la ley y se garantizaba la libertad religiosa.

Medio siglo más tarde, con el emperador Teodosio el Grande (379–395), el último que gobernó conjuntamente sobre Oriente y Occidente, esta aproximación se convirtió en alianza, al imponer éste a los súbditos de Roma el reconocimiento y aceptación de la religión cristiana. Según un decreto promulgado el año 380, el emperador afirmaba que "era su voluntad que todos los pueblos sometidos a su cetro abrazasen la fe que la Iglesia romana había recibido de San Pedro".

Con ello la influencia del cristianismo se hizo decisiva. Se cristianizó el Estado y el Derecho. La literatura y el arte adquirieron nuevas formas de expresión y las antiguas escuelas filosóficas fueron perdiendo su importancia ante los escritos de los *Padres de la Iglesia,* nombre con que se conoce a los grandes escritores eclesiásticos de esta época. Rápidamente, la religión pagana perdió su fuerza y prestigio y, abandonando las ciudades, quedó relegada a los pueblos *(pagi)*, por lo que muy pronto recibió el nombre despectivo de *paganismo.*

Por otra parte, es de notar también que si fue grande la influencia del cristianismo sobre la cultura romana, no fue menor la que ésta ejerció sobre el desarrollo de la religión cristiana. La Iglesia cristiana adoptó muchas de las bases jurídicas y principios del Derecho romano para su propia legislación, la estructura jerárquica e incluso la lengua, griega en el este, latina en Europa.

No obstante esta transformación, la religión cristiana no fue capaz de salvar el orden social y político del Imperio Romano. Durante el siglo IV las legiones romanas se mostraron cada vez menos capaces de defender la enorme extensión de sus fronteras. El traslado de la capital de Roma a Constantinopla en el año 330 y la división del Imperio a la muerte del emperador Teodosio el Grande entre Imperio de Oriente e Imperio de Occidente eran prueba de la rápida desintegración del poderío político de Roma.

De todas las organizaciones nacidas durante el período de predominio romano, sólo la Iglesia cristiana logró sobrevivir la caída de Roma. Esta supervivencia de la Iglesia cristianorromana tuvo, siglos más tarde, una importancia decisiva en la formación de Europa y en el desarrollo de una cultura europea y occidental. Durante muchos siglos, la Iglesia se mantuvo con una autoridad muchas veces de mayor peso que la militar y política de los reyes, y su interpretación cristiana de la cultura romana fue la única expresión de una civilización ideal.

Cristianización de la Península

El mayor grado de romanización de las provincias peninsulares fue causa de que el cristianismo se extendiese muy pronto por ellas. Una leyenda muy arraigada en España hace del apóstol Santiago el Mayor el primer predicador de la doctrina cristiana en la Península. Noticias más fidedignas hablan de una visita del apóstol San Pablo entre los años 63 y 67. Otra relata también que *siete varones apostólicos* fueron consagrados por San Pedro y San Pablo como obispos de otras tantas ciudades hispanas.

En todo caso es indudable la pronta y rápida difusión del cristianismo en las provincias romanas de la Península, donde, como en el resto del Imperio, tuvo que sufrir violentas persecuciones a lo largo de los tres primeros siglos. Muchas ciudades españolas conservan todavía vivas las tradiciones de sus mártires: Justa y Rufina de Sevilla; Félix de Gerona; Cucufate y Eulalia de Barcelona; Vicente de Valencia; Leocadia de Toledo; *los 18 mártires* de Zaragoza, inmortalizados todos ellos en los versos de Prudencio, el mejor poeta hispanorromano de su época.

Al igual que en el resto del Imperio, el cristianismo peninsular disfrutó de la paz proclamada por el Edicto del emperador Constantino y, más tarde, de la alianza con el Imperio decretada por Teodosio el Grande. También en la Península comenzó la Iglesia a ejercer una influencia moderadora en la legislación romana, humanizando su aplicación y procurando, a la vez, una inclusión más general de la población hispana.

Idéntica influencia que en la legislación y el pensamiento, ejerció también en el arte. Aunque sigue las huellas del romano, el arte cristiano lo desviste de sus formas paganas y motivos de divinidades mitológicas, aumentando, en cambio, una inspiración y simbolismo propios. La arquitectura aprovechó el tipo de basílica pagana pero adaptándola a las necesidades del culto cristiano, más íntimo que los ritos paganos. Decayó la escultura, no muy apreciada entre los primitivos cristianos, temerosos todavía de los antiguos cultos idolátricos. Los bajorrelieves se hicieron más toscos y las figuras humanas más hieráticas, pero lo que se perdía en técnica escultórica se compensaba con su mayor y más exaltado sentido místico y simbolismo religioso. Ya a partir del siglo IV se fueron extendiendo las artes cristianas por la Península, de las que han quedado muestras muy valiosas y de gran sentido artístico.

Es notable la gran actividad cultural que la Iglesia hispana mostró durante el siglo IV. Hispanas fueron algunas de las personalidades más ilustres de este siglo.

Tales fueron Osio de Córdoba, obispo y consejero de emperadores, autor del llamado *Símbolo de Nicea*, que llegó a ser expresión de la ortodoxia cristiana en Occidente; y San Dámaso, el papa más famoso de su tiempo.

En el campo de las letras hispanorromanas hay que citar al poeta Cayo Vetio Juvenco, famoso por su poema sobre la vida de Cristo con el que inicia una tradición de épica cristiana. También fue hispano Aurelio Prudencio, que vivió durante la segunda mitad del siglo IV. Su obra *Peristéfanon*, en la que canta el triunfo de los mártires, se distingue por su gran simbolismo cristiano, su riqueza de expresión, gran colorido y dominio de la lengua latina. Se le considera como uno de los mejores poetas cristianos y muchas de sus composiciones se han conservado, incorporadas como himnos, en la liturgia latina de la Iglesia católica.

PREGUNTAS PARA ESTUDIO Y REPASO

Roma

1. ¿Qué importancia tuvo Roma en la historia de España?
2. ¿Cómo se realizó la conquista romana?
3. ¿Qué organización impuso Roma en la Península?
4. ¿Qué importancia tuvo el Derecho romano?
5. ¿Qué clases sociales reconocía la sociedad romana?
6. ¿Qué es y a quién se aplicaba el *Jus Latii*?
7. ¿Cuál fue la importancia del *Jus Latii* para la romanización de los pueblos?

Hispania

8. ¿Qué se entiende por romanización de la Península?
9. ¿Por qué se dice que la civilización romana tuvo carácter urbano?
10. ¿Qué restos artísticos de la cultura romana quedan en la Península?
11. ¿Qué influencias romanas se han mantenido hasta el presente?
12. ¿Qué actitud adoptó Roma con las religiones y cultos indígenas?
13. ¿Cómo comenzó el conflicto entre Roma y el cristianismo?
14. ¿Por qué aceptaron los emperadores romanos la religión cristiana?
15. ¿Cuál fue la participación hispana en la cultura romana?

CAPÍTULO
3

LA EDAD MEDIA

Temas

Los visigodos

- Desintegración del Imperio romano, continuación de la cultura romana

- Visigodos en la Península: conquista, hegemonía, unificación

- Cambios sociales y políticos en estas épocas

- Sentimiento nacional: visigodos, hispanorromanos y judíos

- Importancia social y política de la Iglesia

- Simbiosis cultural: Cultura romana, cristiana

Los árabes

- Expansión de los árabes y conquista de la Península

- Etapas en la Península: Dependencia de Damasco, emirato independiente, califato, Taifas, las tribus africanas

- Unidad cultural, desunión política

- Mozárabes y judíos: sus actitudes ante el mundo musulmán

- Características de la cultura árabe

- Cultura hispanomusulmana: contribuciones

- Conflictos entre la cultura árabe y la hispanorromana

Cronología de Hispania visigoda y árabe 400–1492

Estilos artísticos vigentes:

Visigodo romano desde el siglo V hasta el siglo X

Árabe desde el siglo VIII hasta el siglo XIV

Visigodos

- 409~   Suevos, vándalos y alanos entran en la Península
- 414–711   **Hispania visigoda**
- 415–476   Los Visigodos llegan a la Península como federados de Roma
- 484   Eurico (466–484), rey y legislador
- 476–589   **Hegemonía visigoda**
- 554   Atanagildo rey hace de Toledo capital de Hispania
- 568   Leovigildo rey (568–586)
- 579   Conversión de Hermenegildo al cristianismo romano
- 586   Recaredo rey (586–601)
- 589–711   **Asimilación hispanovisigoda. Predominio hispanorromano**
- 589   Conversión de Recaredo al cristianismo romano
- 612   El rey Sisebuto (612–621) promulga la primera ley religiosa
- 649   Recesvinto rey (649–672)
- 654   Promulgación del *Liber Judiciorum,* primera legislación común
- 711   Rodrigo, último rey visigodo

Árabes

- 711–1492   **Hispania árabe: al-Andalus**
- 711   Batalla del Guadalete. Los visigodos son derrotados
- 711–756   **Emires dependientes** de Damasco
- 718   Los árabes entran en Francia
- 756–912   **Emirato independiente**
- 756   Abderramán I es reconocido como emir de al-Andalus
- 778   Carlomagno es derrotado en Roncesvalles
- 786   Se comienza la mezquita de Córdoba
- 801   Barcelona es reconquistada de los árabes
- 912–1031   **Califato de Córdoba**
- 912–961   Abderramán III, primer califa
- 985   Conquista de Barcelona por Almanzor
- 988   Destrucción de Santiago por Almanzor
- 1031–1492   **Taifas:** Desintegración del Califato: Zaragoza, Valencia, Sevilla, Badajoz, Toledo

◆ 1070   Muere Ibn Gabirol (1021–1070), filósofo y poeta judío

◆ 1085   Conquista de Toledo por Alfonso VI de Castilla

◆ 1086   Los **almorávides** vencen a Alfonso VI

◆ 1098   Rodrigo Diaz —**mío Cid**— conquista Valencia

◆ 1146   Los **almohades** africanos

◆ 1185   Muere Ibn Tufail (1110–1185), filósofo

◆ 1195   Los almohades vencen a Alfonso VIII de Castilla en Alarcos

◆ 1198   Muere Averroes (1126–1198), filósofo

◆ 1204   Muere Maimónides (1135–1204), filósofo judío

◆ 1212   Los almohades son vencidos en la batalla de las Navas de Tolosa

◆ 1231–1492 **Reino de Granada**, Boadbdil se proclama rey

◆ 1236   Fernando III el Santo conquista Córdoba

◆ 1238   Jaime I conquista el reino árabe de Valencia

◆ 1340   Se comienza la Alhambra

           Los benimerines son derrotados por Castilla en la Batalla del Salado.

◆ 1481   Comienzan las guerras de Granada

◆ 1492   **Conquista de Granada. Fin de la Reconquista.** Descubrimiento de América

Para los historiadores de Europa, la época que comúnmente se conoce con el nombre de Edad Media comienza con las invasiones de los bárbaros, iniciadas al cruzar éstos el Rin el invierno del año 406 y completadas cuatro años más tarde con el saqueo de Roma, la Ciudad Imperial, y termina con la caída de Constantinopla en manos de los turcos en 1453. Estos acontecimientos son tomados como puntos de referencia por haber sido ambos causa de cambios que transformaron la vida política y cultural de los pueblos europeos.

Sólo aproximadamente coincide la Edad Media española con las fechas que se asignan a la cronología europea. Se considera que ésta comienza en 414 con la entrada en la Península de las tribus visigodas, para concluir con la reconquista de Granada, último baluarte moro en la Península, y el descubrimiento de América, ambos hechos acaecidos en 1492.

En ambos casos queda, entre esas dos fechas, un capítulo de la historia, europea o española, de más de mil años de duración, que no fue en realidad la época de barbarie, improductiva y carente de civilización como con tanta frecuencia se la define. Por el contrario, fue una etapa de formación y de desarrollo, ya que, durante ella, los pueblos europeos, y también los peninsulares, fueron adquiriendo sus características políticas, religiosas y culturales, muchas de las cuales se han conservado hasta el presente.

La gran diferencia entre la Edad Media peninsular y la europea consiste en la diferente manera en que ambos grupos fueron adquiriendo esas características. Tanto en Hispania como en las otras provincias romanas —Galia, Britania e Italia— la religión cristiana y la cultura romana fueron las bases sobre las que las nuevas sociedades se iban formando. Tras la desaparición del Imperio Romano, la Iglesia fue en todas ellas el gran instrumento civilizador de los pueblos. En Europa el proceso de formación de las naciones consistió en un juego, no siempre de cooperación pacífica, entre el poder político y la Iglesia, en el que ambos trataban de imponer a los pueblos su propia interpretación de estructuración política y social.

En la Península, la caída del reino visigodo ante la invasión árabe, iniciada en el año 711, y la siguiente Reconquista, divide la Edad Media en dos épocas completamente distintas. Una correspondiente al período visigodo; la otra a la dominación árabe y la reconquista cristiana. Durante el período visigodo, o de la llamada *Hispania visigoda*, los invasores visigodos que ocuparon las provincias romanas asimilaron la cultura hispanorromana y la religión cristiana en un proceso similar al que se iba dando en las otras provincias romanas.

La invasión árabe interrumpió este proceso para los hispanovisigodos y, durante siglos, la civilización musulmana se convirtió en la base de una sociedad que política y económicamente dependía del Este, con una religión distinta de la religión cristiana —el Islam— y una cultura oriental que se expresaba en árabe. Cuando los grupos cristianos comenzaron a reconquistar los territorios peninsulares no continuaron por mucho tiempo la tradición visigoda, sino que pronto comenzaron una tarea de reconstrucción política, religiosa y cultural, que era en realidad algo nuevo. En esta tarea la Iglesia desempeñó un papel decisivo, pues se convirtió en el elemento organizador y educador que dio forma al regreso de los grupos peninsulares a la comunidad latina y cristiana de Europa. Por esta razón tuvo la Iglesia y la religión cristiana una influencia en la formación de España mayor que la que tuvo en el resto de Europa.

LA INVASIÓN DE LOS BÁRBAROS

Aunque incluidos con frecuencia algunos pueblos que, como el persa, poseían una civilización muy antigua y avanzada, esta denominación fue quedando restringida para las tribus más o menos nómadas y primitivas que residían a lo largo de las fronteras del Imperio Romano.

En Europa los romanos llamaban *bárbaros* principalmente a los pueblos germanos, eslavos, búlgaros y magiares, que constituían una amenaza constante a la frontera norte del Imperio. De todos ellos los más temidos eran los germanos, con sus varios grupos: francos, sajones, alemanes, vándalos y godos. César, Tito Livio y Tácito, entre otros historiadores romanos, hablan en sus obras de los grandes esfuerzos realizados por las legiones romanas para someter a los bárbaros o mantenerlos alejados de las fronteras del Imperio, y, de la feroz resistencia de éstos a ser dominados por los romanos. Durante los primeros siglos, Roma había sido capaz de contener la presión de los pueblos bárbaros que intentaban ocupar los territorios del Imperio, siguiendo una doble política: bien con una lucha abierta, o bien con tratados de alianza y absorción. Para la primera, los romanos habían ido construyendo a lo largo de la frontera un sistema de grandes fortificaciones cuya defensa estaba encomendada a numerosas y disciplinadas legiones. De acuerdo con la segunda, Roma aceptaba dentro de sus fronteras a algunos pueblos, a los que imponía una alianza militar por la que se comprometían a defender los territorios que se les asignaba.

Mientras el Imperio se mantuvo fuerte, estas medidas fueron eficaces. Pero a partir del siglo IV los pueblos bárbaros se fueron aprovechando de la debilidad de Roma, haciendo incursiones en sus territorios para saquearlos y, en algunos casos, establecerse en ellos de manera permanente. Ante estas amenazas el emperador Constantino decidió, en el año 330, trasladar la capital del Imperio de Roma a Constantinopla. Con ello aseguró la independencia de las provincias orientales que, con el nombre de Bizancio, continuaron la tradición grecorromana hasta su conquista por los turcos, bien avanzado el siglo XV.

Las provincias occidentales del Imperio, por el contrario, con una fuerza militar impotente y una autoridad política más simbólica que real, fueron cayendo presa de los pueblos bárbaros. Ante el ímpetu arrollador de éstos, era con frecuencia la Iglesia, con su jerarquía, la única estructura social romana que podía servir de árbitro y moderador entre los nuevos conquistadores y los restos de la sociedad de la antigua Roma.

Cuando en el año 406 los pueblos germanos cruzaron el Rin invadiendo la Galia romana repetían, en realidad, algo que muchos otros pueblos habían intentado o realizado ya anteriormente. La importancia que se da a esta invasión germana estriba principalmente en la serie de reacciones que inició. A causa de ellas, el mapa de Europa quedó convertido, durante los siglos siguientes, en un conglomerado de distintos pueblos bárbaros, inquietos y sin fronteras fijas, dominando pueblos romanizados y cristianos cuyo orden la Iglesia trataba de mantener.

La invasión de la Península

También en la Península Ibérica se dejaron sentir las consecuencias de las invasiones germanas iniciadas en el año 406. Desviadas de Italia, éstas fueron dirigiéndose hacia el sur y en el año 409, tras atravesar los Pirineos, se extendieron por la Península. En esta invasión los principales grupos fueron los suevos, los vándalos y los alanos. De éstos, los suevos fueron los más importantes en la historia de España. Establecidos en la zona noroeste de la Península, aproximadamente la correspondiente a la provincia romana de Gallaetia, los suevos lograron formar un reino que se mantuvo como aliado y federado de Roma al principio e independiente después, hasta su anexión al reino visigodo durante la segunda mitad del siglo VI. La independencia política del reino suevo y las características étnicas y culturales de su pueblo, unidas a la base lusitana y celta de la región, fueron causa de las peculiaridades propias que caracterizan la población de esta región, incluso en nuestros días.

De los otros dos grupos, los vándalos ocuparon las zonas meridionales, y los alanos, el grupo más numeroso, el territorio del centro y del litoral sureste de la

Península. La destrucción y la desorganización política y económica que causaron en la sociedad hispanorromana debieron ser muy grandes, si se da crédito a los cronistas de este tiempo. Fueron sin embargo de poca duración, ya que los visigodos entraron en la Península como aliados de Roma, derrotaron a los alanos en el año 416 y obligaron a los vándalos, en el año 429, a pasar al África, quedando ellos, junto con los suevos, como únicos señores sobre el territorio de la Península.

LOS VISIGODOS   Germn decent

No se sabe mucho de los visigodos primitivos. Su historia conocida comienza en el período inmediatamente anterior a su llegada a la Península. Se puede, sin embargo, afirmar que pertenecían al grupo de los germanos orientales y procedían de las regiones bálticas. Hacia el siglo II y por causas no conocidas, los godos emigraron hacia el sur, llegando a establecerse en las regiones al norte del mar Negro, donde se dividieron en dos grupos, los orientales, u ostrogodos, y los occidentales, o visigodos, sirviendo por muchos años como federados de Roma en la defensa de sus fronteras.

A fines del siglo IV, huyendo del empuje de los hunos, los visigodos comenzaron su emigración hacia el oeste. Primero se establecieron al norte de Grecia, donde el emperador Teodosio el Grande los protegió, aceptándolos como federados del Imperio en los nuevos territorios. Por este mismo tiempo los visigodos fueron convertidos al cristianismo oriental arriano, una secta del cristianismo fundada por Arrio, escritor y hereje griego (250–336).

La muerte del emperador Teodosio, ocurrida en el año 395, fue un acontecimiento fatal para el decadente Imperio Romano y la señal de guerra para los visigodos. Estaban éstos dirigidos por Alarico, cuya alianza con el Imperio se basaba tan sólo en la admiración personal que éste sentía por el gran emperador romano. Al fallecer Teodosio, Alarico se negó a reconocer a su sucesor e inició una invasión de Italia que terminó en el año 410 con la toma de Roma. A la muerte de Alarico fue elegido rey de los visigodos Ataúlfo, quien, buscando hacer la paz con el pueblo romano, salió de Italia y ocupó, como aliado del Emperador, la parte sureste de la Galia y la provincia Tarraconense en la Península. Con Ataúlfo concluyó la historia errante de los visigodos, que al establecerse en las provincias más romanizadas del Imperio, aceptaron su cultura convirtiéndose rápidamente en nación romana.

La Hispania visigoda

La dominación visigoda de la Península duró aproximadamente tres siglos: desde su entrada como aliados de Roma, en el año 414, hasta la derrota del último de sus reyes, don Rodrigo, por los árabes invasores, en el año 711. Su importancia para la historia de España estriba en que, aunque el reino visigodo se fundó sobre las bases políticas establecidas por Roma desde hacía siglos, se convirtió rápidamente en una sociedad nueva. Bajo la autoridad política y militar de los visigodos, la sociedad peninsular dejó de ser una provincia del Imperio Romano para constituirse en una nación independiente, Hispania, a la vez que los visigodos demostraron una progresiva romanización y cristianización sobre la herencia cultural y religiosa de Hispania.

La historia de los visigodos en la Península se deja dividir fácilmente en tres períodos: de dependencia de Roma (414–476); de hegemonía visigótica (476–589); y de asimilación de visigodos e hispanorromanos con predominio del cristianismo romano (589–711).

Primer y segundo periodos: inestabilidad y hegemonía visigoda

El primer período fue de una gran inestabilidad política. Los jefes visigodos actuaban todavía como federados de Roma en lucha constante con los vándalos en el sur y con los alanos en el este de la Península.

El segundo período, o de hegemonía visigoda, comenzó en el año 476, año en que se hizo definitiva la desmembración del Imperio Romano de Occidente y los pueblos que habitaban las provincias romanas se hicieron independientes, manteniendo sólo un reconocimiento formal de la dignidad del Emperador, cuya sede era ya Constantinopla. En la Península reinaba entonces Eurico (466–484), gran legislador, guerrero y político, fundador de la grandeza del reino visigodo en la Península. A él se debe una de las primeras y la más importante codificación de leyes visigodas que ya contiene, además de leyes visigodas, algunas del Derecho romano y del eclesiástico. Unos años más tarde, en el año 506, el rey Alarico, hijo y sucesor de Eurico, promulgó para los hispanorromanos la llamada *Ley romana de los visigodos*, que era una compilación de preceptos tomados del Derecho romano.

Durante todo el siglo siguiente (476–567), la política de los reyes visigodos estuvo encauzada, sobre todo, a estabilizar el dominio de su pueblo sobre la Península. No buscaban una asimilación con la población hispanorromana ni sentían identificación alguna con los intereses de los peninsulares. En realidad, se trataba de una sociedad con una estructuración doble de sus miembros: visigodos e hispanorromanos, regidos por sistemas jurídicos distintos en los que sólo los primeros gozaban de los derechos políticos de gobierno, aunque junto a los grandes propietarios territoriales y altos funcionarios civiles y eclesiásticos que formaban la nobleza visigoda (*seniores*), también los nobles y altos eclesiásticos hispanorromanos (*senatores*) gozaban de una situación privilegiada representando los intereses de la población peninsular.

La región más importante del reino visigodo era todavía el antiguo reino de Tolosa en el sur de Francia, cuya capital, Tolosa, era también la capital del reino peninsular hasta que el rey Atanagildo (554–567) la trasladó a Toledo. Atanagildo, uno de los mejores gobernantes entre todos los reyes visigodos, era un noble importante y ambicioso que, para asegurarse el poder, solicitó la ayuda del emperador Justiniano (527–565). Los bizantinos, después de asegurarle el trono, se reservaron toda la zona sur y sureste de la Península, cediéndola sólo poco a poco en una guerra que duró setenta años.

El sucesor de Atanagildo fue el rey Leovigildo (568–586), el verdadero creador de la grandeza visigoda. Influido por el ejemplo de Bizancio, introdujo en su corte las formas y ceremonias de sus emperadores. Dotado además de grandes cualidades

La península ibérica en el año 476
(al ser depuesto Rómulo Augústulo, último emperador romano de Occidente)

militares, fue capaz de vencer a los suevos, cuyos territorios incorporó al reino visigodo. Su gran preocupación por la unificación de los pueblos visigodos e hispanorromano le llevó a imponer a éstos el arrianismo de los visigodos. Ello dio lugar a la sublevación de su propio hijo, el príncipe Hermenegildo. Éste, casado con una princesa católica de origen franco, había abrazado, en el año 579, la religión católica. Esta conversión tuvo por efecto que Hermenegildo se convirtiera en líder de la población hispanorromana. Por ello, cuando el rey Leovigildo, deseando unificar la Península según la religión arriana, comenzó a perseguir a los católicos, éstos eligieron rey a Hermenegildo, quien se alzó en armas contra su padre. La sublevación terminó con la derrota del partido católico y la muerte de Hermenegildo. Sin embargo representó, a la larga, la victoria del catolicismo hispanorromano sobre el arrianismo visigodo, al demostrar la incapacidad de éste de atraer a la mayoría de la población peninsular, católica todavía a pesar de casi dos siglos de dominación visigoda.

Tercer periodo: integración hispanovisigoda

El tercer período (589–711) comienza con la conversión de los reyes visigodos al catolicismo de los hispanorromanos. Recaredo (586–601), hijo y sucesor de

Leovigildo, comprendió, como su padre, que para consolidar el reino visigodo era necesario unificar en uno los dos grupos principales en que se dividían sus súbditos y que, para ello, era preciso unificar sus creencias religiosas. A diferencia de su padre, Recaredo decidió aceptar como base para la unidad las creencias religiosas de los hispanorromanos, puesto que éstos constituían la mayoría de la población. A este fin, en el año 589, tras vencer la oposición de los nobles y obispos arrianos, el rey Recaredo hizo profesión de fe católica ante los obispos católicos hispanorromanos reunidos en Toledo.

Este acto tuvo una importancia trascendental por dos razones. En primer lugar dio un gran impulso al elemento hispanorromano, más numeroso y culto que el visigodo, haciendo así que en la unión de ambos pueblos fuera aquél y no éste el que predominara. En segundo lugar, con la conversión de Recaredo se inició la colaboración de la Iglesia en las tareas políticas de la nación, lo cual ha sido desde entonces una de las características de la nación española durante casi 1.500 años.

La conversión de Recaredo al catolicismo causó una violenta reacción entre los nobles y obispos arrianos, quienes en los años siguientes se rebelaron repetidas veces contra el rey. Esta oposición fue causa de que, en el año 612, el rey Sisebuto decretara la primera ley religiosa. En virtud de ella se perseguía a los arrianos como enemigos del reino y se exigía su conversión al catolicismo bajo pena de expulsión. A estas leyes, que se aplicaban también a los judíos, se opusieron los obispos católicos más distinguidos, entre ellos San Isidoro de Sevilla.

A mediados del siglo VII el rey Recesvinto (649–672) dio el paso definitivo hacia la integración de visigodos e hispanorromanos con la promulgación de las leyes conocidas como *Liber judiciorum* (654). La importancia de este código de leyes estriba en haber sido el primero en que se incorpora un concepto territorial a las leyes al regir por igual a todas las personas y pueblos residentes en el reino. Este código, al ser aplicado indistintamente a visigodos e hispanorromanos, fue decisivo en la forja de una unidad nacional.

Los últimos años de este período estuvieron ensombrecidos por luchas de sucesión entre los varios aspirantes al trono, inconscientes de la amenaza árabe que se iba extendiendo con asombrosa rapidez por todo el norte de África. Al tener noticias de las incursiones de bandas guerreras procedentes de África, el rey Rodrigo, que se hallaba en el norte de la Península luchando contra los vascones, acudió precipitadamente hacia el sur para hacerles frente. A causa de la traición de los hijos de Witiza, rivales suyos en la sucesión al trono, que se aliaron con el adversario africano, don Rodrigo fue totalmente derrotado en la batalla del río Guadalete (711). La desaparición del rey, fantaseada por numerosas leyendas y romances, representó el hundimiento de la monarquía visigoda y la rápida conquista del territorio peninsular por los nuevos invasores.

La civilización visigoda

Al entrar los visigodos en la Península, en un número que acaso no llegara a 250.000, se establecieron sin dispersarse en regiones determinadas, sobre todo en la Meseta Central, dejando el resto a los vencidos. De manera que, en términos generales, se puede afirmar que la invasión visigoda representó un cambio de estructuras políticas más que del sistema social o económico. La mayoría de la población, hispanorromana, pudo mantener sus formas de vida tradicionales, tanto más cuanto que la separación de los pueblos estaba sancionada por las leyes visigodas. Lo mismo se puede decir de la agricultura y la ganadería, que se mantuvieron muy florecientes, y de la industria y el comercio, que, como en siglos anteriores, se concentraban en los puertos mediterráneos.

Además, cuando los visigodos entraron en la Península ya llevaban largos años de contacto con Roma y habían adoptado muchas de las costumbres políticas y sociales romanas. De aquí que el contacto de la civilización visigoda y la hispanorromana no tuviera carácter de ruptura o conflicto profundo. Por el contrario, fue más que nada un proceso de síntesis en el que los elementos visigodos solamente matizaron y dieron personalidad distinta a la tradición romana de los hispanos.

En un principio la nueva nación estaba organizada bajo una monarquía en la que el rey ejercía su poder, más que sobre un territorio, sobre el pueblo visigodo, por lo que recibía el título de *rex gothorum*. Según la tradición visigoda la monarquía era electiva y la elección del nuevo rey se realizaba en asambleas populares, en las que sólo visigodos tomaban parte. Más tarde, desde la conversión de Recaredo, y a medida que la unificación de visigodos e hispanorromanos se hacía más completa, el poder real se fue extendiendo cada vez más por igual a todos. En la elección del rey comenzaron a intervenir, además de los nobles visigodos, los obispos hispanorromanos. Aunque la monarquía era absoluta, el rey estaba auxiliado por ciertas asambleas de visigodos que más tarde fueron sustituidas por el *Aula regia*, en la que entraban a formar parte tanto nobles como obispos. Algunas de las facultades legislativas de estas asambleas fueron asumidas por los Concilios de Toledo.

Habían sido éstos en un principio unas reuniones en las que los obispos católicos discutían problemas concernientes a la doctrina cristiana y leyes morales aplicables tan sólo a los católicos. Más tarde, con la conversión de Recaredo, los Concilios llegaron a tomar un carácter semejante a asambleas del reino. Eran convocados por el rey y tomaban parte en ellos, además de los obispos, un número de nobles, elegidos unos por el rey, otros por el Concilio mismo. La autoridad de los Concilios en materias religiosas se mantuvo, pero su importancia en la vida nacional aumentó notablemente al atribuírsele también jurisdicción sobre los asuntos legales y políticos del reino. A través de ellos se verificó la transformación de la monarquía visigoda que, aunque continuó siendo absoluta, y en poder de los visigodos, estaba cada vez más moderada por la influencia de los obispos.

La Iglesia y la cultura hispanovisigoda

Uno de los factores más decisivos en la formación de la nación hispanovisigoda fue la Iglesia. Ya desde los tiempos de la invasión visigoda hasta la conversión de sus reyes a la fe católica, fue la Iglesia hispanorromana la única organización capaz de representar ante los invasores la religión, las leyes y las costumbres de los hispanorromanos quienes, aunque vencidos, constituían la mayoría de la población.

El cristianismo se había desarrollado en la Península, como también en el resto del mundo convertido, en una sociedad con una estructuración jerárquica que imitaba en lo esencial la de la antigua Roma. En consecuencia, en la Península, como en el resto de la Europa romana, al desaparecer la autoridad del Imperio ante las invasiones de los bárbaros, la Iglesia defendió no sólo la religión cristiana, sino también la tradición cultural de Roma. Por ello se afirma comúnmente que a la romanización de la Iglesia se debe en gran parte la supervivencia de la herencia romana en Europa.

En ninguna parte se ve ello tan claramente como en la Península, donde a la influencia de la Iglesia se debe que la asimilación de los dos pueblos, visigodo e hispanorromano, se hiciera sobre las bases de un acercamiento de los vencedores a la lengua, a la religión y a la cultura de los vencidos. En consecuencia, los visigodos no sólo se convirtieron al cristianismo hispanorromano, sino que, olvidando su idioma, adoptaron el latín como la lengua oficial, mientras que los dialectos del latín vulgar continuaron siendo el idioma de la población.

El momento más interesante de la asimilación de los pueblos visigodo e hispanorromano se dio tras la conversión de los visigodos a la fe católica romana. A partir de entonces, los cronistas e historiadores hispanos dejaron de referirse a los visigodos como a un pueblo de invasores para nombrarlo como sucesor de Roma en la Península, parte ya de Hispania. Así, por ejemplo, escribe San Isidoro de Sevilla, en el siglo VI:

> De todas las tierras, desde el Occidente hasta la India, tú, Hispania sagrada, eres la más hermosa, madre siempre feliz de príncipes y pueblos… honor y adorno del mundo, la parte más ilustre de la tierra, en la cual la gloriosa fecundidad de la raza goda se recrea y florece.

La figura más representativa y característica de la cultura hispanovisigoda es, sin duda, el obispo San Isidoro (570–636), gran educador y escritor infatigable, que, como obispo de Sevilla, ejerció una gran influencia en la vida política y religiosa de su tiempo. Otras figuras notables de la cultura hispanovisigoda son San Ildefonso de Toledo (m. 667), poeta y teólogo; San Leandro (m. ¿600?), obispo de Sevilla, hermano de San Isidoro, educador de monjes; San Braulio (m. ¿656?), consejero de abades y reyes; San Eugenio (m. 657), teólogo, poeta y músico; San Julián (m. 690), historiador; San Valerio (m. 695), místico visionario y fundador de monasterios en el Bierzo, autor de una notable autobiografía.

El arte hispanovisigodo

Por lo que respecta del arte, aunque no se han conservado huellas suficientes para un estudio completo, se puede afirmar que continúa el patrón romano provincial. La arquitectura religiosa sigue las formas latinas de planta regular y techo de madera, como se observa en la iglesia de San Juan de Baños en Palencia; o adopta la planta bizantina cuadrada con techo abovedado; aunque hay otros ejemplares que no parecen ajustarse a ninguno de estos tipos, como San Pedro de la Nave (Fig. 3.1) en Zamora. En las construcciones hispanovisigodas es típico el arco de herradura, posiblemente de origen oriental y muy usado más tarde en la arquitectura musulmana (Fig. 3.2).

La escultura de este tiempo parece demostrar poca inclinación a la representación de figuras y está subordinada a una finalidad estrictamente decorativa. Sus adornos suelen ser bajorrelieves geométricos repetitivos, cruces, rosetas o círculos. Aunque también se encuentran en sus capiteles algunas representaciones de plantas, animales e, incluso, figuras humanas, todas muy esquematizadas y de posible influencia bizantina (Fig. 3.3). A causa de la afición que los pueblos germánicos

Figura 3.1 Iglesia de San Pedro de la Nave, El Campillo, Zamora

Figura 3.2 Interior de San Pedro de la Nave, El Campillo, Zamora

Figura 3.3 Capitel de San Pedro de la Nave, El Campillo, Zamora

Figura 3.4 Corona votiva del rey Recesvinto

sentían por el adorno personal, la orfebrería hispanovisigoda tuvo un gran desarrollo, a la vez que se mantuvo, más que otras formas artísticas, fiel a la tradición visigoda. Como ejemplos de la orfebrería visigoda se han conservado cruces, vasos de oro y plata, collares, colgantes, cinturones y numerosas coronas votivas, entre las que destaca la corona del rey Recesvinto (Fig. 3.4).

Fin de la Hispania visigoda

El desarrollo de la nueva nación fue cortado por otra invasión procedente del Sur, la de los árabes, que puso fin a la sociedad hispanorromana y visigoda.

De la dominación visigoda han quedado como supervivientes numerosos nombres de lugar: *Gudé* (Lugo), *Godos* (Teruel), *Revillagodos* (Burgos); o de familias: *Recaré* (Lugo), *Castrogeriz* (Burgos); nombres propios como *Alfonso*, *Ramiro*, *Elvira*; y algunas palabras que pasaron al castellano: ganso, espuela, tregua, adobar, entre muchas otras.

LA INVASIÓN DE LOS ÁRABES

Con la invasión de los árabes en el año 711 comienza una época de la Edad Media española muy distinta de la anterior. A la unidad de la Hispania visigoda sigue ahora una Península dividida. Para el estudio de este período hay que tener en cuenta que al hablar primero de la Hispania árabe y después de los Reinos cristianos de la Reconquista no se hace referencia a dos períodos sucesivos. Se trata más bien de una balanza en la que uno de sus platillos, con su peso, domina completamente en un principio, pero que poco a poco se va equilibrando, incluso perdiendo, hasta que el peso del otro platillo llega en definitiva a dominar.

En el caso de los reinos árabes y cristianos en la Península, el predominio casi exclusivo de los árabes dura alrededor de tres siglos (711–1000). A ellos siguen dos siglos más (1000–1200) en los que el poder, aunque equilibrado, se va inclinando en favor de los cristianos, llegando a un predominio total de éstos durante los tres últimos siglos (1200–1492), que median hasta la reconquista de Granada.

A lo largo de estos períodos las relaciones entre musulmanes y cristianos fueron cambiando, como fue cambiando también la importancia relativa, cultural y religiosa, de ambos. Pero la supervivencia de muchos elementos culturales y de maneras de ser del español, incluso hoy, resultado de esta larga convivencia de musulmanes y cristianos, es lo que hace de este período el más trascendental de toda la historia española.

Los árabes

A fines del siglo VII y comienzos del VIII, mientras la unidad de la Hispania visigoda estaba en crisis a causa de las luchas entre los hijos del rey Witiza y su sucesor, don Rodrigo, y de la rebeldía de los pueblos del norte de la Península, los pueblos que habitaban el norte de Africa sufrían una crisis bélica comparable a la derrota cartaginesa por Roma casi mil años antes. Bandas de guerreros procedentes de Arabia habían invadido y dominado con una rapidez asombrosa toda la zona costera, desde Egipto hasta el Atlántico, y estaban procediendo a establecer un nuevo poder, el Imperio árabe, o del Islam.

El Islam

La religión islámica, o musulmana, había nacido en Arabia con la predicación de Mahoma (c. 579–632), un comerciante de la ciudad de la Meca, quien en la madurez de su vida se había convertido en un fogoso propagador del monoteísmo. Aunque en un principio rechazado, incluso perseguido por sus compatriotas, a su muerte, ocurrida en el año 632, Mahoma había logrado unir la mayor parte de las tribus árabes con los lazos de la nueva religión.

El choque inicial de las tribus árabes con los dos grandes imperios de aquel tiempo, el de Persia en el Este y el de Bizancio en el Oeste, fue al principio un conflicto local y fronterizo. Sin embargo, la rivalidad entre las dos grandes potencias, causa de numerosas y largas guerras, y el deseo de independencia de los pueblos a ellas sometidos, contribuyeron a que las bandas de guerreros árabes fueran capaces de conquistar fácilmente regiones enteras con una población muy superior en número a la propia. Y como la lucha iba dirigida contra las tropas bizantinas y persas, los árabes pudieron contar para la conquista de nuevos territorios con la ayuda de los pueblos que iban dominando. De esta manera, al cabo de un siglo desde la muerte de Mahoma, las bandas guerreras árabes habían sido capaces de dominar la mayor extensión de territorios y el mayor número de pueblos que jamás se habían reunido bajo un solo poder, alcanzando sus fronteras desde el río Ganges en la India, en el este, hasta el Atlántico y el corazón de Francia, en el oeste.

Aunque, en un principio, el naciente imperio se basaba casi exclusivamente en una serie de alianzas políticas y promesas de sumisión al califa, la situación cambió rápidamente. Por una parte, la curiosidad y el interés que las culturas persa y bizantina despertaron en los árabes y, por otra, el deseo de los pueblos vencidos de imitar y asimilarse a los vencedores, produjeron el proceso de asimilación social y cultural que se conoce con el nombre de civilización árabe, o musulmana, de la que primero Damasco y después Bagdad fueron el centro durante siglos.

La invasión árabe de la Península

La ocupación árabe de la Península no respondió, como tampoco su expansión en el este, a un plan preconcebido de conquista. Comenzó con una serie de incursiones realizadas por el jefe de los beréberes, Tarik, aliado de los árabes, quien al frente de algunos centenares de guerreros atacó repetidas veces el sur de la Península aprovechándose de las guerras civiles hispanovisigodas. El año 711 Tarik, con un contingente de unos 5.000 beréberes y árabes, se enfrentó con las tropas visigodas, muy superiores en número, mandadas por el rey don Rodrigo. En el curso de la batalla, algunos nobles visigodos partidarios de los hijos del rey Witiza se rebelaron contra don Rodrigo, permitiendo así la victoria de los invasores africanos.

La batalla del Guadalete convenció a Tarik de la facilidad con que podía conquistar el territorio peninsular y así lo advirtió a Musa, gobernador árabe de la Mauritania. La llegada de éste al mando de unos 15.000 guerreros, árabes en su mayoría, significó el comienzo de la conquista árabe. Ante el empuje de los dos ejércitos invasores las tropas visigodas fueron derrotadas definitivamente y las ciudades sólo se defendieron con el objeto de conseguir una capitulación en mejores condiciones. Como resultado, los árabes y sus aliados beréberes se apoderaron en pocos meses de toda la Península, en lo que se puede considerar una de las campañas más asombrosas de la historia.

Una vez conquistada la Península, la atención de los árabes se dirigió hacia Francia en el año 718. La mayor extensión de la conquista se alcanzó con las incursiones árabes en el norte de Francia, donde fueron derrotados, entre Tours y Poitiers, por las tropas de Carlos Martel (732). Aunque los historiadores árabes nunca dieron a esta derrota la misma importancia que le prestaron los cronistas cristianos, la batalla de Tours, como ha venido llamándose, tuvo una gran importancia por representar el final de la expansión árabe en el territorio europeo y, sobre todo, porque obligó a los árabes a consolidar su dominio sobre la Península.

Al-Andalus

Al-Andalus es el nombre que los Árabes le dieron a la zona de la Península que controlaban. Según parece el nombre se deriva del nombre de los vándalos que habían residido en ella anteriormente y que dio origen posteriormente al nombre de Andalucía, la zona que ocuparon por más tiempo. Su historia se divide generalmente por el sistema de gobierno que los árabes impusieron o por la condición política en que vivieron.

Emirato dependiente

La tarea de establecer como permanente la conquista de la Península incumbió al hijo de Musa, Abd al-Azziz ibn Musa, y a sus sucesores, quienes como emires (gobernadores dependientes del califa de Damasco), se dedicaron a pacificar la Península y a organizar sus territorios como parte ya del imperio árabe.

Emirato independiente

Durante este mismo tiempo tuvo lugar en el este una gran escisión entre los árabes fieles a los califas de la tribu de Umayya reinante en Damasco y los partidarios de la

La península ibérica a principios del siglo X

	Territorios de control cristiano
	Territorios de control musulmán

tribu de Abbas. Con la victoria de éstos se inició la dinastía llamada de los abasidas, cuya capital fue Bagdad. El nieto del último califa omeya, Abderramán, logró escapar de la matanza organizada por los abasidas contra los omeyas (750) y, tras un largo y peligroso viaje, pudo desembarcar en la Península, donde fue reconocido como emir independiente con el nombre de Abderramán I (756–788). Bajo su gobierno los territorios peninsulares se fueron constituyendo en una sociedad, aunque culturalmente continuación de la oriental, políticamente nueva e independiente, que recibió el nombre de *al-Andalus*, todavía usado hoy para referirse a la España musulmana.

Durante el período del emirato independiente (756–912), los omeyas hispanos se propusieron dar cohesión a los elementos dispares que existían en la Península. Los emires no sólo consiguieron la unificación política de los territorios peninsulares con Córdoba como capital, sino que lograron además el establecimiento de una civilización imitación de Damasco y Bagdad, muy superior a la nativa hispanovisigoda. La mayoría de la población peninsular, atraída por las formas de vida de los árabes vencedores, se mezcló rápidamente con ellos, formando un grupo mayoritario hispanomusulmán en el que se confundían los elementos étnicos hispanos, mezclados o no con árabes, con un deseo de ser y actuar como los musulmanes de origen oriental.

Los últimos años del emirato independiente fueron críticos para la dominación árabe. Por una parte la presión de los nuevos reinos cristianos en el norte comenzaba ya a dejarse sentir; por otra parte, los musulmanes de origen árabe y los hispanomusulmanes ensangrentaban con sus rivalidades el sur de la Península.

Califato de Córdoba

En esta situación subió al poder Abderramán III (912–961) quien, gracias a sus extraordinarios dotes de guerrero y político, fue capaz de acrecentar su autoridad. Durante su gobierno Córdoba se convirtió en la ciudad más rica e importante de Europa. Mérito especial suyo fue la creación de un concepto nacionalista hispanomusulmán que se manifestó en la declaración del territorio árabe peninsular, al-Andalus, como califato independiente de la autoridad de Bagdad.

El poder militar y el esplendor del Califato de Córdoba se mantuvieron, incluso aumentaron, durante el gobierno de sus sucesores. A fines del siglo X el famoso y temido guerrero Almanzor aterrorizó a los cristianos con la conquista de Barcelona (985), de León y Astorga (988), y la destrucción de Santiago de Compostela (988). A su muerte, ocurrida en el año 1002, cundió por todo el Califato la más espantosa anarquía. Tras muchas vicisitudes, en las que abundaron los asesinatos, fue nombrado califa Hixam III (1027–1031) quien, siendo débil de carácter, pronto se mostró incapaz de restablecer el orden, y ante una revuelta popular abandonó la capital. Esta huída señaló el fin de la unidad política hispanomusulmana y el comienzo de una serie de pequeñas soberanías independientes que se conocen con el nombre de reinos de Taifas.

Reinos de Taifas

La desmembración del Califato a la muerte de Almanzor demuestra que los árabes, incluso tras tres siglos de dominación sobre la Península, no habían logrado generar un concepto nuevo de nación. A pesar de la unidad cultural, lingüística y religiosa de la mayoría de la población, los antiguos focos de rebeldía contra la autoridad de Córdoba reaparecieron, formando una serie de grupos políticos cuyo número variaba al cambiar las razones de su existencia. De ellos, que llegaron a ser veintitrés en algunos momentos, los más importantes fueron aquellos en que dominaba el elemento beréber o africano, como Málaga y Granada, y los que presentaban un predominio de población hispanomusulmana, como Córdoba, Valencia, Sevilla y Zaragoza, entre otros. De ambos grupos eran éstos los más estables y a ellos se debió el gran esplendor que la cultura hispanomusulmana mantuvo durante todo este período. Desde el punto de vista político, sin embargo, tuvieron los primeros mayor importancia, al ser causa determinante de un acercamiento a los reinos africanos para defenderse con su ayuda de la presión que ejercían los reinos cristianos.

Invasiones africanas

La primera de estas alianzas de los reinos de Taifas con los africanos tuvo como consecuencia la invasión de los almorávides. Eran éstos unas tribus beréberes que, convertidas al islamismo en el siglo IX, habían llegado a dominar el norte de África.

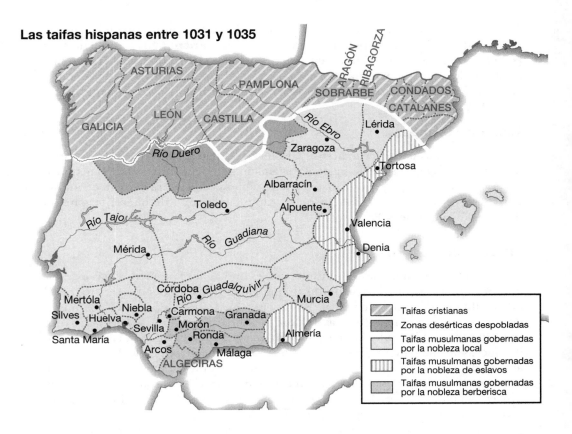

Las taifas hispanas entre 1031 y 1035

Leyenda:
- Taifas cristianas
- Zonas desérticas despobladas
- Taifas musulmanas gobernadas por la nobleza local
- Taifas musulmanas gobernadas por la nobleza de eslavos
- Taifas musulmanas gobernadas por la nobleza berberisca

Llamados a la Península por los reyes de Granada y otros, fueron capaces de infligir una tremenda derrota al rey Alfonso VI en la batalla de Zalaca (1086). Con el prestigio y poder militar conseguidos en esta victoria sobre los cristianos, los almorávides impusieron su voluntad a los reinos peninsulares hasta 1147, fecha en que, vencidos en África por los almohades, desapareció su imperio.

Los almohades eran unas tribus africanas fanatizadas por Mohamed ben Tumart, un reformador religioso que se decía ser el enviado especial, *mahdi*, anunciado por Mahoma. En 1146, tras haber dominado el norte de África, entraron en la Península sometiendo fácilmente los reinos en que predominaba el elemento africano. En 1195 se enfrentaron con las tropas del rey de Castilla, Alfonso VIII, a las que hicieron sufrir, en la batalla de Alarcos, una terrible derrota. Sin embargo, pocos años más tarde el papa Inocencio III proclamó una guerra de Cruzada contra ellos, y los reyes de Castilla, Navarra y Aragón, con la ayuda de cruzados de otros reinos cristianos, consiguieron derrotar a los almohades en la decisiva batalla de las Navas de Tolosa (1212). Dos años más tarde se desmoronó el imperio almohade.

La última invasión africana fue la de los benimerines, miembros de una tribu beréber que había dominado en Marruecos desde la desaparición de los almohades.

Aliados con el reino de Granada, invadieron la Península en una auténtica guerra santa contra los cristianos, pero tras algunas victorias sufrieron una derrota decisiva en la batalla del Salado (1340) ante las tropas del rey castellano Alfonso XI, a quien ayudaban los reyes de Aragón y Portugal. Esta victoria puso el estrecho de Gibraltar en manos de los cristianos, obligando así a las tribus africanas a abandonar los asuntos de la Península.

Reino de Granada

De todo este caos político y militar se salvó el rey Mohamed I, o Boabdil, fundador de la monarquía nazarí de Granada. Proclamado independiente en 1231, mantuvo su independencia en un reino famoso por su riqueza y su cultura hasta su conquista por los Reyes Católicos en 1492. Con su capitulación, el 2 de enero, terminó la dominación árabe de la Península.

La civilización árabe

La llamada civilización árabe, o musulmana, es uno de los fenómenos más extraordinarios en la historia de la cultura, ya que ejerció una influencia decisiva en el desarrollo de la cultura occidental. Desde el momento de las primeras conquistas de territorios bizantinos y persas realizadas por los guerreros árabes, tanto los vencedores como los vencidos demostraron una gran capacidad para la asimilación de nuevas formas lingüísticas y culturales. En menos de un siglo los guerreros árabes, dotados de un nivel cultural relativamente primitivo y acostumbrados a una organización social basada en el concepto de tribu, lograron establecer una situación política y social capaz de continuar y superar las tradiciones sociales urbanas y culturales de los bizantinos y los persas.

En un principio, bajo la dinastía omeya y con la capital en Damasco, fueron las formas de la cultura helenista predominante en toda la región mediterránea oriental las que más influyeron en la nueva civilización árabe. Más adelante, a partir de la revolución abasida, con el consiguiente traslado de la capital a Bagdad, las antiguas provincias del Imperio persa, y con ellas su civilización, adquirieron una gran importancia, dando a las formas de la cultura árabe muchos de los aspectos orientales que la caracterizan.

Contra lo que generalmente se afirma, la sociedad musulmana no era belicosa ni guerrera. Por el contrario, tras el empuje de expansión conquistadora de las primeras décadas, la nueva sociedad se fue estableciendo sobre bases económicas urbanas en las que sobresalían la artesanía y el comercio. Cuentos y narraciones árabes de esta época nos hablan de grandes ciudades con una numerosa burguesía, cuyas ocupaciones principales eran la producción artesanal y el comercio; y sus ideales, la riqueza, el lujo y el bienestar. Para satisfacer esas necesidades, comerciantes de todas nacionalidades y razas recorrían el mundo conocido en busca de productos nuevos que pudieran vender fácilmente y con provecho en las grandes ciudades musulmanas: Bagdad, Damasco, Cairo y Alejandría. De esta manera la civilización musulmana no sólo se aprovechó con el intercambio de productos de las varias provincias del Imperio musulmán, sino que se enriqueció con la importación de otros hasta entonces desconocidos. Se podría citar, entre otros muchos, el papel, la pólvora, la seda y el cristal, tan importantes en el mundo moderno.

Arte árabe

Uno de los aspectos más notables de esta civilización era su arte. Aunque en todas sus manifestaciones demuestra claramente su origen bizantino y persa, además de la influencia india e incluso china, el llamado arte musulmán desarrolló rápidamente características tan marcadas que le dan a todas sus manifestaciones artísticas una personalidad indiscutible. Se asocia de una manera especial con el arte musulmán el detalle, la delicadeza, el sentido sensual de la decoración polícroma, el entrelazamiento decorativo y el juego espacial arquitectónico. Adornos típicamente musulmanes son la caligrafía decorativa y el dibujo geométrico y motivos florales con que compensan la falta de figuras humanas, cuya representación estaba prohibida por la religión musulmana.

A la par que la nueva sociedad desarrollaba sus necesidades y gustos por lujos y adelantos materiales, desarrollaba también el Islam una gran cultura espiritual, literaria, religiosa y científica. Para su expresión se adoptó el árabe como el idioma oficial. La técnica para escribir la lengua se había desarrollado rápidamente, permitiendo su uso tanto en la formulación de conceptos abstractos, filosóficos y científicos, como en la expresión de las más ricas descripciones y sentimientos poéticos más refinados. No sólo por la cantidad, sino también por la calidad de los escritos, la cultura árabe fue una de las más literarias de todos los tiempos. El saber leer y escribir era un título de distinción, y el canto y la versificación eran considerados como una parte muy importante de la educación. En realidad, pocas civilizaciones ha habido que dieran tanta importancia a la poesía como la cultura árabe. Su codificación, análisis, comentario, incluso composición de poesía original, era la base de la educación musulmana, sólo menos importante que el estudio y memorización del Corán.

Ciencias árabes

En las ciencias del espíritu, filosofía y teología, el estudio del texto del Corán, como se llama a la revelación de Dios a Mahoma, fue siempre fundamental, recibiendo por ello una gran atención. Pero al entrar los musulmanes en contacto con escritores cristianos, algunos muy versados en problemas de filosofía y teología helenistas, comenzaron también a interesarse por los filósofos griegos y helenistas, traduciendo sus obras al árabe a la vez que enriqueciéndolas con sus propios comentarios. Tan importante fue su contribución, que fueron precisamente los filósofos musulmanes, como el árabe al-Kindi, el turco al-Farabi, el persa Avicena y el hispano Averroes, quienes preservaron en árabe las obras de los grandes filósofos griegos, sobre todo Aristóteles, sirviendo de puente más tarde para su transmisión en traducciones latinas a Europa.

En el campo de las ciencias, la civilización musulmana también alcanzó un desarrollo notable, y sus contribuciones, al llegar a Europa, hicieron posible e iniciaron el desarrollo de las ciencias modernas. En matemáticas, los sabios musulmanes sintetizaron y, con estudios originales, divulgaron los conocimientos de sabios griegos e indios, cuyas obras se han preservado gracias a las traducciones árabes. Durante siglos, fueron los estudios de aritmética, álgebra y astronomía realizados por los sabios musulmanes los más avanzados del mundo civilizado y en los que se basaron los adelantos posteriores. Se les atribuye la adaptación del sistema numeral indio, la introducción del *cero* como número, y el desarrollo y aplicación del sistema decimal, sin los cuales no se concibe la matemática moderna.

Las ciencias experimentales y la medicina también se enriquecieron con las traducciones que los sabios musulmanes hicieron de libros griegos, egipcios e indios, sobre los que basaron sus propias observaciones, llegando también a gozar por ellas de una fama indiscutible. No sólo era la alquimia (química) una ciencia árabe, sino también la farmacología, la física y la medicina, en las que muchos adelantos conseguidos por los sabios musulmanes (tales como destilación, filtración, sublimación, etc.), todavía hoy tienen aplicación.

La influencia que la civilización musulmana ejerció sobre Europa fue extraordinaria. A pesar de la oposición de Bizancio y los pueblos occidentales contra el Imperio musulmán, las relaciones comerciales entre ambos grupos nunca se interrumpieron completamente. En consecuencia, tanto los productos orientales como las noticias de los avances culturales, filosóficos y científicos de los musulmanes, fueron causa en el Occidente cristiano de un gran interés por las ciencias y la cultura filosófica y artística musulmanas. En ello desempeñó la Península Ibérica un papel extraordinario, al ser ella el punto de contacto más importante y el puente de transmisión de la cultura musulmana a Europa.

La cultura hispanoárabe

La rapidez con que se llevó a cabo la conquista de la Hispania visigoda y el hecho de que fuera realizada por un número reducido de invasores explican que la vida social y económica de los hispanos cambiara muy poco durante los primeros años después de la invasión árabe. Sólo poco a poco las ciudades hispanas fueron transformándose de latinas y visigodas en árabes y musulmanas.

La población musulmana en la Península, en un principio una minoría tan sólo de origen árabe y beréber, se vio incrementada rápidamente por numerosos elementos hispanovisigodos, paganos y cristianos, que, sinceramente o por motivos de interés personal, aceptaban fácilmente la religión de los conquistadores. Éstos, a quienes se les dio el nombre de *muladíes*, llegaron a constituir el núcleo más numeroso de la población hispanoárabe, y aunque su relación étnica con los árabes fue muy superficial o no existente, su completa arabización, en lengua y costumbres, hizo de ellos el fundamento de la sociedad musulmana en la Península, que llegó a ser así una mezcla de elementos hispanovisigodos y árabes.

Sociedad hispanomusulmana

La nueva sociedad hispanomusulmana siguió en su desarrollo conscientemente y muy de cerca, las formas que iba desarrollando la sociedad árabe y musulmana del oriente, Damasco y Bagdad, con la que los emires y califas cordobeses mantuvieron siempre, a pesar de sus diferencias políticas, muy estrechas relaciones mercantiles y culturales. Estas relaciones tomaron en muchos casos el aspecto de imitación consciente, que llegó a dar a la civilización hispanomusulmana un marcado sabor oriental a pesar de sus numerosos elementos occidentales. Un ejemplo de esta imitación lo ofrece Ziryab, el Pájaro Negro, amigo del famoso califa de Bagdad

Harún al-Rashid (786–809), quien al perder el favor oficial aceptó la invitación de los emires cordobeses Al-hakem II y Abderramán II a que entrara a su servicio. Una vez en Córdoba, según cuentan los cronistas árabes, Ziryab hizo una gran fortuna enseñando música y canto al estilo oriental, introduciendo también las modas de Bagdad.

En rivalidad con Bagdad, Córdoba, capital del Emirato y después del Califato de al-Andalus, se convirtió en el centro del lujo y de la civilización musulmana en el occidente. Ya en el siglo X Córdoba era la ciudad más avanzada de Europa con sus 113.000 edificios privados, palacios y mezquitas, 70 bibliotecas, 900 baños públicos, calles pavimentadas e iluminadas por la noche desde las casas a ambos lados. Aunque con menos esplendor, eran centros muy importantes Sevilla, Valencia, Zaragoza, Toledo, entre otras muchas ciudades.

La base de esta civilización fue el desarrollo económico conseguido en los tiempos de relativa paz. La agricultura, sobre todo, avanzó notablemente con la introducción de nuevas formas y técnicas de cultivo y la mejora de las antiguas, ya usadas por los visigodos y los romanos. Se consiguió una gran perfección del cultivo de regadío merced a un sistema de riegos a base de canales y acequias, todavía en uso. Se extendió el cultivo del olivo y del algarrobo en las tierras altas y de los naranjos y limoneros en las más templadas. Además, se introdujeron granos y vegetales desconocidos hasta entonces, como el arroz y la berenjena. La producción minera fue incrementada con la aplicación de nuevas técnicas, por ejemplo las de mercurio en Almadén, cuyo nombre árabe atestigua la importancia que llegó a tener durante este tiempo.

Florecieron además de manera extraordinaria las industrias del consumo, unas basadas en materias primas de origen local, como sedas, cueros, cerámicas, otras en la transformación o elaboración de materiales importados del oriente. Fue muy importante la industria de la plata, hierro, cobre, vidrio y cristal. Todo ello determinó un florecimiento comercial que desbordaba los límites políticos, estableciendo relaciones mercantiles de exportación a los países cristianos. Gracias a estas relaciones se propagaron rápidamente numerosos adelantos científicos y técnicos que iban llegando a la Península desde el Oriente musulmán.

Como consecuencia de un comercio activo y de muy estrechas relaciones culturales con el Oriente musulmán, también las ciudades musulmanas de la Península alcanzaron muy pronto un nivel cultural y científico que rivalizaba con el del Oriente musulmán y sobrepasaba con mucho el de las ciudades de la Europa cristiana. De tal manera que cuando los reyes de León, Castilla y Navarra, o los condes de Barcelona necesitaban arquitectos, cantantes, artesanos o médicos, los iban a buscar a al-Andalus cuya cultura, ya a partir del siglo X, era proverbial en toda Europa.

La literatura

La poesía hispanoárabe había comenzado como una continuación de la árabe tradicional. Como en ésta, los temas tratan del desierto preislámico, nómada y guerrero, de donde también sacaba sus principales metáforas: dunas, palmeras, caballos y camellos. En la Península la poesía de los primeros siglos toma además un aire de nostalgia por el Oriente lejano que demuestra su actitud de literatura de exilio. Ejemplo de ella son los versos atribuidos al emir Abderramán I (755–788):

Tú, palmera, eres, como yo,
extranjera en occidente, lejos de tu tierra.

Muy pronto, bajo la influencia de la cultura y civilización hispanomusulmana, también la poesía fue adquiriendo una mayor seguridad, mezcla de sobriedad occidental y afición al detalle luminoso de influencia oriental y persa. Ya en el siglo XI la poesía hispanoárabe había alcanzado una especial distinción, entre otros muchos casos, con Ibn Zaydún (1007–1070), cuya lírica amorosa está considerada como una de las más finas aportaciones de la poesía árabe.

Característica de la poesía hispanoárabe es la incorporación de elementos indígenas que son elaborados con el virtuosismo formal que distingue a la poesía árabe en general. Entre ellos hay que citar la división en estrofas y combinación de la rima en las poesías llamadas *zéjeles* o incluso en poemas bilingües (*muwashshahas*) en los que el árabe juega con refranes y cancioncillas romances (*kharjas*).

La prosa recibió gran atención no sólo en su uso científico, sino también en el literario, dejando ejemplos de gran valor como *El collar de la paloma*, epístola literaria sobre el amor, escrita por Ibn Hazm (994–1063). Aunque a veces de menor calidad literaria, pero no por ello sin interés, es la gran afición que la literatura hispanoárabe manifestó por la forma narrativa de cuentos y fábulas, sirviendo así de puente hacia Europa de este género literario en que se basa la novela.

Las ciencias

Las ciencias filosóficas fueron cultivadas igualmente con gran interés y a ellas contribuyeron nombres famosos como Ibn Tufail (c. 1110–1185), autor de la novela filosófica, *Hayy ibn Yaqthan*, muy conocida más tarde en Europa con el título de El *filósofo autodidacto*, y sobre todo, el gran comentador de Aristóteles, Averroes (1126–1198), cuyas ideas sobre el alma, la razón y la fe, revolucionaron el pensamiento político y teológico de la Europa del siglo XIII.

Los sabios hispanoárabes sobresalieron además en las ciencias exactas y naturales. Sus contribuciones en matemáticas, óptica, astronomía, medicina, botánica y química enriquecieron las ciencias musulmanas y sirvieron con ellas de base al desarrollo científico europeo a partir del siglo XII.

Las artes

Entre las manifestaciones más conocidas de la cultura hispanomusulmana hay que nombrar la arquitectura y las artes decorativas. Ambas recibieron fuerte inspiración oriental, con la que forman una unidad artística innegable. Como en el arte musulmán oriental, también el peninsular señala claramente sus elementos de origen helénico, persa e incluso indio. Sin embargo, bajo la influencia hispanorromana y visigoda, cuyos elementos fueron también incorporados, el arte hispanoárabe llegó a formar en sus varias manifestaciones una interesante combinación de motivos orientales y occidentales. En términos generales, se puede afirmar que el arte hispanoárabe, como todo el arte musulmán, responde más a un deseo de adorno que de creación de nuevas formas artísticas.

Característica de este arte son los motivos florales, geométricos o caligráficos, con los que se forman unos adornos de extraordinaria finura y estilización a los que se da el nombre de *arabescos*. Para la construcción eran empleados materiales blandos, ladrillos, azulejos y yeso, que reciben con mayor facilidad los elaborados adornos árabes. El arco de herradura, ya usado por los visigodos, recibió la estilización característica de este arte, y los muros interiores y paredes fueron recubiertos con azulejos, formando complicadas combinaciones, o con yeso labrado y policromado.

En arquitectura de la época cordobesa, o califal (siglos VIII al X), han quedado las ruinas del palacio de *Medina az-Zahra* y la famosa mezquita de Córdoba (Fig. 3.5). Fue ésta construida por Abderramán I, agrandada por su sucesor Abderramán II y completada finalmente por el califa al Hakam II, quien le dio la forma que aún hoy mantiene. De especial interés arquitectónico es el progreso decorativo que en la mezquita se observa, desde la simplicidad polícroma primitiva hasta el recargamiento de sus arcos múltiples, y bóvedas de magnífica decoración geométrica o floral (Fig. 3.6). Del siglo X es también el palacio de la Aljafería, en Zaragoza (Fig. 3.7).

De la época almohade (siglos XI y XII) son el incomparable minarete de la antigua mezquita de Sevilla, la llamada Torre del Oro (Fig. 3.8) y famosa Giralda (Fig. 3.9), junto al río Guadalquivir.

Del período granadino (siglos XIII y XIV) se han conservado los famosos palacios de la Alhambra (Figs. 3.10, 3.11, 3.12, 3.13) y el Generalife (Fig. 3.14), muestras sin igual de la delicada gracia y adorno de la arquitectura árabe.

De las artes decorativas y comerciales las más importantes fueron las de tejidos, bordados, labrado de marfil, como la arqueta de Zamora, cueros cordobeses, aceros damasquinados, cerámica y, sobre todo, la marquetería, cuyo nombre antiguo, *taracea*, ya indica su origen árabe (*tarsi*). Tan importantes fueron y tan natural expresión del sentido artístico del pueblo que todas ellas se han mantenido

Figura 3.5 Interior de la Mezquita de Córdoba

Figura 3.6 Detalle de la bóveda del Mihrab de la Mezquita de Córdoba

Figura 3.7 Arcos de la Aljafería, Zaragoza

Figura 3.8 Torre del Oro, junto al río Guadalquivir, Sevilla

Figura 3.9 La Giralda, Sevilla

Figura 3.10 Patio de los Leones de la Alhambra, Granada

Figura 3.11 Arco de gallería, de la Alhambra

Figura 3.12 Jardín de la Alhambra

Figura 3.13 Detalle del Balcón de Daracha de la Alhambra

Figura 3.14 Jardín del Generalife, Granada

hasta el presente, en su técnica y tradición artística, como la expresión más auténtica de la artesanía española.

La religión del Islam

La religión del Islam predicada por Mahoma en Arabia había sido, hasta el momento de la expansión, el lazo de unión entre las varias tribus árabes. Más tarde, cuando la conquista puso a éstas al mando de sociedades muy diversas, la religión de los vencedores se convirtió en la oficial del nuevo imperio. Su defensa y expansión era, al menos en teoría, la primera obligación del califa, por ello llamado vicario o representante del Profeta. La religión musulmana está basada en un concepto estrictamente monoteísta. "No hay más que un solo Dios y Mahoma es su Apóstol", dice la fórmula fundamental de la profesión de fe del Islam. El apostolado de Mahoma consistió principalmente en la predicación de la revelación divina contenida en su libro sagrado, el Corán.

En muchos sentidos muy semejante al judaísmo y distinto del cristianismo, el Islam nunca desarrolló un gran cuerpo de doctrina teológica como hicieron los escritores y teólogos cristianos, pero sí, al pasar el tiempo, una serie de prácticas rituales, que, en algunos casos, llegaron a absorber todo otro sentimiento religioso.

En el aspecto ético, el Islam representaba un gran avance sobre el nivel primitivo de las tribus árabes del desierto, por ejemplo, regulando la poligamia tradicional, aunque nunca llegó a adoptar la actitud negativa que busca el ideal de la perfección religiosa en el abandono de riquezas, lujos y placeres, tal como predicaban los monjes cristianos. Es notable observar que como resultado de esta actitud, los escritores musulmanes han tratado siempre la doctrina cristiana con un respeto mayor que el que recibe el Islam por parte de los escritores y teólogos cristianos, para quienes la religión musulmana es un regreso a la inmoralidad y desorden ético del paganismo.

El Islam aceptó además, desde la época de las grandes conquistas, la realidad de una sociedad pluralística en la que convivían, bajo el dominio árabe musulmán, una gran variedad de grupos de cultura y religión muy diversos. En consecuencia, al contrario de las naciones cristianas en las que la aceptación de la religión era obligatoria para todos sus súbditos por ver en ella la base jurídica de la unidad nacional, en los países musulmanes, salvo en contadas ocasiones, reinaba una tolerancia religiosa, conformándose las autori-dades con que los seguidores de otras religiones guardaran el respeto debido a las leyes y costumbres del Islam. El reconocimiento de otras religiones se había ido estipulando durante las campañas de la conquista, generalmente como parte de las condiciones de capitulación, requiriendo éste el pago de un impuesto especial.

Como en las demás partes del imperio musulmán, los conquistadores árabes de la Península aceptaron con tolerancia la pluralidad étnica y cultural de sus habitantes. Solamente siglos más tarde, y durante los períodos en que dominaron las tribus africanas, almorávides, almohades y benimerines, el fanatismo religioso de éstas llevó a duras persecuciones religiosas de las que tampoco se libraron muchos musulmanes hispanos.

Las minorías religiosas

Las ventajas políticas y económicas que se ofrecían a los que adoptaban la religión y costumbres de los vencedores hizo que grandes grupos de la población peninsular (paganos, arrianos e incluso cristianos) aceptaran muy pronto la religión musulmana. Con ello la religión cristiana, hasta entonces predominante y mayoritaria, se convirtió rápidamente en minoritaria y al margen de la vida política de la nueva sociedad, comparable a la otra minoría étnica y religiosa de vieja historia en la Península: la judía. Los cristianos que vivían sometidos al gobierno musulmán, los mozárabes, y los judíos, son las únicas minorías de cierta importancia durante este período.

Los mozárabes

Los cristianos, visigodos e hispanorromanos que poblaban el territorio peninsular dominado por los musulmanes formaban un grupo de características muy marcadas. Por una parte, al haber perdido, con la caída del reino visigodo, todos los privilegios políticos acordados a la Iglesia, los líderes cristianos mantuvieron una actitud hostil hacia el dominio musulmán, complicada y hecha más profunda por el desprecio que sentían por la religión del Islam. Por otra parte, y a medida que se hacían más extensos los territorios reconquistados, las minorías cristianas iban adquiriendo una importancia desproporcionada con su número.

Por lo general, las comunidades cristianas peninsulares, como las demás de otras regiones del Imperio musulmán, gozaron de una notable libertad religiosa. Podían edificar templos y mantener monaste- rios y escuelas; sus obispos, sacerdotes y monjes ostentaban las insignias propias de su estado y rango, eran libres de convocar sínodos y concilios, manteniendo estrecho contacto con los monasterios e iglesias del norte. Los cristianos vivían agrupados en barrios especiales en los que estaban gobernados según las leyes y costumbres tradicionales, visigodas e hispanorromanas, por un noble cristiano al que se otorgaba el título de conde de cristianos.

A pesar del sentido conservador de estas comunidades cristianas, tan adversas a la sociedad musulmana, su cultura decayó rápidamente y, aunque mantuvieron el latín como su lengua litúrgica y literaria e incluso desarrollaron un dialecto romance especial, la influencia de la cultura árabe fue evidente, por lo que se les dio el nombre de mozárabes, es decir, arabizados.

El acontecimiento más importante de estas comunidades fue la llamada persecución de Córdoba, que tuvo lugar durante la segunda mitad del siglo IX. Ya por aquel tiempo la cultura hispanovisigoda estaba en franca decadencia y los cristianos se sentían cada vez más atraídos por la cultura árabe. Así al menos lo dice uno de sus escritores más famosos, Alvaro de Córdoba (m. 861) en su *Indiculus luminosus*.

De esta época son la mayoría de los pocos escritos mozárabes que se han conservado. En general, son éstos de tipo religioso, y tienen como fin exaltar la religión cristiana a la vez que atacan la religión musulmana, a cuyo fundador, Mahoma, dan el nombre de Anticristo.

Aunque la predicación de Alvaro y otros líderes cristianos produjo frecuentes conflictos con las autoridades musulmanas y algunos de éstos terminaron con el encarcelamiento y ajusticiamiento (martirio) de los cristianos rebeldes, el movimiento no llegó a producir la reacción esperada, continuando la decadencia de la cultura cristiana. A raíz de estos martirios se creó en Europa la imagen de un Islam fanático y perseguidor de cristianos que, aunque injustamente, se ha mantenido en la historia de España hasta el presente.

Los judíos

Una minoría muy distinta de la que formaban los cristianos era la judía. Su presencia en la Península está atestiguada desde el tiempo de los romanos, cuando, sin duda siguiendo las rutas comerciales del Imperio, los judíos se habían ido estableciendo en algunas ciudades peninsulares, en las que por su origen étnico y costumbres distintas vivían sin confundirse con la población que ellos considerada pagana. Ya durante el período visigodo los judíos hispanos constituían una minoría de la población cuyas riquezas y actividades comerciales les daba una importancia mayor de la que su número concedía, a la vez que su lealtad a la fe y costumbres judías impedía una identificación con el resto de la población peninsular cristiana. Por ello, al tratar los reyes visigodos de unificar la Península bajo una legislación cristiana, tuvieron que enfrentarse con las comunidades judías, a las que intentaron someter con una legislación tan dura y persecutoria que fue condenada por los mismos obispos cristianos a quienes favorecía. Como consecuencia, en el momento de la invasión árabe de la Península, los judíos no sintieron lealtad hacia la autoridad visigoda e hicieron causa común con los invasores, a los que ayudaron en la capitulación de ciudades y en los primeros intentos de establecer una nueva jerarquía política y administrativa.

En términos generales, los judíos gozaban de la misma tolerancia religiosa que los cristianos. Como éstos, vivían agrupados en barrios especiales, ejerciendo libremente su religión, gobernados según sus leyes y preceptos tradicionales.

El aspecto más notable de las minorías judías es sin duda su actitud hacia la nueva sociedad musulmana. En contraste con la actitud cristiana cada vez más hostil, adversa y alejada de la cultura árabe e hispanomusulmana, los judíos no sólo mantuvieron estrechas relaciones comerciales sino que se integraron rápidamente a la nueva sociedad. En ella llegaron a figurar muy pronto como embajadores, consejeros y ministros de gobernadores, emires y califas, como Hasdai ben Shaprut, ministro de Abderramán III y gran protector de la cultura judía; Yequtiel ben Hasan, consejero de los reyes árabes de Zaragoza; y el príncipe Shamuel ben Nagrella de los de Granada. Gracias a esta protección y a la actitud misma de las comunidades judías hacia la cultura árabe se inició para la cultura judía un siglo de oro sin igual en otros países o en otros períodos, que se conoce con el nombre de cultura sefardí o sefardita.

Es ésta una cultura que se caracteriza por su dependencia de la civilización árabe, de la que toma direcciones, temas, gustos, estilos, incluso la lengua, aunque todo ello queda transformado de acuerdo con las peculiaridades étnicas y religiosas de los hispanojudíos.

Poetas famosos fueron Salomón ben Gabirol (1021–1070), Moisés ben Ezra (m. 1138) y Yehudá Haleví (1081–1143), éste último conocido sobre todo por sus

Siónidas, composiciones lírico-místicas dedicadas a Jerusalén. Los tres considerados como los mejores poetas que ha producido el genio judío de todos los tiempos. Notables filósofos, además de los ya nombrados Ben Gabirol y Yehudá Haleví, fueron Abraham ben Daúd (m. 1180) y Moisés ben Maimón (1135–1204), mejor conocido con el nombre de Maimónides, cuyas ideas influyeron considerablemente tanto en los pensadores judíos como en los teólogos cristianos de siglos posteriores.

De gran importancia fue también la actividad traductora ejercida por los judíos, sobre todo en la Península, aunque también en otras ciudades europeas, y en la que se distinguió entre otros muchos la famosa familia de Ben Tibbón de Barcelona. Sus traducciones y comentarios hicieron conocer y mantuvieron vivo el recuerdo de la ciencia y la filosofía árabe en Europa durante toda la Edad Media.

PREGUNTAS PARA ESTUDIO Y REPASO

Los bárbaros y los visigodos

1. ¿A qué se debe la importancia de la Edad Media en la historia de España y de Europa?
2. ¿Qué diferencia hay entre la Edad Media europea y la española?
3. ¿A quiénes se daba el nombre de bárbaros? y ¿Qué política había seguido Roma con ellos?
4. ¿Qué tribus invadieron la Península? y ¿En qué regiones se establecieron?
5. ¿Quiénes eran los visigodos? y ¿Cómo llegaron a la Península?
6. ¿Qué importancia llegó a tener su dominación?
7. ¿En qué períodos se divide la historia de la dominación visigoda de la Península?
8. ¿Cuál fue el paso decisivo de los visigodos hacia la unidad nacional?
9. ¿Cómo se explica la aceptación visigoda de la cultura hispanorromana?
10. ¿Qué importancia tuvo la Iglesia en la formación de la nación hispanovisigoda?
11. ¿Qué formas cultivó el arte hispanovisigodo?

Los árabes y su cultura

12. ¿Quiénes eran los árabes? y ¿Cómo se explica su rápida expansión en Asia y África?
13. ¿Qué importancia tuvo la invasión de los árabes para la historia de España?
14. ¿Cómo se llevó a cabo la invasión de la Península?
15. ¿Qué tribus africanas invadieron la España musulmana? y ¿Qué carácter tuvo su dominación?
16. ¿Qué carácter tenía la llamada civilización árabe? y ¿De qué elementos se había formado?

17. ¿A qué se debió la rápida formación de una sociedad hispanoárabe?

18. ¿En qué campos sobresalieron los sabios hispanoárabes?

19. ¿Por qué se dice que la musulmana era una sociedad pluralística?

20. ¿Cómo se explica la rápida conversión de los peninsulares al Islam?

21. ¿Quiénes eran los mozárabes? y ¿A qué se debió su decadencia cultural?

22. ¿Qué carácter tuvo la cultura hispano-judía bajo los musulmanes?

23. ¿Qué actividad cultural de especial importancia ejercieron los judíos españoles?

CAPÍTULO

4

LA RECONQUISTA CRISTIANA (718–1492)

Temas

- Génesis medieval de España

- Grupos iniciales de la Reconquista

- Tradicionalismo y expansionismo castellano

- Peculiaridades políticas y sociales del grupo oriental

- Origen de Portugal, relaciones con Castilla

- Reorganización social: clases sociales

- Reorganización cultural: los monjes franceses

- Cluniacenses y su cultura

- Cistercienses y su cultura

- Órdenes militares

- Minorías religiosas: mudéjares y judíos

- Arte mudéjar, su significación social

- Arte románico y arte gótico: diferencias y semejanzas

- Formación de las lenguas romances

- Comienzos de las literaturas

CRONOLOGÍA DE LA RECONQUISTA CRISTIANA 718–1450

Estilos artísticos vigentes:

Mozárabe siglos IX y X

Románico desde el siglo XII al XIII

Gótico desde el siglo XIII al siglo XV

Mudéjar desde el siglo XII hasta el siglo XVI

- **718** **Inicio de la Reconquista.** Batalla de Covadonga
- 801 (~) Barcelona es reconquistada de los árabes
- 910 Ordoño, rey de Galicia y de León
- 950 **Independencia de Castilla,** Fernán González
- 951 Muere Ramiro II
- 985 Incursiones de Almanzor en Barcelona y Santiago
- 1000 Sancho III, el Mayor, (1000–1035), rey de Navarra
- 1030 (~) Los monjes de Cluny llegan a la Península
- 1035 Fernando, primer rey de Castilla (1035–1065)

  Ramiro, primer rey de Aragón (1035–1063)
- 1072 Alfonso VI, rey de Castilla (1072–1109)
- 1085 Conquista de Toledo por el rey de Castilla
- 1086 Los almorávides africanos vencen a Alfonso VI de Castilla
- 1096 Conde Ramón Berenguer III (1096–1131). Se definen las fronteras catalanas
- 1098 Rodrigo Díaz —Mío Cid— conquista Valencia
- 1102 Los almorávides reconquistan Valencia
- 1104 Alfonso, el Batallador, rey de Aragón (1104–1134)
- 1118 Alfonso, el Batallador, conquista Zaragoza
- 1128 Alfonso I Enriques (1228–1185), primer rey de Portugal
- 1131 Ramón Berenguer IV, conde de Cataluña (1131–1152)
- 1134 Ramiro II, rey de Aragón (1134–1137)
- 1137 **Unión de Aragón y Cataluña** con Ramón Berenguer IV y Petronila de Aragón
- 1140 (~) Los monjes del Cister llegan a la Península

  Composición del *Poema de Mío Cid*
- 1158 Alfonso VIII, rey de Castilla (1158–1214)
- 1195 Los almohades vencen a Alfonso VIII de Castilla en Alarcos
- 1212 Los almohades son vencidos en la batalla de las Navas de Tolosa
- 1213 Jaime I, el Conquistador, rey de Aragón (1213–1276)

- 1217   Fernando III (1217–1252). **Unión definitiva de León y Castilla**
- 1229   Jaime I de Aragón inicia la conquista de las Islas Baleares
- 1236   Fernando III, el Santo, conquista Córdoba
- 1238   Jaime I conquista el reino árabe de Valencia
- 1252   Alfonso X, el Sabio, rey de Castilla (1252–1284)
- 1263   Se publican *Las Siete Partidas*
- 1282   Aragón conquista del reino de Sicilia
- 1300 (~)   Raimundo Lulio (1235–1315) místico y filósofo
- 1323   Incorporación de la isla de Córcega a Aragón
- 1325   Incorporación de la isla de Cerdeña a Aragón
- 1335 (~)   Juan Manuel (1283–1349) escribe *El Conde Lucanor*
             Juan Ruiz (¿1283?–¿1349?) termina su *Libro de Buen Amor*
- 1340   Batalla del Salado. Los Benimerines son derrotados por Castilla
- 1413   Muere Bernat Metge (¿1346?–1413), prosista catalán
- 1442   Incorporación a Aragón del reino de Nápoles
- 1450   Muere A. March (1347–1450), poeta lírico catalán

LA RECONQUISTA CRISTIANA (718–1492)

Se llama Reconquista a la serie de esfuerzos bélicos que varios grupos cristianos realizaron contra el dominio musulmán en la Península. Este período de casi ocho siglos tiene una importancia real y un valor simbólico para la historia de España. Su importancia real estriba en el hecho de que es durante este tiempo cuando se llegaron a establecer las bases de la España moderna. Su valor simbólico se percibe en que, aunque las guerras de los reinos cristianos entre sí, o sus alianzas con los musulmanes fueron durante este tiempo tan frecuentes como las guerras de cristianos contra musulmanes, sólo éstas últimas son consideradas parte de la Reconquista. Ello se debe a que, al pasar del tiempo, solamente la victoria cristiana y la unificación de los reinos peninsulares en una nación fundada en tradiciones cristianas, latinas y europeas han sido vistas durante muchos siglos como parte de la historia de España, quedando relegadas la dominación árabe y la cultura hispanomusulmana, a pesar de su duración, a ser un mero paréntesis de ocupación extranjera.

Los reinos cristianos

Cuando los guerreros árabes y beréberes de Tarik invadieron la Península, el rey visigodo don Rodrigo se hallaba con una gran parte de su ejército en las provincias septentrionales tratando de poner fin a una de las frecuentes insurrecciones de los

Líneas de desarrollo de la reconquista hispánica y definición del ensanche castellano-leonés

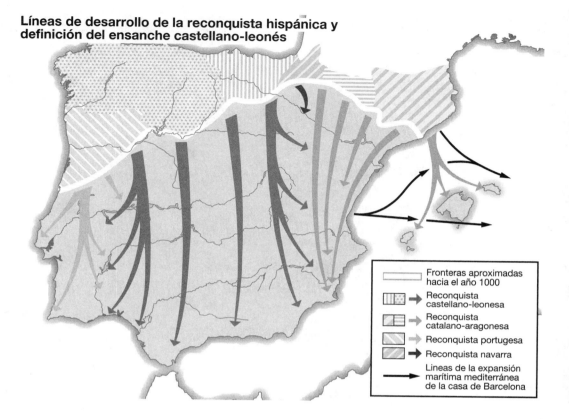

Fronteras aproximadas hacia el año 1000

Reconquista castellano-leonesa

Reconquista catalano-aragonesa

Reconquista portuguesa

Reconquista navarra

Líneas de la expansión marítima mediterránea de la casa de Barcelona

pueblos vascones. Tras la victoria de los invasores en la batalla del Guadalete (711), restos de aquellas tropas y algunos nobles fugitivos buscaron refugio en los montes Cantábricos y Pirineos, donde formaron unos núcleos de resistencia contra el invasor. Aunque esta resistencia no parece que respondiera en un principio a un plan organizado de defensa, al asociarse los fugitivos visigodos con los habitantes de las montañas, comenzaron a formar unos grupos de carácter permanente que muy pronto se organizaron como nuevas sociedades políticas.

Núcleo occidental o cántabro–asturiano

El núcleo de resistencia occidental comenzó en las montañas de la cordillera cántabro–asturiana, que fue incorporando todos los grupos de resistencia de la región de Galicia y Cantabria. En ellas se halla Covadonga, donde, según la leyenda, Pelayo hizo frente a los invasores, el año 718, en la batalla que ha llegado a simbolizar el comienzo de la Reconquista. De este núcleo nacieron Portugal, León y Castilla.

Asturias

Este reino se formó con la elección del visigodo Pelayo como rey tras la legendaria victoria sobre los árabes. La importancia política y cultural que tuvieron en

Cronología fronteriza de las últimas etapas reconquistadoras

él los visigodos fugitivos de las zonas dominadas por los musulmanes contribuyó a que ya desde el principio se le considerara continuador de la monarquía visigoda y, por lo tanto, con derecho a todos los territorios dominados por los invasores árabes. Las crónicas de esta época se hacen eco de esta ambición de los reyes asturianos al atribuirles el título de *ordo gothorum*, es decir, continuación de la dinastía visigoda.

Durante los dos siglos que duró el reino de Asturias, la Reconquista se extendió desde los montes vasco–navarros en el este hasta Galicia en el oeste. El acontecimiento político más importante del siglo IX fue el malogrado intento del rey Alfonso II (791–842) de aliarse con el Emperador de los francos, Carlomagno. La actitud de los nobles, temerosos de la influencia imperial, hizo que la alianza fracasara, dejando así al reino asturiano al margen del desarrollo político y cultural del llamado renacimiento carolingio. A mediados del siglo IX la frontera sur estaba formada por una línea fortificada a lo largo del río Duero que después dio origen a Castilla. La importancia de Asturias terminó con el reinado de Alfonso III, quien a su muerte (910) dividió el reino entre sus tres hijos formando así, además del de Asturias, los reinos de Galicia y León.

León y Castilla

Aunque los tres reinos volvieron a unirse bajo el hijo de Alfonso, Ordoño II, quien tomó el título de rey de Galicia y León, la guerra civil que precedió fue aprovechada por los condes de la zona fronteriza del sur para declararse independientes con el nombre de Condado de Castilla. El héroe de la independencia castellana fue el conde Fernán González, a quien la leyenda convirtió más tarde en uno de los grandes campeones de la Reconquista.

En un principio el reino de León apareció como sucesor del asturiano y, así continuador de los derechos de la monarquía visigoda. Sin embargo, la anarquía que siguió a la muerte del rey Ramiro II (951) y las incursiones del terrible caudillo musulmán Almanzor (m. 1002) fueron causa de que el reino de León perdiese su puesto predominante en la Península. Éste fue asumido por Castilla, cuyo primer rey, Fernando I (1035–1065), y sus sucesores, hicieron del antiguo condado castellano el centro de la política de los reinos peninsulares. A partir del siglo XI fue Castilla el reino que con mayor tesón prosiguió las campañas de la Reconquista, ocupando cada vez más extensos territorios hacia el sur y el este de la Península. Una de las figuras más sobresalientes de este período fue Alfonso VI (1072–1109), gran defensor de la unidad de los reinos de León y de Castilla, protector de monjes, emparentado por matrimonio con los poderosos duques de Aquitania y los condes de Borgoña. Con la conquista de Toledo, en 1085, aseguró la hegemonía de Castilla sobre los demás reinos cristianos.

A este rey se deben también los orígenes de Portugal, cuyos territorios el rey había concedido al esposo de su hija Teresa, el conde francés Enrique de Borgoña. Figura muy notable de este tiempo fue Rodrigo Díaz de Vivar (m. 1099), quien caído en desgracia y expulsado por el rey, pasó gran parte de su vida como mercenario al servicio, casi por igual, de moros y cristianos. Sus batallas más importantes fueron en el Levante donde, en 1095, llegó a conquistar el reino moro de Valencia, que permaneció dependiente de Castilla hasta 1102, fecha en que fue conquistado de nuevo por los almorávides.

La hegemonía castellana sobre los reinos moros y cristianos se hizo definitiva en 1212. Acosado por la invasión africana de los almohades, el rey castellano Alfonso VIII (1158–1214) formó una alianza con los reyes de Navarra y Aragón y, con la bendición del papa Inocencio III, que dio título de Cruzada a la empresa, hizo frente a los guerreros africanos, a los que pudo infligir un verdadero desastre en la famosa batalla de las Navas de Tolosa (1212). A consecuencia de esta victoria quedó abierto a la Reconquista cristiana el camino de Andalucía.

Durante el reinado de su sucesor Fernando III, el Santo, (1217–1252), los reinos de León y Castilla se unieron definitivamente a la vez que la Reconquista avanzaba rápidamente hacia el sur: Córdoba fue conquistada en 1236, Jaén en 1246 y Sevilla en 1248. El dominio musulmán sobre territorios peninsulares quedaba así reducido al reino de Granada, mientras el centro de la Península se constituía en el reino más extenso y poderoso de todos. Sin embargo con Alfonso X (1252–1284), su hijo y sucesor, el proceso de la Reconquista se detuvo. Llamado "el Sabio" por el interés que demostró por las ciencias, fue, a la vez, un político desafortunado. Sus pretensiones al ducado de Suabia y al Sacro Imperio Romano–germánico, y los gastos a que ellas le obligaron debilitaron el poder real en Castilla frente a los nobles rebeldes, durando esta situación hasta el advenimiento de los Reyes Católicos, ya avanzado el siglo XV.

Núcleo pirenaico central

Otro grupo estaba formado por el núcleo central en el que se distinguen el grupo vasco–navarro y el aragonés. Desde el principio el rasgo sobresaliente de ambos fue su independiente aislamiento. Este rasgo les hizo despreocuparse de la Reconquista, en la que nunca desempeñaron un papel muy importante. Su mayor batalla, en efecto, no fue contra los árabes invasores, sino contra las tropas del emperador Carlomagno. Al atravesar éstas las montañas pirenaicas en su regreso a Francia, tras una expedición desafortunada contra los musulmanes de Zaragoza, fueron atacados en el paso de Roncesvalles por los vascones, quienes les infligieron una gran derrota.

Navarra

Los primeros reyes navarros nunca tuvieron gran importancia en la política peninsular, aunque intervinieron repetidas veces en las luchas civiles del reino de León y, más tarde, aliados con los leoneses y castellanos, lucharon también contra los moros que ocupaban las zonas vecinas.

El reino de Navarra alcanzó el momento de mayor poderío y extensión con Sancho III, el Mayor, (1000–1035), quien llegó a dominar la política de Castilla, cuyo primer rey, Fernando I, era hijo suyo. A la muerte de Sancho sus sucesores no fueron capaces de mantener la paz con sus vecinos y en varias guerras perdieron parte de sus territorios, que fueron anexionados por Aragón y Castilla. Al apoderarse los reyes de Castilla de La Rioja, la región sur de Navarra, dejaron a este reino sin fronteras de moros, impidiendo así efectivamente su expansión hacia el sur. A causa de ello, Navarra vivió durante la mayor parte de la Reconquista aislada y como ahogada entre Castilla y Aragón, apoyándose en Francia para mantener su independencia.

Aragón

El reino de Aragón fue fundado por el rey de Navarra, Sancho III el Mayor, para su hijo bastardo Ramiro (1035–1063). Territorio muy reducido en un principio, alcanzó su momento culminante con el rey Alfonso el Batallador (1104–1134), quien con los territorios a lo largo del río Ebro arrebatados a Navarra y la conquista de Zaragoza del poder musulmán, sentó las bases de la región aragonesa moderna. Durante el corto reinado de su sucesor Ramiro II (1134–1137), Aragón estuvo amenazado por el expansionismo castellano, por lo que el rey se vio obligado a buscar una alianza matrimonial con Cataluña. Con el matrimonio de su hija Petronila (1137) con el conde Ramón Berenguer IV (1131–1152) quedaron definitivamente unidos Aragón y Cataluña.

Núcleo pirenaico oriental

El tercer grupo es el núcleo pirenaico oriental, que dio origen a Cataluña y a toda la zona levantina. Sus características más destacadas fueron una profunda romanización, su participación en la organización del Imperio carolingio y una relativa despreocupación por la expansión territorial de la Reconquista, junto a un mayor contacto con los pueblos de más allá de las fronteras pirenaicas.

La zona oriental de la Península, el Levante, ofrecía, al llegar la invasión musulmana y la consiguiente Reconquista cristiana, una historia marcadamente distinta de la del centro castellano–leonés, atribuible, en parte, a su situación geográfica y, en parte también, a su sustrato ibero más marcado y a su más larga y profunda colonización griega y romana. Todo ello contribuyó a crear en toda la zona levantina una identidad social, cultural e histórica, muy definida, cuyos efectos se han dejado sentir a lo largo de los siglos de la historia de España. A diferencia del núcleo occidental, en el que la Reconquista comenzó como continuación y restauración de la tradición visigoda, en el oriental fue la alianza con los francos y la influencia de éstos el factor determinante de la lucha contra los árabes.

Cataluña

La Reconquista de la región catalana, en efecto, fue iniciada como parte de la política de expansión del imperio del emperador Carlomagno. Sólo después del fracaso que éste sufrió en Roncesvalles (778) al ser atacado por los vascones, confió el Emperador la conquista de los territorios y su gobierno a los condes francos de la frontera. De este modo se estableció una provincia fronteriza, la Marca Hispánica, que al mismo tiempo que ampliaba el Imperio, servía de muro de contención contra los ataques musulmanes.

El año 801 fue reconquistada Barcelona, que muy pronto se convirtió en el centro de los dominios francos en la Península. Durante el siglo IX los condes catalanes de la Marca comenzaron a reclamar para sí la independencia, pero sin que ello pusiera término a sus alianzas políticas y relaciones culturales con los francos. Con el conde Ramón Berenguer III (1096–1131), llamado el Grande, las fronteras catalanas quedaron establecidas, siguiendo aproximadamente las mismas líneas de las provincias modernas llegando, por el sur, hasta Tortosa, junto a la desembocadura del río Ebro. Con su hijo y sucesor Ramón Berenguer IV se unieron Aragón y Cataluña, creando así un reino peninsular, por su extensión y poder, rival de Castilla.

Bajo la dirección guerrera de los reyes aragoneses comenzó la expansión territorial del nuevo reino. Pero mientras Castilla consideraba el sur la dirección principal de su expansión, Cataluña buscó la suya al norte de los Pirineos, con el resultado que, a fines del siglo XII, la Reconquista apenas había llegado por el sur más allá de Zaragoza, mientras que en el norte había conseguido anexionarse el Rosellón y hacer tributarios a numerosos feudos francos, entre ellos, Nimes, Beziers y Carcasona.

Durante el siglo XIII Jaime I (1213–1276), llamado el Conquistador, uno de los reyes aragoneses más famosos, conquistó las Islas Baleares (1229–1235) y el reino musulmán de Valencia (1238). Las nuevas fronteras llegaron a ser los límites máximos de la influencia catalana al firmar Jaime I un tratado con Alfonso X de Castilla y otro con Luís de Francia, en los que renunciaba, en favor de Castilla, a toda expansión hacia el sur, y de Francia a sus derechos sobre los condados francos.

A partir de entonces y como consecuencia de estos tratados, las ambiciones políticas de los reyes de Aragón y Cataluña fueron dirigidas hacia el Mediterráneo, dando como resultado la conquista del reino de Sicilia (1282), la incorporación de Córcega (1323) y Cerdeña (1325) y finalmente del reino de Nápoles (1442).

Es decir, que mientras Castilla y León se formaron con la expansión hacia el sur en una confrontación continua con los reinos musulmanes, la expansión de Aragón y Cataluña fue más bien ajena al territorio peninsular e incluyó tanto reinos cristianos como musulmanes. Sin duda a causa de estas diferencias históricas, los sentimientos nacionales en el Levante español tomaron formas muy distintas de los castellanos, diferencias que se perciben todavía en nuestros días.

LA VIDA SOCIAL

La vida social de los diferentes reinos se fue formando como resultado de las tradiciones antiguas visigodas y romanas, modificadas de acuerdo con las necesidades prácticas que, a medida que avanzaba la Reconquista, se iban presentando a las varias regiones peninsulares. En términos generales se pueden distinguir, como más importantes, dos áreas: los reinos del centro peninsular y el Levante catalán.

La zona central

La sociedad de los reinos en el centro peninsular estaba dividida en hombres nobles, libres y siervos. Dentro de ella, sin embargo, había una serie de divisiones que variaban según la época o las necesidades concretas de cada reino.

La clase más fuerte e importante era la nobleza, heredada o adquirida por concesión real, en la que se concentraba la mayor parte de la riqueza del reino. La clase noble se dividía en nobleza alta, constituida por consejeros y administradores, que formaban la corte del rey, y la nobleza baja, formada por nobles cuyos privilegios se basaban en su calidad de guerreros y combatientes. Otra clase de nobleza era la clerical, compuesta por eclesiásticos, en su mayoría de origen noble, que llegaban a ocupar altos cargos en la administración de la Iglesia, tales como obispos y abades. En oposición a ellos, el bajo clero correspondía más bien a las clases libres, o burguesas, de las que procedían.

La clase más importante junto a la nobleza estaba constituida por los hombres libres, habitantes de las ciudades, jurídica y económicamente independientes, dedicados generalmente a actividades comerciales o industriales. En Castilla y León, cuyas ciudades nunca crecieron mucho ni desarrollaron una gran actividad comercial, la clase libre pertenecía en su mayoría a los municipios.

Eran éstos unas instituciones especiales organizadas por los reyes con la intención de atraer colonos con que repoblar ciudades y poblados abandonados o para construir nuevos en los territorios reconquistados a los musulmanes. Los municipios eran independientes de la nobleza y, aunque sometidos al rey, se regían generalmente por derechos y privilegios especiales que éste les concedía, llamados *fueros municipales*. El gobierno de los municipios estaba a cargo de sus vecinos, que en consejo abierto elegían a sus representantes. Estos estaban encargados de la administración de los bienes comunes y de la reglamentación de los privados. Una función política de los municipios era enviar sus representantes a las cortes cuando en ellas se discutían medidas económicas de interés general.

La configuración económica y etnográfica de León y Castilla hizo que los reyes tuvieran que recurrir a este sistema para atraer colonos y repoblar las tierras de la Meseta Central durante los primeros siglos de la Reconquista, por lo que los municipios llegaron a ser una de las características más importantes de la sociedad castellana y leonesa. Los siervos constituían una clase intermedia entre la esclavitud y la libertad, vivían adscritos a la tierra o en dependencia personal de un señor. En términos generales, la servidumbre en León y Castilla durante la Edad Media fue menos dura que en otros reinos peninsulares o países europeos.

La forma de gobierno en la Península era la monarquía, ya heredada de los visigodos. Sólo con la presencia de un rey adquiría una sociedad la independencia absoluta frente a los otros reinos. En un principio el poder real no fue absoluto, y estaba limitado por los fueros, privilegios y otras costumbres del país, que el rey juraba respetar al ser elevado al trono. Más tarde, a partir del siglo XIII, al definirse mejor la participación de las clases sociales en el gobierno del pueblo, se afirmó más la idea de la limitación del poder real.

El gobierno del reino radicaba en la persona del rey. Para su realización el rey usaba del *Consejo real*, cuerpo consultivo formado por los nobles y obispos. Si al consejo asistían los representantes de los municipios, recibía éste el nombre de *Curia plena*, más tarde el de *Cortes*, cuya misión específica era la de establecer servicios e impuestos. Aunque en el siglo XIV se nota en el resto de Europa una tendencia hacia un régimen de gobierno absoluto, es precisamente la limitación del poder real lo que distingue las monarquías peninsulares de las europeas, especialmente de Inglaterra y de Francia, hasta bien avanzado el siglo XVII.

La zona oriental

En la sociedad del levante peninsular se distinguían claramente los dos grupos dispares que la componían, el aragonés y el catalán.

En Aragón, como en Castilla, la clase media, o burguesa, se fue desarrollando al amparo de las libertades que gozaban sus municipios. Aunque los municipios aragoneses tuvieron menos importancia que los castellanos, al tener también derecho a intervenir en las Cortes, dieron un marcado sentido democrático al gobierno del reino, que impidió en Aragón el desarrollo de un absolutismo regio tal como ya se iba ejerciendo en Francia e Inglaterra.

Característica de la sociedad aragonesa era la presencia de los mudéjares, mucho más numerosos que en Castilla. El rey Alfonso I, el Batallador, tras sus expediciones guerreras por tierras musulmanas de Levante (1125–1126), había concedido tierras de cultivo a lo largo de la ribera del Ebro, como medio de poblar la zona devastada por las guerras. Los mudéjares llegaron a poseer fueros especiales en algunas ciudades, gozando así de libertad religiosa e, incluso, de ciertos privilegios políticos.

En Cataluña la sociedad se caracterizaba por un fuerte contraste entre un sistema feudal muy arraigado y una clase burguesa muy desarrollada. La jerarquía feudal predominaba en el interior del país y era una extensión histórica del sistema feudal franco, mucho más rigurosa y despótica en el trato de las clases serviles que la aragonesa o la castellana.

La clase libre catalana se agrupaba en municipios que el conde de Barcelona había ido organizando en los territorios arrebatados a los musulmanes y que gozaban del privilegio de estar libres del dominio feudal. Donde más floreció la clase libre burguesa fue en Barcelona, cuya importancia e influencia económica y cultural sobre el resto de Cataluña no tuvo paralelo en la Península. Ya desde 1265 el gobierno de la ciudad estuvo a cargo del famoso Consejo de Ciento (*Consell de Cent*), llamado así por estar compuesto por cien ciudadanos libres de todas clases sociales que eran elegidos por los *concellers*, o magistrados, a quienes ellos debían asesorar. Este régimen de gobierno, único en la Península, llegó a tener una gran importancia y se mantuvo en vigor hasta el siglo XVIII.

Los siervos, por el contrario, gozaban de menos libertad que en León y Castilla. En Cataluña eran importantes los *payeses de remensa*, o sea los cultivadores de tierras adscritos a las mismas de manera forzosa y hereditaria. Estos obtuvieron su emancipación por decreto de Fernando, el Católico, en 1486.

LA VIDA RELIGIOSA

Uno de los aspectos más importantes de la Reconquista y, quizás, el de mayor trascendencia para la historia de España, fue la restauración de la religión cristiana como la base jurídica y espiritual de los nuevos reinos. Aunque se toleraba la existencia de musulmanes y judíos dentro de sus fronteras, a medida que avanzaba la Reconquista era ésta una tolerancia que no permitía su plena incorporación a la vida política del reino sin una previa conversión a la religión cristiana. Sólo los judíos, dado el carácter urbano de sus comunidades, y el mayor grado de educación de muchos de ellos, eran empleados con frecuencia en tareas políticas y administrativas de ciudades y del reino llegando a gozar, a veces, de gran importancia. Ello no obstante, el ideal político de los nuevos reinos era cristiano y tanto sus leyes como su educación tendían al establecimiento de la religión cristiana como base de la nueva sociedad.

Los cristianos

Durante los primeros siglos de la Reconquista, cuando los reyes cristianos parecían estar interesados en la restauración de la monarquía visigoda, también obispos y abades intentaron la reorganización de la Iglesia según las leyes hispanovisigodas.

A principios del siglo XI, tras las destrucciones causadas por el temido caudillo árabe Almanzor, los reyes cristianos se propusieron reorganizar la vida eclesiástica de los monasterios y del reino en general. Para ello solicitaron ayuda a los monjes franceses, con los que se inició una serie de reformas políticas y sociales distintas de la tradición visigoda.

La primera orden venida de Francia fue la de Cluny, que entró en Cataluña a principios del siglo XI, y, con la protección de Alfonso VI de Castilla, se extendió rápidamente por el centro y el este de la Península. Con los monjes de Cluny se introdujo en España la cultura francesa y una espiritualidad universalista frecuentemente en conflicto con las costumbres tradicionales.

A la influencia cluniacense se debe la introducción de la liturgia romana (el llamado *canto gregoriano*), la escritura carolingia y el arte románico. En el campo espiritual, se debe a ellos también la introducción de las devociones francesas, en especial a la Virgen, la conversión del sepulcro del apóstol Santiago en centro europeo de peregrinaciones y, sobre todo, la idea de que la Reconquista, más que una restauración de la antigua monarquía visigoda, era una guerra santa del cristianismo contra el Islam.

Su obra fue continuada el siglo siguiente por otra orden de monjes también procedente de Francia, el Cister. Orden de gran ascetismo, buscaba para sus monasterios tierras pobres o abandonadas, que sus monjes trabajaban como parte de su plan de vida. En la Península esta orden tuvo su extensión principal en la Meseta, donde fundó numerosos monasterios en tierras fronterizas todavía sin poblar, en las que los monjes organizaban pueblos y municipios cristianos en torno al monasterio.

La idea de guerra santa y la necesidad de defender sus monasterios de los ataques de los moros hizo popular en la Península la organización de órdenes de monjes guerreros, al estilo de los Templarios en Tierra Santa, naciendo así las órdenes militares hispánicas de Caballeros de Santiago, de Calatrava, de Alcántara y de Montesa, cuya misión guerrera y religiosa a la vez se convirtió en ideal de la nobleza española.

A partir del siglo XIII la formación religiosa de la Península estuvo compartida además por las llamadas órdenes *mendicantes*. De éstas, las más importantes fueron la orden de los franciscanos, fundada en Italia por Francisco de Asís, y la de los dominicos, fundada por el castellano Domingo de Guzmán para combatir la herejía de los albigenses en Francia. De ambas es ésta, la de los dominicos, la que mayor influencia tuvo en Castilla y Aragón. Ya a mediados del siglo XIII, eran dominicos muchos de los consejeros y confesores de los reyes, a quienes se confiaba la misión de convertir a los infieles musulmanes y de dirigir las instituciones de enseñanza.

Moros, judíos y conversos

La realidad política de la Reconquista y la influencia que en ella tuvo la religión ha sido tema muy discutido. Mientras unos atribuyen a ésta las raíces del llamado fanatismo religioso hispano, otros insisten que en la Reconquista el sentimiento religioso fue secundario, y señalan como prueba las relaciones con tanta frecuencia bélicas de los reinos cristianos entre sí y amistosas entre cristianos y musulmanes; y, en el caso de los judíos, la frecuencia con que sus servicios fueron usados y estimados tanto en quehaceres políticos como mercantiles y científicos.

Es indudable que los cristianos, ya desde los tiempos primeros de la Reconquista, consideraban que la Península era históricamente *tierra de cristianos* y su gobierno quedaba por derecho en manos de reyes cristianos. Por ello tenían derecho a recobrarla, si era preciso por el uso de las armas. Independiente de ello queda la mayor o menor tolerancia con que los gobernantes hispanos reconocieron a los súbditos fieles a la religión judía o musulmana, o los conciudadanos cristianos los aceptaran. Alfonso X, el Sabio, en sus *Partidas,* determina los derechos de *Judíos* (VII, título XXIV) a mantener su fe y sus sinagogas, a celebrar el sábado y a no ser obligados a conversión. A los *Moros* (VII, título XXV) les reconoce derechos semejantes. Sin embargo, ni moros ni judíos pueden *apremiar* a cristianos o tener dignidad sobre ellos, ni pueden convivir con ellos. Los cristianos por su parte no pueden hacerles injusticia o daño sin merecer y sufrir castigo.

Ya desde la Edad Media los musulmanes residentes en los territorios reconquistados por los cristianos solían quedarse, por tratado, en las zonas que ocupaban, a éstos se dio el nombre de *mudéjares.* Al retener su residencia mantuvieron muchas de sus costumbres y, al quedar separados de los cristianos, se regían con sus leyes sin integrarse en la sociedad cristiana, con sus actividades reducidas cada vez más a profesiones agrícolas o artesanas ejercidas desde pueblos y aldeas para el servicio de las ciudades. En las zonas que ocupaban eran generalmente gran mayoría, incluso total. Este era el caso de Aragón, Valencia, Murcia y Andalucía. Los mudéjares sólo se constituyeron en problema social a partir del siglo XVI.

En contraste, los judíos permanecieron a través de los siglos fundamentalmente en comunidades urbanas en las que formaban comunidades minoritarias. Su contribución a la sociedad española, como anteriormente a la musulmana, estaba además articulada con la ciudad, lo cual si bien no exigía una conversión, necesitaba una adaptación tanto en lengua como en la aplicación de sus servicios. Como con los árabes anteriormente, también con los reyes cristianos sirvieron en el gobierno, especialmente en la administración. Son notables el poeta Jehuda Haleví, emigrante del sur; el viajero Benjamín de Palencia; el rabino y poeta Sem Tob, entre otros muchos.

Con las conversiones en masa que siguen los decretos de 1392, surgió un nuevo grupo de cristianos llamados *conversos,* que fieles o no a la nueva religión se mantuvieron concentrados en las ciudades, activos en profesiones urbanas, con una mayor independencia, e incluso bienestar económico.

A medida que la importancia de la sociedad urbana crecía, los conversos jugaron un mayor papel en la sociedad cristiana, con frecuencia en desproporción con su número. Por esta razón creció una oposición a ellos fundamentalmente económica, pero siempre disimulada con la abierta acusación de deslealtad a la religión cristiana. Por una parte, a fines de la Edad Media son notables numerosos conversos e hijos de conversos, llamados *cristianos nuevos,* encargados de la administración de los reinos y ocupando altos cargos en la Iglesia. Ejemplos notables son, en el siglo XV, Pablo de Santa María, obispo de Burgos y canciller de Castilla; su hijo, también obispo de Burgos, Alonso de Cartagena; Juan de Torquemada, cardenal de la Iglesia; su sobrino Tomás de Torquemada, Gran Inquisidor, entre otros muchos. Por otra parte, el antagonismo de la población de *cristianos viejos* se manifiesta cada vez más abiertamente hasta llegar al llamado *Tumulto de Toledo,* en 1459.

LA VIDA CULTURAL

La vida cultural que se va formando en la sociedad cristiana tras la Reconquista es de gran complejidad. Por una parte se mantiene continuadora de las costumbres tradicionales, de origen visigodo y aun hispanorromano; por otra, va incorporando costumbres y tradiciones hispanoárabes mantenidas por los grupos musulmanes que poblaban las zonas reconquistadas. Finalmente se impone, sobre todo desde el siglo XI, la cultura de origen francés, que muy bien se puede llamar oficial y normativa, puesto que los estamentos oficiales, reyes e Iglesia la soportan. De todas, ésta será la más importante por ser sus efectos más duraderos.

Uno de las transformaciones culturales de mayor trascendencia fue el cambio en la situación lingüística en la Península. Aunque el latín continuó siendo la lengua escrita usada en cancillerías y monasterios, se va imponiendo el uso de las lenguas romances. Aunque ya en existencia como lenguas habladas, es durante este tiempo cuando llegan a su formalización escrita y adquieren su carácter literario.

La literatura

En Francia y en Inglaterra un sistema político feudal y cortesano había favorecido el desarrollo de una literatura caballeresca y de trovadores. En Italia el florecimiento de una economía comercial en las ciudades había contribuido a la formación de una literatura burguesa.

En Castilla y León, en cambio, la literatura medieval manifiesta claramente la falta de una burguesía ciudadana y el predominio de las órdenes monásticas de origen francés. Dedicadas, como estaban, al servicio de la religión cristiana, sus escritos son predominantemente moralizantes y consisten en composiciones piadosas, vidas de santos o narraciones de milagros, temas todos muy importantes para la espiritualidad monástica y popular de la época.

La forma más común que se da a esta literatura es la de poemas de longitud muy variable, divididos en estrofas de cuatro versos con la misma rima, constando cada verso de catorce sílabas, a los que ya sus autores dieron el nombre de *mester de clerecía*. Dado el predominio de las órdenes monásticas que lo usaron, esta forma tuvo gran aceptación siendo usada en composiciones muy variadas, líricas, épicas y satíricas, hasta bien avanzado el siglo XIV.

El poeta más famoso en este género es Gonzalo de Berceo, monje en el monasterio cluniacense del que tomó su nombre, que vivió a mediados del siglo XIII. Su producción literaria, *Milagros de Nuestra Señora*, entre otros títulos de vidas de santos, refleja muy bien la espiritualidad de la orden. Sin embargo, el gran acierto en su adaptación al vocabulario y al ambiente popular de la época ayuda a desarrollar la naciente lengua castellana y hace de sus obras una de las grandes joyas de la poesía.

En contraposición a estas composiciones está el llamado *mester de juglaría*, de versificación menos cuidada y variada, mucho más dependiente de las exigencias de sus oyentes y de las necesidades impuestas por su declamación oral.

A este género pertenece el gran poema épico de la literatura castellana, el *Poema de Mío Cid*. Compuesto a mediados del siglo XII, el *Poema* canta las hazañas de Rodrigo Díaz de Vivar desde su caída en desgracia al ser desterrado por su rey, Alfonso VI de Castilla, hasta su triunfo final sobre sus enemigos y el matrimonio de sus hijas con los infantes de Navarra y Aragón. El Cid, que ha llegado a ser una de las figuras de la literatura épica universal, a pesar de las batallas en que interviene, muchas contra los moros, más que guerrero, es el vasallo honorable, el esposo y padre sin tacha. El drama del honor del Cid se realiza, no en el campo de batalla, sino en la Corte del rey, y su gloria culmina en el favor que el rey le otorga al aceptar el matrimonio de sus hijas con los príncipes.

En el siglo XIII la figura más representativa es la de Alfonso X (1252–1280), llamado "el Sabio" por su interés por las letras y la ciencia de su tiempo. Poeta él mismo, compuso unas famosas *Cantigas de Santa María*, que se han conservado en un manuscrito magníficamente ilustrado con numerosas miniaturas. Alfonso X demostró también gran interés por las ciencias astronómicas, y en su *scriptorium* colaboraron eclesiásticos con moros y judíos en la elaboración de sus famosas *Tablas de Astronomía*, que fueron usadas en toda Europa por siglos como la regla en los estudios astronómicos. También se deben a su protección obras de historia, *Crónica de España*, y las *Siete Partidas*, primera gran enciclopedia jurídica en España.

Al siglo XIV pertenece el Infante don Juan Manuel, uno de los nobles más importantes e influyentes de su siglo. A él se atribuyen, entre otras obras, *El Conde Lucanor*, colección de cuentos de notable mérito narrativo, y *El Libro de los Estados*, en el que predomina la preocupación doctrinal de la cultura monástica oficial hispana.

Contemporáneo suyo es Juan Ruiz, arcipreste de Hita, que por el mismo tiempo compuso su *Libro de Buen Amor*. En él, el autor, bajo el pretexto de escribir su autobiografía amorosa, se deleita en presentar una serie de parodias literarias cuya gracia especial radica en la mezcla de lo ideal literario con la realidad, a veces exagerada, de su mundo. En este sentido el *Libro de Buen Amor*, aunque escrito por un eclesiástico, representa en Castilla la aserción de la burguesía frente a la literatura monástica y clerical.

Aunque también en Cataluña los monasterios fueron centro de cultura y educación, por lo que la literatura tuvo también un carácter religioso y moralizante, las relaciones políticas y culturales de Cataluña con el sur de Francia, y la gran importancia económica y política de la burguesía barcelonesa, fueron causa que la literatura catalana señalara más claramente que la castellana aspectos sociales y valores éticos de la sociedad burguesa y una mayor influencia francesa e italiana.

Bajo influencia de la lírica provenzal se desarrolló en Cataluña una importante escuela de poesía lírica al estilo trovadoresco que se mantuvo con gran vigor hasta el siglo XV, cuando la influencia renacentista italiana la hizo decaer. Sin igual en la Península es la Escuela de Gay Saber (1393), en la que se enseñaba el arte de componer según las normas trovadorescas al estilo francés.

Figura cumbre de la cultura catalana fue Raimundo Lulio (1235–1315), teólogo, filósofo, poeta y místico que murió martirizado por los musulmanes de Bujía (África), a quienes había ido a predicar el cristianismo, cuyos numerosos escritos son todavía muy apreciados. En el siglo XIV, Bernat Metge (¿1350?–1413) y Francisco Eiximenis se destacaron como los mejores prosistas catalanes y, a principios del siguiente, Ausias March (1347–1450) es famoso por su lírica delicada, ya influida por Petrarca, y que influyó a su vez en la poesía peninsular posterior.

Los traductores

Una actividad cultural característica de este tiempo y de gran importancia para toda Europa, fue la de las traducciones. Inducida por el desnivel cultural entre el mundo cristiano y el Imperio musulmán se inició, ya hacia el siglo X, una creciente actividad traductora del hebreo y del árabe al latín de libros de medicina, matemáticas y luego filosofía. Desde fines del siglo X, clérigos y monjes franceses, italianos, ingleses y alemanes fueron acudiendo a la Península en busca de libros científicos y filosóficos, unos árabes, otros traducciones árabes del griego, que con ayuda de musulmanes y judíos bilingües traducían al latín.

Tras la conquista de Toledo (1085) esta ciudad, todavía habitada por un gran número de moros y judíos, se convirtió en centro de una gran actividad traductora de obras árabes y hebreas. Además de Toledo, se traducía en Barcelona, Zaragoza y también, aunque menos, en otros lugares de Europa. Esta actividad culminó hacia los siglos XII y XIII, influyendo notablemente en el desarrollo del saber europeo de los siglos siguientes al ser estudiadas estas traducciones en las nacientes universidades europeas.

El arte

La evolución del arte medieval hispánico está determinada por la situación política y por las formas que fue tomando la restauración cristiana a lo largo de la Edad Media.

El mozárabe

Durante el primer período de la Reconquista, que se extiende hasta principios del siglo XI, el centro político y cultural era Asturias. La arquitectura y decoración se caracterizan por una fuerte tradición visigótica, tanto en la planta de sus construcciones como en el uso de arcos y decorados hispanovisigodos. A la vez se perciben elementos decorativos de influencia árabe importados, sin duda, por mozárabes monjes emigrados del sur. Por darse este arte sobre todo en la región asturiana recibe el nombre *de asturiano–mozárabe*. De este tiempo se han conservado numerosas iglesias, sobre todo en la región pirenaica asturiana, San Miguel de Linio (Fig. 4.1) y Santa Cristina de Pola (Fig. 4.2); y en el norte de la Meseta castellana, San Miguel de Escalada (Fig. 4.3).

Ejemplo muy importante del arte decorativo de este periodo son las ilustraciones hechas al comentario del *Apocalipsis* de Beato de Liébana (siglo VIII) por el *archipictor* Magius (m. 968). En sus miniaturas, de gran colorido, se mezclan adornos de evidente influencia mozárabe con figuras que manifiestan también claramente un contacto directo con la tradición artística de los monasterios francos. Es importante este arte, además, como testimonio de una época de crisis y transición, que se percibe muy bien en la selección de temas apocalípticos y el tratamiento de las figuras.

El románico

Un segundo período artístico lo constituye el románico, llamado así porque busca su inspiración en las antiguas formas cristianas, bizantinas y romanas. Se llama también estilo cluniacense por haber sido los monjes de esta orden sus mayores

Figura 4.1 Iglesia de San Miguel de Liño o Linio, Oviedo

Figura 4.2 Interior de Santa Cristina de Pola, Oviedo

Figura 4.3 Iglesia de San Miguel de Escalada, León

Figura 4.4 Iglesia de San Esteban de Gormaz, Soria

propagadores. En la Península este estilo acompañó la expansión de la orden de Cluny por Cataluña y el norte de Castilla hasta León y Galicia, dejando como herencia un gran número de bellas iglesias, grandes catedrales y monasterios, con sus magníficos claustros. Unas responden a estilos propios hispanos, otras son obra de artesanos y arquitectos venidos a la Península y reproducen obras francesas.

El arte arquitectónico románico se caracteriza por su torre cuadrangular, más alta y esbelta en Cataluña, más baja y maciza en Castilla, y el uso extenso del arco de medio punto descansando generalmente sobre columnas de altura media. De gran sencillez en sus orígenes, el arte románico desarrolló rápidamente una gran complejidad decorativa que sirve exclusivamente para fines educativos. En el exterior tímpanos, portadas y arcos se cubren de esculturas religiosas y simbólicas; en el interior bóvedas, paredes y techos sirven de lienzo a un gran número de frescos representando escenas bíblicas e imágenes de santos que rebosan simbolismo religioso.

Monumentos principales de la arquitectura románica en el siglo XII son, entre otros muchos, San Esteban de Gormaz (Fig. 4.4), el Pórtico de la Gloria (Fig. 4.5) y la Puerta de Platerías de la catedral de Santiago de Compostela, la fachada de Santa María de Ripoll (Fig. 4.6), la iglesia de San Clemente de Tahull (Fig. 4.7), la iglesia de Santo Domingo de Soria (Fig. 4.8) y la colegiata de Santa María de Toro, Zamora (Fig. 4.9).

Figura 4.5 Pórtico de la Gloria de la catedral, Santiago de Compostela

Figura 4.6 Detalle de la fachada de Santa María de Ripoll, Gerona

Figura 4.7 Iglesia de San Clemente de Tahull, Lérida

Aunque de un gran naturalismo, tanto la escultura como la pintura románicas tienden a ser representaciones simbólicas de la espiritualidad cristiana. Por ello, su aspecto, actitudes y gestos no repiten lo humano sino sus relaciones con lo divino. Nacido además en el ambiente caballeresco y feudal francés, expresa la religión y la Divinidad en términos de la realeza; por ello, la representación preferida para Jesucristo es la de rey, juez y dominador de la creación; la de la Virgen como reina, madre y señora; y el cristiano como siervo o vasallo de Dios.

Figura 4.8 Iglesia de Santo Domingo, Soria

Figura 4.9 Colegiata de Santa María de Toro, Zamora

Importantes muestras de la escultura románica, además de las muchas que se encuentran incorporadas a las obras de arquitectura, son las figuras de los apóstoles que adornan la fachada de San Isidoro de León (Fig. 4.10), la Cámara Santa de la catedral de Oviedo, y las numerosas Madonas que se veneran en muchas iglesias y monasterios, como Santa María de Nájera, y, más conocida aún, la Virgen de Monserrat, patrona de Cataluña (Fig. 4.11).

Los restos más importantes de pintura románica son los frescos de la iglesia de San Clemente de Tahull (Lérida) y del Panteón de los reyes de la iglesia de San Isidoro, en León (Fig. 4.12), ambos magníficos ejemplos del arte del siglo XII.

El gótico

A finales del siglo XII hizo ya aparición en la Península otro estilo, introducido desde Francia por los monjes de la orden del Cister. Como protesta contra el excesivo lujo de Cluny, la nueva orden adoptó la sencillez desnuda de la arquitectura, de arco apuntado, popular entre los pueblos del norte europeo, que por ello recibió el nombre de gótico.

Figura 4.10 Esculturas de la fachada, San Isidoro, León

Figura 4.11 *Virgen con el Niño*, Monasterio de Montserrat, Barcelona

Figura 4.12 Frescos del Panteón de los Reyes, León

Como el románico, tampoco el estilo gótico se mantuvo fiel a la sencillez primitiva, sino que, con el pretexto de una glorificación del templo divino y de mejor servir sus fines didácticos, se cubrió también de estatuas y adornos recargados. Así se formó el estilo gótico hispano, que se irá diferenciando del europeo por su mayor recargamiento.

Características de la arquitectura gótica son el arco ojival que sirve de prolongación a columnas de gran altura, bóvedas de crucería y los arbotantes que refuerzan las paredes exteriores. A diferencia de las iglesias románicas, las góticas dejan sus paredes de piedra desnudas. Sólo las superficies mayores se abren con inmensas rosetas, o ventanales de cristalerías polícromas. Dada la importancia que tuvo la orden cisterciense, la mayor parte de las iglesias, monasterios y catedrales edificados a partir del siglo XIII señalan ya influencia o mezcla del gótico sobre el románico o responden ya completamente al estilo gótico. Entre las iglesias en este estilo sobresalen las catedrales de León (Fig. 4.13), Burgos (Fig. 4.14), Toledo y Barcelona, todas comenzadas en el siglo XIII, aunque terminadas siglos más tarde.

Como el románico, también la escultura y la pintura góticas son expresión de una espiritualidad específica, en este caso la cisterciense. Característica de esta espiritualidad es su sentido emotivo. Las nuevas devociones insisten en recordar a Jesucristo como el Redentor doliente y compasivo, a la Virgen como hermosa doncella o madre amorosa y la relación de los cristianos con Dios, no de vasallaje, sino

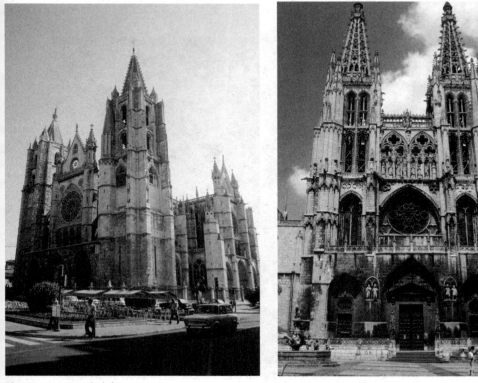

Figura 4.13 Catedral de León   **Figura 4.14** Catedral de Burgos

de amistad y afecto amoroso. Esta nueva dirección en la religiosidad popular se percibe muy bien en la escultura y pintura góticas, cuyas obras más características representan con un marcado realismo a Cristos sufrientes, madonas jóvenes, hermosas y amables o santos sonrientes.

Características primordiales de la escultura y la pintura góticas son la finura, la delicadeza y, a la vez, el realismo con que los artistas llevan a cabo su obra. Notables son la Virgen con el Niño, obra frecuentemente repetida que se halla, entre otras, en las catedrales de Toledo (Fig. 4.15), León y Tarragona; el sepulcro de Santa Eulalia, en la Catedral de Barcelona (Fig. 4.16); y, en pintura, las maravillosas miniaturas que adornan las *Cantigas* del rey Alfonso X, en las que además del estilo gótico se percibe la influencia árabe. Importantes también son los frescos del monasterio de Pedralves (Fig. 4.17).

Figura 4.15 *Virgen con el Niño*, de la catedral de Toledo

El mudéjar

Junto a estos dos estilos procedentes de Francia, se hace muy popular en la Península un tercer estilo. Es éste una mezcla de elementos románicos, más tarde también góticos, que se realizan con materiales y siguiendo técnicas y estilos de ornamentación árabes. Por haber sido obra de los moros establecidos en los reinos cristianos recibe el nombre de estilo mudéjar.

Figura 4.16 Sepulcro de Santa Eulalia, Barcelona

Figura 4.17 "Quem quaeritis", Monasterio de Pedralbes, Barcelona

Algunas características del arte mudéjar son, en la arquitectura, el empleo del ladrillo, yeso y madera en vez de piedra para la construcción, y policromía y adornos geométricos para la decoración de sus paredes y bóvedas artesonadas. Para la ornamentación tiene gran popularidad el uso del azulejo y la cerámica policro-

Figura 4.18 Torre de la iglesia de Santa María Magdalena, Zaragoza

mada, de pura tradición árabe, en cuya producción destaca toda la región levantina. En la decoración interior son de gran importancia los techados que, durante muchos siglos, serán característicos de la decoración interior de las construcciones hispanas. El arte o estilo mudéjar presenta características específicas en cada región, más árabe en Andalucía, más románico en el resto, pero mucho más elegante y polícromo en Aragón que en Castilla.

Se han conservado numerosísimas obras de este arte en la zona mudéjar por excelencia, la región del bajo Aragón donde todavía hoy las iglesias de este estilo son típicas del paisaje aragonés. Son muy famosas las de Teruel y, en Zaragoza, la iglesia de Santa María Magdalena (Fig. 4.18). En la región de Toledo son notables la antigua sinagoga, después iglesia de Santa María la Blanca (Fig. 4.19), la antigua mezquita, después iglesia del Cristo de la Luz y la Puerta del Sol. Son nota-

Figura 4.19 Interior de Santa María la Blanca, Toledo

bles las muchas iglesias del románico de ladrillo que adornan todavía pueblos y ciudades de la meseta castellano–leonesa.

Más tarde, a partir del siglo XIV, el estilo mudéjar se mezcla también con el gótico dejando obras de gran belleza, entre las que destacan el monasterio de San Pablo de Peñafiel, en Castilla y el monasterio de Guadalupe, en Extremadura (Fig. 4.20).

La importancia del arte mudéjar, además de la influencia que tuvo sobre los demás estilos hispanos de origen europeo, radica en su supervivencia, incluso hasta nuestros días, como expresión del arte tradicional español.

Arquitectura militar

De importancia también para la historia de la arquitectura medieval peninsular son las fortificaciones de puentes y ciudades (Fig. 4.21) y los castillos, muchos de los cuales todavía dominan el paisaje de gran parte de la Meseta (Figs. 4.22, 4.23, 4.24). Originariamente construidos para defensa de los territorios fronterizos, más tarde, ya en los siglos XIV y XV, se amplían o se construyen nuevos para residencia de reyes y nobles según estilos arquitectónicos europeos, árabes y mudéjares.

Figura 4.20 Claustro del Monasterio de Guadalupe

Figura 4.21 Puerta de San Vicente, Ávila

Figura 4.22 Castillo de Belmonte, Cuenca

Figura 4.24 Castillo de Coca, Segovia

Figura 4.23 Alcázar de Segovia

PREGUNTAS DE ESTUDIO Y REPASO

Política y sociedad

1. ¿Qué importancia tuvo la Reconquista cristiana para la historia de España?
2. ¿Cómo se inició la Reconquista? ¿Qué núcleos de resistencia se formaron?
3. ¿A qué se debió la importancia política de Castilla?
4. ¿Cuál fue el factor determinante de la política de reconquista de Aragón y Cataluña?
5. ¿Qué clases sociales se dieron en Castilla durante la Edad Media?
6. ¿Cómo se caracterizaba la sociedad catalana?

Cultura y arte

7. ¿Qué tipo de cultura y de espiritualidad introdujo en la Península la orden de Cluny?

8. ¿Qué espiritualidad propagaba la orden del Cister?

9. ¿Qué fueron las Órdenes militares y a qué debieron su importancia en España?

10. ¿Qué clase de literatura predominaba en Castilla durante la Edad Media?

11. ¿Qué clase de composición fue *el Poema de Mío Cid*? ¿Qué tipo de héroe fue Mío Cid?

12. ¿Por qué se le dio el título de "el Sabio" al rey Alfonso X de Castilla?

13. ¿Qué características especiales tuvo la cultura catalana?

14. ¿Qué papel desempeñó España en la transmisión a Europa del saber árabe y judío?

15. ¿Cuáles son las características del arte mozárabe?

16. ¿Qué tipo de espiritualidad expresa el arte románico y cómo se manifiesta?

17. ¿Qué espiritualidad expresa el arte gótico?

CAPÍTULO
5

LA EDAD MODERNA

Temas

- Fortalecimiento de las monarquías en Europa

- Unificación política en la Península, Isabel y Fernando

- Federación de reinos y predominio de Castilla

- El Nuevo Mundo

- La nueva sociedad española

- Concepto de unidad nacional

- Función de la Iglesia

- Minorías: mudéjares, judíos y conversos

- Problemas de minorías: economía y religión

- Expulsión de los judíos

- Integración de los mudéjares

- El Renacimiento y el Humanismo

- Renacimiento y humanismo hispánico

- Arte hispánico en el siglo XV

- Influencia norteeuropea e italiana

CRONOLOGÍA DE LA ESPAÑA DE LOS REYES CATÓLICOS 1450–1517

Estilos artísticos vigentes:

Gótico **flamígero**

Gótico **florido**

Plateresco

Gótico **plateresco**

Mudéjar

Mudéjar a lo romano

- ◆ **1450~**   Desarrollo del **Renacimiento** en España

            Influencias flamencas e italianas en el arte

            Colecciones de cantos y música popular

- ◆ 1458   Marqués de Santillana (1398–1458), poeta
- ◆ 1468   Juan del Enzina (1468–1529), músico y poeta
- ◆ 1469   Matrimonio de Isabel de Castilla con Fernando de Aragón
- ◆ 1470   Primer uso de la **imprenta** en Sevilla
- ◆ 1474   Muere Enrique IV de Castilla

            Guerra civil en Castilla y con Portugal

- ◆ 1479   Intervención de Aragón a favor de Isabel

            Jorge Manrique (1440–1479), poeta

            Las Islas Canarias son adjudicadas a España

- ◆ **1479–1517**   **Reinado de los Reyes Católicos**
- ◆ 1481   Comienzan las guerras de Granada
- ◆ 1482   Es establecida la Inquisición, Tomás de Torquemada, Gran Inquisidor
- ◆ 1485   Cristóbal Colón llega a España
- ◆ **1492**   Conquista de Granada. **Fin de la Reconquista**

            Cardenal Cisneros, Consejero de la Reina

            Expulsión de los judíos

            Colón divisa el Nuevo Mundo

- ◆ 1499   Sublevación de los moriscos de Granada

            Primera edición de *La Celestina*

- ◆ 1500   Nace en Gantes el futuro Carlos V
- ◆ 1501   Gil. de Siloé (ca.1501), escultor
- ◆ 1502   Isabel firma el decreto de conversión de los moriscos
- ◆ 1504   Pedro Berruguete (ca.1450–1504), pintor

            Introducción de *Censura de Libros*

            Muere Isabel *la Católica*

- **1504** **Breve reinado de Juana y Felipe el Hermoso**
- **1504–1516** **Regencia de Fernando**
- 1508 Fundación de la Universidad de Alcalá
- 1512 Anexión de Navarra
- 1515 Las Cortes de Navarra juran fidelidad al Rey Fernando
- 1516 Muere Fernando el Católico

  Llega a España el príncipe Carlos
- 1519 Juan de Flandes (ca.1519) pintor
- **1516–1517** **Regencia de Cisneros**
- 1517 Publicación de la *Biblia Políglota* de Alcalá
- 1520 Bartolomé Ordóñez (ca.1520), escultor
- 1522 Antonio de Nebrija (1441–1522), humanista
- 1529 Juan del Enzina (1468–1529), poeta
- 1540 Juan Luis Vives (1492–1540), humanista
- 1563 Diego de Siloé (1495–1563), escultor

Se llama Edad Moderna al lapso de tiempo comprendido entre la conquista de Constantinopla por los turcos, en el año 1453, y el comienzo de la Revolución francesa en 1789. Se toma la primera fecha por representar la caída del Imperio bizantino y con ella la desaparición de la última gran institución medieval, y la segunda por significar la instauración de las bases políticas de la sociedad contemporánea. Durante los tres siglos que estas dos fechas encierran, las naciones europeas sufrieron una profunda transformación que los historiadores dividen en tres períodos, cada uno cubriendo aproximadamente un siglo. El primero se caracteriza por la formación de las grandes monarquías, con los Tudor en Inglaterra, con Luis XI en Francia y con los Reyes Católicos en España; el segundo período comprende las guerras entre Francia y España por la supremacía europea y las guerras religiosas suscitadas por la Reforma protestante; el tercer período se define por la ruptura del equilibrio europeo. En este último, España entró en clara decadencia, mientras que la monarquía absolutista francesa llegó a su apogeo con el reinado de Luis XIV, el Rey Sol, y el establecimiento en España de los reyes franceses de la Casa de Borbón. Por otra parte, Inglaterra se fue convirtiendo, durante el mismo tiempo, en árbitro político de Europa y, aunque no pudo evitar la independencia de los Estados Unidos, aseguró, con la destrucción de las flotas francesas y española, su poderío preeminente en el mundo durante los siglos siguientes.

Estas divisiones se pueden aplicar a la historia de España en términos generales solamente y, de hecho, los historiadores prefieren usar para ella otra que expresa mejor su desarrollo histórico. Según esta división la Edad Moderna española comenzó en España con el reinado de los Reyes Católicos, concretamente en 1492, año de la conquista de Granada y del descubrimiento de América, acontecimientos ambos que modificaron fundamentalmente el curso de la historia de la nación española durante los siglos siguientes. Como término se señala el año 1808, fecha en que comenzó la Guerra de la Independencia contra Napoleón, con la que se introdujeron en España los problemas políticos y sociales planteados ya en Europa por la Revolución francesa.

Los tres siglos que dura esta época se suelen dividir en cuatro períodos: la España de los Reyes Católicos (1479–1517); la España Imperial de Carlos V y Felipe II (1517–1598); España en su Siglo de Oro (1598–1700); y, finalmente, los Reyes de la Casa de Borbón (1700–1808). Por razones prácticas esta división es la que se sigue en los capítulos siguientes.

EUROPA DURANTE EL REINADO DE LOS REYES CATÓLICOS

Tres son los movimientos culturales que dominan y dan forma a esta época: el Renacimiento, con el que se secularizan la cultura y las instituciones políticas; la Reforma protestante, con la que se afirma y vence en el norte de Europa el subjetivismo individual frente al dogmatismo católico; y, finalmente, la Ilustración, que se podría definir como la declaración de los derechos de la razón humana ante los postulados religiosos, sobre todo, aunque no exclusivamente, del catolicismo.

Inglaterra se hallaba todavía sumida en los horrores de la guerra, llamada de las Dos Rosas, entre las Casas de York y de Lancaster (1455–1485), que señaló el comienzo de la dinastía Tudor. Su primer rey, Enrique VII, suprimió las libertades tradicionales, introduciendo así una monarquía absoluta que sus súbditos aceptaron sin gran oposición por el orgullo y la riqueza que les producía el poderío exterior y la expansión comercial que la nueva monarquía les proporcionaba.

En Francia la dinastía reinante de la Casa de Valois, con una política de conquistas y matrimonios, consiguió realizar la unidad territorial. Luis XI (1461–1483), enemigo declarado de Fernando de Aragón, cuyas posesiones francesas ambicionaba, se erigió en fundador del absolutismo monárquico francés. Su sucesor, Luis XII (1498–1515), de la Casa de Orleáns, aunque no siempre afortunado en sus frecuentes guerras con los Reyes Católicos, robusteció el poder absoluto de los reyes, que quedó como sistema político tradicional en Francia hasta la Revolución Francesa casi tres siglos más tarde.

Los Reyes Católicos (1479–1517)

Para la historia de España el reinado de los Reyes Católicos representó el paso decisivo de la Edad Media a la Edad Moderna. Durante los largos años que éste dura, el concepto político medieval de varios reinos hispanos evoluciona hacia la unidad del territorio peninsular como la base primordial de la nación española. Aunque la idea de la unificación había partido de Aragón, fue en Castilla donde se realizó, por lo que fueron los ideales políticos y culturales castellanos los que más influyeron en la formación de la España moderna. Ello explica que la unidad territorial que se consigue en este período responda a las aspiraciones castellanas de reconquistar el

España al iniciarse el reinado de Isabel (1474)

reino moro de Granada, pero no incluya a Portugal, cuya legitimidad Castilla había reconocido desde la Edad Media. Por la misma razón, el reino de Navarra, que Castilla también reconocía, no fue incorporado hasta 1512, después de haber fallecido la reina castellana.

En todo este proceso de unificación no se trató tanto de una simple federación de los reinos medievales sino de su progresiva absorción por Castilla. La España moderna nace así como una castellanización de la Península, de la que queda al margen, sólo parcialmente, la región catalana. La idea de que Castilla es ideal y cuna de la nación española ha sido uno de los mitos más importantes de la historia española, cuya influencia se ha dejado sentir hasta bien entrado el siglo XX.

Nada, sin embargo, en la situación política de los reinos hispanos presagiaba tales cambios. Durante la segunda mitad del siglo XV las relaciones entre los reinos principales, Castilla y Aragón, eran de un antagonismo que rayaba en la hostilidad. La situación interna de Castilla bajo los reyes Trastámara no podía ser más desastrosa. La autoridad real estaba totalmente desprestigiada. La nobleza, altanera y rebelde, usaba de las guerras civiles para mantener sus privilegios y acrecentar sus riquezas y posesiones, mientras la economía del país, en franca ruina, no permitía el desarrollo de una burguesía mercantil o industrial. En Aragón el conflicto, aunque distinto, no era menos profundo, ya que a lo largo del siglo XIV el reino

La política mediterránea de los Reyes Católicos

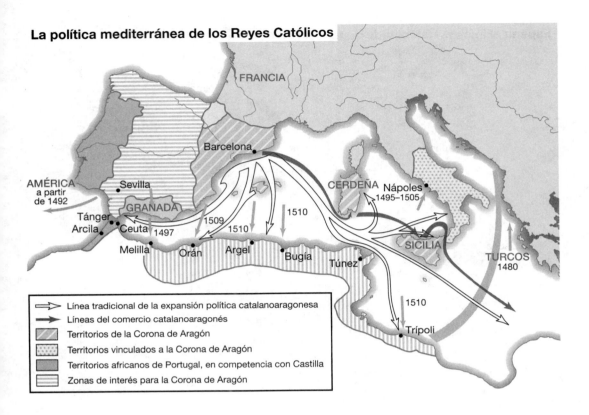

Línea tradicional de la expansión política catalanoaragonesa
Líneas del comercio catalanoaragonés
Territorios de la Corona de Aragón
Territorios vinculados a la Corona de Aragón
Territorios africanos de Portugal, en competencia con Castilla
Zonas de interés para la Corona de Aragón

había ido experimentando una serie de revueltas que sucesivamente habían abarcado todas las clases sociales: los campesinos contra sus señores, los gremios y artesanos contra los principales de las ciudades y los nobles contra la autoridad de los reyes.

Matrimonio de Fernando e Isabel

En medio de este ambiente caótico se llevó a cabo el matrimonio del príncipe Fernando, heredero de Aragón, con Isabel, hermana y heredera de Enrique IV de Castilla. Esta unión fue bien recibida sólo en Aragón, que esperaba recibir así ayuda castellana en las guerras contra Luis XI de Francia. En Castilla, por el contrario, las viejas rivalidades con el reino vecino movieron a Enrique IV y a ciertos miembros de la nobleza a oponerse a Isabel, nombrando como heredera en su lugar a Juana la Beltraneja, hija ilegítima del rey. Cuando, a pesar de ello, a la muerte de Enrique IV (1474) Isabel fue proclamada reina, una parte de la nobleza se alzó en armas con la ayuda del rey de Portugal, dando lugar a una guerra civil que terminó en 1479 tras la intervención de Aragón en favor de la reina Isabel.

Con la proclamación de los nuevos reyes una gran parte del territorio peninsular quedó unificado bajo una sola autoridad real. Castilla se extendía desde Galicia y el mar Cantábrico por toda la Meseta Central hasta el Mediterráneo y el Atlántico por el sur, y Aragón, además de su territorio, comprendía Cataluña, Valencia y las islas de Mallorca, Cerdeña, Sicilia y Canarias. Independientes quedaban solamente los reinos de Portugal, Navarra y el moro de Granada.

Al finalizar la guerra civil castellana y tras la derrota de Portugal en las batallas de Toro y Albuera, los nuevos soberanos se dedicaron a fortalecer la autoridad real y a restablecer el orden en sus estados, sometiendo a la nobleza rebelde, a la que revocaron la mayor parte de sus privilegios. A la vez crearon una especie de guardia nacional, la Santa Hermandad, que tenía por objeto proteger los pueblos de los ataques de malhechores y nobles rebeldes. Con objeto de fortalecer la autoridad real, los monarcas concedieron a los nobles adictos la oportunidad de servir en la Corte como consejeros y administradores del reino. Esta medida tuvo por efecto alejarlos de sus territorios, con la consiguiente pérdida de influencia en los pueblos, convirtiéndolos en una nobleza cortesana, instrumento y brazo político de la Corona.

Conquista de Granada

Una vez pacificado el territorio castellano, los Reyes Católicos decidieron continuar la política exterior. Contra el parecer del rey Fernando, que hubiera preferido prestar primero atención a la amenaza francesa, la reina Isabel insistió en dar preferencia a las aspiraciones castellanas sobre los territorios todavía sometidos a los musulmanes. Para realizarlas era preciso conquistar el reino de Granada.

Aprovechándose de la división de los musulmanes causada por las disensiones entre el sultán granadino Abulhasán Ali (Muley Hacén), su hijo Boabdil y su hermano, el Zagal, los Reyes Católicos exigieron pago del tributo tradicional, que el sultán se había negado a pagar durante la guerra civil castellana. Ante su negativa, los Reyes Católicos le declararon la guerra a la vez que pedían al papa Sixto IV (1471–1484) que la declarase Cruzada contra el infiel. A pesar de la falta de unidad en el campo musulmán, usada con habilidad por el rey Fernando, la campaña fue muy lenta y sólo tras ocho años de hostilidades, con la caída de Almería en 1489, llegaron las tropas cristianas a las murallas de Granada, cuyo sitio se formalizó en 1491. Tras casi dos años de lucha, que según narran las crónicas fue pródiga en hechos caballerescos por parte de moros y cristianos, el rey Boabdil pidió la capitulación, comprometiéndose los reyes cristianos a respetar las personas y bienes de los musulmanes y mantener su libertad administrativa y religiosa.

Los Reyes Católicos tomaron posesión de Granada el 2 de enero de 1492. Esta victoria, muy celebrada por toda la Península, fue recibida con gran júbilo también en Roma, donde fue exaltada por el papa Inocencio VIII (1484–1492) como un triunfo de la fe y las armas cristianas.

Política europea

Así como la política castellana de la reina Isabel estuvo orientada hacia Granada, África y, más tarde, América, el rey Fernando contribuyó la orientación europea tradicional de la política catalano-aragonesa. Según ésta, la gran enemiga de España era Francia, ya que ambas naciones ambicionaban el dominio sobre los territorios del Rosellón y Cerdaña y el control sobre el reino de Nápoles, incorporado a la corona de Aragón desde 1442. Las guerras de Italia a las que este conflicto de intereses dio lugar duraron, con pocas interrupciones, todo el reinado de Fernando y estuvieron frecuentemente complicadas por la intervención del emperador de Austria, el Papa, y los señoríos de Milán y Venecia.

Basándose en el deseo de aislar a Francia, rodeándola de aliados de España, los Reyes Católicos concertaron las bodas de sus hijos, cuatro mujeres y un varón, con los herederos de las casas de Austria, Portugal e Inglaterra. La mayor, Isabel, se casó con el rey Alfonso de Portugal y a su muerte con su sucesor, Manuel I. A la muerte de Isabel, Manuel I se casó con María, segunda hija de los reyes. Catalina de Aragón, destinada para Arturo de Inglaterra se casó, al morir éste, con su hermano, el futuro Enrique VIII. De todos estos matrimonios el de la princesa Juana, llamada más tarde Juana la Loca, que se casó con Felipe el Hermoso, hijo de Maximiliano, emperador de Austria, constituyó la línea de descendencia en España. Su primer hijo varón, Carlos, heredero también a la corona imperial, introdujo en España la dinastía de los Habsburgos.

Regencia de Fernando

La reina Isabel falleció en el año 1504, amargada por desgracias familiares, dejando a su hija Juana como heredera con el rey Fernando como regente, ya que su estado de salud mental la incapacitaba para gobernar el reino.

Durante los 12 años que duró la regencia, Fernando inició una serie de expediciones militares contra el territorio africano, que llevaron a la conquista de varias plazas estratégicas (Orán, Bujía, Trípoli, etc.) situadas a lo largo de la costa mediterránea, que habían sido usadas por los piratas como base para sus ataques a las costas españolas. El alma de esta política africana fue el consejero y confesor de la reina, el cardenal Francisco Jiménez de Cisneros, que veía en ella una continuación de la política castellana de Reconquista contra los musulmanes; sin embargo acabó por prevalecer la opinión del rey Fernando, que las proseguía tan sólo como defensa contra una posible invasión africana y como medio para asegurar el territorio aragonés de Sicilia y el reino de Nápoles contra los ataques de los piratas turcos. La derrota sufrida por los españoles en las islas de los Gelves (1511) y el peligro de una nueva guerra con Francia pusieron fin a la política africana del rey Fernando.

El acontecimiento más importante de la regencia de Fernando fue la incorporación del reino de Navarra a España. Su independencia a lo largo de la Edad Media se había debido a su orientación francesa y a las rivalidades entre Aragón y Castilla. Pero con la unión de ambos y cuando, ante la amenaza de guerra entre España y Francia, Navarra se decidió por una alianza con ésta (tratado de Blois, 1512), el rey Fernando envió un ejército castellano que, al mando del duque de Alba, ocupó en pocos días todo el territorio navarro. En 1515 las Cortes de Navarra juraron fidelidad al rey Fernando y éste se comprometió a respetar los fueros y privilegios del antiguo reino, que quedó así incorporado definitivamente a España.

Sólo Portugal, cuyo rey Manuel I (1495–1521), había mantenido un amistoso distanciamiento de Castilla, quedó al margen de la unidad hispánica.

A la muerte de Fernando, ocurrida en 1516, quedó como heredera de todos sus estados su hija Juana y, como regente, su nieto Carlos. El ya anciano cardenal Cisneros ocupó el cargo en su lugar hasta que el príncipe llegara a España.

Régimen político

La diferencia más notable entre el sistema político de Inglaterra y Francia durante este tiempo y el que los Reyes Católicos aceptaron para España, radicaba en la manera como los respectivos monarcas concebían el ejercicio del poder real. Mientras éste llevó en Francia e Inglaterra a un absolutismo de los reyes en el ejercicio de su poder, en España se aceptó una división entre la autoridad real y el ejercicio del poder.

Los Reyes Católicos, como los demás monarcas cristianos, creían en el origen divino de la autoridad en ellos investida. Sólo los reyes representaban la soberanía de la nación y su autoridad alcanzaba por igual a todos sus súbditos. Sin embargo, los Reyes Católicos reconocían que el ejercicio de la autoridad real debía obedecer a las leyes divinas y eclesiásticas, y respetar las instituciones de los reinos, los fueros y costumbres tradicionales del pueblo. En consecuencia, el matrimonio de ambos monarcas sólo unía la autoridad real sin hacer desaparecer la identidad política tradicional de los respectivos reinos. Así lo habían asegurado los Reyes Católicos en la *Concordia de Segovia*, firmada al comienzo de su reinado, y lo había prometido el rey Fernando a Navarra al ser ésta incorporada a la unidad hispánica.

Con estas medidas se intentaba proteger la tradición política de los diferentes reinos hispanos contra el excesivo poder de los otros. No obstante, la preponderancia de Castilla se hizo muy pronto evidente. Esto se explica por la situación tan diferente de ambas monarquías. Mientras la monarquía aragonesa era débil frente a una nobleza independiente y poderosa, en Castilla, por el contrario, la debilitación del sistema nobiliario tras la guerra civil de sucesión permitió que los reyes pudieran asumir un mayor poder. En consecuencia, los Reyes Católicos usaron Castilla, y no Aragón, como base de su política unificadora.

La labor unificadora de los Reyes Católicos se nota sobre todo en su reforma administrativa, de clara tendencia centralizadora. Por una parte las Cortes medievales, aunque continuaron existiendo, perdieron su poder legislativo, con excepción de las leyes concernientes a la imposición de impuestos y tasas. Por otra parte los Consejos del Reino, órganos consultivos de los reyes compuestos principalmente por letrados, adquirieron una gran importancia. Una ordenanza declarada por los Reyes Católicos en 1480 determina que el Consejo Real estaría compuesto por ocho letrados, tres caballeros y un prelado. Nobles y obispos podían asistir a sus deliberaciones, aunque sin derecho a emitir voto. Había otros varios Consejos, encargado cada uno con aspectos concretos de la administración. Durante mucho tiempo uno de los más importantes fue el Consejo de Aragón, al que correspondía la administración de este reino.

Los antiguos municipios fueron reconocidos, aunque su autoridad quedó disminuida tanto por el menor poder de las Cortes como por la mayor autoridad real que sobre ellos ejercían los veedores (inspectores) y corregidores nombrados por el rey.

Legislación social

La legislación social de los Reyes Católicos fue de gran importancia. Por una parte fueron promulgadas numerosas ordenanzas que regulaban los gremios y pragmáticas, o disposiciones reales, referentes a la ganadería, agricultura, y otros aspectos de la economía. De todas éstas, las concernientes a la ganadería son las que con mayor frecuencia se usan para criticar la política económica de los Reyes Católicos por proteger excesivamente los derechos de la Mesta. Por otra parte los reyes procuraron la mejora de la situación social de los vasallos y solariegos, o siervos de la gleba, a quienes concedieron la libertad de cambiar de residencia con familias y bienes si así lo querían. Esta medida, aceptada en Castilla y Cataluña, encontró gran oposición entre los nobles aragoneses.

Gran importancia tuvo también la reforma militar, ya que en ese tiempo no existía propiamente un ejército. Cuando los reyes querían declarar la guerra, convocaban a los nobles e instituciones que disponían de pequeños ejércitos propios. Al terminar las campañas estos grupos se dispersaban. Pero ante un panorama de guerras cada vez más costosas y largas, que requerían cada vez un mayor número de guerreros, hubo que cambiar el sistema medieval. En su lugar se formó un ejército permanente, Guardias Viejas de Castilla, con servicio obligatorio para todos los hombres entre veinte y cuarenta años de edad, de los que era escogido uno de cada doce. Gonzalo Fernández de Córdoba, el Gran Capitán de las guerras de Italia, introdujo además la división del ejército en grupos técnicos de infantería, caballería y artillería, creando así la estructura militar moderna. Más tarde se inició también la distinción entre la marina mercante y la de guerra con navíos de construcción y armamento distinto. El orden interior fue confiado a la Gente de Ordenanza, fundada por el cardenal Cisneros. Era ésta una milicia compuesta por vecinos conocidos de pueblos y ciudades que tenía por finalidad mantener el orden y la defensa nacional.

DESCUBRIMIENTO DE AMÉRICA

El descubrimiento de América fue un acontecimiento cuya importancia es difícil de exagerar. En todos sentidos, religioso, cultural, político o económico, el descubrimiento del Nuevo Mundo, como fue llamado, cambió y amplió los horizontes de la sociedad europea, en especial de la española. En la misma medida que ante la visión europea el mundo se acrecentaba con los descubrimientos, Europa disminuía al ser considerada tan sólo como una parte del mundo. Europa, sin embargo, por su cultura y su mentalidad religiosa y política, continuó todavía durante siglos creyendo ser centro del mundo y poseedora de la única religión y civilización verdaderas.

Afición viajera

La afición viajera era en realidad muy vieja en Europa. Además de las excursiones guerreras de algunos pueblos bárbaros, como los vikingos y normandos, ya desde el siglo X eran conocidas en la Europa medieval y en España las aventuras de comerciantes y viajeros árabes por mar en torno al continente africano, o por tierras de Asia hasta los países del Extremo Oriente. También muy vivos en la fantasía europea estaban los famosos viajes del más famoso viajero europeo, el veneciano Marco Polo (1254–1323). Durante el siglo siguiente el rey de Portugal, Enrique (1394–1460), había recibido el sobrenombre de el Navegante precisamente por su interés y protección de la navegación viajera y peregrina.

Sin embargo, es a partir del siglo XV cuando el número y los resultados de los viajes llegaron a ser tan importantes que por ellos se da a este período el nombre de *época de las grandes exploraciones*. Aunque en ellas participaron muchas naciones europeas, fueron de hecho españoles y portugueses los que con sus esfuerzos contribuyeron más a la exploración de nuevas rutas y al descubrimiento de tierras hasta entonces desconocidas.

Muy complejas fueron las razones que contribuyeron al desarrollo del espíritu viajero de los europeos. Una fue el creciente espíritu mercantil, resultado de una sociedad cuya burguesía era cada vez más importante. Al apoderarse los turcos del Oriente Medio cerraron a los países europeos las rutas comerciales hacia el Oriente, de donde llegaban la mayoría de artículos de lujo: tejidos, joyas y especias. Consecuentemente el espíritu mercantil europeo trató de hallar otras rutas por las que pudiera restablecer el comercio interrumpido. Además de la codicia mercantil, habría que añadir la ambición política. En efecto, muchos de los navegantes exigían de los reyes y recibían como recompensa de sus descubrimientos y conquistas título de posesión de los nuevos territorios. Otra razón también importante fueron los adelantos técnicos y científicos: la brújula, la cartografía, nuevos tipos de navíos y, sobre todo, la carabela, que hicieron posible intentar viajes cada vez más largos y alejados de las costas.

Ya desde mediados del siglo XV, los portugueses, alentados por la escuela de navegación que el infante Enrique el Navegante había fundado, se lanzaron a la búsqueda de nuevas rutas hacia la India, generalmente costeando África. Así se fueron descubriendo las islas Madera, las Azores, y, en el año 1486, Bartolomé Díaz llegó a doblar, aunque sin saberlo, la punta meridional de África, llamada más tarde Cabo de Buena Esperanza. Años más tarde, en sucesivos viajes, el famoso navegante Vasco de Gama llegaba a las costas de Malabar, por lo que el rey Juan III le nombró virrey de las Indias orientales.

Cristóbal Colón (1451–1506)

Uno de estos inquietos navegantes fue Cristóbal Colón. Nacido con toda probabilidad en Génova, estudió en Pavía y comenzó a navegar cuando apenas contaba catorce años. En Italia entró en relaciones con el florentino Toscanelli, cuyas ideas y técnicas cartográficas aprendió. A los veinte años fijó su residencia en Portugal, donde conoció al navegante Perestrello, con cuya hija contrajo matrimonio, heredando más tarde todos sus mapas y observaciones de viajes.

Con esta formación, Cristóbal Colón concibió el plan de llegar a las Indias orientales sin seguir la ruta de África, sino navegando hacia el oeste. Propuesto a los reyes de Portugal, Inglaterra y Francia, fue rechazado por todos, por lo que Colón, en 1485, pasó a España.

Los Reyes Católicos, sólo recientemente concluida la guerra civil con Portugal e iniciadas ya las campañas contra Granada, no recibieron favorablemente los planes para una empresa que no les parecía de acuerdo con la política o los intereses de los reinos de Aragón y Castilla. Además, las condiciones exigidas por Colón, título de virrey absoluto y hereditario de todos los territorios que se llegaran a descubrir, debieron parecer especialmente exageradas y ambiciosas a unos monarcas más bien interesados en fortalecer el poder real y, a la vez, en disminuir el de los nobles. Gracias a la protección dispensada por el poderoso cardenal Mendoza y otros frailes y nobles se firmaron el 17 de abril de 1492 las Capitulaciones de Santa Fe, por las que se aceptaban los términos exigidos por Colón y eran estipuladas las aportaciones económicas para la empresa.

La expedición salió del puerto de Palos (Huelva) el 3 de agosto del mismo año, compuesta por 330 hombres, entre ellos los hermanos Pinzón y el cartógrafo Juan de la Cosa. El 12 de octubre de 1492 a las dos de la madrugada divisaron tierra firme. En este primer viaje fueron descubiertas varias de las islas del mar Caribe, las Lucayas, a las que Colón llamó San Salvador, Fernandina, Isabela, Juana (Cuba), y Española (Haití). Dejando en ésta una guarnición, Colón regresó a España llegando a Palos el 15 de marzo de 1493, desde donde se dirigió a Barcelona llamado por los reyes, que le colmaron de honores.

Para asegurar su autoridad sobre los nuevos territorios, el rey Fernando pidió del papa Alejandro VI (1492–1503) su reconocimiento oficial. Ante la protesta de Portugal se firmó el Tratado de Tordesillas (1494), en el que se trazaba la famosa Línea de Demarcación por la que se asignaba la autoridad de los descubrimientos ya hechos y repartían las zonas todavía por descubrir entre Portugal y España.

Durante los once años siguientes Cristóbal Colón organizó tres viajes más, en los que fue ampliando los territorios descubiertos. Fue en su tercer viaje (1498–1500) que Colón desembarcó en la desembocadura del río Orinoco, poniendo así pie, por vez primera, en la tierra firme del continente americano. Al regresar de su último viaje (1502–1504) Colón fue a vivir en Sevilla y luego en Valladolid, donde murió en 1506 olvidado de todos.

Colón es considerado, además de descubridor, el primer historiador de las Indias por las cartas, documentos y relaciones que nos ha dejado de su primer, tercer y cuarto viajes.

Otros navegantes

Al mismo tiempo que Colón proseguía sus descubrimientos, algunos navegantes y exploradores iniciaron otros, a los que se llama viajes menores en comparación con los de Colón. De éstos, los más importantes fueron los realizados por el florentino Américo Vespucio (1454–1512). También al servicio de España, marchó a América a raíz del tercer viaje de Colón y exploró parte del Amazonas y de los territorios que hoy corresponden a Venezuela y Colombia. Las narraciones exageradas de sus viajes fueron causa de que todo el continente recibiera su nombre.

Otros viajeros de este tiempo que alcanzaron gran fama fueron: Alonso de Ojeda (1473–1515), Vicente Yáñez Pinzón (m. 1515), Vasco Núñez de Balboa (1475–1517), Juan Díaz de Solís (m. 1516) y Ponce de León (1460–1521), que descubrió la Florida en el año 1512, así llamada por haber llegado a ella el día de Pascua (florida).

El impulso viajero y descubridor de los españoles fue continuado en los años siguientes con nuevos descubrimientos en el centro y el sur del continente americano. Al mismo tiempo, una expedición iniciada el año 1520 al mando del portugués Fernando de Magallanes intentaba la circunnavegación del planeta. La hazaña, iniciada por Magallanes y llevada a cabo a la muerte de éste por su segundo Juan Sebastián Elcano, abrió para España una nueva ruta de expansión territorial. De los descubrimientos y conquistas españolas en el Oriente la más famosa fue la de las islas Filipinas, llamadas así en honor del rey Felipe II, en cuyo nombre fueron ocupadas a partir de 1565.

UNIDAD RELIGIOSA

Con la unidad territorial hispana y la tendencia hacia una centralización política y administrativa, se manifestó en España la idea de la unidad religiosa como base necesaria para la nación (*Cédula Real*). No era ésta una idea nueva, ni resultado de una maniobra política de reyes o eclesiásticos, sino la conclusión natural de un largo proceso que había comenzado con las guerras de Reconquista y la restauración cristiana tal como la concebían los monjes medievales a quienes ésta estuvo confiada. A ello se añadió más tarde el peligro real que durante muchos años los musulmanes africanos y piratas turcos representaban para la seguridad de España.

El cardenal Jiménez de Cisneros

Un gran triunfo político de los Reyes Católicos en sus tratos con la Iglesia fue el reconocimiento por parte de los papas de un derecho de patronato y presentación por el que los reyes podían determinar la elección de obispos y otras jerarquías eclesiásticas. Aunque, estrictamente hablando, este derecho fue concedido sólo para el reino de Granada, los Reyes Católicos hicieron uso de él para justificar su selección de prelados para otras partes de la Península. Contrariamente a la conducta general de los demás reyes europeos que habían usado de poderes semejantes para acrecentar su propia autoridad, incluso contra el Papa, los Reyes Católicos los usaron para nombrar una serie de prelados ejemplares, que iniciaron una verdadera reforma espiritual en España.

Entre éstos, habría que citar al franciscano fray Hernando de Talavera, primer arzobispo de Granada, educador de clérigos y gran apóstol entre los moriscos, y al dominico Diego de Deza, notable teólogo y Gran Inquisidor. La figura cumbre de este período fue, sin duda, el franciscano fray Francisco Jiménez de Cisneros (1436–1517), cardenal, arzobispo de Toledo, consejero de los Reyes, confesor de la reina Isabel y dos veces regente del reino.

El cardenal Cisneros era un hombre de gran austeridad, aunque un tanto crédulo e inclinado en el ejercicio de la religión a la emotividad característica de su orden. De una lealtad sin compromisos al Papado y a las instituciones de la Iglesia, fue quien más influencia ejerció en la formación de la espiritualidad cristiana de la España de su tiempo y aun después. En muchos aspectos el esfuerzo reformador del cardenal Cisneros, de mejora espiritual, pero sin cambio de las instituciones tradicionales, es la norma que se impuso al aceptar o rechazar nuevas corrientes espirituales.

Las minorías religiosas

La génesis de la formación de la nación desde la pluralidad de los reinos medievales presentó en España un carácter especial. Mientras en el resto de Europa, la unificación de las sociedades y reinos sólo se había encontrado con las comunidades judías como entidades ajenas a la religión cristiana, éstas, aunque manteniendo su identidad religiosa, se habían integrado culturalmente con la mayoría cristiana, pero sin nunca ejercer poder político, a pesar de su influencia social, económica y cultural. En España, además de las comunidades judías, estaban las musulmanas. Éstas, continuadoras de una cultura, lengua y religión distintas de la cristiana, habían ejercido en un pasado reciente un poder político real y predominante en la Península durante muchos siglos. Por ello, aunque la oposición a las minorías religiosas se da en España como en el resto de Europa, toma en la Península unas dimensiones distintas, no sólo por el número que forman las minorías, sino por su carácter histórico. Además de éstas que se pueden llamar minorías históricas se dan en Europa y en España, otros grupos realmente minoritarios, que más bien podrían ser llamados grupos disidentes.

Mudéjares y moriscos

Ya desde la Edad Media y a medida que la Reconquista extendía sus fronteras hacia el sur musulmán, los reinos cristianos habían ido aumentando el número de sus habitantes con la incorporación de la población musulmana de los territorios conquistados. Aunque muchos continuaron viviendo en las ciudades, ocupándose en oficios manuales y en las pequeñas industrias de artesanía, la mayoría formaba comunidades en torno a ciudades menores dedicadas al cultivo del campo.

Una gran parte de esta población fue rápidamente asimilada a la sociedad cristiana en religión, lengua y costumbres. Otros grupos, también muy numerosos, aunque habían aceptado el gobierno cristiano, habían recibido en las condiciones de capitulación el derecho a mantener su religión, lengua y costumbres. Estos recibieron el nombre de mudéjares.

En la Península fueron las regiones de Aragón, Valencia, Andalucía y especialmente Granada, las que contaban con una población mudéjar y morisca más numerosa. Aunque los derechos que las cláusulas de capitulación concedían fueron raramente respetados, la población mudéjar y morisca llegó a tener en estas regiones una gran importancia económica, tanto por su número como por su pericia y dedicación al trabajo.

Judíos

Otra minoría religiosa en los reinos cristianos era la judía. Menos numerosa y dedicada a otras tareas, la minoría judía tuvo también una gran importancia económica, aunque diferente de la que tenían los mudéjares y moriscos. Los judíos peninsulares, conocidos como *sefarditas*, habían formado, ya desde la Edad Media, comunidades en las ciudades mayores. Con la creciente importancia de las ciudades a partir del siglo XIII, los judíos estaban en una situación de ventaja en el ejercicio de sus profesiones. Dotados, muchos de ellos, de una notable cultura, se dedicaron al estudio de las ciencias y al ejercicio de la medicina. Otra profesión comúnmente ejercida por los judíos hispanos, como también por los de otros países europeos, fue la bancaria, por lo que fueron empleados con frecuencia por los reyes cristianos para que se hicieran cargo de las finanzas del reino. Ello dio a la minoría judía una gran visibilidad y una importancia en la sociedad cristiana que la población cristiana y, sobre todo, las autoridades eclesiásticas resentían y que llegó a veces a ser causa de persecuciones violentas. Muchos de estos conflictos, aunque fundamentalmente de índole social y económico, eran justificados con razones religiosas.

A medida que se formaba el concepto de una unidad religiosa nacional, se veía con mayor urgencia la necesidad de integrar las minorías judías y mudéjares a la sociedad cristiana. A esa tarea se dedicaron con gran celo un gran número de predicadores populares.

La predicación popular

La predicación popular fue un fenómeno de la espiritualidad europea de fines de la Edad Media con raíces tanto religiosas como socio-económicas. Por una parte, el deseo de una reforma de la vida cristiana y, por otra, la importancia que habían adquirido las ciudades y, con ellas, sus habitantes, movieron a un gran número de hombres de religión a usar la predicación para la reforma de los cristianos. Algunos de ellos, como el maestro Eckhart (m. 1327), Gerardo Groote (m. 1384), y sobre todo, más tarde en Florencia, Jerónimo Savonarola (1452–1498), tuvieron una gran influencia en la formación de la espiritualidad de su tiempo y la de los siglos siguientes.

También en España se practicó con frecuencia esta forma de apostolado, aunque iba dirigido primordialmente a la conversión de las minorías judías y mudéjares. Entre los más famosos predicadores de fines de la Edad Media hay que nombrar al dominico San Vicente Ferrer (1350–1419), a cuya ardiente predicación se debió la conversión de millares de judíos y no pocas violencias contra ellos. También importante, aunque de otro estilo, fue el franciscano Alonso de Espina (m. hacia 1495). Más que corregir costumbres o convertir a los infieles, Alonso de Espina propugnaba la defensa de la religión cristiana de la contaminación de doctrinas y prácticas de los judíos. Ya en 1461 Alonso de Espina proponía la fundación de la Inquisición en Castilla "como se hace en Francia y en otros muchos reinos". Predicador notable entre los moriscos fue el converso Juan Andrés, que predicó en Granada.

La Inquisición

La institución del tribunal de la Inquisición está asociada generalmente con la historia de España y, más concretamente, con el fanatismo religioso de los españoles, del que se dice ser a la vez causa y efecto. En realidad, ni la Inquisición fue una invención española, ni España fue la única nación, tampoco la primera, que mantuvo un tribunal semejante. Los Reyes Católicos, decididos a conseguir la unidad religiosa en sus reinos, tuvieron que enfrentarse con el problema que presentaban los llamados falsos conversos. Para ello solicitaron del Papa autorización para establecer el tribunal de la Inquisición, la cual fue otorgada en 1478. Dos años más tarde se estableció en Sevilla el primer tribunal y al año siguiente se efectuaron los primeros autos de fe. En 1482 fue autorizada la implantación de un Consejo de la Suprema Inquisición en los Reinos de Castilla y León, con fray Tomás de Torquemada como primer Gran Inquisidor. Años más tarde se introdujo también, aunque no sin resistencia, en Aragón, Cataluña y Valencia, y finalmente en Navarra (1516) y en los dominios de América.

El Papa hubiera deseado que la Inquisición dependiera directamente de su autoridad, pero cedió ante la insistencia de los monarcas que querían desligarla de toda intervención extranjera. De esta manera la Inquisición española adquirió las características, políticas y nacionales, que la distinguieron de todas las demás: su dependencia de los reyes españoles, cuando otros tribunales habían dependido directamente de la autoridad eclesiástica, fuera del obispo o del Papa, y su jurisdicción sobre todos los territorios de la nación española, cuando en otros casos la jurisdicción estaba generalmente restringida a un error o herejía. Estas características de la Inquisición española hicieron inevitable la asociación de ideales religiosos y políticos: España al servicio de la religión católica y ésta al servicio de España.

La actuación del tribunal de la Inquisición ha dado lugar a amargas polémicas. Para unos, su crueldad e intolerancia fue causa de que España quedase al margen de las corrientes culturales, científicas y filosóficas que transformaron el resto de Europa. Para otros, los métodos usados por la Inquisición ni fueron excesivamente intolerantes, ni más crueles que los usados por los demás tribunales de la época en las demás naciones europeas, ni tampoco, para ellos, hizo que España quedase atrás culturalmente, señalando como prueba el Siglo de Oro español que precisamente entonces se iniciaba.

En todo caso sería inexacto creer que la Inquisición fuese el instrumento usado por la autoridad eclesiástica o civil para dominar al pueblo. Por el contrario, aunque algunas de sus medidas no lo fueran, la Inquisición fue, hasta su desaparición en el siglo XIX, bien vista por la mayoría del pueblo, que veía en ella la defensa de la ortodoxia católica, considerada ya como un aspecto esencial de la nación española.

La expulsión de los judíos

Para asegurar la unidad religiosa y evitar los conflictos que surgían entre los conversos y sus antiguos correligionarios, se decidieron los Reyes Católicos a expulsar a los judíos de España. Su expulsión se verificó como consecuencia de un edicto real promulgado el 31 de marzo de 1492. En virtud de él, los judíos debían de salir de España o ser bautizados en el plazo de cuatro meses. Se les permitía vender sus bienes y llevar consigo sus riquezas. La expulsión de los judíos, con la pérdida cultural y económica de que fue causa, trajo a España muy graves perjuicios tanto en el orden económico como en el cultural.

La mayoría de los judíos decidió permanecer en España. De ellos muchos aceptaron la religión en apariencia tan sólo, manteniéndose en secreto fieles a su religión y costumbres. A éstos se les llamó *marranos*. Otros se convirtieron sinceramente al cristianismo y se asimilaron rápidamente al resto de la población. Éstos recibieron el nombre de *conversos* y sus descendientes el de *cristianos nuevos*.

Los moriscos

Una de las consecuencias más graves del celo misionero de los predicadores populares fue su abierta oposición a las condiciones de tolerancia religiosa que los Reyes Católicos habían ofrecido a la población musulmana del reino de Granada al tiempo de su capitulación. Ante la resistencia de los musulmanes granadinos a convertirse a la religión cristiana, el cardenal Cisneros inició una campaña misionera dirigida a forzar su conversión, transformando sus mezquitas en iglesias y quemando públicamente los libros árabes de los conversos.

Ante estas acciones abiertamente contrarias a las condiciones de capitulación ofrecidas por los Reyes Católicos, la población de Granada se amotinó en 1499. Este motín, aunque breve y sin gran resonancia, fue usado por el cardenal Cisneros como prueba del gran peligro que la población musulmana podía representar para la seguridad del reino cristiano, insistiendo además que con su rebelión los moriscos habían anulado las condiciones de tolerancia concedidas con la capitulación.

Por insistencia del cardenal Cisneros, la reina Isabel firmó un decreto en 1502 por el que se obligaba a todos los musulmanes del reino de Castilla a aceptar la religión cristiana bajo pena de expulsión. Ante esta amenaza, la gran mayoría de musulmanes aceptó la religión cristiana, creándose así la clase de los moriscos, que aunque oficialmente eran cristianos, en secreto se mantenían tenazmente fieles a su religión y sus costumbres.

LA CULTURA BAJO LOS REYES CATÓLICOS

Durante el siglo XV la vida cultural de España, como también la de las demás naciones europeas, tomó unas direcciones marcadamente distintas de las medievales a causa de la creciente influencia de las corrientes humanistas y renacentistas italianas. Ambos movimientos, *Humanismo* y *Renacimiento*, tuvieron como punto de origen a Italia, que pasó así a ser también el centro de la nueva cultura, como Francia lo había sido de la cultura medieval.

Renacimiento y Humanismo

En términos generales se da el nombre de Renacimiento al período histórico que sirve de transición entre la Edad Media y la Moderna, coincidiendo aproximadamente con el siglo XV. En su sentido más estricto se aplica este nombre al movimiento cultural —literario, artístico y filosófico— que, nacido en Italia durante el siglo XIV, se fue extendiendo por todo el occidente europeo durante los siglos XV y XVI.

Fenómeno muy complejo, el Renacimiento tuvo muchas causas, unas generales que lo hicieron posible, otras más concretas que sirvieron para darle la forma específica que adoptó. Entre las primeras habría que citar las circunstancias económicas de la sociedad italiana de la época. Debido a la división política que predominaba en la península italiana, sus sociedades y grupos políticos se fueron agrupando en torno a algunos centros urbanos en forma muy semejante a un sistema de ciudad-estado. Gracias a ello, las ciudades italianas fueron alcanzando, ya desde finales de la Edad Media, un notable desarrollo, que tuvo como consecuencia la acumulación de riqueza en los centros urbanos, la incrementación y circulación de esta riqueza por actividades comerciales e industriales, y la creación de una clase urbana, burguesa, que por su ocupación y oficio, participaba de una nueva afluencia. No sería cierto afirmar que la riqueza creó el Renacimiento, pero sí que lo hizo posible, puesto que ella proporcionó los medios para el desarrollo y mantenimiento del lujo y del refinamiento urbano como ideal de la sociedad.

Humanismo

La causa concreta y directa del Renacimiento hay que buscarla en el llamado Humanismo. Es éste el que dio la forma específica de recreación idealizada de la Antigüedad clásica que tomó el Renacimiento italiano. Se llama humanistas a los escritores de este tiempo, hombres cultos, generalmente salidos de las universidades, eclesiásticos muchos de ellos, médicos, maestros y funcionarios políticos, independientes o al servicio de príncipes u otros personajes poderosos, que se dedicaron con gran interés al estudio de la cultura romana y griega. Ésta, nunca totalmente olvidada en Italia, se convirtió por el esfuerzo de estos humanistas en ideal de la perfección humana, literaria, artística, filosófica y social. Generalmente se considera al poeta Petrarca (1304–1374), por su amor a las lenguas clásicas y la elegancia con que escribía el latín, como padre del Humanismo.

La admiración por la herencia clásica se convirtió muy pronto en Italia en deseo de su imitación y emulación, que son las características del Renacimiento. Al estar dirigido éste a una emulación de la civilización pagana de Roma y Grecia y basado en el lujo y refinamiento de una sociedad burguesa, sus ideales fueron muy distintos de los propuestos por la cultura medieval predominantemente monástica. Pero no representó por ello un rompimiento con la Iglesia, ni una renuncia a la religión cristiana, sino que, por el contrario, incluyó ambas en su concepto del mundo y del arte. En consecuencia, el Humanismo renacentista creó una visión cristiana del mundo antiguo, e impuso, a la vez, una interpretación de la religión cristiana y de la Iglesia que era nueva porque aceptaba las *formas mundanas* del lujo renacentista.

La cuna del Renacimiento fue Italia, donde las glorias de la civilización romana, nunca completamente olvidadas, estaban consideradas como parte de su pasado histórico. Y en Italia, Florencia bajo la familia de los Medicis, Venecia con sus sabios y artistas bizantinos, Nápoles bajo Alfonso V de Aragón, llamado el Magnánimo, y Roma con los papas, Pío II (1458–1464) gran humanista, Alejandro VI (1493–1503) y Julio II (1503–1513), se convirtieron en centros de la nueva cultura.

Aunque es en el siglo XVI cuando el Renacimiento llega a su mayor esplendor, ya durante el XV ofrece tan importantes exponentes como el poeta Lorenzo de Médici (1449–1492), duque de Florencia, llamado por su liberalidad el Magnífico, fino poeta y gran humanista; Leonardo da Vinci (1452–1519), además de genial pintor, escritor de claro y conciso estilo y gran hombre de ciencia; los pintores Guido di Pietro (1387–1455) llamado por su devoción y delicadeza Fra Angélico, Fra Filippo Lippi (1406–1469), Botticelli (1444–1510) y Vannucci (1446–1523) mejor conocido como el Perugino; los arquitectos Bruneleschi (1377–1446) y Angelo Bramante (1444–1514); Nicolás de Maquiavelo (1469–1527), quien en su obra *El príncipe* revive la noción romana del estado poderoso; y finalmente, Baltasar de Castiglione (1478–1529), que propone en *El Cortesano* el ideal de caballero renacentista.

Un rasgo común a todos ellos es la importancia que daban al desarrollo espiritual del hombre como individuo y como miembro de la sociedad. El humanista fue con frecuencia escritor, político, poeta, arquitecto y pintor al mismo tiempo. Y aunque buscaban su inspiración en la Antigüedad clásica, rasgo esencial de todos ellos era su gran independencia e individualismo. Debido a esto, más que de una imitación se trataba de una reinterpretación, de un renacimiento del espíritu clásico.

En el norte de Europa, la figura cumbre del humanismo fue el holandés Erasmo de Rotterdam (¿1466?–1536), quien popularizó con sus obras la lengua y la erudición clásicas. Sus obras más famosas, todas de un contenido ético y social, son *Elogio de la locura*, en la que finge una alabanza de la sociedad para satirizar, en realidad, su *locura*; el *Enchiridion* o *Manual del caballero cristiano* y el *Tratado sobre la educación del príncipe cristiano*, en los que propone su doctrina ética y moral religiosa.

Humanista apasionado, pero católico tibio, Erasmo sentía gran desprecio por la ignorancia, lo que le llevó a criticar duramente algunas instituciones y prácticas católicas en las que no veía sino un resultado de la superstición del pueblo. Su amor por la paz y la concordia fue causa de que más tarde terminara siendo atacado por todos. Como en Italia, también el Humanismo norteño se mezcla con un renacimiento de la cultura clásica. En parte imitación del italiano y, a la vez muy distinto de éste, ofrece ya a fines del siglo XV magníficos frutos en todas las artes y ramos del saber científico, alcanzando su mayor esplendor durante el siglo siguiente.

Humanismo y Renacimiento en España

La influencia italiana en España se había dejado sentir en Castilla ya durante el reinado de Juan II (1406–1454) de Castilla, padre de Isabel la Católica, durante el cual autores italianos como Dante y Petrarca fueron traducidos y estudiados. Era esta influencia mucho mayor en Aragón y Cataluña, a causa de las relaciones políticas que este reino mantenía con Italia, sobre todo con Alfonso V de Aragón (1416–1458) el Magnífco, que pasó la mayor parte de su vida en Nápoles, y por los papas Calixto III (1455–1458) y, más tarde, Alejandro VI (1493–1503), ambos de origen español. Gracias a estas relaciones, numerosos eclesiásticos y funcionarios de los monarcas frecuentaron escuelas italianas o residían en Italia representando los intereses españoles. Éstos fueron quienes, durante su estancia en Italia o a su regreso a España, comenzaron a propagar los nuevos estilos y formas.

El primero de los grandes humanistas españoles fue Antonio de Nebrija (1441–1522), que había vivido 10 años en Italia cuando regresó, en 1470, a España. Fue profesor de la universidad de Salamanca y, más tarde, de la de Alcalá, en las que se dedicó a la enseñanza del latín. Trabajó en las materias más diversas, destacándose por sus escritos sobre teología, derecho, filología y retórica. A Nebrija se deben las *Institutiones in latinam grammaticam*, obra muy apreciada en toda Europa, traducida por él mismo al castellano, y un muy interesante tratado sobre la educación de los jóvenes. Suya es también una *Gramática de la lengua castellana*, dedicada a la reina Isabel y considerada como la primera en lengua vulgar.

El representante máximo del humanismo español fue, sin embargo, Juan Luis Vives (1492–1540). Nacido en Valencia, marchó a estudiar a París (1509) y a Brujas (1512), y a los veintiséis años fue nombrado profesor de la Universidad de Lovaina y, más tarde, de la de Oxford. Sus numerosos escritos, todos en latín, tratan en su mayoría sobre temas pedagógicos y moralizantes como *Instrucción de la mujer cristiana,* pero ya concebidos con unas actitudes hacia la persona y la conciencia humana claramente humanistas. Aunque su edición comentada de *La ciudad de Dios* de San Agustín fue puesta en el *Índice de libros prohibidos* después de su muerte, su espíritu cristiano y su crítica moderada sirvieron de norma para los humanistas católicos posteriores.

Erasmo en España

También en España tuvieron gran importancia las doctrinas del gran humanista holandés, Erasmo. En un principio, los españoles vieron en ellas una espiritualidad interior muy en consonancia con la reforma del cristianismo que promulgaban los reformadores hispanos, por lo que se extendieron rápidamente en la Península. Pero ante su oposición a algunas prácticas religiosas e instituciones tradicionales de la Iglesia, incluidas las órdenes religiosas *monachatus non est pietas,* sus doctrinas fueron siendo percibidas más como herejía que como reforma, por lo que perdió por ello mucho del favor que habían encontrado al principio.

Como discípulos de Erasmo se mantuvieron algunos obispos y letrados que defendían el sentido liberal y pacifista de las nuevas doctrinas. Seguidores suyos fueron con frecuencia los conversos, cuya sensibilidad religiosa estaba influida todavía por las religiones judaica y musulmana, por lo que no siempre aceptaban de buen grado lo que consideraban ser excesiva exteriorización y reglamentación de la religión.

El erasmismo español fue combatido por el cardenal Cisneros. Éste, aunque insistía en una mayor simplicidad de la vida religiosa en los monasterios y en una mejora de las prácticas religiosas cristianas, buscaba una reforma en estricta conformidad con la autoridad y magisterio de la Iglesia. En realidad fue Cisneros, más que Erasmo, quien dio forma al Humanismo español, convirtiendo así el Renacimiento en España en una imitación cristiana de las nuevas formas y estilos que venían de Italia.

En general, el Humanismo español está caracterizado por su respeto a las instituciones eclesiásticas y prácticas religiosas, que quiere reformar pero no abolir. Renueva la enseñanza de la teología tradicional, pero la mantiene como parte integral de los estudios impartidos en las universidades. Acepta las nuevas inquietudes y formas de expresión literarias y artísticas, pero sólo si éstas son compatibles con la ortodoxia y el magisterio de la Iglesia. Admite, en fin, las influencias italianas pero rechaza con frecuencia el espíritu secularizante que les da vida.

Frente a este Humanismo ortodoxo cada vez más generalizado, el Humanismo erasmista se mantuvo por un tiempo al margen de las corrientes del pensamiento español, hasta llegar a ser confundido más tarde con las doctrinas protestantes.

La Universidad de Alcalá

Los historiadores españoles consideran la Universidad de Alcalá como la joya más preciosa del Humanismo español. Es también su aspecto más significativo y demuestra, mejor que ninguna otra institución, la dirección del pensamiento español durante esta época.

Aunque el número de las universidades españolas había crecido considerablemente durante el siglo XIV, éstas se habían mantenido sin gran distinción académica, fieles a una norma de educación en la que predominaban las disciplinas y métodos medievales. La más famosa de todas, la de Salamanca, debía su gran importancia a los estudios de derecho, mientras las lenguas clásicas ocupaban un lugar secundario y la teología era enseñada según los métodos usados en París durante el siglo XIII.

En parte como reacción contra los métodos tradicionales y en parte con la intención de reformar las universidades, el cardenal Cisneros concibió la idea de fundar la suya propia. En ella se daría preferencia a estudiantes pobres y a la enseñanza de la teología según los métodos más recientes. Para ello escogió la ciudad de Alcalá de Henares, lejos de las grandes ciudades y al margen de la tradición universitaria medieval. El edificio, comenzado en 1498, abrió sus puertas a sus primeros estudiantes en 1502. Para la educación de éstos, el cardenal Cisneros invitó a los maestros más prestigiosos de su tiempo. Uno de ellos, Antonio de Nebrija, fue profesor de lógica desde 1513 a 1522. Según se dice, fue con motivo de una invitación para enseñar en Alcalá que Erasmo dijo la famosa frase *non placet Hispania* (España no me gusta).

La innovación de Alcalá consistió en la incorporación, junto a la enseñanza de la teología escolástica, la enseñanza de las doctrinas y métodos de la teología nueva, o *nominalista*. Ésta daba menor importancia a la especulación abstracta para poner mayor énfasis, en cambio, en los métodos empíricos: una teología bíblica, la lógica, las humanidades, en suma, todas las disciplinas, en consonancia con un Humanismo cristiano.

Sin embargo, a pesar de su sentido reformador y de la importancia que se daba a los métodos y disciplinas en boga entre los humanistas, al ponerlo todo al servicio de la doctrina religiosa y de la ortodoxia cristiana, Alcalá se opuso al espíritu secular e individualista característico del Renacimiento europeo. Su mérito principal estriba en que al introducir la reforma de los estudios teológicos, sirvió de base a los fundamentos doctrinales de la Contrarreforma. Pero los grandes teólogos españoles no salieron de Alcalá sino de Salamanca, así la gloria mayor de la Universidad de Alcalá no fue su teología, sino sus estudios bíblicos, que dieron como fruto más distinguido la preparación de la *Biblia políglota complutense*.

La imprenta y la biblia de Alcalá

Como en el resto de Europa, también en España tuvo la imprenta una gran influencia en el desarrollo de la cultura humanista. Atraídos por el favor que el cardenal Cisneros y los Reyes Católicos concedían a los tipógrafos, numerosos artesanos alemanes y flamencos acudieron con sus instrumentos a España e iniciaron con entusiasmo la publicación de libros en varias ciudades de la Península. Ya en 1470 se publicó en Sevilla un *Flos sanctorum* (Vidas de Santos) en castellano y en 1474 en Valencia las *Troves en lohors de la Verge María* (Cantigas en alabanza de la Virgen María), a los que siguieron otros muchos entre los que abundaban los libros de devoción religiosa. Este florecimiento de literatura devocional, que entonces comenzó a repartirse por todos los conventos y monasterios, fue causa del gran número de ascetas y místicos que caracterizan el siglo XVI español.

El año 1480, a petición de las Cortes, se eximió de impuestos la importación de libros del extranjero. Pero en 1502 se introdujo la primera *Censura de libros*, con que se intentó evitar la propagación de creencias y doctrinas cuya ortodoxia parecía dudosa.

El monumento del Humanismo español y la gloria mayor de la incipiente imprenta fue la *Biblia políglota complutense*. Realizada en la Universidad de Alcalá entre 1511 y 1517, intervinieron en su preparación los mejores teólogos españoles, algunos de ellos judíos conversos, bajo la dirección del cardenal Cisneros.

La literatura

Los escritores de esta época manifiestan claramente el carácter indeciso o ecléctico del Humanismo español. Mantienen, por una parte, una notable preferencia por temas y géneros tradicionales, pero, a la vez, tienden a desarrollarlos con una atención al detalle humano, a la psicología y a las pasiones de los personajes en que se percibe la influencia renacentista italiana.

Persistencia de temas y formas tradicionales ofrecen los *romances*, composiciones en verso, generalmente de ocho sílabas y rima asonante, en los que se cantan temas líricos o épicos en su mayor parte de origen medieval. De éstos, unos son de carácter histórico nacional (*El rey don Rodrigo, Fernán González, Bernardo del Carpio*); otros narran temas carolingios y bretones; mientras que otros, los más característicos de esta época, tratan de las aventuras caballerescas y bélicas a que dieron lugar las últimas campañas de la Reconquista. Éstos, llamados *romances fronterizos*, están inspirados por un ardiente nacionalismo cristiano, aunque demuestran, a la vez, un gran respeto por los moros. Es muy importante el romance *Abenámar, Abenámar* en el que se presenta a Granada como la novia del rey moro, que no quiere casarse con el rey de Castilla.

Otras formas poéticas señalan esta misma indecisión ante las nuevas formas y estilos, así son características de esta época los cancioneros o colecciones poéticas, entre las que destacan el *Cancionero de Baena* dedicado al rey de Castilla Juan II, en parte tradicional y en parte italianizante, y el *Cancionero de Stúñiga* que refleja mejor la influencia de la corte de Alfonso V en Nápoles, donde se llevó a cabo.

Entre los escritores de esta época se destaca Iñigo López de Mendoza (1398–1458), mejor conocido por su título, *Marqués de Santillana*. Caballero influyente y guerrero contra los moros fue, a la vez, hombre de gran cultura y afición a las letras. Su poesía se divide en italianizante, (*Sonetos fechos al itálico modo*) y tradicional, francesa y provenzal. Según el estilo tradicional son famosas sus *Serranillas*. Son muy conocidas y apreciadas su *Vaquera de la Finojosa* y *La mozuela de Bores*.

Es famoso también Jorge Manrique (1440–1479), noble y caballero guerrero. Fue también autor de numerosas composiciones poéticas, en las que alcanza una gran corrección. Jorge Manrique es recordado especialmente por sus *Coplas por la muerte de su padre*, llenas de melancolía renacentista, rebosantes a la vez de resignación cristiana, motivos y temas medievales.

Otra figura que representa muy bien el carácter de esta época es Juan del Enzina (1468–1529). Natural de Salamanca, estudiante en Roma, y miembro de la casa del papa Alejandro VI por un tiempo, y secretario durante años del duque de Alba, se hizo sacerdote al final de su vida. Fue autor de numerosas poesías, unas de pura inspiración religiosa, otras amorosas. Se le considera además como iniciador del drama en España por sus *Églogas*, obras dramáticas cortas escritas para ser representadas en los palacios de los nobles a quienes servía. Son éstas una secularización de los misterios medievales y están escritas en un lenguaje convencional, con evidente influencia del poeta latino Virgilio, cuyas obras introdujo en España. Porque su inclinación clasicista e italianizante fue más en la forma que en el contenido, y por el sentido cristiano de sus temas, Juan del Enzina es considerado más medieval que estrictamente renacentista. Este juicio, sin embargo, es también aplicable a otras muchas manifestaciones del Renacimiento hispano.

La obra en prosa más importante del reinado de los Reyes Católicos es la *Tragicomedia de Calisto y Melibea*, obra del converso Fernando de Rojas. Por una parte su tema amoroso es tradicional y está inspirado en obras latinas conocidas durante el medioevo, por otra parte el tratamiento de las pasiones humanas, no ya pecado, sino resultado de una psicología humana estrictamente burguesa, es auténticamente renacentista. *La Celestina*, como también se llama esta obra, fue publicada en 1499 y, a pesar de su estructuración teatral en diálogo de personajes, es considerada como la primera novela de la literatura castellana.

Gran importancia tuvieron también los llamados *libros de caballería*. Derivados por su tema del género típicamente medieval de la épica caballeresca, expresan los antiguos ideales de una forma asequible y agradable a un público ya ciudadano y burgués. La primera obra de este tipo que circuló por España fue el *Amadís de Gaula*. A juzgar por la burla que de ella hizo Cervantes años más tarde, ésta y otras novelas del mismo género debieron ser muy del agrado de los españoles durante el siglo XVI.

La música

La música en España tiene raíces medievales de origen latino, enriquecida con la tradición árabe. Ya a fines del siglo XIV la música de Aragón alcanza gran importancia. En Cataluña, el monasterio de Monserrat, al que acudían numerosas peregrinaciones, es conocido por su música, la mayor parte basada en melodías populares a las que los monjes aplicaron textos devocionales.

A partir del siglo XV, las modas de elegancia renacentista dan una importancia renovada a la música y otras expresiones relacionadas, como canto y baile, en los que las formas italianas se mezclan con las tradiciones hispanas. En las Capillas de los Reyes Católicos también figuran organistas y cantores. Igualmente en las catedrales y conventos se mantenían escuelas de música, y el cardenal Cisneros incluyó una cátedra de música al fundar su universidad en Alcalá.

La imprenta permite, además, la impresión y circulación de colecciones de cantos, con lo que aumenta su popularidad. De éstos, los cancioneros más conocidos son el *Cancionero Musical de Palacio*, el *Cancionero General* de Hernando del Castillo en 1511 y el *Cancionero de Upsala*, a los que siguen otros a lo largo del siglo XVI.

Las modas renacentistas dan una importancia especial a la música al elevarla a la categoría de arte, componente del ideal refinado también para las clases más altas y elegantes, no sólo en su goce sino también en su composición y ejecución.

Es además notable la conexión directa de la música con la literatura. Son poetas los compositores de textos musicales o son composiciones de poetas famosos las que se ponen a música. Entre los compositores hay que citar a Juan del Enzina (1468–1529), ya nombrado como poeta, que es uno de los representados más frecuentemente en el *Cancionero de Palacio.*

La música que se emplea demuestra, como el arte en general, las influencias que llegan de Italia y Flandes. Los textos, por otra parte, reflejan fielmente la tradición literaria española. Una de las formas más usadas es la del llamado *villancico* o *villanesca*, generalmente de género lírico y amatorio; otros son festivos. Las notas de alegría y tristeza y la espontaneidad con que se expresan hacen de ellos uno de los aspectos de mayor interés de la música española durante el Renacimiento. Muy popular desde el Renacimiento es el uso del villancico con sentido religioso: *Yo me soy la morenica.*

Otro género muy común y popular es el de los romances, que continúa la tradición medieval. El romance de Juan del Enzina, *¿Qué es de ti desconsolado?* y el de Miguel de Fuenllana, *De Antequera sale el moro,* son de tema fronterizo; *O Castillo de Montantes* de Enzina es un ejemplo lírico. Su popularidad fue muy grande a lo largo del siglo XVI y a ella se refiere Cervantes, cuando, en el Quijote hace cantar a un campesino:

> Mala la hubistes, franceses,
> en esa de Roncesvalles.

De los instrumentos musicales conocidos desde la Edad Media, el más importante y al que se hace referencia más frecuentemente es la guitarra. En contra del estilo renacentista general, que favorece el laúd, los compositores españoles prefieren la guitarra, que llega a convertirse en el instrumento más popular y típico, ya desde esta época.

El arte

También el arte español demuestra una actitud ambivalente hacia estilos y técnicas tradicionales y renacentistas. Es importante durante el reinado de los Reyes Católicos la contribución directa de numerosos artistas extranjeros, flamencos, alemanes, borgoñones e italianos que acudieron a España atraídos por el favor y la protección que les ofrecían los Reyes Católicos, el cardenal Cisneros y otros grandes dignatarios. Con ellos, o independientemente, trabajan también numerosos artistas españoles. A consecuencia de ello, este período llegó a ser uno de los más ricos de la historia del arte español, sobre todo en escultura y arquitectura, en las que los elementos extranjeros se mezclan con los españoles para formar variaciones de estilo muy peculiar y propio.

Arquitectura

El gótico flamígero, introducido en España por arquitectos flamencos y borgoñones fue usado con todo su adorno en las nuevas catedrales, como la Puerta de los Naranjos de la catedral de Sevilla (Fig. 5.1), o para completar otras ya en construcción.

De gran importancia es la familia de Juan de Colonia, a quien se debe el cimborio de la catedral de Burgos (Fig. 5.2). Su obra fue continuada por su hijo, cuya

Figura 5.1 Puerta de los Naranjos, catedral de Sevilla

Figura 5.2 Cimborio de la catedral de Burgos

obra más importante es la famosa Capilla del Condestable en la misma catedral. En todas ellas es notable el uso extraordinario de motivos decorativos florales, sobre arcos y agujas, por lo que recibió el nombre de *gótico florido*. El enrejado de sus arcos pierde también mucho de su pureza gótica para convertirse en juegos de adornos y figuras, como en el claustro de Santa María de Nájera y en la Casa de las Conchas (Fig. 5.3) en Salamanca.

El gótico florido, al fundirse con elementos decorativos mudéjares dio lugar al *estilo isabelino*, así llamado por la preferencia que se dio a este estilo durante el reinado de la reina Isabel. Está caracterizado por una extraordinaria exuberancia de ornamentación, aunque sobre una base gótica, con mayor mezcla de temas y motivos decorativos. También en este estilo colaboran artistas flamencos. Entre las obras más notables se cuentan la iglesia de Santa María en Aranda de Duero; y la de San Pablo de Valladolid (Figs. 5.4, 5.5) y el Colegio de San Gregorio en la misma ciudad.

La transformación de las líneas decorativas italianas de origen lombardo o florentino según el gusto de los artistas educados en la tradición mudéjar, resultó en el estilo plateresco. Es llamado así por recordar la decoración usada por los plateros. En él abundan motivos florales, vasos y jarrones italianos, pero repetidos en tamaño reducido para conseguir así el efecto de adorno exuberante que lo caracteriza. Obra importante en este estilo es la fachada de la Universidad de Salamanca (Figs. 5.6, 5.7); de decoración plateresca pero siguiendo líneas arquitectónicas renacentistas es el Palacio de Cogolludo. En decoración interior, la cátedra de la Universidad de Alcalá sigue este estilo.

Figura 5.3 Casa de las Conchas, Salamanca

Figura 5.4 Iglesia de San Pablo, Valladolid

Figura 5.5 Detalle de la fachada de la iglesia de San Pablo, Valladolid

Figura 5.6 Fachada de la Universidad de Salamanca

Figura 5.7 Detalle de la fachada de la Universidad de Salamanca

Figura 5.8 Palacio Municipal, Barcelona

El estilo plateresco, más o menos mezclado con el gótico, ofrece obras de notable riqueza, tales como la fachada de la catedral nueva de Salamanca y el convento de San Esteban en la misma ciudad.

La exuberante decoración del arte castellano está en claro contraste con las líneas más sencillas y elegantes que mantiene el gótico catalán y valenciano, mucho más dependiente de las formas italianas. Véase la fachada del Palacio Municipal de Barcelona (Fig. 5.8) y el cimborio de la Catedral de Valencia (Fig. 5.9).

La tradición decorativa mudéjar llega a su mayor perfección durante este reinado y será continuada durante el siglo XVI. En ella el uso de elementos decorativos mudéjares junto con los renacentistas platerescos produce una variación que recibe el nombre de *mudéjar a lo romano*. En él los motivos, flores y vasos italianos son usados como base de decoración de un conjunto mudéjar. En unos hay predominio de líneas árabes, tomando motivos decorativos italianos, como la puerta de la catedral de Sevilla y también la puerta nueva de la mezquita de Córdoba. En otros, los arcos renacentistas se mezclan con motivos decorativos mudéjares. Ejemplos de este estilo se encuentran en el palacio de los duques de Medinaceli, o Casa de Pilatos (Fig. 5.10), el patio del Alcázar de Sevilla (Fig. 5.11), salón de Embajadores del Alcázar (Fig. 5.12), la puerta interior de la capilla de Nuestra Señora en la catedral de Sigüenza y la catedral de Tarazona. De gran mérito ya en la tradición árabe, pero continuada en el arte mudéjar, es la decoración de techos y artesonados de madera en el que se llega a un virtuosismo extraordinario, como por ejemplo el artesonado del Alcázar de Sevilla.

Figura 5.9 Cimborio de la catedral de Valencia

Figura 5.10 Patio de la Casa de Pilatos, Sevilla

Figura 5.11 Patio del Alcázar de Sevilla

Figura 5.12 Salón de Embajadores del Alcázar, Sevilla

Una mezcla de elementos decorativos mudéjares y renacentistas usados sobre todo como yeserías para la decoración interior es el llamado estilo Cisneros, cuyos monumentos principales son la sala capitular de la catedral de Toledo y las yeserías de la Mezquita de Córdoba.

Escultura

Las mismas influencias flamencas que se señalan en la arquitectura se perciben también en la escultura, sea ésta en mármol o de talla de madera generalmente dorada y policromada. A este período pertenecen también suntuosos altares, básicamente góticos o italianos, de madera recubierta de oro o de piedra labrada, que se recargan con una profusión de ornamentación, que en su exceso hace desaparecer las líneas arquitectónicas. Ejemplo típico es el altar mayor de la catedral de Toledo.

Sobresalen el flamenco Gil de Siloé, autor del magnífico sepulcro de Juan II y su esposa Isabel, y su hijo Diego, autor del suntuoso retablo policromado de la Capilla, ambos en la Cartuja de Miraflores, Burgos; el francés Juan Guás (m. ca. 1498), autor de las decoraciones con motivos heráldicos de San Juan de los Reyes, Toledo; el florentino Domenico Fancelli (1469–1519), fue autor del mausoleo en la iglesia de Santo Tomás de Ávila, y del de los Reyes, Fernando e Isabel, en la Capilla real de Granada. Mientras que los de Felipe el Hermoso y Juana la Loca, en la misma capilla, se deben al castellano Bartolomé Ordóñez, (m. 1520) uno de los mejores artistas castellanos de su tiempo. De este último es también el relieve de Sta. Eulalia de la catedral de Barcelona. Serena y tranquila es, en cambio, la figura reclinada de don Martín Vázquez de Arce, el *Doncel de Sigüenza* (Fig. 5.13), de autor desconocido y considerada como una de las mejores obras españolas de este tiempo.

Figura 5.13 Sepulcro de don Martín Vázquez de Arce, el *Doncel de Sigüenza,* catedral de Sigüenza

Figura 5.14 Retablo mayor de San Nicolás, Burgos, obra de Francisco de Colonia

Figura 5.15 *Rey Salomón*, obra de Pedro Berruguete

Es notable también el magnífico retablo de la catedral de Toledo, obra en colaboración de artistas españoles, alemanes y flamencos. A Francisco de Colonia, otro miembro de esta famosa familia alemana, se debe el retablo de San Nicolás (Fig. 5.14) en la misma ciudad, en la que se juntan en piedra labrada elementos mudéjares con los góticos alemanes.

Pintura

También la pintura se enriquece con la contribución de artistas flamencos que trabajan en la Península. Aunque algunos de ellos son conocidos por su nombre, otros los son solamente por la obra que realizaron para los reyes, por lo que reciben el nombre humilde de anónimo o el más exaltado de pintor de los Reyes Católicos. Uno de los primeros, y quizá el más importante, fue Juan de Flandes (m. ca.1519), cuya suavidad idealizante en el trazado de la figura encontró gran aceptación en Castilla como *El nacimiento de Jesús* y *Adoración de los Reyes Magos*.

La pintura castellana y andaluza de esta época, a pesar de la presencia de algunos italianos, como Nicolás Florentino (1401–1471) que trabaja en Salamanca, se caracteriza así por una gran influencia flamenca, que resulta en una verdadera escuela hispanoflamenca en la que se combina el colorido flamenco y el realismo flamenco con la idealización propia de los artistas castellanos.

El pintor español más famoso de esta escuela fue, sin duda, Pedro Berruguete, nacido a mediados del siglo XV. En su obra, de una austera religiosidad, se percibe poco del renacimiento italiano, dando preferencia a los escenarios interiores, como en la pintura flamenca, y la decoración gótica, que realiza con técnica precisa y uniforme. Son notables su *Virgen con el Niño*, *Rey Salomón* (Fig. 5.15) y *Auto de fe.* Importantes son también los andaluces Fernando Gallego y Bartolomé Bermejo. Este último trabajó también en Cataluña.

En Cataluña y Valencia se observa, antes que en Castilla, la influencia italiana, que da origen a una gran actividad en la pintura. La influencia flamenca se hace evidente ya con Bernardo Martorell y Luis Dalmau. En la famosa *Verge dels Consellers* de Dalmau la decoración repite la de cuadros flamencos. A pesar de la evidente influencia de los grandes maestros italianos, se mantiene en Dalmau, como en otros artistas de esta escuela, entre ellos Jaime Huguet, la sobriedad austera y sosegada característica del Renacimiento español.

Es notable observar en general en los pintores españoles una preferencia por temas y sentimientos religiosos que se hace evidente en la idealización de las figuras, con una ausencia casi completa de desnudos. Menos importancia se da al naturalismo preferido por la pintura flamenca, y a los fondos lujosos y temas mitológicos tan del gusto renacentista italiano.

PREGUNTAS PARA ESTUDIO Y REPASO

Política

1. ¿Qué importancia tuvo el reinado de los Reyes Católicos para la historia de España?
2. ¿Por qué fue la conquista de Granada el primer objetivo de la política de los Reyes Católicos?
3. ¿Cómo se explica el predominio de Castilla sobre Aragón?
4. ¿Qué reformas políticas introdujeron los Reyes Católicos?
5. ¿Qué importancia tuvo el descubrimiento de América para España y Europa?
6. ¿Cómo se explica la negativa inicial de los Reyes Católicos a aceptar el plan de Colón?

Sociedad

7. ¿A qué causas respondió la urgencia española hacia la unidad religiosa?
8. ¿Qué diferencias, sociales y económicas, ofrecían las minorías religiosas durante este reinado?
9. ¿Por qué se introdujo en España la Inquisición y en qué se distinguía de la europea?
10. ¿A qué se debió la expulsión de los judíos?
11. ¿Qué causas y qué consecuencias tuvo la sublevación de los moriscos de Granada (1499)?

Artes

12. ¿A qué se llama Renacimiento y como se inició en España?
13. ¿Cuáles son las características del Renacimiento español?

14. ¿Por qué se habla de un carácter indeciso del Renacimiento español?
15. ¿Qué influencias demuestra la música renacentista y cuáles son las formas más comunes?
16. ¿Cuáles son los estilos de arquitectura más importantes durante este tiempo?
17. ¿Qué influencias se notan en la pintura?

CAPÍTULO 6

ESPAÑA BAJO LOS HABSBURGOS

- Régimen de validos
- Decadencia política, anquilosamiento social
- Expulsión de los Moriscos: causas y excusas

Cronología política de España bajo los Habsburgos (1517–1700)

- **1517–1555**   **Carlos I de España**
- 1519   Carlos I es elegido Carlos V emperador de Alemania
- 1520   Ataque de los turcos contra Viena
- 1521   Guerra de las Comunidades en Castilla

  Sublevación de las Germanías en Valencia y Mallorca
- 1525   Conquista de Túnez por Carlos V

  Derrota francesa en Pavía. Francisco I, prisionero
- 1526   Matrimonio de Carlos V con Isabel de Portugal
- 1527   El saqueo de Roma por las tropas imperiales

  Nace Felipe II, hijo de Carlos e Isabel de Portugal
- 1529   Solimán el Magnífico ataca Viena

  Los españoles son derrotados en su ataque a Argel
- 1543   Felipe II se casa con María Manuela de Portugal
- 1545   Inicio del **Concilio de Trento** (1545–1563)
- 1550   Primeros focos protestantes en Valladolid y Sevilla
- 1553   **María Tudor**, hija de Catalina de Aragón, reina de Inglaterra
- 1554   Felipe II se casa con María Tudor de Inglaterra
- **1555–1598**   **Felipe II**, rey de España
- 1555   Paz de Augsburgo. División religiosa del Imperio
- 1557   Los franceses vencidos en San Quintín
- 1559   Paz de Cateau-Cambresis, entre Francia y España
- 1565   Ocupación de las Filipinas

  Los turcos conquistan Malta
- 1568   Muere el Príncipe Carlos (1545–1568)
- 1569   Los turcos conquistan Túnez y Chipre (1570)
- 1571   Rebelión de los moriscos de Granada (1567–1571)

  La flota turca es destruida en Lepanto
- 1581   Incorporación de Portugal a España (1581–1668)
- 1587   María Estuardo es ejecutada

◆ 1588   Derrota de la **Armada Invencible** en el canal de la Mancha

◆ 1591   Antonio Pérez huye a Aragón y luego a Francia

◆ 1598   Isabel Clara Eugenia, hija de Felipe II, hereda Flandes

◆ **1598–1621**   **Felipe III**, rey de España

◆ 1600   Guerra en Flandes (hasta 1609)

◆ 1604   Guerra contra Inglaterra

◆ 1609   Tregua de los doce años en Flandes

            Expulsión de los moriscos de Aragón, Murcia, Andalucía y Granada

◆ 1618   Comienza La Guerra de los Treinta Años (hasta 1648)

◆ **1621–1665**   **Felipe IV**, rey de España

◆ 1621   Guerra en Flandes

◆ 1640   Sublevación de Portugal (1640–1668)

            Sublevación de Cataluña (1640–1652)

◆ 1648   Paz de Westfalia. Independencia de Holanda

◆ 1659   Paz de los Pirineos. Luis XIV establece los Pirineos como frontera

            Infanta María Teresa se casa con Luis XIV

◆ **1665–1700**   **Carlos II.** Regencia de Mariana de Austria hasta 1675

◆ 1668   Guerra de independencia de Portugal (1640–1668)

◆ 1689   Tratado de La Haya, reparto de los territorios españoles

◆ 1700   Segundo convenio de repartición, Londres

Los siglos XVI y XVII forman en la historia de España una unidad cultural, política y económica muy difícil de ignorar. El concepto hispánico de unidad nacional, concebido durante la Edad Media y realizado bajo los Reyes Católicos, sufre en estos siglos su prueba más difícil, al intentar los monarcas españoles aplicarlo también a Europa y a América. Los españoles han considerado siempre este intento de hispanizar Europa y el mundo como uno de los momentos más gloriosos de su historia, prestando menos atención al fracaso de la empresa. En realidad, ésta llevó a los españoles a intervenir en una serie de guerras sin solución que contribuyeron, más que ninguna otra causa, a la decadencia política y económica y a la actitud pesimista, entre fatalista y resentida, que son características de la cultura española de estos siglos.

    La historia de España bajo los Habsburgos es fácilmente divisible en dos períodos: uno ascendente, imperial y de apogeo, con Carlos V y Felipe II, cuyo reinado cubre la mayor parte del siglo XVI; y otro descendente, en rápida decadencia durante el reinado de los tres últimos reyes de esta dinastía, que se extiende hasta fines del siglo XVII.

EUROPA DURANTE LA DINASTÍA AUSTRIACA

En Europa, el acontecimiento más importante del siglo XVI fue la Reforma protestante, con la serie interminable de guerras religiosas a que, directa o indirectamente, dio lugar y en las que se vieron envueltas la mayor parte de las naciones europeas.

En Inglaterra la dirección política y religiosa estuvo determinada a lo largo del siglo XVI por Enrique VIII (1509–1547) y sobre todo por Isabel I (1557–1603), durante cuyo reinado Inglaterra sufrió una evolución decisiva. El siglo XVII, ya de clara decadencia política para España, fue para Inglaterra uno de transición, en que las pretensiones absolutistas de los Estuardo chocaron con las aspiraciones liberales de la nación, ganando éstas en la revolución de 1648, que dio el poder a Oliver Cromwell (1599–1658), y la de 1688, por la que obtuvo el trono Guillermo de Orange (1689–1702).

En Francia, la Casa de Valois Orleáns Angulema comenzó con su primer rey, Francisco I (1515–1547), el gran adversario de Carlos V. Su preocupación por las guerras contra España fue aprovechada por los reformistas para introducir el protestantismo en Francia, por lo que también ella se vio envuelta en sangrientas guerras religiosas entre católicos y hugonotes, a partir de la segunda mitad del siglo XVI. A pesar de ellas, la historia de Francia se caracteriza durante este período por el desarrollo del absolutismo real bajo la dinastía de los Borbones, cuyos reyes más distinguidos fueron Luis XIII (1610–1643) y Luis XIV (1643–1715). Tan importantes como los reyes fueron los cardenales Richelieu y Mazarino, ambos ministros de Luis XIII, y, en el caso de Mazarino, también de Luis XIV hasta su muerte en 1661. Fueron ellos los verdaderos creadores de la grandeza real de Francia.

En Alemania, por el contrario, el Imperio, dividido por las guerras religiosas durante el siglo XVI y amenazado por los turcos en el este, vio agotarse la autoridad imperial frente a los príncipes, para convertirse en un título sin poder real, perdiendo mucho de la importancia política que había tenido anteriormente. Sólo hacia fin del siglo, tras los horrores de la llamada Guerra de los Treinta Años (1618–1648), comenzó Prusia a emerger como uno de los poderes territoriales más importantes.

La Reforma

Se da el nombre de Reforma a la revolución político-religiosa que, iniciada en Alemania durante el siglo XVI, se extendió rápidamente por Inglaterra, Escocia, Suiza, Francia y los países escandinavos, rompiendo la unidad cristiana tradicional en Europa.

A consecuencia de la Reforma religiosa, las naciones del continente europeo se dividieron en dos grupos de clara demarcación geográfica. En el sur quedaron los pueblos que habían sido más profundamente romanizados y cuya tradición cristiana era más antigua, es decir, en los que predominó el cristianismo católico romano. En el norte los pueblos germánicos, menos romanizados y de una conversión más reciente, permanecieron fieles al cristianismo protestante.

No fue la Reforma solamente una consecuencia del pasado, sino que obedeció de manera muy directa a unas causas de carácter religioso y otras de carácter político. Entre las causas religiosas habría que nombrar el excesivo lujo de la Iglesia y la conducta no ejemplar de muchos eclesiásticos. Como reacción contra todo ello y para introducir una reforma religiosa, las doctrinas de Lutero, Zuinglio y Calvino, entre otros, crearon la imagen de una Roma opresora que había que derrotar destruyendo las instituciones en que basaba su poder sobre los pueblos. Entre las causas políticas hay que indicar las ambiciones y maquinaciones de los príncipes y reyes de la época. Las primeras causas llevaron a los reformados a un conflicto religioso con el Papado; las segundas convirtieron este conflicto religioso en uno político, al enfrentarse los grupos y príncipes reformados con el Emperador católico, es decir, Carlos V. Así se convirtió España en defensora al mismo tiempo de los derechos imperiales y de la ortodoxia católica y romana.

Los reformadores

Martín Lutero (1483–1546) había nacido en Eisleben (Sajonia), hijo de una familia modesta de mineros. A los 18 años entró en la Universidad de Erfurt. En el año 1505 entró en la orden de San Agustín, enseñando filosofía durante unos años en la Universidad de Wittenberg. Su primer contacto directo con Roma fue con ocasión de un viaje hecho por asuntos de la Orden en 1510. A su regreso continuó sus estudios en la Universidad de Wittenberg, donde recibió el título de doctor en 1512 y, poco después, fue encargado de la cátedra de Sagrada Escritura.

La causa inmediata de su rebeldía fue la predicación de las *indulgencias* concedidas por el papa León X (1513–1521 con el fin de recaudar fondos para la construcción de la Basílica de San Pedro de Roma. Este mercantilismo eclesiástico llevó a Lutero a una reexaminación de las doctrinas y prácticas cristianas, fijando su propia interpretación, según la costumbre de la época, en la puerta de la Universidad de Wittenberg (1517). Condenado por los obispos alemanes en 1518 y por el Papa en 1521, fue invitado por Carlos V, con ánimo conciliatorio, a presentarse en la Dieta de Worms celebrada el mismo año. Ante la actitud intransigente de todos, católicos y protestantes, y la condena impuesta por la Dieta, el Emperador se vio obligado a decretar su expulsión del Imperio.

Para defenderse, tanto de la autoridad eclesiástica como de la imperial, Lutero buscó la protección de los príncipes alemanes más rebeldes al Emperador, iniciándose así el conflicto político de la Reforma.

En vida de Lutero, la Reforma protestante fue introducida en los cantones suizos alemanes por Ulrico Zuinglio (1484–1531), quien le dio una formulación mucho más radical. A pesar de la gran popularidad de su iniciador, no todos los cantones aceptaron la nueva reforma y al intentar imponérsela por la fuerza, los cantones católicos pidieron ayuda al Emperador, quien se vio así obligado a una intervención militar en defensa de la religión de sus súbditos.

En estos primeros años de luchas religiosas el tema principal no era la libertad del individuo para seguir la religión que la propia conciencia y su fe le dictaran; más bien, se ventilaba el derecho de los gobernantes a imponer a sus súbditos una confesión religiosa diferente de la ortodoxa romana (Paz de Augsburgo, 1555). Con la Paz de Westfalia (1648), en la que se aceptó la derrota de la unidad católica, se reconocía a los príncipes protestantes el libre ejercicio de su religión y el derecho de imponerla a sus súbditos.

A partir de 1534 surgió un nuevo movimiento religioso que, con el título de Iglesia reformada, llegó a ser la expresión más poderosa del protestantismo: el calvinismo. Juan Calvino había nacido en 1509 en Noyon (norte de Francia) y, tras haber estudiado filosofía en París y derecho en Orleáns y Bourges, fue iniciado en las doctrinas protestantes por Andrés Alciati. Después de su rompimiento con Roma, ocurrido hacia 1534, Calvino, convertido ya en predicador vehemente y revolucionario, se vio obligado a huir de Francia, marchando a Ginebra, donde se dedicó a proponer sus doctrinas con el título de lector de Sagrada Escritura (1536) y más tarde de pastor (1537). Una vez convertida esta ciudad, Calvino estableció en ella una especie de república religiosa en la que Iglesia y Estado estaban regidos por una jerarquía de pastores, doctores, presbíteros y diáconos, representantes de la congregación. Aunque en un principio el calvinismo adoptó un sistema de teocracia estricta, ante la oposición de muchos de sus miembros, éste fue abandonado en favor de un mayor sentido democrático.

Se ha dicho que la monarquía del Papado romano fue atacada por la aristocracia luterana y ésta destruida por la democracia calvinista. Se podría también afirmar que donde Lutero quiso subordinar la Iglesia al Estado, Calvino, por el contrario, subordinó el Estado a la Iglesia y ésta al pueblo. La importancia del calvinismo consiste en que, por su mayor organización y fuerza expansiva, consiguió confinar el luteranismo a Alemania, mientras él mismo se extendió por Suiza, Francia, Inglaterra, Escocia, Irlanda y, más tarde, América del Norte.

La Contrarreforma

En términos generales se llama *Contrarreforma* a la reacción del catolicismo europeo en contra de las doctrinas protestantes. De modo más concreto, se da este nombre a la oposición del catolicismo español a todas las manifestaciones de la Reforma protestante, tanto dentro de la Península como en los territorios del Imperio.

La Contrarreforma en su sentido más concreto se manifestó, como también la Reforma, en conflictos estrictamente religiosos y en otros en los que las ideas religiosas estaban lastimosamente mezcladas con los intereses políticos. Las primeras están representadas por el Concilio de Trento (1545–1563), en el que se reafirmó las doctrinas ortodoxas y se condenaron los aspectos propios, o *heterodoxos*, de la Reforma; las últimas en las guerras religiosas de Carlos V y Felipe II, únicos monarcas europeos que se identificaron totalmente con la causa del catolicismo.

A insistencia del emperador Carlos V, que estaba interesado en ver definidas y solucionadas pacíficamente las diferencias religiosas, el papa Paulo III convocó en 1537 un concilio universal. Tanto el Papa como otros monarcas se mostraron reacios a la convocatoria del concilio temiendo la excesiva influencia del Emperador en las decisiones que en él se pudieran tomar. El concilio se reunió finalmente en el año 1545 en Trento sin la asistencia de los delegados protestantes, quienes, aunque invitados a instancias del Emperador, pusieron unas condiciones a su asistencia que los obispos católicos se negaron a aceptar.

Aunque es evidente exageración llamar al de Trento un concilio español, no deja de ser cierto que la autoridad moral y peso político del Emperador y la importancia y número de los delegados españoles hicieron que tanto las fórmulas teológicas españolas como las formas de espiritualidad concordes con las españolas fue-ran las preferidas en las discusiones. En consecuencia, las definiciones aprobadas en este concilio tuvieron en España una resonancia mucho mayor que la que encontraron en los demás países católicos. En ellas el catolicismo español encontró su formulación más clara como una aceptación oficial ante el protestantismo.

Tanto por razón del Imperio como por el sentido español del catolicismo aprobado en Trento, la Contrarreforma, es decir la lucha contra el protestantismo, adquirió para España un carácter de empresa nacional comparable a la unificación religiosa de la Península o la Reconquista, ahora ya glorificada como Cruzada y Guerra Santa contra el Islam.

Protestantismo y catolicismo

Los conflictos fundamentales entre el protestantismo y el catolicismo eran, primero, el subjetivismo religioso frente a la institución de la Iglesia; segundo, la extensión, número y lujo de las prácticas religiosas; y tercero, el dogmatismo oficial eclesiástico que había predominado hasta la fecha.

Para católicos y para protestantes, la Iglesia es una sociedad invisible y espiri-tual. Pero para los católicos, la Iglesia es además visible y esencialmente estructura-da con una jerarquía cuya cabeza oficial, considerada representante de Jesucristo, es el Papa de Roma. Sólo la Iglesia es depositaria de la revelación contenida en la Sagrada Escritura, y sólo ella tiene la autoridad para un magisterio universal infali-ble en materia doctrinal. Según la doctrina católica definida en Trento, la salvación se aplica al hombre a través de los sacramentos, cuya única administradora es tam-bién la Iglesia.

A todos estos puntos se oponían los protestantes, que veían en ellos una conta-minación de verdades religiosas y prácticas políticas. En especial atacaban la doctri-na de los sacramentos, que en su opinión mecanizaba los efectos de la salvación en perjuicio de la fe individual, punto esencial en la teología protestante. También ata-caban el *Magisterio* oficial de la Iglesia, que consideraban dogmatismo excesivamente autoritario, para defender en su lugar la doctrina del libre examen, es decir, el juicio que se forma el individuo de las verdades religiosas contenidas en la Revelación.

En puntos de moral y ética las posturas de ambos, católicos y protestantes, dife-rían también de manera esencial. El catolicismo mantenía la postura tradicional, predicada ya desde hacía muchos siglos, de que la perfección moral consistía en un alejamiento del mundo y de sus valores materiales. Las normas éticas eran tenidas como parte integral de la Revelación y la Iglesia tenía autoridad divina para definir y enseñar tanto la verdad religiosa como la diferencia entre el bien y el mal.

Lutero rechazaba el monasticismo y atacaba toda exteriorización religiosa insti-tucionalizada y, en general, toda forma de arte, lujo y riqueza con tanto o más rigor que los católicos, pero insistía, en cambio, en el juicio personal y la percepción del individuo como criterio determinante de la moralidad de las acciones.

Juan Calvino, aunque admitía la posición luterana en cuanto al lujo personal y al criterio de ética individual, sostenía que la riqueza, es decir, el capital, el crédito y el comercio, eran queridos por Dios. El artesano, el trabajador o el comerciante que busca el provecho y beneficio en su empresa con las virtudes que exige el éxito económico —trabajo, frugalidad, sobriedad y orden— responde a una llamada di-vina, su acción es buena y el éxito en su empresa signo del favor divino. De esta manera ensalzaba Calvino las virtudes de la laboriosidad burguesa, lo cual explica que sus doctrinas tuvieran tanta aceptación en centros urbanos, comerciales e industriales, como Amberes, Londres y Amsterdam.

En general se puede afirmar que el protestantismo calvinista inculca entre sus seguidores, mucho más que el catolicismo, una gran laboriosidad y respeto al trabajo, actitud que ha venido a ser conocida por ello con el nombre de ética protestante de trabajo. Al propio tiempo, su énfasis en el libre examen y la importancia dada al juicio individual invitaban, más que el dogmatismo católico, al desarrollo del racionalismo norte europeo, aspectos ambos en que los países protestantes difieren notablemente de los católicos. En términos generales se puede afirmar que mientras que la Reforma protestante abría camino a la transformación de las formas sociales y culturales tradicionales en Europa, la Contrarreforma buscaba principalmente su retención.

La Compañía de Jesús

El exponente más claro del espíritu de la Contrarreforma española fue la Compañía de Jesús. Fundada por Ignacio de Loyola en 1534, tenía como fin específico ponerse a disposición del Papa dedicándose al apostolado católico entre infieles, protestantes, cismáticos y entre los mismos fieles. Aunque su vida espiritual se basaba en una percepción emotiva, íntima y contemplativa de los sentimientos religiosos, su dedicación al apostolado misionero fue en un principio su aspecto más importante. Fue también importante su estructuración jerárquica, copiada de la organización militar, puesta al servicio directo del Papa por medio de un cuarto voto con que se comprometían a su obediencia más fiel.

La expansión de la nueva orden fue extraordinaria. Rápidamente fueron acudiendo a sus filas hombres eminentes, tanto en las letras como en el apostolado, lo cual fue causa, a la vez, de una mayor influencia y expansión. Al morir Ignacio de Loyola el año 1556, la Compañía, dirigida ya desde Roma, tenía centros en casi todos los países europeos y misioneros en la India, Japón, África y América. Dedicados también a los estudios, los primeros jesuitas fundaron numerosos centros de los que salieron más tarde notables y famosos maestros, escritores y misioneros. Fueron jesuitas Diego Laínez y Alfonso Salmerón, los teólogos más distinguidos en el Concilio de Trento; Pedro Canisio, el más famoso adversario del protestantismo; y Francisco Javier, el gran apóstol de la India, Japón y China.

La independencia de los jesuitas frente al absolutismo de los reyes y su defensa incondicional de los derechos del papado contra las aspiraciones de los monarcas y contra los avances de los protestantes hicieron que la Compañía de Jesús fuera objeto de ataques especiales durante los siglos siguientes.

CARLOS V (1517–1555)

Carlos V era hijo de Juana la Loca y de Felipe el Hermoso, nieto, por tanto, de los Reyes Católicos y del emperador Maximiliano de Austria. Heredero de ambas coronas al morir Fernando el Católico en 1516 y Maximiliano de Austria en 1519, Carlos

Europa durante el reinado de Carlos V

se convirtió en el monarca más poderoso de Europa y señor de unas posesiones gigantescas que ocupaban gran parte de la Europa continental y, además, España, Sicilia, Cerdeña, el norte de África y los territorios, cada vez más extensos, de América.

Con la unión de los territorios del Imperio alemán y de España bajo la autoridad de Carlos V en 1516 y la protesta de Martín Lutero, proclamada oficialmente el año siguiente en Wittenberg, comenzó uno de los períodos más decisivos de la historia europea y española. En general, se puede afirmar que la escisión europea entre católicos y protestantes contribuyó, más que ningún otro acontecimiento, a formar la fisonomía espiritual de la Europa moderna.

Por su participación en el Imperio, los problemas políticos y religiosos del norte de Europa cobraron en la Península una importancia que no hubieran tenido de otra manera. Para España la fusión de los problemas político-nacionales con los religiosos contribuyó, como pocos otros hechos de su historia, a forjar la personalidad espiritual de los hispanos. Su actitud contra la Reforma, hecha posible tan sólo por ser Carlos V emperador, contribuyó eficazmente a la creación de una tradición religiosa hispana que aunque se basa en su concepto católico del mundo, no es esencial al catolicismo. Ello explica su distanciamiento de la espiritualidad europea en los siglos siguientes.

Política interior

El futuro rey Carlos nació en Gante (1500), donde fue educado, según las costumbres flamencas, por Margarita, hermana de Felipe el Hermoso. Su llegada a España, en 1516, rodeado por un séquito de flamencos, produjo entre los españoles un gran descontento, que se manifestó abiertamente en las Cortes de Castilla y las Cortes de Aragón, convocadas para la entronización del nuevo rey. La oposición de las Cortes al rey extranjero se convirtió en rebeldía cuando el rey Carlos, a la muerte de Maximiliano de Austria, pidió nuevos subsidios con que pagar los gastos de su coronación como emperador de Alemania. Por ello, al ausentarse de España el rey, el descontento rebelde de sus súbditos se tradujo en sublevaciones armadas: una en Castilla, de tipo político, y otra en Valencia y Mallorca, que tuvo más bien un carácter social.

La sublevación de Castilla, que llegó a llamarse guerra de las Comunidades por ser éstas quienes la iniciaron, tuvo como causa primordial la política extranjerizante del rey. Las ciudades rebeldes, a cuyo frente se puso Toledo, exigían del rey que no se ausentara de España, que no diera cargos públicos a los extranjeros y que no sacara, ni permitiera sacar, oro ni plata del reino para pagar empresas con las que no se podían identificar. La guerra de las Comunidades terminó en 1521 con la derrota de las ciudades rebeldes y con el ajusticiamiento de los comuneros cabecillas de la sublevación.

Es ironía de la historia el resultado que tuvo la sublevación. Por una parte Carlos V, aunque vencedor, terminó cumpliendo con los deseos de los comuneros vencidos de que su rey se castellanizara y se preocupara más por los asuntos de Castilla; por otra parte, precisamente por haber sido derrotada, Castilla pudo mantener su posición predominante en la vida política española. Una vez debilitado el poder de la nobleza en la guerra de sucesión de Isabel la Católica, y el de los municipios con la derrota de las Comunidades por Carlos V, Castilla se convirtió en base del régimen autoritario y centralista de los Habsburgos.

La sublevación de Valencia y Mallorca (1521–1523), llamada guerra de las Germanías, estuvo también ocasionada por la ausencia del rey, pero a diferencia de la rebeldía castellana, no estaba ésta dirigida contra la persona del rey ni contra la política real. En ella las hermandades de menestrales y trabajadores —*germanías*— intentaron ventilar su resentimiento tradicional contra la nobleza privilegiada. En Mallorca, a los obreros se unieron además los campesinos, *payeses*, que se sublevaron contra la burguesía rica. Con ayuda de las tropas reales, los nobles vencieron a los sublevados sin que las clases populares obtuvieran satisfacción o gran beneficio. Por el contrario, la persecución violenta contra la nobleza local y contra la burguesía llevada a cabo por las tropas reales, castellanas en su mayoría, originó un sentimiento de oposición contra Castilla, que con el tiempo fue causa de otras y graves sublevaciones.

En 1525, ya pacificada la Península y reconciliada con su nuevo rey, las Cortes de Castilla se reunieron para pedir al rey que se casara, expresando además el deseo de que lo hiciera con Isabel de Portugal. El matrimonio se efectuó al año siguiente y de esta unión nació como primogénito Felipe, heredero a la corona de España y aspirante también a la de Portugal. A la muerte de Isabel, ocurrida en 1539, Carlos, que contaba entonces con cuarenta años, se negó a cualquier otra unión matrimonial.

Política exterior

La política exterior de Carlos V consistió en una confrontación casi continua con Francia, el Imperio turco y los príncipes luteranos. En la mayor parte de las ocasiones, Carlos V respondía a las responsabilidades que el título de Emperador le imponía y a sus obligaciones de gobierno sobre los territorios de los Habsburgos en Europa. Sus súbditos españoles, aunque leales a la monarquía y al nuevo rey y emperador Carlos, no siempre sentían el mismo entusiasmo que su rey por las empresas europeas.

Francia

Las guerras contra Francia, que, excepto algunos períodos de paz, duraron durante los treinta y seis años del reinado de Carlos V, tuvieron causas muy variadas. Se podría citar entre las más importantes el orgullo lastimado del rey francés Francisco I, aspirante también al título de emperador, al ser elegido Carlos V. Otra causa fue el deseo de los dos reyes de apoderarse de los territorios del Ducado de Milán, el Milanesado, sobre el que ambos monarcas creían tener derechos. Pero la causa más importante de estas guerras fue sin duda el miedo del rey francés ante el cerco en que los Habsburgos y sus aliados mantenían a Francia.

La primera guerra comenzó cuando las tropas francesas, aprovechándose del levantamiento de los comuneros contra Carlos V, invadieron Navarra y el Milanesado. A pesar de algunas victorias iniciales del rey francés, la guerra terminó con una desastrosa derrota de sus tropas en Pavía (1525), en la que Francisco I fue hecho prisionero y llevado a Madrid. Allí, tras un año de cautiverio, firmó, en 1526, el tratado de Madrid.

Una vez en libertad no fue difícil para Francisco I encontrar aliados entre las naciones europeas, temerosas también del poder de Carlos V. En alianza con Francia entraron Florencia, Milán, Venecia, Enrique VIII de Inglaterra y el papa Clemente VII, formando la *Liga Santa* contra el Emperador español. Famosa en esta campaña fue la conquista de Roma (1527) por las tropas alemanas al servicio del Emperador. No contentas con el saqueo de la Ciudad Eterna, hicieron prisionero al Papa, quien tuvo que comprar su libertad con un cuantioso rescate. La guerra terminó con la *paz de Cambray* (1529), tras la cual el Papa accedió a coronar como Emperador a su antiguo enemigo Carlos V.

Dos veces más se rompieron las hostilidades entre Francia y España en vida de Francisco I, sin que ninguno de los combatientes consiguiera una victoria clara sobre el adversario. A la muerte del rey francés, su hijo, Enrique II, aprovechándose de las contiendas de Carlos V con los protestantes alemanes, declaró una vez más la guerra a España. Ésta terminó a los cuatro años de hostilidades con una tregua favorable a Francia.

Los turcos

Desde la caída de Constantinopla en 1453, el poderío del Imperio turco en el Mediterráneo se había incrementado, a la vez que hacía avances en las regiones orientales del continente europeo, llegando a su apogeo con Solimán el Magnífico (1520–1566), contemporáneo de Carlos V. Las contiendas entre ambos se desarrollaron en las fronteras orientales de Austria y en el mar Mediterráneo. En el

Mediterráneo, el famoso Barbarroja, con sus piratas turcos, tomando Argel y Túnez como bases, devastaba con audaces y constantes ataques las costas de Italia y de España.

En el este, dueño ya de Hungría, el sultán turco dirigió sus ataques contra Viena (1529), pero ante la llegada de las tropas del Emperador tuvo que abandonar su cerco. En el Mediterráneo fue importante la expedición contra Túnez dirigida personalmente por el Emperador en la que entró triunfante en 1525, poniendo en libertad a más de 20.000 cristianos cautivos de los moros. Menos afortunado en otras expediciones, Carlos V fue incapaz de derrotar el poderío turco sobre el Mediterráneo. La confrontación definitiva con éste correspondió al reinado de su hijo Felipe II.

Los príncipes protestantes

La contienda de Martín Lutero y sus adeptos, algunos de ellos príncipes alemanes, con los católicos, tuvo, sobre todo durante el reinado de Carlos V, unos aspectos políticos que no deben ser confundidos con los religiosos o los culturales.

En un principio, el Emperador, aunque decididamente a favor de los príncipes y obispos católicos, intentó, no menos decididamente, buscar una fórmula que satisfaciendo a los católicos al menos apaciguara a los príncipes protestantes. Razón para ello era, en parte, la urgencia con que Carlos V buscaba solución a un problema que amenazaba con debilitar su poder en Alemania, comprometido como estaba al mismo tiempo en las guerras con Francia en el oeste y contra los turcos en el este europeo.

Con ánimo de restablecer la paz, Carlos V consiguió que fuera convocada la Dieta de Worms (1521), ante la que se presentó Lutero provisto de un salvoconducto imperial. La intransigencia de los católicos, que exigían una retractación formal, y de Lutero, que se negó a reconocer error alguno en sus doctrinas, fue causa de que la asamblea publicase un edicto por el cual se expulsaba a Lutero del Imperio y se ordenaba que fueran quemados todos sus escritos. Las Dietas de Spira y de Augsburgo, reunidas con el mismo deseo conciliatorio por parte del Emperador, fracasaron igualmente ante la intransigencia de ambos partidos.

En 1531 los príncipes protestantes formaron la liga de Smalkalda y se aliaron con Francia y Dinamarca. El Emperador, amenazado a la vez por el sultán turco Solimán el Magnífico, cuyas tropas habían llegado ya hasta las puertas de Viena, se vio obligado a firmar la *Paz de Nüremberg*, por la que se concedía a los luteranos el libre ejercicio de su religión hasta que un concilio general decidiese sobre los aspectos doctrinales del problema.

Ante la insistencia de Carlos V, el papa Paulo III (1534–1549) accedió a convocar el Concilio de Trento (1545–1563), al que se negaron a asistir los protestantes. Al mismo tiempo el Emperador, temeroso de que los alzamientos y sublevaciones que acompañaban a la reforma luterana se extendieran a los Países Bajos, se dispuso a poner fin a la lucha religiosa con las armas. A pesar de una gran victoria que las tropas españolas al mando del duque de Alba obtuvieron en Mühlberg, la alianza de los príncipes protestantes con Francia y una nueva guerra contra los turcos obligaron al Emperador a firmar el tratado de Passau (1552) y más tarde la *Paz de Augsburgo* (1555). Según los términos de ésta, los príncipes luteranos obtuvieron el libre ejercicio de su religión y el derecho de imponerla a sus súbditos. Con ella terminó, en fracaso, la política expansionista de un imperio católico bajo un emperador español, idea a la que se oponían las demás naciones católicas de Europa e incluso el mismo Papa.

Un año más tarde, el emperador Carlos V, enfermo y cansado bajo el peso de su enorme imperio, abdicó, dejando a su hijo Felipe la corona de España, los territorios de Italia y de los Países Bajos y las posesiones de ultramar, y a su hermano Fernando el Imperio de Austria. Libre ya de cuidados, Carlos V regresó a España y se retiró a un monasterio situado en Yuste (Cáceres), donde falleció en 1558.

Carlos V es considerado todavía por la mayoría de los españoles como el realizador de los ideales nacionales, religiosos y políticos de los Reyes Católicos y creador, a su vez, del concepto imperial y católico de España. Nadie ha definido este concepto de Carlos V y de su política mejor que Hernando de Acuña (m. 1580) en estos versos dedicados al Emperador.

> Ya se acerca, Señor, o ya es llegada
> la edad gloriosa en que proclama el cielo
> un pastor y una grey sola en el suelo
> por suerte a vuestros tiempos reservada.
>
> Ya tan alto principio en tal jornada
> os muestra el fin de vuestro santo celo
> y anuncia al Mundo para más consuelo
> un Monarca, un Imperio y una Espada.
>
> Ya el orbe de la Tierra siente en parte
> Y espera en todo vuestra Monarquía
> conquistado por vos en justa guerra.
>
> Que a quien ha dado Cristo su estandarte
> dará el segundo, más dichoso día
> en que vencido el Mar, venza la Tierra.

Conquistas en el Nuevo Mundo

A la etapa de descubrimientos y exploraciones siguió muy pronto la gran época de conquista y colonización. Aunque ambas fueron continuadas con la fundación de Manila (1581) en las islas Filipinas, la colonización de las tierras argentinas en el sur del continente y de grandes extensiones de las zonas meridionales de Norteamérica (Florida, Texas, New México y California), los momentos fundamentales de la expansión colonial hispana quedan marcados con la anexión de México y del Perú, coincidiendo ésta aproximadamente con el reinado de Carlos V. Con esta empresa están asociados los nombres de Cortés y Pizarro quienes, a pesar de sus errores y defectos, son para los españoles todavía los héroes de una obra idealizada en su interpretación de la historia.

México

Desde época muy antigua México había estado habitado por varios pueblos, de los cuales los principales fueron los mayas, los toltecas, los chichimecas y los aztecas. Estos últimos, procedentes del norte, se habían establecido en el Anahuac, o valle de México, donde fundaron la ciudad de Tenochtitlán (México). En los años que precedieron a la conquista, los aztecas disfrutaban de una elevada civilización y a la vez de un vasto territorio en el que dominaban sobre las demás tribus indígenas.

Las primeras noticias sobre México se deben a Francisco Hernández de Córdoba quien, en 1517, había descubierto su territorio. Al ser rechazado éste por los indios mayas, el gobernador de Cuba, Diego Velázquez, se decidió a enviar una expedición al mando de Juan de Grijalva quien, tras haber entrado en contacto con los indios aztecas, regresó a Cuba, dejando la empresa de la conquista para otra expedición, ésta al mando de Hernán Cortés.

Había nacido Hernán Cortés en Medellín (Badajoz) en 1485 y, después de estudiar en Salamanca, pasó a la isla de la Española en 1504 y a Cuba en 1511. Allí se ganó la confianza del gobernador Diego Velázquez quien, en 1519, le encomendó la conquista de México. Al desembarcar Cortés en la costa mexicana, venció a los indios mayas y fundó la ciudad de Vera Cruz junto al río Tabasco, aliándose con los indios de la tribu campoala. Después de haber hundido los barcos para evitar deserciones, Cortés se dirigió contra Moctezuma, jefe de la confederación azteca, derrotando en el camino a los tlaxcaltecas, quienes se unieron con los españoles contra los aztecas. Cortés entró en México bien recibido por Moctezuma. No obstante, al ser atacados los españoles de Vera Cruz y desconfiando Cortés de la sinceridad de Moctezuma lo aprehendió, obligándolo a declararse vasallo del rey de España.

Envidioso de esos triunfos y con objeto de restar autoridad al conquistador, el gobernador de Cuba envió una fuerte tropa al mando de Pánfilo de Narváez, pero Cortés se dirigió contra Narváez al que pudo derrotar, aumentando el número de sus tropas con las de su rival.

Al regresar Cortés a México los naturales se sublevaron, y Cortés tuvo que abandonar la ciudad tras sufrir enormes pérdidas en la retirada conocida en la historia española con el nombre de *La noche triste* (1 de julio 1520). Reorganizadas sus fuerzas, Cortés venció a los aztecas en Otumba y, tras largo asedio, entró de nuevo en México. En los años siguientes se impulsó la conquista y colonización del territorio, que, con el nombre de Nueva España, sirvió de base al poderío español en América central, anexionando además las regiones de Guatemala y Honduras.

A su regreso a España, Cortés, a pesar de recibir de Carlos V el título de marqués del Valle de Oaxaca, no encontró el reconocimiento que esperaba, por lo que, desengañado, dispuso que a su muerte sus restos fuesen trasladados a la tierra que fue teatro de sus hazañas. Cortés falleció en Castilleja de la Cuesta (Sevilla) en 1547.

Perú

Más fácil que la de México fue la conquista del Perú. Descubierto el océano Pacífico por Vasco Núñez de Balboa, en 1513, se fundó a los pocos años la ciudad de Panamá (1519), que se convirtió en centro de la actividad de expansión hacia el norte por la América Central y hacia el sur por los territorios del Perú, que comprendían los estados actuales de Bolivia, Perú y Ecuador. Desde tiempos antiguos había florecido en estas regiones la civilización de los aymaras y quechuas. Ya en el siglo X, los incas, procedentes del lago Titicaca, habían logrado dominar las otras tribus, fundando un gran imperio cuya capital era Cuzco. Su conquista fue obra de Francisco Pizarro, Diego de Almagro y el sacerdote Hernando de Luque.

Francisco Pizarro había nacido en Trujillo (Cáceres), pero había pasado muy joven a América, donde se distinguió como soldado a las órdenes de Ojeda y Núñez de Balboa. Una primera expedición a las costas de la actual Colombia (1524–1525) terminó en desastre por la oposición de los indios y la deserción de la mayoría de sus hombres. Es famosa sin embargo por las frases de Pizarro quien, ante el deseo de sus soldados de regresar a Panamá, desenvainó su espada y trazando una raya en la arena dijo: "Por aquí, —señalando al sur— se va al Perú a ser ricos y por allá —al norte— a Panamá a ser pobre. Escoja el que sea buen castellano lo que más bien le estuviere" Sólo trece, los trece de la fama, siguieron al conquistador.

El año 1531, tras haber conseguido nuevas concesiones de Carlos V, Pizarro organizó una segunda expedición. Ésta desembarcó en Tumbes y procedió a internarse en el Perú. Aprovechando la guerra civil del Imperio inca en la que se disputaban la corona los dos hermanos, Atahualpa y Huáscar, Pizarro, en apoyo de éste, atravesó los Andes entrando en Cajamarca, donde hizo prisionero a Atahualpa.

Atahualpa, que fue tratado con miramiento y continuaba en contacto con sus tropas, ofreció al conquistador como rescate llenar de oro y plata el cuarto en que se hallaba. Pizarro tras aceptar la oferta y el oro, lo sentenció a muerte bajo pretexto de que había mandado asesinar a su hermano Huáscar.

Seguidamente, Pizarro continuó la conquista del territorio apoderándose de Cuzco (1533), la ciudad principal de los incas, en la que dejó como rey a Manco Capac, hermano de Huáscar, que se declaró vasallo del rey de España. Mientras Pizarro fundaba la ciudad de Lima (1535) e iniciaba la colonización, Almagro se dirigió hacia el sur a la conquista de Chile. Una sublevación de Manco, que puso sitio a Cuzco, hizo peligrar la dominación española; pero Almagro, que regresó de Chile, derrotó a las huestes incas entrando en el Cuzco y haciéndose dueño de la ciudad (1537).

Muy pronto, sin embargo, se desencadenó una violenta guerra entre los conquistadores, en la que los mismos Pizarro y Almagro fueron las víctimas principales. Reprimidas ambas facciones por las tropas de Carlos V, entró el Perú en un período de tranquilidad que permitió el avance del proceso colonizador español.

Otras conquistas

En los años siguientes, las conquistas de Pedro de Valdivia por la costa del Pacífico añadieron nuevas colonias y ciudades —La Serena, Concepción, Imperial, Valdivia y Villa Rica— estableciendo así las bases de la colonización de Chile. Al mismo tiempo, en 1534, Carlos V concedió a Pedro de Mendoza la conquista y colonización de los territorios del río de la Plata, en cuya desembocadura fundó la ciudad de Nuestra Señora de Buenos Aires. Su tarea fue continuada años más tarde por Alvar Núñez Cabeza de Vaca, Martínez de Irala y Juan de Garay, quienes establecieron definitivamente el poderío español sobre el territorio argentino.

FELIPE II (1555–1598)

Felipe II, primogénito de Carlos V e Isabel de Portugal, nació en Valladolid en 1527. A diferencia de su padre, Felipe fue educado exclusivamente en España y tuvo que valerse siempre de la lengua castellana, la única en que podía expresarse

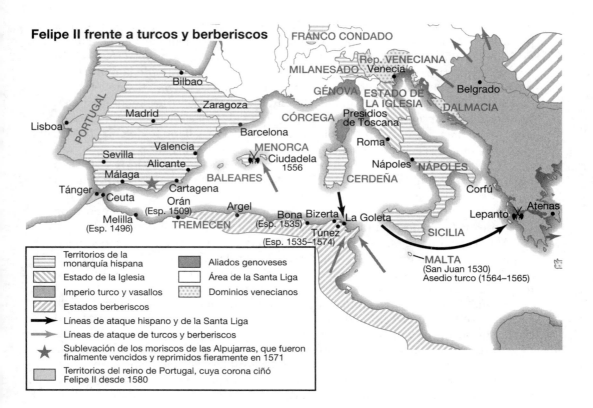

Felipe II frente a turcos y berberiscos

Mapa con leyenda:

- Territorios de la monarquía hispana
- Estado de la Iglesia
- Imperio turco y vasallos
- Estados berberiscos
- Aliados genoveses
- Área de la Santa Liga
- Dominios venecianos
- Líneas de ataque hispano y de la Santa Liga
- Líneas de ataque de turcos y berberiscos
- ★ Sublevación de los moriscos de las Alpujarras, que fueron finalmente vencidos y reprimidos fieramente en 1571
- Territorios del reino de Portugal, cuya corona ciñó Felipe II desde 1580

Etiquetas del mapa: FRANCO CONDADO, MILANESADO, Rep. VENECIANA, Venecia, GÉNOVA, ESTADO DE LA IGLESIA, DALMACIA, Belgrado, Bilbao, Zaragoza, Madrid, CÓRCEGA, Presidios de Toscana, Lisboa, PORTUGAL, Barcelona, Roma, Valencia, MENORCA, Ciudadela 1556, Sevilla, Alicante, Nápoles, NÁPOLES, Málaga, BALEARES, CERDEÑA, Corfú, Tánger, Cartagena, Atenas, Ceuta, Orán (Esp. 1509), Argel, Lepanto, Melilla (Esp. 1496), TREMECEN, Bona Bizerta La Goleta (Esp. 1535), Túnez (Esp. 1535–1574), SICILIA, MALTA (San Juan 1530) Asedio turco (1564–1565)

con libertad. En su educación política intervino directamente el Emperador, aprovechando sus pocos descansos en España, haciendo además que el príncipe le acompañara a las diversas reuniones de las Cortes. Cuando la necesidad de combatir obligó a Carlos V a embarcarse con rumbo a Alemania, Felipe, que entonces contaba con 15 años, quedó ya a cargo del gobierno del reino, en cuyo ejercicio demostró una gran prudencia y una excepcional preocupación por la justicia. De un temperamento poco guerrero, Felipe II fue un fiel discípulo y continuador de la política de su padre, por el que sintió siempre gran afecto y devoción.

Política exterior

Aun sin el Imperio, que Carlos V había cedido a su hermano, los territorios europeos de la Corona de España y los conquistados en el Nuevo Mundo hacían de Felipe II el monarca más poderoso de Europa. Consistían éstos, además de España, en el Rosellón, Nápoles, Sicilia, Milán, Cerdeña, Países Bajos, el Franco Condado, Islas Canarias, algunas ciudades en el norte de África, Cabo Verde, Islas Filipinas, parte de las Molucas y, en América, desde México hasta el Paraguay y el río de la Plata. Pero con este poder el monarca español heredó también una serie de problemas políticos que se tradujeron en largas y sangrientas contiendas.

Francia

Las hostilidades con Francia comenzaron en Italia al aliarse el Papa Paulo IV con los franceses y los turcos para combatir el poder español en Italia. Los rápidos avances del duque de Alba en Italia obligaron al Papa a pedir la paz, mientras que en Francia los tercios españoles se apoderaron de varias plazas y obtuvieron la gran victoria de San Quintín (1557), en conmemoración de la cual se edificaría más tarde el monasterio de El Escorial. Los avances que hacían los calvinistas en Francia movieron a Felipe II y Enrique II a negociar la *Paz de Cateau-Cambresis* y concertar además la boda de Isabel de Valois, hija del rey francés, con Felipe II, ya viudo de María Tudor, su segunda esposa.

Hacia el fin de su reinado, Felipe II volvió a intervenir en los asuntos de Francia, esta vez en favor de los católicos franceses. Al fallecer sin sucesor directo el rey Enrique III, los calvinistas de Francia, los *hugonotes*, propusieron como heredero al príncipe protestante Enrique de Borbón. En oposición a éstos, el partido católico defendía los derechos del Duque de Guisa y de la princesa Isabel Clara Eugenia, hija del propio Felipe II, que estaba prometida al duque en matrimonio. Tanto por razones religiosas como familiares y políticas, el rey español se decidió a defender los derechos del partido católico.

La conversión al catolicismo del príncipe protestante Enrique de Borbón, aunque política e interesada —a él se le atribuye la frase *"París bien vale una misa"*— sirvió para desvirtuar la oposición de los católicos franceses, decidiéndose ambos partidos a aclamarle como Enrique IV, rey de Francia. A Felipe II le cupo el consuelo de haber salvado, al menos oficialmente, el catolicismo francés.

Países Bajos

Uno de los acontecimientos más graves de todo el reinado de Felipe II y que más pesó sobre el reino español, sin proporcionarle ventaja alguna, fue la sublevación de Flandes y los Países Bajos, que duró durante todo su reinado. Las causas de esta sublevación fueron, a la vez, políticas y religiosas.

El problema religioso estaba causado por la división de la población predominantemente calvinista en las provincias del norte, frente a la católica en las del sur, que Felipe II se propuso resolver sometiendo a los herejes por la fuerza.

Causa del problema político fue el sentido castellano de su gobierno. Para organizar el gobierno de los Países Bajos, Felipe II había nombrado a funcionarios españoles en quienes podía confiar, prescindiendo de las clases sociales del país representadas por sus Estados Generales. El rey dispuso además que un ejército español ocupara permanentemente el país para servir bajo sus gobernadores. El genio militar de éstos, el duque de Alba, don Juan de Austria y Alejandro Farnesio, fue sólo capaz de someter por fuerza y nunca de manera definitiva a los rebeldes, sin poder atraerse el afecto de la población. En 1597, tras casi cuarenta años de esfuerzos políticos y contiendas militares que, aunque frecuentemente victoriosas, no fueron capaces de asegurar una paz estable en los Países Bajos, Felipe II se decidió a cederlos a su hija, Isabel Clara Eugenia, casada con el archiduque Alberto de Austria.

Los turcos

Durante la primera parte de este reinado la confrontación de España con el Imperio turco había quedado reducida a frecuentes ataques de piratas turcos a navíos y puertos cristianos, a los que Felipe II contestaba con numerosas expediciones de

El Imperio español en 1580

FRANCO CONDADO
PAÍSES BAJOS
MILÁN
NAPOLES
I. AZORES
I. MADEIRA
I. CANARIAS
ESPAÑA
FLORIDA
NUEVA ESPAÑA
I. CABO VERDE
Senegambia
NUEVA GRANADA
Ecuador
PERÚ
BRASIL
Congo
Mozambique
Sofala
El Cabo
RIO DE LA PLATA
Ormux
Liampo
Macao
Diu
Goa
Adén
Mogadisco
Malaca
I. CEILÁN
FILIPINAS
I. BORNEO
I. NUEVA
I. SUMATRA
MOLUCAS
I. JAVA
I. TIMOR
Kiwa
I. MADAGASCAR

Posesiones de Felipe II 1580
Españolas
Portuguesas

castigo. Pero hacia el fin de su reinado el sultán Solimán el Magnífico volvió a demostrar ambiciones territoriales sobre Europa, lanzando un terrible ataque contra la isla de Malta (1565), puerta hacia el Mediterráneo occidental, y otro contra Austria, en el corazón de Europa. Su sucesor, el sultán Selim II, conquistó Túnez en 1569 y el año siguiente asaltó la isla de Chipre, entonces posesión de los venecianos y última avanzada de los reinos cristianos en el Mediterráneo oriental.

A instigación del Papa Pío V se formó una alianza entre el Papa, Venecia y España, con el objeto de hacer frente a la amenaza turca. Una flota aliada, puesta bajo el mando de don Juan de Austria, salió en persecución de la flota otomana, que, tras su ataque a Chipre y Creta, se había retirado al golfo de Lepanto (Grecia). Sorprendida allí, en el año 1571, sufrió una desastrosa derrota ante la superioridad naval española y el genio militar del almirante cristiano. Sin embargo el fallecimiento de Pio V, ocurrido el año 1572, y las desavenencias entre España y Venecia pusieron fin a la alianza sin que se pudieran recoger los frutos de tan gran victoria. El año siguiente Venecia tuvo que resignarse a la pérdida definitiva de Chipre, que fue cedida a los turcos en 1573.

La batalla de Lepanto causó en Europa un efecto moral extraordinario y, de hecho, puso fin al predominio marítimo de los turcos en el Mediterráneo occidental. Aunque los historiadores extranjeros dan considerable importancia a la intervención veneciana, en España la victoria ha sido siempre considerada como una hazaña atribuible principalmente a los españoles y como el momento cumbre del reinado de Felipe II y del sentido cristiano de su Imperio.

Inglaterra

Menos afortunada fue la actuación española contra los ingleses. El matrimonio de Felipe II con María Tudor, la Católica, en 1554, había herido los sentimientos de numerosos nobles y una gran parte de la población inglesa. La reacción, no siempre pacífica, hacia el catolicismo que este matrimonio había iniciado, terminó en 1558 con la subida al trono de su hermanastra, la princesa protestante Isabel. Ésta inició la ruptura de la armonía anglo española, a la vez que aseguraba el triunfo de la reforma anglicana con una cruenta persecución de los católicos. La enemistad de España hacia Inglaterra se fue exacerbando a causa de la ayuda que los ingleses prestaban a los protestantes de los Países Bajos en su rebelión contra España y la protección que ofrecían a los piratas Drake, Cavendish, Hawkins, entre otros, que con sus ataques a las flotas españolas interrumpían el tráfico comercial con las colonias americanas.

Tomando como pretexto la ejecución de la princesa católica María Estuardo (1587), prima de la reina y posible heredera al trono, Felipe II se decidió a destronar por la fuerza a la reina Isabel. Para ello reunió una poderosa flota compuesta de 131 de los mejores y más grandes navíos españoles, a la que con orgullo se dio el nombre de *Armada Invencible*.

La expedición, salida de Lisboa y La Coruña en junio de 1588, terminó en terrible desastre. La flota española acosada por la escuadra inglesa, más rápida y maniobrera, en el canal de la Mancha, fue puesta en fuga frente a Calais en la noche del 7 al 8 de agosto del mismo año. Una gran tempestad terminó la obra apenas iniciada por los ingleses, hundiendo la mayoría de los navíos españoles, mientras que el resto, averiado y en desorden, tuvo que dar la vuelta a Escocia e Irlanda para regresar por el Atlántico a los puertos españoles.

La destrucción de la Armada Invencible fue celebrada estruendosamente en Inglaterra y recibida con gran alegría por todos los demás países protestantes europeos; los calvinistas de los Países Bajos, por ejemplo, acuñaron una medalla conmemorativa de la derrota del rey católico. En cambio Felipe II, según se dice, recibió la noticia con su acostumbrado estoicismo, conformándose con exclamar: "yo envié mi flota a luchar contra los hombres, y no contra los elementos".

Para España el desastre acarreó las más graves consecuencias. A causa suya, la hegemonía marítima en el Atlántico pasó a Inglaterra, quedando España incapacitada para proteger sus puertos y su comercio con los territorios americanos. Con la supremacía del mar asegurada, Inglaterra pudo pensar ya en el establecimiento de un imperio a costa, sobre todo, de los dominios españoles en América.

Política peninsular

La política peninsular seguida por Felipe II responde en parte a situaciones de compromiso creadas en los reinados anteriores. De éstas las más importantes fueron la rebelión de los moriscos, resultado de una situación conflictiva nunca solucionada; y la incorporación de Portugal, a cuyo trono Felipe II tenía derechos legítimos. La tragedia del príncipe Carlos y el asunto de Antonio Pérez reciben importancia como consecuencia de la política española en Flandes y frente al protestantismo iniciado también durante el reinado anterior.

La rebelión de los moriscos

A medida que el poder del Imperio turco avanzaba amenazador por el Mediterráneo, la presencia en la Península de grupos de población no asimilados a la religión
y a la cultura españolas y de una lealtad política a España muy dudosa, se fue convirtiendo en el problema interno de mayor gravedad. Ya desde la conquista del
reino de Granada las libertades religiosas y políticas concedidas a su población
musulmana habían sido vistas como obstáculo a la unidad religiosa y política de
España. Por ello, ya desde el principio los términos de la capitulación, nunca
respetados en su totalidad, fueron siendo eliminados con la introducción de medidas que tenían por objeto restringir sus libertades y así acelerar su asimilación a la
población cristiana española.

Con este fin y para evitar una posible unión con los turcos y los musulmanes
africanos, Felipe II promulgó en 1567 un edicto por el que se prohibía a los
moriscos andaluces hablar el árabe, vestir a la usanza mora y mantener o practicar
sus costumbres tradicionales, a la vez que exigía la asistencia de los niños a escuelas
donde serían instruidos en la religión cristiana y aprenderían a hablar castellano.

Ante estas medidas, los moriscos de Granada se sublevaron y pidieron ayuda a
los musulmanes de África, pudiendo hacer frente por más de tres años desde las
agrestes sierras de las Alpujarras a las mejores tropas del rey. Su caudillo más importante fue Fernando de Válor, quien tomó el nombre de Aben Humeya. A su muerte,
ahorcado por los suyos, le sucedió Aben Aboo. Ambos han pasado a la historia
como los héroes de la resistencia morisca. Cuando al fin las tropas reales al mando
del marqués de Vélez y el famoso don Juan de Austria lograron derrotarlos en 1571,
los moriscos fueron desterrados en su mayoría a tierras de Castilla y Extremadura.
Otros prefirieron emigrar á las ciudades del norte de África, donde sus descendientes se han mantenido hasta el presente fieles a sus costumbres españolas.

Incorporación de Portugal

El mayor éxito político de Felipe II fue la incorporación de Portugal a la unidad
política de la Península. Al morir sin descendencia don Sebastián, rey de Portugal,
durante una infortunada expedición contra Marruecos (1578), le sucedió su tío
abuelo, el anciano cardenal don Enrique. A causa de su edad y falta de heredero
directo, su breve reinado, de menos de dos años, se convirtió en un juego político
en el que intervinieron varios pretendientes al trono portugués. Entre ellos los más
importantes eran el propio Felipe II, cuya madre, la princesa Isabel, era hija del rey
Manuel I de Portugal; y don Antonio, prior del monasterio de Crato, que era un
hijo bastardo del mismo rey (genealogía). Mientras que la nobleza y el clero
favorecían al rey español, el pueblo prefería el pretendiente portugués. Francia e
Inglaterra reconocían también los derechos de don Antonio, deseando impedir a
toda costa la unidad peninsular. A la muerte de don Enrique, Felipe II hizo invadir
Portugal por un ejército al mando del duque de Alba, quien, tras someter una sublevación popular en favor del pretendiente portugués, don Antonio, hizo valer los
derechos del rey español. Reunidas las Cortes en Thomar el año 1581, Felipe II juró
los fueros portugueses y fue reconocido como rey de Portugal.

Realizada la unidad territorial ibérica, se incorporó al Imperio español el portugués, con todas sus posesiones de África, Asia y el Brasil, llegando así los dominios

de Felipe II a alcanzar su mayor extensión. Esta unión que hubiera podido tener una importancia trascendental para la historia de España, de Portugal y, quizá, del mundo entero, no fue duradera. La política torpe y desacertada de los sucesores de Felipe II causó un gran descontento en la población portuguesa, que al fin se alzó en armas contra España. El año 1665, tras veinticinco años de duras guerras, Portugal consiguió su independencia definitiva de España. La unión había durado solamente poco más de medio siglo.

El príncipe Don Carlos

La muerte prematura del hijo primogénito de Felipe II, cuando apenas contaba veintitrés años, fue uno de los acontecimientos que más amargaron la vida del monarca español y el más usado por sus detractores como prueba de la crueldad del rey.

Don Carlos era hijo de Felipe II y de su primera mujer, María Manuela, hija del rey de Portugal, y había nacido en 1545. Como hijo primogénito y heredero a la corona, don Carlos fue educado por preceptores según la costumbre de su tiempo junto con otros hijos nobles en la ciudad de Alcalá.

A pesar de su conducta claramente anormal, Felipe II hizo que las Cortes, reunidas a ese efecto en Toledo (1560), reconocieran a don Carlos como heredero al trono y más tarde lo nombró presidente del Consejo Real. Sin embargo, el príncipe comenzó muy pronto a dar pruebas de una locura progresiva gravemente complicada por sus maquinaciones políticas. El año 1565, don Carlos intentó huir a Flandes y más tarde a Alemania. Finalmente, cuando, en 1568, entró en tratos con nobles protestantes complicados en la sublevación de los Países Bajos, Felipe II lo hizo recluir en su palacio, donde a los dos meses murió en circunstancias extrañas.

Sobre la muerte del príncipe don Carlos se ha tejido una larga leyenda inmortalizada por el drama de Schiller y por la ópera de Verdi que llevan su nombre. Según unos historiadores, los desarreglos en el comer y el beber, juntamente con otros desórdenes, acarrearon su muerte; otros creen, en cambio, que la muerte fue por envenenamiento ordenado por su padre Felipe II. Donde los historiadores y escritores extranjeros, en su mayoría, condenan sin piedad la conducta del rey, los españoles, en cambio, o no aceptan la versión del asesinato del príncipe, o ven en su muerte trágica un acto de prudencia real. Con la muerte de don Carlos, dicen, Felipe II quiso evitar que llegara a reinar sobre España un ser contrahecho de cuerpo y alma, dominado además como estaba por rebeldes y protestantes de los Países Bajos, Inglaterra y Francia.

Antonio Pérez

El asunto de Antonio Pérez, todavía no completamente aclarado, tiene especial interés sobre todo porque su libro *Relaciones* constituye uno de los argumentos más usados en la leyenda difamatoria de Felipe II.

Había sido Antonio Pérez secretario del rey encargado de los asuntos de los Países Bajos cuando don Juan de Austria era gobernador y Juan Escobedo su secretario. Por enemistad personal y para librarse de éste, Antonio Pérez engañó al rey, presentando a Escobedo como un hombre intrigante que alentaba las ambiciones políticas de don Juan de Austria contra el propio rey. Conseguida la condena a muerte de Escobedo, Antonio Pérez se apresuró a comprar sus propios esbirros para llevarla a cabo. Se dice que la causa de la enemistad había sido la amenaza de Escobedo de revelar al rey las relaciones ilícitas que Antonio Pérez mantenía con la famosa princesa de Éboli. Averiguada la verdad del caso, cuando Escobedo había ya sido ejecutado, Felipe II decretó la prisión de su antiguo secretario, pero éste logró escapar a Aragón, a cuyos fueros se acogió.

Para conseguir su extradición Pérez fue acusado de herejía y reclamado por la Inquisición, pasando entonces a sus cárceles. Pero el pueblo, viendo en ello una maniobra en contra de sus fueros, se amotinó y Antonio Pérez, aprovechándose del tumulto, logró escapar huyendo más tarde a Francia y a Inglaterra, donde reveló numerosos secretos de Estado. Su libro *Relaciones*, escrito después de su huida de España, recibe todavía más atención de la que se merece dados los obvios prejuicios de su autor.

La confrontación de Felipe II con Aragón terminó con la ejecución de Juan de Lanuza, su Justicia mayor, y con severas restricciones de los fueros aragoneses en favor de la autoridad real.

Juicio sobre Felipe II

Es muy difícil aún hoy dar un juicio breve y justo sobre una figura tan compleja como la de Felipe II, posiblemente el monarca más odiado y temido por sus adversarios, pero más amado y respetado por sus propios súbditos. Los juicios tan duros que muchos historiadores extranjeros han dado, y todavía siguen dando, se explican más bien por una incomprensión de los principios religiosos y políticos según los cuales se regía el monarca español, que por el hecho de que ellos acepten el cuadro de rey incestuoso, asesino, cruel, fanático y tétrico que han pintado sus enemigos.

Era Felipe II un trabajador infatigable que gustaba de resolver personalmente todos los asuntos, aunque ello fuera causa de una excesiva lentitud, que hacía a veces ineficaces las soluciones tomadas. Era estrictamente justo y procuraba huir del favoritismo poniendo en cada cargo la persona, a su juicio, más idónea. Reaccionó, acaso excesivamente, contra la afición andariega de su padre, instalándose primero en Madrid, constituida en capital y corte permanente en 1561, más tarde en el retiro castellano del monasterio de El Escorial, hecho edificar para celebrar la victoria de San Quintín sobre los franceses.

A pesar de ser un rey burócrata y de haber pasado la mayor parte de su tiempo en las tareas administrativas del Estado, Felipe II era un monarca más bien idealista, guiado más por sus creencias religiosas y convicciones políticas que por el pragmatismo sin principios tan común en su época. Los dos pensamientos que dominaron su reinado fueron el de la grandeza y autoridad real, y el de la importancia religiosa y política del cristianismo. Para él, el bien mayor de la sociedad era su verdad religiosa y para preservar a los españoles de la contaminación herética sacrificó más de una vez deliberadamente el interés material de la nación.

Frente a esas cualidades tuvo Felipe II grandes defectos, de los cuales el mayor fue su intransigencia, que hacía a veces que su justicia pareciera fría crueldad. Sin embargo, la leyenda difamatoria, la Leyenda negra, que se ha formado en torno a la figura de este rey, más que dictada por la realidad histórica, estuvo fomentada por la virulencia de las guerras religiosas y por el odio de los protestantes al gran defensor del catolicismo europeo, y está basada en las obras de sus más encarnizados enemigos, la *Apología* de Guillermo de Orange y las *Relaciones* de Antonio Pérez.

En general se puede afirmar que Felipe II encarna, para la tradición española, las virtudes de un gran monarca, fiel súbdito de la Iglesia, abnegado en el servicio de España; en una palabra, el *Rey Prudente*, título con que se le conoce. Los historiadores españoles y la opinión popular asocian con este monarca, más que con ningún otro, las glorias políticas de España y los ideales de una tradición hecha ya mito. Sin embargo, no es éste el juicio que otros escritores, generalmente los extranjeros, se han formado del monarca español. Según ellos, Felipe II fue un hombre orgulloso, cruel, fanático y tétrico, que bien merece el título que con frecuencia se le da de *Demonio del Mediodía*.

La gran desgracia de Felipe II y tragedia de España consistió en que este gran monarca no tuvo sucesor digno y capaz del gobierno de sus reinos. Aunque contrajo matrimonio cuatro veces y tuvo ocho hijos, sólo el séptimo, Felipe, llegó a heredar el trono. De él dijo su padre la famosa frase: "Dios, que me ha dado tantos reinos, me ha negado un hijo capaz de regirlos. Temo que me lo gobiernen".

Felipe II falleció en el año 1598 en el monasterio de El Escorial, su residencia preferida, y la obra que mejor representa el espíritu austero y majestuoso de éste, el más respetado de todos los monarcas españoles.

LOS ÚLTIMOS HABSBURGOS

En comparación con los reinados precedentes, el de los últimos reyes de la dinastía austriaca fue lamentablemente anticlimático. Tras la intensa actividad política y militar de Carlos V y el régimen personalista de Felipe II, sus sucesores, Felipe III, Felipe IV y Carlos II o no querían o no sabían gobernar, y dejaron los asuntos del reino en manos de favoritos o validos con frecuencia escogidos más por inclinación y afecto personales que por confianza en sus dotes políticas. La decadencia política que en esta época se inicia fue casi tan rápida como lo había sido el ascenso hacia la grandeza imperial.

Felipe III (1598–1621)

Felipe III, nacido en 1578, era hijo de Felipe II y de Ana de Austria, hija del emperador Maximiliano II. De carácter débil y melancólico, no había participado en los asuntos de gobierno mientras vivía su padre, quien lo sometía a un régimen de vida austera y económica. De ello se valió un noble ambicioso, el marqués de Denia, luego mejor conocido como duque de Lerma, para ganarse la confianza del joven príncipe. Ya a poco de morir su padre, Felipe III dejó todos los negocios del estado en manos de su favorito, el duque de Lerma. Durante su gobierno, que duró más de veinte años, dirigió los destinos de España con un absolutismo y una arbitrariedad inconcebibles, como es también inconcebible que la estulticia y abulia de un monarca pudiesen tolerar la evidente venalidad y desvergonzada corrupción que el ejemplo del favorito real causó en toda la administración del reino. Los únicos que se opusieron abiertamente al duque eran los confesores del rey, quienes con sus amonestaciones y consejos influyeron con frecuencia en la resolución de los asuntos del gobierno. Durante este reinado se trasladó la corte a Valladolid (1601), hasta que regresó a Madrid en 1606, después de haberse aprovechado de la rivalidad de ambas ciudades para conseguir grandes sumas de dinero, que los cortesanos gastaron en fiestas suntuosas.

La política exterior continuó dominada por los problemas religiosos heredados del reinado anterior. Para apoyar a los católicos irlandeses se declaró la guerra a Inglaterra (1601–1604), que terminó con la paz firmada con Jacobo I (1604). En Flandes, tras nueve años de guerra (1600–1609) en la cual los tercios españoles al mando del general genovés Ambrosio de Espínola se apoderaron de algunas plazas importantes, al mismo tiempo que se infligían grandes pérdidas al comercio holandés, se firmó la *Tregua de los Doce Años* (1609).

Las relaciones con Francia mejoraron a la muerte de Enrique IV, ya que su viuda, María de Médicis, era favorable a España, llegándose a concertar los matrimonios de Luis XIII con Ana de Austria, hija de Felipe III y del príncipe heredero Felipe (IV) con Isabel de Borbón, hija de Enrique IV. Ya hacia fines del reinado, las relaciones con el Imperio de Austria obligaron a España a intervenir, de 1618 a 1621, en la Guerra de los Treinta Años (1618–1648) en auxilio de los católicos.

La expulsión de los moriscos

En la política interior sobresale por su importancia el viejo problema de los moriscos. Nunca sinceramente convertidos al catolicismo ni asimilados al resto de la población, los moriscos formaban, de hecho, una nación distinta dentro de la sociedad española. Sin embargo, su laboriosidad y su ocupación casi exclusiva en los trabajos de agricultura e industria artesana daban a su presencia en la sociedad una gran visibilidad y una importancia económica extraordinaria.

A pesar de la defensa de los nobles, cuyas tierras trabajaban laboriosamente, se decretó en un edicto de 1609 la expulsión de los moriscos valencianos y, en años sucesivos, se extendió el decreto a los de Andalucía, Murcia, Aragón y Castilla. Se excluyó tan sólo una familia de cada cien para que enseñaran sus oficios a los nuevos colonos y artesanos. A pesar de ello, desde el punto de vista económico la medida fue desastrosa pues, con los moriscos, España perdió sus mejores artesanos y agricultores. La agricultura levantina, en especial, sufrió un trastorno del que sólo muy lentamente se pudo recuperar.

Se insiste todavía en que una de las razones principales para su expulsión fue la amenaza que los moriscos representaban para la unidad y seguridad de la nación. Esta razón, válida en los siglos anteriores, no lo era ya a principios del siglo XVII. Hay que afirmar que los moriscos fueron expulsados por su actitud reacia a integrarse a una sociedad en la que la religión cristiana era la única aceptable. Gran apóstol de los moriscos y más tarde abogado de la necesidad de su expulsión fue el virrey y arzobispo de Valencia, Juan de Ribera.

Felipe IV (1621–1665)

Felipe IV había nacido en Valladolid en 1605 y era hijo de Felipe III y la princesa Margarita de Austria. Heredó el trono a la muerte de su padre cuando apenas contaba dieciséis años. De escasas dotes políticas, estuvo durante toda su vida más interesado en espectáculos y diversiones que en los asuntos del reino, defecto que había heredado de su padre.

Durante su reinado, España continuó el proceso de desintegración ya iniciado bajo el gobierno de su padre, que ahora se manifestó en los intentos de independencia de algunas regiones. Todas pudieron ser dominadas, menos Portugal, que en 1668 se separó definitivamente de España, poniendo fin a la unidad ibérica. Durante el largo reinado de Felipe IV, el gobierno del estado estuvo influido por dos figuras tan distintas como interesantes: el conde-duque de Olivares y sor María de Jesús de Agreda.

Durante los primeros años, el rey dejó todos los asuntos del reino en manos de su favorito el conde-duque de Olivares, quien ejercía un poder absoluto sobre el rey. Era Olivares un hombre de grandes dotes y una inteligencia poco común, pero de un carácter irascible, ambicioso y soberbio. Su primera actuación al subir al poder fue la de eliminar a todos aquellos ministros del reinado anterior que podían ser sus rivales en la confianza del rey. Su política, más ambiciosa que preocupada por el interés y el bienestar de la nación, llevó a ésta a innumerables guerras en el exterior y revoluciones en el interior. Bajo su dirección, el reinado de Felipe IV se vio envuelto en continuas guerras contra los adversarios de siglos pasados: Flandes, Italia y los príncipes protestantes alemanes. Aunque España, en la política exterior, quería continuar siendo rectora de la política europea y las tropas españolas consiguieron notables victorias, como en Flandes con la rendición de Breda (1626), era Francia, y no España, la nación que iba asumiendo el papel principal en la política europea.

A causa de las maquinaciones del famoso cardenal Richelieu, ministro de Luis XIII de Francia, y de su ayuda a los protestantes alemanes, España se vio obligada a intervenir de nuevo en favor del Emperador en la Guerra de los Treinta Años. España, agotada por la guerra y debilitada su monarquía por sublevaciones internas, firmó en 1648 la *paz de Westfalia*, reconociendo a Holanda su independencia y la posesión de las colonias de Asia que había arrebatado a los portugueses, y, en 1659, la *Paz de los Pirineos*, cediendo a Francia los territorios de Artois, Rosellón y Cerdaña.

En la Península misma, a causa de las guerras exteriores, la desmoralización general y la política centralizadora y absolutista del conde-duque de Olivares, poco inclinado a respetar los fueros tradicionales, se produjo un proceso de desintegración manifestado en varios intentos de independencia. La sublevación de Cataluña comenzó en 1640 con el asesinato del virrey por los campesinos catalanes, pero se complicó porque, a instigación del cardenal Richelieu, los catalanes proclamaron una república independiente bajo la protección de Luis XIII de Francia. La guerra fue dura y pudo concluirse cuando los vejámenes de los franceses contra los catalanes convencieron a éstos que el absolutismo francés sería todavía más opresivo que el español. Barcelona y, con la ciudad, todo el principado, se rindieron en 1652. Con seis meses de diferencia se produjo la sublevación de Portugal. Tuvo causas análogas a las de la guerra separatista catalana, aunque a ellas se añadía la pérdida de gran parte del imperio colonial portugués en las guerras contra Holanda e Inglaterra. El duque de Braganza se proclamó rey con el nombre de Juan IV y sus tropas, con el apoyo de Inglaterra y Francia, pudieron oponerse al rey durante casi treinta años. Carlos II, sucesor de Felipe IV, reconoció en 1668 la independencia de Portugal.

Al caer en desgracia el conde-duque de Olivares, el rey, indolente y de voluntad débil, abrumado por el peso de los negocios de estado, buscó consuelo en los consejos espirituales de una monja famosa por su saber y virtudes, sor María de Jesús de

Agreda. A lo largo de veintidós años, en una larga correspondencia, la Madre Agreda, como se la llegó a conocer, aconsejó al monarca con gran severidad, amonestándole a ejercer el poder directamente sin entregarse a favoritos, insistiendo que pusiera remedio a los desórdenes interiores y fin a las guerras en el extranjero.

Felipe IV ha pasado a la historia con el sobrenombre de el Grande, que le dio la astuta adulación del conde-duque, aunque está totalmente injustificado, dadas las calamidades que tuvo que sufrir el país bajo su gobierno. La única nota de grandeza la dan a España las artes y las letras de este tiempo en el que el Barroco llega a su cumbre con Velázquez, Quevedo y Calderón de la Barca.

Carlos II (1665–1700)

Fue nombrado sucesor al trono Carlos II, hijo de Felipe IV, que contaba entonces con sólo cuatro años de edad. De naturaleza raquítica y enfermiza, el nuevo monarca pasó una larga y triste infancia y, luego, casi toda su vida en manos de médicos, curanderos y exorcistas, incapaz de ocuparse de los asuntos del reino. A pesar de ello, quizá por su continente grave y majestuoso, su carácter noble y su piedad religiosa, gozó de una gran popularidad.

A causa de la debilidad del príncipe y para prevenir una repetición de las calamidades ocasionadas por los favoritos durante su reinado, Felipe IV había dispuesto que, durante la minoría de Carlos II, la reina madre, Mariana de Austria, quedase como regente, asistida por una junta de gobierno. Sin embargo, pronto sucedieron una serie de privanzas que sólo sirvieron para acentuar aún más la decadencia de la monarquía española, tanto durante la minoría del rey (1665–1675) como después durante su mayoría (1675–1700).

La política exterior estuvo dominada por los conflictos con Francia. Debilitado ya el poder del Imperio austriaco como resultado de la actuación de los ministros Richelieu y Mazarino, Luis XIV de Francia dirigió su atención al problema español. En consecuencia, España se vio envuelta en una serie de guerras incitadas por Francia, que terminaron por agotar a la nación, perdiendo en ellas el Franco Condado y varias plazas importantes en Flandes. A causa de estas guerras, España se vio obligada a liquidar el conflicto peninsular reconociendo la independencia a Portugal.

Aunque Carlos II contrajo matrimonio dos veces, de ninguno tuvo descendencia, por ello el tema de la sucesión española llegó a convertirse, incluso mucho antes de su muerte, en el asunto más importante en todas las cortes europeas. El rey, que se hallaba en un estado lastimoso de salud y estaba sometido a prácticas de exorcismos, al enterarse de que los soberanos europeos en el tratado de La Haya (1689) habían acordado un reparto de los dominios españoles, nombró heredero a su sobrino José Fernando de Baviera.

Ante la muerte prematura del heredero austriaco y tras un segundo convenio de partición firmado en Londres en el año 1700, Carlos II, convencido ya de que sólo la protección de Luis XIV podía garantizar la integridad del Imperio español, puso de lado el tradicional antagonismo con Francia y nombró heredero a Felipe de Anjou, nieto de su hermana María Teresa y Luis XIV de Francia. Pocos días más tarde moría el último representante de los Habsburgos de España, a pesar de su incapacidad ingénita para gobernar, muy querido y respetado por sus súbditos. A la muerte de Carlos II España mantuvo su grandeza territorial conservando casi intacta la herencia de Carlos V. Los dominios hispánicos comprendían, además de los territorios peninsulares, excepto Portugal, Nápoles, Sicilia, Cerdeña, el Milanesado, las ciudades de la costa toscana, Flandes y sus colonias del Nuevo Mundo, excepto Jamaica y algunas de las pequeñas Antillas. A pesar de la decadencia económica, política y militar, cada vez más evidente, y el cansancio y desgaste que las continuas guerras causaban a la nación, España a fines del siglo XVII todavía podía influir mucho en los destinos del mundo.

PREGUNTAS PARA ESTUDIO Y REPASO

Carlos V

1. ¿Cómo se explica el sentido europeo del reinado de Carlos V?
2. ¿A qué se da el nombre de Contrarreforma? y ¿Qué papel jugó España en ella?
3. ¿Por qué se sublevó Castilla contra Carlos V? y ¿Qué consecuencias tuvo para Castilla y para España?
4. ¿Qué carácter tuvo la sublevación de Valencia y Mallorca? y ¿Qué consecuencias tuvo para los moriscos?
5. ¿Quiénes eran los turcos y por qué se les daba tanta importancia en España?
6. ¿Qué juicio tuvieron los españoles de Carlos V y de su idea imperial?

Felipe II

7. ¿Qué herencia recibió Felipe II?
8. ¿Qué causas y qué resultados tuvo el conflicto con los turcos?
9. ¿Qué causas y qué consecuencias tuvo el conflicto con Inglaterra?
10. ¿Qué causas y qué consecuencias tuvo la rebelión de los moriscos?
11. ¿Cómo se llevó a cabo la incorporación de Portugal y qué importancia tuvo para España?
12. ¿Cuál fue la tragedia del Príncipe Carlos? ¿Qué interpretaciones se le ha dado?
13. ¿Qué importancia tuvo "el caso" de Antonio Pérez?
14. ¿Qué juicios se han formado sobre Felipe II y cómo se explica la Leyenda Negra?

Felipe III, Felipe IV y Carlos II

15. ¿Por qué se llegó a decretar la expulsión de los moriscos?
16. ¿Cómo enjuiciaban los españoles la expulsión de los moriscos? ¿Qué consecuencias tuvo para la economía española?
17. ¿Cómo fue el reinado de Felipe IV?
18. ¿Qué juicio merece la política del conde-duque de Olivares? ¿Qué consecuencias tuvo para España?
19. ¿Qué problemas causó la falta de descendencia de Carlos II?

EL SIGLO DE ORO ESPAÑOL

Temas

- Siglo de oro

- Realeza y paternalismo

- La sociedad estamentaria y la sociedad marginada

- Marginados e integrados

- Religión y sociedad

- Universalismo misionero

- Maestros teólogos, moralistas y místicos

- Teología política y derecho de gentes

- Concepto de los indios

- Polémica sobre la conquista y los indios

- El Nuevo Mundo y sus clases

- Criollos y criollismo

- La Iglesia y los indios

- Cristianización o hispanización

CRONOLOGÍA SOCIAL Y RELIGIOSA DE ESPAÑA BAJO LOS HABSBURGOS (1517–1700)

Carlos I de España 1517–1555

- 1520   Fundación de la Universidad de Toledo

- 1528   Alonso de Valdés ¿1490?–1532, escribe *Diálogo de las cosas acaecidas en Roma*

- 1529   Juan de Valdés (¿1498?–1541) publica su *Diálogo de la doctrina cristiana*

- 1523   Son promulgadas las *Ordenanzas para el buen tratamiento de los naturales*

- 1524~   Juan Luís Vives (1492–1540), humanista y tutor de la princesa María, hija de Enrique VIII, rey de Inglaterra, escribe *De la instrucción de la mujer cristiana* y *Diálogos*

- 1533   Fundación de la Universidad de Sahún, León
  Fundación de la Universidad de Lucena, Córdoba

- 1538   Fundación de la Universidad de Baeza, Jaén
  Fundación de la Universidad de Santo Tomas en Santo Domingo

- 1539   Francisco de Vitoria (1486–1546) teólogo Tratados *De Indis* y *De jure belli*

- 1540   Fundación de la Universidad de Granada

- 1541   Fundación de la Universidad de Oñate, Guipúzcoa

- 1542   Francisco Javier (1506–1552) llega a Goa
  Las reducciones de indios obligadas a encomiendas son prohibidas

- 1544   Fundación de la Universidad de Santiago de Compostela

- 1545   Fundación de la Universidad de Gandia, Valencia

- 1546   Francisco Javier evangeliza las Islas Molucas

- 1548   Fundación de la Universidad de Osuna, Sevilla

- 1549   Fundación de la Universidad de Avila
  Francisco Javier llega al Japón

- 1552   Bartolomé de las Casas (¿1464?–1566), misionero, escribe su *Brevsima relación de la destrucción de las Indias*

- 1553   Fundación de la Universidad de Almagro, "Ciudad Real"
  Fundación de las Universidades de México y Lima

- 1555   Fundación de la Universidad de Orihuela, Alicante

- 1557   Fundación de la Universidad de Oviedo

Felipe II, rey de España 1556–1598

- 1556 Felipe II confirma la validez de los matrimonios de españoles con indios (Ley de Fernando el Católico, 1515)

- 1557 Fundación de la Universidad de de Oviedo

- 1560~ Fr. Pedro Ponce de León (1521–1578) educador de sordordomudos

- 1562 Santa Teresa, fundadora de conventos y mística, escribe *Camino de perfección*

- 1565 Fundación de la Universidad de Estella

- 1570 Fundación de la Universidad de Vich

- 1572 Fundación de las Universidades de Córdoba y Tarragona

- 1574~ Juan Lope de Velasco escribe *Geografía y Descripción Universal de la Indias*

- 1589 Pedro Simón Abril educador "Ayuntamientos" para la reforma de la educación

- 1556 Luis de Granada (1504–1583), maestro espiritual, escribe *Guía de pecadores*

- 1582 Luis de Granada escribe *Introducción al Símbolo de la Fe*

- 1583 Luis de León (1526–1591), maestro espiritual, escribe *Los nombres de Cristo* y *La perfecta casada*

- 1588 Luís de Molina (1536–1600), teólogo, escribe *Concordia liberi arbitrii cum gratiae donis*

- 1597 Francisco Suárez (1548–1617), teólogo, escribe *Disputationes metaphysicae, De legibus* y *Jus gentium*

Felipe III (1598–1621)

- 1619 Fr. Francisco Jiménez (¿–?) publica su *Diccionario y arte de la lengua mexicana*

  Se publican las obras del místico San Juan de la Cruz (1542–1591)

Felipe IV (1621–1665); Carlos II (1655–1700)

- 1601 Padre Juan de Mariana (1536–1624) traduce su *Historiae de rebus hispaniae libri xxx*

- 1640 Diego de Saavedra Fajardo (1584–1648) escribe *Idea de un príncipe cristiano en cien empresas*

- 1640~ José de Calasanz (1556–1648) funda, en Roma, las Escuelas Pias, gratuitas para niños pobres

- 1643 Padre Juan Eusebio Nieremberg (1595–1658), moralista, escribe *Diferencia entre lo temporal y lo eterno, crisol de desengaños* y traduce *Imitación de Cristo* de Tomás de Kempis

EL SIGLO DE ORO ESPAÑOL

Durante el siglo XVI y gran parte del siglo XVII la cultura española alcanzó sus momentos culminantes. Un poco antes del Gran Siglo en Francia, con Descartes (1596–1662), Corneille (1606–1684), Moliere (1622–1673), Pascal (1623–1662) y Racine (1639–1699); y casi al mismo tiempo que Inglaterra, con Spenser (1552–1599), Bacon (1561–1626), Shakespeare (1564–1616) y Milton (1608–1674), se llegó en España al que en justicia se llama su *Siglo de Oro*. Este apogeo de la cultura en España fue reflejo del desarrollo de la sociedad española en varios órdenes: el militar, el político, el intelectual, el artístico, y, también, el religioso. Y tuvo tal fuerza que al pasar los tiempos más gloriosos del Imperio y al dejarse sentir la decadencia del poderío español, se mantuvo todavía muchos años casi con el mismo vigor. De manera que el llamado Siglo de Oro es en realidad un período que se extiende casi doscientos años.

A pesar de la gran novedad de las manifestaciones culturales de esta época, su vigor y gran originalidad, no representan una ruptura con el pasado español. Por el contrario se llega a la cumbre sin rechazar la tradición que la ha precedido. Por esta razón, pocas culturas europeas llegan a la plenitud tan unidas a su pasado medieval como la española. Parte de esta tradición medieval es el sentido religioso, católico, de la sociedad española.

Muchos historiadores extranjeros, a partir del siglo XVIII, han demostrado su prejuicio contra la Iglesia católica española, considerándola opresora del pueblo y del genio hispánico. Es cierto que el predominio del sentimiento católico en la cultura española durante su Siglo de Oro es innegable, pero esta acusación es injusta, porque este sentimiento religioso no fue consecuencia de una opresión impuesta por la Iglesia sobre el pueblo, sino que, por el contrario, nacía del carácter de la sociedad española que, en tradición de siglos, había llegado a identificarse con la religión cristiana. Por esta razón, las luchas religiosas europeas produjeron en el pueblo español una exaltación de su sensibilidad religiosa que se reflejó en la cultura de esta época, como también se reflejaron las circunstancias políticas en que se encontraba la nación.

Durante el reinado de Carlos V la nación española, obligada por la política imperial del monarca, se abrió a Europa y, en consecuencia, percibió los problemas europeos como nunca antes lo había hecho. En cambio, durante el reinado de Felipe II, España aceptó de buen grado la política de aislamiento cultural preferida por este rey y se dedicó, con renovado esfuerzo, a desarrollar una cultura española que fuera expresión de su propio sentir católico.

El reinado de los últimos Habsburgos presenció ya el comienzo de la decadencia política y militar, y, al mismo tiempo, un creciente desgaste de las estructuras sociales, un mayor ritualismo en la vida religiosa y un empobrecimiento de la vida cultural española. Hubo todavía, es cierto, grandes manifestaciones del genio español, Velázquez y Calderón de la Barca entre otros muchos, y no perdió el pueblo su fe en la verdad religiosa ni su creencia de que España representaba la defensa del catolicismo. Pero ya no mantuvo ni el vigor creador de la época imperial ni la seguridad característica de los primeros años de la Contrarreforma.

A medida que iba transcurriendo el siglo XVII los españoles eran cada vez más conscientes del contraste entre su convicción de la verdad religiosa y su evidente incapacidad de imponerla a un mundo hostil. A la conciencia de este contraste y a la consiguiente orgullosa amargura con que el español reaccionó contra él, se debe la característica más notable y más española de la cultura del Siglo de Oro español, el sentimiento del desengaño, tan difícil de explicar, pero cuyos efectos se perciben tanto en la vida política, como en la religiosa y en la cultural.

La sociedad española

La monarquía de los Habsburgos tuvo un sello personal. Aunque era una monarquía autoritaria, pues la autoridad recaía sobre la persona del Rey, no era, sin embargo, una monarquía absoluta, pues el ejercicio real del poder mantuvo un carácter federativo. Los órganos supremos de la administración eran los Consejos, que a la vez se hacían cargo del gobierno y de la justicia dentro del territorio de su jurisdicción. Los más importantes eran los Consejos de Castilla, de Aragón y de Indias. Como los diversos componentes del Imperio se gobernaban autónomamente de acuerdo con sus propias leyes, Carlos V, buscando una unificación de la política nacional, creó en el año 1526, el *Consejo de Estado*, que asesoraba al Emperador en asuntos de interés general.

Los Habsburgos respetaron la organización federal del Imperio reconociendo, en principio, la autonomía administrativa y de gobierno de cada Estado, cuya autoridad residía en las Cortes. En Castilla, las Cortes atravesaban, ya desde la época de los Reyes Católicos, por un período de franca decadencia. Las disensiones entre el brazo nobiliario y el eclesiástico, ambos exentos de impuestos, y el municipal, que no lo estaba, hizo que los reyes tuvieran que intervenir en favor de éstos últimos. En 1665 un decreto real concedió a los municipios la facultad de determinar sus propios tributos, cesando así las reuniones de las Cortes castellanas.

Los municipios castellanos, también en crisis desde el tiempo de los Reyes Católicos, continuaron decayendo durante la dinastía austriaca. Para sanear y revitalizar la institución municipal, los Reyes Católicos habían aumentado la intervención real con el nombramiento de corregidores y alcaldes mayores. Carlos V, como resultado de las guerras de comuneros, disminuyó todavía más sus libertades y derechos tradicionales a la vez que creaba un sistema político de intervención directa nuevo en la tradición política peninsular.

En Aragón, Cataluña y Valencia, el representante del monarca era el Virrey, aunque el gobierno continuaba a cargo de las Cortes. Los catalanes (Cortes, *Consell de Cent y Diputación*) manifestaron un gran celo por mantener sus privilegios y leyes tradicionales, ya recogidas y publicadas con el título de *Constitucions y altres drets de Catalunya* (1588). También Navarra y Vascongadas mantuvieron su organización autónoma, haciéndose ésta oficial con la publicación de los fueros de Vizcaya (1528), de Navarra (1586) y de Guipúzcoa (1696).

Por encima de este sistema de organización administrativa y legislativa, la figura del rey se alzaba con un carácter eminentemente personal y paternalista. "El rey oye a todos" decía Santa Teresa de Ávila. El propio Felipe II en su testamento ordena a su hijo:

que de todo corazón ame la justicia y haya en su protección y amparo las viudas, huérfanos, pobres y miserables personas, para no permitir que sean vejadas ni opresas ni en manera alguna maltratadas de las personas ricas y poderosas, lo cual es propio oficio de los reyes, y que la justicia se haga y administre a todos igualmente y que sea muy humano y benigno a sus súbditos, vasallos y naturales.

La nobleza

La nobleza, a causa de su oposición a la sucesión al trono de la reina Isabel había perdido ya mucho de su importancia política, y, al ejercer sus funciones en la corte de los reyes, lejos de sus tierras, se había convertido en nobleza palaciega, casi sin poder señorial o militar. Su decadencia aumentó durante el reinado de Carlos V y Felipe II, que prefirieron, con frecuencia, nobles de menor importancia o letrados burgueses para el desempeño de los cargos de mayor responsabilidad. Por el contrario, durante el reinado de Felipe III y sus sucesores, la nobleza palaciega llegó a tener gran importancia, siendo los nobles los que más se beneficiaron del sistema de gobierno por favoritos.

Había dos grados de nobleza: los *grandes de España* que descendían de príncipes reales o de los *ricos-homes* de la Edad Media, los cuales gozaban de privilegios extraordinarios y cuantiosos ingresos, y, por otro lado, los títulos sin grandeza que correspondían a duques, condes y marqueses. Un grado inferior de nobleza quedaba constituido por los hidalgos. Éste pertenecía a familias de origen conocido que tenían alguna propiedad que les permitía mantenerse sin trabajar y que se hallaban exentos de impuestos o tributos. Unos eran hidalgos de sangre, otros lo eran de privilegio, lo cual se conseguía por servicio a la corona o sencillamente por el pago de una determinada suma de dinero.

Dadas las ventajas económicas y sociales que estos títulos de hidalguía traían consigo, es natural que los quisieran comprar todos cuantos podían pagar su precio. Los escritores de la época se refieren con frecuencia y gran ironía a esa ansia de conseguir, aun comprando, un título de hidalguía, o poner un *don* delante del nombre, como se decía. "Yo imagino —puso Cervantes en boca de Sancho Panza— que en esta ínsula debe de haber más dones que piedras." Por otra parte, los escritores también satirizaron frecuentemente a aquellos hidalgos de sangre que, por serlo, no querían trabajar, prefiriendo vivir en la miseria "con un trapo atrás y otro delante", como también dijo Cervantes y agudamente ridiculizó el autor de *El Lazarillo*.

El pueblo llano

Además de la nobleza se da el pueblo llano al que pertenece la mayoría de la sociedad. Estaba formado, en el campo, por labradores libres, con posesiones de tierras, o jornaleros que estaban a su servicio; y, en la ciudad, por artesanos, o menestrales, dedicados a varios oficios y agrupados, generalmente, en gremios. La falta de estima de los trabajos manuales y el comercio fue una de las causas de la falta de desarrollo de esta clase y, en parte, de la decadencia económica de España. Diego Saavedra Fajardo (1584–1648) critica en sus "Empresas políticas" la diligencia de los españoles en comparación con la atribuida a otras culturas. Notable también en ella es la crítica que hace Fajardo a la falta de distinción entre la nobleza y el estado llano.

Los letrados   A pesar de que el desarrollo de las ciudades y su comercio no había sido excesivo, la extensión de los territorios del reino y las necesidades de su administración favorecieron la formación de una verdadera clase, el letrado, compuesta de bachilleres y licenciados, unos de familias hidalgas otros de burguesas. Su ocupación era principalmente las profesiones liberales, abogados, administradores y consejeros a familias nobles e instituciones. Con el tiempo, el número de los letrados y el desarrollo de la burocracia en que se empleaban fue tal que se hizo objeto de duras críticas.

El clero   Una clase social aparte estaba formada por el clero. A causa de su importancia y de la religiosidad de la población, la Iglesia había ido reuniendo, por donaciones piadosas, grandes riquezas y extensiones de tierras, cuyos ingresos se empleaban en gran parte para sostenimiento de asilos, hospitales y dar de comer a los pobres, o para edificación de iglesias y mantenimiento del culto. A causa de la importancia que se daba a la religión en la vida social, numerosos hombres y mujeres entraban al servicio de la Iglesia en conventos y monasterios. Sus miembros dependían de la autoridad eclesiástica, y no de la civil, y estaban exentos de ciertos impuestos y tributos.

Su situación económica era sin embargo muy desigual. Mientras el alto clero, con frecuencia de origen noble, poseía una gran fortuna personal y administraba la de la Iglesia, el clero bajo vivía generalmente con una austeridad que rayaba en la pobreza. También era muy desigual su educación. Aunque muchos clérigos eran casi completamente ignorantes, otros muchos, pertenecientes a familias nobles o miembros de órdenes religiosas importantes, llegaron a adquirir una notable educación. A partir del Concilio de Trento se fundaron casas de estudios para los clérigos, en las que se impartía una educación, si bien religiosa, de importante nivel. De su importancia da idea el gran número de eclesiásticos elegidos para desempeñar cargos políticos, como Juan de Ribera que fue virrey de Valencia durante el reinado de Felipe IV, o que se destacaron por sus escritos durante esta época como Tirso de Molina, Agustín Moreto, Baltasar Gracián, Luís Góngora, Lope de Vega y Calderón de la Barca.

Los gitanos   Los gitanos habían llegado a España hacia mediados del siglo XV, recorriendo la región levantina hasta llegar a Andalucía, donde llegó a residir la mayor concentración permanente. Ya desde entonces su característica social más importante y mantenida más firmemente a través de los siglos es su carácter independiente, al margen de la sociedad. Vivían en grupos pequeños, unidos unos a otros más por necesidad que por razones de cooperación social, sin buscar ningún asentamiento permanente, manteniéndose con actividades u oficios que no entraran en conflicto con su vida nómada. En consecuencia con su género de vida, su forma de expresión cultural más importante, y por la que son mejor reconocidos, es la música y el baile.

Ya desde el reinado de los Reyes Católicos aparecen los gitanos en conflicto con las leyes locales. Estas exigen de los gitanos su asentamiento permanente, mientras que ellos insisten en mantener su independencia y su género de vida. En 1499 una ley real ordenaba

> que los gitanos… tomen asiento en los lugares y sirvan a señores que les den lo que hubieran menester, y no vaguen juntos por reinos.

La razón para esta legislación era, según decía la misma ley:

andáis de lugar en lugar en muchos tiempos e años ha, sin tener oficios ni otras maneras de vivir algunas salvo pidiendo lemosna, e hurtando e engañando… e faciendo otras cosas non debidas ni honestas.

Las leyes para controlar la vida de los gitanos, con insistencia en su asentamiento permanente bajo pena de expulsión, se repiten a lo largo de los siglos XVI y XVII, al parecer con escaso resultado. Aunque se percibe en la cultura popular, sobre todo la andaluza, ciertas formas peculiares que son atribuidas a la influencia de los gitanos; lo cual parece indicar una presencia más permanente, el estereotipo del gitano, marginado, ladrón y errante, se hizo común. Por ello las leyes prohibían a los gitanos dedicarse a la venta, a no ser que obtuvieran un registro de origen para los objetos que quisieran vender. Lo mismo ocurre en la literatura. Cervantes, por ejemplo, da voz con su ironía al juicio de sus contemporáneos en la introducción a su novelita, *La Gitanilla*:

Parece que los gitanos y las gitanas nacieron en el mundo para ser ladrones, nacen de padres ladrones, críanse con ladrones, estudian para ladrones y, finalmente, salen con ser ladrones corrientes y molientes a todo ruedo, y la gana de hurtar y el hurtar son en ellos como accidentes inseparables que no se quitan sino con la muerte.

Los siervos, esclavos y marginados   Como en otras naciones europeas, también en España existían las clases inferiores, los siervos y esclavos. A pesar de estar integrados en la sociedad, su condición cambiaba con las circunstancias, incluso de ciudad a ciudad. Aunque se puede "afirmar, en términos generales, que los siervos continuaban una antigua institución romana y componían una clase de libres que por su falta de recursos económicos entraban al servicio de las familias nobles o instituciones poderosas, mientras que los esclavos respondían a un estado jurídico medieval que imponía a ciertos delitos la pérdida de la libertad.

Había además otra clase constituida por un número relativamente grande de gente que vivía al margen de la sociedad. Eran éstos, en su mayoría, mendigos, vagabundos, ladrones y bandoleros, y, sobre todo, pícaros, que ganaban su existencia usando las debilidades de los demás. Estos últimos han sido tema de las mejores páginas de la literatura del Siglo de Oro, dando origen al género típicamente español de la literatura picaresca.

La vida religiosa

Al hablar de la vida religiosa de los españoles es preciso recordar la dimensión social y el carácter público que la religión cristiana había tomado en España. No es una peculiaridad española, ya que también se dio en los demás países europeos y era resultado del desarrollo de la Iglesia como sociedad, iniciado desde la Antigüedad romana. El culto oficialmente aprobado, la liturgia, era común a toda la Iglesia latina. Desde la Edad Media eran muy numerosos los actos religiosos, como peregrinaciones, procesiones y otros actos litúrgicos, que se realizaban para venerar a los santos y celebrar aspectos especiales de la religión, siendo todos ellos característicos del culto tradicional cristiano.

Ante la insistencia de los protestantes en su simplificación, y en la disminución del lujo exterior del culto, el sentimiento católico reaccionó dando mayor importancia precisamente a todos aquellos aspectos que eran los más duramente atacados por los protestantes. Esta reacción, que fue común a todos los países católicos de Europa, fue especialmente notable en España donde la devoción tradicional a los santos y, en especial, a la Virgen María había sido siempre muy importante. Por ello se intensificó su culto y se hizo frecuente la práctica de los sacramentos. Centro de la devoción religiosa fueron el culto a la Eucaristía, o *Corpus Christi*, y a la Virgen, a los que se consagraron fiestas especiales y numerosas hermandades dedicadas a su veneración. También se hizo característico de la vida religiosa española un gran número de procesiones y fiestas religiosas que se iniciaron y adquirieron gran desarrollo durante este tiempo, muchas de las cuales, como la fiesta de *Corpus Christi* y festividades de Semana Santa, se han mantenido hasta el presente como expresión tradicional del catolicismo español.

A pesar de la importancia que se daba a las manifestaciones religiosas públicas llenas de solemnidad, los católicos no se oponían a la devoción personal e íntima, sino que, por el contrario, la fomentaron tanto en la práctica individual como en la vida más organizada y regulada de las múltiples órdenes religiosas que se fundaron en este tiempo.

Heterodoxos

Frente al individualismo subjetivo de la experiencia religiosa, que servía de base a las doctrinas protestantes, el catolicismo tradicional insistía en la necesidad de reconocer la autoridad del Magisterio universal. Como reacción contra lo que algunos creían regulación excesiva, aparecieron en España una serie de grupos con marcada tendencia hacia un mayor subjetivismo religioso.

En efecto, son característicos de la religiosidad de esta época los grupos de *alumbrados* que van apareciendo en este tiempo. Fueron llamados así porque proponían como punto central de su experiencia religiosa la *iluminación*, o alumbramiento divino, que situaba a los que la recibían en un plano místico privilegiado. Se dio con frecuencia, además, el fenómeno de las *beatas*, nombre que popularmente se daba a ciertas mujeres piadosas a quienes se atribuía dones divinos extraordinarios, con los que podían curar a los enfermos y predecir el futuro.

Especial atracción por formas religiosas más íntimas mostraron muchos judíos conversos, que sin duda percibían en ellas una religión menos institucionalizada y más afín a sus antiguas tradiciones judaicas. También sintieron esta atracción por una religión más íntima algunos de los humanistas, seguidores de las doctrinas de Erasmo, para los que la reforma del clero y de las costumbres religiosas iniciada por el cardenal Cisneros no era suficiente, ya que continuaba, según creían, excesivamente fiel a las normas de la ortodoxia tradicional.

Más tarde, a mediados del siglo XVI, comenzaron a aparecer también en España los primeros focos de protestantes. De éstos los más importantes fueron uno en Valladolid y otro en Sevilla, ambos iniciados hacia 1550 y a los que pertenecieron algunos prelados muy notables seguidores de las ideas de Erasmo.

Entre los erasmistas más famosos, sospechados de tendencias protestantes, merecen ser citados los hermanos Valdés. Alfonso de Valdés (1490?–1532), calificado de ser *más erasmista que Erasmo*, era un gran humanista empleado en la cancillería del emperador Carlos V. Su obra más conocida es el *Diálogo de las cosas acaecidas en Roma* o *Diálogo de Lactancio y un arcediano*. En él, Valdés quiere defender la política del Emperador con respecto al Papa, dando como justificación la situación de inmoralidad y lujo excesivo de la corte romana. A continuación Valdés presenta sus ideas sobre una Iglesia reformada en las que se percibe la influencia erasmista. Escribió además un *Diálogo de Mercurio y Carón*, especie de sátira general, concebida como una apología de Carlos V en quien ve el comienzo de un Imperio Cristiano universal "cobijado debajo de este cristianísimo príncipe".

Su hermano Juan de Valdés (1498?–1541), también gran humanista, fue secretario del virrey español de Nápoles y autor de varias obras de clara tendencia iluminista. Compuso una *Doctrina cristiana* en la que expone las ideas de Erasmo sobre la religión. En su *Alfabeto cristiano* defiende la justificación por la fe sola y en sus *Ciento diez consideraciones divinas* propone la doctrina de la salvación por la iluminación interior. Muy importante es también su *Diálogo de la lengua*, verdadera joya literaria, en el que expresa simpatía por las lenguas vulgares y el deseo de hacer más culto el castellano.

El rigor con que las autoridades públicas y, sobre todo, la Inquisición vigilaban la importación o publicación de libros protestantes y la celebración de autos de fe contra los acusados de propagar doctrinas protestantes (Valladolid, 1559; Sevilla el mismo año y 1560) impidieron que éstas llegaran a propagarse en España.

Cristianos nuevos

Fenómeno religioso peculiar de España y sus territorios en el Nuevo Mundo, durante los siglos XVI y XVII fue el problema llamado de *limpieza de sangre*. Ya desde antes que los Reyes Católicos iniciaran su política de unificación religiosa de la Península, judíos y musulmanes habían sido obligados, a veces por presión social, a veces por estatutos declarados al efecto, a recibir el bautismo y hacer profesión de fe cristiana, buscando con ello su total integración en la sociedad cristiana. En numerosos casos estos conversos, moros o judíos, se mantuvieron fieles a su fe y a sus costumbres tradicionales, usando su conversión como un medio para poder continuar con cierta seguridad, aunque en secreto, el ejercicio de su propia religión.

De ambos grupos fueron los judíos, por su mayor integración en la sociedad y por la importancia, a veces grande, que sus ocupaciones y riquezas les concedían en las ciudades, el grupo que más preocupaba a las autoridades eclesiásticas. La desconfianza declarada de éstas hacia los *judaizantes,* como se les llamó, se hizo pronto general en el pueblo, extendiéndose por añadidura a todos los conversos y muy pronto también a su descendencia. De esta manera se introdujo en la sociedad española una división entre *cristianos nuevos* y *cristianos viejos*, considerándose éstos últimos como poseedores de una nobleza especial por la que creían merecer mejores tratos y mayores ventajas que los demás. En efecto, los conversos y cristianos nuevos estuvieron, con frecuencia, sujetos a regulaciones y restricciones oficiales que recibían el nombre de *Estatutos de limpieza de sangre*. Esta discriminación que fue atacada por notables eclesiásticos y miembros de algunas órdenes religiosas, como la de los Jerónimos y Jesuitas, era, sin embargo, popular entre las clases menos educadas, que veían en ellos una ventaja social. Con su acostumbrada agudeza e ironía Cervantes se refiere a ello al escribir las frases: "Sea por Dios —dijo

Sancho— que soy cristiano viejo y para ser conde esto me basta. Y aún te sobra —dijo Don Quijote".

Misioneros

Una de las manifestaciones más importantes de la vida religiosa española durante los siglos XVI y XVII fue su espíritu misionero. En España, y también en Portugal, se sintió de una manera muy viva la necesidad de hacer acompañar la expansión conquistadora de nuevos territorios con la de *conquista de almas* para la Iglesia. Fue así que los misioneros se encargaron de llevar la religión católica a todos los países conquistados o con los que España y Portugal mantenían relaciones.

En esta tarea sobresalieron los franciscanos, los dominicos y, un poco más tarde, los jesuitas. Estos se distinguieron con la actividad del Apóstol del Oriente, Francisco Javier (Xavier) entre otros muchos.

Ya desde el principio del siglo XVI los misioneros acompañaron a los descubridores y conquistadores a los territorios del Nuevo Mundo, pero también incluyeron en su apostolado otros continentes llegando a evangelizar, a mediados del siglo, en África, el Congo, Angola, Guinea, Mozambique, Madagascar y Abisinia; y en Asia, la India, China, Japón, Filipinas, Malaca, Moluca y otras islas. A todos estos territorios los misioneros llevaron, con la religión, la lengua y la cultura, haciendo así de las misiones una continuación del territorio nacional.

El ser una *España misionera* fue, durante siglos, uno de los títulos de que más se gloriaba el catolicismo español.

Maestros espirituales y místicos

A la vez que muchas órdenes religiosas españolas daban gran importancia a la vida activa y misionera, otras buscaban realizar su misión religiosa en una vida ascética y mística. Con la introducción de la imprenta a fines del siglo XV y a causa de la importancia que la reforma cisneriana había dado a la educación cristiana, se habían multiplicado rápidamente por toda la Península los libros dedicados a la promoción de la piedad religiosa.

Estos factores, unidos a la exaltación del sentimiento misionero y la oposición a la herejía protestante, crearon en España una generación de notables escritores de ascética y didáctica cristiana. Muchos de ellos, de gran profundidad de pensamiento y calidad literaria, han contribuido directamente a la formación del espíritu religioso español hasta el presente. Entre los más famosos se cuenta a fray Luis de Granada (1504–1583), cuya *Guía de pecadores* y *Símbolo de la fe* han gozado siempre de una popularidad sobrepasada por pocos libros del género didáctico-ascético. Muy importante y famoso fue también fray Luis de León (1526–1591), profesor de la Universidad de Salamanca, poeta de un lirismo, aunque intelectual y sereno, de gran finura e intimidad. Sus obras *La perfecta casada*, didáctica, y *Los nombres de Cristo*, más teológica, han hecho de su autor uno de los grandes maestros de la espiritualidad católica y uno de los mejores prosistas castellanos de todos los tiempos.

Gran influencia adquirió por entonces también en España la tendencia hacia una piedad más íntima y personal, que con el nombre de *devoción moderna* se había ido extendiendo por los Países Bajos desde fines del siglo anterior. Ella llegó a influir profundamente en los numerosos y muy importantes escritores místicos de este período. Aunque todos reflejan el espíritu de la Contrarreforma, insistiendo en los aspectos ascéticos de la vida espiritual y en el reconocimiento de la autoridad de la Iglesia para discernir los verdaderos fenómenos místicos, nada pierden de su intimidad religiosa. Entre otros muchos, pertenecientes en su mayoría a varias órdenes religiosas, hay que citar, sobre todo, los carmelitas Santa Teresa de Jesús, y San Juan de la Cruz.

Las obras de Santa Teresa de Jesús, o de Ávila como también es conocida (1515–1582), *Libro de su vida, Camino de perfección,* y *Las moradas,* presentan los estados místicos a que el alma puede ser elevada y están consideradas como cumbre de la mística, por lo que se la conoce comúnmente con el título de *Doctora Mística.*

Las obras de San Juan de la Cruz (1542–1591), *Noche oscura del alma, Cántico espiritual,* y *Llama de amor viva,* constituyen un verdadero análisis psicológico y metafísico del proceso místico católico. Los versos de San Juan de la Cruz, considerados como cumbre de la poesía española, expresan el amor divino con los tonos cálidos y amorosos de un enamorado, *Vivo sin vivir,* o el vocablo e imágenes de villancico, *Pastorcico.*

Las obras de Santa Teresa y de San Juan han sido consideradas siempre como las obras fundamentales de la espiritualidad de la Contrarreforma, obras básicas en la formación espiritual del católico de todos los tiempos.

Pocas obras reflejan la religiosidad hispana de este tiempo, de afecto íntimo y trascendente tan bien como el soneto "A Cristo crucificado", de un autor anónimo de esta época.

No me mueve, mi Dios, para quererte,
el cielo que me tienes prometido,
ni me mueve el infierno tan temido
para dejar por eso de ofenderte.

Tú me mueves, Señor muéveme el verte
clavado en esa cruz, y escarnecido;
muéveme el ver tu cuerpo tan herido;
muévenme tus afrentas, y tu muerte.

Muévesme al tu amor en tal manera,
que aunque no hubiera cielo, yo te amara;
y aunque no hubiera infierno, te temiera.

No me tienes que dar, porque te quiera;
que aunque cuanto espero no esperara
lo mismo que te quiero te quisiera.

La educación

La educación en España durante los siglos XVI y XVII ha sido y es todavía sujeto muy discutido. Mientras los críticos apuntan al creciente retraso en la enseñanza de los españoles en comparación con otros países; otros apuntan al número de escritores y artistas que aparecen en la sociedad española durante este mismo tiempo. Ambos parecen tener justificación, aunque parcial para sus juicios. Los detractores se fijan con razón en la falta de aceptación de nuevas ciencias y métodos científicos en el ámbito escolar y universitario. Los defensores prestan mayor atención a los resultados, durante el Siglo de Oro español, de la enseñanza de las disciplinas tradicionales en las universidades, del latín, retórica y teología, que con excepción de las ciencias jurídicas, dominaban el plan de estudios de las escuelas religiosas y de las universidades.

De interés y revelador de ambos aspectos, son los *Apuntamientos* dirigidos por Pedro Simón Abril, en 1589 al rey Felipe II, en los que señala defectos y propone reformas a la enseñanza de su tiempo. Un apuntamiento de interés es su recomendación de que la enseñanza se realizara en la lengua vulgar y no en latín, que la mayoría de los estudiantes no conocían suficientemente.

Universidades

Durante el siglo XVI, coincidiendo con los reinados de Carlos V y Felipe II, el número de las universidades y de los colegios mayores se incrementa notablemente en toda la Península: Toledo (1520), Lucena (I533), Sahagún (1534), Baeza (1538), Granada (1540), Oñate (1542), Santiago (1544), Gandía (1546), Osuna (1548), Ávila (1550), Almagro (1553), Orihuela (1555), Oviedo (1557) Estella (1565), Vich (1570), Córdoba (1572) y Tarragona (1572).

De todas ellas la de Salamanca mantuvo su lugar predominante y la de Alcalá de Henares continuó con su importancia. A Salamanca concurrían estudiantes de numerosas nacionalidades europeas atraídos por la fama de sus facultades de Derecho, eclesiástico y civil, y de Teología.

La Universidad de Salamanca contaba en 1551 con 5.856 alumnos, llegando a contar en 1557 con 7.832 estudiantes y 150 profesores. Alcalá, aunque menor en su número, pues contaba por entonces con unos 2.800, estudiantes, mantuvo su fama como centro de estudios teológicos.

A mediados del siglo XVII se inicia la decadencia de las universidades españolas debida tanto a razones políticas como económicas y sociales. Por una parte el aislamiento de otras universidades europeas en consecuencia de las guerras religiosas, y para evitar la introducción en las universidades de las doctrinas protestantes ya desde el reinado de Felipe II, después se añaden las guerras interiores como las de Cataluña y Portugal que impidieron el mantenimiento del número de estudiantes. También contribuyó a la decadencia la intervención de los ministros del Rey, que veían en las rentas de las universidades, ayuda fácil para pagar deudas del Reino, y, en sus cargos, un modo de retribuir a sus protegidos. Muy importante en su decadencia fue también el excesivo apego a las disciplinas tradicionales, dando poca o ninguna importancia a las nuevas corrientes científicas, aceptadas ya en las universidades de los demás países europeos. Las primeras medidas contra este marasmo fueron los intentos de reforma introducidos en el siglo XVIII.

Escuelas

A pesar de la creciente decadencia en la enseñanza universitaria, y el poco desarrollo que se observa en las escuelas para niños, se dan en España algunos intentos de reformas y novedades de importancia en la enseñanza.

Entre ellas, la del monje benedictino fray Pedro Ponce de León (1521–1578) que fundó la primera escuela para la enseñanza de los sordomudos en el monasterio de San Salvador de Oña, con la invención de método oral y visual.

Se supone que escribió un libro explicando su método, que se ha perdido. Otra innovación importante fue la organización de la enseñanza primaria popular, que tiene lugar con la fundación por el español San José de Calasanz de las llamadas *Escuelas Pías* (1556–1648), para la enseñanza gratuita de las clases humildes. La enseñanza en estas escuelas tiene sin embargo una dirección predominantemente de educación religiosa, y sólo con la intención secundaria de la formación de artesanos y trabajadores.

Teólogos

La importancia de la religión en la vida social y política de los españoles, ya desde la Edad Media, tuvo como consecuencia la que se fue dando a la formulación de la doctrina cristiana y su enseñanza, es decir, la teología y sus maestros. A ello se debe también que la teología sobrepasara los límites de la religión para llegar a incluir, además de los estrictamente religiosos, los aspectos políticos y sociales, entonces de actualidad.

La vía moderna

Una de las causas remotas de la Reforma protestante fue la escuela teológica medieval conocida por el nombre de *nominalismo*. Sus discípulos, ingleses, alemanes y franceses en su mayoría, defendían un método en el que se quitaba importancia al uso de la filosofía en las explicaciones de la doctrina cristiana, tal como hacía el escolasticismo, para, en cambio, darla mayor por una parte a la fe religiosa, y, por otra, al conocimiento empírico.

La vía moderna, como se llamó a este método, ponía en duda que se pudiera armonizar la fe religiosa con la razón, la doctrina de la Gracia Divina con la libertad humana, la autoridad de la Iglesia y la del Estado, tal como se defendía en la teología escolástica tradicional. Con el desprestigio que el pensamiento medieval sufrió durante el Renacimiento se preparó el terreno en el que nacería la teología protestante y más tarde la filosofía moderna.

Neo-escolasticismo

Frente a estas novedades doctrinales, las universidades españolas, entre ellas la de Salamanca, comenzaron una revisión del pensamiento escolástico fundado precisamente en las líneas tradicionales de fe, gracia divina e Iglesia. El esfuerzo teológico español, llamado neo-escolasticismo, llevado al Concilio de Trento por importantes maestros como el dominico Melchor Cano y los jesuitas Diego Lainez y Alfonso Salmerón, ayudó a la formulación de las doctrinas fundamentales de la Contrarreforma, quedando así como base del pensamiento católico hasta el presente.

Teología política

Del siglo XVI El iniciador del renacimiento del pensamiento teológico en España fue Francisco de Vitoria (1486?–1546). Dominico y profesor de la Universidad de Salamanca. La importancia de Vitoria en la historia del pensamiento español radica sobre todo en sus escritos políticos. Vitoria analiza la sociedad humana desde un punto de vista estrictamente católico, distinguiendo entre ley humana, que puede ser derogada, y ley divina, que por venir de Dios es inmutable. La potestad civil es el derecho de gobernar; ésta viene de Dios y debe servir a la perfección espiritual de la sociedad. Los gobernantes son ministros de la sociedad, de la cual reciben como oficio el poder de administrarla ordenando a los individuos al bien común. Vitoria, además, proclama la idea de una comunidad internacional, pero en la que cada uno de los estados debe ser soberano e independiente de los demás y sus príncipes deben tener la plenitud del poder sin supeditación a ningún otro poder temporal. Su doctrina de Política Internacional, aplicada más tarde a la conquista de América en sus tratados sobre los indios (*De indis prior*), y sobre el Derecho de guerra (*De indis posterior seu de iure belli*), merecieron a Vitoria la gloria de haber sido el fundador del Derecho Internacional.

Al aplicar su doctrina al caso de los indios, Vitoria partía del principio de la legitimidad de los príncipes indios y de su derecho a mantener sus posesiones. Frente a estos principios Vitoria reconocía también el derecho general, no sólo de españoles, a convertir paganos al cristianismo, a defender de leyes injustas a los inocentes y a los convertidos a la fe cristiana, y a abolir costumbres crueles y sacrificios humanos. Aunque admitía el derecho a iniciar en los pueblos atrasados una misión colonizadora y educadora, Vitoria negaba, sin embargo, que tanto el Papa como el Emperador tuvieran autoridad sobre los territorios o derecho sobre las posesiones legítimamente mantenidas por los indios. La línea política trazada por Vitoria fue seguida por la mayoría de los teólogos españoles desde el siglo XVI.

Con Vitoria empieza la importancia que desde entonces recibe la teología en España, quedando ésta convertida en una ciencia universal que abarca desde Dios hasta los más pequeños detalles del derecho político, público y privado. Es importante citar a Ginés de Sepúlveda, como represente de una opinión opuesta a la de Vitoria.

Del siglo XVII   El jesuita Francisco Suárez (1548–1617), profesor de filosofía en las universidades de Alcalá y de Salamanca completó el pensamiento político de Vitoria. Además de otros numerosos escritos teológicos y filosóficos que le dieron merecida fama, Suárez es especialmente conocido por sus tratados legales en los que llegó a establecer de una manera definitiva las bases para el *Derecho Internacional*, o *de Gentes*. Contra la teoría del absolutismo político cada vez más predominante en Europa, Suárez defendió la doctrina de la soberanía popular como origen inmediato del poder político, llegando a propugnar la autoridad del pueblo a deponer a su monarca si éste llegara a abusar de su poder. La misma doctrina fue mantenida por su contemporáneo, padre Juan de Mariana.

El interés por la política cristiana continuó con Diego de Saavedra Fajardo (1584–1648). Hombre de gran cultura y pensamiento profundamente cristiano, había vivido largo tiempo en Roma y Nápoles. Sobre todo en su obra *Empresas políticas* o *Idea de un príncipe político cristiano representada en cien empresas*, Fajardo presenta la idea de un monarca ideal, al servicio de los principios religiosos y morales cristianos en completa oposición a la doctrina basada en el pragmatismo político que defendía Maquiavelo (1469–1527).

Controversias

En cuanto a los problemas de la Gracia Divina y la libertad humana, tan discutidos por los protestantes de esta época, también los teólogos españoles los afrontaron con una seriedad sin igual, al ver en ellos la raíz teológica en que se dividían la ortodoxia y la herejía. Su discusión dio lugar a las llamadas *controversias* sobre la gracia que, entabladas a mediados del siglo XVI, duraron hasta bien entrado el siguiente. Desbordando el campo de la teología, inundaron la literatura y el teatro con aplicaciones en que se defendía una u otra posición doctrinal.

Las controversias causadas por el libro del jesuita Luis de Molina, *Sobre la concordia del libre albedrío con los dones de la gracia*, dividieron el pensamiento teológico español en dos campos principales, cada uno representado por una orden religiosa. La doctrina expuesta por Molina, defendida por los jesuitas, contaba con el apoyo de Suárez, pero estaba atacada por los dominicos, cuyo portavoz era el gran teólogo Domingo Báñez. Ante el tono alarmante que iban tomando las controversias, el papa Paulo V, tras nueve años de deliberaciones en Roma, tuvo que reconocer ambas doctrinas como ortodoxas, prohibiendo a sus defensores que achacaran a la contraria el título de herejía.

Organización de la sociedad en el Nuevo Mundo

El establecimiento de una manera permanente de colonos en el Nuevo Mundo y su asociación con grupos indígenas creó muy pronto la necesidad de organizar la economía y administrar la justicia en los nuevos territorios.

En la Península, Fernando *el Católico* ya había creado un *Consejo de Indias*, que resolvía todos los asuntos judiciales y económicos relativos al Nuevo Mundo, el cual fue confirmado por Carlos V. Una *Casa de Contratación*, situada en Sevilla, ayudaba al Consejo de Indias con una Cámara de Justicia y otra de Gobierno.

Obra del Consejo fue la *Recopilación de leyes de Indias*. En parte leyes de Castilla y, en parte también, leyes tradicionales de los indios, aplicadas con gran sentido humanitario tanto para españoles como para indios, las llamadas *Leyes de Indias* constituyen un monumento legislativo sin igual en la historia de los pueblos colonizadores.

En el Nuevo Mundo las capitulaciones y privilegios concedidos por los reyes a los descubridores y a los primeros pobladores, y las instrucciones dadas desde los primeros tiempos a los gobernantes contenían ya en germen la futura organización de los territorios americanos. En términos generales, la política legislativa de España se caracterizó por la aplicación de las instituciones peninsulares a los territorios americanos, acomodadas a las circunstancias y modalidades de estos países. Ya muy temprano aparecieron los municipios, o cabildos, cuyos miembros, elegidos entre los vecinos, ejercían la jurisdicción civil y criminal con facultades semejantes a las de los concejos castellanos.

Otros funcionarios, llamados corregidores en el Perú y alcaldes mayores en Nueva España, ejercían jurisdicción en las ciudades y villas importantes donde parecieron necesarios para gobernar, defender y mantener en paz y justicia a los españoles e indios que las habitaban. Los gobernadores regían las provincias y comarcas en que los virreinatos estaban divididos.

Las audiencias eran cuerpos consultivos de virreyes y gobernadores que gozaban de extensas atribuciones y funciones judiciales de gobierno, hacienda y guerra. A su establecimiento se opusieron los poseedores y herederos de las antiguas capitulaciones y los colonos, que pedían que sólo existiese sobre ellos la autoridad real. A pesar de ello, ya en 1511, se erigió la Audiencia de Santo Domingo, la primera en todo el territorio de América. A ella siguieron la de México (1527), la de Panamá (1535), la de Lima (1542) y otras. La autoridad suprema ejercida en nombre del rey estuvo siempre en manos del virrey. En un principio fueron los descubridores y conquistadores quienes, en virtud de las capitulaciones con la Corona, ejercieron este cargo. Más adelante aumentó la intervención directa de los reyes en su nombramiento.

Clases sociales

La población de origen europeo procedía casi en su totalidad de la Península y estaba integrada por gentes pertenecientes a todas las clases sociales. La colonización española en América fue una obra esencialmente popular. La conquista de América no fue obra de la Corona, sino de empresas de iniciativas particulares reconocidas y refrendadas en la mayoría de los casos por los reyes en virtud de capitulaciones establecidas, muchas veces, sobre hechos ya consumados. Para participar en ella en la empresa los ricos arriesgaban cuanto poseían; los de clase más modesta la cantidad conseguida, quizá a préstamo, para comprar sus armas; y los aventureros y pobres, ofrecían su servicio y su vida. Juan López de Velasco, que escribió su *Geografía y Descripción Universal de las Indias* entre los años de 1571 a 1574, asigna al Nuevo Mundo, en su totalidad, unas 30.500 familias, o sean 152.000 personas, de origen español pero de amplia base social.

A causa de ello la nueva sociedad se funda sobre bases peninsulares y, en consecuencia, las clases sociales, nobleza y pueblo llano, como las instituciones, se mantuvieron, por lo general, tal como eran en la Península. La división más importante fue desde un principio la establecida por el origen de los individuos, es decir peninsulares y nativos; y al pasar del tiempo la mezcla de ambos. Pronto, sin embargo, comenzaron a aparecer otras divisiones, que sin ser estrictamente sociales, se irían constituyendo como equivalentes en muchos casos al pasar del tiempo.

Los españoles   En los primeros tiempos fueron Andalucía, Extremadura, las dos Castillas y León las regiones españolas que suministraron mayor número de emigrantes, siendo muy pocos los que emigraron de los territorios de Aragón, Cataluña o Valencia.

En las primeras décadas fue evidente la preocupación de los reyes por mantener la pureza del elemento español en el Nuevo Mundo. Se trataba de una preocupación primordialmente religiosa, por lo que se prohibió la entrada en los territorios a judíos, moriscos y herejes, considerados como una amenaza para la unidad religiosa que, como en España, se intentaba mantener a toda costa. También las restricciones con que se concedió a extranjeros licencia para establecerse o comerciar en el Nuevo Mundo estaban inspiradas en razones religiosas, y sólo de manera secundaria en las económicas.

Pasados los años, se hicieron evidentes las rivalidades entre los diversos grupos de origen europeo. De éstas la más fuerte fue al principio la que se originó entre los conquistadores y los recién llegados de España, que querían disfrutar de las ventajas conseguidas por aquéllos. A esta rivalidad se añadió más tarde un desprecio mutuo entre los españoles recién llegados, llamados *gachupines* en México y *chapetones* en Suramérica, y los nacidos en el territorio americano, llamados *criollos*, al sentirse éstos desfavorecidos social y políticamente. Este antagonismo llegó con el tiempo a tomar un carácter político y ayudó a definir los campos en las luchas de independencia durante el siglo XIX.

Los indios   La institución básica introducida en América por los españoles para organizar la sociedad india fue la encomienda. Era ésta un pueblo o grupo de pueblos designados a un encomendero para que percibiera los tributos y aprovechara los servicios personales que debieran prestarse a la Corona Real. Había sido instituida como medio para combatir el poder de los antiguos caciques, incorporando a los indios en una nueva sociedad, en la que eran considerados como operarios con derecho a jornal.

En términos generales se puede afirmar que el adjetivo que mejor califica la legislación española en relación al indio es el de proteccionista: protección al indio como persona y a todas aquellas instituciones indígenas que no fueran contrarias a la religión cristiana, en espera de una asimilación más completa a la cultura española. Ya a partir de 1512 las Leyes de Burgos determinaban los trabajos que podían esperarse del indio, exigiendo a la vez que se proporcionase la instrucción para su cristianización y formas de vida sedentaria.

En las *Ordenanzas para el buen tratamiento de los naturales* de 1523, se dictaron una serie de normas protectoras del derecho y del trabajo de los indios. Para evitar cualquier abuso contra los indios por parte de españoles, se instituyeron los Juicios de Residencia a los que todos, incluso los gobernadores, quedaban sometidos y debían rendir cuenta en caso de litigio. Desde 1530 se crearon poblaciones indias, o *reducciones*, colocadas bajo la dirección de un corregidor. Pero ya en un informe del Consejo de Indias dirigido al rey y fechado en 1540 se recordaba que los indios eran libres y que, por lo tanto, no debían ser reducidos a encomiendas contra su voluntad. La reducción obligatoria de indios a encomiendas fue prohibida explícitamente en 1542, aunque esta ley fue derogada un año más tarde.

En el trato de las razas se dio, ya desde un principio, muy poca importancia a la diferencia étnica, autorizándose el matrimonio mixto en 1503, siendo su validez confirmada por Fernando el Católico en 1515 y por Felipe II en 1556. Resultado de ello fue una sociedad con frecuencia dividida más en segmentos culturales, sociales y económicos que puramente étnicos. Los elementos básicos de la población fueron el blanco y el indio, a los que más tarde se añadió el negro. Las mezclas étnicas más frecuentes fueron los mestizos, de blancos e indios; los mulatos, de blancos y negros; y los zambos, de indios y negros.

La Iglesia

La intervención de la Iglesia en la creación de una sociedad hispanoamericana fue decisiva. Desde el principio había reinado una estrecha colaboración de las órdenes religiosas con el Estado. Numerosos eclesiásticos eran miembros del Consejo de Indias y el cargo de *Protector de Indios* estuvo por un tiempo vinculado a obispos. A la explotación, incluso la esclavitud de los indios, por parte de los conquistadores y colonizadores los eclesiásticos opusieron enérgicamente, aunque no siempre con gran eficacia, su influencia y su propio concepto de colonización.

Aspecto muy importante de la obra misionera fue la defensa del indio contra los abusos e injusticias a que con frecuencia era éste sometido. En 1510, el dominico fray Antonio Montesinos había ya condenado, el sistema de encomiendas y los abusos cometidos por los encomenderos. Son célebres las acusaciones formuladas por fray Bartolomé de las Casas (1474?–1566), también dominico, en América desde 1502, y apasionadamente dedicado a la cristianización de los indios. El trato que algunos encomenderos daban a los indios le indignó de tal manera que para denunciarlo regresó a España, donde consiguió de Cisneros, Carlos V y Felipe II leyes para su protección.

Entre sus obras son célebres la *Brevísima relación de la destrucción de las Indias* y la *Historia apologética de las Indias* en las que con gran celo misionero, exagera y generaliza abusos que indudablemente se cometían. Sus escritos fueron explotados por holandeses y franceses principalmente, ya desde fines del siglo XVI, para crear una leyenda antiespañola que los críticos modernos comienzan ahora a corregir.

A pesar de la importancia que evidentemente se dio a la hispanización de los pueblos indígenas, el rasgo característico de la labor misionera no fue el de la imposición de la cultura española, sino la cristianización de los indios. A ello se dedicaron los misioneros, franciscanos, dominicos y jesuitas principalmente, con una dedicación extraordinaria. Es cierto que en la primera fundación española de Santo Domingo se alzaron muy pronto conventos, escuelas y edificios cuyos estilos y planos se determinaban en Sevilla, sin mezcla de elementos indígenas, pero ello fue la excepción. Por lo general se percibe claramente, ya desde la primera mitad del siglo XVI, una notable flexibilidad por parte de los misioneros, en aceptar la participación indígena e incorporar elementos de la cultura indígena. Tanto en México como en Perú, las artes indígenas y las españolas han quedado con frecuencia unidas de manera inseparable.

En su afán de educar a los indios y para mejor comunicarse con ellos, los misioneros estudiaron las costumbres, los dialectos y ritos de los indígenas, introduciendo además un sistema de escritura para las lenguas indias. Ya a principios del siglo XVI comienzan a aparecer catecismos en lenguas indígenas, y todavía en el siglo XVII el dominico Francisco Jiménez, escribe un *Diccionario y arte de la lengua mexicana* (1619) y recomienda que los curas de los pueblos de indios sepan su propia lengua.

Exponente elevado de la labor cultural misionera son las universidades, que, en el Nuevo Mundo como en España, tenían una misión más educadora que de investigación. En 1538 los dominicos fundaron la Universidad de Santo Tomás en Santo Domingo, a donde acudían estudiantes de Cuba, Venezuela y la costa atlántica de Nueva Granada. A ésta siguieron las de México y Lima en 1553. Al mismo fin educativo y misionero se debe la introducción de la imprenta y la fundación de universidades, establecidas éstas "para que los naturales y los hijos de españoles fuesen industriados en las cosas de nuestra Santa Fe y en las demás facultades".

PREGUNTAS PARA ESTUDIO Y REPASO

1. ¿Qué características tuvo el *Siglo de Oro* durante los reinados de Carlos V, Felipe II y los últimos Habsburgos?

2. ¿Qué carácter tuvo la monarquía en España durante la dinastía de los Habsburgos?

3. ¿Qué importancia tuvo la nobleza en el gobierno durante este tiempo?

4. ¿A qué se llamó *limpieza de sangre* y qué importancia tuvo?

5. ¿Por qué fue importante el pensamiento político de Francisco de Vitoria?

6. ¿Qué importancia y novedad introdujo Suárez en la teoría política?

7. ¿Qué visión se tenía en Europa y en España de los indios?

8. ¿Qué instituciones fueron introducidas en el Nuevo Mundo?

9. ¿Qué rivalidad surgió entre los españoles recién llegados y los nacidos en el Nuevo Mundo?

10. ¿Cómo se organizó a los indios?

11. ¿Cómo se podría calificar la legislación española para con los indios?

12. ¿Qué importancia tuvo la Iglesia en la colonización de los nuevos territorios?

13. ¿Cuál fue el ideal primario de los misioneros españoles?

14. ¿Qué relación tuvieron con frecuencia los misioneros con los conquistadores y colonizadores?

CAPÍTULO

8

LA VIDA CULTURAL ESPAÑOLA DURANTE EL SIGLO DE ORO

Temas

- Renacimiento imperial

- Gustos artísticos múltiples: tradición e innovación

- Mudéjar a lo romano

- Gustos flamencos: realismo comprometido

- Gustos italianos: emotivo sin lujos

- El Greco: subjetivismo religioso

- Barroco nacional

- Contrarreforma y arte

- Culteranismo y Conceptismo

- Gracián: Dificultad e inteligencia

- Cervantes y su mundo

- Velázquez, pintura de corte

- Murillo, pintura del pueblo

Cronología cultural de España bajo los Habsburgos 1500–1700

Estilos vigentes:

Renacentista italiano, principios del siglo XVI hasta el siglo XVII

Plateresco purista, primera mitad del siglo XVI

Herreriano, segunda mitad del siglo XVI

Barroco, desde finales del siglo XVI hasta mediado el siglo XVIII

Artistas activos

- **1500–1550**
- **Carlos I, (1517–1555)**
- Garcilaso de la Vega (1501–1536), poeta
- Juan Boscán (1501–1542), poeta
- Bartolomé Torres Naharro (1476–1531), escritor
- Juan Luis Vives (1492–1540), humanista
- Gil de Hontañón, arquitecto
- Damián Forment (¿1480?–1541), escultor
- Francisco de Vitoria (1486–1546), teólogo
- **1550–1600**
- Alonso Berruguete (1489–1561), escultor
- Diego de Siloé (1495–1563), escultor
- Domenico Theotocópuli, El Greco (1541–1614), pintor
- Luis de Morales (1510–1586), pintor
- Miguel de Cervantes (1547–1616), escritor
- Jorge de Montemayor (1520–1561), escritor
- **Felipe II, (1555–1598)**
- Vicente Espinel (1550–1624), escritor y poeta
- Luis de Góngora (1561–1627), poeta
- Francisco de Quevedo (1580–1645), escritor
- Tirso de Molina, seudónimo de fray Gabriel Téllez (¿1584?–1648), dramaturgo
- Juan de Juanes (1523–1579), pintor
- Luis de Morales (1500–1586), pintor
- Teresa de Jesús (1515–1582), maestra espiritual
- Luis de Granada (1505–1588), maestro espiritual
- Juan de la Cruz (1542–1591), maestro espiritual

- Luis de León (1527–1591), maestro espiritual
- Juan de Herrera (1536–1597), arquitecto
- **1600–1650**
- **Felipe III, (1598–1621)**
- José de Ribalta (¿1564?–1628), pintor
- Tomás Luis de Victoria (1540–1611), músico
- Mateo Alemán (1547–1614), escritor
- **Felipe IV (1621–1665)**
- Luis de Góngora (1561–1627), poeta
- Lope de Vega (1562–1635), dramaturgo
- Juan Ruiz de Alarcón (1581–1639), poeta y dramaturgo
- Calderón de la Barca (1600–1681), dramaturgo
- Francisco de Quevedo (1580–1645), escritor
- Francisco y Juan Ribalta (1564–1628), pintores
- José de Ribera (1591–1652), pintor
- Luis Vélez de Guevara (1578–1660), poeta y drmaturgo
- María de Zayas y Sotomayor (1590–1660), poetisa y novelista
- Diego Velázquez (1599–1660), pintor
- Francisco de Zurbarán (1598–1564), pintor
- Baltasar Gracián (1601–1658), filósofo y prosista
- **1650–1700**
- **Carlos II, (1665–1700)**
- Bartolomé Esteban Murillo (1618–1682), pintor
- Juan de Valdés Leal (1622–1690), pintor
- Claudio Coello (1635–1693), pintor
- Lucas Jordán (1632–1705), pintor italiano llega a España en 1692

A pesar de la gran importancia política y económica que España y Francia mantuvieron a lo largo de este período, la vida cultural europea continuó dominada por Italia, donde las formas del Renacimiento iban tomando aspectos cada vez más propios y originales. Durante la primera mitad del siglo XVI, coincidiendo aproximadamente con el reinado de Carlos V y gran parte del de Felipe II, continuó desarrollándose el llamado *Renacimiento español.* Aunque se mantuvo fiel a los estilos tradicionales hispanos, que continúa cultivando, estuvo al mismo tiempo muy influido por las nuevas formas importadas de Italia, centro y fuente de inspiración de la cultura renacentista española.

A lo largo del siglo XVI se percibe una disminución de las influencias del norte europeo debida posiblemente al alejamiento espiritual de la Europa protestante y a la renuncia de Carlos V al Imperio. A lo largo del siglo XVII, también el

Renacimiento italianizante fue cediendo en importancia ante la mayor influencia del espíritu nacional. La política de aislamiento de Felipe II, las victorias políticas y culturales conseguidas por los protestantes en Europa y, sobre todo, la censura y la tendencia general a cerrar las fronteras de España para evitar toda posible contaminación de la herejía protestante, fueron convirtiendo el espíritu de la cultura española de este tiempo en un proceso de introversión, de búsqueda y mantenimiento de valores tradicionales.

Por esta razón se suele dividir la cultura española durante su Siglo de Oro en un primer período estrictamente renacentista, imperial, extrovertido y europeizante; seguido por otro, mucho más largo, llamado nacional, que se prolongó a lo largo del período barroco hasta fines del siglo XVII.

EL RENACIMIENTO: EL PERÍODO IMPERIAL

La mayor apertura política a Europa, consecuencia de los lazos familiares con la casa de Habsburgo, se incrementa durante el reinado de Carlos V, quien es al mismo tiempo rey de España y emperador del Sacro Imperio. Su autoridad y presencia en Europa abren las fronteras a un mayor número de españoles que entraron en estrecho contacto con problemas políticos, sociales, culturales y religiosos europeos. Estos, a su regreso, introdujeron su experiencia en España. De aquí que este período del renacimiento español reciba el nombre de *imperial* y que sea su característica la mayor conciencia de los actitudes y problemas europeos, que en todos los aspectos de la cultura se perciben, junto con los valores tradicionales.

La literatura

Al comenzar el siglo XVI, a causa de la mayor europeización de los horizontes políticos españoles, el interés italianizante heredado del siglo anterior aumenta y se define.

En poesía, un grupo selecto de poetas, al aplicar al castellano el estilo poético italiano, dio a la poesía española un rumbo que ésta mantuvo durante los siglos más brillantes de su historia poética. Esta nueva tendencia fue obra sobre todo de dos poetas amigos, Garcilaso y Boscán, fundadores de la escuela petrarquista castellana, con la que se introdujeron experimentos poéticos de forma y contenido que después continuaron los mejores poetas del siglo XVI.

Juan Boscán y Garcilaso de la Vega

El mérito principal de Juan Boscán (¿1493?–1542) consistió en introducir una serie de formas poéticas italianas, versos endecasílabos, terceto dantesco y soneto de Petrarca, enriqueciendo así en gran manera la poética castellana.

De mayor importancia todavía es Garcilaso de la Vega (1501–1536). Caballero de la Orden de Santiago, culto, cortesano y soldado en numerosas campañas militares del emperador Carlos V, él es quien mejor representa el espíritu de su época, por lo que está considerado, a pesar de su gusto italianizante, como prototipo del poeta castellano. Sus sonetos son dulces, amables, siempre con una nota sentimental y delicada. Sus églogas, en las que imita, en tono y contenido, a los poetas latinos Virgilio y Horacio, describen un mundo bucólico, idealizado, en el que bajo la capa de pastores se ocultan los sentimientos y formas de expresión de cortesanos cultos y refinados. Es especialmente famosa su *Égloga primera,* en la que canta "el dulce lamentar de dos pastores".

Luis de León

Entre los seguidores de la nueva escuela hay que citar al agustino fray Luis de León (1527–1591), ya nombrado entre los escritores didácticos y devocionales. Su obra poética, que según él mismo dice "son pequeñas obrecillas que en su mocedad se le caían de las manos" se caracteriza por un lenguaje conciso, expresión sencilla, llana, sin adornos y de una pureza clásica. Su poesía, un tanto intelectual, posee a la vez una nota de melancolía serena que es característica de su lirismo. Son famosas su *Noche serena, A la Ascensión, A Nuestra Señora* y *Vida retirada,* esta última, adaptación de una oda de Horacio.

Poesía tradicional

Estas innovaciones literarias debidas a la influencia italiana fueron causa de un movimiento en defensa de las formas tradicionales y en contra de las nuevas, consideradas como extranjerizantes. El poeta más famoso de esta reacción castellanizante y nacional fue Cristóbal de Castillejo (1490–1550), quien censuró a Boscán y a Garcilaso sus modas italianas, usando él para sus poesías preferentemente formas y temas medievales. Son notables sus glosas a romances antiguos, *La bella malmaridada*; sus diálogos satíricos, *Diálogo que habla de las condiciones de las mujeres,* diatriba picaresca contra todo el sexo femenino; ascético-filosóficos, *Diálogo entre la memoria y el olvido* y el más importante, *Diálogo y discurso de la vida de corte.*

Es importante y singular el poeta Baltasar Alcázar (1530–1606). Aunque no ajeno a las influencias italianas, y de poesía elegante y correcta, se interesa por los placeres de la vida, tanto en su vida como en su poesía. Son muy conocidas y leídas todavía su *Cena jocosa* y *Tres cosas.*

Teatro

Este mismo conflicto entre lo tradicional y lo moderno, lo nacional y lo italianizante, entre lo popular y lo culto, se revela en el teatro, en el que las obras cultas de temas clásicos y humanistas no lograron despertar el interés del público. El teatro de vena más popular, por el contrario, llegó a ofrecer muy pronto obras que fueron muy apreciadas y aplaudidas por el pueblo. El teatro popular y no el culto señalan la dirección al gran teatro español.

En esta dirección se destaca Torres Naharro (¿1475?–¿1530?) con sus obras *Tinellaria,* sobre la vida pícara de los sirvientes; *Soldadesca,* llena de truhanerías de soldados; e *Himenea,* sobre el honor. Tuvo gran importancia también Lope de Rueda (¿1610?–1565), autor muy admirado por Cervantes, quien consagró la forma teatral de los pasos, o entremeses. Los pasos de Lope de Rueda, *Las aceitunas, Cornudo pero contento, La tierra de Jauja,* se distinguen por su realismo equilibrado y fina comicidad de la situación, a la vez que por el casticismo y gracia de su lenguaje.

Novela

La misma tendencia popular ofrecen las novelas de caballerías. Aunque la mejor obra, *Amadís de Gaula,* pertenece al siglo XV, el género de novela caballeresca fue cultivado con gran afición durante el siglo XVI. Muy popular fue durante este tiempo la serie conocida con el nombre de *Palmerines* (*Palmerín de Oliva, Palmerín de Inglaterra,* etc.). A pesar de estar llenas de hazañas absurdas e inverosímiles, abrumadoras por sus monótonas repeticiones, o, quizás, a causa del fácil escapismo a que todas aquellas aventuras conducían, estas obras gozaron de una gran popularidad, hasta que fueron desprestigiadas por la dura crítica y el ridículo que de ellas hizo Cervantes en su Don Quijote.

Junto a la continua popularidad del romance morisco y fronterizo surgió la novela morisca con la famosa *Historia del Abencerraje y de la hermosa Jarifa,* de autor anónimo. Delicada novelita de amor caballeresco de moros y cristianos, en la que la generosidad del moro está a la par de la caballerosidad del cristiano que "no acostumbra a secuestrar damas sino para honrarlas y servirlas". En España la novela morisca se revela más capaz de evolución que el género italianizante.

La novela italianizante entró en España con el llamado género pastoril, relato extenso de episodios sentimentales que tienen lugar todos ellos en medio de una naturaleza risueña y artificial. Llega a su mejor expresión con la *Diana* de Jorge de Montemayor (¿1520?–1561), que tuvo gran éxito e influyó grandemente en las literaturas extranjeras, y *La Diana enamorada* de Gaspar Gil Polo (¿1529?–1591), también famosa aunque inferior a la primera. La novela pastoril, cuyo florecimiento fue breve, tuvo una muy larga decadencia en la que el mundo exageradamente idealizado y lacrimoso daba expresión al gusto de la época.

Lazarillo de Tormes

En este tiempo hay que situar la novela titulada *Vida de Lazarillo de Tormes y de sus fortunas y adversidades,* de autor desconocido. Su edición más antigua data de 1554. El autor de la novela narra en forma autobiográfica escenas de la vida de su personaje Lázaro como sirviente de, entre otros, un ciego, un escudero y un clérigo. El tono adoptado por Lázaro en su visión de la sociedad, ligero, humorista y despreocupado, hace difícil la interpretación de su tema, entendido por unos como estrictamente realista y simbólico por otros. Lázaro no es, como se ha dicho, un maleante, ni un profesional del hampa, sino un héroe del hambre, un anti-héroe, y, sobre todo, un ser en quien se juntan, en conflicto, la sociedad tal como parece ser y como es en realidad.

La novela, a pesar de su falta de ideales, no es amarga, y apenas se la puede llamar pesimista. Su mayor mérito estriba en la expresión concisa y clara, y en el realismo con que el autor es capaz de describir los varios estamentos de la sociedad española como vistos "desde abajo" o "desde fuera".

El Lazarillo es una de las primeras obras en las que el punto de vista del autor es esencial. Esta obra, conocida en traducción en otros países europeos desde mediados del siglo XVI, sirvió de inspiración al género conocido por el nombre de *novela picaresca*.

La música

Durante la segunda mitad del siglo XVI y del siglo XVII las composiciones más importantes son de música religiosa y sus compositores siguen de cerca las tonalidades, incluidas las polifónicas, del renacimiento italiano, continuando la tradición musical del siglo anterior. El sentido tradicional español aparece en la música con el abandono del laúd, preferido en el resto de Europa, y con la incorporación de la guitarra como el instrumento principal para acompañamiento de canciones. Se pone música además a las poesías de autores conocidos, Juan Boscán, Jorge Manrique y Petrarca, y de los latinos Virgilio y Ovidio; más tarde también a las de Garcilaso de la Vega y Lope de Vega.

Andalucía y Castilla

En Andalucía, entre otros, son famosos Cristóbal Morales (1500–1553), compositor de canciones, villancicos o villanescas y también de misas, algunas de ellas con música basada en temas musicales profanos. Contemporáneo suyo es el castellano Antonio de Cabezón (1510–1566). Ciego desde muy joven, era un famoso organista, y estuvo al servicio de Carlos V y Felipe II. Algunas de sus obras son composiciones litúrgicas, y otras, consideradas las más interesantes, son sus *Diferencias*, que son en realidad variaciones a temas populares.

Otro músico importante, también ciego desde los diez años, fue Francisco de Salinas (1513–1590), natural de Burgos y organista en la corte del Duque de Alba en Nápoles. Fue inmortalizado con los versos de su amigo, Fray Luis de León, en la *Oda a la música*. El más importante de esta época es indiscutiblemente el castellano Tomás Luis de Victoria (1540–1611). Después de haber residido en Roma, regresó a España donde fue organista del monasterio de las Descalzas de Madrid. Es famoso sobre todo por su música religiosa —misas y composiciones para Semana Santa (*responsorios*)— llena de contrastes y de una expresividad de tonos ya barrocos.

Levante

En Cataluña se continúa la tradición musical con la ya famosa Escolanía de Montserrat, y, en Barcelona, es importante Pedro Alberch Vila (1517–1582), compositor de numerosos madrigales. En Valencia era importante también Ginés Pérez (1548–1612), quien se distingue por su música polifónica, notable por gran exaltación y colorismo. En Castilla el centro de actividad musical era la catedral de Toledo.

La arquitectura

Durante el reinado de Carlos V se percibe una rápida disminución de la influencia alemana y una mayor dependencia de las líneas del Renacimiento italiano. Las formas hispanas se mantienen siguiendo las líneas tradicionales o mezcladas con las nuevas formas italianas.

Figura 8.1 Ayuntamiento de Sevilla

Figura 8.2 Universidad de Alcalá de Henares

El plateresco tradicional mantiene su rica ornamentación, como en la Casa del Ayuntamiento de Sevilla (Fig. 8.1), construida según planos de Diego de Riaño. Predominio de las líneas italianas demuestra ya el estilo plateresco purista, llamado así por su menor cantidad de adorno. Las mejores expresiones de este estilo son la fachada de la Universidad de Alcalá de Henares (Fig. 8.2), el palacio de Monterrey en Salamanca y la fachada de la catedral de Astorga, ambas obras de Gil de Hontañón.

A lo largo del siglo se nota también una renuncia a la excesiva decoración, tan del gusto tradicional, a la vez que se da mayor importancia a una pureza decorativa de línea clásica italiana. Ejemplos de ella son la hermosa catedral de Jaén (Fig. 8.3), numerosas casas nobles, como el palacio de Mancera (Fig. 8.4) en Ubeda, y la Puerta Nueva de Bisagra en Toledo (Fig. 8.5) y, en Granada, el palacio de la Cancillería, hoy Ayuntamiento (Fig. 8.6), obra de Martín Díaz y Alonso Hernández. Todas estas obras representan el estilo predominante a partir de entonces. En Andalucía es notable el palacio de Carlos V, en Granada, obra sin acabar de Pedro Machuca, de estilo italiano sin entronque con ninguno de los estilos españoles.

Figura 8.3 Catedral de Jaén

Figura 8.4 Palacio de los Marqueses de Mancera, Ubeda

Figura 8.5 Puerta Nueva de Bisagra, Toledo

Figura 8.6 Real Chancillería de Carlos V, Granada

Juan de Herrera

En el último tercio del siglo XVI, ya durante el reinado de Felipe II, la influencia italiana triunfó completamente sobre la exuberante decoración plateresca, buscando compensación a la desnudez ornamental en la masa y grandiosidad de la obra. El nuevo estilo quedó consagrado con la construcción del monasterio de El Escorial (Fig. 8.7), por muchos años residencia preferida del monarca. Su construcción fue ordenada por Felipe II en conmemoración de su victoria sobre los franceses en la batalla de San Quintín (1557) y fue iniciado por el famoso arquitecto Juan Bautista de Toledo. A la muerte de éste fue continuado por Juan de Herrera, y es uno de los monumentos más célebres de la arquitectura española.

Figura 8.7 Vista del Monasterio de El Escorial

El estilo *herreriano* caracterizado, más que ningún otro, por sus líneas definidas y sin adorno, pero de grandiosidad monumental, alcanzó bastante difusión en España con obras como la catedral de Valladolid, nunca acabada, la Lonja de Sevilla, el convento de Santa Teresa en Ávila, entre otras, llegando incluso a América con las catedrales de México y Puebla. Sin embargo esta influencia del estilo herreriano, debida en gran parte a la preferencia mostrada por Felipe II, nunca fue verdaderamente popular en España, apelativo que sólo se puede aplicar con toda justicia al Barroco.

La escultura

Forma media entre escultura y arquitectura deben nombrarse los numerosos retablos que adornan las iglesias. En ellos también se reflejan los cambios estilísticos, arquitectónicos y escultóricos que se van aceptando en España.

En el Levante, se distingue el valenciano Damián Forment (¿1480?–1541). Su obra, aún manteniendo elementos decorativos góticos, es ya un paso definitivo hacia el renacimiento italiano. Entre sus numerosos retablos, casi todos de alabastro, son famosos el retablo de la basílica del Pilar en Zaragoza, el de la catedral de Huesca, el retablo del monasterio de Poblet (Fig. 8.8), y el retablo de Sto. Domingo de la Calzada, que no llegó a terminar.

El mejor representante castellano de la escultura de esta época es Alonso Berruguete (1489–1561), hijo del famoso pintor Pedro Berruguete. Aunque estudió en Italia, posiblemente con Miguel Ángel, dio a su obra un carácter especial, auténticamente español. Su mayor mérito se debe a la relación entre pintura y escultura, tan notable en sus obras, en su mayor parte retablos tallados para iglesias. Son muy conocidos *San Jerónimo, Un patriarca, Moisés* y *La adoración de los Reyes Magos*, entre muchas otras obras. También se destacan Juan de Valmaseda (o Balmaseda, siglo XVI) con el particular patetismo de su descendimiento (Fig. 8.9),

Figura 8.8 Retablo Mayor del Monasterio de Poblet, de Damián Forment

Figura 8.9 Tabla del Descendimiento, obra de Juan de Valmaseda

Gaspar Becerra (¿1520?–1570) y el francés Juan de Juní (1507–1577) escultor de un dramatismo ya casi barroco, también con un Descendimiento de Cristo. Todas ellas han servido a hacer de la talla de madera una expresión artística típicamente española y castellana.

La escultura funeraria y política

Tiene también gran importancia en este tiempo la escultura funeraria, entre cuyas obras más importantes destacan las tumbas de los Reyes Católicos en la Capilla Real de Granada y la del Cardenal Cisneros en Alcalá de Henares, obras de estilo renacentista del italiano Domenico Fancelli (1469–1519). En la catedral de Ávila, la tumba de Alonso de Madrigal (Fig. 8.10), obra de Vasco de la Zarza (m. 1524), con magnífica decoración plateresca, aunque su cuidadosa representación de la figura humana es expresión de formas renacentistas.

Durante el reinado de Felipe II es importante la familia Leoni. El padre, León, ya había trabajado para Carlos V con varios bustos en bronce. A su hijo, Pompeo, (¿1465?–1522) se deben las estatuas orantes de Carlos V que se encuentran en El Escorial y la estatua de Carlos V en bronce con armadura a la romana, que se quita dejando al Emperador completamente desnudo, sobre *el Furor* encadenado a sus pies (Fig. 8.11), que se encuentra en el museo del Prado.

Figura 8.10 Detalle del sepulcro de Alonso de Madrigal, El Tostado, de Vasco de la Zarza, Ávila

Figura 8.11 *Carlos V vence el Furor,* de León Leoni

La pintura

El siglo XVI representó para la pintura española un largo proceso de liberación de escuelas y técnicas flamencas e italianas. A la vez, desarrolló una combinación de expresión idealizada con aspectos naturalistas, que caracteriza la escuela de pintura propiamente española. Este proceso tuvo diferente expresión en las varias regiones españolas, siendo Castilla, Andalucía y Levante las más importantes.

En Castilla la pintura continuó dominada por el famoso Pedro Berruguete, ya nombrado anteriormente. En Andalucía los artistas más destacados fueron Alejo Fernández (¿1470–1545), cuya obra más conocida es La *Virgen del Buen Aire* en el Alcázar de Sevilla, y Luis de Vargas (1502–1568), cuya obra maestra, *La generación temporal de Cristo*, en la catedral de Sevilla, magnífica por su dibujo, muestra una fuerte influencia italiana.

En la región levantina, por sus relaciones estrechas con Nápoles, se percibe la influencia italiana más temprana y con efectos más duraderos que en otras regiones. Durante el segundo tercio del siglo la influencia predominante fue la de Rafael, siendo el representante más característico Juan de Juanes (¿1523?–1579), que trabajaba en Valencia. Sus figuras son ejemplo de serenidad manierista, en los que se aprecia el estilo dibujístico idealizante de su maestro italiano. Muy conocidas son su *Última Cena* y *El Salvador*. Aunque la excesiva suavidad de su trazado agrada hoy menos, su estilo alcanzó gran favor en su tiempo, a juzgar por las varias réplicas que hizo de algunas de sus obras.

Segunda mitad del siglo XVI

Durante la segunda mitad del siglo, coincidiendo en términos generales con el reinado de Felipe II, se puede distinguir dos direcciones en la pintura española, la cortesana y la popular. La primera, más dependiente del gusto real, muestra una mayor influencia italiana, como aparece en Fernández de Navarrete (1502–1579), admirador de Tiziano, que trabajó en El Escorial, donde se encuentra su obra maestra, *La degollación de Santiago*, y Alonso Sánchez Coello (1531–1588), el mejor retratista español de la corte de Felipe II. Suyos son el retrato de Felipe II, el del Príncipe don Carlos, y el de la Princesa Isabel Clara Eugenia (Fig. 8.12), entre otros muchos que constituyen la mejor ilustración de este reinado.

Los principales maestros de la pintura religiosa de esta época son clara expresión de una sensibilidad auténticamente española, por lo que todos ellos alcanzaron una gran popularidad. Éste fue el caso de Luis de Morales (¿1500?–1586), cuyos cuadros de devoción, aunque no le gustaron a Felipe II, fueron muy apreciados por el pueblo. Sus figuras de Vírgenes —la *Virgen con el Niño* (Fig. 8.13)— que se repiten constantemente, se distinguen por una lánguida suavidad, quizá excesivamente manierista. Su delicado modelado y técnica acabada e impecable, casi de miniatura, y sobre todo la tierna devoción que sus cuadros evocan, le merecieron el título de el Divino.

El Greco

Semejante fue el caso del cretense Domenico Theotocopuli, el Greco, (1541–1614), el pintor más importante de su tiempo. Llegado a España hacia 1575, tras

Figura 8.12 Princesa Isabel Clara Eugenia, hija de Felipe II, obra de Sánchez Coello

Figura 8.13 *Virgen con el Niño*, de Luís de Morales

una estancia en Venecia y Roma, se estableció en Toledo. Allí, tras haber pintado el *Martirio de San Mauricio*, considerado hoy una de sus mejores obras pero que no agradó a Felipe II, el Greco desarrolló una extraordinaria actividad artística. En su obra se advierte una progresión desde el manierismo italiano, *La Trinidad*, hacia una técnica de manchas de color y efectos de luz, sus varios *Adoración de los pastores* y *El bautismo de Cristo*, *El expolio*, *La Anunciación*, *La Crucifixión*, *Oración del Huerto* y *San Jerónimo* o su famosa *Vista de Toledo*. A partir de su obra maestra, *Entierro del conde de Orgaz*, su estilo peculiar se acentúa con escorzos violentos y cánones alargados como en la *Venida del Espíritu Santo*, a la vez que se advierte una tendencia hacia la simplificación del colorido con un claro predominio de tonos grises como en el *retrato del cardenal Tavera*.

EL BARROCO: EL PERÍODO NACIONAL

Tras la consumación de la división religiosa de Europa y la renuncia de Carlos V a sus derechos al Sacro Imperio, su hijo Felipe II adoptó una política defensiva ante la Reforma y la división religiosa que ésta había causado en Europa. Para evitar que España se viera envuelta en las guerras religiosas como las que asolaban Europa, se iban introduciendo medidas políticas y culturales de tendencia aislacionista. El aislamiento de España frente a Europa de que estas medidas serían causa tuvo por consecuencia que la cultura española se fuera haciendo más introvertida, buscando su inspiración en su propia conciencia cultural, religiosa e histórica, y su expresión en sus modos de ser tradicionales. Todo ello dio a la cultura española unas peculiaridades que muy bien se han llamado nacionales. Aunque el proceso de aislamiento e interiorización nacional se inició durante el reinado de Felipe II, sus efectos se hicieron claramente perceptibles en los reinados siguientes. Aunque el llamado movimiento *barroco* y el proceso de introversión son independientes uno del otro, ambos coinciden cronológicamente en España.

Manierismo y Barroco

El fenómeno cultural más importante de todo este tiempo fue el llamado Barroco. Es en referencia a él que se da con frecuencia el nombre de período barroco al comprendido entre mediados del siglo XVI y principios del XVIII. Frente al Renacimiento, el Barroco es el producto de una sensibilidad y una actitud cultural distintas.

Los orígenes del Barroco hay que buscarlos, como los del Renacimiento, en Italia. Ya durante el siglo XV, los maestros y artistas italianos, aunque mantuvieron los cánones de los maestros renacentistas como un ideal artístico indiscutible, habían ido, a la vez, tomándose la libertad de reordenar los elementos y los temas para dar así a la obra una mayor personalidad y una expresión más propia dentro de los considerados cánones de la escuela, o *manera*. La tensión artística a que llevó, de una gran artificiosidad sobre la base de una serenidad clásica, con líneas lógicas y geométricas muy definidas, recibió el nombre de *manierismo*, que es la característica más importante de todo el arte a lo largo del siglo XVI.

Como un desarrollo y, al mismo tiempo, en oposición al manierismo se desarrolló en Roma, durante la segunda mitad del siglo XVI, el estilo barroco, término que, aunque aplicable primeramente a las artes visuales, arquitectura, escultura y pintura, se usa con frecuencia también con referencia a las artes literarias y a la música. Con abandono completo de la serenidad típicamente renacentista, el Barroco deriva hacia una agitación, tanto intelectual como sensual, que pretende dar cauce a todos los sentimientos. Esta agitación se manifiesta en una inclinación hacia la exageración de lo suntuoso y recargado, que es característica fundamental de este movimiento. Con su afán de reinterpretar los temas renacentistas, el Barroco abandona las reglas y la circunspección buscando sobre todo la intensificación, la exaltación de la realidad. Por ello se mezclan en él elementos realistas con otros claramente idealizantes.

La arquitectura barroca prevalece sobre toda otra manifestación artística, usando las demás —escultura, pintura— como elementos constitutivos del efecto plástico que quiere conseguir. La finalidad de la arquitectura barroca es la expresión del espacio. Para ello se abandonan las líneas definidas y rectas del Renacimiento, para dar preferencia a la línea curva por ser más dinámica. El conjunto arquitectónico está generalmente concebido en función del lugar, plaza o calle, a que se destina. Las fachadas adquieren gran importancia, a veces, casi independencia del resto de la obra; mientras que en los interiores, las líneas constructivas desaparecen bajo una abundante ornamentación con exuberancia de flora y fauna, sobre numerosas cornisas y columnas griegas y romanas. De éstas, las retorcidas, llamadas salomónicas, son las más comunes. También las plantas constructivas cambian, manifestándose preferencia por las circulares, elípticas o mixtilíneas. Por otra parte, dado el predominio de los elementos decorativos sobre los constructivos, se puede afirmar que el estilo barroco más que un estilo de arquitectura es una forma de decoración arquitectural.

De especial interés es la arquitectura barroca de Francia, que llega a su apogeo con Luis XIV, el Rey Sol, en el famoso palacio de Versalles. El Barroco francés, aunque de origen italiano, es a la vez una reacción contra el exceso ornamental italiano, y así se mantiene más clasicista, guardando líneas estructurales y decorativas más en consonancia con la tradición renacentista.

La escultura

La escultura monumental barroca está especialmente subordinada a la arquitectura. Concebida para un lugar determinado, se busca con ella un efecto de conjunto. Con el efectismo de ropajes y el patetismo de posturas, gestos y expresiones, la escultura barroca ayuda a dar movilidad y vida a la estática arquitectónica. A la vez, y como consecuencia, capta los momentos transitorios del movimiento y los reflejos de los estados anímicos. Por esta razón son sus características más importantes el realismo, retrato casi del objeto en sus más mínimos detalles, y el idealismo con que se fija la realidad en su sentido armónico y atemporal, en el que se ve un reflejo del espíritu.

La pintura

La pintura barroca se caracteriza por dos elementos fundamentales, el realismo y los efectos de luz. Se buscan modelos en la vida y se los expresa tal como se los ve, aunque no se depende del objeto. Como explica Carducho (1576–1638) en sus *Diálogos de la pintura*, más importante que el realismo es el decoro con que se trata el objeto. Se desvaloriza la línea, el contorno, la perspectiva geométrica, y se insiste, en cambio, en líneas movidas, escorzos, visión profunda, todo ello a base de efectos y contrastes luminosos. Es el color y la luz lo que hace destacar los objetos y figuras en función de su importancia. En los temas se busca el símbolo, la asociación de significado, por ello los cuadros tienen con frecuencia varios niveles de significación. Como en la arquitectura, también en la pintura el concepto clásico de que cada elemento tiene un valor de por sí, cede a la idea barroca de que sólo el conjunto tiene una estricta unidad que se percibe en la visión pictórica.

La literatura

En literatura, la sensibilidad barroca se manifiesta tanto en la forma como en el contenido. En la forma se continúa y exagera la tendencia del humanismo de buscar la palabra culta, elegante, con frecuencia latinismos, o palabras derivadas directamente del latín; la expresión sonora, exuberante, con una sintaxis y orden de palabras que, por su complicación, recuerdan los adornos rebuscados de la figuración barroca. Por su afición a la expresión culta, se ha dado a este estilo el nombre de *culteranismo.*

En el contenido, la sensibilidad barroca se manifiesta en la expresión indirecta del pensamiento, el cual queda como oculto bajo una abundancia, a veces excesiva, de asociaciones de ideas, imágenes, metáforas y alegorías, a través de las cuales el concepto es expresado de una manera sutil y como retorcida, que recuerda también el significado oculto bajo el adorno exuberante de la arquitectura barroca. A este estilo, o más bien sensibilidad estilística, se da comúnmente el nombre de conceptismo.

Arte barroco y Contrarreforma

El Barroco ha sido llamado con frecuencia el arte de la Contrarreforma, por haber sido el estilo preferido por los países católicos durante el tiempo de los grandes conflictos religiosos. No es cierto que el catolicismo haya creado el Barroco para combatir la Reforma protestante, puesto que sus raíces se encuentran ya en la derivación del arte renacentista hacia el manierismo. Pero frente a la postura austera del protestantismo, opuesta al excesivo uso de imágenes de santos y lujo decorativo en los altares, el estilo barroco proporcionó al catolicismo los medios plásticos para la defensa y engrandecimiento de los puntos más característicos de la controversia: la Iglesia como institución, la veneración de los santos, la celebración de los misterios religiosos y la liturgia como culto público y oficial. Y mientras la Iglesia católica con sus misterios, sus temas bíblicos, su liturgia y el culto a los Santos proporcionó una mina inagotable de inspiración a los artistas, el gusto barroco influyó grandemente en el desarrollo del aparato dramático y el boato con que la Iglesia católica reaccionó contra el subjetivismo religioso de la Reforma. En este sentido, se puede decir igualmente que el Barroco influyó en el catolicismo como éste en aquél.

Pero además de estar asociado con la religión, el Barroco está también ligado a la Iglesia como institución religiosa, pública y social; y con el concepto monárquico del Estado, el Rey y la Realeza como las mayores instituciones políticas. Por ello palacios e iglesias, reyes, nobles y santos son los temas preferidos de este arte.

EL BARROCO ESPAÑOL

Aunque estrictamente hablando son dos conceptos distintos, es muy difícil hacer una separación entre un estilo nacional y un Barroco español. Aunque era, como el renacentista, de origen italiano, el estilo barroco, por su mayor énfasis en la originalidad y la interpretación personal de los temas por parte del artista, se adaptó fácilmente a expresar la sensibilidad española. Además, al dejarse aplicar fácilmente a la exaltación de los conceptos de Iglesia y Monarquía, que eran los ideales máximos de la sociedad española, el Barroco fue instrumento fácil para la expresión de los sentimientos políticos y religiosos de la época.

En sus aspectos formales el Barroco español sigue de cerca las formas que aparecen en otros países europeos. Sin embargo, dadas sus circunstancias históricas, religiosas y políticas, las pugnas y contrastes interiores, la vehemencia y patetismo barrocos aparecen en España con un vigor y exageración mayores que en otras partes. En la escultura y pintura de tema religioso, que son los más, el realismo del Barroco no disminuye el sentimiento espiritual que se da a la interpretación artística. Frente al arte italiano, el español busca una mayor realidad; frente al norte europeo mantiene una mayor unción religiosa. En este sentido se puede afirmar que España vive y siente el Barroco con una mayor intensidad que la que demuestran los demás estilos barrocos europeos. En contraposición a éste, el barroco francés demuestra, en arquitectura, una mayor fidelidad a la línea renacentista italiana, más clasicista y, en escultura y pintura, menor tensión dramática.

La literatura

Al hablar de literatura barroca, se transpone un término que primordialmente se refiere a las artes plásticas: arquitectura, escultura y pintura. La literatura renacentista se caracteriza por la presentación equilibrada y comedida de los temas, la claridad en la definición de los caracteres, motivos e ideales y, sobre todo, por la importancia y la fe que demuestra en el ser humano y la sociedad en que vive. La literatura barroca, por el contrario, es, como la arquitectura, una obra en la que los temas adquieren valor en función del conjunto. En su presentación reina la vehemencia, la tensión, el dinamismo y, sobre todo, como el claroscuro de la pintura, el contraste. También se manifiesta en la literatura como enfrentamiento de contrarios: lo bello y lo feo, lo refinado y lo vulgar, lo social y lo antisocial. La sensibilidad agitada y sensual del Barroco, que en arquitectura se manifiesta por lo recargado y ampuloso, se manifiesta en literatura también por una ampulosidad y recargamiento del lenguaje culto y latinizante que da lugar al fenómeno conocido por el nombre de cultismo o culteranismo, o del contenido conceptual, con la expresión rebuscada, llena de referencias ingeniosas que da lugar al llamado conceptismo.

En España la literatura barroca manifiesta además unas características especiales que nacen del momento histórico en que vive España, por una parte, de decadencia política y, por otra, de impotencia religiosa frente al protestantismo. Por una parte, la pugna del idealismo y el realismo se hace más marcada; por otra, se siente melancolía y pesimismo ante una decadencia inevitable de la ortodoxia religiosa y de sus defensores, ante la herejía y el triunfo de sus seguidores. Por ello el Barroco español es, además, antieuropeo. Al identificar a gran parte de Europa con la herejía, España intenta aislarse para así poder mantener, sin discusión, su fe y sus formas tradicionales de vida. Esta actitud emocional, pesimista, melancólica y resentida ante la vida humana y la sociedad en general recibe el nombre de desengaño y es una de las características más marcadas del Barroco español.

Los escritores barrocos muestran estas características de maneras diversas: mientras unos se limitan a una queja desalentada y estoica, otros se alejan de la realidad para buscar refugio en el arte, y todavía otros atacan a la sociedad con una finalidad moralizadora. Es decir que la literatura española de esta época sigue tres direcciones principales: la estética, la estoica y la moralizante, quedando dominada por el culteranismo de Góngora, el conceptismo de Gracián y la protesta desilusionada de Quevedo. Finalmente, y como broche precioso de una gran época, por el tradicionalismo optimista de Calderón de la Barca. Con él se cierra el período barroco y el Siglo de Oro español.

Las últimas décadas del siglo XVI y las primeras del XVII representan para la literatura española un período de plena madurez. Bajo el efecto, por una parte, de la renuncia de Carlos V al Imperio y, por otra, de la seguridad doctrinal conseguida en el Concilio de Trento, el espíritu nacional se olvidó de su idealismo imperial, pero se reafirma en la seguridad de su postura religiosa. Así España se cerró a las ideas extranjeras para analizar, criticar o defender las formas sociales y religiosas tradicionales. La literatura llega a su madurez en España con Cervantes y Lope de Vega, a la vez que en Inglaterra lo hace con Shakespeare. La diferencia entre los españoles y los ingleses, más que en la calidad literaria de sus obras, radica en las actitudes humanas y espirituales tan distintas en que basan su arte.

Literatura narrativa: Cervantes

Con Miguel de Cervantes Saavedra (1547–1616) la literatura española, especialmente la novela, alcanzó uno de sus mejores momentos. Había nacido Cervantes de familia hidalga aunque pobre. Estudió en Madrid, viajó por Italia y tomó parte como soldado de galera en la famosa batalla de Lepanto, en la que perdió el uso de su mano izquierda. Al regresar a España fue capturado por piratas berberiscos y conducido a Argel, donde permaneció de cautivo por más de cinco años. Rescatado al fin, sólo pudo ejercer cargos de menor importancia al servicio del rey, pero acusado de malversación de fondos y torpeza administrativa fue encarcelado. De regreso finalmente a Madrid pasó escribiendo los últimos años de su vida. Aunque algunos de sus libros llegaron a tener gran éxito, tampoco en ellos encontró una compensación económica, terminando su vida modestamente en Madrid.

Cervantes cultivó todos los géneros literarios, poesía, drama y novela. Como poeta es correcto y elegante, aunque le falta la inspiración necesaria para ser un gran poeta. Se le considera mejor como dramaturgo y novelista: sus *Novelas ejemplares* (*La Gitanilla, Coloquio de los perros*, etc.), *La Galatea* y *Los trabajos de Persiles y Segismunda* son más que suficientes para merecerle un puesto distinguido en las letras españolas. Pero es con su novela *El ingenioso hidalgo Don Quijote de la Mancha* que alcanza la cumbre en la literatura española y uno de los puestos más distinguidos en la universal. Al publicar el *Don Quijote* en 1605 Cervantes contaba con 57 años de edad y había pasado casi veinte sin publicar libro alguno. Por ello, más que una continuación a su carrera literaria, la composición de *Don Quijote* parece ofrecer un nuevo comienzo.

La trama de la novela es sencilla: el libro narra las aventuras de un hidalgo loco, quien, acompañado de un campesino tosco, Sancho, como su escudero, intenta realizar las aventuras ideales que dieron fama a los héroes de las novelas de caballería, pero tropezando en cada una de ellas con una realidad muy distinta de la soñada.

El resultado es un libro universal y eterno, no sólo por el mérito de su belleza literaria y de la sonoridad de su lenguaje, que es mucho, sino también por su significado simbólico, que alcanza a la humanidad entera. Bajo la presentación paródica del conflicto entre los ideales literarios —nobleza, esfuerzo, abnegación, mesura y amor— de los héroes de las novelas de caballerías, con las limitaciones que impone la realidad de la sociedad castellana de fines del siglo XVI, llegan claramente al lector las reflexiones un tanto sombrías, hasta pesimistas, de su autor. Y, aunque es difícil no ver en *Don Quijote* una reflexión autobiográfica y un comentario a la historia española de su tiempo, el lector percibe que don Quijote y Sancho encarnan el diálogo eterno entre el ideal y la realidad. Cervantes es considerado por esta obra como el creador de la novela moderna.

Teatro

En contraste con la visión sombría y estoica de la novela cervantina, el teatro nacional se alía con el mundo de valores ideales en la persona de los grandes maestros. Félix Lope de Vega Carpio (1562–1635) superó las tentativas dramáticas anteriores y estableció con su obra el gran arte teatral del siglo XVII, en teoría con su *Arte nuevo de hacer comedias*, en la práctica con una producción gigantesca, ya que se le atribuyen más de mil quinientas obras.

Lope de Vega logró crear el teatro nacional a la vez que acertó a desarrollar una fórmula dramática en la que con un lenguaje terso y desprovisto de artificio deja que hable el pueblo español, dando forma y expresión a sus ideales. Su obra representa el triunfo de la corriente popular sobre la humanista y clásica del Renacimiento, pero es sobre todo el acertado reflejo de los sentimientos del pueblo lo que le hizo extraordinariamente famoso.

Las características del teatro de Lope de Vega consisten en una afortunada fusión de lo trágico y lo cómico. Sus temas son una exaltación sin compromiso de los ideales religiosos, monárquicos y del sentimiento del honor. En dos de sus comedias más famosas, *Fuenteovejuna* y *Peribáñez o El comendador de Ocaña*, Lope de Vega propone y defiende el tema del honor del pueblo. Era una doctrina ya vieja y fundamental en la teoría política de los teólogos de la Universidad de Salamanca desde hacía ya más de un siglo la que Lope de Vega formulaba, dándole una tensión dramática que el pueblo gustaba sentir.

Entre sus seguidores sobresale Tirso de Molina, seudónimo de fray Gabriel Téllez (¿1584?–1648). Famoso por sus obras religiosas, *El condenado por desconfiado*, e históricas, *La prudencia en la mujer*, tiene todavía mayor interés por los caracteres femeninos tan llenos de vida de sus comedias de costumbres, *El vergonzoso en Palacio*, *Don Gil de las calzas verdes*, y sobre todo por la creación del famoso Don Juan, en *El burlador de Sevilla y Convidado de piedra*.

Otro discípulo digno de mención es Juan Ruiz de Alarcón (1581–1639), cuyo teatro ofrece una interpretación, aunque idealista, moderada de la vida. Se interesó sobre todo por problemas morales, a los que da soluciones de estricta ortodoxia católica, haciendo además triunfar a los personajes modestos y honrados. Entre sus obras más famosas hay que citar sobre todo *La verdad sospechosa*, que imitó más tarde el dramaturgo francés Corneille.

Novela picaresca

La popularidad obtenida por el *Lazarillo* y las evidentes posibilidades que su técnica y punto de vista ofrecían para la observación y crítica de la sociedad contemporánea contribuyeron al desarrollo de la llamada *novela picaresca*, el género barroco español por excelencia y el más influyente en la literatura europea.

Se llama novela picaresca a la exposición, generalmente en forma autobiográfica, de la vida de un pícaro. Un pícaro puede ser un vagabundo, un holgazán, un truhán; sencillamente, como se diría hoy, un *marginado*. Esencial no es lo que el pícaro hace, sino lo que es, o mejor, aquello de que carece, a saber, de principios y valores morales, sociales o religiosos. No se trata de una revolución ni de un revolucionario, puesto que el pícaro ni se rebela ni ataca a la sociedad, sino más bien da una visión anti-idealista en la que el espectador y personaje central es el anti-héroe. En cierto sentido es también una protesta y una reacción. Contra la tendencia general de mirar la vida y los problemas desde el punto de vista de las instituciones y preceptos, sean éstos sociales o religiosos, es decir *de arriba abajo*, la novela picaresca lo hace *de abajo arriba* o *de fuera adentro*, ya que su personaje principal vive en las clases inferiores o sencillamente al margen de la sociedad. Ahora bien, los imitadores y continuadores del *Lazarillo* denotan más que éste la decadencia y el cansancio de la sociedad española.

Las obras más famosas, *Guzmán de Alfarache* de Mateo Alemán (1547–1614), *Vida del escudero Marcos de Obregón* de Vicente Espinel (1550–1624), marcan ya la derivación hacia la crítica de la sociedad. El pícaro no es amoral, como en el *Lazarillo*, sino inmoral, y rechaza los valores de una sociedad considerada ya como defectuosa y decadente. Se trata de un pesimismo nacional y un desengaño social, no exclusivo, pero sí más fuertemente sentido en España por ser en ella más fuertes las clases e instituciones sociales. La novela picaresca de esta época llega a su apogeo, y a su fin al mismo tiempo, con la *Historia de la vida del Buscón*, de Francisco de Quevedo (1580–1645), el mayor satírico y pesimista del Barroco español.

Muy importante también y apreciada en su tiempo fue María de Zayas y Sotomayor (1590–1660). Además de poesía escribió *Novelas amorosas y ejemplares* que, finamente sensuales incluso un tanto eróticas, han sido clasificadas como *la picaresca de la aristocracia*.

También es importante Luis Vélez de Guevara (1578–1660). Buen poeta y prolífico dramaturgo, es famoso sobre todo por su novela *El Diablo Cojuelo*, publicado en Madrid en 1641. En ella un estudiante, con la ayuda de un diablo, puede presenciar sin ser visto la sociedad de su tiempo, lo que le da a Vélez la oportunidad de hacer una fina sátira de las costumbres de su época.

Poesía

La poesía propiamente barroca puede ser considerada como un producto de evasión de la realidad y búsqueda de la belleza ideal. Ambos fines se consiguen al dar una mayor importancia a la forma lingüística y al contenido conceptual, que a la emoción. El lenguaje, expresión única de la belleza, recibe en la poesía barroca una elegancia recargada, una exuberancia de palabras cultas y neologismos, un hipérbaton rebuscado, metáforas y asociaciones de ideas, con que se pretende conseguir su mayor sonoridad y efecto.

El conceptismo, por el contrario, nace como una exaltación del contenido sobre la forma. Contrario al culteranismo, que da una dimensión barroca a la expresión, el conceptismo lo hace con el contenido, con el uso de antítesis, paradojas, alegorías, juegos de palabras, aproximaciones y contraposición de ideas. Si el culteranismo es una manera de hablar, el conceptismo representa una forma de pensar y de expresar la realidad que requiere para su comprensión una inteligencia aguda y refinada.

Un tanto al margen de esta corriente poética se puede citar por su importancia la poesía de Rodrigo Caro (1573–1647). Aunque autor de un solo poema, su *Canción a las ruinas de Itálica*, es todavía hoy muy leído y está considerado como un ejemplo clásico de elegía en la literatura española.

Luis de Góngora y Argote

El mejor representante de esta corriente de poesía culterana, o *cultista*, fue Luis de Góngora y Argote (1561–1627), por un tiempo capellán de honor de Felipe III. Muy importantes son sus sonetos. La suntuosidad barroca que adquieren sus poemas largos, *Fábula de Polifemo y Galatea* y *Soledades*, ambas obras de su madurez, no sólo han hecho que Góngora sea considerado el mejor poeta barroco español sino también su más típico representante. Por ello esta corriente poética recibe también el nombre de *gongorismo*. Las exageraciones a veces absurdas de sus imitadores hicieron que su estilo perdiera estimación hasta su reevaluación en el siglo XX.

Francisco de Quevedo

El representante máximo de la corriente conceptista es Francisco de Quevedo (1580–1645). Nacido de familia noble, estuvo al servicio de su amigo el duque de Osuna, virrey de Sicilia, durante el reinado de Felipe III, hasta caer ambos en desgracia ante el rey. Años más tarde, de regreso ya en Madrid durante el reinado de Felipe IV, la sátira implacable de sus escritos le valió la enemistad del entonces favorito del rey, el poderoso conde-duque de Olivares, quien le hizo encarcelar. Al ser destituido éste, Quevedo fue puesto en libertad, muriendo poco tiempo después.

Frente al ya decadente mundo español, Quevedo representa su más auténtica defensa. Ya en un corto tratado escrito durante su juventud, *La España defendida*, explica, justifica y ensalza las glorias pasadas de la historia española. La obra literaria de Quevedo, tanto en verso como en prosa, es de carácter satírico y moralizante, una crítica a la sociedad de su tiempo y una afirmación de la importancia social de la ética católica. En el extremado realismo de su novela picaresca, *Historia de la vida del Buscón llamado don Pablo*, y en los cuadros duramente satíricos de *Los sueños*, hace una crítica despiadada y acerba de tipos y costumbres de la sociedad contemporánea, que él representa de forma barrocamente grotesca. De tono no menos duro es su tratado político *Política de Dios, gobierno de Cristo y tiranía de Satanás*, en el que ataca las costumbres y el mal gobierno de la época. Además de otras obras de tipo político y ascético, Quevedo fue también autor de una serie de poesías de tipo jocoso, satírico, político, incluso amoroso.

Se pueden criticar a Quevedo los excesos de su agudeza conceptista y las sutilezas filosóficas que dificultan la comprensión de su pensamiento. Pero es a la vez indudable que el uso que hace del idioma y el vigor de expresión que caracterizan sus escritos hacen de Quevedo uno de los mejores escritores españoles. Quevedo es además uno de los valores más auténticos de la cultura de España en decadencia.

Baltasar Gracián

El teorizante del conceptismo español fue el jesuita aragonés Baltasar Gracián (1601–1658). En su tratado de arte poética y oratoria, *Agudeza y arte de ingenio*, producto todavía de entusiasmo juvenil, presenta los recursos estilísticos empleados por autores latinos y contemporáneos famosos por la agudeza de su expresión y la novedad de sus conceptos. Pues, según dice, "la verdad cuanto más dificultosa es más agradable" y "entendimiento sin agudeza ni conceptos es sol sin luz, sin rayos".

Su obra más ambiciosa y en la que culmina el estilo conceptista es *El criticón*, escrita ya en los últimos años de su vida. Se trata de una larga narración alegórica en la que los personajes principales, Critilo, la razón, y Andrenio, el instinto natural, sirven de excusa para hacer dura sátira de la vida materialista y llegar, a su fin, a un desenlace moral de evidente intención ascética.

Pedro Calderón de la Barca

El Siglo de Oro de la literatura española llegó a su término con su mejor dramaturgo, Pedro Calderón de la Barca (1600–1681). Había sido educado por los jesuitas y viajado, según parece, por Italia y Flandes. Herido en un duelo de honor, soldado en la campaña contra la sublevación catalana y ordenado sacerdote fue, tanto por su vida como por su pensamiento, una de las figuras más características de la España católica de la Contrarreforma.

Calderón de la Barca había comenzado su carrera de dramaturgo a los veintitrés años y, aunque siempre católico, su producción literaria tomó tras su ordenación de sacerdote en 1651, una dirección didáctica y doctrinal todavía más marcada. A los sesenta y tres años fue nombrado capellán de los reyes, en cuya corte continuó escribiendo hasta su muerte, ocurrida a los ochenta y un años de edad.

Sus composiciones poéticas demuestran, además de las cualidades barrocas de lengua cuidada y conceptos profundos, la misma espiritualidad y lirismo que marcan su vida.

El teatro de Calderón es posiblemente inferior al de sus predecesores, Lope de Vega y Tirso de Molina, a los que cede en variedad, espontaneidad, gracia, ironía y en la creación de tipos auténticamente humanos. Es insuperable, sin embargo, en la grandeza de la concepción de los temas, la interpretación del simbolismo, la armonía de lo real y lo irreal. Más que nadie, Calderón cuida del plan de la obra, la complicación inicial y desarrollo de la intriga. Característico, y uno de sus méritos más grandes, es, además, el tono elevado y altisonante de su lenguaje culto, en el que abundan símbolos, alegorías y alusiones mitológicas o cristianas.

Sus obras, todas en verso, hacen de Calderón un poeta idealista pero con un idealismo basado en orgullo de raza, cultura y, sobre todo, fe. Su pensamiento profundamente cristiano y monárquico revela poco del pesimismo ya tan común entre sus contemporáneos.

Por otra parte, el favor del rey, la admiración de los nobles y el entusiasmo popular que le acompañaron durante toda su vida indican que Calderón de la Barca fue, a la vez que maestro, la mejor expresión de la sensibilidad española de su tiempo. Posteriormente, sin embargo, un tanto olvidado, incluso atacado y prohibido durante el siglo XVIII bajo la influencia del neoclasicismo francés, fue revalorizado en España y Europa durante el periodo romántico. Hoy Calderón está considerado como la figura cumbre de su época y uno de los mejores dramaturgos de todos los tiempos.

Obra dramática   La obra dramática de Calderón se inspira en algunos de sus temas en el teatro de Lope de Vega y Tirso de Molina, de los que se distingue por su mayor reflexión, profundidad de pensamiento y cuidado culterano del lenguaje. Famoso es *El alcalde de Zalamea*, en el que, como Lope de Vega, defiende el *honor del villano*, que, como el "del noble", no radica en la clase social del individuo, sino en su dignidad de hombre cristiano, y que define con los incomparables versos puestos en boca del alcalde Pedro Crespo:

> Al rey la hacienda y la vida
> se han de dar, más el honor
> es patrimonio del alma,
> y el alma solo es de Dios.

Más difícil de evaluar es el llamado *honor calderoniano*, en cuanto se refiere a la virtud de la mujer y su importancia en las relaciones con el marido. Es defendido seriamente, al parecer, en numerosos dramas, como *El mayor monstruo, los celos* y *El médico de su honra*, en los que se llega a extremos de un exagerado código según el cual hay que castigar con la muerte incluso la simple sospecha. Aunque no están de acuerdo los críticos si en esta postura se trata de un código del honor que el autor aprueba y defiende, o de una desinteresada presentación con el fin de un mayor efectismo dramático, o de una velada crítica en la que el código de honor se lleva a extremos absurdos.

A medida que avanza en su carrera dramática, la originalidad de Calderón se acentúa, llegando al apogeo de su barroquismo con temas filosóficos y teológicos de religiosidad intelectual y reflexiva y un lenguaje sutil y sonoro. Entre todas sus obras destaca su obra maestra *La vida es sueño*. El fondo doctrinal de este drama representa la base filosófica y teológica de la ética católica: los cambios de la vida y la percepción humana también tan variable, el llanto de ayer hoy es risa, la gloria de hoy tribulación y olvido mañana. La vida es un sueño del que el hombre despierta al llegar al cielo, pero es necesario, aun entre sombras y sueños, obrar bien para que al despertar no se arrepienta ya tarde.

El tema de *La vida es sueño* es referido generalmente y, con razón, a la doctrina ascética y ética del individuo. Sin embargo, desde el punto de vista colectivo, el drama de Calderón pudiera ser considerado también como el criterio histórico con que el gran dramaturgo examina y evalúa la historia de España. No la situación decadente española, sino los valores de su obra histórica, colonización y contrarreforma, tienen valor real y no fugaz como el de un sueño.

Autos sacramentales   Calderón de la Barca es además el gran creador de los autos sacramentales. Eran éstos unas representaciones dramáticas de carácter alegórico que se refieren a diferentes puntos de la doctrina católica —Redención, Eucaristía—, o escenas bíblicas relacionadas con la revelación católica. Su carácter alegórico y simbólico es el resultado de presentar como personajes, con frecuencia mezclados con otros verdaderos, ideas o conceptos abstractos como *el Hombre, el Entendimiento, el Orgullo, el Pecado, la Fe*, etc. Su representación, durante la semana de Corpus Christi, se hacía en las plazas públicas y al aire libre, llegando a alcanzar durante el siglo XVII una extraordinaria popularidad.

Entre sus autos más famosos se cuentan *El gran teatro del mundo*, de carácter filosófico, en el que expone la idea de que los hombres son actores que se mueven en el escenario de una vida que, sin serlo, parece realidad; *La vida es sueño*, título también de un auto en el que aunque de manera diferente, trata también el tema de que sólo la vida eterna es la verdadera realidad; *La cena de Baltasar*, en el que presenta el festín bíblico; *La hidalga del valle*, sobre la Inmaculada Concepción; *La razón de la misa* y *El pleito matrimonial del Cuerpo y el Alma*.

De origen medieval, cuyo desarrollo no ha sido explicado claramente todavía, los autos adquieren gran popularidad durante la Contrarreforma, cuando sirven para presentar al pueblo los puntos doctrinales católicos más debatidos por la herejía. Son así un género dramático esencialmente teológico y católico, e históricamente un género netamente español. Con Calderón, los autos adquieren la extraordinaria profundidad y el desarrollo dramático fundido al arte de la escenografía que hizo de ellos el género barroco y calderoniano por excelencia.

La música

En el siglo XVII la tradición musical se mantiene con gran riqueza, sobre todo en Cataluña y Valencia. La música señala ahora las características generales del Barroco, con su mayor complicación ornamental, llena de contrastes, utilizando el órgano, por su mayor capacidad expresiva, como instrumento principal para la música religiosa. El mejor representante de la música de órgano del siglo es Juan Bautista José Cabanilles (1644–1712), organista de la catedral de Valencia muy apreciado en su tiempo, aunque sus obras no fueron publicadas hasta más tarde.

El siglo XVII mantiene la estrecha relación entre literatura dramática y música con la inclusión de partes musicales, cantares y bailes, en comedias de Lope de Vega, Tirso de Molina, Moreto y Calderón de la Barca, entre otros, aunque de la música usada apenas se ha conservado nada. Importante para la música es el nacimiento de la ópera y de la zarzuela, que comienza en España con libretos de autores famosos. La primera fiesta de ópera es *La selva sin amor*, de Lope de Vega, cuya música se ha perdido, como también se ha perdido la de otras obras de Calderón. Se ha conservado, sin embargo, la música de *Los celos aún del aire matan* de Calderón y también la de algunas de sus zarzuelas.

La arquitectura

En España el estilo barroco fue introducido como una transformación decorativa de obras ya iniciadas o concebidas según líneas herrerianas, renacentistas e incluso góticas.

El primer período del Barroco español, correspondiente a la mayor parte del siglo XVII se caracteriza todavía por una sobriedad, debida a las formas herrerianas en que se basa, y, también, a la influencia italiana que mantiene. A principios de siglo trabajaba en Castilla Juan Gómez de Mora, a quien se debe el convento de la Encarnación (Fig. 8.14), el Ayuntamiento de Madrid, y el Colegio de Jesuitas de Salamanca, La Clerecía (Fig. 8.15), que es, sin duda, su mejor obra. El patio interior de la Clerecía es uno de los más hermosos del Barroco español. En Toledo, el hijo de El Greco, Jorge Manuel Theotocópuli dirigía las obras del Ayuntamiento (Fig. 8.16), una de las obras que mejor expresan la elegante línea del Barroco español. Otras

Figura 8.14 Convento de la Encarnación, Madrid

Figura 8.15 Iglesia de los Jesuitas, La Clerecía, Salamanca

obras importantes son El Panteón de El Escorial, del italiano Crescenzi, y el Palacio del Buen Retiro con sus magníficos jardines, en cuya construcción intervino Alonso Carbonell.

En Andalucía, ya hacia fines del siglo, el pintor y escultor Alonso Cano inició la tendencia hacia un mayor esplendor ornamental que caracteriza el segundo período del Barroco español. A Alonso Cano se deben, además de numerosos retablos, la fachada de la catedral de Granada.

Hacia fines del siglo XVII se percibe ya claramente la tendencia hacia una ornamentación más abundante y recargada. Obras importantes de fines de este siglo son la basílica del Pilar de Zaragoza, obra de Francisco de Herrera, y la iglesia de San Cayetano (Fig. 8.17), de Francisco Villanueva en la misma ciudad, y la esbelta torre de la iglesia de Santa Catalina, obra de Juan Bautista Viñes (Fig. 8.18), en Valencia.

Figura 8.16 Casa Ayuntamiento de Toledo

Figura 8.17 Iglesia de San Cayetano, Zaragoza

Figura 8.18 Torre campanario de Santa Catalina, Valencia

La escultura

La escultura barroca llega a su mayor perfección en España durante el siglo XVII. Aunque se desarrolla poco la escultura profana, dada la sensibilidad religiosa de la sociedad española durante este tiempo, la religiosa se multiplica en imágenes y conjuntos que llenan los innumerables altares de las iglesias españolas.

Los altares en las iglesias demuestran la importancia que durante la Contrarreforma se daba al culto en torno a la celebración de los oficios litúrgicos. También en ellos, más todavía que en la arquitectura exterior, se nota la tendencia hacia su exageración ornamental. Típicos de este estilo y expresión de la espiritualidad de este tiempo se han conservado numerosos retablos en iglesias españolas.

La forma más popular de la escultura española fue la de imágenes talladas en madera policromada, en las que los artistas demostraban un extraordinario realismo de detalle y colorido. Estaban destinadas en su mayoría para llenar los altares que presidían el culto público. Otras muchas estaban vestidas de ricos ropajes que sólo dejaban ver el rostro y las manos. Éstas eran destinadas principalmente para las procesiones públicas, tan frecuentes e importantes en este tiempo. De éstas las más importantes son los pasos de Semana Santa, muchos de ellos joyas preciosas del arte escultórico español. En general los pasos son imágenes y grupos de tema religioso de acentuado patetismo, en los que la expresión se concentra en el rostro mientras el cuerpo queda cubierto de ricos mantos y ropajes. Las representaciones trágicas, Salvador, Virgen Dolorosa y escenas de la Crucifixión, contrastan con frecuencia con el sentido caricaturesco que se da a los esbirros, o la fealdad del traidor Judas.

Escultores famosos

La gran figura, casi única, de la escultura barroca castellana del siglo XVII es Gregorio Fernández (o Hernández) (¿1576?–1636). Es a la vez, por sus temas, un gran intérprete de su espiritualidad. Entre sus obras más notables hay que citar el *Cristo a la columna* (Fig. 8.19) y *La quinta angustia*, su más feliz y difundida creación.

En Andalucía fueron notables Juan Martínez Montañés (1568–1648) por su *Inmaculada*, o temas de niños en los que huye de un exagerado movimiento, y el Cristo *del Arcediano Vázquez de Leca*, de un dramatismo profundo; Alonso Cano por su *Virgen de Belén*: y Pedro de Mena, de un mayor sentido patético y místico, que aparece en sus Dolorosas y santos ascéticos: *Magdalena penitente* y *San Francisco*, a los que debe principalmente su fama. En la segunda mitad del siglo se destaca Pedro Roldán (1624–1700), a quien se debe entre muchas otras obras *La Dolorosa* (Fig. 8.20) y, trabajando en su taller, también su hija, María Luisa, conocida como *La Roldana*.

En esta época llegan a España dos magníficas estatuas ecuestres, la estatua de Felipe III (Fig. 8.21), de Juan de Bolonia, y la estatua de Felipe IV, de Pedro Tacca, que todavía adornan la Plaza Mayor y la de Oriente de Madrid.

La pintura

El gran momento en la historia de la pintura española fue alcanzado a mediados del siglo XVII correspondiendo con el apogeo de la pintura barroca. Con ella

Figura 8.19 *Cristo a la columna,* de Gregorio Hernández

Figura 8.20 Detalle de *La Dolorosa,* de Pedro Roldán

Figura 8.21 Estatua ecuestre de Felipe III, obra de Juan de Bolonia, en Madrid

España no sólo participó dignamente en una corriente pictórica que cuenta con tales nombres como los italianos Caravaggio y kGuido Reni, los flamencos Rubens, Jordaens y Van Dyck y el holandés Rembrandt, sino que se sirvió de ella como instrumento para expresar de manera especial la sensibilidad estética y religiosa del pueblo español. En ella se unen con gran fortuna el realismo holandés y flamenco con una religiosidad idealizada de las figuras basada en las escuelas italianas.

Los Ribalta y José de Ribera

La gran escuela de pintura barroca española comenzó con los levantinos, Francisco y Juan Ribalta y José de Ribera. Con ellos se introdujo e hizo famoso en España el estilo napolitano, llamado *tenebrista* por sus violentos contrastes de luz y sombra. A ellos también se debe que en la tendencia hacia el tenebrismo se vea una de las características de la pintura de la Contrarreforma. Francisco Ribalta (¿1564?–1628) de formación italiana, combina en sus cuadros brillante colorido, tenebrismo y seguridad de dibujo. La obra de su hijo Juan se une tan de cerca a la de su padre, que se suele hablar de Ribalta, como de un solo pintor. Son famosos sus *La Ultima Cena, El Nacimiento* y *La visión de San Francisco* (Fig. 8.22), entre otros muchos.

Su discípulo José de Ribera (1591–1652) es, sin duda, el tenebrista más importante del siglo XVII. Inició su educación en Valencia, pasó más tarde a Italia, estableciéndose el año 1616 en Nápoles, donde recibió el nombre de Spagnoletto con que también se le conoce y donde pintó los numerosos cuadros que le eran encargados desde España. En su período tenebrista Ribera pintó destacando con crudeza, sobre el fondo oscuro, las figuras semidesnudas de sus santos, *El Apóstol San Andrés*, o las series de filósofos y apóstoles, *San Andrés* (Fig. 8.23). Más tarde fue derivando paulatinamente hacia fondos más claros, aunque reteniendo el valor plástico y el realismo crudo de sus figuras, *Martirio de San Bartolomé* y *El sueño de Jacob*.

Francisco de Zurbarán

Contemporáneo suyo fue Francisco de Zurbarán (1598–1664), extremeño de nacimiento, aunque andaluz por su educación, sin duda, el mejor pintor religioso del siglo XVII. Lo mejor de su obra consiste en cuadros de santos de órdenes religiosas, cuyas figuras trabaja con un gran naturalismo infundido de un vigoroso sentido religioso. Zurbarán comenzó también bajo la influencia de los tenebristas de principio de siglo, como se ve en su *Agnus Dei* (Fig. 8.24), aunque más tarde, por influjo de las escuelas andaluzas, fue derivando hacia una pintura colorista de mayor suavidad y amaneramiento. A su primer período corresponden *La Concepción* y *Cristo atado a la columna*. Seguidamente vienen sus cuadros para las órdenes religiosas y finalmente, *San Francisco, Aparición de San Pedro Nolasco* y *Cristo buscando las vestiduras después de la flagelación*. También se distinguió Zurbarán como pintor de bodegones y retratista.

Diego Velázquez

El pintor más grande de España y uno de los más famosos entre los europeos fue Diego Velázquez (1599–1660), considerado además como el representante más

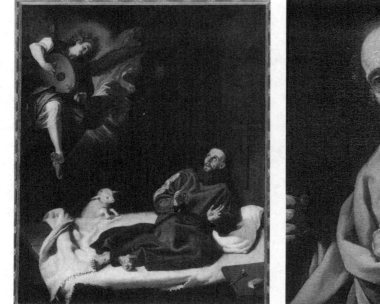

Figura 8.22 *La visión de San Francisco,* de Francisco Ribalta

Figura 8.23 *El Apóstol San Andrés,* de José de Ribera

genuino de la pintura española. Nacido y educado en España logró colocarse en la Corte cuando contaba veinticuatro años de edad. En su primera pintura, Velázquez se siente influido por la corriente *tenebrista* todavía en boga, aunque señala ya una de las características fundamentales de su pintura, la copia fiel del natural. De esta época son *La vieja friendo huevos, El aguador de Sevilla, La adoración de los Magos* y *Cristo en casa de María.* En 1628 conoció a Rubens (1577–1640), cuya estancia en Madrid constituye uno de los momentos más importantes en su formación. Pinta entonces su primer cuadro mitológico, *Triunfo de Baco* conocido popularmente por *Los Borrachos* (Fig. 8.25), en el que se percibe la concepción burlesca e irónica característica de sus cuadros mitológicos en la mezcla del idealismo humanista con la realidad popular, incluso vulgar.

En 1629 Velázquez emprendió un largo viaje por varias ciudades italianas. A su regreso a Madrid, tres años más tarde, mantuvo una gran actividad como pintor de la Corte. A esta época corresponden los retratos ecuestres de Felipe IV, del conde-duque de Olivares, retratos de caza del rey, los bufones y una de sus mejores obras, *La rendición de Breda* o *Las lanzas.* En 1649, cuando tenía ya cincuenta años, partió de nuevo

Figura 8.24 *Agnus Dei,* de Francisco de Zurbarán

Figura 8.25 *Los borrachos* (o *Triunfo de Baco*), de Diego Velázquez

Figura 8.26 *Las Meninas,* de Diego Velázquez
Fuente: Diego Velazquez de Silva, "Les Meninas" (with Velazquez' self-portrait) or "The Family of Philip IV," 1665. Oil on Canvas, 138 x 276 cm. Museo del Prado, Madrid, Spain. Copyright Erich Lessing/Art Resource, NY

hacia Italia con encargo de adquirir cuadros para Felipe IV, de donde regresó dos años más tarde. Son los cuadros que pintó después de 1650 los que más fama le han dado entre los pintores de su época. Entre todos hay que considerar las obras maestras *Las hilanderas* y *Las meninas* (Fig. 8.26). Este último admirado por la calidad artística del medio ambiente y la solución a los problemas de la perspectiva espacial. Velázquez falleció en 1660 a los sesenta y un años de edad.

Bartolomé Esteban Murillo

Notable también es el sevillano Bartolomé Esteban Murillo (1618–1682), sin duda uno de los pintores que más popularidad ha conseguido dentro y fuera de España. En su obra se juntan influencias de pintores flamencos y venecianos, de Ribera y de Zurbarán. Pero Murillo renunció a pintar el ascetismo duro y viril preferido por sus predecesores, para derrochar su sensibilidad en sus cuadros religiosos en una pintura idealizada, que se caracteriza por una gracia amable, una suavidad casi femenina en sus figuras religiosas y una intimidad familiar que constituyen el fundamento de su gran popularidad. De éstos, *La Inmaculada Concepción*, una de sus más agraciadas creaciones la cual repite frecuentemente, y *La Sagrada Familia del pajarito, El Divino Pastor,* y *Jesús con San Juan Bautista*, sus numerosas composiciones de la Virgen con el Niño, son las obras más conocidas y apreciadas. Muy celebrados son también sus cuadros de niños en los que la vida toma un aspecto picaresco, entre irónico y pesimista, *Niños comiendo melón* (Fig. 8.27), *Los vendedores de fruta* y *Abuela limpiando el niño*. Son temas de género, en los que la intimidad y dulzura se mezclan con el realismo y el color con los contrastes vigorosos de luz y sombra.

Figura 8.27 *Niños comiendo melón,* de Bartolomé Esteban Murillo
Fuente: Murillo, Bartolomeo Esteban. (1618–1682) Chilcren Eating Sweets. Copyright Scala/Art Resource, NY. Alte Pinakothek, Munich, Germany.

Figura 8.28 *La Asunción de la Virgen,* de Juan de Valdés Leal

Juan de Valdés Leal

El más barroco de los pintores españoles del siglo XVII es sin duda el sevillano Juan de Valdés Leal (1622–1690). Sus obras, *La Virgen de los Plateros,* La *Asunción de la Virgen* (Fig. 8.28) y *Derrota de los sarracenos* demuestran la agitación y el dinamismo violento, en paños y figuras, que son las notas características de su estilo. Muy famosas son sus dos series de cuadros de la Vida de San Ignacio, una de ellas, de tamaño monumental, encargada por los jesuitas de Perú. Aunque su fama como culminación barroca se debe sobre todo a los cuadros pintados para el Hospital de la Caridad de Sevilla, en los que con tétrico y escalofriante realismo pinta el triunfo de la muerte sobre el mundo.

Claudio Coello y Lucas Jordán

Contemporáneo suyo fue Claudio Coello (1635–1693), el último gran pintor del *Siglo de Oro español.* Aunque había estudiado las obras de Tiziano y Rubens, se mantuvo en la escuela de Velázquez, cuya influencia demuestra claramente. Sus obras más importantes, cuadros y frescos, adornan, entre otros, la catedral de Toledo y el monasterio de El Escorial, donde se encuentra su famosa *Adoración de la Eucaristía*. Su fama comenzó a declinar con la llegada a España, en 1692, del italiano Lucas Jordán (1632–1705), comisionado por el rey Carlos II para continuar la decoración de El Escorial.

PREGUNTAS PARA ESTUDIO Y REPASO

Renacimiento

1. ¿Por qué se divide la cultura de esta época en imperial y nacional? y ¿Cuáles son las características que se atribuyen a cada período?

2. ¿A qué se llama *culteranismo*, y a qué *conceptismo*?

3. ¿Cómo se manifestaba el conflicto entre lo tradicional y lo moderno en literatura?

4. ¿Qué temas y formas prefería la poesía tradicional?

5. ¿Qué género literario representa *El Lazarillo*? ¿Qué tipo de héroe es Lázaro?

6. ¿Qué estilos de arquitectura predominan durante el reinado de Carlos V, y qué tendencias demuestran?

7. ¿Cuál era y cómo se caracteriza el estilo arquitectónico preferido por Felipe II?

8. ¿Qué características especiales demuestra la pintura de la región de Levante?

9. ¿Qué características especiales presenta la pintura de El Greco?

Barroco

10. ¿A qué se llama Barroco? ¿Cuáles fueron sus orígenes y cuáles son sus características en las artes?

11. ¿Qué características ofrece la arquitectura barroca en España?

12. ¿A qué se llama pintura barroca y cuáles son sus notas distintivas en España?

13. ¿Cómo se manifiesta el Barroco en la literatura?

14. ¿Por qué se llama al Barroco *arte de la Contrarreforma*?

15. ¿Por qué se dice que *Don Quijote* tiene un sentido universal y también de comentario a su tiempo?

16. ¿A qué se llama novela picaresca? ¿Es, como se dice, un reflejo de la cultura, o del espíritu, español?

17. ¿Qué postura adoptó Quevedo ante la decadencia española?

18. ¿Cuál fue la actitud de Calderón ante la decadencia española?

19. ¿A qué se llama honor calderoniano y cómo se puede entender?

20. ¿Qué dimensiones políticas tiene el llamado honor de villano?

21. ¿Qué son los autos sacramentales y a qué deben su importancia?

22. ¿A qué se llama estilo tenebrista en la pintura? ¿Qué importancia tuvo en España?

23. ¿Qué épocas y temas se distinguen en la pintura de Velázquez?

24. ¿Cómo se puede definir el estilo de Murillo y cómo se explica su popularidad?

CAPÍTULO
9

EL SIGLO XVIII: EL SIGLO DE LOS REYES

Temas

- Cambio de dinastía: de los Habsburgos a los Borbón

- Afrancesamiento

- Absolutismo real

- Ilustración

- Despotismo ilustrado

- Carlos III y sus ministros

- Burguesía ilustrada y burguesía tradicional

- Corrientes y contracorrientes culturales

- Oposición y defensa de la Iglesia

- Absolutismo ilustrado: política y cultura

- Literatura española del siglo XVIII

- Estilos franceses y españoles

- Música

- Goya y su mundo

Cronología del siglo XVIII

Estilos artísticos vigentes:

Barroco español (churrigueresco), hasta mediados del siglo XVIII

Barroco francés, desde el primer tercio del siglo XVIII hasta el siglo XIX

Rococó, durante el segundo tercio del siglo XVIII

Neoclásico, desde mediados del siglo XVIII hasta el siglo XIX

- 1700   Segundo convenio de partición
Carlos II designa a Felipe de Anjou como sucesor

- 1700–1746   **Felipe V**, rey de España

- 1701–1714   **Guerra de Sucesión española.** Cataluña y Valencia se declaran por Carlos, Archiduque de Austria

- 1701   Llega a España la Princesa de los Ursinos, agente de Luis XIV

- 1704   Conquista de Gibraltar por los ingleses

- 1707   Supresión de los Fueros de Valencia

- 1708   Inglaterra conquista Menorca

- 1711   Supresión de los fueros de Aragón

- 1713   Tratado de Utrecht. Se promulga la Ley Sálica

- 1714   Fundación de la Academia de la Lengua

- 1715   Supresión de los fueros de Mallorca y de Cataluña (1716)

- 1725   Logia masónica de Mahón
Muere José de Churriguera (1665–1725), escultor

- 1733   **Primer Pacto de Familia**

- 1737   Ignacio Luzán (1702–1754) publica su *Poética*
Gregorio Mayáns (1699–1781) publica su *Vida de Cervantes*

- 1744   Fundación de la Academia de Bellas Artes

- **1746–1759**   **Fernando VI,** rey de España

- 1753   Concordato con Roma

- 1758   Padre José Francisco de Isla (1703–1781) publica su *Fray Gerundio*

- 1759–1778   **Carlos III**, rey de España

- 1761   **Tercer Pacto de Familia**

- 1762   Guerra contra Inglaterra
Nicolás Fernández de Moratín (1737–1780) publica sus *Desengaños al teatro español*

- 1763   Pérdida de La Florida

- 1766   Motín de Esquilache. Expulsión de los Jesuitas (1767)
- 1767   Luis Salvador Carmona (1709–1767), escultor
- 1778–1808   **Carlos IV**, rey de España
- 1779   Segunda guerra contra Inglaterra
- 1780(~)   José Cadalso (1741–1782) publica *Cartas Marruecas*
- 1781   Félix María Samaniego (1745–1801) publica sus *Fábulas morales*
- 1782   España recupera Menorca. Paz de Versalles
  Tomás de Iriarte (1750–1791) publica sus *Fábulas literarias*
- 1789   Comienza la **Revolución Francesa**
- 1793   Luis XVI de Francia es guillotinado. Guerra con Francia
- 1795   Paz de Basilea
- 1797   Francisco Sabatini (1722–1797), arquitecto
- 1799   Goya (1746–1828) publica los *Caprichos*
- 1800 (~)   Goya pinta *La familia de Carlos IV* y *las Majas*
- 1806   Leandro Fernández de Moratín (1760–1828) publica *El sí de las niñas*
- 1814   Goya pinta *Los fusilamientos del 3 de mayo de 1808*
- 1819   Goya comienza sus pinturas negras

Con el siglo XVIII entra Europa en el último período de la llamada Edad Moderna. Los problemas sociales y políticos que se fueron planteando, y las soluciones que se intentaron, tanto intelectuales como pragmáticas, apuntan ya claramente hacia las formas de la sociedad contemporánea.

El siglo XVII había estado dominado por la figura egregia del rey francés Luis XIV (1643–1715), el Rey Sol. La influencia política francesa sobre las demás naciones europeas, el predominio de las doctrinas de un nacionalismo religioso frente al Papado, el galicanismo, la exaltación del gobierno personal del monarca, el absolutismo real, y el magnífico desarrollo de las artes durante su reinado, imitadas por las demás naciones europeas, justifican plenamente que los historiadores llamen al XVII, *el Siglo de Luis XIV*, y los franceses *Le Grand Siècle*.

EL SIGLO XVIII: EL SIGLO DE FRANCIA

Los sucesores de Luis XIV —Luis XV y Luis XVI— no podían compararse con la gran figura del Rey Sol. Con la indolencia del primero y la incapacidad del segundo, el absolutismo real llegó a constituirse en una tiranía hasta el punto de desgastar las estructuras políticas de Francia. Sin embargo, tanto en Francia como en el resto de Europa, la cultura y las formas del *Gran Siglo*, herencia del Rey Sol, mantuvieron una gran influencia durante la primera mitad del siglo XVIII. Durante la segunda mitad, muchos de los cambios sociales y culturales introducidos en Francia se propagaron por gran parte de Europa a causa del prestigio que les daba su origen francés, o el sello de aprobación que les concedía su popularidad en Francia. Por ello, aunque el siglo terminó con la Revolución Francesa (1789), con justicia se da a éste el nombre de Siglo francés y se habla de una Europa francesa.

Además de Francia, con su presencia poderosa en Europa, se percibe también la influencia de Inglaterra que, aunque perdió en este tiempo las colonias de América del Norte (Paz de Versalles, 1783), con la consolidación de la monarquía en la Casa de Hannover con Jorge I (1714–1727) y su creciente poderío sobre el mar, iba preparando las bases de su predominio futuro. También Prusia se elevó al rango de gran potencia, sobre todo bajo el largo reinado de Federico II, el Grande (1740–1786), mientras que el imperio de Austria llegaba al esplendor máximo con María Teresa (1740–1780) y José II (1780–1790). En el Este europeo, a lo largo de este siglo, Rusia, bajo el zar Pedro I el Grande (1689–1725) y Catalina la Grande (1762–1796), de la dinastía de los Romanoff, comenzaba a interesarse por la política y la cultura europeas.

ESPAÑA BAJO LOS PRIMEROS BORBONES (1701–1808)

En España el acontecimiento más importante es el fin de la dinastía austriaca de los Habsburgos y la instauración, en su lugar, de la Casa de Borbón. En la política internacional, dados los lazos de parentesco que unían a los monarcas españoles con los franceses, el cambio de dinastía fue causa de que España entrara en la órbita de influencia francesa, abandonando su tradicional alianza con Alemania. Esta vinculación a la política de Francia llevó a varias guerras contra Inglaterra, en las que se ventilaron más los intereses franceses que los españoles.

En el orden político interno se intentó poner fin a la decadencia de la nación aplicando los mismos sistemas políticos y económicos que tanto resultado habían dado en la nación vecina. Estas medidas, introducidas por la voluntad de los reyes, aconsejados con frecuencia por ministros de origen francés o educados en Francia, fueron la causa de que se llamase *afrancesamiento* a lo que se consideraba ser un excesivo acercamiento a los sistemas y costumbres franceses, y *despotismo* al sistema que imponía al pueblo unas reformas políticas y administrativas que éste no quería por encontrarlas extrañas a su tradición. Es por estas reformas culturales que el sistema recibe el nombre de *despotismo ilustrado*.

Esta nueva orientación llegó a significar para España una serie de cambios profundos tanto en la política exterior como en la vida social y cultural de la nación, cuyas consecuencias se dejan sentir hoy todavía en la sociedad española nacional.

El proceso centralizador hispano al iniciarse la etapa definitiva de la instauración borbónica en el siglo XVIII

Felipe V (1700–1746)

Al morir el rey Carlos II sin dejar descendencia directa, fue aceptada su designación de Felipe, duque de Anjou, nieto de Luis XIV de Francia y de María Teresa, hermana de Carlos II, como heredero al trono español. El nuevo soberano, aclamado en la corte francesa con la célebre frase "Ya no hay Pirineos", fue reconocido por todas las naciones europeas, menos Austria, ya que el archiduque Carlos pretendía el trono español. También el pueblo español demostró su complacencia con el nuevo monarca cuando éste hizo su entrada en Madrid el año 1701.

Felipe V, que tenía sólo dieciséis años cuando comenzó a reinar, era de un carácter tranquilo, tímido y casi receloso, pero con el tiempo fue degenerando hasta hacerse un tanto extravagante y maniático.

Guerra de Sucesión

Sin embargo, al ser reconocido Felipe V por su abuelo Luis XIV como heredero también a la corona francesa, las naciones europeas, que veían con recelo el engrandecimiento del bloque francés, formaron la Gran Alianza, declarando la guerra, en 1701, a España y Francia. En un ataque naval la flota anglo-holandesa se apoderó de Gibraltar (1704). Más tarde el conde de Peterborough consiguió apoderarse de Barcelona (1705), donde el pretendiente Carlos de Austria fue aclamado rey. Al ser reconocido éste en Cataluña, Aragón y Valencia, la llamada *Guerra de Sucesión* se convirtió en guerra civil, abriendo de nuevo la división tradicional entre Castilla y el Levante español.

Tras trece años de duras campañas las tropas de Felipe V consiguieron conquistar Barcelona (1714) poniendo así fin a la contienda. Sin embargo, la paz con los aliados, firmada en los tratados de Utrecht (1713) y de Rastadt (1714), impuso a los Borbones unas condiciones duras y humillantes que afectaron a España, más que a Francia. Felipe V era reconocido rey de España y de sus colonias, pero fue obligado a renunciar a sus derechos a la corona francesa, modificando además las leyes de sucesión tradicionales con la introducción de la llamada *Ley Sálica*, y a ceder a Austria los Países Bajos, el Milanesado y Nápoles. A Inglaterra concedió Gibraltar y Menorca, además de importantes ventajas en el comercio con América. Felipe V buscó una compensación fácil a su orgullo herido en el extranjero en el castigo que impuso a Cataluña, Aragón y Valencia anulando sus fueros tradicionales por la defensa que habían hecho del pretendiente austriaco.

Política de Felipe V

Felipe V contrajo matrimonio dos veces y en ambas ocasiones fueron sus esposas y los consejeros de éstas los determinantes de la política española. Su primera esposa, María Luisa de Saboya, de gran inteligencia y decisión, estaba aconsejada por la famosa princesa de los Ursinos (1701–1714), enviada por Luis XIV como camarera real. Fue éste un período de influencia francesa, tanto en la política como en la vida cortesana, en la que se imitaban ciegamente las costumbres y etiqueta de la corte de Versalles.

Su segunda esposa, Isabel de Farnesio, era hija de Eduardo III, duque de Parma y estuvo aconsejada por el no menos famoso cardenal italiano Alberoni (1714–1717), con quien se inició una política exterior dirigida a la reconquista de los territorios perdidos en Italia. Para contrarrestar las maquinaciones políticas de Isabel de Farnesio y del cardenal Alberoni, Holanda, Francia, Inglaterra y Austria, formaron la *Cuádruple Alianza*, y declararon la guerra a España, imponiendo como condición para la paz (La Haya, 1720; Cambray, 1721) el destierro del cardenal italiano. Siguió a éste un período en el que la política española estuvo dominada por el barón de Ripperdá, de origen holandés y más aventurero que político, que tuvo que ser destituido cuando su política de acercamiento a Austria alarmó a Inglaterra y a Francia y éstas amenazaron con declarar de nuevo la guerra a España.

A partir de entonces la política exterior de España siguió la de Francia, con la que se firmaron los llamados Pactos de Familia (1733, 1743), y en la política interna, se confiaron los asuntos de estado a ministros españoles. Fueron éstos, por lo general, hombres de sólida educación y gran formación jurídica o administrativa. Con su ayuda, se introdujo en España una política de centralismo absolutista que, aunque no exenta de problemas y conflictos, fue causa de una gran prosperidad. A pesar de ella, debido sobre todo a las pérdidas de territorios nacionales y europeos y su dureza contra el Levante español, el rey Felipe V no está considerado con el favor que se merece.

Fernando VI (1746–1759)

Fernando VI era el más joven de los cuatro hijos de Felipe V y de su primera esposa, María Luisa de Saboya, y contaba ya con treinta y cinco años al comenzar su reinado. De carácter pacífico y moderado, intentó a toda costa mantener la paz con las demás naciones europeas, con las que sostuvo una política de absoluta neutralidad. También en su trato con la Santa Sede siguió una política más moderada que su padre Felipe V, a quien se había acusado de interferir en asuntos eclesiásticos. En 1753 firmó uno de los concordatos más importantes que se han suscrito entre Roma y España.

Era Fernando VI un monarca culto, amante del progreso y de las artes. La importancia que dio a la tranquilidad y bienestar del pueblo hizo de su reinado uno de los más pacíficos y prósperos que España había tenido desde el reinado de Felipe II, casi doscientos años antes.

Entre sus ministros sobresalió el marqués de la Ensenada, a quien se debió el gran adelanto que la marina, las comunicaciones, la agricultura y la industria alcanzaron en este período. Por sus simpatías hacia Francia, fue objeto de las maquinaciones políticas de Inglaterra, que no cejó hasta conseguir su caída.

Carlos III (1759–1778)

Al morir Fernando VI en 1759 sin dejar descendencia, heredó el trono su hermano Carlos III, hijo de Felipe V e Isabel de Farnesio, su segunda esposa. Hasta el fallecimiento de su hermano, había sido rey de Nápoles, y también allí, como en España, el fin primordial de su política fue la reconstrucción material y cultural de la nación. Hombre de gran cultura y muy influido por las ideas de la Ilustración, fue el representante más característico del despotismo ilustrado.

En la política exterior, durante la vida de su esposa, Amalia de Sajonia, continuó la política de neutralidad mantenida por su padre. Pero al fallecer aquélla en 1760, Carlos III mostró un decidido acercamiento a Francia. Como consecuencia de ello y también para defenderse de los ataques de los ingleses contra las naves y las poblaciones españolas, Carlos III firmó con Luis XV de Francia el Tercer Pacto de Familia (1761). Esta alianza con Francia arrastró a España a dos guerras contra Inglaterra: a causa de la primera (1762–1763), España perdió La Florida, aunque recibió de Francia, como compensación, Luisiana. A causa de la segunda (1779–1783), motivada por la ayuda prestada por España a los Estados Unidos, todavía colonias inglesas, recobró la isla de Menorca. Se considera que esta alianza con Francia sólo benefició a ésta y no a España.

De mayor importancia fue la política interna de Carlos III, la cual, por la intensa reconstrucción a que dio lugar en toda la Península, hizo de su reinado uno de los más gloriosos de toda la historia de España. Sin embargo, por su sentido autocrático y absolutista, y sobre todo por su tolerancia con la política concorde con las ideas de la Ilustración de sus ministros, fue causa a la vez de una escisión entre los tradicionalistas católicos y los afrancesados, cuyas consecuencias se dejaron sentir de manera cada vez más dura.

Los ministros de Carlos III

Los instrumentos más eficaces de la política de Carlos III fueron en realidad sus ministros, y su influencia fue muy grande a lo largo de este período: Grimaldi, autor del lamentable Tercer Pacto de Familia; Esquilache, inspirador de casi todas las innovaciones de los primeros años de este reinado; Aranda, gran político, volteriano y protector de las sociedades secretas; Floridablanca, anticatólico y enemigo declarado de los jesuitas; y, finalmente, Campomanes, historiador y notable economista, enciclopedista radical y defensor de los derechos reales frente a la Iglesia.

Dos acontecimientos acaecidos durante el reinado de Carlos III fueron ya expresión de la división entre la tradición católica del pueblo y la postura anticatólica de algunos reformadores. El primero fue el llamado *motín de Esquilache* (1766), en el que el pueblo, amotinado por una serie de razones económicas y políticas, dirigió su rabia contra el ministro del rey y, al grito de *¡Viva España, muera Esquilache!*, exigió y consiguió su destitución. El segundo fue la expulsión de los jesuitas, en 1767, de España y de todos sus territorios, exigida al rey por sus ministros, especialmente por el conde de Aranda. La expulsión de los jesuitas fue el primer ataque abierto del gobierno de España a la Iglesia y significó un grave golpe a la educación católica del país en los años siguientes.

Carlos IV (1778–1808)

El rey Carlos IV, con quien se cierra este período, sucedió a su padre cuando ya contaba cuarenta años y estaba casado con su prima, la enérgica María Luisa de Parma. Recibido con gran favor por el pueblo, el nuevo monarca inició su reinado continuando las reformas introducidas por su padre. Hombre bondadoso y noble, pero débil y sin grandes dotes para gobernar, ejerció el poder durante los primeros años en compañía de su esposa. Más tarde, cansado de los problemas, dejó el gobierno en manos de la reina y de sus ministros, dedicándose él tan sólo a la caza y otras diversiones.

Durante los primeros años de este reinado los ministros más importantes y poderosos fueron los condes de Floridablanca (1788–1792) y Aranda (1792–1793), que lo habían sido ya durante el reinado de Carlos III. Al estallar en Francia la Revolución (1789), ambos se opusieron resueltamente a que se propagaran por España los principios revolucionarios franceses. Profundamente monárquicos y fieles al sistema y a la persona de los reyes franceses, tomaron parte activa en las maniobras políticas internacionales con las que se intentó salvar la vida de Luis XVI, prisionero ya de los revolucionarios. Ante la inutilidad de estos esfuerzos, el conde de Aranda insistió en una alianza con Austria y Prusia para declarar la guerra a Francia.

Aranda fue sustituido (1793) por Manuel Godoy, protegido de la reina. También Godoy intentó salvar la vida del rey francés por medio del soborno de los diputados franceses, pero éstos, sin escuchar las proposiciones de España, condenaron a muerte a Luis XVI, quien murió guillotinado en 1793.

Declarada la guerra contra Francia el mismo año, comenzó ésta con varias campañas favorables para España, pero muy pronto los ejércitos franceses tomaron la iniciativa penetrando en el territorio español, por lo que Carlos IV, sin voluntad de hacer la guerra, se vio obligado a pedir la paz. Ésta fue firmada en Basilea (1795) y aunque impuso términos muy desfavorables para España, le valió a su autor, Godoy, el título de *Príncipe de la Paz* por el que se le conoce.

Napoleón Bonaparte

Con la paz de Basilea se inició en el reinado de Carlos IV una nueva época llena de funestas consecuencias para el pueblo español. Godoy, deslumbrado por los éxitos de la Convención y del Directorio, insistió en una política de amistad y alianza militar con Francia que, sin favorecer en nada a España, la arrastró a varias guerras desastrosas contra Inglaterra. La política francesa dirigida por Napoleón Bonaparte, desde 1799 Primer Cónsul de Francia, quería usar de los recursos de España, de su flota y de su posición geográfica, para la prosecución de sus sueños de hegemonía europea. En 1801, ante la negativa de Portugal a cerrar sus puertos al comercio inglés, obligó a España a participar en la invasión del territorio portugués.

El capítulo más trágico de esta desgraciada alianza se completó en 1805 a la altura del cabo de Trafalgar (entre Cádiz y Gibraltar), donde la escuadra franco-española dirigida por el inepto almirante francés Villeneuve fue completamente destruida por la flota inglesa. Esta batalla, en la que murieron los almirantes españoles Churruca, Gravina, Alcalá Galiano y el inglés Nelson, puso fin definitivamente al poderío marítimo de España, acelerándose así el fin de su imperio colonial.

En 1807 Napoleón, desde 1804 Emperador de los franceses, exigió de España (Tratado de Fontainebleau) que participase en la ocupación militar de Portugal. Para la realización de este plan, y con la promesa de Napoleón de recibir como recompensa parte del territorio portugués, Godoy permitió la entrada en la Península de las tropas del general Junot, quedando así también España en manos de Napoleón.

La impopularidad de la alianza con Francia, revolucionaria republicana, y el odio que el pueblo sentía hacia Godoy, consejero favorito de la reina, provocaron la formación, por todo el país, de grupos que, aclamando al príncipe Fernando, intentaban poner fin a la funesta influencia del ministro del rey. Napoleón, aprovechándose de estas intrigas políticas y discordias familiares, ordenó a sus generales Moncey y Murat que se unieran con sus tropas al general Junot, que se encontraba ya en España, y procedieran con él a la ocupación militar de toda la Península. Ante el avance de los franceses, la familia real abandonó Madrid y, acompañados de Godoy, se dirigieron a Sevilla para embarcar con rumbo a América. Detenidos por un motín popular en Aranjuez (1808), Carlos IV renunció a la corona en favor de su hijo Fernando.

Mientras Carlos IV, con Godoy, se dirigía a Bayona para entrevistarse con Napoleón, el nuevo rey español, Fernando VII, hizo su entrada en Madrid un día después de su ocupación por las tropas francesas al mando del general Murat.

La vida nacional durante el siglo XVIII

El siglo XVIII español se caracterizó por sus cambios radicales. El nuevo orden político y administrativo introducido por los reyes trató de desmontar las estructuras políticas, sociales y económicas tradicionales, que en su opinión eran causa de la decadencia nacional, para imponer aquellas otras que habían hecho de Francia la nación más culta, rica y poderosa de toda Europa.

Aunque en general se criticaba el pasado más de lo que era justo y se llevaba a cabo mucho menos de lo que se proyectaba, los resultados de este afrancesamiento consciente fueron sin duda valiosos, pues con ellos se preparó la sociedad española a entrar en los siglos modernos. El primer período de la dinastía de los Borbones tuvo para España graves consecuencias al introducir una división entre los seguidores de la tradición política, religiosa y cultural de la nación y los defensores de unas reformas que, en nombre del progreso y de la cultura, querían imponer al pueblo los propagadores de la Ilustración.

El error de los partidarios del despotismo ilustrado consistió en creer que el régimen absolutista francés que intentaban tomar como modelo para España representaba el comienzo de un nuevo orden social, cuando en realidad era el fin de una época. No preveían ellos que la Ilustración francesa, que exaltaba la razón y defendía los derechos del individuo, no se conformaría con atacar solamente la autoridad de la Iglesia, sino que terminaría destruyendo también la misma monarquía absolutista que la propagaba.

En este sentido, el tradicionalismo español demostró una visión política más clara que sus gobernantes al oponerse a las ideas racionalistas y materialistas del enciclopedismo francés por las consecuencias políticas, religiosas y sociales que acarrearían. Su error, en cambio, consistió en rechazar, con las doctrinas de la Ilustración, muchos de los adelantos y reformas que éstas proponían y que la sociedad española urgentemente necesitaba.

Como resultado, frente al afrancesamiento de muchos nobles, intelectuales y artistas, la mayoría de la población se mantuvo aferrada a las formas de vida tradicionales. Así se explica que este siglo reciba toda clase de interpretaciones, y mientras que para unos todo lo que se ha hecho de útil procede del siglo XVIII, para otros faltó a España un "siglo ilustrado y educador".

Reforma política

Los monarcas de la Casa de Borbón orientaron sus esfuerzos a la imposición de un absolutismo político y una centralización administrativa que integrara todas las regiones de España. Ya Felipe V, al principio de su reinado, tomó como pretexto la ayuda prestada por Aragón, Cataluña y Valencia al pretendiente Carlos en la Guerra de Sucesión, para suprimir o limitar sus fueros y privilegios. Aunque Navarra y Vascongadas mantuvieron los suyos, se suprimieron las autonomías regionales, por ser consideradas incompatibles con la nueva organización del Estado.

También las Cortes y los Consejos perdieron su antigua importancia, recayendo toda la responsabilidad política y administrativa sobre las Secretarías, o ministerios. Los ministros, todos ellos elegidos por el rey, llegaron a ser cinco (Estado, Justicia, Guerra, Marina y Hacienda), formando, desde el reinado de Carlos III, el Consejo de Ministros.

La política absolutista y centralizadora de los Borbones, unida a la actitud anti-católica de muchos de sus ministros, llevó a conflictos con la Iglesia, que, si bien terminaron generalmente con mutua aceptación de compromisos, sirvieron para crear una división espiritual que se fue acentuando al pasar el tiempo.

Conflictos con la Iglesia

Estos conflictos se produjeron, a nivel internacional, cuando el rey exigió una mayor autoridad en el nombramiento de cargos y dignidades eclesiásticas, reduciendo así la jurisdicción del Papa sobre los asuntos eclesiásticos españoles.

A nivel nacional, los conflictos con la Iglesia española se produjeron, en la esfera jurídica, al poner límite al número de conventos y monasterios que podía haber en cada ciudad o pueblo, al suprimir la jurisdicción de los tribunales eclesiásticos y suspender el antiguo derecho de asilo; y, en la esfera económica, al disminuir las exenciones tributarias del clero, imponiendo impuestos a los bienes eclesiásticos y, más tarde, la apropiación, sin compensación, de los bienes de los jesuitas expulsados.

La Inquisición, que había perdido mucho de su importancia desde el siglo anterior, fue objeto de persecución por parte de los ministros, cuyo espíritu ilustrado y racionalista se oponía a esta institución. Felipe V y Carlos III se distinguieron por su dureza contra ella, destituyendo y expulsando a los inquisidores, llegándose, durante el reinado de Carlos IV, a pensar en su abolición. La Inquisición logró sobrevivir, sin embargo, hasta el siglo XIX.

Consecuencia notable de este conflicto fue que el Tribunal de la Inquisición se convirtió en portavoz de la Iglesia frente a la política absorbente del Estado, adquiriendo así una autoridad que tanto el rey como sus ministros tenían con frecuencia que respetar. Para eliminar la oposición de las órdenes religiosas a la política absolutista, Carlos III, a instancias de sus ministros Aranda y Floridablanca, decretó en 1767 la expulsión de los jesuitas. Con ellos perdía la Iglesia española sus mejores educadores y sus más dedicados defensores de los derechos de la Iglesia y del Papa.

Reforma económica

En la economía española es donde mejor se reflejan las medidas reformadoras introducidas por los Borbones. La hacienda española, en franca decadencia desde el siglo XVII, comenzó a mejorar ya durante el reinado de Felipe V, continuándose esta mejora con Fernando VI y el enérgico empuje de Carlos III. La importancia dada a las reformas económicas fue la contribución más positiva y laudable de la Ilustración española. Fueron los ministros de este período, como el marqués de Ensenada, Floridablanca y Campomanes, quienes con sus atinadas disposiciones iniciaron estas mejoras.

La decadencia económica nacional se debía, principalmente, a la despoblación de zonas enteras del territorio nacional debida a la emigración y a las guerras, la parálisis del comercio a causa de la falta de libertad para la iniciativa individual y la pobreza general causada por un escaso desarrollo industrial y por una muy deficiente agricultura, debida ésta, en gran parte, a que las mayoría de las tierras estaban en poder de personas y organismos desinteresados en su explotación.

Aunque persistía una marcada diferencia entre las diferentes clases de la sociedad española, comenzó a dejarse sentir un sentimiento más igualitario. El prestigio de la nobleza se mantuvo a la par que crecía la autoridad real y el lujo de la corte. Sin embargo, no se apoyaron en ella los reyes para sus reformas absolutistas y centralizadoras. Por el contrario, la clase media, sin privilegios que limitasen el poder real, fue la que más gozó del favor de los reyes.

La finalidad primordial de la política absolutista e ilustrada de los Borbones fue hacer de España una sociedad clasista pero con igualdad ante la ley. Frente al colectivismo de los latifundios y de los gremios en agricultura y en el comercio, se fomentó el individualismo, y para educar al pueblo se fundaron *Sociedades Económicas de Amigos del País*, en las que participaban nobles, intelectuales y clérigos de ideas reformistas.

La agricultura

Durante el siglo XVIII la agricultura continúa siendo la principal fuente de riqueza para el país, recibió en un principio menos atención que la industria y el comercio. Pero ya en tiempos de Carlos III se comenzó a buscar solución a los problemas agrícolas. Se señaló como obstáculo a su mejora la excesiva extensión de muchas propiedades, la falta de un sistema de canalización que permitiera aumentar la superficie dedicada al cultivo de regadío y de vías de comunicación que permitieran el transporte y venta de los productos agrícolas. Finalmente se criticó duramente el menosprecio con que se miraba el trabajo del campo.

Para estimular el desarrollo económico fueron suprimidas las aduanas interiores (1717, 1765), se introdujo un sistema único de pesas y medidas, y también de moneda (1772). Se aplicó a la industria y al comercio un liberalismo económico opuesto, por una parte, a la intervención del Estado y, por otra, a los límites impuestos por los gremios o asociaciones de artesanos.

Melchor de Jovellanos   A fines de siglo, Melchor de Jovellanos (1747–1811), ministro de Carlos IV, propugnó en su *Informe sobre la ley agraria* un nuevo sistema agrícola basado en una propiedad de tipo medio en manos de la clase media, inspirado ya en los principios de la Revolución francesa. Aunque fallaron los planes de distribución de la tierra, el progreso agrícola fue notable debido a otras mejoras, como la construcción de grandes canales (Aragón, Júcar), pantanos (Lorca), y nuevas carreteras.

Sin embargo, la exportación a lo largo del siglo se basaba primordialmente en materias primas —lanas, sedas, aceites, frutas y minerales— mientras que se importaban artículos manufacturados, como tejidos, hierros, papel, productos químicos. A causa de la carencia de una buena marina mercante, gran parte de este comercio fue asumido por compañías extranjeras, sobre todo francesas.

Gracias al desarrollo económico y a una acertada política de inmigración, la población española, que contaba con sólo siete millones y medio de habitantes a mediados del reinado de Felipe V, llegó a contar con diez y medio hacia fines del siglo.

De importancia fue también la legislación de Carlos III referente a los gitanos. Las leyes contra ellos se habían mantenido, reiteradas casi en los mismos términos, a lo largo de los siglos XV y XVII. En ellas se daba menor importancia a su integración en la sociedad que a su alejamiento del resto de la población, llegándoseles a prohibir, por ley de 1746, el ejercicio de profesiones liberales. Aunque Carlos III mantuvo la legislación que prohibía a los gitanos el uso de sus vestidos tradicionales y reiteró las leyes contra los vagabundos, se les dio una mayor facilidad para integrarse a la sociedad, oponiéndose a que fueran discriminados en su admisión a las profesiones y sus gremios. Esta política, aunque no terminó con el gitano errante, contribuyó a la estabilización de su presencia, sobre todo, en Andalucía.

Las artes industriales

Muy importantes fueron las mejoras en el desarrollo comercial e industrial conseguidas con la creación de manufacturas, o *Reales Fábricas*, para suministrar a los palacios y la alta sociedad productos de acuerdo con los nuevos estilos y, al propio tiempo, servir de modelo a las industrias privadas.

Ya durante el reino de Felipe V, se estableció la Real Fábrica de Tapices, que dio un mayor empuje a la industria tapicera, a la vez que desprestigiaba las artesanías locales, consideradas como poco productivas y menos elegantes.

También se intentó la modernización de la industria de cerámica, a la vez que se introducía la porcelana. El arte tradicional de la cerámica y azulejos se mantenía muy importante en Talavera, Valencia, Aragón y Andalucía, y el del vidrio en Barcelona, con estilos y modos de fabricación en uso desde la Edad Media. Para su modernización se quiso hacer modelo de los talleres de Alcora (Castellón). En ellos, por decreto oficial, fueron introducidas nuevas materias y técnicas de elaboración de la cerámica, a la vez que se aplicaban nuevos modelos de decoración en los que abundan los motivos según los estilos franceses, característicos todavía de esta cerámica.

Importante fue también la fabricación de porcelana del Buen Retiro, establecida por Carlos III, y en la que técnicos extranjeros introdujeron los métodos y modelos de Sévres y Sajonia. Otras fábricas reales fueron la de paños de Guadalajara, de sedas de Talavera y de cristal de La Granja.

También la industria del mueble abandonó la tradición nacional para imitar las modas inglesas y francesas de la época. Sólo la exageración de las curvas y el gusto por una marcada apariencia suntuosa revelan algo de su carácter español. A fines de siglo, se impuso también en España un nuevo estilo caracterizado ya por la mayor sobriedad de la línea neoclásica.

La vida cultural durante el siglo XVIII

A pesar del mantenimiento, durante este tiempo, de los sistemas políticos y sociales tradicionales, el siglo XVIII debe ser considerado, sobre todo, como iniciador de los grandes cambios ideológicos que sirven de base a la sociedad moderna. En

Francia, como en el resto de Europa, una de sus características más notables fue, en un principio, la protección que los sistemas tradicionales ofrecieron a los nuevos. En efecto, aunque las nuevas ideas llevaron ya a fines del siglo a una abierta oposición a los poderes absolutistas, fueron en un principio defendidas y propagadas por el Estado e incluso por la Iglesia, que veían en ellas un medio de reforma y mejora de los sistemas tradicionales, que en su opinión eran ya ineficaces.

Afrancesamiento

El predominio cultural francés en Europa a lo largo del siglo es resultado directo de la admiración hacia la corte del Rey Sol. Sin embargo, los cambios que se van introduciendo en la vida cultural francesa durante este tiempo hacen que sea necesario distinguir entre el primer período absolutista, barroco, del Gran Siglo, y un segundo período ilustrado, en el que las ideas que propugnan una mejora de la sociedad, inspiradas en la Ilustración, van siendo aplicadas a la vida social. Éstas, al principio, se introducen en los círculos políticos europeos y comienzan a ser aplicadas con el favor de los nobles y reyes absolutistas.

Ya desde el reinado de Felipe V se percibe la política de absolutismo en la cultura con la fundación de las llamadas Academias Reales, cuya misión oficial era reglamentar el progreso de las ciencias y las artes en España. La primera fue la Real Academia de la Lengua, fundada en 1714, cuya misión era "...cultivar y fijar la elegancia de la lengua castellana desterrando todos los errores que... ha introducido la ignorancia...".

A ésta siguieron la de la Historia (1738), la de Bellas Artes (1744), imitación de las francesas, y más tarde otras nacionales y regionales que aún hoy mantienen mucho de su prestigio. A imitación de ellas se establecieron también otras de carácter privado dedicadas también a la mejora reglamentada de ciencias y artes. La más importante de estas fue la de Medicina y Cirugía, iniciada en 1737 como privada con el nombre de Tertulia Médica, pero hecha oficial en 1773, durante el reinado de Carlos III.

La Ilustración

El pensamiento europeo durante la segunda mitad del siglo XVIII estuvo dominado por un movimiento filosófico que se caracteriza por su absoluta confianza en la bondad natural del hombre y la capacidad de su razón para resolver todos los problemas del mundo y de la vida humana. En términos generales, se puede afirmar que este movimiento fue una consecuencia lógica de la importancia dada al individualismo defendido por los protestantes. Por la desvalorización de la fe religiosa y por la exaltación de la razón humana y de la educación del hombre como único camino hacia el progreso de la humanidad, se ha llamado al siglo XVIII *Siglo de las Luces* y a este movimiento Ilustración.

El horizonte de la Ilustración es la naturaleza según la percibe la razón y la experiencia de los sentidos. A ello se debe el gran desarrollo que tuvieron en este tiempo las ciencias filosóficas y las empíricas. El hombre y la sociedad humana eran percibidos con una consideración optimista de la naturaleza humana y de la hermandad universal de la humanidad. En consecuencia, se intentaba sentar las bases de una sociedad nueva donde no cabían monarquías absolutistas, postulando, en cambio, teorías políticas que oscilaban entre un gobierno aristocrático, una monarquía liberal y una estricta democracia socializante.

En el aspecto religioso, la Ilustración, al rechazar la importancia de la fe religiosa, atacaba la doctrina cristiana en general y la Iglesia católica en particular, mientras que defendía doctrinas deístas, materialistas o simplemente de racionalismo ateo.

Primeros ilustrados   Este movimiento había comenzado durante la segunda mitad del siglo XVII en Holanda, centro entonces de gran tolerancia religiosa, de aquí se extendió a Inglaterra con Locke (1633–1704), Newton (1645–1727) y Defoe (1660–1731), autor de *Robinson Crusoe*. Pero fue en Francia donde encontró mejor acogida y alcanzó mayor desarrollo. Con ayuda del prestigio cultural francés y su aceptación inicial en las cortes de los reyes absolutistas, las doctrinas de la Ilustración se extendieron por toda Europa. Fue Voltaire (1694–1778), protegido de los reyes, quien contribuyó a formular las doctrinas más radicales, opuestas a los principios sociales y políticos tradicionales y, sobre todo, a la religión católica. Con la publicación de la *Enciclopedia*, la actitud francesa, anticatólica y opuesta a los principios de autoridad, se propagó como parte ya de la educación de todo hombre culto, creando así un nuevo ideal de hombre ilustrado, dándosele el nombre de *enciclopedista y enciclopedismo* a su actitud ante la ciencia.

Las tendencias sociales de la Ilustración encontraron su mejor exponente en J.J. Rousseau (1712–1778). En sus obras, *Nueva Eloisa* y *Emilio*, propuso un retorno a la naturaleza basándose en la bondad natural del hombre; y en su *Contrato social*, publicado en 1772, estableció las líneas de una democracia colectivista en la que todos los ciudadanos de la nación participan con iguales derechos de la soberanía, cuya expresión, resultado de la voluntad general, es la ley. El poder ha de ser ejercido por el pueblo o por sus delegados.

Notable en este movimiento fue su inicial aceptación por monarcas, nobles y poderosos de la época, y muchos de estos autores, como Voltaire, eran recibidos y festejados en las cortes europeas a pesar de que con sus escritos minaban las bases políticas del sistema vigente.

La influencia que las ideas promulgadas por la Ilustración tuvieron en la formación del mundo moderno es fácil de percibir. Si la Reforma luterana defendió el sentido individualista de la conciencia humana ante el dogmatismo religioso de la religión católica, la Ilustración propugnó los derechos de la razón sobre los sentimientos religiosos, y los derechos del individuo sobre la sociedad.

En las artes, la importancia que se daba a la razón y a la percepción racional de la naturaleza contribuyó a que se despreciara el apasionamiento irregular del Barroco o la delicadeza excesivamente refinada del rococó, y se prefiriera, en su lugar, la racionalidad que se creía percibir en las manifestaciones artísticas de la antigüedad griega y romana. Por ello, el arte que se propuso, inspirado en éstas, fue llamado *neoclasicismo*.

La ilustración española

En España, como en las demás naciones europeas, muchos artistas e intelectuales se sintieron fácilmente inclinados a aceptar las normas de la cultura francesa. A principios de siglo su atención va dirigida al marco magnífico de la corte de Luis XIV y sus sucesores; más tarde también se interesaron por las doctrinas de la Ilustración, manteniendo el absolutismo como medio de su promulgación. En España estas dos actitudes, de afrancesados e ilustrados, tenían en común el desprecio que ambas sentían por las tradiciones culturales españolas, a las que atribuían la decadencia y el retraso en que veían sumida a España.

Una característica del espíritu reglamentado que se daba entonces a la cultura fue la importancia que recibió la enseñanza, que tradicionalmente había estado a cargo de las órdenes religiosas. Aunque éstas habían procurado extender la educación elemental a todas las clases sociales, una educación más avanzada estaba considerada como un privilegio de las clases acomodadas y nobles. Pero como consecuencia de los ideales burgueses de la Ilustración, y aplicando la política absolutista, la educación se convirtió en un servicio prestado por el Estado para convertir al pueblo en buenos ciudadanos.

En la consecución de este fin de ética estrictamente burguesa se introdujo, sobre todo durante el reinado de Carlos III, una serie de reformas que abarcaron todos los niveles de la enseñanza. Se generalizó la enseñanza elemental, a la que se aplicaron los métodos del pedagogo suizo Pestalozzi. En la enseñanza secundaria se abandonó la dirección retórica tradicional para dar mayor énfasis a las ciencias matemáticas y experimentales y a los idiomas modernos, sobre todo, al francés.

Ante la resistencia de las universidades tradicionales a cambiar los planes de estudio y enseñanza, o aceptar las imposiciones del Estado, se fundaron una serie de instituciones paralelas a la universidad en las que se prestaba atención únicamente a las disciplinas experimentales y técnicas: colegios de medicina y cirugía, escuelas de veterinaria, jardines botánicos, escuelas de mineralogía y de ingeniería, observatorios astronómicos, entre otros.

Como consecuencia, la educación siguió dos rutas muy distintas, incluso antagónicas. Las numerosas órdenes religiosas dedicadas a la enseñanza continuaron con tendencias y métodos tradicionales, con mayor énfasis en estudios humanísticos y doctrina católica, mientras que la enseñanza del Estado daba mayor importancia a las ciencias experimentales y matemáticas, a la vez que abandonaba las ideas religiosas, tomando un carácter laico e incluso anticristiano.

Tradicionalistas

Frente a las doctrinas de los ilustrados y las modas de los afrancesados, una gran mayoría del pueblo se mostró reacia a aceptar las nuevas corrientes. Los intelectuales católicos, en su mayoría todavía eclesiásticos, trataron de incorporar a la tradición española una ilustración desprovista de un sentido materialista y revolucionario, pero las medidas tomadas contra las instituciones de enseñanza dirigidas por las órdenes religiosas y, sobre todo, la expulsión de los jesuitas ordenada por Carlos III, fueron causa de una rápida decadencia de la cultura eclesiástica en España.

Benito Feijoo y Gregorio Mayáns

Entre los intelectuales y eruditos católicos hay que citar en primer lugar al monje benedictino Benito Jerónimo Feijóo (1676–1764). Sus obras más importantes son *Cartas eruditas y curiosas* y *Teatro crítico universal*, en las que trata sobre medicina, matemáticas, filosofía, literatura y religión de forma que así vienen a ser excelentes obra de divulgación. Por el espíritu crítico con que formula sus opiniones, la atención que presta a los problemas científicos y naturales y su genuino interés por una renovación cultural, junto con la continuación de elementos tradicionales de la cultura y religiosidad españolas, Feijóo es, sin duda, el mejor representante de un enciclopedismo español y católico.

Como caso aparte, merece ser recordado el valenciano Gregorio Mayáns y Siscar (1699–1781), investigador, historiador y humanista. En la larga lista de sus contribuciones figuran la primera biografía de Cervantes en su *Vida de Miguel de Cervantes*, su *Retórica española* y las ediciones de las obras de los humanistas Luis Vives y Antonio Nebrija, y las del padre Mariana. Más apreciado en el extranjero que en España, Mayáns mantuvo correspondencia con los hombres más distinguidos de su época, tales como Robertson, Voltaire, Muratori, David Clement, Otto Mencken, entre otros. Verdadero ilustrado católico de vanguardia, Mayáns se movía entre dos mundos: el mundo español, tradicional y cristiano que quería conservar, y el de la cultura ilustrada, laica y materialista que intentaba cristianizar. Su mayor preocupación fue la adaptación del cristianismo al momento cultural de su época. Su postura, excesivamente avanzada para unos y demasiado tradicional para otros, no fue suficientemente reconocida, ni apreciada, por sus contemporáneos.

Otras contribuciones

A pesar de la falta de reconocimiento por parte de los ilustrados del siglo XVIII y los críticos posteriores es importante la contribución hecha a la cultura española del siglo XVIII por numerosos eclesiásticos, muchos de ellos jesuitas, que continuaron escribiendo sus obras desde el exilio.

Es importante el agustino Enrique Flórez (1701–1773), cuya obra histórica *España sagrada*, en 29 volúmenes, sirvió de base, por su gran documentación, a la historiografía moderna. Son también importantes los jesuitas Juan Francisco Masdeu (1713–1805), que escribió desde Roma una *Historia crítica de España y de la cultura española*; Juan Andrés (1740–1817), que escribió desde Italia *Origen, progreso y estado actual de toda literatura*, considerada como obra precursora de la ciencia moderna de la cultura; Javier Lampillas (1731–1810), también exilado a Italia, cuya obra *Ensayo histórico apologético de la literatura española* tiene como fin defender la literatura española contra los críticos neoclásicos de la época; y Lorenzo Hervás y Panduro (1735–1809), famoso por su *Catálogo de las lenguas de las naciones conocidas*, el primer ensayo en español de gramática comparada, en el que se sienta el principio de comparación en la estructura gramatical, no solamente en la semejanza de las palabras.

Las sociedades secretas

Un aspecto interesante de la vida social y política europea durante este siglo fue la afición a la organización de grupos y sociedades con fines sociales, educacionales y políticos. De historia muy antigua y no aclarada todavía, las sociedades masónicas habían cambiado hacia el siglo XVIII sus fines profesionales y técnicos en otros humanitarios y sociales alejados, e incluso contrarios a los ideales cristianos. Especialmente en los países católicos con monarquías absolutas, los masones usaron de sus logias como instrumento para extender su influencia eludiendo las disposiciones eclesiásticas y civiles. A medida que la Ilustración propagaba los ideales de una religión humanitaria y universal, basada en la razón, y propugnaba la libertad política y religiosa del individuo en oposición, cada vez más agresiva, a los órdenes vigentes, muchas de las logias se convirtieron en grupos secretos organizados en una red internacional en los que se propagaban las nuevas ideas sociales y políticas. De todas ellas la más importante en Europa fue la llamada *francmasonería*.

Las primeras logias españolas tienen origen inglés y datan de 1725 (Mahón) y 1729 (Gibraltar), de donde pasan a Cádiz (1739) y a otros puertos frecuentados por los ingleses. A pesar de la oposición de la Iglesia, que consiguió que Fernando VI prohibiese en 1751 "las congregaciones de los francmasones so pena de la real indignación y castigo de galeras", la masonería española, declaradamente anticatólica, cobró mayor fuerza bajo Carlos III con la protección del ministro, conde de Aranda, que fue su primer gran maestre.

En España las logias masónicas se mantuvieron a lo largo del siglo XVIII dentro de una corriente de un racionalismo ilustrado estrictamente anticatólico, pero con abierta colaboración con el régimen del absolutismo político. Por esta razón tuvieron el favor de muchos ministros de los reyes, quienes vieron en la masonería un aliado contra los adversarios más grandes de sus deseos de reforma: la Iglesia y el sentimiento tradicionalista y conservador del pueblo.

Sólo más tarde, y ya como herencia de la Revolución Francesa, la masonería española incluyó en su programa la oposición directa, primero al absolutismo, y, después, al sistema tradicional monárquico.

LAS ARTES DURANTE EL SIGLO XVIII

Al igual que en la vida política e intelectual española, la influencia francesa fue avasalladora en todas las manifestaciones artísticas, produciéndose también en ellas una reacción tradicionalista que intentó, con más o menos acierto según los casos, una revaloración de los géneros y estilos nacionales. Por una parte los elementos cortesanos del Gran Siglo francés, mantenidos con igual esplendor a la muerte de Luis XIV (1714) por sus sucesores, Luis XV y Luis XVI, ejercieron una gran influencia que consistía principalmente en la imitación de modas y estilos franceses.

Tan importante como éste afrancesamiento, será, al pasar del siglo, el fondo ideológico y las preferencias en las artes de los propagandistas de la Ilustración. Al entrar ambos a la sombra del prestigio francés y gracias al favor oficial de los reyes y sus ministros, las líneas que dividen el afrancesamiento, por una parte, y la Ilustración, por la otra, quedan con frecuencia muy confusas.

Aunque los dos aspectos, tan distintos entre sí, el afrancesado del Gran Siglo y el ilustrado, recibieron una relativa unidad en su oposición a las formas tradicionales españolas, no es exacto dividir las corrientes culturales y artísticas de este tiempo entre un afrancesamiento ilustrado y un tradicionalismo español.

No todos los artistas y escritores afrancesados aceptan las ideas de la Ilustración. Ni todos los artistas y escritores que demostraban preferencia por las ideas ilustradas o los estilos neoclásicos, defendían, por eso, las refinadas y elegantes formas de la corte francesa. Por otra parte, escritores y artistas tradicionales usaron con frecuencia temas, géneros o estilos franceses, a la vez que criticaban el afrancesamiento que ellos veían en la vida española. Con frecuencia, además, éstos usaron formas tradicionales para la expresión de temas asociados con la Ilustración.

La literatura

La influencia del Gran Siglo francés se manifestó en la literatura española con la traducción, adaptación o imitación en español de obras y temas franceses, especialmente Corneille, Racine y Molière, que estaban de moda en la Corte y en los salones literarios franceses.

La orientación neoclásica de la literatura se caracteriza principalmente, en su fondo, por un abandono de la imaginación espontánea y personal en favor de la razón equilibrada, normativa y educadora, y, en su forma, por un triunfo de la gramática y la retórica, en las que las reglas, por ello su nombre de *preceptivas*, determinan la calidad de la lengua.

La preceptiva del siglo XVIII por excelencia es la *Poética*, publicada en 1737 por Ignacio Luzán (1702–1754), en la que se establecen las reglas que toda obra literaria debiera seguir. Según ella, toda obra literaria debe ser educativa, y el teatro verosímil. Literatura es, para Luzán, "imitación de la naturaleza para utilidad o para deleite de los hombres".

Propagandistas del nuevo estilo fueron una serie de grupos y sociedades de carácter vario, de los cuales los más importantes fueron la Academia del Buen Gusto, imitación de los salones literarios franceses, y la versión más española, la Tertulia de la Fonda de San Sebastián. Ésta estaba dirigida por Nicolás Fernández de Moratín (1737–1780) quien, aunque como lírico se mantenía dentro de la tradición española, como dramaturgo seguía más bien las tendencias académicas francesas.

La novela

Frente al neoclasicismo francés, el tradicionalismo español se mantuvo con producciones que ensalzaban la vida española o hacían sátira airada del afrancesamiento y de las formas viejas de la vida española. Más que los imitadores de modelos franceses son estos escritores de vena tradicional, observadores agudos y críticos finos y mordaces, quienes ofrecen los mejores valores literarios del siglo XVIII.

Siendo la novela uno de los géneros literarios que más necesitan del talento inventivo es natural que el siglo neoclásico, crítico y racionalista, fuera uno en que el género novelístico se cultivara menos y con menor fortuna. En todo este siglo sólo dos novelas merecen verdaderamente ser recordadas y ambas son una mezcla curiosa de elementos tradicionales con los nuevos.

La primera de ellas fue obra de Diego de Torres y Villarroel (1693–1770). Hombre extraño y casi fantástico, hubiera cabido él mismo en cualquier novela picaresca. Fue estudiante, bailarín, torero, médico, llegó a ser catedrático de matemáticas en Salamanca. Contrajo matrimonio y más tarde abandonó a su esposa. Fue ermitaño y astrólogo, se hizo soldado, para regresar más tarde con unos toreros a su casa. Al final de su vida se hizo sacerdote y se dedicó a escribir.

Su obra más importante es su *Vida*, en la que se muestra muy influido por el género tradicional de la novela picaresca, en especial la Vida del Buscón de Quevedo. Es innovación suya el uso de planos históricos en la novela en lugar de los ficticios, que eran característicos en este género. Aunque ello le resta algo de su valor novelístico, le da una mayor importancia como testimonio documental de su tiempo.

La segunda obra es la *Historia del famoso predicador fray Gerundio de Campazas alias Zotes* de José Francisco de Isla (1706–1781), mejor conocido como el Padre Isla, jesuita, víctima de la expulsión de la Orden de España. Es la suya una novela satírica contra la oratoria sagrada con frecuencia excesivamente barroca, culterana y decadente de su tiempo. Su tono mordaz, ofensivo para las órdenes religiosas, sobre todo la de los dominicos, fue causa de que la obra fuera prohibida por la Inquisición. *Fray Gerundio*, aunque ofrece pasajes de notable viveza novelística, deja entrever con excesiva frecuencia el ingenio fundamentalmente crítico y satírico de su autor. Su exigua trama novelística está entorpecida, además, por una serie de reflexiones didácticas muy al gusto de la época. Sin ser una gran novela, esta obra es, como la anterior, un documento literario de gran valor.

La poesía

La poesía neoclásica manifiesta claramente su fin didáctico en el género de la fábula versificada, cuyos representantes más famosos son Tomás de Iriarte (1750–1791) con sus *Fábulas literarias* y Félix María Samaniego (1745–1801), autor de *Fábulas morales*. Iriarte, con un estilo claro y sencillo, critica en sus fábulas los defectos de las letras y de los literatos de su época: afrancesamiento, pedantería e ignorancia. Samaniego, en cambio, tiene un carácter más culto, reflexivo, menos popular y, si bien su versificación tiene una mayor musicalidad que la de Iriarte, es también a veces más artificiosa. La moraleja de sus fábulas va dirigida contra los vicios y defectos morales del hombre de todos los tiempos: pereza, orgullo y vanidad. Ambos han gozado siempre y gozan todavía de gran popularidad.

La poesía lírica del siglo XVIII se desarrolla en torno a la obra poética del fraile agustino Diego González (1732–1794). Deseoso éste de restaurar la poesía española, tomó como modelo a fray Luis de León, a cuyo estudio e imitación dedicó toda su vida. Se unieron a él una serie de poetas en una sociedad literaria conocida por el nombre de Arcadia Agustiniana, y primera escuela de Salamanca.

A pesar del deseo de restauración poética española, las características de esta poesía, que coincide con la plenitud neoclásica en España, son: afrancesamiento de modos y estilos poéticos; academicismo, es decir predominio de reglas y preceptos retóricos que hacen de ella una poesía correcta pero fría; y criticismo filosófico, a saber, más dirigido a la reflexión, ética o política, que al sentimiento.

Juan Pablo Forner y Meléndez Valdés   Entre sus miembros más conocidos [de la primera escuela de Salamanca] se destacan Juan Pablo Forner (1754–1797), además de poeta, crítico apasionado, y, a pesar de su estilo poético neoclásico, gran defensor de las tradiciones literarias y científicas de España.

De mayor importancia es Juan Meléndez Valdés (1754–1817), simpatizante de la causa francesa y ministro durante el corto reinado en España de José Bonaparte. Miembro de la escuela salmantina, cultivó las formas propias del mundo bucólico y pastoril; pero seguidor fiel de los ideales de la Ilustración, influido además por

Young, Pope y Rousseau, escribió también poesía filosófica, aunque un tanto idealista y sentimental. Su religiosidad, abstracta y vaga como era característica de la Enciclopedia, se refleja en algunas de sus poesías religiosas (*El hombre imperfecto a su perfectísimo Autor, La presencia de Dios*). Meléndez Valdés, por su sensibilidad y, a veces, la intimidad de sus odas (*A la noche, A la soledad*) es considerado como a mitad de camino entre el neoclasicismo y el romanticismo.

José Cadalso y Vázquez   Una de las personalidades más intensas e interesantes de todo este siglo fue José Cadalso y Vázquez (1741–1782), que murió a los cuarenta y dos años en lucha con los ingleses en el bloqueo de Gibraltar. Por sus composiciones líricas, de carácter bucólico y pastoril, *Ocios de mi juventud*, Cadalso puede ser considerado como un miembro de la primera escuela salmantina. Sin embargo su vida inquieta y viajera y, sobre todo, sus amores con la actriz María Ignacia Ibáñez y su desesperado desconsuelo al morir ella repentinamente, hacen de él una figura romántica. En memoria de su amada escribió las *Noches lúgubres*, elegía en prosa de carácter autobiográfico en la que se muestra influido por el poeta inglés Young. Su ambiente tétrico y su sentimentalismo melancólico hacen que su autor deba ser considerado como uno de los primeros escritores románticos españoles.

Más a tono con el espíritu del siglo es su obra *Los eruditos a la violeta*, sátira contra la pedantería de los pseudoilustrados y afrancesados de su época. Tienen gran mérito también sus famosas *Cartas marruecas*, adaptación del género adoptado por Montesquieu para sus *Cartas persas*. En un supuesto epistolario entre un árabe venido a España y un amigo suyo español, Cadalso, a la vez que expone sus ideas sobre la realidad española, hace una ingeniosa crítica de su decadencia. Su obra trágica, *Sancho García*, a pesar de su tema español, es de corte clásico francés, frío y académico.

Género dramático

El género dramático es el que más claramente demuestra el conflicto cultural que sufre España durante este siglo. La forma más cultivada es la tragedia, de evidente inspiración neoclásica francesa, que llega a través de traducciones e imitaciones de las obras de Corneille, Racine y otros dramaturgos franceses del Gran Siglo. Como resultado de esta influencia se introdujo en el arte dramático español el canon estético de las tres unidades —tiempo, lugar, acción— según los ideales retóricos y didácticos del neoclasicismo francés. El nuevo teatro, sin embargo, fue en general incapaz de continuar la tradición dramática española o de iniciar otra nueva que el pueblo español pudiera apreciar. La aceptación que algunas de estas obras recibieron se basaba con frecuencia más en lo que tenían de tradicional que en los elementos innovadores que ofrecían. Así se explica, por ejemplo, la gran popularidad que alcanzó *La Raquel* de Vicente García de la Huerta (1734–1787). A pesar de que en la forma se adaptaba al modelo de tragedia neoclásica, su tema, los amores legendarios de Alfonso VIII con Raquel, una judía de Toledo, y el espíritu galante y caballeresco con que está tratado, hacen de esta tragedia una continuación de los temas empleados por Lope y Calderón.

Manifestación de este conflicto entre la influencia literaria francesa, por una parte, y la tradición española barroca más del gusto del pueblo, por la otra, fue la oposición oficial abiertamente declarada al teatro español, en especial a los autos sacramentales. Bajo la presión general de políticos y críticos literarios fue prohibida su representación a partir del año 1765, desapareciendo así de la escena española una de sus mejores creaciones.

Ramón de la Cruz   Los autores dramáticos, en general, demostraron en su obra literaria la misma actitud indecisa ante el conflicto cultural entre la tradición española y la influencia francesa que se aprecia en todos los demás aspectos de la vida española. Un caso característico es el de Ramón de la Cruz (1731–1794). En una primera época tradujo y adaptó del francés y del italiano una serie de tragedias y comedias, como *Bayaceto* de Racine, *Sesostris* del italiano Zeno, *La Escocesa* de Voltaire y *Hamleto, rey de Dinamarca*, este último adoptado, no del original de Shakespeare, sino del francés Ducis. Más tarde se dedicó a cultivar un género fundamentalmente tradicional, el *sainete*, con el que hizo su mejor aportación al teatro español y al que debe la fama de que todavía hoy goza.

El sainete es una composición corta, en verso de ocho sílabas y de carácter popular. Aunque se encuentran sus antecedentes en los pasos de Lope de Rueda y los entremeses de Cervantes, tenía en este tiempo un carácter estrictamente popular, por lo que era un género especialmente denigrado por los defensores del teatro francés.

La nota característica de los sainetes de Ramón de la Cruz, que llegan a más de trescientos, es su preferencia por temas y tipos populares, algo que, por lo demás, es también característico de la pintura de su contemporáneo Francisco de Goya. Por la obra dramática de Ramón de la Cruz desfilan con gran realismo las costumbres y tipos españoles en general, y madrileños en particular: bailes, teatros, ferias, tertulias, majos, clérigos y cómicos. Se atribuye a él la frase "Yo escribo y la verdad me dicta", que parece definir muy bien su arte dramático.

Los Moratín   Auténticos restauradores del teatro español y, a la vez, los mejores representantes de la corriente neoclásica fueron los Fernández de Moratín, padre e hijo. Nicolás Fernández de Moratín (1737–1780), el padre, fue buen poeta y distinguido dramaturgo. Como poeta lírico imitó a los del Siglo de Oro, principalmente a Góngora. Compuso además a la manera de los romances tradicionales. Entre sus mejores poesías figura, escrita según estilo de romance, *Fiesta de toros en Madrid*.

Como dramaturgo, sin embargo, admira el neoclasicismo francés y en su obra *Desengaños al teatro español* critica duramente el teatro español del Siglo de Oro, principalmente el de Calderón. Su dura crítica, agravada por su prestigio cultural y literario, contribuyó grandemente a la desvalorización del teatro tradicional y a que se llegara a prohibir la representación de los autos sacramentales. Su mayor mérito es la innegable influencia que sus teorías ejercieron en su hijo, verdadero restaurador del teatro español.

Su hijo, Leandro Fernández de Moratín (1760–1828) fue, sin duda alguna, uno de los pocos autores españoles de este período que demuestra un sentido neoclásico consecuente. Hombre de gran cultura, conocía muy bien las literaturas francesa e inglesa. Había visitado Francia, por la que sintió toda su vida una gran admiración. Defensor de una política afrancesada, sirvió bajo el reinado de José Bonaparte por lo que, al terminar la Guerra de Independencia, marchó como exilado a Francia, donde murió a los sesenta y ocho años de edad.

El único género que cultivó fue el de la comedia y en él se ajustó siempre a moldes e ideales estrictamente neoclásicos. Mantuvo en la comedia la doctrina de las tres unidades e intentó con ella educar al público, censurando vicios, exaltando virtudes, o sencillamente ofreciendo una crítica social o literaria. Todas sus obras se caracterizan por su medida, reflexión y naturalidad.

Entre sus comedias destacan: *La comedia nueva* o *El café*, sátira contra la decadencia del teatro en España, y *El sí de las niñas*, la más conocida de todas sus comedias. En ésta se defiende la libertad del sentimiento de la mujer de la imposición paterna en el momento de dar el sí al que ha de ser compañero de por vida. Esta comedia, por su sencilla línea argumental, la espontaneidad de los sentimientos y la pureza del lenguaje es, sin duda, la mejor obra neoclásica española, y anuncia un resurgimiento dramático.

Desde fin de siglo la poesía refleja los cambios de las condiciones políticas. Aunque su expresión mantiene las formas asociadas con el neoclasicismo, se hace evidente una mayor exaltación emotiva y un claro sentimiento nacional, consecuencia de la Revolución francesa y la Guerra de Independencia, que se van a entroncar con el movimiento romántico.

En resumen, si se considera la literatura del siglo XVIII en su conjunto, el juicio que hay que formar es que en ella predomina casi de manera absoluta la moda neoclásica francesa. Pero también que la aceptación de ésta por los autores españoles no es profunda, ni resultado de una clara educación neoclásica. En casi todos los autores que escriben en vena neoclásica, incluso los más notables, hay frecuentes manifestaciones contrarias a ésta. Ello se debe en unos a una postura política nacionalista que les llevaba a defender las tradiciones literarias españolas en contra de las francesas; en otros a su preferencia por el realismo, también tradicional, en vez del artificioso academicismo francés. En otros era todavía continuación de un barroquismo nunca totalmente olvidado.

A pesar de su extraordinaria influencia, el neoclasicismo, la Ilustración y el Enciclopedismo, permanecieron durante el siglo XVIII como producto de afrancesamiento, es decir, imposición de elementos culturales extranjeros nunca completamente aceptados. El intento de hacer de ellos una versión nueva que pudiera entrar a formar parte de la cultura española será la contribución principal y más característica del siglo XIX.

Las artes

El arte español demuestra a lo largo del siglo XVIII los mismos problemas y conflictos que se observan en la literatura y en la vida nacional. Por una parte, la tradición espiritual y la sensibilidad del pueblo continuaban representadas por el estilo barroco, el cual se mantuvo extraordinariamente productivo durante la mayor parte del siglo. Por otra parte, los estilos franceses que, pujantes y seguros por la protección oficial de que gozaban, se iban imponiendo en la vida artística de la nación.

Estilos franceses

A lo largo del siglo XVIII la sensibilidad artística francesa sufrió también unos cambios notables. La rica y majestuosa herencia de Luis XIV, el barroco francés, representada por el Palacio de Versalles, se distinguía por la severidad clásica de sus fachadas uniformes y simétricas. En sus interiores, aunque se prodigaban los elementos ornamentales barrocos, se había mantenido siempre un orden simétrico no desprovisto de sobriedad.

Durante el reinado de Luis XV, sin embargo, aunque en los exteriores se mantuvo generalmente la línea clasicista del reinado anterior, en los interiores y también en los muebles se introdujo el llamado estilo *rococó*. En éste, se huía deliberadamente de toda forma sobria o severa, buscando la gracia y elegancia de la línea curva y de las formas ovales, asimétricas y *de riñón*, con abundante uso de temas mitológicos, florales y de jardín; amorcillos y pájaros juguetones, dorados o de suave colorido azul, amarillo y rosado.

Como reacción contra este estilo, considerado muy pronto de excesivo refinamiento y, por ello, decadente, comenzó a dejarse sentir ya durante el reinado de Luis XVI un cambio que, sustituyendo completamente al anterior, dominó en Francia y gran parte de Europa hasta bien entrado el siglo XIX. El nuevo estilo, llamado *neoclásico*, por estar basado en modelos de la antigüedad clásica romana y griega, tuvo muchas causas determinantes. La más importante fue, sin duda, el fenómeno de la Ilustración, que creó de Roma y Grecia el mito de una civilización basada en la razón, la filosofía, el orden y la democracia. Esta apreciación del arte clásico hizo de él una norma estética inmutable a la que debían someterse todos los artistas. Los viajes arqueológicos y estudios del arte griego y las excavaciones de Pompeya y Herculano proporcionaron los modelos concretos a imitar. Ahora bien, a lo largo del siglo XVIII, esta imitación del arte clásico estuvo sometida al gusto francés, con el resultado de la incorporación de motivos y adornos más franceses que griegos.

La arquitectura

La denominación de barroco aplicada al arte se aplica generalmente al estilo predominante desde el siglo XVII, que incluye la tendencia hacia un mayor recargamiento ornamental. Durante el siglo XVIII, se mantiene el barroco español como estilo tradicional frente al barroco importado desde Francia. De esta manera se establece en España una división en el estilo, que, aunque ambos barroco, se deben diferenciar como distintos, el uno español y el otro francés.

Barroco español　En España la arquitectura nacional continuó representada por el estilo barroco tradicional, que mantuvo su tendencia hacia una mayor decoración en sus exteriores. Aunque no exclusivamente, este estilo fue usado principalmente para iglesias y edificios religiosos.

La inclinación hacia la exuberancia ornamental característica del barroco nacional produjo una variante llamada, por uno de sus representantes más notables, estilo churrigueresco, usado preferentemente, aunque no exclusivamente, para la decoración interior. Se distingue por su exagerada ornamentación. Las columnas son invertidas, o salomónicas, retorcidas y cubiertas de flores y pámpanos. Sobre los cornisamentos se apoyan gran número de figuras llenas de movimiento que parecen querer salirse de la obra. En los altares, todo queda rodeado de una exuberante decoración policromada o de talla recubierta de oro.

Entre las obras del barroco español de este tiempo sobresalen la monumental fachada del Obradoiro de la catedral de Santiago (Fig. 9.1), la iglesia de San Luis de

Figura 9.1 Fachada del Obradoiro de la catedral de Santiago de Compostela

Figura 9.2 Fachada del Hospicio de San Fernando, Madrid

Sevilla y la catedral de Guadix. El arquitecto más representativo de este estilo fue Pedro de Ribera (m. 1742), en cuya obra la riqueza decorativa de fachadas y retablos llega a su apogeo escenográfico. Obras suyas son la fachada del Hospicio de San Fernando en Madrid (Fig. 9.2) y la iglesia de Montserrat con su característica torre, que no logró ver acabada.

El madrileño José de Churriguera (1665–1725), que dio el nombre al estilo, es famoso sobre todo por sus retablos de altar, como el de la iglesia de San Esteban de Salamanca (Fig. 9.3) y la capilla del Sagrario en la catedral de Segovia. El barroquismo español llegó a su última y más osada expresión en el Transparente de la catedral de Toledo, obra maestra de Narciso Tomé, y las yeserías que decoran la capilla mayor y sacristía de la Cartuja de Granada (Fig. 9.4) y la ornamentación de su Cepilla del Sagrario (Fig. 9.5). La popularidad de este estilo fue grande y es, por ello, notable el gran número de iglesias que se adornan con él. La mezcla de barroco español con los adornos polícromos o cubiertos de azulejos tan del gusto tradicional produce, en el sur de España, un estilo en el que las influencias mudéjares son difíciles de ignorar. Ejemplos de gran hermosura son las iglesias de Santa María y San Juan de Ecija (Fig. 9.6). Retorno al mudéjar se percibe también en el decorado interior de San Juan en Zaragoza.

Aunque el barroco español durante el siglo XVIII fue predominantemente religioso, no deja de haber notables ejemplos de barroco civil, como la Fuente de la Fama de Madrid, obra de Ribera, monumento a la Virgen María en Ecija, el Palacio

Figura 9.3 Retablo mayor de la Iglesia de San Esteban, Salamanca

Figura 9.4 Sacristía de la Cartuja, Granada

Figura 9.5 Detalle del altar del Sagrario, Cartuja de Granada

Figura 9.6 Iglesia de San Juan, Ecija, Sevilla

Figura 9.7 Palacio del Marqués de Dos Aguas, Valencia

de Soñanes en Santander y la portada del palacio del marqués de Dos Aguas en Valencia (Fig. 9.7), entre otros.

Barroco francés   El Barroco español fue perdiendo importancia ante la creciente influencia de los estilos franceses. Pero más que una derivación artística o un cambio estético en la nación, parece responder sencillamente al favor oficial y a la preferencia que se otorgaba a los artistas, muchos de ellos italianos y franceses, que seguían las nuevas formas. Por ello aparece usado en un principio en palacios y obras asociadas al gobierno del Reino.

Obra característica de este estilo es el Palacio en La Granja de San Ildefonso, Segovia (Fig. 9.8), mandado edificar por Felipe V, en el que conscientemente se imita el estilo del palacio francés de Versalles. Del mismo estilo es el Palacio Real de Madrid (Fig. 9.9), comenzado en 1738, y el de Aranjuez, también de este tiempo.

Ejemplos de arquitectura religiosa según este estilo son la iglesia de los Santos Justo y Pastor de Madrid, aunque con riquísima ornamentación interior de estuco y pintura, y la de Santa Bárbara de las Salesas Reales (Fig. 9.10), cuya fachada sencilla contrasta también con su magnífica y movida ornamentación interior.

Neoclásico   A mediados de siglo llegaron a España, juntamente con las corrientes culturales de la Ilustración, las artísticas del neoclasicismo. El gusto versallesco introducido por Felipe V fue sustituido por la preferencia que los reyes sentían por un estilo de arquitectura más estilizado, con menos ornamentación y mayor uso de temas o adornos griegos. Ello da como resultado una mezcla de barroco francés y líneas neoclásicas que va a caracterizar el llamado neoclasicismo oficial a lo largo del siglo.

Figura 9.8 Palacio de La Granja de San Ildefonso, Segovia

Figura 9.9 Palacio Real de Madrid

Figura 9.10 Iglesia de las Salesas Reales, Madrid

Carlos III es quien generalmente se asocia con el auge de la moda neoclásica francesa en España. A su protección se deben los mejores edificios y monumentos en este estilo que aún hoy adornan muchas capitales españolas, principalmente Madrid.

Ejemplo típico de esta arquitectura es la llamada Casita del Labrador en Aranjuez (Fig. 9.11), pequeño palacio de recreo edificado por Carlos III para su hijo, el futuro Carlos IV.

Figura 9.11 Casita del Labrador, Aranjuez

Figura 9.12 Puerta de Alcalá, Madrid, de Francisco Sabatini

Notable arquitecto y uno de los preferidos por el rey fue el italiano Francisco Sabatini (1722–1797), a quien se deben la Iglesia de Santa Ana de Valladolid, notable por la simplicidad de sus líneas y, más conocida todavía, la famosa Puerta de Alcalá en Madrid (Fig. 9.12), en la que todavía se percibe el barroco francés. Obras suyas son también la tumba de Fernando VI en la iglesia de las Salesas en Madrid, de estilo barroco francés, y el altar mayor de la catedral de Segovia, en el que el estilo neoclásico francés permanece muy influido por el barroco de Versalles. Obra notable por su simplicidad es la ermita de San Antonio de la Florida (1780) del italiano Francisco Fontana, fundación de Carlos IV, hoy Panteón de Goya.

Este estilo producto de mezcla, barroco francés y neoclásico, se encuentra en la Capilla del Santo Pilar en Zaragoza, el altar mayor de la catedral de Cuenca (Fig. 9.13) y el trascoro de la de Segovia, obras de Ventura Rodríguez.

El arquitecto más importante entre los maestros del neoclasicismo español fue Juan de Villanueva (1759–1811). Sus obras más conocidas son el Museo del Prado (Fig. 9.14) y el Teatro de la Villa en Madrid, ambos con numerosos elementos franceses. A él se deben también los pequeños palacios La Casa del Príncipe y La Casa de Arriba, ambos en El Escorial, el Jardín Botánico y el Observatorio Astronómico de Madrid, en los que el estilo neoclásico es más auténtico.

Modelo importante de arquitectura religiosa neoclásica es la magnífica iglesia de San Francisco el Grande en Madrid. El estilo neoclásico con contaminación francesa perduró hasta bien avanzado el siglo XIX. Este estilo llegará a sustituir hacia fines de siglo la exagerada ornamentación del churrigueresco.

La escultura

La escultura religiosa continúa por lo general dentro de la tradición barroca española, mientras las tendencias francesas, barrocas y neoclásicas, encuentran su campo más fecundo en la escultura urbana y civil.

El representante más auténtico de la tradición española fue Francisco Salzillo (1707–1783), a la vez, el escultor más importante de todo el siglo XVIII. Lo mejor de su obra está constituido por la serie de imágenes para los pasos de la Semana Santa, entre los que se distinguen *La oración del Huerto*. Aunque de belleza un poco afectada, todas estas imágenes poseen un realismo y un profundo sentido religioso que las han hecho populares hasta el presente. Otros escultores barrocos buscan la expresión de la tensión

Figura 9.13 Altar mayor de la catedral de Segovia, de Francisco Sabatini

Figura 9.14 Museo del Prado, Madrid

dramática en un realismo extremado del detalle o en la exageración de acción y movimientos.

En la escultura es importante la tendencia de los artistas a usar de una cierta serenidad neoclásica para suavizar el patetismo de la expresión y el exagerado movimiento, que son característicos en el barroco del siglo XVIII. El estilo resultante depende en cierto sentido de los temas. Es más barroco en los religiosos, más neoclásico en los laicos.

Escultores notables   Exponente mayor de esta escultura es el escultor catalán Luis Salvador Carmona (1709–1767), miembro de la Real Academia de Bellas Artes, cuyas imágenes religiosas manifiestan a la vez una serenidad neoclásica junto con patetismo barroco. Son famosas sus *Dolorosas* (Fig. 9.15). Conocido es también Juan Pascual de Mena (1707–1784), director de la Real Academia de Bellas Artes. Su obra más conocida es la famosa fuente de Neptuno (Fig. 9.16) en Madrid. Siguen el mismo estilo la fuente de Cibeles (Fig. 9.17), de Francisco Gutiérrez (1727–1782) y, aunque más en la línea suave y ornamentación del

Figura 9.15 Virgen dolorosa, de Salvador Carmona, Santa María de Béjar, Salamanca

Figura 9.16 Fuente de Neptuno, Madrid

Figura 9.17 Fuente de la Cibeles, Madrid

barroco francés, la fuente de Apolo frente al Museo del Prado, obra de Manuel Álvarez (1727–1797). Ambas embellecen todavía con su gracia serena las plazas de la capital de España.

La pintura

La pintura española sufrió durante el siglo XVIII una crisis todavía mayor que la experimentada por las demás artes. Durante el reinado de Felipe V, los artistas, extranjeros en su mayor parte, expresaron una admiración aduladora por la monarquía absoluta de los reyes. Con la creación de la Academia de Nobles Artes de San Fernando, los artistas buscando la aprobación oficial trataron conscientemente de evitar temas y estilos tradicionales para dar preferencia al barroco francés y, más tarde, al rococó. Desnudos de imitación clásica, escenas mitológicas y alegóricas fueron los temas preferidos de una pintura fría y mediocre.

Los estilos de pintura francesa adquirieron gran prestigio al invitar los monarcas a artistas extranjeros famosos para que adornaran con sus cuadros y frescos los muros y techos de los palacios reales. De éstos, los más conocidos fueron los italianos Lucas Jordán (1634–1705), en España ya desde fines del siglo anterior, comisionado por el rey Carlos II para terminar la decoración de El Escorial, y Juan Bautista Tiépolo (1696–1770), extraordinario fresquista al estilo rococó de gran fama en Europa.

Antón Rafael Mengs   Muy importante también en España fue el alemán Antón Rafael Mengs (1728–1779), quien impuso un concepto de belleza que se convirtió en modelo de pintura neoclásica. A pesar de su academicismo fue Mengs el más influyente de todos por haber sido el único capaz de formar una auténtica escuela de pintura española. Además de sus cuadros, Mengs es notable por su actividad en la creación de modelos para la Real Fábrica de Tapices. Bajo la dirección de Mengs ésta adquirió una gran vitalidad y notable originalidad gracias a la intervención de varios pintores españoles, que combinaron la técnica del maestro con una temática propia a base de escenas populares y tipos madrileños. Entre estos los más importantes fueron Francisco Bayeu (1734–1795) y, sobre todo, Goya.

Francisco de Goya   Con Francisco de Goya y Lucientes (1746–1828), la pintura del siglo XVIII llega a su cumbre y, a la vez, a su disolución. Goya, uno de los pintores más geniales de España, a caballo entre dos siglos, es el mejor representante del rococó español, para convertirse más tarde en el primer gran pintor moderno. Había nacido Goya de una familia modesta de artesanos artistas en Fuendetodos, pueblo de la provincia de Zaragoza. En esta ciudad comenzó su educación artística que continuó más tarde en Madrid e Italia, donde obtuvo un premio de la Academia de Parma. De regreso a España comenzó sus trabajos pintando frescos en algunas iglesias (Nuestra Señora del Pilar, cartuja de Aula Dei). En 1777, se casó con Josefa Bayeu y el año siguiente el hermano de ésta, Francisco, le invitó a que se uniera al grupo de pintores que bajo la dirección de Mengs pintaba bocetos para servir de modelos de tapices de la Real Fábrica. Allí trabajó con algunas interrupciones durante casi veinte años.

A su primera época corresponden los cartones, *El parasol* (Fig. 9.18), *El cacharrero*, *Gallina ciega* y otros muchos en los que Goya plasma un ambiente optimista, suave y feliz, típico del espíritu cortesano de la época. El realismo de las figuras, muy bien observadas y expresadas en fuertes y luminosos contrastes de color, no llega a los fondos de paisaje que son más bien un marco y una mera situación espacial. Notable es la atención que en ellos se presta a tipos locales y escenas populares en los que, como en los sainetes de su contemporáneo Ramón de la Cruz, el tradicionalismo español parece protestar contra el academicismo cortesano francés. Ya

Figura 9.18 El parasol, de Francisco Goya

durante este período Goya demuestra una cierta tendencia a alejarse del dibujo para dar preferencia a la pincelada de color impresionista.

A partir de 1783 comenzó Goya su carrera de retratista (de Floridablanca, de la familia del infante don Luis, entre otros muchos) con la que alcanzó un gran reconocimiento, por lo que, en 1786, fue nombrado pintor del rey. En esta época, hasta los primeros años del siglo XIX, Goya desarrolló una gran actividad, realizando las obras que le han dado mayor fama, *La maja vestida*, *La maja desnuda*, *Retrato de Carlos IV*, *La familia de Carlos IV*, entre otros. De esta época son también los frescos que adornan la iglesia de San Francisco de la Florida en Madrid, realizados en 1798. Hacia 1799 Goya, ya sordo a causa de varias enfermedades, publicó sus *Caprichos*, los cuales, por el cinismo desgarrado y cruel con que criticaba las instituciones e individuos en general, causaron un gran escándalo por el que tuvo que intervenir la Inquisición.

Goya contaba sesenta años de edad al comenzar la Guerra de la Independencia y, por figurar en la nómina de pintores de José Bonaparte, ha sido considerado como un oportunista y afrancesado, más de lo que quizá fuera en realidad. Años más tarde, de 1808 a 1814, se dedicó a recoger las visiones terroríficas de la guerra en *El coloso*, en el que con tonos sombríos y un realismo despiadado expresa su visión de la guerra española. Más que el tema es la técnica colorista casi carente de dibujo la que produce el efecto de pánico en la población que huye. El mismo tema está tratado en la serie de grabados titulada *Los desastres de la guerra*, que fueron publicados después de su muerte. De estos años son también *El dos de mayo* (Fig. 9.19) y *Los fusilamientos del tres de mayo* (Fig. 9.20). El primero, realizado en parte según su realismo tradicional; el segundo, en cambio, es una obra maestra de un expresionismo dramático en el que hay muy poco del color, de la técnica o del espíritu del siglo XVIII.

El año 1819 adquirió cerca del río Manzanares (Madrid) la Quinta del Sordo, en la que pasó sus últimos años en una amarga soledad impuesta por su enfermedad. En ella, encerrado en sí mismo, creó las pinturas negras, llamadas

Figura 9.19 El Dos de Mayo, de Francisco Goya

Figura 9.20 Fusilamientos de la Moncloa, de Francisco de Goya

así por usar para su realización el negro y el ocre solamente. En ellas, *El aquelarre, La romería de San Isidro, Saturno devorando sus hijos* (Fig. 9.21), se plasma un mundo irracional desfigurado por los horrores interiores del pintor. Goya falleció en el año 1828 en Burdeos, Francia, donde había fijado su residencia unos años antes.

Francisco de Goya es uno de los pintores que más ha influido en la estética actual. A él se atribuye una gran influencia en todos los movimientos posteriores: romanticismo, impresionismo, postimpresionismo. Goya, se ha dicho, más que una expresión artística fue una revolución del arte y una crisis de la cultura de su tiempo. Él, mejor que nadie, señala los cambios espirituales que separan la Edad Moderna de la Contemporánea.

La música

La música tradicional continua en decadencia, manifestando cierta vitalidad solamente en las formas

Figura 9.21 Saturno devorando sus hijos, de Francisco de Goya

populares: zarzuelas, sainetes, jotas, boleros, seguidillas, etc. El favor oficial da mayor importancia al estilo cortesano preferido por los reyes, que siguen, como en las demás artes las normas del gusto francés. Como en la pintura, también en la música los artistas italianos adquieren una gran importancia. Ya con Felipe V y Fernando VI eran italianos quienes dirigían la explotación del teatro del Buen Retiro, el más importante de la corte. En 1737 llegó a España el famoso cantor Farinelli quien, a su vez, atrajo un gran número de compositores y cantores italianos que llenaron la escena, con sus obras, o con óperas y zarzuelas de texto español pero con música italiana.

Más importante todavía que esta importación de música y músicos extranjeros es la influencia que la música española tuvo sobre las composiciones de notables compositores extranjeros. Éstos, respondiendo a la fascinación que sintieron por la música e instrumentos españoles, los incorporan a sus composiciones tratando hacer de ellos un producto refinado según los gustos —barroco y rococó— de la corte.

Domenico Scarlatti   La influencia italiana quedó establecida con la llegada a Madrid en 1729, del famoso compositor napolitano Domenico Scarlatti, quien, desde 1720, residía en Lisboa, donde fue maestro de música de la princesa María Bárbara, futura esposa de Fernando VI. Gozando del favor real, Scarlatti pasó el resto de su vida, hasta 1757, viajando entre Madrid y los palacios de Aranjuez y de La Granja en Segovia. Notable en sus composiciones es la progresiva adaptación en sus numerosas *Sonatas* de motivos, música y baile españoles (jotas, tonadillas y danzas), incluso incorporando en ellas ritmos propios de la guitarra española. La influencia española sobre su música es tan evidente que algunos críticos afirman que Scarlatti llegó a ser en su música tan español como El Greco en su pintura.

Antonio Soler   La música española de este tiempo llega a su cumbre con un discípulo de Scarlatti., el padre Antonio Soler (1729–1783), catalán de nacimiento y monje en el monasterio de El Escorial desde 1757. Soler, además de música religiosa, compuso entremeses y sainetes para el teatro profano. Discípulo fiel de Scarlatti en sus composiciones, se percibe en su música, sin embargo, una vitalidad que parece más bien continuar la tradición barroca española.

Luis Boccherini   Otro compositor italiano de nota es Luis Boccherini (1743–1805), establecido en Madrid a la edad de veinticinco años, donde pasó el resto de su vida. Más aún, si cabe, que Scarlatti, Boccherini incorpora la música española y los ritmos de la guitarra popular a sus composiciones. La influencia española se hace evidente en su *Balet español* y en sus *Quintetos con guitarra*. En éstos la nota predominante es el uso que hace del ritmo de fandango como una de sus partes, lo que contribuyó a popularizar en Europa los ritmos españoles. Boccherini compuso además una zarzuela, *Clementina*, sobre un texto de Ramón de la Cruz.

♫ PREGUNTAS DE ESTUDIO Y REPASO

1. ¿Por qué se llama al siglo XVIII un siglo francés?
2. ¿Qué política interior adoptó Felipe V?
3. ¿Cómo se puede juzgar la política interna de Carlos III?
4. ¿Con qué acontecimientos europeos coincidió el reinado de Carlos IV?
5. ¿Qué cambios políticos y sociales introdujeron los reyes Borbones en España?
6. ¿Cómo reaccionó el pueblo ante las reformas que se le imponían?
7. ¿Qué concepto de clases sociales desarrollaron?
8. ¿A qué se da el nombre de Ilustración, y qué ideales políticos, sociales y culturales propugnaba?
9. ¿Qué diferencia hay entre afrancesamiento e Ilustración?
10. ¿Cuál era la actitud de los tradicionalistas ante los ideales de la Ilustración?
11. ¿Por qué despreciaban los ilustrados las tradiciones españolas?
12. ¿Cómo se quiso reformar la enseñanza?

13. ¿Qué son y qué importancia tuvieron las sociedades secretas?

14. ¿A qué se llama neoclasicismo? y ¿En qué se distingue, y coincide, con el afrancesamiento?

15. ¿Cómo influyó la invasión de Napoleón en la poesía española de este tiempo?

16. ¿Cuál fue y cómo se explica la actitud oficial ante la literatura tradicional?

17. ¿Qué problemas y conflictos demuestra el arte español durante este siglo?

18. ¿Qué estilo representaba la arquitectura tradicional española y qué formas nuevas adoptó?

19. ¿A qué causas respondía el predominio de los estilos franceses?

20. ¿Cómo se manifiesta en la arquitectura y escultura el conflicto de estilos?

21. ¿Qué evolución de temas y estilos se advierte en la pintura de Goya?

CAPÍTULO
10

LA EDAD CONTEMPORÁNEA

Temas

- Consecuencias de la Revolución Francesa

- Nacionalismo antifrancés y antiimperial

- Guerra de la Independencia, política e ideología

- Liberalismo, tradicionalismo en España

- Absolutismo en España

- Política de los generales, liberales y conservadores

- Del absolutismo español a la monarquía constitucional

- Monarquía sin rey y Amadeo de Saboya

- El fracaso del ensayo republicano

- Restauración de la Monarquía

- Burguesía y proletariado

- Socialismo

CRONOLOGÍA DE ESPAÑA DURANTE EL SIGLO XIX

- 1807   Ocupación de España por las tropas francesas
- **1808–1814**   Dos de Mayo, **Guerra de la Independencia** contra Napoleón
- 1808   José Bonaparte, rey de España
- 1810–1812   Se convocan las Cortes de Cádiz. Proclamación de la Constitución
- 1814–1833   **Fernando VII,** rey de España
- 1814–1820   **Período absolutista**
- 1820   Pronunciamiento de Riego
- 1820–1823   **Período liberal.** Fernando VII acepta la Constitución de Cádiz
- 1821   Se inicia el proceso independentista en el Nuevo Mundo
- 1823–1833   **Período reaccionario.** *Los Cien Mil Hijos de San Luis* entran en España
- **1833–1868**   **Isabel II,** reina de España
- 1833–1843   **Minoría de edad de Isabel.** Regencia de María Cristina
- 1833–1834   **Período absolutista,** Cea Bermúdez
- 1834–1835   **Período constitucional,** Martínez de la Rosa
- 1834–1840   Primera Guerra Carlista
- 1835–1840   **Período liberal,** Queipo del Llano, Conde de Toreno
- 1835   Supresión de las órdenes religiosas
-          Ministerio de Mendizábal. Desamortización
- 1836   Motín de la Granja. Se reintroduce la Constitución de 1812
- 1837   Proclamación de una nueva Constitución (de 1837)
- 1840   Destierro de María Cristina
- 1840–1843   **Gobierno liberal,** general Espartero.
- 1843   Rebelión del General Narváez contra Espartero
- **1843–1868**   **Mayoría de edad de Isabel II**
- 1843–1853   **Período moderado,** general Narváez (1844–1846)
- 1844   Creación de la Guardia Civil para la pacificación del campo
- 1845   Proclamación de la Nueva Constitución
- 1847   Comienza la Segunda Guerra Carlista (1847–1849)
- 1854–1861   **Período liberal,** Espartero, O'Donnell
- 1859   Guerra de África (1859–1860), *guerra grande-paz chica*
- 1860   Sublevación de los Carlistas
- 1868   **Revolución de 1868.** Destronamiento de Isabel II

- 1868–1870   **Regencia del general Serrano**
- 1868   Guerra de Cuba (1868–1878)
- 1870–1873   **Amadeo I de Saboya,** rey de España
- 1872   Tercera Guerra Carlista (1872–1875)
- 1873   Abdicación de Amadeo I
- 1873–1874   Proclamación de la **Primera República**
- 1874   Pronunciamiento monárquico de Sagunto
- 1875–1885   **Alfonso XII,** rey de España
- 1875   Terminación de las Guerras Carlistas
- 1876   Proclamación de la Nueva Constitución (de 1876)
- 1879   Fundación del Partido Socialista Obrero Español
- 1885–1902   **Regencia de María Cristina**
- 1888   Congreso Constitutivo del PSOE en Barcelona
- 1895   Alzamiento de José Martí en Cuba
- 1896   Alzamiento de Andrés Bonifacio en Filipinas
- 1898–1899   **Desastre colonial.** Pérdida de Cuba, Puerto Rico y Filipinas
- 1902–1931   **Alfonso XIII, rey de España**

La historia europea de los últimos dos siglos gira alrededor de la Revolución Francesa, de carácter burgués, ocurrida a finales del siglo XVIII, y la de las masas obreras, tras la Primera Guerra Mundial. Ambos acontecimientos afectaron como ningún otro el desarrollo de la sociedad europea durante este tiempo.

La evolución europea, durante este periodo, incluye el predominio absoluto, social, técnico y militar de Europa sobre el mundo, a lo largo del siglo XIX, y, a partir del segundo decenio del siglo XX, la pérdida de ese predominio frente al de Norteamérica, el Bloque soviético y, más tarde, el emergente Tercer Mundo.

La historia europea de esta época puede ser dividida en tres periodos: el primero, de predominio de la burguesía, que se extiende desde la Revolución Francesa (1789) hasta la Primera Guerra Mundial (1914–1918); el segundo, iniciado por la Revolución rusa (1917), que se distingue por la rebelión de las masas obreras y el nacimiento de los estados totalitarios; y el tercero, que comienza tras la Segunda Guerra Mundial (1939–1945), con la división de Europa en dos bloques antagónicos.

A éstos se puede añadir hoy un cuarto periodo que comienza con la paulatina pérdida del vigor ideológico de los sistemas políticos ante un pragmatismo político-económico en lo que acertadamente se ha llamado el crepúsculo de las ideologías, que lleva hasta la desintegración de los sistemas socialistas del este europeo. En este proceso de desintegración social las naciones del mundo occidental, menos basadas en programas ideológicos, sufrieron menos que las del bloque oriental, en las que las estructuras en que se basaba su autoridad llegan a desaparecer.

Durante este tiempo, España se ha desarrollado a un ritmo distinto. Por no haber tenido una revolución burguesa a principios del siglo XIX, como en el resto de Europa occidental, se complicó ésta con la revolución de las masas obreras en la guerra civil de 1936, que terminó con la restauración de valores sociales tradicionales durante el régimen totalitario de Franco. Por no haber participado en la Segunda Guerra Mundial, y quedar sometida al aislamiento impuesto por los Aliados a su conclusión, España ha estado menos afectada por los cambios que siguieron a la derrota del Eje. España se ha reintegrado a la comunidad europea lentamente, y, totalmente, sólo tras la restauración democrática en 1975.

EUROPA DURANTE EL SIGLO XIX

En Europa el paso del siglo XVIII al XIX tuvo lugar bajo el signo de Francia y en ésta bajo el de Napoleón Bonaparte. Con el golpe de estado de 1799, Napoleón había dado fin al Directorio revolucionario, creando en su lugar un Consulado que, aprobado por referéndum popular el mismo año, concedió poder absoluto a Napoleón, nombrado así Primer Cónsul de Francia.

Los historiadores acostumbran a presentar a Napoleón solamente como el genio de la guerra, apenas sin señalar que fue también muy importante su contribución al desarrollo social de Francia. A él se debe la reconciliación de los dos órdenes sociales: el tradicional y el revolucionario, logrando crear en breve tiempo una nueva sociedad, burguesa e igualitaria, en torno a sistemas de justicia y administración social, que en muchos casos todavía se mantienen vigentes.

Emperador Napoleón Bonaparte

Por votación del Senado, Napoleón fue exaltado a la dignidad de Emperador de los franceses, con lo que comenzó para Francia su época imperial (1804–1814). Sobre un régimen de despotismo basado en la fuerza militar, Napoleón movilizó a Francia y se lanzó a la conquista de Europa. Pero no lo hizo interesado en exportar la revolución ideológica, sino para renovar en su persona, con el prestigio de sus conquistas y el poder militar de la hegemonía francesa sobre Europa, las formas del Antiguo Régimen.

Para ello introdujo de nuevo en su Corte el modelo y la etiqueta de los reyes franceses, creó una nueva nobleza (príncipes, duques y condes) con títulos que hacían referencia a las victorias militares conseguidas contra los enemigos de Francia y cuyos titulares eran generalmente los héroes de los campos de batalla. Napoleón consiguió además que le fuera reconocido el título de Emperador a perpetuidad, a él y a su descendencia, fuera ésta directa o adoptiva. Y, para hacerlo efectivo, intentó entronizar a miembros de su familia como príncipes y reyes en los países conquistados o sometidos a Francia: sus hermanos José en España, Luis en Holanda, Jerónimo en Westfalia, y su hijo Napoleón (II) en Roma. Él mismo obligó al papa Pío VII a que acudiese a París a consagrarle Emperador (1804) y obligó a su primera esposa, Josefina, a que aceptara el divorcio, para poder casarse con la archiduquesa María Luisa, hija del emperador Francisco I de Austria.

El pueblo francés soportó el régimen napoleónico mientras éste estuvo sostenido por deslumbrantes victorias militares. Al faltar éstas, Francia, agotada por tantas guerras, le negó su apoyo, precipitando así, tras su derrota en los campos de batalla, su caída del poder. En 1814, ante la marcha de los aliados sobre París, Napoleón se vio obligado a abdicar, siendo desterrado, primero a la isla de Elba y después, tras Los Cien Días y la batalla de Waterloo, a la isla de Santa Elena. En Francia se restauró entonces la monarquía en la persona del rey Luis XVIII (m. 1824).

Los soberanos europeos reunidos en el Congreso de Viena (1814–1815) trataron de restablecer el sistema político de Europa sobre las bases de la monarquía tradicional. Para ello formaron la *Santa Alianza*, que se adjudicaba el derecho de intervención en otros países para la represión de todo movimiento revolucionario que pudiera amenazar el sistema monárquico. De esta manera, tras la caída del imperio napoleónico, se entabló en Europa una larga y dura lucha entre el sistema de monarquía absoluta y los principios igualitarios de la Revolución Francesa. Éstos habían sobrevivido en Francia los excesos revolucionarios de la Convención y la dictadura militar de Napoleón, de manera que, para ser reconocido como rey, el mismo Luis XVIII tuvo que aceptar muchos de los principios revolucionarios.

Absolutistas y liberales

En el resto de Europa la popularización de las ideas políticas de la Ilustración y, más tarde, las guerras contra la dominación francesa, despertaron en los pueblos el deseo de libertad política e independencia nacional. Por ello, cuando, derrotada ya Francia, los soberanos europeos intentaron, en 1815, reintroducir el llamado *Antiguo Régimen*, de monarquía absoluta, se encontraron con grupos que se opusieron a ello abiertamente en todos los países de Europa.

Éstos, a quienes se da el nombre de *liberales*, eran partidarios de una monarquía constitucional, es decir, en la que el rey gobierna según una constitución escrita que garantiza a sus súbditos la libertad de pensamiento, de expresión, de religión y de asociación. Frente a los liberales se alzaban los *absolutistas*, que defendían el absolutismo del poder real y la religión, generalmente la católica, como la oficial del estado.

La historia política europea a lo largo del siglo XIX se caracteriza así por una sucesión de esfuerzos realizados por los pueblos para obtener de sus reyes un régimen más liberal y, en los países en los que gobernaba un soberano extranjero, para lograr su independencia nacional.

Francia

En el forcejeo entre absolutistas y liberales, el triunfo inicial fue del absolutismo, que pudo mantener el orden antiguo con las fuerzas organizadas y la intervención repetida de los ejércitos de la *Santa Alianza*. Pero fue un triunfo pasajero, que terminó en Francia con la revolución de 1830. Aunque ésta consistió tan sólo en la entronización del jefe del partido liberal, Luis Felipe, duque de Orleáns, como Rey de los franceses (1830–1848), fue considerada, y en muchos aspectos lo fue, un triunfo de los movimientos liberales. Estimulados por este cambio, los liberales promovieron una serie de revoluciones en Bélgica, Polonia, Suiza, Alemania, Italia, España y Portugal que, aunque muy diferentes en sus detalles, tienen todas en común su oposición al régimen absolutista.

El desarrollo político europeo durante la segunda mitad del siglo continuó dominado por Francia, por sus empresas políticas y, principalmente, por los acontecimientos políticos que tenían lugar en ella y que servían de inspiración y modelo a los grupos liberales y revolucionarios de los demás países.

En 1848 un golpe de estado revolucionario puso fin de nuevo a la monarquía francesa. Durante casi un cuarto de siglo Francia estuvo gobernada por Luis Napoleón, primero como presidente de la Segunda República (1848–1852) y después como emperador Napoleón III (1852–1870). Aunque el Imperio comenzó con un periodo autoritario (1852–1860), terminó derivando hacia una liberalización de las instituciones nacionales en la que encontraron inspiración y decidido apoyo las doctrinas de los varios grupos nacionalistas y liberales de otros países.

Italia y Alemania

La política de Francia, aunque basada en sus propios intereses, favoreció el proceso de formación de Italia como nación, cuya unidad se realizó en 1879 bajo Víctor Manuel como su primer rey. Al mismo tiempo, en el norte de Europa, el nacionalismo alemán tendía hacia una unidad política dominada por Prusia. Su artífice fue Otto von Bismarck, quien como ministro del rey de Prusia (1862–1871), estableció las bases de la unidad alemana con la derrota sucesiva de Dinamarca (1864), Austria (1866) y Francia (1870). En 1871, pocos días antes de la caída de París, fue declarado en Versalles el Imperio alemán bajo Guillermo I, rey de Prusia, como emperador, y Bismarck como su ministro (1871–1890). Las condiciones impuestas por el Emperador alemán a Francia, aunque históricamente justificadas, fueron semilla de la guerra futura.

Inglaterra

Mientras el antagonismo entre absolutistas y liberales se convertía en luchas incesantes y frecuentes revoluciones en casi todos los países europeos, Inglaterra logró ir adaptando sus instituciones políticas en un proceso continuo que no requirió conmociones violentas. A ello ayudó también la enemistad tradicional entre Francia e Inglaterra, que movió a ésta, incluso durante el reinado de Jorge III y Jorge IV, a no aceptar la política de restauración del absolutismo francés, ni la intervencionista de la *Santa Alianza*. En consecuencia, Inglaterra apenas se resintió de las revoluciones francesas de 1830 y 1848.

Tras las reformas económicas y religiosas introducidas durante el reinado de Jorge III y Jorge IV, el sucesor de éstos, Guillermo IV, elaboró la reforma electoral y parlamentaria. A su fallecimiento, le sucedió la reina Victoria (1837–1901), que entonces contaba sólo con dieciocho años de edad. No fue el suyo solamente el reinado más largo de la historia inglesa, sino también el más fecundo. Durante él, se normalizó el régimen parlamentario, a la vez que la nación alcanzó un gran desarrollo cultural y económico. Esto se manifestó sobre todo en el imperialismo colonial británico, con el que buscaba compensación a la pérdida de las antiguas colonias americanas. En 1877 la reina Victoria fue proclamada Emperatriz de la India, con un Imperio que se extendía por Asia, África y Australia, e incluía, en el continente americano, el dominio del Canadá.

ESPAÑA DURANTE EL SIGLO XIX

A lo largo del siglo XIX, también las instituciones nacionales de España sufrieron una crisis profunda. La Revolución Francesa, la invasión napoleónica y la Guerra de Independencia, si bien tendieron en un principio a unir los múltiples grupos políticos y sociales, con la exaltación del sentimiento patriótico, dejaron como herencia las semillas de una división más profunda todavía que la que ya se percibía durante el siglo anterior.

En oposición a la transformación revolucionaria francesa, se defendió en España, no sólo la religión católica, sino también la monarquía absolutista y el centralismo administrativo y político de los Borbones como si éstos fueran parte esencial de la tradición española. A causa de ello, la historia del siglo XIX español se convirtió en una constante contienda entre una minoría liberal, ilustrada, agresiva y sin gran respeto por el pueblo, y una mayoría tradicionalista, partidaria del absolutismo como régimen político. Ambos grupos, dogmáticos e intransigentes en exceso, pretendieron imponer sus creencias a los demás, a veces, con una innecesaria e injustificable violencia.

La Guerra de la Independencia

La invasión francesa había comenzado con el envío de tropas francesas a España bajo el pretexto de preparar una campaña contra Portugal, aliada de Inglaterra. Se completó al entrevistarse el rey Carlos IV y su hijo Fernando VII en Bayona (Francia) con Napoleón y obligarles éste a renunciar al trono español en favor de su hermano José Bonaparte (1808).

Al enterarse de estos acontecimientos, el pueblo madrileño se rebeló, el dos de mayo de 1808, atacando a la guarnición francesa. Aunque el general Murat, lugarteniente de Napoleón en España, logró poner fin rápido y cruel a la sublevación en Madrid, ésta sirvió de grito de guerra para el resto de la Península. En respuesta, se sucedieron rápidamente una serie de revueltas y alzamientos, que convirtieron a toda España en un campo de batalla contra el invasor, comenzando así la llamada Guerra de la Independencia. El carácter popular, espontáneo y general de ésta hizo necesaria la formación de Juntas de Defensa provinciales encargadas de coordinar los esfuerzos militares y organizar la vida política. Más tarde fueron sometidas todas ellas a una Junta Central, cuyo primer presidente fue el propio conde de Floridablanca. Sin embargo, y a pesar del carácter monárquico de la sociedad que se defendía, las Juntas tuvieron ya desde un principio un carácter democrático, sin distinción de clases.

La batalla de Bailén, en 1808, en la que el general francés Dupont perdió todo su ejército, obligó a Napoleón a dirigirse en persona a España con un cuerpo de ejército de 300.000 hombres y acompañado de sus mejores generales. Pero, a pesar de una serie de varias victorias, tuvo que abandonar la Península al recibir noticia de que Austria preparaba un ataque contra Francia.

Al generalizarse en España la oposición armada contra Francia, Inglaterra, interesada en debilitar el poder de Napoleón, comenzó a enviar tropas a la Península, al mando del general Wellesley, futuro lord Wellington, quien, en 1809, fue capaz de infligir una desastrosa derrota a las tropas francesas del general Junot.

Guerrilleros y patriotas

El carácter popular de la guerra contra Francia hizo surgir el tipo de guerrillero español. Sus ataques, de sorpresa y usando las zonas más montañosas de España como bases de operación y refugio, fueron con frecuencia, la causa de grandes victorias sobre las tropas francesas. Al mismo tiempo, creó un tipo de héroe popular, entre bandido y político, cuya actuación se dejó sentir a lo largo del siglo. Entre los guerrilleros más famosos hay que nombrar a Espoz y Mina, *el Rey Chico de Navarra*; Juan Martín Díaz, *el Empecinado*, más tarde condenado a muerte por Fernando VII por revolucionario; el cura Merino, famoso también años más tarde en las guerras carlistas. Las acciones de estos guerrilleros y de las tropas españolas, muchas veces a la defensiva, son los momentos que más han cautivado la imaginación popular, que ha hecho de muchos de sus participantes héroes de la independencia española. De éstos, pocos hay tan celebrados como José Palafox y Agustina de Aragón, a cuyo heroísmo se debió la defensa de Zaragoza contra las fuerzas francesas.

Aunque ambos lados fueron capaces de conseguir importantes victorias, la guerra continuó indecisa por varios años, representando un desgaste terrible para las tropas francesas envueltas también, desde 1812, en las campañas de Rusia. Al tener noticia en 1814 de la abdicación de Napoleón, los últimos generales franceses en la Península pactaron un cese de hostilidades y la evacuación de todas las plazas que aún ocupaban, terminando así la Guerra de la Independencia.

Una de las herencias más trágicas de la Guerra de la Independencia fue la intervención del Ejército en la política de la nación. A lo largo del siglo, tanto los liberales como los absolutistas acudieron con frecuencia al Ejército para que éste impusiera, por la fuerza, reformas políticas o suprimiera las impuestas por el bando contrario. El Ejército proporcionó además, con sus generales más influyentes, los jefes a ambos partidos, liberales y absolutistas, e incluso a los grupos revolucionarios. El fenómeno del militarismo político ha acompañado la política española hasta mediados del siglo XX.

Las Cortes de Cádiz

Desde el punto de vista político, el acontecimiento más importante de toda la guerra fue la reunión de las Cortes y la proclamación de una Constitución en 1812. En plena guerra y a insistencia de los elementos liberales fueron convocadas en 1810 las que generalmente se conocen, por la ciudad en que se reunieron, con el nombre de *Cortes de Cádiz*.

Ya desde el principio surgió la discordia entre los diputados presentes y, con ella, una división que ha dominado la historia de España hasta bien entrado el siglo

XX. De una parte se constituyó el partido liberal, o *negro*, en el que se distinguían dos facciones: una más moderada, que propugnaba reformas políticas y sociales al modo inglés, y otra más radical y exaltada, que exigía la implantación de los principios revolucionarios de la Constitución francesa de 1791. Frente a ellos estaba el partido de los realistas, los *blancos*, llamados también despectivamente los *serviles*, que defendían el absolutismo monárquico. Aunque los principios que se discutían eran principalmente de índole política y había eclesiásticos y católicos ilustres en ambos partidos, muy pronto se dejó sentir el peso anticlerical y anticatólico de los miembros más exaltados del partido liberal.

La Constitución de 1812

Las deliberaciones de las Cortes dieron como resultado la Constitución de 1812, llamada así por el año de su promulgación. Esta resultó ser una mezcla de principios de sentido religioso y tradicionalismo conservador con un liberalismo avanzado, incluso antireligioso, plagio de la constitución revolucionaria francesa. Aunque la guerra contra Francia era nacional y tenía como fin la independencia española del dominio francés, fue ironía de la historia que fuera éste el momento en que la ideología del adversario se impusiera como ley en España.

Los puntos más importantes de la Constitución afirmaban que la soberanía nacional radicaba en el pueblo; que éste estaría representado por las Cortes y éstas constarían de una sola Cámara de diputados, elegidos sin distinción de clases sociales; la forma de gobierno sería la monarquía constitucional; la potestad legislativa correspondía al rey con las Cortes y la judicial a los tribunales de justicia; quedaban abolidos los privilegios de la nobleza; se regulaba la existencia de conventos y monasterios; se proclamaba la libertad de imprenta y se suprimía el tribunal de la Inquisición.

La Constitución introducía innegables mejoras, pero su carácter liberal y afrancesado y la intolerancia con que los liberales radicales quisieron imponer sus reformas fueron causa de que, en reacción, el partido absolutista encontrara muchos seguidores, que antes no tenía, y que el absolutismo monárquico llegara a ser, para una mayoría del pueblo, expresión de la tradición política española y garantía de defensa de la religión.

FERNANDO VII (1808–1833)

Por el tratado de Valençey (1813), firmado entre Napoleón y Fernando VII, recobraba éste la corona española y quedaba en libertad de regresar a España. Como parte de su reconocimiento oficial como rey de España, las Cortes habían citado a Fernando VII en Madrid, donde recibiría el homenaje de los diputados. El monarca se dirigió en cambio a Valencia desde donde, a instancia de los generales absolutistas, autorizó un golpe de estado que acabó con el régimen constitucional (1814). Pocos días más tarde entraba en Madrid Fernando VII, aclamado por el pueblo como el Rey Deseado.

Período absolutista

Con el regreso de Fernando VII, España se unió al movimiento europeo de reacción absolutista. Durante los años siguientes, la llamada *época absolutista* (1814–1820), el monarca, seguro del afecto popular y de la protección de los reyes europeos, restableció todo el aparato político del Antiguo Régimen, ignorando cuantas reformas habían sido introducidas durante su ausencia. Inició además una política represiva en contra de los elementos liberales más destacados, suprimió la libertad de prensa, restableció el tribunal de la Inquisición y permitió el regreso de los jesuitas expulsados. En oposición a la política absolutista del rey varios de los más famosos guerrilleros de la Guerra de la Independencia y algunos jefes del ejército intentaron restablecer por las armas la Constitución. Muchos de ellos pagaron con su vida el intento; otros consiguieron huir a Francia.

La reacción liberal, derrotada en los campos de batalla, se convirtió en movimiento secreto en el que las logias masónicas, en especial el Taller Sublime de Cádiz, dirigido por Alcalá Galiano, fueron adquiriendo gran importancia. Uno de sus miembros, Rafael Riego, comandante del Ejército, organizó una sublevación armada en 1820 proclamando de nuevo la Constitución de Cádiz. Aunque el esfuerzo de Riego fracasó, el movimiento revolucionario se extendió a otras provincias, por lo que el rey se vio obligado a aceptar la Constitución.

Período liberal

Así comenzó lo que se ha llamado el *trienio liberal* (1820–1823), que consistió en un forcejeo continuo sin ningún provecho político o económico para la nación, en el que participaron, además de los absolutistas, las distintas facciones en que los liberales estaban divididos. Las disensiones entre los liberales, tan fanáticas e intemperantes como las de los mismos absolutistas, hicieron que aquellos se dividieran entre moderados y progresistas, siendo éstos los más exaltados y revolucionarios. Al amparo de éstos se introdujeron en España la sociedad secreta de los Carbonarios, imitación en su radicalismo ideológico de las sociedades italianas del mismo nombre, y las *Sociedades Patrióticas*, copia de los *Clubs* revolucionarios franceses. Los más moderados se agruparon en torno a sociedades análogas, como la de *Los Amigos de la Constitución*.

Las relaciones entre Fernando VII y las Cortes se rompieron muy pronto al rechazar el rey una serie de medidas adoptadas por las Cortes en contra de la Iglesia, en las que estaba incluida la supresión de todas las Órdenes religiosas. En apoyo del Rey, los grupos absolutistas, con el apoyo de jefes del Ejército y antiguos guerrilleros, se sublevaron contra los liberales. Al fracasar estas sublevaciones a pesar del apoyo popular con que contaban, los soberanos europeos miembros de la *Santa Alianza* se decidieron a enviar un cuerpo expedicionario francés en ayuda de las fuerzas absolutistas. *Los Cien mil hijos de San Luis*, como el ejército francés fue llamado, apenas encontraron resistencia y, tras ocupar Madrid, se dirigieron a Cádiz, donde los diputados liberales habían buscado refugio llevándose consigo a Fernando VII. Al bloquear los franceses la ciudad, los diputados se decidieron a capitular y poner en libertad al rey, quien prometió a su vez instaurar un gobierno moderado y ser clemente con todos, olvidando los excesos pasados.

Período reaccionario

La intervención extranjera salvó a España de una guerra civil, pero fue causa de que Fernando VII, olvidándose de sus promesas, iniciara una serie de persecuciones sangrientas contra los liberales y defensores de la Constitución. Diez años duró esta reacción absolutista (1823–1833) que mereció el nombre de *década ominosa*. Durante estos años las llamadas *Juntas de Fe* condenaron a muerte a un gran número de jefes y líderes liberales, entre ellos al general Riego (1823); al famoso guerrillero de la Independencia, *el Empecinado* (1825) y a Mariana Pineda, acusada de bordar una bandera liberal.

Carlistas

Fernando VII, aunque había contraído matrimonio tres veces, no había tenido descendencia de ninguna de sus esposas, quedando así como presunto heredero al trono su hermano don Carlos, hombre de gran integridad y profundo sentimiento católico en el que se centraban las esperanzas de absolutistas y católicos. Por ello, al contraer matrimonio por cuarta vez con María Cristina de Borbón y encontrarse ésta embarazada al poco tiempo, el problema de la sucesión al trono tomó graves proporciones.

Durante el embarazo de la reina y ante la eventualidad de una hija, el rey Fernando promulgó como ley una Pragmática de Carlos IV sobre el derecho de sucesión. A la nueva ley se opusieron vehementemente don Carlos y sus numerosos partidarios, que formaban el llamado *Partido Apostólico*. Su descontento fue todavía mayor cuando al nacer la princesa Isabel, el año 1830, fue ella proclamada heredera a la Corona. A consecuencia de ello, al morir en 1833 Fernando VII, España se encontraba al borde de las *Guerras Carlistas*.

Éstas, llamadas así por recibir su justificación en los derechos del pretendiente don Carlos, fueron en realidad expresión del conflicto ideológico en que se encontraba España durante este siglo. En una parte estaba el liberalismo, partidario de un régimen constitucional que parecía minar el sistema monárquico, igualizante y, por tanto, con frecuencia opuesto a los privilegios, o fueros, de los antiguos reinos y, sobre todo, enemigo ya declarado de la idea de una nación oficialmente católica. En frente quedaba el tradicionalismo político y religioso, cuyo lema era precisamente *Rey, Religión y Fueros*, tan poco dispuesto al compromiso y tan cerrado en un dogmatismo sin diálogo como el liberalismo más exaltado.

La independencia de la América española

El acontecimiento más importante de todo el reinado de Fernando VII fue la desintegración del Imperio español con la independencia de los territorios americanos.

La gran unidad política, social y religiosa que había sido base del Imperio durante los siglos XVI y XVII se había ido quebrando a lo largo del XVIII en los territorios de las colonias españolas, al igual que en los peninsulares y por las mismas razones: la reacción antihispana y anticatólica de Europa, las nuevas ideas sociales y políticas de la Ilustración y, más tarde, el ideario de la Revolución Francesa defendido por las sociedades masónicas y patrióticas. A éstas hay que añadir, en América, el ejemplo de la rebeldía contra Inglaterra de sus colonias norteamericanas.

La invasión francesa, al aislar la Península e interrumpir por un tiempo el funcionamiento de su sistema político, fue la coyuntura en que comenzó el proceso final de desintegración colonial. En defensa de los derechos de Fernando VII, se constituyeron en Venezuela, Nueva Granada y Argentina, Juntas semejantes a las establecidas en España, pero al enfrentarse éstas con los funcionarios de las ciudades, muchos de los cuales eran adeptos al gobierno francés, la naturaleza de las Juntas se transformó en movimientos separatistas.

La Constitución de Cádiz, con sus tendencias revolucionarias y la consiguiente lucha entre liberales y tradicionalistas, al pasar a los territorios americanos, creó también en ellos el ambiente propicio para una contienda que tuvo mucho de guerra civil. Españoles y criollos militaban en ambos campos, aunque la mayoría de éstos últimos defendía la independencia. El elemento indígena, por el contrario, en los primeros tiempos fue más favorable a la causa de la unidad hispánica.

En la Península, los deseos de independencia de las colonias españolas encontraron numerosos defensores entre los elementos liberales opuestos al absolutismo de Fernando VII. En su apoyo, se organizaron frecuentes sublevaciones y motines con el objeto de impedir el embarque de fuerzas expedicionarias con destino a América. Los Estados Unidos y, aunque por razones distintas, Francia e Inglaterra, vieron siempre con simpatía e incluso apoyaron, todos los conatos separatistas, tanto en la Península como en los territorios americanos.

Revolucionarios

En México, todavía durante la Guerra de Independencia española, se alzaron contra el Gobierno los sacerdotes Miguel Hidalgo y José María Morelos, seguidos de grandes masas de indios. Fracasados estos intentos, México se mantuvo en relativa paz hasta que el triunfo de los liberales en España, en 1820, avivó de nuevo las pasiones políticas. El año 1821 el coronel Agustín de Itúrbide se puso de acuerdo con el cabecilla Vicente Guerrero y declaró la independencia del territorio mexicano.

La guerra civil y de independencia colonial, que hasta 1815 había sido francamente favorable a las fuerzas del rey, fue cambiando paulatinamente hasta la declaración de independencia de los países de Centroamérica en 1821 y de los demás países sudamericanos en 1824. Otros héroes americanos de estas guerras fueron el venezolano Francisco de Miranda, general de la Revolución Francesa, masón y fundador en Londres de la Logia Americana; Simón Bolívar, nacido en Caracas, de origen vasco, que viajó por Europa, donde se afilió a la masonería; y el general argentino San Martín, miembro de la Logia Americana de Londres.

Juicios de historiadores

En los estudios sobre la historia de España de este tiempo escritos por autores españoles conservadores, ha recibido siempre, y recibe todavía mucha importancia, la coalición de grupos liberales y su intervención en el proceso de la independencia americana. En su opinión, la ayuda abierta de liberales y francmasones a los separatistas americanos respondió, más a su interés en atacar la religión católica y el sistema tradicional de gobierno español que a deseos de mejorar la situación social en las colonias españolas. Por ello, la ayuda prestada a los movimientos independentistas es condenada por ellos como una traición a la nación, lo cual sirvió para hacer todavía más profunda su aversión al liberalismo.

El historiador Vicente de la Fuente dio en 1874 su versión de este proceso, que él atribuía; además de la mala administración habitual de España, a

> La venganza de Inglaterra por haber apoyado España la emancipación de los Estados Unidos. La ingratitud de los Estados Unidos, y su empeño de anexionarse todas las colonias españolas… Y la gestión maléfica de la francmasonería cooperando al levantamiento… (y) sublevando el ejército en España y en América contra los intereses de la nación.

ISABEL II (1833–1868)

Al fallecimiento de Fernando VII, su hija Isabel, que contaba entonces tres años de edad, fue reconocida heredera bajo la regencia de su madre, la reina María Cristina.

La minoría de Isabel II (1833–1843)

Período absolutista

La reina regente confirmó en el cargo de la Secretaría de Estado a Francisco Cea Bermúdez, quien, aunque enemigo de un gobierno constitucional, trató de buscar una política ecléctica alejada de extremismos con la que a nadie satisfizo. Los carlistas se oponían al absolutismo centralista y exigían un retorno a los privilegios y fueros regionales, desconfiaban de los ministros de la monarquía y de su actitud contraria a la tradición política y religiosa de la mayoría del pueblo español e insistían además en los mejores derechos del infante don Carlos. Frente a ellos los liberales insistían en que se proclamase una constitución liberal y, ante la oposición de los carlistas a la heredera Isabel, se proclamaron ellos sus defensores, por lo que en esta contienda se les conocía también con el nombre de *isabelinos* o *cristinos*.

Las hostilidades entre isabelinos y carlistas, Primera Guerra Carlista, se declaró pocos días después de la muerte de Fernando VII y se extendió rápidamente por el norte, centro y este de la Península, cubriendo las Provincias Vascongadas, Navarra, Aragón, Cataluña y Valencia. La contienda, que se distinguió por el fanatismo y crueldad de que hicieron gala ambos bandos, terminó a los siete años con el Convenio de Vergara (1839), llamado *abrazo de Vergara*, porque fue formalizado con un abrazo entre sus jefes, pero que dejó sin solucionar el conflicto ideológico. En el campo liberal, cristino, se distinguió el general Espartero, quien con su valor militar y talento político puso fin a la guerra. En el campo carlista el héroe fue Zumalacárregui, quien ya se había distinguido en la Guerra de la Independencia y más tarde en la lucha contra el Gobierno constitucional. Este murió herido en el campo de batalla en 1835.

Período constitucional

A Cea Bermúdez siguió como ministro Martínez de la Rosa, liberal moderado. Durante su ministerio, que duró tan sólo un año, se publicó el Estatuto real, documento equivalente a una constitución. Su promulgación, en 1834, enojó a los tradicionalistas sin contentar a los liberales, cuya división entre moderados y progresistas se hizo entonces todavía más profunda. El mismo año en Madrid y otras varias ciudades, el populacho irrumpió en los conventos dando muerte a muchos religiosos bajo el absurdo pretexto de que éstos habían envenenado las aguas de Madrid. Los católicos dieron la responsabilidad de estos crímenes a las logias masónicas madrileñas que, según decían, habían calumniado a los religiosos e incitado a la población.

Período liberal

Martínez de la Rosa fue reemplazado en 1835 por el conde de Toreno, liberal extremado. La medida política más importante adoptada durante el año que duró su ministerio fue la supresión de la Compañía de Jesús, que le acarreó la abierta oposición de la mayoría católica.

Le sucedió el mismo año Juan Álvarez Mendizábal. Era éste un notable economista, miembro de las logias masónicas y partidario declarado de un liberalismo exaltado y anticlerical. Reunidas las Cortes para solucionar los problemas económicos de la nación, Mendizábal determinó la desamortización de los bienes de la Iglesia y la supresión de todas las Órdenes religiosas, salvo las dedicadas a la enseñanza de niños pobres o al cuidado de enfermos en hospitales, pasando todos sus bienes y propiedades al estado, el cual decretó su venta.

El daño que la desamortización y venta de bienes eclesiásticos causó al tesoro artístico fue extraordinario, pero fue mayor todavía el daño económico y social que la medida trataba de mejorar. La ventaja política de esta medida fue que los nuevos propietarios apoyaron desde entonces incondicionalmente a los gobiernos liberales, por temor a que uno tradicionalista declarase nulos los decretos de desamortización.

El General Espartero   El año 1836 tuvo lugar *el motín de La Granja*, con el que elementos liberales progresistas obligaron a María Cristina a que aceptase la Constitución de 1812. De acuerdo con ella, las Cortes, reunidas en sesión extraordinaria, votaron una nueva Constitución (1837) de carácter liberal moderado, que, por conceder al rey el derecho de veto, no agradó a los grupos progresistas.

Gobierno liberal   El personaje más influyente en España desde la terminación de la Guerra Carlista había sido el general Espartero, titulado por su actuación en ella *duque de la Victoria*. Liberal progresista, Espartero fue nombrado ministro y, al frente de la facción más exaltada de las Cortes, obligó a María Cristina a salir de España, quedando él como regente en lugar suyo. Su regencia duró solamente dos años. Su proceder dictatorial le hizo muchos enemigos en el ejército y en el gobierno, tanto entre los progresistas como entre los moderados. En 1843 una sublevación armada dirigida por el general Narváez, jefe de las facciones moderadas, venció a las fuerzas del Gobierno y obligó a Espartero a salir de España.

La mayoría de Isabel II (1843–1868)

Reunidas las Cortes declararon mayor de edad a la princesa quien, tras jurar la Constitución, fue reconocida reina. Isabel II contaba entonces con trece años de edad. El reinado de Isabel II fue tan inestable y difícil como había sido el de la regencia.

Continuaron las luchas, cada vez más duras, entre progresistas y moderados. Se hizo más clara la politización de los jefes del Ejército, cuyos generales más distinguidos, Espartero, Narváez, O'Donnell, Serrano y Prim, dominaban la política española con su prestigio personal y la autoridad y poder que les daba su mando militar. En este periodo los grupos más radicales del liberalismo progresivo comenzaron a derivar hacia una actitud antimonárquica y republicana. Durante los veinticinco años que duró su reinado se sucedieron en el poder sesenta gobiernos, generalmente deshaciendo cada uno la obra iniciada por su predecesor.

Período moderado

El reinado de Isabel II comenzó con una década (1843–1853), llamada moderada, cuyo gobierno más notable y de más larga duración fue el del general Narváez (1844–1846), jefe del partido liberal moderado, quien todavía gozaba del prestigio que le había dado su sublevación en favor de la monarquía contra el general Espartero. Durante su gobierno las cortes proclamaron la Constitución de 1845, en la que se concedía un mayor poder a la autoridad real y se robustecía el poder ejecutivo, por lo que no fue aceptable para el partido progresista, que la tachó de reaccionaria.

Durante el gobierno siguiente, el ministerio de Istúriz, se presentó el problema de las bodas de Isabel II. Casi todas las cortes europeas ofrecieron su candidato, mientras que los tradicionalistas españoles propusieron como el suyo al hijo de don Carlos, a quien daban el título de Carlos VI. La selección recayó, sin embargo, sobre Francisco de Asís, sobrino de Fernando VII, cuyas bodas se celebraron en 1846, con la solemnidad que se daba entonces a las bodas reales.

El año siguiente, en 1847, comenzó la Segunda Guerra Carlista (1847–1849), que tuvo importancia sólo en Cataluña, y que coincidió con la Revolución Francesa que puso fin al sistema monárquico en Francia y proclamó la segunda república (1848). Durante este tiempo y tras una serie de gobiernos cortos y sin importancia, el general Narváez se hizo de nuevo cargo del poder, manteniendo el dominio del partido moderado durante cuatro años, hasta 1854. A su actuación enérgica y casi dictatorial se debió que la Revolución Francesa de 1848 no tuviera repercusiones inmediatas en España.

Período liberal

El año 1854 se inició el llamado *bienio progresista*, que se caracterizó por la lucha y rivalidad personal entre dos generales eminentes: Espartero y O'Donnell. Ambos eran liberales progresistas, pero moderado éste, más revolucionario aquél y arbitrario en el uso del poder. Tras otra serie de gobiernos efímeros y sin importancia subió al poder el general O'Donnell como jefe de la Unión liberal, especie de coalición de partidos moderados. Durante los cinco años que duró este gobierno, España se vio envuelta en la guerra de África (1859–1860) con el sultán de Marruecos, a la que el propio O'Donnell, al frente de las fuerzas españolas, puso fin con la conquista de Tetuán. Las condiciones de paz impuestas al sultán, aunque favorables a España, fueron mal recibidas por los españoles, que las titularon *una guerra grande y una paz chica*, por lo que O'Donnell perdió mucho del prestigio conseguido en los campos de batalla.

Mientras se ventilaba la guerra en África, los carlistas volvieron a sublevarse (1860) pero fueron rápidamente sometidos y el pretendiente, Carlos, habiendo sido hecho prisionero, compró su libertad con la renuncia a sus derechos al trono. Ello, sin embargo, no puso fin a las Guerras carlistas, las cuales continuaron repitiéndose por más de doce años.

REVOLUCIÓN DE 1868

El gobierno de la Unión liberal cayó a causa de la divergencia de opiniones de los grupos que la formaban. La división de los liberales en un partido moderado, dirigido por el general Narváez, y otro progresista, cuyo jefe era el general Prim, volvió por un tiempo a dominar la política interna española.

Durante los últimos años del reinado de Isabel II, se sucedieron varios ministerios de lamentable debilidad e ineficacia. Otros, dirigidos por O'Donnell y Narváez, fueron incapaces de contener los avances del liberalismo progresista, cada vez más anti-isabelino y antimonárquico. Las medidas casi dictatoriales que se vieron obligados a aplicar para restablecer el orden en la nación acabaron con la popularidad que el gobierno de la reina pudiera haber mantenido.

Al morir O'Donnell (1867) y Narváez (1868), la reina Isabel y la monarquía perdieron sus dos más prestigiosos defensores. El mismo año de la muerte del general Narváez se sublevó el almirante Topete con varios generales del ejército, entre ellos Prim y Serrano, obligando a la reina y al príncipe Alfonso a salir de España. Con su destierro se inició en España un dramático periodo de intensa actividad revolucionaria conocido por la *Gloriosa revolución* de 1868.

PERÍODO DE TRANSICIÓN (1868–1874)

Durante los seis años que median entre el destronamiento de Isabel II y la restauración de la dinastía en la persona de su hijo Alfonso XII, el gobierno del país se demostró totalmente incapaz de cambio a causa, sobre todo, de la intransigencia política de sus partidos.

La regencia del general Serrano (1868–1870)

La revolución de 1868, que destronó a Isabel II, fue en principio una protesta dirigida más contra la reina y su gobierno que contra el sistema monárquico, que la mayoría de políticos y de los españoles hubiera preferido ver continuado en la persona del príncipe Alfonso. Sin embargo, como éste contaba con sólo once años de edad y la regencia hubiera recaído en su madre, la reina Isabel, se nombró un gobierno provisional dirigido por el general Serrano.

Reunidas las Cortes el año siguiente nombraron éstas al general Serrano como regente del reino y al general Prim como Jefe del gobierno. Procediese además a votar una nueva Constitución, la de 1869, que fue la más avanzada de cuantas se habían promulgado hasta la fecha. En ella se concedía el poder legislativo exclusivamente a las Cortes, la elección de senadores era asignada a las provincias, se reconocía la libertad de cultos y el matrimonio civil.

El rey Amadeo de Saboya (1870–1873)

La regencia del general Serrano se vio envuelta en muy graves problemas sociales y económicos que crecían con la anarquía de los partidos, cada uno tratando de defender sus propios intereses e imponer sus programas políticos. Problema difícil de resolver fue la elección de un nuevo soberano. Tras complicadas gestiones, el general Prim consiguió que las cortes aceptaran como rey a Amadeo de Saboya, hijo de Víctor Manuel, rey de Italia.

Esta solución política dejaba sin resolver la oposición de los partidarios de Alfonso, la del partido carlista, la del republicano, que se oponía a toda elección, y los problemas planteados por la guerra franco-prusiana (1870), causada en parte por la candidatura al trono español del príncipe alemán Leopoldo de Hohenzollern, a la que se opuso enérgicamente Napoleón III.

La entrada en España del nuevo rey, el año 1871, se vio ensombrecida con la muerte del general Prim, víctima de un atentado ocurrido cuando se dirigía a recibir al monarca. Con él perdió el rey Amadeo su más dedicado defensor y el único que le hubiera podido ayudar a pacificar el país. La oposición declarada al rey extranjero por la mayoría de los partidos políticos, alfonsinos, carlistas, republicanos y aún liberales y católicos, lo dejó sin apoyo popular y así totalmente incapacitado para gobernar.

En estas circunstancias y usando como pretexto los excesos que a diario cometían los grupos más exaltados, los carlistas rompieron de nuevo las hostilidades en las Provincias Vascongadas y Navarra, Tercera Guerra Carlista (1872). La paz con los carlistas, firmada el mismo año por el general Serrano, fue vista por los partidos liberales radicales como una capitulación por parte del gobierno y, como tal, nunca quisieron reconocerla.

En 1873, ante la incontrolable anarquía política que sufría el país, el rey Amadeo leyó a las Cortes un mensaje de renuncia al trono en el que describía en tonos dramáticos la situación política de la nación. Su reinado había durado menos de tres años.

La Primera República (1873–1874)

El mismo día de la salida de España de la familia real, el Congreso y el Senado reunidos en Asamblea Nacional proclamaron, con una gran mayoría de votos, la Primera República española.

La armonía entre los partidos que habían votado contra la monarquía a favor de una república duró muy poco. El mayor problema fue el diverso concepto de nación que promulgaban los partidos liberales. Mientras los unos favorecían un sistema de federación de provincias y regiones, insistían otros en una unión centralizada. De momento salieron vencedores los federalistas, cuyo jefe, Pí y Margall, fue elegido primer presidente de la República. En los pocos meses que duró su presi-

Principales zonas del republicanismo federal

dencia el plan federalista degeneró en desintegración, con los intentos de formación de un Estado Catalán y un cantonalismo anárquico en que cada provincia, o cantón, propuso su plan de reformas sociales y económicas independientemente del Gobierno.

Desintegración de la República

Ante la imposibilidad de mantener el orden en el gobierno y estando en peligro la unidad nacional fue elegido presidente Nicolás Salmerón. Éste tuvo que pedir poderes dictatoriales a las Cortes para hacer frente a las sublevaciones en las provincias, que se habían extendido por toda España, y a las tropas carlistas en las Provincias Vascongadas, que habían reanudado la lucha a raíz de la abdicación del rey Amadeo.

A los pocos meses, le sucedió en la presidencia Emilio Castelar, republicano moderado, quien intentó consolidar la República con todos los medios a su alcance. Pero, al gobernar casi todo el tiempo sin recurrir a las Cortes, se le acusó de tendencias excesivamente autoritarias y conservadoras, y de olvidar los postulados republicanos, por lo que se vio obligado a dimitir.

Durante el proceso de elección de un nuevo presidente, el general Pavía, uno de los más prestigiosos jefes del ejército, quien ya había tomado parte en el destronamiento de la reina Isabel II, disolvió por la fuerza la Asamblea. A continuación, bajo la presión del general Pavía, los jefes de los partidos se reunieron para formar un gobierno provisional bajo la presidencia del general Serrano. El nuevo gobierno disolvió las Cortes republicanas, suspendió las garantías constitucionales y se dedicó a resolver por la fuerza los dos conflictos armados: la Guerra Carlista y la sublevación de los republicanos en las provincias. El ensayo de República había durado menos de un año.

LA RESTAURACIÓN DE LA MONARQUÍA

El desengaño producido por el desastre republicano y el cansancio con las Guerras Carlistas hicieron crecer el llamado partido alfonsino, que estaba dirigido entonces por Cánovas del Castillo. Hombre moderado, razonable, decidido político, escritor en los diarios y autor de varias obras literarias e históricas, era el alma de la propaganda en favor de la restauración de la monarquía. Sin embargo, el general Martínez Campos y con él los generales más influyentes del ejército, sin confianza en el gobierno, se negaron a esperar los resultados de un proceso parlamentario, optando, en cambio, por un pronunciamiento en Sagunto (1874), en el que se proclamó la restauración de la monarquía en la persona de Alfonso XII, quien contaba entonces con diecisiete años de edad.

Alfonso XII (1875–1885)

El reinado de Alfonso XII (1875–1885) fue, comparado con la inestabilidad política de los años precedentes, un período de reconstrucción nacional, malograda tan sólo por la muerte temprana del monarca cuando apenas contaba con veintiocho años de edad. Con el joven monarca, inteligente, dinámico y generoso, España perdió uno de sus mejores reyes de la Casa de Borbón.

Un suceso fundamental de este reinado fue la terminación de la Tercera Guerra Carlista. Había comenzado ésta en 1872, extendiéndose en los años siguientes por las Provincias Vascongadas, Navarra y toda la región del Levante español. La presencia del monarca en los campos de batalla a los pocos días de su proclamación como rey enardeció a las tropas reales, que llegaron a conseguir una serie de notables victorias. A principios del año 1875 el pretendiente Carlos pasó la frontera francesa, terminando así la Guerra Carlista. Alfonso XII, tras una entrada triunfante en Madrid, ofreció amnistía general a los que habían luchado contra él.

En ultramar, Alfonso XII puso fin a la guerra de Cuba, concertando con los rebeldes la Paz del Zanjón (1878) por la que concedía las mismas condiciones políticas que disfrutaban la isla de Puerto Rico y la libertad de los esclavos.

En la política interior el acontecimiento más importante fue la proclamación de la Constitución de 1876, que, aunque más liberal que la de 1845, mantenía un tono moderado que pareció aceptable a todos, menos a los carlistas, y, por razones contrarias, a los liberales progresistas. En ella se establecía la tolerancia religiosa, aunque se reconocía la religión católica como la oficial del estado, y se aceptaba la potestad conjunta del Rey y las Cortes en la promulgación de leyes.

Cánovas del Castillo

Durante la mayor parte del reinado de Alfonso XII la política española estuvo dirigida por Cánovas del Castillo, jefe del partido conservador. Éste dedicó todos sus esfuerzos a establecer un partido de oposición que ayudara en el gobierno. Producto de esta política fue la formación del Partido fusionista, de carácter liberal. Su jefe más notable fue Sagasta, quien ocupó el gobierno por dos años (1881–1883), en los que adoptó medidas liberales, por lo general, bien recibidas.

Los últimos años del reinado de Alfonso XII se vieron ensombrecidos por revueltas de tipo revolucionario republicano en la Universidad de Madrid, por trágicos terremotos en Granada (1884) y una epidemia de cólera que llegó a producir numerosas víctimas (1885). Al fallecer Alfonso XII víctima de tuberculosis, en 1885, dejaba dos hijas habidas de su segunda esposa, María Cristina de Habsburgo, archiduquesa de Austria, quien estaba además en estado avanzado de embarazo. En mayo de 1886 la reina dio a luz a un niño, que fue reconocido como sucesor al trono con el nombre de Alfonso XIII.

La Regencia de María Cristina (1885–1902)

Dada la ley que daba preferencia a los varones sobre las mujeres en la sucesión al trono, se aplazó la declaración del heredero hasta el alumbramiento, ya próximo, de la reina. Por miedo a un retorno a las guerras dinásticas con los carlistas y a la revolución de los partidos republicanos opuestos a la monarquía, Cánovas del Castillo y Sagasta se pusieron de acuerdo para un turno pacífico en el gobierno. De acuerdo con lo estipulado, Cánovas del Castillo dimitió, reconociendo el ministerio de la oposición dirigido por su jefe Sagasta. Este sistema de turno pacífico, llamado *de Balancín*, que se mantuvo durante casi toda la Regencia, no pudo evitar las luchas políticas contra los partidos republicanos, que intentaban apoderarse del gobierno, ni los desórdenes causados por los partidos regionalistas y socialistas, de reciente aparición en la vida política española. Víctima de éstos fue el mismo Cánovas del Castillo, que fue asesinado por un anarquista en 1897.

Desastre colonial

En la política exterior el acontecimiento más importante fue el desastre colonial de 1898. La torpeza del Gobierno español, que no llegó a comprender a tiempo la necesidad de reformas fiscales y políticas, llevó al levantamiento de José Martí en Cuba (1895) y de Andrés Bonifacio en las islas Filipinas (1896). Los estadounidenses, con objeto de defender sus propios intereses en las Antillas, apoyaron a los rebeldes, declarando en 1898 la guerra a España. Al ser destruida la escuadra española en las batallas de Cavite (Filipinas) y de Santiago de Cuba, España tuvo que aceptar el Tratado de París (1898), por el que renunciaba a la soberanía de Cuba y, a cambio de 20 millones de dólares, cedía a los Estados Unidos las islas Filipinas, Guam y Puerto Rico. Con ello se liquidaron los últimos restos de lo que había sido el gran imperio colonial español.

El 17 de mayo de 1902 cumplió Alfonso XIII dieciséis años, siendo declarado mayor de edad y, con su jura de la Constitución, terminó la regencia de María Cristina.

La sociedad europea durante el siglo XIX

La divulgación de las doctrinas de la Revolución Francesa entre grupos cada vez más amplios de la clase media y la aceleración de la revolución industrial, con su consecuente inclusión de mayores segmentos de la población, ocasionó cambios profundos en la sociedad a lo largo del siglo XIX. Como en el resto de Europa, aunque con menor rapidez, también en España el concepto fundamental de sociedad se transforma, disminuyendo la importancia de los antiguos estamentos —nobleza y pueblo llano— para aparecer, como eje social, las clases productoras y trabajadoras, es decir capitalistas, clase media y proletariado.

Revolución industrial y proletariado

Durante el siglo XIX la aplicación a la industria de la máquina de vapor, el invento del motor de combustión interna y el desarrollo del ferrocarril, precipitaron el desarrollo, muy rápido a partir de 1850, de la llamada revolución industrial.

El desarrollo industrial, muy desigualmente alcanzado por las diferentes naciones, creó una serie de problemas de orden social y económico que afectaron gravemente las relaciones internacionales y la estructura misma de la sociedad. En el orden social, el desarrollo industrial dividió el concepto tradicional de burguesía en clase capitalista y pequeña burguesía y, sobre todo, creó el problema de una clase obrera a merced del capital, es decir, el proletariado industrial.

En el orden internacional marcó la separación entre los países del caballo de vapor y los del caballo de tiro; es decir, aquellos en que la industrialización había alcanzado un mayor desarrollo y los productos industriales se habían convertido en la base de su riqueza nacional, y aquellos otros, menos industrializados, cuya principal riqueza continuaba siendo la agrícola y los productos de la industria artesana.

No se refiere esta división a Europa frente a otros continentes, como África, menos avanzado industrialmente, sino también en la misma Europa, donde algunos países como Inglaterra y Alemania, se desarrollaron más rápidamente que Francia y los demás países del sur de Europa, incluida España.

La burguesía

La pequeña burguesía se identificaba generalmente, todavía a principios de siglo, con el pueblo. Esta había sido en muchos países europeos, desde la Revolución Francesa y a lo largo del siglo XIX, la gran defensora de las reformas democráticas de la sociedad. Pero al revertir sobre muchos de sus miembros los efectos de la riqueza producida por el desarrollo industrial también ellos pudieron ir acumulando pequeños capitales, y formar lo que hoy conocemos con el nombre de *clase media*.

Ante la inestabilidad económica y el desorden que muchas reformas sociales producían, la burguesía fue cambiando su actitud progresista para defender, en cambio, los ideales burgueses y las ventajas sociales de que gozaba. Además de esta importancia política y económica, la burguesía tenía una importancia no menor en las esferas culturales. Al formar ella el núcleo de la gran ciudad, era la burguesía quien imponía sus gustos, desde donde se extendían a la pequeña ciudad e incluso al campo, que aceptaban como norma a seguir los gustos, estilos e ideales urbanos.

El proletariado

A pesar de la importancia de la burguesía, el fenómeno social más importante y de mayor peso de la segunda mitad del siglo XIX fue la aparición del proletariado como fuerza política y social. Por una parte, los pequeños talleres artesanos se transformaron, al imponerse la producción en masa, en grandes aglomeraciones industriales, las fábricas, y, por otra, al situarse éstas en las ciudades tuvo como trágico efecto la doble desvinculación del obrero, de la tierra y del patrono. Aún más, al formarse estas aglomeraciones industriales en las cercanías en torno a las ciudades, fueron éstas encerradas en un cinturón de hierro de proletariado. Estas aglomeraciones, llamadas *barrios bajos*, son una de las mayores tragedias causadas por la revolución industrial, cuya herencia ha llegado a nuestros días en todas las grandes ciudades del mundo moderno.

Además, para aumentar las ganancias, fin primordial de la ética capitalista, los patronos industriales no vacilaron en imponer jornadas de trabajo más largas con salarios más bajos, en condiciones sanitarias hasta infrahumanas y sin seguridad alguna ante accidentes o enfermedades, que el obrero, abandonado en la ciudad, no tenía más remedio que aceptar.

Como consecuencia se produjo una desvinculación social entre el capital y el obrero, que, hecho teoría política por el socialismo y acción revolucionaria por sus elementos más radicales, llevó a la *lucha de clases*, en la que el proletariado obrero buscaba la destrucción del sistema capitalista que le oprimía.

Movimientos obreristas y socialistas

Los primeros defensores de los derechos del obrero, movimientos obreristas, aparecieron en Inglaterra. Hombres, muchos de ellos miembros de la burguesía, de profunda convicción religiosa, dieron a sus doctrinas económicas y sociales un carácter anticonformista y evangélico que aun subsiste hoy en el movimiento laborista inglés.

Fue en Francia, sin embargo, donde se desarrolló la ideología socialista, aunque no tanto como resultado de la industrialización del país, sino más bien como consecuencia lógica de las doctrinas de la Ilustración, pero ya abiertamente precursoras de la revolución de fin del siglo XVIII. De ella heredó su abierta oposición a las clases privilegiadas, a la Iglesia católica y a la religión en general. Un precursor había sido, aunque miembro de la aristocracia, el conde de Saint Simon (1760–1825), en cuya escuela se formuló el lema: *A cada uno según su capacidad, a cada capacidad según su obra*.

El socialismo francés concebía la sociedad futura libre de todo conflicto político, social y económico. La distribución de la riqueza debía ser según las necesidades de cada uno en una sociedad comunista, gobernada por una dictadura popular (Francisco Noel Babeuf, 1760–1797). La propiedad privada es un robo a la sociedad (Pedro-José Proudhon, 1809–1865). La economía, sin propiedad individual ni liberalismo económico, debería estar totalmente dirigida por el estado (Luís Blanc, 1811–1882).

El socialismo quedó definitivamente estructurado en la obra de Karl Marx (1818–1883), primero en el *Manifiesto comunista,* publicado con Friedrich Engels (1820–1895), y, más tarde, en *El Capital.* En éste se aplicó el materialismo y el positivismo histórico al estudio del desarrollo de la civilización, llegando a la conclusión que tras una serie inevitable de luchas de clase por la supremacía material, la sociedad actual capitalista y burguesa se transformaría en otra proletaria y colectivista.

Todavía antes de que terminara el siglo, políticos revolucionarios rusos, Mikhail Bakunin (1814–1876), Peter Kropotkin (1842–1921), León Tolstoi (1828–1910), entre otros, formularon las doctrinas del anarquismo colectivista, según las cuales la transformación social se realizaría mediante la supresión del estado por una colectividad económica. Este grupo de teóricos, caracterizado en un principio por la utopía de sus doctrinas y su idealismo y bondad intrínseca, perdió importancia ante la impaciencia de sus políticos de acción, que defendían el uso de los procedimientos terroristas para acelerar la destrucción del estado.

LA SOCIEDAD ESPAÑOLA DURANTE EL SIGLO XIX

A pesar de las guerras internas, que se sucedían casi sin interrupción, la población de España creció considerablemente a lo largo del siglo XIX, debido sobre todo a las mejoras materiales y a la popularización de adelantos higiénicos y médicos. También la sociedad española se fue desarrollando según las líneas generales señaladas en otras naciones de Europa. Aunque, dado el sentido conservador de la sociedad, y el carácter de su economía, más agrícola que industrial, esta transformación fue más lenta que en los países del norte europeo.

Burguesía

Merced a la industrialización que se había ido aplicando a la producción desde fines del siglo anterior, fue adquiriendo una mayor importancia en la sociedad española la llamada *alta burguesía*, o capitalista, compuesta de hombres de negocios vinculados a las actividades industriales y financieras. Estas actividades comerciales se concentraron de manera especial en las regiones vasca y catalana, cuyas ciudades más importantes, Bilbao y, sobre todo, Barcelona, adquirieron a causa de ello una gran importancia. También Madrid creció rápidamente, manteniendo su predominio en España como consecuencia directa del centralismo político, burocrático y financiero introducido por los reyes Borbones desde el siglo anterior.

La pequeña burguesía, o clase media: empleados del gobierno, miembros de las profesiones libres (médicos, abogados, maestros, técnicos y pequeños comerciantes) se concentraba en las ciudades. Su mejor educación y mayor bienestar económico dieron prestigio a la civilización urbana y se convirtieron en la conciencia de la sociedad española, influyendo de modo eficaz y decisivo en la opinión pública, en los gustos y estilos populares y, en general, en todos los aspectos de la vida política, social y cultural de la época.

Obreros

Como resultado de la influencia francesa introducida por el despotismo ilustrado, también se dibujó en España, ya a partir del siglo XVIII, la tendencia a suprimir los gremios de artesanos de origen medieval. Estos, si bien necesitados de reforma y sobre todo de una adaptación a la transformación industrial moderna, servían como una especie de sindicatos laborales en las que la enseñanza y, en general, la persona del trabajador, tenían gran importancia. Sin embargo, bajo los ataques del liberalismo español, los gremios fueron suprimidos para dar una mayor libertad al desarrollo industrial.

En consecuencia, el obrero quedó a merced del capital industrial y a la espera de una legislación que le protegiera. La falta de ésta hizo que una gran parte del proletariado industrial español, que había perdido la fe católica a causa de la propaganda liberal, perdiera entonces también la fe en los políticos y la esperanza en las reformas que éstos habían prometido, inclinándose a aceptar, en su lugar, los idearios revolucionarios, socialistas, marxistas y anarquistas.

Desamortización

No más afortunadas fueron las consecuencias que la desamortización de bienes de la Iglesia ordenada por Mendizábal en 1835 tuvo para los trabajadores del campo. La precipitación con que se dispuso la venta de los bienes eclesiásticos, los patrimoniales y muchos comunales, inspirada más en motivos ideológicos y anticlericales que en sana política económica, fue causa de que el campesino, sin un sistema de créditos que le ayudara, fuera incapaz de participar en la compra de las propiedades que trabajaba, siendo éstas adquiridas a precios muy bajos por los únicos capaces de comprarlas, el capitalista y el burgués rico.

En consecuencia, ni la deuda del estado mejoró notablemente ni se alivió la situación del trabajador pobre. Por el contrario, al tomar posesión de las tierras propietarios movidos por un deseo de explotación capitalista, la situación social del campesino empeoró, aunque la producción mejoró en muchos casos. Si bien los nuevos propietarios aplicaron, por lo general, un sistema más racional a la explotación de las tierras, con el consiguiente beneficio de la producción agrícola, contribuyeron a agravar las condiciones sociales de la clase trabajadora del campo, creando un proletariado rural a merced del propietario, sin leyes que lo protegieran. Esta situación se desarrolló especialmente en las regiones del oeste y sur peninsular, en Extremadura y algunas partes de Andalucía, donde se mantuvo hasta ya entrado el siglo XX.

Socialismo

Sobre estas bases de desastrosa estructura social comenzó el movimiento socialista en España. El socialismo, como doctrina que exige justicia para todos, tenía antecedentes católicos muy antiguos, pero en su forma contemporánea, revolucionaria y de ataque al capitalismo y a la propiedad, está conectado directamente con las doctrinas de Rousseau y del socialismo revolucionario francés.

En un principio los problemas sociales dieron lugar a consideraciones de tipo teórico y filosófico. Pero ya en 1839, Alvaro Flórez de Estrada (1766?–1853) intentó dar al problema social español una formulación concreta en su folleto titulado *La cuestión social*, en el que defiende la colectivización de la tierra. Al mismo tiempo se advierte un gran malestar en el proletariado, tanto de ciudad (Barcelona, Madrid, Bilbao), como de campo (Extremadura y Andalucía).

La creación de la Guardia Civil (1844) contribuyó a mantener cierto orden en el campo, pero no pudo impedir que en las regiones excepcionalmente latifundistas, Andalucía y Extremadura sobre todo, el malestar del proletariado se manifestara en bandolerismo, atentados e incendios de cosechas, y que los obreros comenzaran a organizarse en sociedades secretas (*La mano negra*), que llegaron pronto a tomar una clara dirección anarquista.

Con la divulgación de la doctrina de Marx, la doctrina socialista se convirtió también en España en instrumento político para la acción revolucionaria. En el Congreso Socialista de 1870 es cuando se adhirió el primer socialista español, Pablo Iglesias. Muy pronto comenzaron a aparecer las primeras diferencias entre los dirigentes socialistas, Marx y Bakunin. En Barcelona se localizaron los partidarios de Bakunin. Poco después Pablo Iglesias se separó de la Internacional para fundar el Partido Socialista Obrero Español (PSOE, 1879), cuyo órgano oficial fue el diario *El socialista*.

Su programa oficial, proclamado en el Congreso Constitutivo celebrado el año 1888 en Barcelona, incluía como puntos esenciales la posesión del poder político por la clase trabajadora y la transformación de la propiedad individual en colectiva. El año 1898 el partido socialista hacía ya acto de presencia en la vida política española.

Ⓦ PREGUNTAS PARA ESTUDIO Y REPASO

Política

1. ¿Cuáles han sido los acontecimientos más importantes de la Edad Contemporánea?
2. ¿Qué consecuencias tuvo para la vida política de Europa la popularización de las ideas de la Ilustración y las guerras contra Napoleón?
3. ¿Por qué se llegó a llamar Guerra de Independencia a la guerra contra Napoleón?
4. ¿Qué efectos tuvieron las Cortes de Cádiz en la vida política de la nación?
5. ¿Qué periodos se distinguen en el reinado de Fernando VII?
6. ¿Qué consecuencias tuvo la revocación de la Ley Sálica?
7. ¿Qué repercusión tuvo en Latinoamérica la Guerra de la Independencia?
8. ¿Cómo fueron juzgados en España los intentos independentistas de Hispanoamérica?
9. ¿Qué causas tuvo la revolución de 1868 y cómo terminó?

10. ¿Cómo fue el reinado de Amadeo de Saboya?

11. ¿Por qué fracasó la Primera República?

12. ¿Cómo fue el reinado de Alfonso XII, comparado con los anteriores?

13. ¿A qué se llamó *sistema de balancín*?

Sociedad

14. ¿Cómo se explica la aparición del proletariado como fuerza política y social?

15. ¿Qué defensores tuvo el proletariado obrero durante este siglo y qué soluciones proponían al conflicto de clases?

16. ¿Cómo concebía el socialismo la sociedad futura?

17. ¿Cuál era la situación de la burguesía española durante este tiempo?

18. ¿Cuál era la situación del obrero español?

19. ¿Cómo comenzó el movimiento socialista en España?

CAPÍTULO

11

LA VIDA CULTURAL DURANTE EL SIGLO XIX

Temas

- Consecuencias políticas y culturales de la Revolución Francesa
- El nuevo absolutismo, Napoleón
- Nacionalismo y liberalismo
- Siglo de la burguesía
- Eurocentrismo
- Importancia de los inventos y desarrollo industrial de Europa
- De la razón al sentimiento y a la percepción objetiva: en arte, ciencia y política
- Religión, filosofía y ciencia
- Revolución y romanticismo
- Ciencia y realismo
- Socialismo y naturalismo

CRONOLOGÍA DEL SIGLO XIX

Estilos artísticos vigentes:

Barroco español, hasta mediados de siglo

Barroco francés, desde principios de siglo hasta principios del siglo XX

Neoclásico afrancesado, desde mediados de siglo

Romántico en literatura, desde los años 20 hasta fin del segundo tercio; en música, desde mediados hasta fin del siglo

Realista, desde mediados hasta fin de siglo

Naturalista en literatura, desde el último tercio de siglo

Artistas y escritores

- **1802~** Manuel José Quintana (1772–1857), poeta: *Poesía*
- 1805~ José Ginés (1768–1823), escultor barroco y neoclásico
- Juan Campeny (1771–1855) escultor neoclásico
- 1816~ José Álvarez Cubero (1788–1827), escultor neoclásico
- 1830 Francisco Martínez de la Rosa (1787–1862), poeta dramaturgo y político: *Aben Humeya*
- 1830~ Juan Nicasio Gallego (1777–1853), poeta: *Elegía*
- 1832 Mariano J. de Larra (1809–1837), artículos de costumbres
- 1835~ Jenaro Pérez Villaamil (1807–1854), pintor romántico
- 1840~ Julián Sanz del Río (1814–1869), Krausismo
- 1840 Duque de Rivas (1791–1865), escritor romántico

  Jaime Balmes (1818–1848), filósofo y maestro: *El protestantismo*
- 1845 José Zorrilla (1817–1893), escritor romántico: *Don Juan Tenorio*
- 1849~ Cecilia Böhl de Faber (1796–1877), escritora realista: *La gaviota*
- **1850~** Vicente López (1772–1850), pintor neoclásico
- 1851 Donoso Cortés (1809–1853), político escritor: *Ensayo sobre el catolicismo*
- 1866 Francisco Giner de los Ríos (1839–1915), educador: Estudios literarios
- 1860~ Gustavo Adolfo Bécquer (1836–1870), poeta romántico: *Rimas*
- 1865~ Eduardo Rosales (1836–1873), pintor realista
  Federico de Madrazo (1815–1894), pintor romántico
- 1894 Martí Alsina (1826–1894), pintor romántico

- 1870~   Mariano Fortuny (1838–1874), pintor realista
- 1872   Benito Pérez Galdós (1843–1920), escritor realista: *Episodios nacionales*
- 1874   P. A. de Alarcón (1833–1891), escritor realista: *Sombrero de tres picos*
   Juan Valera (1824–1905), escritor realista: *Pepita Jiménez*
- **1876**   Francisco Giner de los Ríos funda la Institución Libre de Enseñanza
   Marcelino Menéndez y Pelayo (1856–1912), maestro: *La ciencia española*
- 1884   Leopoldo Alas, *Clarín* (1852–1901), escritor naturalista: *La regenta*
- 1887   Emilia Pardo Bazán (1852–1921), profesora escritora: *Madre naturaleza*
- 1891   Padre Luis Coloma (1851–1915), escritor naturalista: *Pequeñeces*
- 1895   José María Pereda (1833–1905), escritor realista: *Peñas arriba*
- 1897   Enrique Pérez Escrich (1829–1897), escritor romántico

LA VIDA CULTURAL EN EUROPA

La vida cultural de Europa durante el siglo XIX tiene como característica principal su sentido burgués y democrático. La ciencia, aplicada a la industria, produjo con sus adelantos resultados que cambiaron totalmente las condiciones de vida del individuo y de la sociedad. Con la riqueza que produjo dio impulso al desarrollo de las ciudades y en ellas a las clases urbanas. La educación científica y literaria, herencia del siglo anterior, al extenderse por la clase media perdió el sentido de privilegio que había tenido anteriormente. De este modo la ciudad y el ciudadano se convirtieron en los fines primordiales, no sólo de la riqueza, sino también de las actividades culturales. Así, mientras el pensamiento filosófico y religioso se preocupa de las necesidades de las masas ciudadanas, en arte aparecen estilos burgueses o pragmáticos, que eran aceptables para el gusto burgués y ciudadano, y en la literatura se cultivan los géneros que el público pide: novela, poesía, lírica y teatro.

Pensamiento filosófico en Europa

El siglo XIX ha sido llamado con justicia el *Siglo de la Ciencia*, no sólo porque los adelantos conseguidos superaron con mucho cuanto se había aportado en siglos anteriores, sino también porque éstos contribuyeron directamente a transformar de una manera radical el carácter de la sociedad entera.

Las matemáticas se constituyeron en ciencia fundamental y su desarrollo hizo progresar la astronomía, la física, la química y la ingeniería. Innumerables fueron los descubrimientos en las ciencias físico-químicas, en las que se distinguieron sabios alemanes, suecos, franceses e ingleses. En medicina se descubrió la prevención de infecciones con sueros y vacunas, distinguiéndose en este campo el francés Luis Pasteur (1822–1895), fundador de la medicina moderna, y el español Santiago Ramón y Cajal (1854–1935), premio Nobel de medicina (1906), famoso por sus estudios de histología y en especial del sistema nervioso

En ciencias naturales se destacaron entre otros el inglés Charles Darwin (1809–1882) con sus obras *El origen de las especies* y *El origen del hombre*, en las que aplica las teorías evolucionistas al campo biológico y al ser humano; y el inglés Lyell (1797–1875), que hizo lo mismo con la geología en su libro *Principios de geología*.

En física, además de perfeccionarse innumerables aparatos, se inventó la locomotora de vapor (1825) y el barco de vapor (1827). Se aprendió a utilizar el motor de explosión, abriéndose camino a su aplicación en automóviles, y se inventó la dínamo, que permite transformar el movimiento mecánico en corriente eléctrica y ésta en movimiento, surgiendo así el telégrafo, el teléfono, el alumbrado eléctrico y los motores eléctricos. Estos inventos, al ser aplicados a la industria, produjeron a su vez un extraordinario desarrollo de otros adelantos. Entre éstos hay que citar la producción textil, las conservas alimenticias, el alumbrado, la calefacción y la fotografía. Importante por sus consecuencias fue también la suplantación del pedernal por el pistón en las armas de fuego y la producción de armas de disparo rápido como la ametralladora, con más de trescientos disparos por minuto, con lo que se transformó la táctica y la capacidad destructora de la guerra.

De gran importancia fueron también las nuevas corrientes filosóficas, en las que predomina, a principios del siglo, una reacción contra el empirismo y sus consecuencias, que lleva a la formación de una *escuela idealista* iniciada, durante el siglo anterior en Alemania, con Kant (1724–1804) y continuada con Fichte (1762–1814), Schelling (1775–1854), Hegel (1770–1831), Schopenhauer (1788–1860) y, aunque de escasa importancia en Europa, notable por su influencia en el pensamiento español, Karl Christian Friederich Krause (1781–1832).

Hacia mediados del siglo apareció en Francia el *empirismo*, al que se llamó *positivismo*. Éste, cuyos fundadores fueron el francés Comte (1798–1857) y el inglés Mill (1806–1873), tendía a suprimir en la ciencia la importancia de todo fundamento abstracto, filosófico o metafísico, reduciendo su objeto a la mera comprobación de datos. Una derivación del positivismo fue el *evolucionismo*, con el que Spencer (1820–1903) intentó explicar el desarrollo de toda realidad, material o espiritual, y que Spengler (1880–1936) aplicó a la cultura en su obra *La decadencia de Occidente*, ya en pleno siglo XX.

A la vez aparecieron, como reacción contra el idealismo y el positivismo, otras corrientes filosóficas que tienen en común el centrar el problema filosófico en el tema de la vida, tales como el *vitalismo* de Nietzsche (1844–1900), la *fenomenología* de Husserl (1859–1938) y el *existencialismo* de Heidegger (1889–1976).

Polémica anticristiana

Como consecuencia de las corrientes filosóficas racionalistas y científicas de la época, todavía herencia de la Ilustración, la postura anticristiana europea se olvida de la Iglesia y sus eclesiásticos para concentrar sus ataques contra los fundamentos mismos de la religión cristiana. De gran importancia, y muy leídas en esta época, fueron la *Vida de Jesús* del alemán Strauss (1835) y la del francés Renán (1863), en las que se sometían los Evangelios a un análisis crítico estrictamente racionalista para explicar los milagros de Jesucristo y atacar su divinidad.

Defensa del cristianismo

Como reacción contra estos escritos y, en general, contra las tendencias materialistas y racionalistas de la época, los escritores cristianos, protestantes y católicos, desarrollaron una gran actividad apologética, a la que aplicaron también los últimos adelantos de las ciencias históricas y sociales. Notables fueron las *Apologías del cristianismo* escritas a lo largo del siglo por los alemanes S. Hettinger, Pablo Schanz y, la más famosa, por A. M. Weiss.

En Francia, además de eminentes escritores como Montalembert y Ozanam, fueron grandes apologistas los predicadores de *Notre Dame* de París, con el dominico Lacordaire y el jesuita Ravignan. La importancia de esta escuela continuó hasta bien avanzado el siglo XX, dando nuevo vigor al catolicismo francés contemporáneo.

En Inglaterra se unieron a este movimiento de defensa del cristianismo hombres de gran prestigio como Wiseman, Manning, Ward y, sobre todo, el apologeta inglés por excelencia, el cardenal Newman (1801–1890), y, más reciente, pero todavía en este movimiento, el notable escritor G. K. Chesterton (1874–1936).

Doctrina católica

La formulación definitiva de la postura católica la dio el papa Pío IX (1846–1878), uno de los papas más liberales en la historia de la Iglesia. En el orden político buscó la cooperación con los gobiernos de su tiempo, con los que firmó una serie de concordatos en los que se establecían las normas para la actuación política y social de la Iglesia en los diversos países. Conservador en el orden doctrinal, el Papa publicó una serie de documentos contra el liberalismo, que culminaron con su carta encíclica *Quanta cura* y el *Syllabus de errores doctrinales* (1864). En este documento Pío IX condenó oficialmente lo que llama las manifestaciones erradas del espíritu moderno. Entre ellas se citaban el naturalismo religioso, que negaba el carácter sobrenatural del cristianismo; el racionalismo, que, al reclamar una libertad ilimitada para la razón, rechazaba la fe religiosa; el liberalismo y el absolutismo, que, aunque de manera muy distinta, pretendían emancipar la sociedad de las obligaciones sociales que impone la religión. Condenaba además el socialismo, el comunismo y la masonería, por promulgar órdenes sociales y políticos que no reconocían la religión cristiana del pueblo. Este documento, que presentaba la doctrina católica en su sentido más intransigente, encontró una gran oposición incluso por los llamados católicos liberales.

Pocos años más tarde el Concilio Vaticano I (1869–1870) ratificó las enseñanzas tradicionales de la Iglesia sobre las relaciones entre la fe y la razón, añadiendo a ellas el dogma de la *Infalibilidad pontificia* en materias de fe y costumbres. Con ello se cerró una etapa de pensamiento religioso iniciada siglos antes con el Concilio de Trento, en el que se habían condenado las direcciones principales que iba a tomar la espiritualidad moderna.

Con el *Syllabus* y en el Concilio Vaticano I se rechazaron las principales corrientes seguidas por el pensamiento contemporáneo. Como resultado, el pensamiento católico europeo quedó relegado a una postura negativa y defensiva basada en un tradicionalismo doctrinal cuyas bases políticas y sociales no eran siempre justificables.

Doctrina social católica

La reacción contra esta actitud negativa, defensiva y tradicional comenzó con un gran representante de la Iglesia católica, el papa León XIII (1878–1903). En numerosas cartas encíclicas expuso el concepto católico de las relaciones entre la Iglesia y el estado y las obligaciones de éste con respecto al individuo y a la familia. La más importante de todas fue la llamada *Rerum novarum* en la que establecía los principios católicos para un nuevo orden social más justo. Ésta, aparecida en los últimos años del siglo XIX (1891), sirvió para determinar las direcciones sociales del catolicismo europeo durante la primera mitad del siglo XX.

LA VIDA CULTURAL EN ESPAÑA DURANTE EL SIGLO XIX

La postura defensiva adoptada por el pensamiento católico europeo durante la primera mitad del siglo XIX se dejó sentir en España con mayor fuerza por cuanto había sido mucha la importancia de la religión católica en la vida cultural española en los siglos precedentes. El recelo desconfiado que se mantuvo hacia las nuevas actitudes, conocimientos y métodos científicos, produjo posiciones intransigentes que, aunque religiosas, tuvieron graves consecuencias en la vida política y económica del país.

Para los pensadores católicos, y una gran parte de la clase media y popular española, las palabras *liberalismo, democracia* y *republicanismo* eran sinónimos de materialismo e irreligiosidad. Era ésta una idea que ellos creían ver confirmada por la historia de Europa desde la Revolución Francesa. Un historiador católico de este tiempo, Vicente de la Fuente, afirmaba en 1870:

> El republicanismo y el catolicismo no son incompatibles.... Más en Europa, y sobre todo en los países latinos (España, Francia, Italia y Portugal) se han creído cosas incompatibles el ser republicano y el ser católico y, lo que es peor, se ha obrado y formado la opinión en ese sentido... Es de rigor que todo republicano español y francés sea impío y enemigo del catolicismo.

En consecuencia, los pensadores y escritores católicos españoles adoptaron, como los europeos, una actitud apologética, dando importancia especial al análisis histórico, dogmático y religioso de los problemas sociales.

Frente a ellos, los propugnadores de las nuevas ideologías sólo raramente atacaron directamente al sistema católico, prefiriendo insistir en palabras como *libertad, razón, progreso, democracia, emancipación* y *renovación*, a las que daban un sentido más emotivo que de programación intelectual precisa. A ello se debió, en gran parte, el progresivo desprestigio del pensamiento católico tradicional, y, a la vez, que el pensamiento liberal, aunque con menos contenido positivo, fuese ganando terreno gracias a las promesas de sus eslóganes.

La lucha se mantuvo en numerosas publicaciones —periódicas, semanales y diarias— que, con una confesionalidad y partidismo declarado, se multiplicaron en ambos campos, llegando algunas de ellas a tener gran resonancia nacional.

El tradicionalismo católico

El objetivo más importante de la acción católica fue la defensa del pensamiento religioso español de la infiltración de las ideologías del liberalismo, en las que se creía ver, bajo el pretexto de reformas legítimas y aceptables, un ataque a la religión cristiana en general y a la católica en particular.

Francisco Alvarado

Entre los impugnadores del liberalismo uno de los primeros, y sin duda el más ingenioso, fue el dominico Francisco Alvarado (1756–1814). En sus *Cartas aristotélicas*, escritas en su juventud, y en sus *Cartas críticas* (1811–1813), obra del exilio, su único objetivo fue, como él mismo indica:

> resistir errores que iban a quitarnos de un golpe a nuestro Dios, nuestra fe, nuestros altares, nuestro trono, nuestras leyes, nuestra razón, nuestra vida y nuestros caudales.

Jaime Balmes

De más nombre en su tiempo, a pesar de su corta vida, fue el sacerdote catalán Jaime Balmes (1818–1848). Su doctrina apologética, expuesta en su gran obra en cuatro volúmenes, *El protestantismo comparado con el catolicismo en sus relaciones con la civilización europea,* defiende la unidad católica de España, a la vez que estudia la influencia del catolicismo sobre la sociedad en general. En su *Filosofía fundamental* Balmes busca una modernización de la filosofía tradicional en oposición a la llamada filosofía moderna y a los errores a que ella conduce: sensualismo, materialismo, racionalismo y escepticismo. Gran fama tuvo también *El criterio*, obra de carácter más bien pragmático en la que defiende el sentido común como criterio y norma de conducta.

Juan Donoso Cortés

De excepcional importancia fue Juan Donoso Cortés (1809–1853). Aunque de formación católica, fue seguidor por un tiempo de las doctrinas racionalistas y eclécticas de Víctor Cousin y, en la vida política, afiliado a los partidos liberales. Convertido al catolicismo en 1847, rompió con el liberalismo, aceptando un tradicionalismo católico y político a cuya defensa dedicó sus mejores obras y discursos políticos. Los altos cargos políticos que ocupó durante su corta, aunque muy activa vida política, le llevaron a largos viajes por Europa en los años que precedieron y siguieron a la Revolución Francesa de 1848 que puso fin a la monarquía en Francia y cuyos efectos estudió tanto en Berlín como en París. Donoso Cortés falleció en París mientras se estaba preparando para ingresar en la Compañía de Jesús.

Pensamiento de Juan Donoso Cortés Característico de la ideología política de Donoso Cortés es su firme convencimiento de que la fe religiosa es parte esencial de la psicología humana y, en consecuencia, también de la sociedad. No se puede atacar la fe sin que se resientan al mismo tiempo los fundamentos de la sociedad humana. En su *Discurso sobre España*, pronunciado ante el Congreso en 1850, analiza el socialismo como la antítesis política, social y religiosa del catolicismo. Fascinante y profética en este discurso es su predicción de la revolución socialista en Rusia y, a causa de ella, el predominio ruso sobre Europa.

Todas sus ideas religiosas y políticas aparecen sistematizadas en su *Ensayo sobre el catolicismo, el liberalismo y el socialismo*, publicado en 1851, único libro español que llegó a influir en el pensamiento antirrevolucionario de Europa. Con el estilo propio de la oratoria del siglo pasado expone las tres ideas que, según él, han invadido Europa desde Francia: la idea católica que corresponde a la Francia de Carlomagno; la idea filosófica impía de la Francia de Voltaire; y la idea revolucionaria de la Francia de Napoleón.

Donoso Cortés propone *la dictadura de arriba*, pero no es exacto interpretar ello como una defensa del régimen político dictatorial. Donoso Cortés propugna un orden social en el que Dios sea respetado como autoridad suprema, y su ley haga innecesaria toda otra dictadura.

Antonio Aparisi y Guijarro

De gran importancia y todavía hoy muy recordado en su región de origen es el valenciano Antonio Aparisi y Guijarro (1815–1872), abogado y político afiliado al partido tradicionalista, del cual fue jefe durante un tiempo. Gran orador, tuvo la facilidad de proponer los pensamientos más abstractos en frases de oratoria fácil al alcance del pueblo. Según él "liberalismo es la razón humana sacudiendo, soberbia, el yugo de la fe; el derecho humano, emancipado del derecho divino". A él se atribuye el lema carlista *Dios, Patria y Rey*, resumen, a la vez, de la ideología política y religiosa de este partido.

Marcelino Menéndez y Pelayo

La figura más distinguida del tradicionalismo católico es Marcelino Menéndez y Pelayo (1856–1912), historiador, bibliógrafo, crítico literario y, en general, uno de los más grandes eruditos y escritores más prolíficos que España ha producido. Sus obras completas comprenden sesenta y dos volúmenes. Aunque Menéndez y Pelayo vivió entre dos siglos y su influencia, incluso en nuestros días, es notable, su ideología política y religiosa pertenecen al siglo XIX y está expuesta en obras publicadas durante las últimas décadas del siglo pasado.

Menéndez y Pelayo fue fundamentalmente historiador, pero un historiador al servicio de la vida, a la que la historia puede y debe servir con sus enseñanzas del pasado, que son advertencias para el porvenir. Frente a lo que considera antiespañolismo de liberales y librepensadores, Menéndez y Pelayo plantea su tesis: la grandeza de España radica en su historia y el catolicismo es la esencia de la historia y de la grandeza española.

Comienza demostrando que España había tenido un pensamiento filosófico propio, en *La ciencia española* (1876); que el pensamiento nacional había estado siempre de acuerdo con la fe católica y que los desacuerdos eran excepción, aberración o importación extranjera, en *Historia de los heterodoxos españoles* (1880–1882); y que España había hecho una contribución importante a la cultura europea y americana en el campo del arte, de la literatura y de la estética, entre otras obras, en su *Historia de las ideas estéticas en España* (1883–1891).

La actitud un tanto desdeñosa que Menéndez y Pelayo adoptó al hablar de la filosofía escolástica le mereció las iras de algunos eclesiásticos. Por otra parte, su desvirtuación de los movimientos culturales europeos no logró impedir que los intelectuales liberales de su tiempo continuaran buscando en el extranjero orientaciones más modernas que salvaran la cultura española. Aunque la importancia que se le da hoy es atribuible más a los datos históricos y literarios que ofrece, que a la tesis movedora a tanto estudio, Menéndez y Pelayo fue verdaderamente el gran defensor del tradicionalismo católico español.

El pensamiento liberal

Durante el siglo XIX se da el nombre de liberal a las doctrinas políticas, sociales y religiosas que, nacidas de la Ilustración y aplicadas por la Revolución Francesa a la vida nacional, proponen cambios radicales en los sistemas tradicionales todavía vigentes.

Francia

Durante la primera mitad del siglo XIX, lo que se pudiera llamar en España pensamiento liberal era más político y económico que filosófico o doctrinal. Los llamados liberales sabían acusar defectos y deficiencias de la sociedad en que vivían y, basándose en las reformas introducidas o predicadas en otros países, concretamente en Francia, apuntaban soluciones y proponían cambios al sistema político y económico del país, que oscilaban desde un liberalismo moderado y conservador hasta su extremo más revolucionario. En religión se era más anticlerical que antirreligioso, atacándose solamente lo que se consideraba exceso de poder político de la Iglesia o vaciedad irracional de un culto ritualista y decadente.

Lentamente los pensadores liberales comenzaron a sentir admiración por el desarrollo económico e intelectual de Europa y al compararlo con la situación de decadencia y atraso que encontraban en España atribuyeron ambos a la Iglesia católica. Ésta quedó así, para muchos, incluida en la lista de defectos que había que eliminar de la sociedad española.

Esta actitud iba a distinguir a los políticos liberales de los agitadores revolucionarios. Éstos últimos incluían en su programa de acción la destrucción de la

Iglesia católica en España. Los liberales en cambio mantenían una postura desdeñosa hacia los eclesiásticos. Proclamaron como excesiva la autoridad social y política y como excesiva también la riqueza de la Iglesia, propusieron tolerancia hacia todos los cultos y religiones en la que ninguna tuviera preponderancia ni privilegios. Llamándose a sí mismos, por lo general, cristianos, defendían una subjetividad religiosa que ellos creían perdida en el ritualismo del catolicismo.

Alemania

Hacia 1850 el pensamiento filosófico francés comenzó a perder prestigio en España, a la vez que apareció un cierto interés por los pensadores alemanes, noticias de los cuales llegaban indirectamente y de segunda mano. El primero en formar escuela en España fue el filósofo idealista alemán Hegel (1770–1831), entre cuyos seguidores se cuenta a Francisco Pí y Margall (1824–1901), durante un mes presidente de la Primera República de 1873, y a Emilio Castelar (1832–1899), orador brillante, político liberal y, también muy brevemente, presidente de la misma República.

El llamado *movimiento hegeliano* tuvo escasa profundidad y muy pocos seguidores, y aun éstos estaban más interesados en los programas de su propia ideología política que en las abstracciones doctrinales del filósofo idealista alemán. En realidad más que una profesión de sincero idealismo filosófico, Hegel era para sus seguidores españoles un símbolo de rebeldía contra la doctrina católica. Aunque en Europa la filosofía de Hegel dominaba sin oposición, el pensamiento liberal español la encontró excesivamente idealista, y dio preferencia a la del filósofo alemán Krause. Éste, aunque de menor importancia y apenas conocido en Alemania, por su más fácil adaptación a los problemas ideológicos del liberalismo español llegó a crear una escuela numerosa de adeptos, algunos de gran distinción, que dominaron el pensamiento español de fines del siglo XIX y principios del XX en todos los aspectos menos en filosofía.

El pensamiento liberal español: Krausismo

El fenómeno más importante e interesante del pensamiento liberal español del siglo pasado es el llamado *movimiento krausista* español. La gran difusión que las doctrinas krausistas tuvieron en numerosos medios intelectuales y la influencia que en la vida cultural y política de España ejercieron aquellos intelectuales que se reconocían como sus seguidores, dan al fenómeno una importancia extraordinaria. Lo que lo hace interesante es el desarrollo particular que el idealismo de Krause tomó en España y las necesidades espirituales que sus seguidores creían satisfacer con él.

Para los krausistas españoles "Dios es el todo de todos los seres" y "la religión consiste en la unión personal y esencial del hombre con Dios". Además, "El hombre, imagen viva de Dios y capaz de progresiva perfección, debe vivir en la religión, unido con Dios y subordinado a Dios, … debe realizar … la armonía de la vida universal y el mundo debe… educarse a sí mismo". En cuanto a las normas de conducta, el consejo central de los krausistas es: "Haz bien porque es bueno, sin más consideración que su intrínseca bondad".

Como doctrina, el krausismo español era de una vaguedad muy difícil de definir. Esto, sin embargo, en vez de presentar dificultades a su difusión, fue su mayor ventaja, permitiendo su aceptación incluso por pensadores de direcciones y matices sociales y políticos muy diversos.

En términos generales, se puede afirmar que los discípulos españoles de Krause desnudaron sus doctrinas de su contenido filosófico idealista para darle, en su lugar, una interpretación voluntarista y ética, reteniendo del idealismo original tan sólo su sentido trascendental y subjetivo. La ética krausista, en su interpretación española, es subjetiva y sentimental, al basarse en la percepción individual de la bondad. Es además humanitaria, ya que el bien y la bondad de que se habla están concebidos como armonía del hombre consigo mismo y con la humanidad. Sólo la perfección moral es esencial y en ella radica el progreso de la humanidad.

La aceptación de las doctrinas krausistas ha sido agudamente juzgada como más bien un factor de agitación intelectual que un sistema de pensamiento. Pero fue más que un acicate a un despertar cultural. Muchos de los seguidores de la escuela krausista vieron en sus postulados de subjetivismo ético y tolerancia religiosa una base doctrinal que oponer al que creían ser decadente dogmatismo y vacío ritualismo de la Iglesia católica. En cierto sentido querían reformar ésta, convirtiendo su doctrina en un cristianismo racional, sin revelación, sin dogmas, sin autoridad, y sin obligaciones morales impuestas desde fuera. El dedicado proselitismo de los krausistas, el uso constante de los temas de la razón, libertad, tolerancia, progreso y humanidad, el prestigio de su ascendencia filosófica alemana, el desdén absoluto por el pensamiento católico en general y el español en particular, son los factores que explican la gran importancia que el krausismo alcanzó en España.

Reacciones al Krausismo

Para sus seguidores el krausismo iba a poner fin, según afirmaban, "a un período tristísimo de doscientos años en que la nacionalidad española se cuartea y derrumba en el abismo de la ignorancia, de la miseria y del descrédito". Los defensores del tradicionalismo católico, sin embargo, lo evaluaban de modo muy distinto: "Sin originalidad ni iniciativa, hemos sucumbido al mimetismo... dotados del instinto de imitación de las razas inferiores hemos sido sucesivamente volterianos, eclécticos... radicales... krausistas, transformistas".

La polémica que así se inició entre el dogmatismo religioso de los tradicionalistas y la intransigencia mesiánica de los liberales, acentuó la escisión ideológica y espiritual de los españoles, que así entraron en el siglo XX polarizados en dos grupos antagónicos cada vez más irreconciliables.

Julián Sanz del Río

Las ideas de Krause fueron introducidas en España por Julián Sanz del Río (1814–1869). Al ser nombrado catedrático interino de historia de la filosofía, fue pensionado por el gobierno para que se informase de las principales corrientes filosóficas de Europa. Llegado a Heidelberg se encontró con un grupo de discípulos del filósofo Krause, que había fallecido unos años antes. El encuentro fue importante, pues Sanz del Río, abandonando el estudio de la filosofía alemana en general, se dedicó al estudio de su pensamiento con un celo más misionero que intelectual. En una de sus cartas escritas en este tiempo, él mismo afirmaba: "Mi resolución invariable es consagrar todas mis fuerzas al estudio, propagación y explicación de esta doctrina".

De regreso a España le fue concedida, en 1854, la cátedra de ampliación de filosofía y su historia en la Universidad de Madrid. Desde ella comenzó una labor de proselitismo con sus estudiantes y amigos, entre los cuales el krausismo encontró rápida difusión.

Fecha crucial para la conciencia de los intelectuales españoles fue la publicación, en 1864, de la encíclica *Quanta cura* y del *Syllabus* de Pío IX en contra de las doctrinas modernistas. Ante la condenación pontificia, los campos intelectuales se dividieron en uno católico antikrausista y otro krausista. Muchos krausistas renunciaron abiertamente a la religión católica, celebrando la doctrina krausista como su nueva religión.

Institución Libre de Enseñanza

En 1865 los antikrausistas consiguieron expulsar de la Universidad de Madrid a Sanz del Río y sus discípulos, entre ellos, Emilio Castelar, Nicolás Salmerón, ambos también famosos políticos, y Francisco Giner de los Ríos (1839–1915), el más eficaz continuador del movimiento krausista. Admitidos de nuevo tras la revolución de 1868, volvieron a ser expulsados en 1875. El año siguiente, aprovechando la libertad de pensamiento y de enseñanza que ofrecía la ley de 1876, Giner de los Ríos, junto con un grupo de profesores krausistas destituidos, fundó la Institución Libre de Enseñanza. Institución, según la definió el mismo Giner de los Ríos, "completamente ajena a todo espíritu e interés de comunión religiosa, escuela filosófica o partido político".

Giner de los Ríos sentía una decidida vocación de maestro y poseía dotes extraordinarias de educador. Bajo su dirección el krausismo tomó una dirección pedagógica a la que, con el tiempo, debió su gran influencia en la educación española. En 1878 fundó una escuela primaria inspirada en los últimos métodos pedagógicos usados entonces en Europa, y este ensayo fue el comienzo de una serie de innovaciones que se fueron introduciendo paulatinamente en la educación secundaria y superior. Contra lo que él llamaba "las estrecheces y estériles vaciedades de una religión convencional", Giner proponía un programa de perfección de la naturaleza humana, tolerancia, armonía, libertad, regeneración, emancipación y de paz, con una "vida europea, racional, libre, bien equilibrada, propia de seres humanos".

Las dos Españas

No se puede poner en duda el amor y la dedicación a España de Giner de los Ríos y de los krausistas en general, pero se trataba de un ideal distinto, opuesto vehementemente a los valores de la tradición española, concretamente los religiosos, que ellos desdeñaban como "un espiritualismo negativo que pesaba sobre muchas generaciones como pesada losa, [que] hacía de nuestra juventud algo enteco, triste, agotado y caduco".

El tono mesiánico del programa de Giner de los Ríos, con su afortunada frase de una nueva España opuesta a la vieja y caduca, y la promesa de una renovación nacional que participara del prestigio del pensamiento alemán y de la tolerancia francesa e inglesa, son factores que explican la extraordinaria aceptación y gran influencia que el krausismo y sus instituciones tuvieron en la juventud intelectual española a partir del último tercio del siglo XIX hasta bien entrado el XX.

Pocos han sabido expresar mejor la idea de *las dos Españas* propuesta por Giner de los Ríos que el poeta Antonio Machado. Aunque un tanto ingenua en la división de *buenos y malos* y con la intransigencia característica también de los liberales de la época, sus versos de *El mañana efímero* expresan muy bien el espíritu de toda una época.

Con el duro ataque de estos versos a "la España de charanga y pandereta, cerrada y de sacristía", Machado manifiesta claramente la dirección abiertamente anticlerical y antitradicionalista que tomó el liberalismo español y, a la vez, explica que sus eslóganes, con la vaguedad utópica y mesiánica de sus promesas, fueran fácilmente apropiados más tarde por los movimientos revolucionarios radicales, socialistas, comunistas y anarquistas, los cuales les dieron un contenido político contradictorio al espíritu liberal del krausismo.

LAS LETRAS Y LAS ARTES EN EUROPA DURANTE EL SIGLO XIX

Las obras de arte realizadas a lo largo del siglo XIX son un claro exponente de la transformación espiritual que el sujeto europeo sufre a partir de la Ilustración y de la Revolución Francesa. Las nuevas ideologías religiosas, filosóficas o políticas, y las reacciones que ellas causan, generalmente de tipo tradicionalista y conservador, los nuevos nacionalismos o la exacerbación de los antiguos, las nuevas circunstancias políticas y económicas, son aspectos de la vida que movían a los artistas de manera muy profunda y quedaban reflejados en sus obras como no había ocurrido anteriormente.

Razón de ello era el nuevo carácter del arte y del artista, que tendía ahora a reflejar la sociedad urbana de la que nacía y a la que servía. La crisis revolucionaria había puesto fin al ascendiente absoluto de los mecenas poderosos, quienes imponían sus gustos a los artistas que, a su vez, producían un arte reflejo y halago del mundo de los poderosos. Las salas de exposiciones y el mercado, en general, tomaron el lugar de los salones cortesanos en que artistas y escritores se reunían y halagaban a nobles y políticos poderosos. En España, la Guerra de la Independencia puso fin a la protección oficial al *buen gusto* francés.

Durante el siglo XIX el artista dependía intensamente del mundo social en que vivía y con el que se quería comunicar a través de su obra. Por ello su estilo reflejaba ideologías, sentimientos o simplemente circunstancias muy específicas de la sociedad en que vivía. A pesar de esta individualidad del artista, es innegable también su resonancia europea, lo que permite hablar de corrientes europeas del arte claramente discernibles al mismo tiempo en todos los países y cuyo punto de origen, por influencia directa o reacción, continuó siendo Francia. En este régimen de libertad individual relativa el arte europeo, aunque cambió continuamente, mantuvo en todos los países una línea de notable uniformidad válida para todas las manifestaciones artísticas, que lleva desde el neoclasicismo al romanticismo, realismo y naturalismo.

Neoclasicismo

De todos los movimientos y estilos populares durante el siglo XIX, el neoclasicismo puede ser considerado como una supervivencia del siglo anterior. Debido al prestigio del Antiguo Régimen monárquico absolutista, que en cierto modo continuaba gobernando en la mayoría de las naciones europeas, se mantuvieron durante el primer tercio del siglo XIX algunos de los ideales del arte neoclásico afrancesado. En consecuencia, se continuó dando menos valor al movimiento y al color para darle más al dibujo, al contorno delimitado, a las líneas bellas y elegantes.

Sin embargo, como resultado de los nacionalismos despertados por los afanes imperiales de Napoleón y las guerras de independencia a que dieron lugar, los artistas preferían abandonar los temas fríos propios del neoclasicismo para dar voz a sentimientos patrióticos y nacionalistas, creando así una especie de pre-romanticismo, romántico por sus temas, neoclásico todavía en su técnica y estilo.

Al pasar del siglo y a medida que los valores burgueses se afirman en la sociedad, los gustos neoclásicos abandonan mucho de los elementos franceses para convertirse en una reproducción más fiel del arte clásico. En esta forma depurada el neoclasicismo se mantendrá hasta el siglo XX.

Romanticismo

En un sentido riguroso el romanticismo, más que un movimiento artístico, fue una fase de la vida intelectual europea, con características precisas que se manifiestan tanto en la cultura artística y literaria como en la política y en las ciencias sociales, notándose entre todas sus manifestaciones una solidaridad sorprendente. Por ello se habla frecuentemente por igual de una postura romántica en política o de una interpretación romántica de la historia, como de literatura o música romántica.

El romanticismo podría ser definido como el predominio de la sensibilidad sobre la razón y de los conceptos individuales sobre los generales. Sus raíces inmediatas se encuentran en la crisis revolucionaria francesa, con su sobrevaloración y consiguiente desengaño de la razón, y, antes, en los filósofos y pensadores de la Ilustración, con su idealización del individuo.

La sensibilidad romántica manifestaba un deseo nostálgico de evasión de la realidad en el mundo de las emociones. Éstas podían ser amor, ternura, nostalgia, pero también terror y desesperación. El sentimiento de la naturaleza es otro de los aspectos del romanticismo, aunque su contemplación, para ser romántica, tiene que ser personal y capaz de provocar fuertes emociones. Contra el ateísmo racionalista, el romántico creía en Dios y en la religión, aunque se trataba más bien de un sentimiento vago hacia un Ser subjetivo que poco o nada tenía que ver con las religiones tradicionales.

Sentimiento romántico es también el nacionalismo como expresión de un individualismo de los grupos nacionales, que afirman cada uno su personalidad cultural o histórica. Por ello los románticos volvían sus ojos hacia el pasado de cada país idealizando sus épocas medievales, en las que se creía ver el origen nacional, y también al presente popular en cuyas peculiaridades percibían la personalidad específica de la nación. De esta manera se hacen objeto del arte romántico no sólo el pasado clásico sino también los temas contemporáneos.

También se interesaron los románticos por lo desconocido, imaginado, misterioso y exótico, y no sólo por la belleza perfecta sino también lo interesante, abriéndose así nuevos horizontes al arte, que no tenía ya que silenciar ni lo feo ni lo grotesco. De este modo la estética romántica lleva en sí, como en germen, las direcciones realistas y naturalistas del arte.

Realismo

Hacia mediados de siglo el lirismo romántico acusa un agotamiento en todos los países europeos. La exageración en sus actitudes fundamentales, explicables como oposición a la rigidez y frialdad del racionalismo neoclásico, llevó a una postura artificiosa ante la realidad en poca consonancia con el positivismo filosófico, cada vez más imperante en Europa desde Comte (1798–1857), Darwin (1809–1882), Spencer (1820–1903) y Renan (1823–1892).

Este nuevo movimiento, también fase intelectual por la que pasó Europa, se distingue del anterior por su desvaloración del mundo interior en favor de la realidad tal como es percibida por los sentidos. Se abandona el espiritualismo idealizante de los románticos para asociarse al positivismo materialista y el cientifismo de la época, y se exige del escritor y del artista que sean objetivos en la representación de las impresiones de sus sentidos.

Herencia todavía del romanticismo era el subjetivismo inherente a la percepción y expresión de la realidad, ya que ésta no está en la obra de arte tal como en la realidad, sino como la percibe el temperamento artístico, religioso, social o político del artista. Sin embargo, por la importancia que se da al mundo externo, a la naturaleza y al ser humano, y el interés del artista en su representación, tal como es el objeto en realidad, se llama *realismo* a este nuevo movimiento.

El realismo de la segunda mitad del siglo XIX

Desde el punto de vista social, el realismo de la segunda mitad del siglo XIX debe ser entendido, a la vez, como un paso más en el proceso iniciado ya con la Ilustración y continuado por las revoluciones sociales y nacionalistas y por el mismo romanticismo, en el que el ser humano y la sociedad reciben una gran importancia. Ya los nacionalismos románticos, literarios o políticos, habían iniciado una revalorización de lo nacional, lo popular y lo social, como de las costumbres del pueblo, llegando así a los llamados *costumbrismo* y *regionalismo*. El realismo más que ofrecer una reacción antirromántica, como se suele decir, adopta un nuevo punto de vista ante el mundo, al cual considera con un mayor deseo de objetividad. Por ello mantiene con frecuencia los mismos temas románticos, que considera de manera distinta. A estos temas, el realismo añade, además, el interés por el análisis científico de las cosas, de la vida humana, las clases bajas de la sociedad y por el proletariado urbano e industrial, cuya emergencia es el fenómeno social y político característico a partir de la segunda mitad del siglo.

Naturalismo

La obsesión por los temas sociales del realismo es la nota característica del llamado *naturalismo*. Fue la herencia estética que el siglo XIX dejó al siguiente y tuvo como fin la representación fiel de un aspecto de la vida, desnudo de paliativos o de juicios morales.

Dependiente más que ningún otro movimiento de los métodos científicos y filosóficos en boga, concretamente del *determinismo*, escritores y artistas de vena naturalista dieron mayor énfasis a los aspectos instintivos, accidentales y fisiológicos del ser humano y mucho menos a sus cualidades morales y racionales. La visión naturalista de la sociedad y del individuo fue ya desde su comienzo materialista y amargamente pesimista y fue por ello adoptada fácilmente por los artistas en simpatía con los movimientos revolucionarios en favor del proletariado.

LA LITERATURA EN ESPAÑA DURANTE EL SIGLO XIX

En términos generales se puede afirmar que los movimientos literarios en España siguen la evolución de los europeos, unos por desarrollo propio, otros como producto de importación más o menos directa. En este caso las bases doctrinales o filosóficas a que responde el movimiento suelen ser acomodadas a la sensibilidad o espiritualidad española.

Neoclasicismo

Los primeros años del siglo XIX pertenecen todavía al período neoclásico con la figura de Leandro Fernández de Moratín (1760–1828). Sin embargo, el trauma nacional de la Guerra de la Independencia se manifiesta en muchos artistas en un abandono de los temas neoclásicos para dar voz a sentimientos patrióticos y nacionalistas que los sitúan entre el clasicismo y el romanticismo. Ya antes de finalizar el siglo se había fundado en Sevilla la Academia Horaciana, a la vez que se restauró la Academia de Buenas Letras. Ello dio ocasión a una corriente poética de carácter neoclásico y academicista que se conoce por el nombre de *escuela sevillana*.

Alberto Lista

Su principal representante fue Alberto Lista (1775–1848), sacerdote de gran cultura. Estaba influido por poetas clásicos —Horacio y Virgilio— y renacentistas, sobre todo Fray Luis de León. A medio camino entre el neoclasicismo y el romanticismo, su poesía se caracteriza por una revalorización del lenguaje poético que raya, a veces, en la artificiosidad.

Juan Nicasio Gallego

A estos poetas, llamados prerrománticos, pertenece Juan Nicasio Gallego (1777–1853), conocido por sus temas patrióticos, en los que llega a una exaltación excesivamente declamatoria y patética. Muy leídos han sido siempre sus versos de la

Oda al Dos de mayo, fechada en 1808, en los que mezcla una idealización de la historia de España con tonos trágicos de exaltado nacionalismo antifrancés.

Manuel José Quintana

El mejor representante de este grupo fue Manuel José Quintana (1772–1857). Poeta lírico extraordinario, su poesía es reflexiva y más rica en ideas que en imágenes, de una forma cuidada y precisa. Algunas de sus composiciones están consideradas entre las mejores de la poesía española. Los temas que le movieron fueron la civilización, el humanitarismo, el progreso, es decir, los de la Ilustración. Ausentes de la poesía de Quintana quedan los sentimientos amorosos y religiosos. Profundamente influido por las doctrinas de la Enciclopedia, profesó abiertamente ideas políticas muy afines a las de la Revolución Francesa. Sin embargo, ante la invasión francesa se manifestó a la vez como ardiente patriota, figurando activamente en la Guerra de Independencia, en la que llegó a ser secretario de la Junta Central de Defensa. Restaurada la monarquía, ocupó cargos políticos de importancia durante el reinado de Fernando VII y, años más tarde, bajo Isabel II, fue coronado como *Poeta laureado de la Patria*.

Entre sus versos son muy conocidos los de tema patriótico contra la dominación francesa, como en los poemas *A España* y *Eterna ley del mundo*, de arenga a la guerra, en los que también se mezclan las referencias clásicas con las exaltadas frases de tragedia romántica.

En estos versos, el vocabulario y la forma, herencia todavía del neoclasicismo, desaparecen bajo los tonos desgarrados de tragedia. Esta poesía es más propia de un romanticismo desenfrenado que de la forma de ilustrado neoclasicismo que normalmente sigue. Quintana ejerció una gran influencia en la poesía americana de la época de la Independencia y fue muy estimado en su tiempo, aunque esta estimación no es compartida por los críticos contemporáneos.

Francisco Martínez de la Rosa

Precursor del romanticismo fue también Francisco Martínez de la Rosa (1787–1862), citado como exilado político durante el reinado de Fernando VII y ministro de Estado bajo Isabel II. Su poesía, muy cuidada en su forma y de estilo elegante, es todavía neoclásica, aunque sus temas adquieren a veces la exaltación romántica, como por ejemplo *Zaragoza*, poema en el que canta el valor de los españoles en su lucha contra los franceses.

Las obras dramáticas de su juventud están todavía concebidas con poca acción y claro intento didáctico. Sin embargo, *La conjuración de Venecia* es ya una tragedia romántica en la que imperan ambientes misteriosos y macabros, pasiones sin freno y amores infelices. También es romántico *Aben Humeya*, drama histórico inspirado en la sublevación de los moriscos españoles.

Bernardo López García

La pasión poética por el tema de la Guerra de la Independencia fue continuada por Bernardo López García (1838–1870). Aunque autor de otras poesías de mayor mérito, es recordado principalmente por su composición *Al Dos de Mayo*, en la que mantiene los mismos sentimientos patrióticos y tonos patéticos.

Romanticismo

En el aspecto literario el romanticismo significó una protesta contra el neoclasicismo. Lo que la revolución fue para la vida política y social, fue el romanticismo para la literatura y en general para el arte: la exaltación y triunfo de la libertad y de los derechos del sentimiento y de la fantasía del individuo ante la generalización de las normas estéticas y el frío racionalismo de la literatura neoclásica. El escritor romántico manifestó en sus escritos su propia reacción ante la vida de su tiempo.

Según la forma que toma su reacción se puede distinguir en la literatura romántica una serie de direcciones específicas. Las más fundamentales responden a una actitud política, es decir, una radical, escéptica y liberal, incluso revolucionaria, y la otra más conservadora, burguesa, nacionalista y católica.

En cuanto a los géneros literarios que más popularidad alcanzan habría que destacar en primer lugar la poesía lírica como el género más adecuado para la expresión de la intimidad amorosa. También abundan los poemas, odas e himnos lírico-patrióticos, o de tema épico-histórico y épico-imaginativo.

El género romántico por excelencia es la novela histórica, en la que se mezcla la veneración por el pasado con la creación puramente imaginativa, aunque también responde al gusto romántico la novela de aventuras y sobre todo las novelas y cuentos del género dramático. Sin embargo, el teatro romántico ofrece una novedad frente al neoclásico que se mantendrá en el teatro futuro: el drama de tema actual.

Además de la literatura de imaginación, el romanticismo invade también la historia, la literatura de viajes, la crítica literaria, e incluso pone los fundamentos a la historia de la literatura. Sin embargo, es de notar que en todas estas tareas se acusa con frecuencia una excesiva falta de objetividad y serenidad, lo cual es característica especial de la afición romántica.

El romanticismo literario apareció hacia 1823 en la revista *El Europeo*, en la que se comentaban las nuevas direcciones de la estética y las principales obras que iban apareciendo en Europa. Por el interés que se da a las obras de Byron, Schiller, Walter Scott, se percibe en él la dirección más aristocrática y conservadora del romanticismo. Pocos años más tarde, a partir de 1830, la relación de los liberales españoles con los franceses se hizo más abierta y muchos de los políticos y escritores exiliados durante la reacción absolutista de Fernando VII regresaron a España, introduciendo la dirección romántica predominante en Francia: liberal, escéptica, incluso revolucionaria.

A pesar de ello el romanticismo español fue, por lo general, menos desesperado, en cierto sentido más religioso y casi reconciliado con la vida, por lo que es menos lacrimoso, melancólico e inclinado a una representación pesimista de la sociedad de lo que es en otros países europeos.

Duque de Rivas

Un representante muy importante de la primera generación romántica fue Ángel de Saavedra Ramírez, duque de Rivas (1791–1865), de familia noble, combatiente en la Guerra de la Independencia, expulsado de España por sus ideas liberales a la caída del régimen constitucional en 1823. Su poema *El moro expósito*, escrito según las leyendas medievales de Walter Scott, es ya típicamente romántico por su exaltación de la leyenda épica española *Los siete infantes de Lara*. Más fama todavía tiene *Don Álvaro o la fuerza del sino*, que contribuyó grandemente al triunfo del drama romántico en la escena nacional. En él ya no se mantienen las unidades dramáticas en el desarrollo de un argumento plenamente romántico, en el que don Álvaro es víctima de un destino implacable. A pesar de la influencia francesa de Víctor Hugo y Alejandro Dumas, esta obra, pesimista y pasional, tiene el tono español que le dan los personajes, sacados todos ellos de la sociedad española.

Juan Eugenio Hartzenbusch

Es importante Juan Eugenio Hartzenbusch (1806–1880), hijo de padres alemanes, pero nacido y educado en España. Es conocido sobre todo por su drama en verso *Los amantes de Teruel*, que es considerado como uno de los más notables del teatro romántico español. La obra está basada en una antigua versión española de uno de los cuentos amorosos del *Decamerón* y suele admirarse en ella la habilidad que el autor demuestra en el desarrollo del plan dramático con que presenta la conocida leyenda.

Mariano José de Larra

Figura romántica muy conocida es Mariano José de Larra (1809–1837), muerto por su propia mano cuando apenas contaba veintiocho años. Educado en Francia y en España, Larra es un hombre de vida romántica. Político liberal rebelde, en profundo y en apasionado desacuerdo con el ambiente en que vivía, no buscó refugio en un mundo interior, sino que se lanzó sobre la realidad con su pluma mordaz, criticándola con desesperada amargura. Son notables sus ensayos políticos y de crítica literaria, pero sobre todo sus *Artículos de costumbres*. Larra es uno de los escritores de mayor talento de todo el siglo romántico.

José Espronceda

También la poesía romántica ofrece en sus figuras más notables las dos direcciones fundamentales del romanticismo español, la liberal y la tradicionalista. Representante de la primera fue José Espronceda (1808–1842), prototipo del romántico en el amor y en la política. Ideológicamente fue un liberal progresista, afiliado a sociedades secretas, conspirador no sólo en España sino también en Francia, en cuya revolución de 1830 intervino activamente.

Espronceda escribió una novela histórica, *Sancho Saldaña*, a la manera de Walter Scott, pero su fama como autor romántico la debe a sus poesías, en su mayor parte breves composiciones líricas en las que con frecuencia exalta las figuras rebeldes de la sociedad: *El verdugo*, *El reo de muerte* y, sobre todo, sus célebres *Canción del pirata* y *El canto del cosaco*. En su poesía se dan cita los defectos y cualidades del romanticismo, grandes aciertos descriptivos, versos de gran vitalidad, junto a explosiones de un sentimentalismo teatral, incluso vulgar. Con todo, es uno de los poetas más populares del romanticismo español.

José Zorrilla

La dirección romántica tradicionalista está representada por José Zorrilla (1817–1893). Más que a sus composiciones líricas, debe su fama a su poesía de tema oriental y a la reelaboración en verso de temas de la historia legendaria española, la leyenda *Margarita la tornera, El capitán Montoya* y el inolvidable *El Cristo de la Vega*. Las obras que más popularidad le dieron fueron sus dramas históricos: *El zapatero y el rey* y *El puñal del godo*, aunque su obra más conocida y la que le ha procurado mayores éxitos escénicos es su *Don Juan Tenorio* que todavía se sigue representando en España con interés constante.

El *Don Juan* de Zorrilla es una adaptación muy romántica y personal de un tema ya tratado por Tirso de Molina en *El burlador de Sevilla*, por Antonio de Zamora en *No hay plazo que no se cumpla, ni deuda que no se pague*, y más tarde por Mozart y sus contemporáneos románticos Lord Byron y Alejandro Dumas. La versión de Zorrilla difiere de las demás en que no sirve de exaltación a la justicia divina con la condenación de don Juan como en el dramaturgo del Siglo de Oro, ni es un héroe de las libertades humanas contra las leyes divinas, como en otras obras románticas. Para Zorrilla, don Juan es sencillamente un pecador que acaba por encontrar la salvación en la fe católica por la intervención purificadora del amor inocente de una mujer.

La extraordinaria popularidad de Zorilla se explica, en su contenido, por haber sabido escoger temas y desarrollos dramáticos en consonancia con la sensibilidad del pueblo español y, en su forma, por la musicalidad ágil, brillante, sin compromisos ni dificultades léxicas o retóricas, de su versificación.

Gustavo Adolfo Bécquer

Un poeta que, aunque tardío, encarna para el lector español la esencia del lirismo romántico es Gustavo Adolfo Bécquer (1836–1870). Huérfano desde muy joven, de vida desafortunada y pobre, murió a los treinta y cuatro años, víctima de la llamada enfermedad romántica, la tuberculosis.

Su obra literaria, no muy extensa, consiste en una colección de composiciones líricas, leyendas en prosa y una serie de cartas literarias, tituladas *Cartas desde mi celda*. En sus leyendas desarrolla temas imaginarios en un ambiente heroico, galante y misterioso. Sus mujeres exóticas inducen a los hombres a aventuras fantásticas y a acciones sacrílegas o los arrastran a la locura y la muerte. Notables son *Rayo de luna, La ajorca de oro, El monte de las ánimas* y *El miserere*.

La obra más famosa de Bécquer es su producción lírica que se conoce con el nombre de *Rimas*, poesías todas muy cortas que tejen en su conjunto la historia de un amor melancólico, sombrío, imposible e ideal, en el que la pasión, idealizada, se escapa a los sentidos. Muy conocidas y de gran popularidad son *Volverán las oscuras golondrinas, ¿Qué es poesía?, Del salón en el ángulo oscuro*, que con su lirismo exaltado han conmovido los sentimientos de numerosas generaciones de lectores.

El estilo de Bécquer tanto en prosa como en verso es cuidado, pulido y consciente del valor estético del lenguaje, con lo que ya parece alejarse de la forma, ya que no del contenido, de la literatura típicamente romántica.

Rosalía de Castro

Contemporánea de Bécquer y considerada por muchos *el Bécquer femenino*, fue la famosa poetisa Rosalía de Castro (1837–1885). Sus composiciones, las más en gallego y otras en castellano —*Cantares gallegos, Follas novas, A las orillas del SAR*— ofrecen con gran delicadeza y profunda melancolía la experiencia de una triste vida en la que se mezcla un gran amor a las tierras gallegas.

Gaspar Núñez de Arce

La vena romántica continuó hasta fines de siglo con la poesía de Gaspar Núñez de Arce (1834–1903). Aunque su estilo es algo rígido y académico y sus dudas y angustias religiosas un mero pretexto poético, tanto sus temas como la fogosidad de sus sentimientos hacen de él un romántico para quien el amor, el patriotismo y la libertad son los temas preferidos.

Ramón de Campoamor

Un caso especial entre los escritores románticos es Ramón de Campoamor (1817–1901). Aunque se consideraba a sí mismo filósofo y crítico literario, y, en cierto sentido, lo era , se le recuerda mejor por su poesía rebosante de escepticismo burlón e irónico con que ataca los arrebatos líricos del amor romántico. Sus composiciones se clasifican, con términos inventados por él mismo, en *doloras, humoradas,* y *pequeños poemas*. Doloras son poesías cortas, al parecer filosóficas y de tono didáctico, con un claro sentido satírico, burlesco y humorístico, siempre algo amargo. Humoradas son sencillamente epigramas humorísticos. Muy distinta es su celebrada composición *¡Quién supiera escribir!,* que demuestra una gran delicadeza de sentimiento y parece producto de lirismo costumbrista más que estrictamente romántico.

Costumbristas

El interés por el pueblo y la descripción de sus costumbres manifestado por pintores y escritores románticos se mantiene a lo largo del siglo y empalma con el estilo de representación objetiva de los escritores realistas. De éstos los más importantes son Serafín Estébanez Calderón (1799–1867), famoso por sus artículos de costumbres recogidos en su obra *Escenas andaluzas* (1847); y Ramón de Mesonero Romanos (1803–1808), que inmortalizó las costumbres de Madrid en *Escenas matritenses* y *Memorias de un setentón,* ambos ejemplo de vitalidad, gracia y encanto.

Realismo

El filósofo, historiador y crítico francés Hipólito Taine (1828–1893), por aplicar el positivismo a la literatura es considerado como el padre del realismo literario. Pero el jefe de la nueva escuela fue Gustavo Flaubert (1821–1880). La nueva literatura se consagra habitualmente al estudio del individuo en conflicto con las instituciones tradicionales —matrimonio, familia, religión y trabajo— o al estudio de la sociedad en conflicto con el individuo. Mientras en el primer caso se tiende a un análisis psicológico generalmente pesimista, en el segundo, al inclinarse a defender la necesidad de reformas sociales, emancipación de la mujer, elevación de las clases obreras, reparto de la riqueza, eliminación de las guerras, suele ser más optimista. A estas preocupaciones generales hay que añadir una nota, característica fundamental del realismo español, a saber, su optimismo nacido de la aceptación del mundo y de las formas de ser de la sociedad, o de unos sentimientos de reforma que poco o nada tienen de revolucionarios. Por ello la importancia que toman en el realismo español las costumbres y las regiones de España.

Fernán Caballero

En España el realismo literario comienza con la llamada novela de costumbres, o *costumbrista*, cuya creadora y representante más genuino fue Fernán Caballero, seudónimo usado por Cecilia Böhl de Faber (1796–1877). Su obra está caracterizada por un realismo encantador producto de simpatía y cariño hacia todo lo popular, unido a un sentimiento profundamente cristiano y conservador. Su obra más importante es *La gaviota*, de argumento sencillo, pero que, por su hábil retrato de las costumbres andaluzas, señala ya el resurgimiento de la novela española durante el siglo XIX.

Pedro Antonio de Alarcón

El análisis psicológico de la novela realista se convierte en España en la llamada *novela de tesis*. En ella el autor deduce del análisis de los sentimientos de sus personajes consecuencias que sirven para demostrar la tesis de la obra, que puede ser de ideología política, moral, psicológica o religiosa. Representante distinguido de este género es Pedro Antonio de Alarcón (1833–1891), cuyas novelas más importantes son *El escándalo*, de tesis de justicia moral; *El capitán Veneno*, sobre la fuerza arrebatadora del amor; *La Pródiga*, contra los defectos del amor desordenado y *El niño de la bola*, sobre la tragedia de un amor desenfrenado. Muy conocida entre sus novelas, en realidad un cuento largo, es *El sombrero de tres picos*. En ella Alarcón, en un fino costumbrismo agradable y lleno de humor, adapta al siglo XIX el tema del romance de *El molinero de Arcos*, ya tradicional. Como novelista, Alarcón representa una dirección genuinamente tradicional y cristiana.

Juan Valera

Juan Valera (1824–1905) es con quien se fija el modelo de novela de tesis, a la que da, además, un carácter psicológico. El análisis de los sentimientos de sus personajes en la visión subjetiva de la vida es el aspecto más importante de sus novelas. Entre sus mejores hay que citar *Pepita Jiménez* y *Doña Luz*, en las que trata del problema tan difícil para el católico del amor pasional en una persona consagrada a Dios; en *Juanita la Larga* los amores son entre un hombre ya muy maduro y una muchacha joven. Valera es, como novelista, un aristócrata elegante y fino, un tanto al margen de las tendencias literarias del momento. Fue, además, político, diplomático e intelectual, y con sus trabajos contribuyó al progreso de la historia y crítica literaria. Menos importancia se ha dado, a pesar de su calidad e interés, a sus *Cartas*, escritas desde las ciudades europeas y americanas en las que ejerció su carrera política.

Enrique Pérez Escrich

Merece recordarse también Enrique Pérez Escrich (1829–1897), quien cultivó con gran fecundidad el género folletinesco de *novela por entregas*, aunque su importancia es más social que literaria. La gran popularidad que adquirieron sus obras entre el público burgués reflejan muy bien los gustos de la época, gustos que a la vez inculcaba en sus lectores. Entre sus novelas más conocidas, todas concebidas dentro de la más estricta moralidad cristiana y sentido social tradicional, hay que citar *El mártir del Gólgota, El cura de aldea, La caridad cristiana, La mujer adúltera, La esposa mártir* y *La envidia*.

José María Pereda

El interés por los cuadros costumbristas llega a su cumbre con José María Pereda (1833–1906). Con él la novela realista fija además las normas de un naturalismo regionalista al restringir su atención a la frontera regional, con lo que intentaba conseguir mayor compenetración psicológica y social con sus problemas.

Pereda comenzó su carrera literaria escribiendo cuadros de costumbres, generalmente de ambiente montañés. Más importantes son sus novelas *El buey suelto*, en la que censura a los solterones, *De tal palo, tal astilla*, sátira contra los librepensadores, y *Don Gonzalo González de la Gonzalera*, en la que dirige su ironía contra el caciquismo político de su época. En estas novelas, que se pueden muy bien llamar de tesis, Pereda defiende una serie de valores religiosos y políticos de cuya validez no duda, aunque vea los defectos de su aplicación. Sus obras maestras son *Sotileza*, en la que describe, ensalzando, el alma cantábrica marinera, y *Peñas arriba*, epopeya del alma montañesa.

Pereda tiene un lugar indiscutible en las letras españolas como gran paisajista y escritor descriptivo. En cuanto a su realismo, los personajes de sus novelas están tomados de la realidad montañesa con sus pasiones y defectos, que el escritor presenta al desnudo. Sin embargo, aunque Pereda usa una técnica que se pudiera llamar naturalista, está muy lejos del pesimismo materialista que predomina en el naturalismo francés de este tiempo. Pereda cree en las formas y valores de vida tradicionales que, en su opinión, se conservan en el campo español, aunque amenazados ya por las nuevas ideas, liberales y materialistas, que el centralismo urbano va imponiendo.

Benito Pérez Galdós

Una actitud ideológica distinta es la defendida por Benito Pérez Galdós (1843–1920), estudiante de derecho, colaborador en revistas, político liberal y republicano. Sin regionalismo definido, creó con sus *Episodios nacionales* la pequeña historia de la vida española durante el siglo XIX.

El conflicto sin solución de un tradicionalismo político, social y religioso español con la ideología liberal, ambos intransigentes, es el tema de una de sus primeras novelas: *Doña Perfecta*. El trágico desenlace impuesto por la intransigencia religiosa, que en su victoria se destruye a sí misma, es también parte de la visión pesimista de otra novela, *Gloria*, en la que se plantea el problema del matrimonio imposible entre una cristiana y un judío. Novela estrictamente realista es *Fortunata y Jacinta*, en la que Galdós describe la sociedad madrileña contemporánea, concretamente su clase media. En sus novelas naturalistas, *Miau, Lo prohibido, La desheredada* y *Misericordia*, ésta última quizá la mejor de todas, Galdós describe magistralmente la vida de las clases pobres de la sociedad madrileña. En éstas, aunque se olvida de la tesis manifiesta de sus primeras novelas, presenta tan sólo los aspectos decadentes de la sociedad española para criticar al mismo tiempo sus instituciones sociales y políticas.

Las cualidades más notables de Galdós son, sin duda, su gran capacidad de observación de la naturaleza humana y de las acciones de los individuos y su extraordinaria habilidad en la descripción y evocación del ambiente en que los personajes de sus novelas se mueven. Éstos, sin embargo, bajo la influencia de la ideología política, social y religiosa del autor, pierden mucho de su realismo individual para convertirse en esterotipos de la vida real. Aunque Galdós está muy lejos de un naturalismo materialista, su preocupación por la opresión que sistemas de valores sociales caducos ejercen sobre los individuos produce con frecuencia el mismo sentimiento de pesimismo. Sin embargo, Galdós no es necesariamente desesperanzado, y parece apuntar sutilmente hacia un futuro, aunque éste no está indicado por *la luz al final del túnel*, sino tan sólo por la oscuridad presente. La intransigencia liberal, fenómeno tan común entre los políticos de la época, hace que Galdós, a veces, ponga su novela al servicio de su ideología, lo cual no puede menos que perjudicar algunos aspectos de su innegable calidad artística.

Naturalismo

España, cuyo desarrollo industrial no había avanzado tan rápidamente como en otros países y cuyas instituciones tradicionales —religión católica y monarquía— aunque en crisis, estaban vigentes todavía, reflejó su situación especial en un naturalismo socialmente más moderado, políticamente más burgués y religiosamente menos materialista y ateo que en otros países europeos. Es más moda literaria, que producto de filosofía o angustia social.

La visión española de la vida, todavía profundamente espiritualista, fue también causa de que el movimiento naturalista no se generalizara en España y que sus representantes, como Galdós, nunca llegaran a los extremos de pesimismo materialista que predominaban en Francia desde que Emilio Zola (1840–1902), hacia 1870, comenzara a publicar su ciclo novelístico *Rougon-Macquart*.

Condesa de Pardo Bazán

El movimiento naturalista español recibió su formulación más auténtica con la condesa Emilia de Pardo Bazán (1852–1921). Profesora de literatura neolatina de la Universidad de Madrid, ardorosa defensora del feminismo, de temperamento inquieto y curioso, la condesa de Pardo Bazán comenzó su carrera literaria según la corriente del realismo regionalista. En sus viajes por Europa entró en contacto con el movimiento naturalista de Zola y, a su regreso a España, escribió un libro titulado *La cuestión palpitante*, en el que propone su interpretación del género novelístico e, indirectamente, su concepto de la sociedad y de la vida en general. Acepta del naturalismo francés el postulado fundamental de que la novela es una representación de la vida vista a través de un análisis psicológico de los individuos. Rechaza en cambio la idea de que la vida conste sólo de realidades bajas, sucias e infrahumanas. Aunque fue atacada duramente por excesivamente naturalista, el naturalismo de Pardo Bazán, se ha dicho es "mitigado y correcto para fondo del realismo español" e incluye, por lo tanto, aspectos risueños e idealistas en una amalgama muy personal de belleza y fealdad, alegrías y tristezas.

La parte más valiosa, y hermosa, de su obra son las novelas escritas en esta vena, tan suya, del naturalismo: *Los pazos de Ulloa*, un estudio de la decadencia fisiológica de una familia noble de una aldea gallega; *Insolación y Morriña*, historias de dos amores; y *La Madre Naturaleza*, en la que el tema del incesto no le impide que exalte la tierra, el campo y el paisaje. El estilo ágil y flexible en el que brilla una fina sensibilidad colorista y percepción sensorial, hace que las novelas de la condesa de Pardo Bazán sean las que mejor representan el naturalismo literario español.

Leopoldo Alas, *Clarín*

De técnica naturalista y espíritu marcadamente social fue Leopoldo Alas, conocido como *Clarín* (1852–1901). Aunque natural de Zamora fue, por su educación y dedicación, profundamente asturiano y concretamente de Oviedo. Entre sus novelas destaca *La regenta*, que está considerada como su obra maestra y una de las mejores de su tiempo. En ella Clarín presenta con arte magistral la sociedad gris y anquilosada de Oviedo, apenas disfrazada con el nombre de Vetusta. *La regenta* fue considerada por un tiempo como ejemplo extremo del naturalismo español del siglo XIX. Hoy en día, en cambio, se aprecia más en ella el análisis psicológico, el monólogo interior, las asociaciones sensorio-psicológicas y el tiempo lento. Tanto como por sus novelas, Clarín es recordado por sus cuentos y novelas cortas. Entre éstas *¡Adiós, Cordera!* sin duda su obra maestra, figura como modelo en muchas de las antologías de este género.

Luis Coloma

En vena naturalista también, aunque con finalidad católica y moralizante, es la obra del jesuita Luis Coloma (1851–1915). Comenzó su carrera como escritor dentro de la escuela regionalista con sus *Lecturas recreativas*, una larga serie de narraciones cortas, algunas históricas, otras de ambiente andaluz o madrileño. Escribió además algunos relatos de carácter histórico, como *Jeromín*, la biografía de don Juan de Austria y *La reina mártir*, la de María Estuardo. La obra que más fama le ha dado es la novela *Pequeñeces*, en la que describe con duro realismo la vida y desórdenes de la sociedad elegante de Madrid durante el período de la restauración monárquica de Alfonso XII (1874–1885). En ella hace gala de grandes dotes de observación y habilidad en la descripción de personajes y situaciones que, con sátira y ridículo implacables, quedaron reconocibles en sus páginas. Parte del éxito inmediato y del escándalo que produjo su publicación, se debió precisamente a su apariencia de *novela de clave* en que sus lectores trataban de reconocer personajes famosos contemporáneos. Además de ésta, Coloma ha dejado otra novela, *Boy*, del mismo tono que la anterior y en la que narra la vida trágica de un aristócrata madrileño.

Aunque su moralización evidente y sistemáticamente buscada disminuye quizá su mérito literario y, desde luego, la apreciación de los críticos contemporáneos, el padre Coloma es importante por haber contado durante muchos años con un gran número de lectores entre el público español católico, cuya moralidad contribuyó a formar.

EL ARTE EN ESPAÑA DURANTE EL SIGLO XIX

En términos generales se puede afirmar que los movimientos artísticos del siglo XIX coinciden con las corrientes literarias. Al ser ambas expresión de ideologías y estar dominadas por las interpretaciones francesas, también las artes plásticas, como las literarias, manifiestan las etapas fundamentales del neoclasicismo, romanticismo y realismo.

La arquitectura

El arte arquitectónico, por su magnitud y funciones, frecuentemente sociales y políticas, tiende en general a reflejar más que ninguna otra forma artística actitudes y gustos políticos oficiales. Por ello a lo largo del período de restauración del Antiguo Régimen, aproximadamente los dos primeros tercios del siglo XIX, la arquitectura se mantuvo fiel al estilo neoclásico francés. Debido al prestigio de las victorias napoleónicas continuó siendo, aun después de su derrota, el estilo preferido para edificios y palacios oficiales y para el adorno de las ciudades españolas.

Arquitectura neoclásica

De esta época son el edificio destinado para el Congreso de Diputados (Fig. 11.1) construido por Narciso Pascual entre 1843 y 1850 y la Bolsa del Comercio, obra de Enrique Repullés, ambos en Madrid. Según este estilo se realizó también en 1848 la Plaza Real de Barcelona, obra de Daniel y Molina, y la reforma de la hermosa Plaza Mayor de Madrid en

Figura 11.1 Congreso de Diputados, Madrid

1853. El estilo neoclásico más o menos mezclado con elementos decorativos franceses, perduró a lo largo del siglo XIX. Obra característica de este pseudoclasicismo es el Palacio de Bibliotecas y Museos (Fig. 11.2), en Madrid, inaugurado en 1892, que hoy contiene la Biblioteca Nacional, obra de Francisco Jareño.

Arquitectura romántica

El predominio del romanticismo con su exaltación del pasado nacional y alejamiento de líneas oficiales se manifestó en la arquitectura con una renovada afición por los estilos medievales, tan desprestigiados durante el siglo precedente. El resultado fue una serie de estilos eclécticos en los que, con mayor o menor pureza, predomina alguno de los estilos nacionales que se mantuvieron

Figura 11.2 Biblioteca Nacional, Madrid

Figura 11.3 Estación de ferrocarril, Toledo

Figura 11.4 *Matanza de los Inocentes,* J. Ginés

vigentes hasta fin de siglo, cuando comenzaron a ser sustituidos por las corrientes modernistas.

Obras de arquitectura que siguen un eclecticismo histórico son: *gótico,* la catedral de la Almudena en Madrid, obra inicial de Francisco de González Montes, marqués de Cubas; *renacentista,* la iglesia de las Calatravas y el Banco Hispano-Americano, ambos en Madrid, obras de Eduardo Adaro; *bizantino,* la basílica de Atocha y la iglesia de San Manuel y San Benito, obras de Fernando Arbós; *mudéjar,* las Escuelas de Aguirre por Rodríguez Ayuso y la Estación de Ferrocarril en Toledo (Fig. 11.3). El uso del estilo mudéjar también fue popular para decoración de edificios de vivienda, casas nobles, y artes industriales (cerámica y azulejos). El estilo mudéjar se mantuvo popular hasta el siglo XX.

La escultura

Apenas cabe hacer distinción entre los escultores neoclásicos y los románticos, ya que ambos se proponen la imitación de modelos antiguos. La tendencia hacia el romanticismo se nota, más que en la técnica, en la preferencia que se da a temas nacionales, históricos y medievales.

El estilo barroco es continuado por el valenciano José Ginés (1771–1885) en su *Matanza de los inocentes* (Fig. 11.4), que forma parte del gigantesco Belén llamado *del Príncipe.* En cambio Damián Campeny (1771–1855) se muestra neoclásico en sus *Juicio de París, Diana cazadora* (Fig. 11.5) e *Himeneo encendiendo la tea.* Especial es el caso de José Álvarez Cubero (1788–1827), uno de los más claros exponentes del la escultura neoclásica, con sus obras *Diana cazadora* y *Apolino,* ambas de una fría y cal-

Figura 11.5 *Diana cazadora*, obra de J. Álvarez Cubero

Figura 11.6 *Defensa de Zaragoza*, de J. Álvarez Cubero, Madrid

culada perfección, pero carentes de toda vitalidad. Aunque todavía de técnica neoclásica, en su *Defensa de Zaragoza* (Fig. 11.6), en memoria de la Guerra de la Independencia, expresa un nacionalismo exaltado, ya romántico.

A partir de mediados de siglo se van multiplicando en las ciudades españolas estatuas de políticos y generales, en su mayoría sin gran valor artístico, pero que sirven para ventilar las aficiones de la mentalidad liberal de la época. Más mérito tienen algunos monumentos de tema histórico, generalmente de tradición romántica, como el de *Isabel la Católica* (Fig. 11.7), obra de Manuel Oms; o según estilos históricos como el gótico renacentista del monumento a Colón o los mausoleos al general O'Donell y a Colón. Sin embargo el monumento a Espartero, en la catedral de Logroño, sigue todavía un estilo neoclásico francés.

Figura 11.7 Monumento a Isabel la Católica, de M. Oms, Madrid

La pintura

Pintura academicista y neoclásica

La corriente academicista del siglo XVIII seguidora de Mengs y de Bayeu continuó durante las primeras décadas del siglo XIX con Mariano Salvador Maella (1739–1819), autor de un magnífico retrato de Carlos III, y su discípulo Vicente López (1772–1850), excelente retratista. Es famoso por los retratos de la corte y de Fernando VII y en especial por el de Goya, su obra maestra. Tiene también numerosos frescos que adornan los palacios reales.

De mayor importancia fue, durante las primeras décadas del siglo XIX, la escuela neoclásica francesa, que se mantuvo fiel a su creencia que el arte no debe copiar sino idealizar la naturaleza. El pintor francés más representativo de esta escuela, Jacques-Louis David (1748–1825) ejerció una gran influencia, a través de sus discípulos, en los pintores españoles. De éstos, el más importante fue José Madrazo (1781–1859), gran conocedor de la historia de la antigüedad clásica, como se demuestra en su obra primera, *La muerte de Viriato*; Juan Antonio Ribera (1779–1860) con su cuadro *Cincinato*; y José Aparicio (1773–1838), aunque éste se aleja un tanto del neoclasicismo en sus cuadros de historia contemporánea.

Simultáneamente con las últimas generaciones de pintores neoclásicos, comenzaron a aparecer en el norte de Europa las primeras pinturas románticas, cuyo estilo renovador se extendió rápidamente por toda Europa, ya triunfante en 1830. El espíritu romántico se tradujo en la pintura en una preferencia por temas nacionales o de un orientalismo exótico, o sencillamente exotismo, representados en composiciones sin orden aparente pero de gran riqueza de color. El triunfo de la escuela romántica francesa quedó consagrado con el colorido ardiente y luminoso de su mejor representante, Eugene Delacroix (1798–1863), y con los paisajes basados sobre efectos de luz de Jean-Baptiste Corot (1796–1875). A fines del primer tercio del siglo, el estilo romántico dejó sentir también su influencia en España.

Pintura romántica

Como en la literatura, la pintura romántica española también reaccionó contra la exaltación de la antigüedad pagana, prefiriendo los asuntos nacionales o locales, temas de historia medieval y, para los exóticos, los musulmanes españoles o africanos. Así surgió una serie de pintores que se inspiraron en los aspectos tradicionales y costumbres castizas de la vida española, pero en los que frecuentemente se percibe, al mismo tiempo, la influencia de Goya. Participan de esta tendencia Leonardo Alenza (1807–1845) y Eugenio Lucas Padilla (1824–1870), ambos de la escuela madrileña, José Gutiérrez de la Vega (ca. 1865) y Antonio María Esquivel (1806–1857), estos sevillanos enlazados con la tradición de Murillo y notables por sus cuadros de tipos y costumbres andaluces. Éste último es notable como retratista en su *Lectura en casa del artista*, en el que se hallan retratadas las figuras literarias más importantes de su época.

Importantes fueron también los paisajistas como Jenaro Pérez Villaamil (1807–1854), que buscan la expresión romántica, efectista y luminosa, en paisajes de ruinas, catedrales y castillos. Otros prefieren el retrato, como Federico de Madrazo (1815–1894), quien, educado en Roma, llegó a ser uno de los pintores más representativos del romanticismo español. Es reconocido especialmente por la serie de retratos de personajes famosos de la época de la reina Isabel II. Es conocido también Valeriano Bécquer (1833–1870), hermano del poeta Gustavo Adolfo Bécquer, de quien pinta un magnífico retrato (Fig. 11.8). Es además notable por sus cuadros de escenas familiares, amables, aunque un tanto nostálgicos.

Pintura de historia

Durante la segunda mitad del siglo, a raíz de la primera Exposición General de Bellas Artes celebrada en 1856, se desarrolló la llamada *pintura de historia*, generalmente de temas antiguos, pero también modernos. En ella se continúa, con gran riqueza de cuadros, la tradición romántica. Fueron notables Eduardo Cano (1823–1897), con sus obras *Cristóbal Colón en la puerta del convento de*

Figura 11.8 *Retrato de G.A. Bécquer,* por Valeriano Bécquer

la Rábida y *Don Alvaro de Luna enterrado de limosna;* Antonio Gisbert (1835–1902), por sus *Comuneros de Castilla* y *El fusilamiento de Torrijos*; y José Casado del Alisal (1832–1886), con *La campana de Huesca* y su *Rendición de Bailén*, entre otros muchos.

Pintura realista

Tras el romanticismo, llega también a España la llamada *corriente realista*, que había triunfado en Francia desde mediados del siglo y cuyo pintor más representativo había sido Gustavo Courbet (1819–1877). En los temas, la pintura realista europea convierte frecuentemente el interés por el mundo contemporáneo en expresión de una ideología social y política, prefiriendo, como la literatura naturalista, los temas sociales de las clases bajas urbanas y del campo, que representa con un sentimiento melancólico o pesimista.

Los temas de la pintura estrictamente realista, como los de la literatura naturalista, no encontraron gran aceptación en España. En la pintura realista española se nota la influencia de la pintura barroca, en la técnica, y una cierta afición a los temas y estilos románticos con los que tuvo que convivir la mayor parte del siglo.

Muy importante fue el madrileño Eduardo Rosales (1836–1873), de dibujo y colorido correcto, con temas de historia, *Testamento de Isabel la Católica*, muy discutido en su tiempo; otros de género, *Mujer al salir del baño*. También notable es el catalán Martí Alsina (1826–1894), de una gran producción. Sus desnudos, sobre todo, manifiestan su interés por la representación de la realidad, incluso con sus defectos, más que por su embellecimiento.

Cuadros de género

En los cuadros de género, la figura más destacada es la del catalán Mariano Fortuny (1838–1874). En un principio pintaba éste bajo la influencia del romanticismo alemán, dando preferencia a cuadros de historia, pero se liberó de ella tras unos viajes a Marruecos que contribuyeron a desarrollar su preocupación por el color y la pintura al aire libre, con cuadros de tema marroquí. Aunque por su técnica, estos cuadros son más que exóticos, impresionistas. Su obra más conocida es *La vicaría*, en realidad un cuadro de género costumbrista.

PREGUNTAS PARA ESTUDIO Y REPASO

1. ¿A qué se llama tradicionalismo católico? ¿Cuáles fueron sus representantes más importantes?

2. ¿Qué corrientes filosóficas contribuyeron a formar el pensamiento liberal español?

3. ¿A qué se llama *movimiento krausista*? ¿Qué importancia tuvo en la historia política y cultural de España?

4. ¿Qué significado tiene el tema de *las dos Españas*?

5. ¿Cómo influyó la vida política y social en los artistas durante el siglo XIX?

6. ¿A qué se llama período romántico y cuáles son sus características?

7. ¿En qué consistió el *movimiento realista* y cuáles fueron sus causas?

8. ¿A qué se llama *naturalismo* y cuáles fueron sus causas políticas y sociales?

9. ¿Qué carácter tuvo el neoclasicismo literario en España durante este siglo?

10. ¿Cuáles son las características más importantes del romanticismo español, en política y arte?

11. ¿A qué se llama realismo en literatura y cuáles fueron sus temas y preocupaciones?

12. ¿Qué formas tomó el naturalismo literario en España y cuáles fueron sus temas?

13. ¿Qué estilos artísticos se dan en Europa durante el siglo XIX?

14. ¿Cómo se manifestó el romanticismo en España durante el siglo XIX?

15. ¿Qué diferencias hay entre la escultura neoclásica y la romántica?

CAPÍTULO 12

FIN DE SIGLO: LA *BELLE ÉPOQUE*

Temas

- Europa afrancesada
- Cultura urbana y burguesía elegante
- Visión europea: España romántica y castiza
- Popularismo modernista
- Modernismo y tradición
- Modernismo en España
- Literatura modernista y tradicional
- Arte modernista
- Impresionismo
- Zarzuela

CRONOLOGÍA DE LA *BELLE ÉPOQUE* 1885–1914

Estilos artísticos vigentes:

en literatura: realista, naturalista, modernista, impresionista

en arquitectura: ecléctico, modernista, *art nouveau*

en pintura: impresionista, post-impresionista, estructuralista

en música: romántico, modernista

- **1885–1902** **Alfonso XII,** rey de España
- 1888 Congreso Constitutivo del **PSOE** en Barcelona
  Rubén Darío (1867–1916) publica *Azul*
- 1889(~) Pablo Sarasate (1844–1908), violinista
  Joaquín Mir (1837–1940), pintor
  Felipe Pedrell (1841–1922), renovador de la música española
  Armando Palacio Valdés (1867–1928) publica *La hermana San Sulpicio*
- 1891 Darío de Regoyos (1857–1913), pintor impresionista, fase tremendista
- 1894 Joaquín Sorolla, (1863–1924), pintor, es premiado en Viena.
  Francisco Asenjo y Barbieri (1823–1894), creador del género chico
- 1897(~) Nace Pablo Sorozábal, renovador del sainete
  Antonio Muñoz Degrain (1841–1922), pintor impresionista
  Ruperto Chapí (1851–1909), compositor de zarzuelas
  Francisco Tárrega (1854–1909), compositor y guitarrista
  Isaac Albéniz (1860–1909), compositor
  Agustín Querol (1860–1909), escultor
  Miguel Blay (1860–1936), escultor
- 1898 Vicente Blasco Ibáñez (1867–1928) publica *La barraca*
  Desastre colonial. Pérdida de Cuba, Puerto Rico y Filipinas
- **1902–1931** **Alfonso XIII,** rey de España
- 1902 José María Gabriel y Galán (1870–1905) poeta, *Castellanas*
- 1904 Santiago Rusiñol (1863–1924), pintor
  Ricardo Bellver (1860–1924), escultor
- 1905 Ramón Casas (1866–1932), pintor
  José Moreno Carbonero (1860–1941), pintor
- 1907–1909 Gobierno de Antonio Maura
- 1908 Rebelión en Marruecos
- 1909 Semana trágica de Barcelona
  Muere fusilado el anarquista Francisco Ferrer
  Ignacio Pinazo (1849–1916), pintor realista
- 1910–1912 Gobierno de Canalejas

- 1914   Comienza la **Primera Guerra Mundial** (1914–1918)
- 1916   Gabriel Miró (1879–1930), escritor modernista publica
  Figuras de la Pasión del Señor
  Enrique Granados (1866–1916), músico, muere victima del
  hundimiento del Susex
- 1920   Tomás Bretón (1849–1920), compositor de zarzuelas
- 1921   José Serrano (1873–1941), compositor de zarzuelas
- 1922(~)   F. Moreno Torroba, (1891–1982), compositor de zarzuelas

FIN DE SIGLO: LA *BELLE* ÉPOQUE EN EUROPA

Las últimas décadas del siglo XIX y las primeras del siglo XX constituyeron en Europa un período de características culturales muy determinadas que se conoce generalmente con el nombre francés de *Belle époque*. Término de difícil traducción, pues no se trataba de una época bella, ni amable, elegante o placentera, aunque sí un poco de todo. La *Belle époque* expresa muy bien el espíritu que animó la cultura y la sociedad europea desde aproximadamente el año 1870 hasta la movilización general de la Primera Guerra Mundial (1914–1918). Tras la guerra, el optimismo, la satisfacción y, sobre todo, la elegancia y refinamiento que habían constituido hasta entonces las virtudes sociales más importantes cedieron rápida y trágicamente a la nueva realidad de los cambios políticos, sociales y económicos, que fueron, para vencedores y vencidos, los resultados de la contienda.

Cambios sociales y políticos

Paralelamente a esta superficialidad optimista y agradable de los valores sociales, Sigmund Freud (1856–1939), con sus estudios sobre la histeria (1895) y la interpretación de los sueños (1899), introducía la noción del subconsciente en la consideración de las acciones humanas, que iba a influir tanto en las ciencias como en las artes desde comienzos del siglo XX.

También desde el punto de vista técnico y científico se habían sentado ya las bases del mundo moderno con la invención del automóvil, el neumático, el avión, el submarino, la lámpara eléctrica, el cinematógrafo, entre otros inventos, y el descubrimiento del radio y la radioactividad. El imperialismo europeo estaba en su apogeo, coronado con la serie de colonias y dominios mantenidos en Asia y África. La burguesía trabajaba y se iba enriqueciendo, mientras el proletariado, en parte satisfecho con sus primeras conquistas sociales y económicas, no se había declarado todavía totalmente en favor de la lucha de clases.

Europa tenía conciencia de ser centro y motor de la civilización humana y las grandes ciudades eran el corazón de Europa; entre ellas Berlín, Londres y Viena eran las más importantes, pero sobre todas ellas reinaba París, el verdadero corazón de

Europa. Y si París era la capital europea por antonomasia, en ella lo que contaba y fascinaba era el *boulevard*. Nada que no llevara su sello merecía ser tenido en cuenta.

La *Belle époque* era un conjunto social: la aristocracia, la burguesía, el proletariado, los elegantes ociosos, las grandes cortesanas. En el polo opuesto a la mujer cortesana, bella y elegante, estaba el fenómeno, producto inicialmente británico, de la *sufragista* que quería votar y ser igual al hombre. Era el siglo de oro de la Riviera y de Montecarlo, de fortunas fabulosas, sonadas ruinas y pasiones escandalosas. Se bailaba mucho y se comía bien. Las clases sociales comenzaban a mezclarse y aristócratas franceses trataban de rehacer sus fortunas perdidas casándose con hijas de magnates americanos del embutido o del carbón, o de grandes banqueros. El optimismo era general, el trabajo abría las puertas de la sociedad y se creía que la ciencia iba a resolver todos los problemas.

Las artes de fin de siglo

En este mundo un tanto artificial y artístico, las artes —novela, poesía, teatro, pintura, escultura— encontraron todas un suelo fértil y, con nuevas expresiones, recibían gran atención en la vida social de la burguesía. La música, de concierto, espectáculo o baile, era fácil y agradable. Muy popular era el vals (Johann Strauss), la mazurca y el cancán. El ballet ruso (Tchaykovsky), la opereta (J. Strauss, Lehár) y la ópera (Massenet, Puccini), junto con los espectáculos del *Moulin Rouge*, inaugurado en 1889, eran los géneros que mejor satisfacían el gusto artístico de la sociedad de la época.

Pintura

En pintura los artistas pretendían captar la impresión del momento, creando así una nueva escuela: el impresionismo. Para el pintor impresionista la naturaleza no tiene colores específicos ni formas fijas, sólo masas de color que cambian según la luz que reciben. Prefiere pintar al aire libre, sin mezclar los colores en la paleta. El impresionismo francés llegó a su cenit con el riquísimo colorido de las pinturas de vida parisina de Pierre-Auguste Renoir (1841–1919) , el movimiento de las bailarinas pintadas por Edgar Degas (1834–1917) y, sobre todo, con la representación de la sociedad interpretada, con frecuencia irónicamente, por Henri de Toulouse-Lautrec (1864–1901).

Pero también se va transformando la pintura en expresión temperamental de los artistas. De éstos unos interpretan la realidad con el colorido brillante, casi salvaje, de los fauvistas, cuyo representante máximo es Henri Matisse (1869–1954). Otros, en cambio, buscan en el color y la forma la correspondencia con la emoción y el pensamiento, y en la pintura la expresión de los sentimientos, del sueño interior de los poetas, llamados por ello, al igual que los pintores de esta tendencia, simbolistas. Éstos toman por tema la realidad sublimada, como Paul Gauguin (1848–1903), o el mundo distorsionado, irreal o alegórico, como Odilon Redon (1840–1916).

Los -ismos

Hacia el fin de la época se hace claro el cambio de gustos e ideales, tanto sociales como artísticos, en las nuevas interpretaciones pictóricas de la realidad abstracta y deformada, con el uso predominante de las fórmulas angulares del cubismo, que surge hacia 1908, o en la búsqueda del dinamismo plástico y de la incorporación pictórica de movimiento, tiempo y espacio tal como lo hacía el futurismo, nacido hacia 1910. Un poco más tarde, hacia 1916, apareció el dadaísmo, movimiento artístico ya complicado con la oposición a la guerra y una postura antiestética, incluso destructiva en el uso de sus técnicas de irracionalidad y del acaso. De éste movimiento surgiría más tarde el surrealismo.

Ya por los años de la Gran Guerra, la poesía, la pintura, y también la música, aceptaron una serie de *-ismos,* muchos de los cuales terminaron degenerando en simples extravagancias, pero todos expresando un interés general de ensayar nuevas técnicas y buscar nuevos modos de expresión, que serán las características del nuevo arte.

Arquitectura

En arquitectura, durante el último tercio del siglo XIX, se impusieron las necesidades de la vida moderna. La creación de grandes centros urbanos e industriales hizo necesario encontrar nuevas líneas arquitectónicas menos monumentales y más pragmáticas.

Mayor importancia tuvo, por un tiempo, el estilo ornamental del *art nouveau,* arte nuevo, moderno o modernista, aplicado, además de la arquitectura, a la decoración interior, muebles, joyas, tipografía, e incluso, a la moda femenina. En todos ellos se usaban hasta el exceso las líneas extendidas suaves y sinuosas, las curvas y los rizos, que denotan las características de este estilo. En él se ve una mezcla curiosa del tradicionalismo medieval romántico con la interpretación simbolista del arte japonés de la que Aubrey Beardsley (1872–1898) fue el máximo exponente. En Francia el nuevo estilo, fundamentalmente decorativo, se basaba principalmente en el uso de motivos curvilíneos, sinuosos, rizados con abundancia de zarcillos y temas florales; y, en figuras humanas, siempre de sensualidad lánguida, se usaba como tema principal la cabeza de mujer, con larga cabellera, rodeada de flores o parte de una figura simbólica. En otros países, como Austria con el movimiento de la Secesión, se prefería la estilización casi simbólica de los mismos motivos Al no prestarse fácilmente al diseño arquitectural, el nuevo estilo permaneció variado en arquitectura, desde el funcional rectilíneo, popular en Inglaterra y América, o reminiscente del rococó, como fue preferido en Francia, o del renacimiento, como en Austria, hasta la creación, variada y única en su género, de Antonio Gaudí en España.

La escultura

La escultura, menos rica y más dependiente de formas anteriores, encuentra nueva inspiración en el impresionismo. En Francia presenta su mejor expresión con Auguste Rodin (1840–1917), con dos tipos de obras, unas de un realismo duro e impresionista: *El pensador,* hecha para su *Puerta del Infierno,* obra que no llegó a terminar; y el otro, con frecuencia de tema simbólico, realizado con contornos difuminados, sobre desnudos audaces y sensuales, como *El beso,* que causaron no poco escándalo en su primera exposición. En Alemania Adolf Hildebrand (1847–1921) y en Inglaterra, Henri Gaudier-Brzeska (1891–1915), francés de nacimiento y protegido de Ezra Pound, siguen líneas análogas.

Literatura

La poesía de fin de siglo había comenzado como reacción contra el realismo poético, que alejándose de la expresión de sentimientos íntimos y personales, prefería expresar ideas y sentimientos generales dando mayor importancia a la perfección formal del lenguaje y el verso. Contra los llamados parnasianos, por la revista *Parnaso Contemporáneo* en la que colaboraron, reaccionó una nueva escuela. Reivindicando para la poesía las grandes libertades de forma, verso, sintaxis y vocabulario, pretendían sus seguidores expresar lo que el alma siente y, para conseguirlo, usaban de las semejanzas o equivalencias entre dos niveles, el psíquico y el moral, por lo que se decía que usaban de símbolos poéticos, por lo que recibieron el nombre de simbolistas. Entre éstos, cuya importancia en España llegó a ser grande, se contaban algunos parnasianos, como Paul Verlaine y Stéphane Mallarmé. A la muerte de éstos la escuela simbolista se dividió, indecisa. Mientras unos buscaban una moderación académica o trataban de recobrar el calor humano desaparecido en la belleza formal de las palabras, como Paul Claudel (1868–1955); otros, como Paul Valéry (1871–1945), dieron mayor rigor al elemento intelectual, ontológico, en su persecución de una poesía pura que todavía hoy se mantiene en vigor.

El realismo de la novela, aunque se mantiene, se hace más introspectivo, psicológico, complicándose con las direcciones del psicoanálisis moderno. La novela como tal, es decir, la acción, la intriga, la trama, se detiene como si su presentación sólo fuera el pretexto para el análisis interior, del que la obra de Marcel Proust (1873–1923) es el exponente más interesante e influyente.

España romántica

España, ya desde mediados de siglo, se había convertido para otros países en el país romántico por excelencia. Viajeros europeos, ingleses, franceses y alemanes, habían encontrado en España un costumbrismo un tanto exótico y primitivo, muy de acuerdo con su gusto romántico. También los artistas y escritores españoles con sus obras habían contribuido a subrayar la peculiaridad de las costumbres españolas frente a las europeas. Notable es Serafín Estébanez Calderón (1799–1867), periodista, historiador, novelista y poeta. Su obra *Escenas andaluzas* fue una fuente de inspiración romántica para la afición costumbrista andaluza, tanto en España como en el extranjero.

España castiza

En parte como reacción contra lo francés, escritores, pintores y músicos europeos recurren a la España castiza y a lo español popular para sus obras y composiciones. Así lo hacen, entre otros muchos, en novela Prosper Merimee (1803–1870) con su *Carmen;* en pintura Manet (1832–1870), con sus retratos de parisinos de alta sociedad, vestidos de torero en la plaza de toros o de gitano tocando la guitarra; y en música Franz Liszt (1811–1866) con su *Rapsodia Española, Folies de España* y *Jota aragonesa;* Jorge Bizet (1836–1875), con su famosísima ópera española *Carmen;* Eduardo Lalo (1823–1892), con su *Sinfonía española;* Chabrier (1841–1894) con su rapsodia *España,* Hugo Wolff (1860–1903) con sus numerosas *canciones españolas* y Nicolás Rimsky-Korsakoff (1844–1908), con su *Capricho español*, celebrado en París como el mejor "músico español" de su tiempo. Esta moda fue continuada en el siglo XX por Claude Debussy con su *Iberia,* Maurice Ravel con su *Rapsodia española.* Su famoso *Bolero,* sin embargo, nada toma de la danza española del mismo nombre. A popularizar este españolismo contribuyeron en gran manera las llamadas "bailarinas españolas". La española María Medina, la vienesa Fanny Essler y, sobre todo, la inolvidable irlandesa Lola Montes que, entre muchas otras, entusiasmaron al gran público europeo con la voluptuosidad de un "españolismo" estrictamente convencional.

FIN DE SIGLO ESPAÑOL

Los estilos de la *Belle époque,* de moda por toda Europa, invadieron también España. Escritores, poetas, artistas, o simplemente adinerados y elegantes iban a París y, de regreso, crearon también una *Belle époque* española. En España revistas ilustradas, como *Blanco y Negro,* dedicadas a la clase media introducían e idealizaban con sus fotografías y dibujos las formas y modelos de los estilos más populares de las corrientes modernistas europeas —francesas, inglesas o alemanas. De esta manera la burguesía española se unió a la moda europea, sobre todo a la francesa, que comenzó así a verse imitada en Madrid y Barcelona y, en menor grado, en las demás ciudades de España.

La *Belle époque* española fue un poco provinciana y menos original si se la compara con la francesa, pero tuvo momentos de auténtico valor cultural y artístico. A la vez, su actitud en favor del casticismo hispano, nunca totalmente olvidado, ofrece a veces más interés todavía que esta continuación de la vida francesa. Sólo Barcelona parece adoptar la nueva moda de una manera completa, imitando más que las otras ciudades la moda francesa, y creando al mismo tiempo unas propias con formas específicamente regionales.

En España la *Belle époque* no tuvo un final tan abrupto como en Europa. Al quedar al margen del conflicto de la Primera Guerra Mundial, España sólo sufrió indirectamente sus consecuencias, una de las cuales fue la extinción paulatina del espíritu que animó la *Belle époque,* al ser destruidas sus fuentes europeas.

LA LITERATURA

En el arte literario se da, en términos generales, el mismo fenómeno que se advierte en las demás manifestaciones artísticas. Frente a los seguidores de las nuevas corrientes, producto casi siempre de influencia francesa, están los partidarios de las formas, modos y direcciones ya consagrados. En el caso de España es además notable apuntar que aunque no sería exacto decir que todos los modernos son antiespañoles o anticatólicos, lo contrario sí podría afirmarse, es decir, que dejando aparte problemas de forma y técnica, el tradicionalismo hispano parece imponer o exigir una actitud política nacionalista y un espíritu profundamente religioso.

Poesía tradicional

El más importante representante del tradicionalismo poético es José María Gabriel y Galán (1870–1905). Un tanto oscurecido por los poetas modernistas, especialmente su contemporáneo Rubén Darío, Gabriel y Galán no ha gozado nunca del favor de los críticos, quienes le echan en cara un cierto prosaísmo y fácil e ingenua sensiblería poética. Sin embargo, durante su tiempo y aun después, gozó de una gran popularidad por su espontaneidad poética, por la intensidad de su sentimiento y por su realismo, en forma y contenido, tan apartado del escapismo estético de los modernistas. Son dignas de leer entre sus poesías de tema castellano, *El ama* y *Mi montanara*; de tema extremeño, *El Cristu Benditu* y *El embargo*; y de tema campesino, que son las más numerosas, *Mi vaquerillo*, *Los pastores de mi abuelo*, y *La espigadora*. Toda ella es una poesía en la que resaltan las virtudes que el poeta atribuye al pueblo español: espontaneidad, nobleza, humildad y fe.

Los siguientes versos, de *Los pastores de mi abuelo,* son una queja contra la poesía, según él vacía, de su tiempo:

> Yo quisiera que vagase por los rústicos asilos,
> no la casta fabulosa de fantásticos Batilos
> que jamás en las majadas de mis montes habitó,
> sino aquella casta de hombres vigorosos y severos,
> más leales que mastines, más sencillos que corderos,
> más esquivos que lobatos ¡más poetas ¡ay! que yo!

En los siguientes versos, de *El ama*, se exaltan además los sentimientos de amor conyugal, familia, religiosidad y patriotismo, en un ambiente patriarcal totalmente idealizado:

> Yo aprendí en el hogar en qué se funda
> la dicha más perfecta,
> y para hacerla mía
> quise ser como mi padre era,
> y busqué una mujer como mi madre
> entre las hijas de mi hidalga tierra.
> Y fui como mi padre, y fue mi esposa
> viviente imagen de la madre muerta

> Compartían mis únicos amores
> la amante compañera
> la patria idolatrada,
> la casa solariega,
> con la heredada historia,
> con la heredada hacienda

Un tanto injustamente tratado por los críticos, Gabriel y Galán es un documento importante de su tiempo, al expresar la fe viva en un pasado bucólico, patriarcal y basado en los lazos de familia, cuya tradición se mantiene íntegra en el campo, con el campesino como su mejor representante, frente al materialismo moderno. Esta imagen idealizada del campo y los campesinos está encontraste con la que reflejan escritores más liberales, quienes, en su deseo de reforma de las instituciones tradicionales, presentan al campesino como una víctima, sin virtudes ni valores y, con frecuencia, sin inteligencia.

Modernismo

La corriente de este tradicionalismo poético está oscurecida por el llamado *modernismo*. Desde el punto de vista cultural, forma éste parte del complejo movimiento de reacción, por una parte, contra la naturaleza y los sentimientos que impone una contemplación realista, dependiente del objeto, por otra contra el aburguesamiento, la "vulgaridad" que se ve en las manifestaciones de arte que tienen atractivo para las masas. En este sentido el modernismo es profundamente elitista. En su deseo de apartarse del vulgo y para demostrar su alejamiento de valores burgueses, los "modernistas" con frecuencia se vestían de manera desaliñada, descuidando su apariencia con largas melenas, lo cual les atrajo las burlas de muchos de sus contemporáneos.

El modernista no acepta los sentimientos que emanan naturalmente de los objetos o situaciones románticas o realistas, sino que, por el contrario, parte de un subjetivismo, más o menos absoluto, de afectos, sensaciones, sentimientos o ideas que quiere suscitar; de aquí el impresionismo, el naturalismo idealizado y el simbolismo de la pintura modernista, la vaguedad idealizada de la escultura, el simbolismo y pureza abstracta de la poesía. Característica también de los movimientos modernistas es la preocupación por fundir los géneros artísticos: la poesía pretende ser escultura y música, ésta insiste en su carácter poético, mientras que la pintura busca las armonías cromáticas. Se trata de una especie de sinestesia artística, sobre todo literaria, en la que abundan "versos azules" y se conciben los poemas como sinfonías, sonatas y sonatinas.

Las características fundamentales de la poesía modernista se pueden resumir en el cuidado extraordinario de la forma, el estilo refinado, el colorismo; en palabras de Rubén Darío, en un "intenso amor a lo absoluto de la belleza". En cuanto a su contenido, el escapismo modernista en búsqueda de la belleza usa del lenguaje simbólico, de una vaguedad orientalizante, pseudo-helenismo, de regiones exóticas donde se pierde, o se encuentra, una melancolía soñadora y voluptuosamente vaga.

Rubén Darío

En España el modernismo poético se identifica generalmente con la figura egregia del nicaragüense Rubén Darío (1867–1916), el poeta más famoso de su tiempo en lengua castellana y uno de los principales también del mundo entero. Gran viajero, fue por un tiempo corresponsal de *La Nación* en España, representante de su gobierno en París y más tarde, en Madrid. La evidente influencia parnasiana y simbolista de Paul Verlaine y en general de los movimientos modernistas franceses le debió llegar muy temprano. El nacimiento del modernismo se sitúa en 1888, fecha en que publica su primera colección de versos, titulada *Azul*, que, a pesar de su brevedad, causó gran sensación en España. Con motivo de su primera visita, en 1892, ya se decía de él que era "tal vez el mejor y más original autor que hay ahora en América". Años más tarde aparecieron sus *Prosas profanas* (1896) y *Cantos de vida y esperanza* (1905), donde aparecen numerosas poesías que se han hecho célebres.

En *Prosas profanas*, escrito cuando su autor estaba ya considerado como figura central y orientadora del modernismo español, escribía Rubén Darío:

> He aquí que veréis en mis versos princesas, reyes, cosas imperiales, visiones de países lejanos o imposibles, ¡qué queréis! Yo detesto la vida y el tiempo en que me tocó nacer.

Darío se aleja de la realidad, no porque la crea mala, sino porque la encuentra vulgar e inelegante. Por ello su escapismo lleva a un mundo exótico de princesas, lagos, cisnes, oro, seda y mármol; todo color y música, sensualidad bella y melancolía elegante.

Sin embargo, en *Cantos de vida y esperanza* (1905), obra ya de su madurez, hay preocupación social, sentido moral y religioso, amor a España y exaltación de la cultura hispana y de la hermandad de los pueblos en su hispanidad.

Prosa modernista: Gabriel Miró

Por la especial atención que da a la calidad lingüística de la expresión, el modernismo literario se asocia generalmente con la poesía. En efecto, es poética una gran parte de la literatura, y la gran mayoría de los autores que se asocian con este movimiento son poetas, aunque también se habla con frecuencia de la prosa modernista.

Es modernista, por ejemplo, la prosa densa, de gran colorido y elaborada con impecable perfección de Gabriel Miró (1879–1930). Aunque no fue un escritor de producción muy abundante, su prosa llena de metáforas e imágenes de gran brillo y color ha ejercido notable influencia en la concepción impresionista de muchos escritores posteriores, especialmente levantinos. Son muy conocidas *Las cerezas del cementerio*, de gran sensibilidad, *El obispo leproso* y *Nuestro padre San Daniel*, en el que se describe el paisaje levantino. Muy conocidas también son *Figuras de la Pasión del Señor*, cuadros religiosos, aunque de artificial y escaso valor místico, de gran poder evocativo y mérito literario.

La novela española de esta época sigue las mismas corrientes tan variadas que se observan en el resto de Europa. Sigue la escuela realista Armando Palacio Valdés (1853–1938), cuya obra ha sido siempre bien recibida en el extranjero, debido, entre otras razones, a su calidad de moderación y simplicidad. *Riverita y Maximina* con fondo autobiográfico, *La espuma* y *La fe* con un tono naturalista, *Marta y María* de tema religioso y político, *La alegría del capitán Ribot* de tema regional y, sobre todo, *La hermana San Sulpicio*, sobre el cortejo de una monja sevillana por un gallego, son obras en las que Palacio Valdés, con humor y gran ligereza de estilo, pinta una sociedad que, aunque abunda en problemas de toda clase, siempre se salva por la sinceridad de sus emociones.

Vicente Blasco Ibáñez

De muy distinta índole es, como representante del naturalismo, el valenciano Vicente Blasco Ibáñez (1867–1928). Ideológicamente republicano, socialista radical y de un marcado, a veces violento, anticlericalismo, estaba muy al tanto de las corrientes literarias y gustos estéticos del mundo parisino de principios de siglo, en el que era muy conocido.

Inició su carrera de escritor describiendo la vida de la región valenciana, en obras como *La condenada* y *Cuentos valencianos,* de fuerte técnica naturalista al estilo de Zola. El tema regional lo continúa en sus mejores obras y acaso las más vigorosas, aunque fueron las que menos fama le darían: *Entre naranjos, Cañas y barro, La barraca, Arroz y tartana.* También toca otros temas, por ejemplo *La horda* en que trata los bajos fondos madrileños, y *La catedral,* abiertamente anticlerical, que toma Toledo como centro y su catedral como excusa.

En las obras de madurez, *La maja desnuda* y *Sangre y arena* describen, con más técnica que sinceridad artística, un ambiente español típico y pintoresco más apto de ser apreciado, como lo fue, en el extranjero. La Gran Guerra le sorprendió en París, donde escribió *Los cuatro jinetes del Apocalipsis,* duro ataque contra los alemanes, que obtuvo un gran éxito en Francia, Inglaterra y los Estados Unidos. Es el libro que consagró su fama mundial. Con su publicación en traducción inglesa en Norteamérica y, años después, su filmación, Blasco Ibáñez se convirtió en el gran novelista de moda, cuya amistad y trato buscaban políticos, intelectuales, y el gran público. En este sentido, mucho se debe a él lo que en los Estados Unidos se piensa de España y de los españoles. Su obra posterior, hecha ya para satisfacer su público cosmopolita, adolece toda ella de comercialización postiza e insincera.

A pesar de ser escritor, Blasco Ibáñez más parece pintor. Sus novelas son en realidad cuadros impresionistas, pintados a la manera de su amigo, Joaquín Sorolla, con trazado rápido, más en busca del colorido y del efecto total que de la perfección del detalle. No es la trama lo que cautiva en sus novelas sino la descripción, la agudeza impresionista con que capta la realidad, el movimiento, la vida y sobre todo el color, aunque todo ello queda a veces un tanto desvirtuado por su aplicación superficial de ideologías políticas radicales y radical anticlericalismo.

LA MÚSICA

La música española desde el romanticismo presenta paradojas interesantes. Mientras la música romántica fue en el resto de Europa un factor esencial y determinante en la expresión del romanticismo, no fue así en España, donde la música sólo era interesante cuando era producto de un casticismo espontáneo y simpático. Sin embargo, cuando a fines de siglo se generaliza también en España la afición por lo español, no se busca la autenticidad sino la moda que le llega de fuera. En consecuencia, durante este período la mejor música y la que más gusta al público, aunque se basa en temas españoles, está muy influida por la música de la *Belle époque* europea: valses, mazurcas, pavanas; por el sinfonismo ruso; por el piano romántico de Chopin, el joven Schumann y Grieg, o por la interpretación de "lo español" de Bizet. A pesar de ello, la música que se crea llega a ser, a sentir de los españoles, expresión auténtica del alma del pueblo, a lo que se debe sin duda su gran popularidad. Esta música, con excepción de la zarzuela, goza también de gran aceptación en Europa, que ve en ella una continuación del romanticismo.

Se considera al catalán Felipe Pedrell (1841–1922) como el iniciador de un movimiento de nacionalismo musical, con operas y ediciones de música clásica. Compositores también, aunque reconocidos mundialmente por su virtuosismo instrumental, son Pablo Sarasate (1844–1908) para el violín y Francisco Tárrega (1854–1909) para la guitarra. Las figuras cumbre de la música española de fin de siglo son los compositores y pianistas, Albéniz y Granados.

Isaac Albéniz

Español y europeo al mismo tiempo, Isaac Albéniz (1860–1909) fue concertista desde los cinco años, alumno en París y Bruselas, viajero por Europa y América, residió finalmente en Francia, donde falleció.

Toda la música de Albéniz está pensada desde el piano y quiere ser, como él mismo decía, "española con acento universal". En efecto, su música demuestra la influencia de Wagner, Schumann, Liszt y de los impresionistas franceses. Su españolismo se manifiesta en una música libre, dinámica, abundante en modulaciones, que se basa en la gracia y en la sobriedad, más que en problemas de forma, dando así la impresión de querer expresar la sencillez del alma popular. En esta vena, y muy conocidas, son sus composiciones: *Sevilla, Córdoba, Torre Bermeja* y *Mallorca*.

Más fama tiene *Iberia*, obra de mayor envergadura compuesta durante los últimos años de su vida. En ésta, más que en ninguna otra, se reconcilian los dos extremos, lo pintoresco y la melodía popular con el elemento personal. A pesar de que en ella se reconocen fácilmente las influencias y técnicas extranjeras, *Iberia* es considerada también expresión genuina del sentimiento español. Aunque, propiamente hablando, Albéniz no dejó escuela, su obra ejerció una gran influencia en el desarrollo y la dirección de la música española contemporánea.

Enrique Granados

Español y europeo también, aunque decididamente menos viajero, fue Enrique Granados (1866–1916). Estudiante en Barcelona, pasó varios años en París, donde obtuvo importantes triunfos. Son deliciosas sus *Danzas españolas*, en las que se mezclan las notas estrictamente pintorescas con las europeas y en las que aparece la influencia de Chopin, Schumann y Grieg. Con ellas, Granados influyó en los compositores españoles posteriores, que llegaron así a asimilar el tono íntimo del piano romántico. Aunque Granados revela en su música acentos de todas las regiones de España, el que predomina es el andaluz, mezclado, a veces, con reminiscencias románticas de lo árabe español. Su obra maestra es la ópera titulada *Goyescas*, en la que combina tonos íntimos y líricos con matices desgarrados que recuerdan la pintura de Goya. Su estreno en Nueva York en 1916 señaló el apogeo de su triunfo.

Música popular

El nombre de música popular, tan fácil de entender, es difícil de definir. Su mismo concepto al nacer del concepto de "pueblo" del siglo pasado, no coincide con lo que hoy se podría entender. En realidad hoy habría que hablar más bien de música de masas como algo distinto de la música popular. Uno de los más importantes musicólogos españoles, Felipe Pedrell (1841–1922), define ésta según su participación en la vida doméstica o pública del pueblo. Es decir, la música popular nace para ser aplicada a ocasiones privadas o públicas, más como parte de la festividad que como espectáculo artístico que se le añade. Aunque es evidente que temas de música popular pueden servir y han servido muchas veces de espectáculo y sufrido, en consecuencia, los cambios que la estilización estética o el atractivo comercial les ha impuesto.

Zarzuela

El género artístico que mejor representa el espíritu de esta época burguesa y agradable es sin duda la música, y en ella la zarzuela, que por su popularidad y características especiales es además la manifestación artística más interesante de todo este tiempo. Aunque todavía se continúa con los intentos de composición de *ópera española*, o zarzuela grande, herencia del romanticismo, es el llamado *género chico* el que predomina y alcanza una extraordinaria popularidad.

En contraposición al mayor empaque musical y operático de la zarzuela grande, el género chico es más breve, uno o dos actos, el libreto es popular, y popular tiene que ser, sobre todo, su música. Los temas preferidos son dramáticos, casi naturalistas, y de la clase baja: hambre, luto, desempleo, ruindad política, poder del dinero en negocios y en amor. Es la sociedad vista desde sus capas más bajas, pero interpretada con humor, ironía, burla, poca amargura y gran cantidad de alegría. Aunque el género chico duró pocos años, desde 1869 hasta 1910, fue extraordinaria su influencia en el público, que imitaba el lenguaje y los gestos usados por los personajes y repetía constantemente sus canciones, muchas de las cuales todavía hoy gozan de gran popularidad.

Su representación, iniciada en el teatro *Variedades,* atrajo tanta atención y público, algunas obras pasaron del millar de representaciones, que muy pronto fueron edificados otros teatros dedicados exclusivamente a obras de este género. De ellos, once en total, el teatro *Apolo,* de la *Comedia,* de la *Princesa,* y *Lara,* fueron los más importantes y continúan siendo hoy corazón de la vida teatral madrileña.

Compositores de zarzuela   El creador del género chico fue Francisco Asenjo y Barbieri (1823–1894) que, aunque italianizante en sus primeros años, derivó más tarde con su personalidad divertida y simpática hacia la música popular madrileña, de la que ha sido el mejor representante con sus obras *Pan y toros, El barberillo de Lavapiés,* o con la influencia que ejerció en los que le siguieron: Chueca, Bretón y Chapí, entre otros. Además de compositor fue Barbieri un notable erudito, articulista y sobre todo musicólogo.

Característico de la música española y del gusto musical de los españoles de fin de siglo es el drama de Tomás Bretón (1849–1920), el defensor más vehemente de la *ópera española.* Fracasó completamente en sus obras más ambiciosas, compuestas según el patrón italianizante con reminiscencias wagnerianas, para triunfar solamente cuando adoptaba el verismo popular de *La Dolores,* y sobre todo en el milagro de espontaneidad y gracia de la famosa *La Verbena de la Paloma,* por las que aún mantiene merecido renombre. La música castiza del género chico continuó con

Ruperto Chapí (1851–1909), a quien se debe la inolvidable *La revoltosa*; José Serrano (1873–1941), con *La Dolorosa* y *Los claveles*; y Amadeo Vives (1871–1932), con *Doña Francisquita* y *Maruxa*.

Tras ellos, dos compositores representan las dos posibles tendencias de tradicionalismo y renovación: Federico Moreno Torroba (n. 1891), que permanece fiel a la zarzuela grande, de asunto madrileño romántico, asequible al público y que ofrece la perfecta pulcritud de su inolvidable *Luisa Fernanda*; y Pablo Sorozábal (n. 1897), educado en Alemania, que introduce recursos melódicos contemporáneos, renovando así el sainete madrileño, *La del manojo de rosas* y *Don Manolito*, o iniciando una comedia musical entre zarzuela y opereta, con su celebrada *Katiuska*.

Flamenco

Las referencias a los bailes y música popular del sur hispano se encuentran ya desde la Edad Media más temprana. Ya en el siglo XV se fija la determinación andaluza como *flamenco*, sin que se sepa exactamente ni el origen de la música, ni del nombre con que generalmente se la conoce. La distinción entre andaluz y gitano, aunque clara en su aceptación étnica y cultural, se hace más oscura en cuanto a su música, en referencia a la cual ambas palabras se hacen equivalentes y se confunden bajo la denominación de flamenco. El conocimiento que de él tenemos data de noticias costumbristas del siglo XIX. La primera descripción se encuentra en *Escenas andaluzas* (1846) de Serafín. Estébanez Calderón, con noticias de su aparición en Madrid.

El arte flamenco nace como baile, al parecer, sin una distinción clara o conocida, de lo que se ha llamado *bailes de escuchar* y *bailes de cantar*. A principios ya del siglo XX, el flamenco gana popularidad con la innovación, que ha sido descrita como conversión del baile "de cintura para abajo" en baile "de cintura para arriba". Es decir, dando menor importancia al juego de pies y piernas, para dar, en cambio, mayor importancia al juego de brazos, al movimiento del torso, a la expresión del rostro, es decir, a la teatralidad. Este cambio es relativamente reciente y se atribuye a Pastora Imperio. Otros nombres famosos, más recientes son Carmen Amaya y Antonio Ruiz.

Los cantos, o *cante*, tienen una gran variedad, unos responden a su origen: malagueñas, murcianas, sevillanas malagueñas; otros indican acompañamiento de guitarra, sin baile: peteneras soleares, seguidillas; otros con bailes: por alegrías, sevillanas; otros sin guitarra: debas, saetas, éstas religiosas. Todos tienen en común su intenso lirismo y su inclinación a la repetición, al sostenimiento del texto para jugar con la gradación ascendente y descendente de la voz, a la insistencia en una sola nota. Su tonalidad, que invita a buscar paralelos en la música árabe y africana, ha contribuido a subrayar su atractivo exótico.

Otros bailes

En contraste con la melodías del sur hispano, la música y danzas de las otras regiones se acercan mucho más a las que se ven en otros países europeos, perdiendo así para los extranjeros mucho del exotismo y atractivo romántico que encuentran en el sur. El más extendido es la jota, común a casi todas las regiones españolas, aunque en cada una con características especiales. Muy conocidas son la *jota navarra*, la *aragonesa*, y la *valenciana*, todas canto y baile a la vez. Como canto generalmente con tema lírico alegre. Como baile, fundamentalmente en pareja, simple o múltiple; de exuberante rapidez y energía, la aragonesa; más reposada la valenciana. La sardana, el baile típico de la región catalana, es de grupo mayor, en el que los participantes forman círculos cogidos todos de la mano. Es versión refinada de bailes cuyo origen se remonta a la colonización griega. Aunque el origen de la sardana moderna se atribuye a Josep Pep Ventura (1817–1875) y sus amores con la hija de un músico de Figueras, se nota en ella la influencia de bailes cortesanos, barrocos y de origen francés desde el siglo XVIII.

LA ARQUITECTURA

En arquitectura la influencia europea es evidente en forma y en espíritu. Ciudadana, burguesa y capitalista, se emplea sobre todo en edificios públicos. Aunque también se usa un estilo funcional, de escaso adorno; o se continúa la tradición romántica medieval, el estilo imperante es una imitación del eclecticismo barroco con líneas neoclásicas, típicamente francés. Éste recibe, con frecuencia además, decoraciones modernistas; con sus curvas sinuosas, flores, hojas, figuras y cabezas de mujer con largos cabellos, que nacen de la piedra, como las evocaciones indefinidas tan al gusto de la poesía modernista (Figs. 12.1, 12.2). La importancia dada al refinamiento de la vida urbana lleva a grandes reformas en las ciudades, que se adornan con Gran Vías y Paseos, adquiriendo así la fisonomía que todavía hoy poseen.

Mayor personalidad de estilo e interés tiene el modernismo de la arquitectura catalana, en la que se advierte la doble tendencia hacia el eclecticismo y hacia el uso de motivos históricos, al que se añaden los adornos polícromos, o hierros forjados, típicos del modernismo catalán. Entre los eclécticos hay que nombrar a Luis Domenech y Montaner (1850–1923) y a Enrique Saguier (1858–1931). Pero el máximo representante del modernismo fue Antonio Gaudí (1852–1920), quien siempre logra un resultado único e inconfundible, sea partiendo de una base personal

Figura 12.1 Edificio modernista (*art nouveau*), Madrid

Figura 12.2 Adornos modernistas (*art nouveau*), Madrid

Figura 12.3 *Ángel caído,* de Ricardo Bellver

como en el parque Güell o el edificio Batlló, en Barcelona; con frecuencia histórica, sea gótica, como en el palacio del obispado en Astorga; mudéjar como la que usa en la Casa Vicens o de aproximación al *art nouveau* de la Casa Milá; o al barroquismo desbordante de su obra más famosa, el templo de la Sagrada Familia, estas últimas en Barcelona.

LA ESCULTURA

En escultura el nuevo estilo fue de notable mediocridad, con excepción de unas pocas figuras. Respondió, como en el resto de Europa, a la misma vaguedad de exposición, de contornos indefinidos que dan la impresión de algo inacabado, incompleto, o sencillamente indefinible, que el artista no puede fijar ni concretar. No obstante, la escultura modernista es marcadamente sensual, mezcla curiosa de materia y espíritu, de realismo y simbolismo.

Figura 12.4 *Eclosión,* de Miguel Blay

Dignos de mención son Ricardo Bellver (1845–1924), cuyo *Angel caído* (Fig. 12.3), se encuentra en el parque del Retiro en Madrid, y sobre todo Agustín Querol y Subirats (1860–1909), el mejor representante de la escultura modernista. Obras importantes suyas son el conjunto titulado *Sagunto* y el frontón de la Biblioteca Nacional, ambas en Madrid.

Gran importancia tiene la escultura catalana, en la que son de citar Miguel Blay (1866–1936), con su *Eclosión* (Fig. 12.4), y José Llimona (1864–1934) con su *Desconsuelo* (Fig. 12.5). Ambos están representados con numerosas obras en el museo de Barcelona; y Luis Domenech y Montaner (1850–1923) con el grupo escultórico que adorna el Palacio de la Música de Barcelona (Fig. 12.6). En todos se perciben claramente las características de la escuela modernista, con los contornos difuminados y vagos de sus figuras femeninas.

Figura 12.5 *Desconsuelo,* de José Llimona

LA PINTURA

La escuela de temas de historia se mantuvo vigente hasta entrado el nuevo siglo con Francisco de Pradilla (1848–1921), con su *Juana la Loca acompañando el cadáver de su esposo,* y José Moreno Carbonero (1860–1942), con su *Conversión del duque de Gandía,* entre otros. También la pintura romántica mantiene sus cultivadores, aunque poco a poco van todos aceptando las técnicas de color y pincelada de la pintura moderna.

Con las corrientes modernistas se asocia generalmente la técnica impresionista en la pintura. Este modernismo, manifestado colectivamente en la Exposición Internacional de París de 1889, atrajo a los pintores españoles, en los que la pintura francesa de Renoir y Monet, todavía ejercía clara influencia. A ésta se añadió más tarde la de las escuelas modernistas del norte de Europa, cuya preocupación principal era también la interpretación de la luz de manera que produjera una impresión de realidad.

Impresionismo romántico

En muchos pintores, sin embargo, se percibe sólo una derivación paulatina hacia el nuevo estilo, que mantiene todavía las técnicas del realismo romántico. Se trata en algunos casos de pintores de notable calidad, pero menos apreciados, quizás, por mantenerse menos decididamente en líneas modernistas. A esta tendencia corresponde, Ricardo de Madrazo (1841–1920), con cuadros de género, *Después del baño,* de pincelada cuidada y fina; y retratos, *Aliné con mantilla,* más impresionistas. Importante es también el valenciano Ignacio Pinazo (1849–1916). De cuidada técnica realista y pincelada fina en la mayoría de sus cuadros, aparece en otros más interesado ya por efectos de luz y color como en *El guardavías* (Fig. 12.7). Aunque es uno de los mejores pintores realistas, anuncia, a la vez, en algunos cuadros, el cambio hacia el impresionismo. A este grupo pertenece también el valenciano Antonio Muñoz Degrain (1841–1922), por un tiempo continuador de la pintura de historia estrictamente romántica, *Los amantes de Teruel.* Es también considerado como el mejor intérprete del paisaje romántico, *Hojas caídas.* Otros paisajes suyos son costumbristas, *Palomar andaluz;* otros exóticos, *Espigadoras de Jericó;* o misteriosos, *El*

Figura 12.6 Grupo escultórico del Palacio de la Música, L. Doménech

buque fantasma. Manifiesta además preferencia por temas dramáticos, *Drama en Sierra Nevada* y *Amor de madre.* Pero en todos ellos su técnica, de pincelada marcada e independiente, y la importancia que da al colorismo y la luminosidad, demuestran ya una clara tendencia impresionista.

Impresionismo castellano

Destacado representante del impresionismo es Aureliano Beruete (1845–1912), eminente paisajista y crítico de arte. También lo es el asturiano Darío de Regoyos (1857–1913). Nacido en Asturias, estudia en Madrid, viaja a Francia hacia 1880, reside en Bélgica hasta 1889 para establecerse más tarde en Barcelona, donde falleció. Parte de su obra responde muy bien al impresionismo de fin de siglo con sus paisajes llenos de luz difusa del norte, su zona preferida. En sus últimos cuadros, ya en Barcelona, puede ser considerado, sin embargo, como un posimpresionista, por su técnica divisionista, incluso de yuxtaposición de puntos de color (*puntillismo*). A su regreso a España, Regoyos pasa por una época tremendista, de la que da testimonio la publicación de *La España Negra*, "recuerdo sombrío, neurótico, pesimista" de su viaje por España con el poeta holandés, Emile Verhaeren (1855–1916). En estos cuadros usa el monocromismo, a base de tonos oscuros u ocres, con pincelada dura y poco dibujo (Fig. 12.8). En ellos da expresión a una visión crítica de las costumbres del pueblo que ya refleja la crisis de fin de siglo.

Impresionismo catalán

La escuela impresionista catalana se caracteriza, por el contrario, por un cierto intimismo, y un lirismo especial. De esta escuela el pintor más representativo es Santiago Rusiñol (1861–1931), cuya pintura busca en la reproducción de naturaleza y jardines, *Cipreses de Aranjuez*, una expresión de lirismo nostálgico, casi protesta ante la máquina y la técnica. Son también notables los paisajistas Joaquín Mir (1873–1940), que

Figura 12.7 *El guardavías,* de Ignacio Pinazo

pinta principalmente paisajes de Cataluña, *Cadaqués, La cala encantada, Segunda fantasía del Ebro;* y Ramón Casas (1866–1932), gran pintor de paisajes urbanos de una precisión casi fotográfica.

Joaquín Sorolla

La pintura impresionista española alcanza su mejor representante en el valenciano Joaquín Sorolla (1863–1924). Pintor genuinamente español, estrictamente regionalista, fue uno de los artistas españoles que mejor supo interpretar las direcciones estéticas de la Europa de su tiempo. Prueba de ello son los premios y medallas concedidos a sus obras, entre otras, en la Exposición Internacional de Viena (1894), Berlín (1896), Munich (1897), París (1906), Londres (1908), Nueva York (1909) y Chicago (1911). Sorolla comenzó su producción de acuerdo con el espíritu de la *Belle époque* con un cuadro, *La mujer,* ya premiado, y otros en los que la influencia de Monet es todavía marcada. Pero pronto cambió a una pintura social inspirada literariamente en el naturalismo de Emilio Zola, Gustavo Flaubert, Guy de Maupassant y en la que se adivina además la huella de su paisano Blasco Ibáñez, como en el cuadro *Aún dicen que el pescado es caro.* Sin embargo, Sorolla alcanza su mejor expresión como pintor de la luz y del aire, del ambiente valenciano, sobre todo, y de sus playas inundadas de sol, arena y agua, pescadores, barcas, mujeres y niños (Fig. 12.9). A él se debe también la decoración del salón de actos y bibliotecas de la Hispanic Society de Nueva York con la serie *Provinces of Spain.*

Figura 12.8 *Viernes Santo en Castilla,* de Darío de Regoyos

Figura 12.9 *Niños jugando en la playa (Children on the Beach),* 1908, by Joaquín Sorolla y Bastida, ©2005 Artists Right Society (ARS), New York/EGAP, Madrid/photograph by the Art Archive/Cason del Buen Retiro Madrid/Joseph Martin/The Picture Desk, Inc.

PREGUNTAS PARA ESTUDIO Y REPASO

1. ¿A qué se llama la *Belle époque*?
2. ¿Qué clase de música era la preferida?
3. ¿Qué escuelas de pintura fueron las más importantes?
4. ¿Qué estilo decorativo se asocia generalmente con esta época?
5. ¿Qué direcciones poéticas son las más importantes?
6. ¿Por qué se dice en Europa que España es un país romántico?
7. ¿Se puede hablar de una *Belle époque* española?
8. ¿Qué actitudes fundamentales adoptaron los escritores españoles durante este tiempo?
9. ¿Cómo se expresaba el tradicionalismo poético?
10. ¿A qué se llama *modernismo* en poesía y cuáles son sus características?
11. ¿Cuál es el estilo que sigue Blasco Ibáñez y cuál fue su importancia?
12. ¿Qué paradojas presenta la música española desde el romanticismo?
13. ¿Qué características ofrece la música de Albéniz y la de Granados?
14. ¿Qué es la zarzuela? ¿A qué debió su popularidad?
15. ¿Qué es el flamenco y cuáles son sus formas?
16. ¿Qué formas tomó el *art nouveau* en la arquitectura española?
17. ¿Qué estilo de pintura está asociado con el fin de siglo y cuáles son sus características?
18. ¿Cómo es la pintura de Sorolla y a qué debe su importancia?

EL SIGLO XX

Temas

- Situación europea
- Gran Guerra y sus consecuencias
- *-ismos* en arte europeo
- Arte, revolución y arte evolucionario
- Debilidad de gobiernos y dictadura
- Crisis de fin de siglo: causas y soluciones
- Juicio sobre España: conservador, liberal
- Neopopularismo
- García Lorca y su mundo
- La música neopopular: Falla-Turina
- Arte americano
- Escuela de París y Escuela Doméstica española
- La pintura cambiante de Picasso
- Dos representaciones del subconsciente: Miró y Dalí

CRONOLOGÍA 1900–1931

Estilos artísticos vigentes:

Art nouveau **ecléctico,** desde fin del siglo XIX hasta los años 50

Arte Deco, desde los años 20 hasta mediados de siglo

Racionalista norteamericano, desde los años 20

- 1907–1909   Gobierno de **Antonio Maura**
- 1902–1931   **Mayoría de edad de Alfonso XIII**
- 1907   Picasso (1881–1973) pinta *Las señoritas de Avignon*
  Jacinto Benavente (1866–1945) publica *Los intereses creados*
- 1909   Semana trágica de Barcelona
  Muere fusilado el anarquista Francisco Ferrer
- 1910–1912   Gobierno de **José Canalejas**
- 1912   Machado publica *Campos de Castilla*
  Los hermanos Quintero publican *Malvaloca*
- 1914   Comienza la *Primera Guerra Mundial* (1914–1918)
  Manuel de Falla (1876–1946) compone *Amor Brujo*
- 1916   Juan Ramón Jiménez (1881–1958) publica *Platero y Yo*
- **1917–1923**   **Alternancia de gobiernos** inestables
- 1919   Fundación de la III Internacional Comunista en Moscú
- 1920   Mateo Inurria (1876–1924), escultor, crea *La forma*
- 1921   Alzamiento marroquí contra España y Francia (hasta 1926)
  Joaquín Turina (1882–1949) compone *Sinfonía Sevillana*
  Ortega y Gasset (1883–1955) publica *España invertebrada*
- 1922   Ramón Gómez de la Serna (1888–1963) publica *El doctor inverosímil*
  Felipe Pedrell (1841–1922), renovador de la música española
- 1923   Joan Miró (1893–1983), pintor, se adhiere al surrealismo
- **1923–1930**   Dictadura de **Miguel Primo de Rivera**
- 1924   Miguel de Unamuno publica *Sentimiento trágico de la vida*
- 1925   Ignacio Zuloaga (1870–1946) expone en Nueva York
- 1926   Ramón Pérez de Ayala (1881–1962) publica *El curandero de su honra*
  Concha Espina (1877–1955) publica *Altar mayor*
  Pacificación de Marruecos
- 1927   Lorenzo Coullaut Valera (1876–1932), monumento a Cervantes
- 1928   Dalí colabora con Buñuel
  García Lorca (1898–1936) publica *Romancero Gitano*
  Benjamín Palencia (1894–1980) funda la Escuela de Vallecas

◆ 1929   Daniel Vázquez Díaz (1886–1969) pinta los frescos de la
      Rabida

      Gran Depresión

      Mariano Benlliure (1866–1947), activo escultor

◆ 1930   Ortega y Gasset publica su manifiesto *Delenda est Monarchia*
      Alfonso XIII pide la dimisión a Primo de Rivera
      Gobierno del **general Berenguer** (30 de enero de 1930)
      La oposición firma el Pacto de San Sebastián
      Sublevaciones en Jaca y Cuatro Vientos (Madrid)

◆ 1931   Gobierno de **Juan Bautista Aznar** (18 de febrero de 1931)
      Alfonso XIII abandona sin abdicar la corona de España
      Proclamación de la **Segunda República**

EL SIGLO XX

Al hablar del siglo XIX, más que a un periodo de cien años, nos referimos con frecuencia a toda una época de la civilización, a una fase cultural de Europa con características determinadas y con problemas muy específicos. En este sentido el siglo XIX no terminó, como cronológicamente debiera, en 1899, sino algo más tarde, en 1914, al comenzar la Primera Guerra Mundial, la *Gran Guerra* (1914–1918).

Los momentos más importantes del siglo XX europeo son, además de la Gran Guerra, la Revolución rusa de 1917, la depresión económica de 1929, los regímenes totalitarios, la Segunda Guerra Mundial, y la desintegración de los regímenes comunistas.

España, al quedar al margen del conflicto armado de 1914, mantuvo sin resolver sus conflictos sociales, herencia del siglo XIX, hasta la caída del régimen monárquico en 1931. Desde entonces, se pueden designar como los periodos más importantes, la evolución política de la Segunda República, la tragedia de la Guerra Civil, el largo gobierno de Francisco Franco (1938–1975), caracterizado por su tradicionalismo y aislamiento de Europa, y la restauración de la monarquía en la persona del rey Juan Carlos I.

SITUACIÓN DE EUROPA

Con la Gran Guerra, tanto los sistemas políticos y económicos que regían la sociedad europea como sus valores intelectuales y sociales sufrieron una crisis de la que Europa y el mundo entero no se han recuperado todavía.

Sin embargo, el siglo había comenzado con un optimismo general herencia del fin de siglo. La paz reinaba entre las principales potencias, el progreso de la industria y la agricultura parecía anunciar un nuevo periodo de abundancia, la ciencia estaba venciendo la enfermedad, la democracia avanzaba y las legislaciones estaban realizando reformas sociales. Europa mantiene su hegemonía política sobre el mundo, y es consciente de su superioridad material y de su primacía intelectual sobre todos los pueblos.

Con la guerra que comienza en 1914 y la revolución rusa en 1917, la hegemonía y la superioridad de Europa inician su declive. Cuarenta años más tarde, quedaba muy poco de ella. Entre ambas fechas, el mundo europeo, y el occidental, tuvieron que enfrentarse con situaciones políticas y sociales que pondrán en peligro el mundo entero.

Situación política

La política internacional europea hasta 1914 había girado en torno a problemas que atañían directamente a los países del centro continental europeo —Alemania, el Imperio Austro-húngaro y Rusia— y a la amenaza que sus alianzas o rivalidades podían representar para los demás. La misma Francia, derrotada por Prusia en 1870, se sentía alarmada ante la nueva unidad nacional alemana y las ambiciones imperiales de los reyes de Prusia, que, desde 1871, habían asumido el título de Emperador de Alemania. España, por razón de su situación geográfica y su inestabilidad política, había quedado excluida de toda participación efectiva en la política internacional europea. Por una parte, Alemania había firmado un pacto con Austria-Hungría, al que se unió más tarde Italia, formando la Triple Alianza (1882). Frente a esta alianza, se formó la Triple Entente (1907), en la que entraron Francia, Rusia e Inglaterra. Aunque ésta no era una alianza militar formal, sino sólo una promesa de cooperación mutua en lo que se refería a la política exterior, ayudó a la formación de un bloque antagónico frente al formado por la Triple Alianza.

El clima bélico así creado llevó a la Primera Guerra Mundial (1914–1918), en la que Europa entera sufrió pérdidas terribles en vidas humanas y riqueza material. En 1917 la situación de Rusia llegó a ser insostenible. Las tropas rusas habían sufrido grandes derrotas en los frentes de batalla, mientras que, en el interior, el sistema de gobierno absolutista de los zares tuvo que ceder ante el empuje revolucionario, primero más bien burgués y moderado de los *mencheviques*, y después ante la revolución radical impuesta por los *bolcheviques*. El año siguiente, 1918, Alemania y Austria-Hungría, incapaces de continuar el esfuerzo bélico, se rindieron a sus adversarios.

Desintegración de Europa

Con la Guerra Mundial (1914–1918) comenzó además la desintegración de la hegemonía europea. Estaba fundaba ésta no solamente en el poderío militar de Europa, sino también en una superioridad técnica e intelectual todavía reconocida por todos y que todos trataban de emular como el camino hacia el progreso. Incluso las dos grandes potencias recientemente aparecidas, los Estados Unidos y el Japón, lo eran por el mayor grado de europeización en su desarrollo económico e industrial. Con la guerra se desmoronó además el antiguo orden político sin que fuera posible el retorno a la sociedad tranquila y segura de sí misma, que había sido Europa con anterioridad a 1914.

El Tratado de Versalles (1919), con el que se formalizó la capitulación de los vencidos, dejó sin solucionar los graves problemas de la desconfianza mutua y de las rivalidades económicas y políticas existentes entre las naciones europeas, causas principales de la guerra. Por el contrario, las condiciones económicas que el tratado de paz imponía a los vencidos hicieron que las deudas de guerra fueran origen de profundas desavenencias entre las potencias aliadas y de convulsiones económicas y políticas en las naciones vencidas, que las llevó a buscar la solución en regímenes nacionalistas totalitarios.

Crisis económica

La crisis económica causada por la Gran Guerra fue origen, además de la Revolución rusa, de una agitación extraordinaria en las clases obreras de todas las naciones europeas, las cuales, organizadas ya en forma de partidos políticos, comenzaron a hacer oír sus opiniones y a imponer sus condiciones a los nuevos programas políticos, sociales y económicos. En consecuencia, la vida política en las naciones más industrializadas y, por lo tanto, más avanzadas y ricas de Europa, dejó de ser una sucesión de gobiernos conservadores y progresistas para convertirse en una lucha de tres grupos, de los que con frecuencia el de los partidos obreros izquierdistas y revolucionarios era el más fuerte o segundo en poder.

En Rusia al asumir el poder los bolcheviques en nombre de los soviets (consejos) de obreros y campesinos, proclamaron la República Soviética que muy pronto se transformó en la Unión de Repúblicas Socialistas Soviéticas. En 1919, a raíz de la fundación de la Tercera Internacional Comunista (*Komintern*), la mayor parte de los militantes revolucionarios europeos se agrupó bajo la bandera de la nueva Rusia para una acción mejor dirigida y coordinada. En el congreso celebrado en Moscú el año siguiente con delegados de 37 países, se fijaron los 21 puntos de Lenin, o las tesis de Moscú. En estos puntos se preveían las futuras acciones revolucionarias y guerras civiles y se dictaban órdenes para llevar a cabo sublevaciones armadas, exigiéndose de todos los partidos y sus miembros una disciplina ciega y una completa obediencia a la dirección central del *Komintern* en Moscú.

Bajo el gobierno de Lenin, Rusia había derivado rápidamente hacia la constitución de un régimen totalitario de partido único, cuyas características eran la autoridad absoluta del partido sobre todas las formas de la vida social o privada de sus miembros. Según el mismo Lenin el estado totalitario requería "la abolición de todos los límites legales impuestos al poder." Con la ayuda del *Komintern*, la dictadura rusa pretendía dirigir la política y las actividades de los partidos comunistas europeos, los cuales durante muchos años se dedicaron a la preparación de la sociedad para la creación de gobiernos de *soviet* copiados y aliados del modelo ruso.

Con la gran crisis económica de 1929 pareció desmoronarse además el régimen capitalista entero, con la consiguiente pérdida de confianza en el porvenir. Éste aparecía todavía más inestable a medida que la Revolución rusa de 1917 tomaba formas duraderas y permanentes y comenzaba a manifestar además ambiciones de conquista.

El caos económico, consecuencia de la guerra, las condiciones excesivamente duras que el Tratado de Versalles impuso a los vencidos, el temor a una nueva guerra, y, después, la *amenaza roja* de una revolución comunista de signo ruso, fueron causa de que una serie de movimientos nacionalistas surgieran con gran fuerza en muchos países europeos. Ante el desprestigio del sistema liberal y parlamentario y su incapacidad de resolver los problemas económicos, estos movimientos se inclinaron por lo general a formas de gobierno más radical y autoritario, incluso dictatoriales, las únicas que, según ellos, podían restablecer la eficacia del estado. En consecuencia numerosos países en Europa adoptaron la dictadura como nueva forma de gobierno, unos, como Italia con Mussolini, a partir de 1919; otros, como Alemania con Hitler, después de 1929.

De esta manera surgieron los tres frentes de combate característicos de este tiempo: el conservador, el revolucionario y el nacionalista, que aunque de por sí solamente reflejaban una situación interna, podían adquirir fácilmente una gran importancia internacional a causa de los nuevos programas sociales.

Pensamiento europeo

También el pensamiento europeo siguió líneas desconcertadas. Los intelectuales y artistas abandonaron el racionalismo imperante durante ya dos siglos, pero no regresaron hacia la fe religiosa tradicional, sino que continuaron por el camino de un subjetivismo más emotivo que racional. En psicología, siguiendo a Freud, se estudió el subconsciente, abriendo así paso a la consideración del inconsciente en las acciones y emociones humanas. En filosofía la experiencia y evidencia controladas por la razón cedieron ante la fenomenología de Husserl, que toma como base del conocimiento la intuición, de por sí irracional, para más tarde llegar al existencialismo de Heidegger.

En las artes se dan una serie de reacciones contra las corrientes tradicionales. Es una actitud de protesta común a todas las artes, aunque en especial a la pintura y la poesía. Se basa en unas en razones estéticas, en otras en ideología social de oposición a las corrientes burguesas y conservadoras tradicionales. En pintura la tónica fue el alejamiento de la objetividad en una serie de abstracciones, *-ismos*, basadas más en la apreciación subjetiva que en la percepción objetiva, y que se manifestaron cada vez más radicales, como el *cubismo, futurismo, orfismo, sincronismo, vorticismo, dadaísmo*, y finalmente *surrealismo*. Lo mismo ocurrió con la poesía desde el simbolismo de Paul Valery hasta el expresionismo, dadaísmo y surrealismo poético de André Breton. Mientras la escultura buscaba una expresividad subjetiva en la abstracción y distorsión intencional de los objetos, la prosa literaria, novela y teatro se sumergía en un análisis introspectivo de la psique humana (Marcel Proust, James Joyce), o presentaban la tragedia de la existencia humana (Jean Cocteau, Paul Claudel), o la oposición entre las intenciones del hombre y la realidad de sus acciones (Luis Pirandello), o sencillamente buscaban refugio en una literatura de fácil evasión (Sinclair Lewis, F. Scott Fitzgerald, Ernest Hemingway) típicamente anglosajona.

Situación política española

En España los efectos de la Primera Guerra Mundial, en la que no tomó parte, también se dejaron sentir, aunque de manera muy distinta que en el resto de Europa. Económicamente la guerra benefició en un principio a España, que mantuvo abiertamente sus relaciones comerciales con los aliados, aunque se dejó arrastrar más tarde al caos de la Gran Depresión de 1929.

En la vida política, el proceso de debilitación de la monarquía parlamentaria continuó hasta llegar al paréntesis de la Dictadura y terminar en la desintegración de la Segunda República. Parte del panorama político fue también, por una parte, la adhesión del partido comunista español al *Komintern* y la consiguiente alianza de sus miembros con los ideales rusos, cuyos métodos y resultados fueron adoptados como modelo a seguir. En consecuencia, el proletariado, ya en proceso de organización desde fin del siglo, comenzó a desarrollar una actividad con frecuencia de índole revolucionaria. Por otra parte, y como reacción, surgieron los movimientos nacionalistas, conservador, liberal y parlamentario de Acción Española, o declaradamente antiliberal como la *Falange* y las *JONS*, mientras que otros partidos, como el tradicionalista *requeté*, ampliaban sus programas políticos para incluir una postura anticomunista.

Situación cultural española

En la vida cultural se mantuvo la dependencia española de las corrientes europeas, con París como centro de la vida artística donde se concebían y desde donde se irradiaban las nuevas modas, aunque los artistas buscaban ya, al mismo tiempo, la aprobación del Nuevo Mundo representado por Nueva York. El pensamiento filosófico español, sin embargo, siguió el camino iniciado el siglo anterior por el krausismo, buscando en Alemania sus modelos y maestros. Los productos así conseguidos eran europeizantes, en cierto sentido de claro origen francés o alemán, pero siempre sometidos a la transformación que imponía la espiritualidad española, menos inclinada que la europea a aceptar un pesimismo filosófico o un materialismo antirreligioso.

En términos generales, al llegar a España estas nuevas, aunque con sus perfiles ideológicos ya perdidos o desvirtuados, iban recibiendo el nombre conjunto de *ultraísmo* o *vanguardia*. A pesar de esta moderación relativa se habla con justicia de una crisis, en la que los elementos conservadores y los más avanzados coinciden en su falta doble, de seguridad por el presente, y de críticas constructivas del pasado.

LA VIDA POLÍTICA EN ESPAÑA: ALFONSO XIII (1902–1931)

En 1902, a los dieciséis años de edad, subió al trono Alfonso XIII, hijo de Alfonso XII y María Cristina de Habsburgo, quien, para dar continuidad al régimen político, mantuvo en el poder el gobierno de la Regencia, dirigido entonces por Sagasta. A pesar de ello, ya desde el principio, el reinado del nuevo monarca se caracterizó por su falta de estabilidad. Los partidos antidinásticos, carlistas y republicanos, daban señales de creciente agitación política. Los de izquierda, sobre todo el partido socialista, iban adquiriendo mayor poder, y los anarquistas y comunistas contaban cada vez con mayor número de miembros en Andalucía y Cataluña. Por otra parte el regionalismo catalán conseguía aunar a todos sus partidarios en la *Solidaritat catalana.* Los partidos liberales y grupos conservadores, por el contrario, se habían debilitado al fraccionarse por desavenencias surgidas entre sus seguidores. En consecuencia, el Gobierno, debilitado por cambios continuos, era incapaz de ofrecer reforma alguna.

En 1906 Alfonso XIII, el mismo día de su matrimonio con la princesa Victoria Eugenia de Battenberg, fue objeto de un atentado terrorista que causó numerosas víctimas entre los espectadores de la comitiva real.

Antonio Maura

Una verdadera excepción en este reinado la constituyó, por su estabilidad y orden, el gobierno de Antonio Maura (1907–1909), el cual a pesar de haberse mantenido en el poder tan sólo dos años, fue el de más larga duración. Jefe del partido conservador, intentó introducir una serie de reformas que le ganaron la enemistad de los partidos de izquierdas y de los separatistas catalanes y lo llevaron a una confrontación directa con el terrorismo político.

Causa y efecto de ello fue la llamada *semana trágica* de Barcelona (1909). Estando Maura al frente del gobierno, tuvo éste que hacer frente a una revuelta de indígenas en la zona española de Marruecos, para lo que dispuso el traslado de tropas españolas a África. El embarque de las tropas en varios puertos de la Península suscitó una serie de incidentes y desórdenes que culminaron en una huelga general en Barcelona. En esta ciudad los elementos revolucionarios, aprovechándose del embarque de las fuerzas armadas, cometieron innumerables actos de vandalismo, saqueando y quemando edificios públicos, colegios, iglesias y conventos, y cometiendo numerosos asesinatos. Declarado el estado de guerra por el gobierno, las fuerzas del ejército y la Guardia Civil sofocaron el desorden. Su instigador, el anarquista catalán Francisco Ferrer, fue apresado y, al poco tiempo, fusilado. La ejecución de Ferrer, censurada por todos los partidos anarquistas europeos, sirvió para iniciar una violenta campaña, que causó la caída del gobierno.

Tras un brevísimo gobierno de tres meses, liberal progresista y de simpatía hacia las izquierdas, fue elegido José Canalejas (1910–1912). El nuevo presidente del gobierno quiso aplacar a los partidos de izquierdas con una política benevolente hacia los elementos revolucionarios y de tono marcadamente anticlerical, que soliviantó la conciencia religiosa de los conservadores y católicos, sin satisfacer los deseos de los partidos radicales. Cuando éstos organizaron una serie de huelgas y desórdenes, que culminaron con una huelga general ferroviaria que paralizó la nación, Canalejas se vio obligado a usar de las fuerzas de seguridad pública para restablecer el orden, perdiendo así el apoyo político de las izquierdas. Poco tiempo después Canalejas era asesinado por un anarquista en la Puerta del Sol de Madrid.

Al estallar la Primera Guerra Mundial (1914) se hallaba en el poder Eduardo Dato, jefe de uno de los partidos conservadores, quien mantuvo una política de absoluta neutralidad ante el conflicto europeo. Durante los cuatro años que duró la contienda, España se enriqueció por el comercio que mantuvo con las naciones aliadas, pero al sufrir también ella el alza de precios, cundió un descontento general entre las clases trabajadoras, que se tradujo en frecuentes huelgas. Éstas, manipuladas por elementos extremistas, adquirieron un carácter revolucionario que el

Gobierno pudo contener sólo con el uso de la fuerza. Así, ante el caos de intrigas políticas, tumultos, huelgas, atentados, asesinatos y sabotajes, los gobiernos de la Monarquía, quince en seis años (1917–1923), se declararon todos, unos tras otros, incapaces de contener la anarquía del país.

La Dictadura de Primo de Rivera

Ante semejante situación, Miguel Primo de Rivera, entonces capitán general de Cataluña, se proclamó en 1923, con la aquiescencia del rey, dictador de España. Suspendida la Constitución, Primo de Rivera asumió las funciones de gobierno poniéndose al frente de un Directorio militar que fue sustituido, en 1925, por un gobierno de políticos civiles.

La Dictadura fue acogida con entusiasmo por casi toda la nación y, basándose en esa popularidad inicial, comenzó a imponer con resultados sorprendentes una serie de medidas dirigidas a restablecer el orden y la paz en la vida pública, castigando con gran severidad a terroristas y malhechores y sometiendo a la justicia militar los delitos revolucionarios contra la unidad nacional.

Todavía más sorprendentes fueron los resultados obtenidos en el desarrollo económico del país debidos en gran parte a dos ilustres ministros, José Calvo Sotelo y Rafael Benjumea Burín, conde de Guadalhorce. Gracias a éste se desarrolló un magnífico plan de obras públicas, ferrocarriles, carreteras, pantanos, puertos y repoblación forestal, con que se puso fin a la crisis del trabajo. A Calvo Sotelo se debió la nueva estructura económica que la Dictadura introdujo en la economía española. Creó los Bancos de Crédito Industrial y el de Crédito Local, con los que estimuló la pequeña industria y el ahorro; instituyó el Monopolio de Petróleos; saneó el sistema de recaudación de impuestos y niveló el presupuesto nacional. En la política exterior Primo de Rivera llevó a cabo, tras una guerra de dos años (1925–1927), la pacificación del norte de Marruecos.

En el orden político interior la Dictadura tuvo menos fortuna, al no poder encontrar una fórmula de regreso a la normalidad de la vida política nacional. Por una parte la persistente supresión de las garantías constitucionales acarreó la oposición de los elementos intelectuales, liberales y revolucionarios, quienes, aunque por motivos y razones muy distintas, pedían un retorno a lo que llamaban "la normalidad".

A desprestigiar la Dictadura contribuyeron el disgusto del Ejército con ciertas reformas impuestas por el Gobierno y, sobre todo, la Gran Depresión, cuyos efectos económicos comenzaron, ya en 1929, a dejarse sentir en España, con el paro forzoso de multitud de obreros y una disminución en la producción nacional. Por otra parte, el abandono paulatino de la severidad judicial de los primeros años hizo que la oposición se pudiera manifestar abiertamente contra el régimen de la Dictadura.

Ante este debilitamiento del régimen y, temiendo por el porvenir de la monarquía española, el rey retiró su apoyo a Primo de Rivera, quien por ello se vio obligado a presentar su renuncia. La medida no fue afortunada, pues sin reconciliar con la monarquía a los elementos opuestos a la Dictadura, hizo perder al Rey el apoyo de sus simpatizantes, todavía muchos, que vieron en la acción del monarca una capitulación injustificable.

Gobierno del general Dámaso Berenguer

Al régimen de la Dictadura siguió un breve gobierno dirigido por el general Dámaso Berenguer, quien promulgó un decreto de amnistía y expresó el propósito de devolver al país la normalidad constitucional. Pero ante las concesiones del gobierno, las tendencias antimonárquicas de los partidos republicanos y de izquierdas se manifestaron más agresivas y violentas, llegando algunos de sus jefes políticos a declaraciones abiertamente subversivas no sólo en contra del gobierno, sino de la misma monarquía. A pesar de las medidas pacificadoras y liberales de ésta, la oposición de los intelectuales al sistema monárquico era ya abierta. Ortega y Gasset escribía, en 1930, un artículo que terminaba con la famosa frase *delenda est monarchia* (la monarquía debe ser eliminada).

PROCLAMACIÓN DE LA SEGUNDA REPÚBLICA

En el verano de 1930 los políticos republicanos reunidos en San Sebastián se comprometieron, con el apoyo de los partidos de izquierdas, a la acción revolucionaria para derribar el sistema monárquico. Se les anticipó el capitán Fermín Galán, que con el propósito de iniciar una revolución armada se sublevó con la guarnición de la ciudad de Jaca. A pesar de que las tropas del Gobierno pudieron derrotar fácilmente a los sublevados, la actividad subversiva aumentó rápidamente por toda España. En tales circunstancias el Gobierno, indeciso y débil, levantó el Estado de Guerra impuesto desde la sublevación de Jaca, anunciando elecciones generales. Ante la reacción de los partidos de izquierdas, que anunciaron su abstención, y de los jefes monárquicos, que se negaron a colaborar con el Gobierno, el general Berenguer tuvo que presentar la dimisión. Le sucedió el almirante Juan Bautista Aznar, con un gobierno integrado por las figuras más notables de los partidos monárquicos, quien reiteró la decisión de proceder a las elecciones municipales y convocar inmediatamente las de diputados y senadores.

Elecciones de 1931

Las elecciones se celebraron en abril de 1931 y, tanto en las municipales como en las legislativas, los partidos monárquicos obtuvieron una gran mayoría. Pero la coalición de partidos republicanos y socialistas, aunque perdieron en el campo y en la mayor parte de las poblaciones, ganaron en las grandes ciudades y en la región catalana. Apelando solamente a estos resultados, los partidos republicanos se apresuraron a aclamar el *plebiscito urbano en contra de la monarquía* y, mientras en Barcelona se proclamaba la República federal española, los dirigentes republicanos enviaban un ultimátum al rey para que abandonase el territorio español. Para evitar una guerra civil el rey Alfonso XIII salió el día 14 de abril hacia Cartagena, donde embarcó con dirección a Francia, mientras se implantaba en España el nuevo régimen republicano.

LA VIDA INTELECTUAL: CRISIS DE FIN DE SIGLO

Frente a la banalidad estética de la *Belle époque*, se dio en España el fenómeno cultural de un grupo cuya conciencia personal y nacional española había comenzado a manifestarse entre 1890 y 1905, adquiriendo gran resonancia hacia 1910. Se trata de escritores, dramaturgos, novelistas y poetas, ensayistas políticos, filósofos o pintores, tradicionalistas y católicos los menos, pocos profesionales de la enseñanza. Todos, no obstante sus diferencias, tenían en común el representar una profunda crisis de la conciencia española de fin de siglo. Por haber comenzado algunos de ellos su actividad intelectual en 1898, año de la pérdida de Cuba, se ha dado a este grupo el nombre, ya famoso, de la Generación del 98.

Todos eran, de hecho, maestros, pero no porque hicieran uso de un dogmatismo docente o porque dieran a su *metier*, el que fuera, una finalidad didáctica, ni siquiera educativa, aunque no se oponían a que se aceptaran sus juicios. Hay que llamarles maestros porque de una manera u otra han influido decisivamente sobre las corrientes del pensamiento español durante la primera mitad del siglo XX.

El tema fundamental para todos era, en términos generales, la crisis de España. Todos sentían a España, su historia, su decadencia y los problemas de su tiempo, con una gran vehemencia, no carente de angustia y pesimismo. Cada uno reaccionó a su manera, a favor o en contra de ciertos juicios y soluciones, y cada uno usó para expresarse un lenguaje especial: ensayo, teatro, novela, poesía, incluso pintura. En común sólo tienen su deseo de acercarse a España, a su paisaje, a sus hombres, a su historia y a sus cosas con un afán de comprensión. Pero se trata de una comprensión muy semejante al psicoanálisis. Por ello su presentación, más que una tesis, es un diagnóstico de lo que ellos creían ser la enfermedad de España. Por ello también es común a la mayoría de ellos una representación negativa de España y de los españoles.

Aunque algunos de los nombres asociados con esta generación comenzaron su labor de escritores en la última década del siglo XIX y primera del XX, no pertenecen en justicia al fin de siglo. A pesar de que su pensamiento se basa en el análisis del pasado, fueron parte del futuro y su influencia en el pensamiento español contemporáneo fue tal que hace de ellos parte de las generaciones siguientes, que ellos ayudaron a formar. Como Pedro Laín Entralgo (1908–2001) ha afirmado: "no seríamos hoy los españoles lo que históricamente somos… sin la existencia y operación de esa gavilla de hombres".

La desaparición paulatina de la influencia que a principios de siglo ejerció su pensamiento señala, en efecto, el límite que divide el pasado español tan lleno de angustias ideológicas, que preceden y causan la Guerra Civil (1936–1939) y el pragmatismo económico de la política presente. En medio quedan, como un paréntesis, los años que duró el régimen de Franco.

Ángel Ganivet

Por su preocupación por el tema de España, Ángel Ganivet (1865–1898) es considerado miembro de la Generación del 98, aunque cronológicamente, puesto que murió suicidándose ese mismo año, se le considera también su precursor.

Ganivet es conocido sobre todo por su *Idearium español*, escrito en los últimos años de su vida con un gran conocimiento de la historia de España y de Europa. Es una meditación severa sobre los defectos de España y las causas de su decadencia, con una apreciación de los valores raciales y espirituales y de las posibilidades de su recuperación.

Aunque Ganivet declaró no ser católico, alabó la acción histórica del cristianismo y reconoció una estrecha conexión entre la fe católica y la grandeza pasada de España.

Miguel de Unamuno

El más profundo pensador y más puro representante de esta inquietud intelectual fue Miguel de Unamuno (1864–1936). Nacido en Bilbao, se identificó con Castilla. A pesar de ser catedrático de griego en la Universidad de Salamanca, la historia y la filosofía, y más exactamente la filosofía de la historia española, fueron su verdadera vocación. Aunque profundamente religioso, estuvo muy cerca de una heterodoxia declarada.

Unamuno es un pensador angustiado por la división entre el ideal y la realidad, entre el corazón y el entendimiento. Fundamental en su pensamiento, y el punto en que quizá más influencia ha ejercido en el pensamiento español posterior, es su contraposición entre historia e intrahistoria. Historia es para Unamuno el cambio rápido, la noticia urgente, el sonido estridente, intrahistoria la continuidad en los pueblos.

Tradición no es encerrarse en sí mismo, en el propio pasado, y Unamuno, como los demás miembros de la Generación, habla mucho de europeización. Pero la que él propone no es el puro mimetismo de los afrancesados. No quiere Unamuno ser un europeo más, ni basta para serlo vestirse apresuradamente a la moda extranjera, lo que verdaderamente hace falta es que España asimile españolamente la cultura europea.

Los ensayos de Unamuno forman una parte sumamente importante de su obra. Escritos a lo largo de su vida, muchos de ellos fueron agrupados en colecciones de contenido más o menos homogéneo. Los más conocidos son "En torno al casticismo" (1895), de tono general, donde el problema de la europeización adquiere mayor importancia; *Por tierras de Portugal y España* y *Vida de don Quijote y Sancho* (1905), en los que se discute directamente el problema de la tradición española.

Además de la preocupación por España, Unamuno sintió profundamente la inquietud por el destino del individuo humano. A este tema, la religión y el catolicismo, dedicó sus mejores obras.

La agonía del cristianismo fue escrita en 1924 durante el exilio de Unamuno en Paris; apareció en francés primero y fue traducido al español en 1930. La *agonía* a que el autor se refiere no es la muerte sino la lucha contra el materialismo y la lucha por no materializarse.

La personalidad de Unamuno tiene otras facetas. Como novelista usa del género para exteriorizar las mismas inquietudes filosóficas que ahora se encarnan en los personajes de las novelas como portavoces de los sentimientos e ideas del autor (*Paz en la guerra* y *Niebla*). La poesía de Unamuno es frecuentemente una meditación íntima desprovista de adorno, pero exuberante en exaltación afectiva. Tanto en prosa como en verso, Unamuno aparece como un escritor descarnado, áspero y severo pero de una gran sinceridad y de cálidos sentimientos. A pesar de ser uno de los grandes pensadores de este siglo, la misma seriedad y la dedicación con que mira el mundo en torno, hacen que hoy aparezca menos importante.

Ramón María del Valle-Inclán

Más difícil de situar es Ramón María del Valle-Inclán (1866–1936), uno de los temperamentos artísticos más puros de este tiempo. Gallego de nacimiento y educación, viajó repetidas veces a México, donde pasó largas temporadas, y visitó otros países europeos. Carlista fracasado, Valle-Inclán se convirtió en figura típica y famosa del Madrid de fin de siglo. Con su abundante melena y larga barba, amplio sombrero y encapotado, la figura peregrina de este bohemio consciente asistía a las tertulias literarias de Madrid, en las que su temperamento polémico y agresivo era causa de violentas disputas.

La obra literaria de Valle-Inclán, sobre todo novela y teatro, ofrece una mezcla difícil de categorizar. En general se habla de un aspecto modernista, de gran interés estético y decorativo: *Sonata de otoño, de estío, de primavera*, y *de invierno*; otro rústico o tradicional: *Flor de Santidad* y las novelas carlistas; y otro revolucionario, en el que se abre a un mundo de desilusión y resentimiento con visión y caracterización grotescas: *Tirano Banderas, Luces de Bohemia* y otras. Con éstas, Valle-Inclán desarrolla la técnica de deformación de la realidad con una representación grotesca a la que se da el nombre de esperpento. Por una parte mantiene el principio artístico de fin de siglo de la superioridad del arte sobre la vida y, de acuerdo con él, desarrolla un esteticismo melancólico, aristocrático y decadente, con el que se goza en hacer bello lo moralmente reprobable (como asesinato y adulterio). Por otra parte esta primera postura deriva hacia una actitud desgarrada en que la literatura es un tribunal desde el que sus personajes juzgan y condenan todo lo pasado y lo presente.

En la serie de narraciones que lleva el título *El ruedo ibérico*, se agudiza la visión hiriente de la vida española, y en la obra de teatro *La marquesa Rosalinda* inicia una visión satírica de todos los conceptos e instituciones tradicionales. Esta última es considerada como un adiós irónico y melancólico al modernismo.

Con Valle-Inclán llega la prosa castellana a una de sus grandes cimas. Su postura humana, no exenta de decadentismo esteticista propio del modernismo, fue como la de otros muchos españoles contemporáneos, más hábil en señalar los defectos de la sociedad de su tiempo que en encontrar y apuntar soluciones positivas. A pesar de todo, Valle-Inclán no fue ni revolucionario ni reformador y carecía de un programa de ideas coherentes. Más bien era un artista de extraordinaria sensibilidad que se rebelaba contra la injusticia y la decadencia de su país. Los pronunciamientos contradictorios, tan absolutos y dogmáticos, de sus personajes reducen la situación española a lo absurdo, dando una visión desesperanzada del futuro de España. Mientras los unos hablan de la necesidad de una revolución cristiana y otros auguran como inminente la revolución bolchevique, otro, en *¡Viva mi dueño!* (1928), juzga la Dictadura diciendo "Aquí hace falta una revolución proletaria que fusile a cuantos lleven fajines y bandas".

Azorín

El virtuoso de la prosa literaria de esta generación es José Martínez Ruíz (1873–1967), más conocido por su seudónimo Azorín, cuya influencia literaria y estilística en las generaciones posteriores ha sido y todavía es muy amplia. Aunque es también autor de novelas —*Don Juan, Dona Inés, La voluntad, Las confesiones de un pequeño filósofo*— realizadas con una técnica original, específicamente de Azorín es el ensayo literario— *Castilla, Pensando en España, Los pueblos*— cuya técnica invade sus novelas. Azorín es el gran estilista del siglo XX. Su prosa, de una gran sencillez sintáctica, de frase breve, casi minúscula, posee una calidad descriptiva inimitable. Son como pinceladas rápidas que, al parecer, amontonan detalles para ofrecer al final el brillo, el color, la vida de un cuadro impresionista.

Azorín no es un pensador. Su preocupación por España y por los españoles, evidente ya en los títulos de sus obras, se manifiesta como visión interpretativa de la vida. La visión de España que ofrece Azorín es una de decadencia, que atribuye al envejecimiento de sus instituciones. Frente a la inquietud trágica, agónica, ante la vida que caracteriza la actitud de Unamuno, Azorín es pacífico y más pesimista. Es, como todos los de su generación, un crítico de la religión y del catolicismo español que él considera ritualismo sin vitalidad alguna.

La interpretación de Azorín no es siempre fácil, ya que sus juicios no son abiertos sino que se esconden casi siempre bajo la capa de una ironía agria. Más tarde, en su madurez, dulcificó notablemente los tonos agrios de sus críticas.

Pío Baroja

Pío Baroja (1872–1956) es el novelista de la generación y uno de los más fecundos de España en todos los tiempos. Aunque personalmente rechazaba la existencia, y, por tanto, que él perteneciera a la llamada Generación del 98, sus novelas ofrecen más claramente que ninguna otra obra ese "estilo de ánimo" y amarga percepción de España, que es su característica principal.

La novelística de Baroja insiste en el tema del hombre español. Su héroe es individualista, anárquico, vagabundo por un mundo español visto con insólita dureza. Peor trata a los enemigos de sus héroes, que en realidad son todas las jerarquías establecidas, particularmente el clero, en quien ve una rémora, ignorante y despótica, de la sociedad.

Los tipos que presenta como dignos de admiración son medio vagabundos, medio guerrilleros, con pocos ideales y menos escrúpulos morales. Pueden ser vascos como en *La casa de Aizgorri, Zalacaín el aventurero, Las inquietudes de Shanti Andía,* o moverse en ambientes desgarrados y de bajos fondos como en *Silvestre Paradox* y *Paradox Rey.* La serie de novelas, veintidós, que componen las *Memorias de un hombre de acción,* reflejan España y la vida española del siglo XIX vista con el pesimismo tendencioso característico de Baroja. En *Camino de perfección, César o nada, Juventud, egolatría* y *Aurora roja* culmina quizá la pintura deliberadamente mala y distorsionada de todas las cosas y clases que Baroja tanto odiaba.

Pero tampoco se escapan de su áspera crítica los sectores liberales de la sociedad. En las páginas de *Juventud, egolatría* encuentra ridícula la democracia, anquilosada y mísera la prensa.

Estéticamente, y a pesar de su soberano desprecio por el estilo, que queda con frecuencia conscientemente descuidado, Pío Baroja tiene un lenguaje recio, escueto, abrupto, pero preciso. Sus novelas son cuadros admirables según el estilo del arte naturalista francés y ruso, del cual él es en España el mejor, si no el único, representante.

Las obras de Pío Baroja han sido traducidas a los principales idiomas europeos y algunas de ellas han sido adaptadas y llevadas al teatro y al cinematógrafo. La difusión de sus novelas ha sido causa de que su repudio de España y su sociedad recibiesen mayor atención que el análisis ofrecido por otros ensayistas más profundos.

Ramiro de Maeztu

Ramiro de Maeztu (1874–1936) ha sido llamado el filósofo político de la Generación del 98, y es, a la vez, su periodista, puesto que, como corresponsal de prensa que fue, analiza el problema de España con el sentido de urgencia característico en un periodista.. Aunque fue contemporáneo de Pío Baroja y Antonio Machado, Ramiro de Maeztu pertenece intelectualmente a la generación que sigue a la Guerra Mundial, ya que los problemas que trata de resolver son los conflictos entre el nacionalismo español y el comunismo internacional.

Nació Ramiro de Maeztu en Vitoria, de familia acomodada que al arruinarse buscó la solución, frecuente en el siglo XIX, de la emigración a América, a Cuba en este caso. Durante varios años ejerció, aunque sin gran fortuna, una variedad de oficios que lo pusieron en contacto con las clases trabajadoras españolas y cubanas. En 1897, un año antes del desastre, regresó a Madrid donde comenzó a ejercer la profesión con que se iba a identificar por el resto de su vida, el periodismo. Como corresponsal de varios diarios madrileños recorrió las principales ciudades europeas, visitando América varias veces. Durante la Gran Guerra cubrió el frente aliado como corresponsal de guerra y, al terminar ésta, tras un paréntesis de embajador español en Buenos Aires, regresó a su labor. En 1935, como corresponsal del diario ABC, visitó Berlín, ya en el esplendor de su recuperación bajo el régimen nazi, que él alabó por su defensa de Europa contra el comunismo soviético. Durante el quinquenio republicano (1931–1936) fue encarcelado por ser presidente de Acción Española y lo fue de nuevo al comenzar la Guerra Civil española (1936–1939). A pesar de gestiones hechas en su favor por los gobiernos inglés y argentino, Ramiro de Maeztu fue sacado de la cárcel en octubre de 1936 y asesinado, no se sabe dónde ni cómo.

Entre sus numerosos escritos son importantes *Hacia otra España*, obra de su juventud; *La revolución y los intelectuales, España y Europa*, colección de ensayos publicada después de su muerte; y *Defensa de la hispanidad*, aparecida en 1934. De todos el más representativo es éste último, en el que Ramiro de Maeztu expone su teoría política de los países hispánicos.

Hispanidad no es para Ramiro de Maeztu un concepto racial ni político, sino histórico y espiritual. Es una actitud ante la vida, nacida históricamente sobre la base de la religión católica y la expansión cultural de España, en la que se funda la hermandad de las naciones hispanas. La grandeza de éstas comienza con su realización individual y colectiva de los ideales sociales, políticos y religiosos de la hermandad espiritual que es la hispanidad.

La crisis de España, y, con ella, la de los demás pueblos hispanos, dice Ramiro de Maeztu, "es la de sus principios religiosos". Y en esa crisis pueden distinguirse tres fases diversas:

> la de admiración al extranjero, sobre todo a Francia o a Inglaterra, y desconfianza en nosotros mismos; la de pérdida de la fe religiosa; y la puramente revolucionaria.

El camino para vencer la crisis lleva necesariamente a una oposición a la revolución, búsqueda de los principios religiosos y un nacionalismo hispánico.

Entre los miembros de la Generación del 98 Ramiro de Maeztu ocupa un lugar único por su catolicismo declarado y político, por su desilusión con el liberalismo y los sistemas parlamentarios y, sobre todo, por su oposición abierta más al materialismo y a las doctrinas comunistas que a los sistemas nacionalistas totalitarios. Sus ideas, aunque casi olvidadas hoy, formaron parte, durante muchos años, de la ideología de los partidos tradicionalistas y nacionalistas españoles.

Antonio Machado

El poeta por antonomasia de la Generación del 98 fue Antonio Machado (1875–1939). Nacido en Sevilla, se trasladó muy pronto a Madrid, donde más tarde cursó sus estudios en la Institución Libre de Enseñanza. Residió repetidas veces en París ganándose la vida con traducciones y en uno de sus viajes a la capital francesa conoció a Rubén Darío (1902). De regreso a España obtuvo la cátedra de lengua francesa en el Instituto de Segunda Enseñanza de Soria, de donde se trasladó a Baeza (Andalucía) al fallecer su esposa Leonor a los diecinueve años de edad, a la que cantó en versos dolidos. Durante muchos años enseñó en Segovia (1919–1931), donde encontró un nuevo amor, la Guiomar de sus canciones.

Aunque no se ajusta exactamente a la cronología de su vida, Machado se tiende a identificar con Castilla. Como dice en su famoso autorretrato:

Mi infancia son recuerdos de un patio de Sevilla
y un huerto claro donde madura el limonero;
mi juventud, veinte años en tierra de Castilla;
mi historia, algunos casos que recordar no quiero.

Durante el quinquenio republicano residió en Madrid, pero al comenzar la Guerra Civil se trasladó a Valencia y luego a Barcelona. Al terminar la guerra, prefirió, como tantos otros intelectuales, marchar en exilio a Francia, donde murió al poco tiempo. Machado ha dejado algunos libros en prosa, *Juan de Mairena*, en el que se recopilan artículos, conferencias, y apuntes, muchos aparecidos ya anteriormente en periódicos y revistas. En colaboración con su hermano Manuel ha dejado también obras de teatro en verso que, aunque no añaden mucho a la escena modernista, tienen notable interés *La Lola se va a los puertos, Juan de Mañara, Amor al vuelo.*

Poesía

La obra principal de Machado y la que más fama le ha dado es, sin duda, su poesía. En un principio estuvo influido por las formas suntuosas y brillantes de la poesía modernista tan en boga durante los años de su juventud. Sin embargo su estilo poético tiende a una austeridad escueta y sombría, poco en consonancia con el modernismo, al que muy pronto renunció conscientemente. Cuando en 1907 reimprimió su primer libro de poesías, *Soledades* (1903), con el título *Soledades, galerías y otros poemas*, Machado eliminó cuidadosamente los poemas y detalles modernistas y añadió otros de estilo más austero. Además de éste, publicó dos colecciones de versos: *Campos de Castilla* y *Nuevas canciones*. En ellos, aunque el cuidado extremado por la forma, característico del modernismo, no desaparece por completo, la poesía es esencialmente íntima, emotiva, melancólica, con una gran sensibilidad en la percepción del tiempo y del paisaje. Él mismo diría años más tarde "Cinco años en la tierra de Soria orientaron mis ojos y mi corazón hacia lo esencial castellano". En *Campos de Castilla,* hoy considerado como su obra maestra, Machado se sitúa ante el panorama de la historia, del paisaje y de la gente castellana y lo interpreta con la sensibilidad melancólica que es característica de su espíritu y con el afán de crítica y preocupación nacional de la Generación del 98.

Engalanada en la perfección asombrosa de los versos de Machado y apenas suavizada por su lirismo siempre presente, su crítica de Castilla y de España toma, a veces, una nota de dureza comparable tan sólo a la de Pío Baroja. Nada entonces se escapa a su crítica, ni España, ni el español, ni el paisaje castellano, ni sus habitantes.

Antonio Machado, como buen krausista, creía en Dios, pero no en el Dios cristiano, definido y dogmático, sino en un concepto vago, creación de la propia conciencia, imaginación o simple deseo.

Como sus compañeros de la generación, Machado criticaba el presente español entero, las dos Españas antagónicas, irreconciliables, sin otras miras que la destrucción del contrario.

Machado, como otros de su generación noventiochesca, sueña con un renacer, con una nueva España, tan distinta de la pasada como de la presente.

José Ortega y Gasset

Uno de los más distinguidos representantes del pensamiento español durante la primera mitad del siglo XX es, sin duda alguna, José Ortega y Gasset (1883–1955), el pensador, ensayista y filósofo que más influencia ha ejercido sobre el pensamiento actual español. Por su postura intelectual, por los temas que le preocupan y los años en que publicó sus obras más famosas, Ortega y Gasset pertenece al período de entreguerras aunque tanto cronológicamente como por su influencia en las generaciones posteriores sobrepasa los límites de este periodo.

Doctor en Filosofía y Letras por la Universidad de Madrid, marchó en 1904 a Alemania, donde estudió por varios años, haciéndose discípulo de la escuela neokantiana fundada en la Universidad de Marburgo por Herman Cohen y Pablo Natorp. De vuelta a España en 1910, ganó la cátedra de Metafísica en la Universidad de Madrid, en la que enseñó ininterrumpidamente hasta su salida de España en 1936, y desde su regreso en 1946 hasta su fallecimiento.

Además de su labor de enseñanza universitaria, Ortega y Gasset ejerció una gran actividad educativa a través de sus escritos, que cubren una gran variedad de temas filosóficos, estéticos, políticos, sociales y artísticos. Fue también fundador de la *Revista de Occidente* (1923), de gran prestigio intelectual, con la que introdujo en España el pensamiento contemporáneo alemán y lo más reciente de la literatura hispana de la época.

Ya en 1914 publicó sus *Meditaciones del Quijote,* obra con la que se consagró como crítico literario y filósofo de notable importancia. Es en ella donde propone los fundamentos de su sistema filosófico, un tanto independiente y en conflicto con los sistemas alemanes. Frente al idealismo, que trata del yo sin la realidad; y el realismo, la realidad sin yo, Ortega propone la actitud *yo y la realidad* que resume con la frase de *yo soy yo y mi circunstancia,* que define y hace famoso el llamado vitalismo orteguiano.

Por el mismo tiempo comenzó a publicar una serie de ensayos de tema vario, que fueron más tarde recogidos bajo el título de *El espectador* (1916–1934). En ellos se muestra Ortega modelo insuperable en la exposición de ideas y, a la vez, capaz de manejar el idioma con una perfección sin igual. De frase concisa, clara, rica en metáforas, la prosa de Ortega es, sobre todo, refinada y elegante.

Escritos políticos

De gran interés para la historia de la cultura española son sus escritos políticos, importantes como testimonio de su pensamiento y por la atención que recibieron tanto en España como en otras muchas naciones europeas y americanas. En su libro *España invertebrada* (1921), Ortega da su visión del *problema de España*, quedando así vinculado a la Generación del 98. En él, partiendo de la tesis de que "la acción recíproca entre masa y minoría selecta… es el hecho básico de toda sociedad y el agente de su evolución" diagnosticó el mal español precisamente como "carencia de minorías egregias e imperio imperturbado de las masas." Mal éste que no imputa al catolicismo, como la mayoría de sus contemporáneos, sino a la carencia, ya en la Edad Media, de un sistema feudal al estilo europeo que crease una tradición de minorías dirigentes. Como remedio a la decadencia secular hispana propone "el reconocimiento de que la misión de las masas no es otra que seguir a los mejores".

En *La rebelión de las masas* (1926), libro muy leído y frecuentemente traducido a varias lenguas europeas, estudia el mismo tema y aplica la misma tesis a la realidad europea. Su mérito principal y razón de su atractivo, es el haber sido uno de los primeros en advertir la crisis social que se estaba gestando en Europa por aquellos años.

Según él "la civilización europea ha producido automáticamente la rebelión de las masas, debida al crecimiento fabuloso que la vida humana ha experimentado", lo que es causa a su vez de "la desmoralización radical de la humanidad". La masa no actúa por sí misma, para hacerlo se asocia a la idea de dirigentes, a la estructura en pirámide de la sociedad y la invierte.

No ofrece Ortega y Gasset solución alguna, aunque sí afirma la necesidad de superar el liberalismo del siglo XIX. Años más tarde, en plena guerra civil, y ya residiendo en París, añade un *Epílogo para ingleses*, que aparece en la edición de 1937, en el que intenta ver el remedio al ya inminente conflicto europeo.

Pensamiento político

El pensamiento político de Ortega se basa en las teorías políticas formuladas entonces por el socialista Georges Sorel, entre otros. Proponía éste que en la organización de una minoría política selecta radicaba la salvación del estado de la decadencia parlamentaria y de la tiranía del partido de clase. Consciente o inconscientemente, Ortega, al hacer suya esta teoría política, propuso las bases doctrinales de los grupos nacionalistas españoles. Aunque, en 1933, el periódico "F .E." (Falange Española) publicó un artículo en el que se le acusaba de "antifascista", criticando su "elitismo burgués", su juicio denigrante del "hombre-masa" y su defensa de los "*happy few* de las minorías selectas."

En la crisis política que precedió al advenimiento de la Segunda República (1931), Ortega, como tantos otros intelectuales, se opuso a la Dictadura y después a la continuación de la Monarquía. Aunque pronto, al ver la dirección que tomaba el nuevo régimen, se retiró de la vida política mostrando su desengaño en un ensayo en el que pronunciaba su famosa frase "¡No es eso, no es eso! lo que los españoles habían esperado de la República". Exilado voluntario durante la Guerra Civil, regresó en 1945 a su cátedra en la Universidad de Madrid, donde falleció diez años más tarde.

LA LITERATURA

La literatura de esta época, a pesar de su gran sentido estético y preocupación por la expresión, herencia todavía del modernismo, demuestra una preocupación intelectual en la que se reflejan las ideologías predominantes en este tiempo.

La novela

La reacción contra el pesimismo de la Generación del 98 está representada por Ricardo León (1877–1943). La suya es una actitud de optimismo espiritual basado en virtudes católicas y tradicionales. En *Casta de hidalgos* defiende el pasado hispánico y en *El amor de los amores* el amor divino vence sobre el humano. Católico tradicionalista, no quedó indiferente ante las turbulencias del tercer decenio de este siglo, a las que dedicó tres de sus obras, *Rojo y gualda*, *Bajo el yugo de los bárbaros* y su última, y quizá la mejor de todas sus novelas, *Cristo en los infiernos*, en la que presenta la vida española en vísperas de la Guerra Civil. Su prosa, también tradicionalista, está llena de arcaísmos y de un tono oratorio que la afean a veces.

Concha Espina (1877–1955), nacida en Santander, es la más egregia representante de las aportaciones femeninas a la literatura. Sus novelas, inspiradas en la naturaleza, reproducen los paisajes y tipos del norte español con una suave feminidad poética, no exenta de melancolía. Describe maravillosamente, en especial, los tipos femeninos en los que hace gala de un realismo moderado. Su expresión siempre cuidada y de una gran riqueza de vocabulario, un tanto ampulosa y de frase pulida, oculta a veces su natural espontaneidad. Son famosas y muy leídas todavía *La niña de Luzmela* (1909), *La esfinge maragata* (1913), *Altar mayor* (1926), entre otras.

Un prolongador de la visión española de la Generación del 98 es Ramón Pérez de Ayala (1881–1962). Educado por los jesuitas, a los que constantemente zahiere en sus obras, fue embajador de la República en Londres, y más tarde agregado cultural en la embajada española en Buenos Aires. Pasó la Guerra Civil en Argentina, regresando definitivamente a España en 1955. Sus obras más famosas pertenecen al primer tercio de siglo, en cuyos años escribe, muy próximo a un realismo costumbrista, *Tiniebla en las cumbres* (1907), notable por ambientes y paisajes; A.M.D.G. (1910) contra los jesuitas y tendenciosa; *Troteras y danzaderas* (1913), sobre la vida bohemia madrileña, de tono pesimista. En su segunda época, con *Tigre Juan* (1926) y, su continuación, *El curandero de su honra* (1926), Pérez de Ayala se presenta más intelectual, con una mayor abstracción, casi simbólica. Su estilo se caracteriza por una belleza cuidada. Es frecuente que intercale en sus narraciones reflexiones sobre el arte y la literatura, lo que da a su obra un carácter intelectual muy propio.

Una postura literaria y crítica muy distinta fue la adoptada por Ramón Gómez de la Serna (1888–1963). Novelista de extraordinaria fertilidad, puesto que llegó a escribir más de cien libros durante su vida; fue también fundador de la importante revista literaria *Prometeo*, un agudo crítico literario, y autor de numerosos artículos en diarios y revistas de Europa y América. Aunque su larga vida y prolífica carrera continuada hasta su muerte han permitido que su influencia se haya mantenido ininterrumpida hasta el presente, fue durante la época de entreguerras, 1918–1939, cuando ésta fue mayor, siendo él entonces una de las figuras más notables e influyentes de la vanguardia literaria española y latinoamericana.

La fama y la influencia de Gómez de la Serna están indisolublemente unidas a la *greguería*, que él mismo desarrolla como técnica de expresión y forma de pensamiento. Greguerías, nombradas ya así hacia 1912, fueron definidas por él como: "el atrevimiento a definir lo indefinible, a capturar lo pasajero". La posibilidad de saltos imprevistos en la definición, de lo serio por la broma, de lo esencial e importante por lo intranscendente y frívolo, es el campo más fecundo de este género. Con el título de *Greguerías* fueron apareciendo varios volúmenes a partir de 1910.

En sus novelas, *El doctor inverosímil* (1922), *El torero Caracho* (1926), entre otras muchas, Gómez de la Serna adolece con frecuencia de una despreocupación de la forma y de una falta de desarrollo ordenado de la acción, debida sobre todo a su uso, también en las novelas, de las greguerías. Gómez de la Serna tiene también una autobiografía a la que dio el título, ya contaminado de greguería, de *Automoribundia*.

El teatro

El teatro de este período, a pesar de nombres distinguidos y de algunas obras muy acertadas, no tiene resonancia internacional. Más preocupado en forma y contenido por los problemas vigentes en España y por presentar soluciones inteligibles y aceptables para el pueblo, no parece capaz de reflejar las corrientes del teatro europeo. En este sentido el género dramático español es, a pesar de ciertas innovaciones, tradicional.

La figura con que se abre el periodo es la muy distinguida de Jacinto Benavente (1866–1945). Premio Nobel de Literatura de 1922, llamado *el dramaturgo de la Generación del 98* por su interés personal por la cultura europea, que le impulsó a frecuentes viajes por Inglaterra, Francia, Italia y Alemania.

En general, su técnica trata de suavizar los temas y tonos altisonantes y melodramáticos todavía en uso como herencia tardía del romanticismo. El teatro de Benavente tiene generalmente un fin docente, una técnica satírica y un significado, con frecuencia, simbólico. Sus temas preferidos son de género costumbrista en el que puede derivar hacia la vida de sociedad cuyos defectos critica, como en *Lo cursi* (1901), *Rosas de otoño* (1905), o hacia la vida rural, que le proporciona el tema para sus mejores dramas, *Señora ama* (1908) y *La malquerida* (1913). Dentro del teatro simbólico su producción culmina con *Los intereses creados* (1907), obra que le ha dado merecido renombre. Es una caricatura satírica del materialismo y pragmatismo predominantes: Para crear afectos hay que crear intereses.

El mérito mayor del drama de Benavente radica en su diálogo más que en su acción, no siempre bien realizada. El diálogo, en cambio, es perfecto, hábil, ingenioso, agudo, fino en la manera como sirve para presentar el mundo del pensamiento de sus personajes, aunque es fácil percibir en los largos parlamentos a la persona misma del autor dictando sus propias razones e ironías. Notable psicólogo, escritor culto, ameno y elegante, Benavente es el mejor dramaturgo del presente siglo.

Poeta modernista y dramaturgo en cuyas obras hablan también los temas es Eduardo Marquina (1879–1946). Aunque poeta y autor dramático de evidente mérito, tanto por la sonoridad de sus versos como la fuerza dramática de sus obras, la importancia principal y gran popularidad de Marquina se deben a sus temas, todos ellos ecos de la épica nacional o reflejo de los sentimientos religiosos del pueblo: *Las hijas del Cid, En Flandes se ha puesto el sol, El pobrecito carpintero, Teresa de Jesús*.

Comedia ligera

Frente al pesimismo de otros géneros literarios españoles o en general de la literatura europea, las formas teatrales más populares en España durante las primeras décadas del siglo XX ofrecen un escape a los problemas sociales y políticos. Se trata por lo general de sainetes y comedias de tipo costumbrista inspirados en el ambiente popular o regional, o en situaciones y tipos de la alta sociedad, pero todo presentado desde el punto de vista popular. Siempre amable, su tono oscila desde un optimismo gracioso hasta la comicidad más declarada. Aunque no siempre expresión de un gran mérito artístico o literario, todas estas obras tienen gran importancia como exponentes de la cultura de un pueblo y de su deseo de olvidar la realidad social y política de la que era más víctima que protagonista.

Los Hermanos Quintero   Notables representantes del género costumbrista y regional de teatro ligero son los hermanos Álvarez Quintero, Serafín (1871–1938) y Joaquín (1873–1944). Los hermanos Quintero, citados siempre así, puesto que no es posible diferenciar sus respectivas modalidades, son los creadores del teatro ligero andaluz, sainete y comedia. En su teatro el verdadero protagonista es la gracia andaluza y su nota característica una vida llena de optimismo, religiosidad y alegría sencilla que se va encarnando en los tipos más variados del mundo andaluz. Obras bien conocidas y todavía muy apreciadas son *El genio alegre* (1906), *Doña Clarines* (1909), *Puebla de las mujeres* (1912); menos optimista es *Malvaloca* (1912). Entre su producción más reciente hay que recordar *Mariquilla Terremoto* (1930). En todas ellas los hermanos Quintero demuestran una gran agilidad en el diálogo, siempre claro y sencillo, con un lenguaje natural, a veces con algunas expresiones y modismos regionales.

De gran importancia es su caracterización de la mujer andaluza, centro invariable de la gracia y la acción. Sus obras ofrecen una serie inigualable de retratos femeninos: *Mariquilla Terremoto*, alegre y graciosa; *Consolación*, inquieta y revoltosa; *Malvaloca*, buena y generosa; *Pepita Reyes*, sacrificada. Algunos de estos personajes llegaron a ser tan populares que escritores y escultores les llegaron a dar, con su arte, una vida independiente del teatro.

Carlos Arniches   El retratista de la vida "castiza" madrileña fue Carlos Arniches (1866–1943), que gozó de una gran popularidad durante las primeras décadas del siglo. En él encuentra el sainete uno de sus mejores cultivadores, extraordinariamente hábil para captar tipos y situaciones. Entre su copiosa producción merecen destacarse *El puñao de rosas, Don Quintín el amargao, El Padre Pitillo* y, en especial, *La señorita Trevélez,* la más apreciada, y *Es mi hombre,* sin duda la más popular. En todas ellas se tiende, sobre todo, a la comicidad, pero no tanto a la comicidad de acción o de situación como a la de palabra, al chiste más o menos espontáneo e ingenioso, arte éste en que Arniches fue maestro. Sin embargo, como el chiste envejece y pasa de moda muy pronto, el de Arniches no responde ya al humor moderno, por lo que su obra no tiene hoy la aceptación que una vez tuvo.

Pedro Muñoz Seca   El principal cultivador de la comicidad en el teatro fue Pedro Muñoz Seca (1881–1936). Andaluz de nacimiento, hombre de gran cultura, doctor en Leyes y en Filosofía y Letras, colaborador en varios periódicos y revistas, tras sus primeros triunfos en el teatro, en 1904, se dedicó completamente al teatro y en él al género cómico.

La base de la obra de Muñoz Seca es la comedia ligera de enredo en la que, con una serie de conflictos increíbles, procura llegar a situaciones absurdas y descabelladas. Su técnica cómica se basa en la caricatura distorsionada de los personajes, generalmente de clase media española, y el idioma que, con maestría sin igual, les impone, lleno de absurdos, retruécanos, juegos de palabras, equívocos y chistes preparados. El público acude con el objeto de reír y se ha reído con obras como *Trampa y Castón, La barba de Carrillo, Pastor y Borrego, El verdugo de Sevilla.* Una de sus obras más famosas es *La venganza de don Mendo,* caricatura de los melodramas y tragedias convencionales, herencia pobre del teatro romántico a que Muñoz Seca, con su inigualable don Mendo, quiso poner fin definitivo. En contraste con la efímera fama de Arniches, Muñoz Seca se ha mantenido hasta nuestros días como el autor de teatro cómico que mejor ha sabido interpretar el humor español.

Durante los últimos años de su vida, que coinciden con la agudización de los problemas sociales y políticos de la preguerra, Muñoz Seca usó el teatro —*La oca, Anacleto se divorcia, Cataplúm, La plasmatoria*— para criticar, con el ridículo de sus chistes, la política socialista de la Segunda República. Por ello fue encarcelado en 1936 a los pocos días de comenzar la guerra civil y fusilado meses más tarde.

La poesía

El movimiento poético modernista no alcanzó a tener larga duración en España. Su exotismo excesivamente imitado, recargado de cisnes y princesas, ruinas, países misteriosos y lejanos, con sinestesias exageradas, causó muy pronto una reacción de tipo tradicionalista que ridiculizaba este vocabulario poético en composiciones y referencias paródicas, algunas de mucha gracia y valor artístico.

Se dio también una reacción literaria basada exclusivamente en la depuración de la forma. Ya a comienzos de siglo, comenzó a crearse una poesía de fondo lírico y sentimental que renunciando a los temas exóticos que los modernistas preferían, retenían tan sólo como fundamento poético el cuidado exquisito del lenguaje.

A esta reacción se ha llamado, a falta de mejor nombre, postmodernismo sentimental, y más que un movimiento es parte del proceso hacia lo que se va a llamar 'poesía pura', 'desnuda' o 'esencial', más conceptual y escueta en su expresión.

Manuel Machado

Entre los poetas modernistas que manifiestan esta reacción hay que contar al propio Manuel Machado (1874–1947). Durante su juventud vivió en París, donde tuvo oportunidad de conocer a los poetas parnasianos y simbolistas. Aunque escribió, en colaboración con su hermano Antonio, obras de teatro — *La Lola se va a los puertos, Juan de Mañara*— su prestigio se debe principalmente a su poesía lírica, recogida en colecciones que llevan los títulos de *Alma, Caprichos, Cantares* y *Cante hondo*.

Su poesía, sin embargo, aunque influida por la parnasiana y simbolista francesa y, además, por la de Rubén Darío, es totalmente personal y, aunque dentro de la corriente modernista, es ya diferenciable de ésta como un modernismo genuinamente español. Del modernismo acepta la elegancia, la depuración del idioma, pero prefiere la matización grácil y fina, la expresión sobria, íntima, a la exuberante, exaltada sonoridad y al colorismo de la mayoría de los modernistas. Tampoco se refugia en un exotismo vago y etéreo de cisnes y princesas, o de países lejanos, sino que por el contrario, busca en lo popular y en la historia de España la base y los temas de su lírica. Famosos como pocos son los versos dedicados al Cid en su poema *Castilla*, en los que bajo una pretendida rudeza esconde la frialdad elegante modernista, y las líneas breves, escuetas y bellas de su *Canto a Andalucía*.

Juan Ramón Jiménez

El representante más importante de este proceso de depuración poética es Juan Ramón Jiménez (1881–1958), premio Nobel de Literatura de 1956 por "su poesía lírica que, en lengua española, constituye un ejemplo de alta espiritualidad y pureza artística". Modernista en su primera obra, *Almas de violeta* (hacia 1900); es más sentimental en su poesía posterior, *La soledad sonora* (1911), *Melancolía* (1912); buscando finalmente la expresión poética pura en *Eternidades* (1918) y *Piedra y Cielo* (1919).

Juan Ramón Jiménez es autor también de uno de los libros más bellos y delicados escrito en lengua española, *Platero y yo* (1916). Poema en prosa que lleva como subtítulo *Elegía andaluza*, es una sucesión de capítulos, o escenas cortas, en las que el poeta canta con exaltada ternura la figura de un asnillo andaluz.

> Platero es pequeño, peludo, suave; tan blando por fuera, que se diría todo
> de algodón, que no lleva huesos. Sólo los espejos de azabache de sus ojos
> son duros cual dos escarabajos de cristal.

Escrito, como se dice, con el corazón en la mano, *Platero y yo* es un modelo de prosa poética que, como pocos, ha sabido hacer resonar la nota lírica, un tanto melancólica, del alma española. Es testimonio de su popularidad la serie interminable de ediciones que ha tenido desde que fue publicado por vez primera.

Generación del 27

Nadie, después de Rubén Darío, ha ejercido una influencia semejante en la poesía española. Juan Ramón Jiménez es más que nadie quien ha determinado los derroteros poéticos que han seguido y siguen los mejores poetas contemporáneos:

Pedro Salinas (1892–1951), Gerardo Diego (1896–1987), Federico García Lorca (1898–1936), Luis Cernuda (1904–1963), conocidos también como la generación de 1927. Éstos pertenecen directamente al período de entreguerras en el que se dieron a conocer y cuya temática y estilo cultivan. Sin embargo, pese al medio siglo pasado, todos ellos representan todavía lo mejor de la poesía contemporánea. Pertenecen a este grupo, aunque por su longevidad llega su actividad hasta el presente, Jorge Guillén (1898–1984), Vicente Aleixandre (1900–1984), Dámaso Alonso (1898–1990) y Rafael Alberti (1902–1999),

A pesar de la inspiración poética y ejecución artística genuinamente española de todos ellos, se dejan, no obstante, influir, como los pintores contemporáneos suyos, por las tendencias estéticas que llegan de más allá de las fronteras, principalmente de Francia. De todas estas influencias la más importante fue la ejercida por la escuela de poesía pura iniciada por Paul Valery (1871–1945). Él fue quien, en poemas escritos entre los años 1917 y 1922, despojó la expresión poética de todo sentimentalismo, reflejos sociales y anécdota, para usarla tan solamente como expresión pura de un acto creador abstracto y mental. Los poetas españoles de esta tendencia, casi entera la generación del 27, prescinden por regla general del ritmo y de la rima como signo de su búsqueda de la poesía esencial. Por su afán de renovación y su rompimiento con las formas tradicionales reciben todos estos poetas el nombre de vanguardistas o *ultraístas*. Aunque este último nombre se aplica más estrictamente a los poetas que mezclan de alguna manera todas las corrientes estéticas de este tiempo y cuyos temas preferidos fueron la fuerza, la maquinaria y la guerra.

Superrealismo poético

De gran importancia en la poesía contemporánea europea y española es también el llamado *superrealismo*. Aunque se expresa con las formas de la poesía pura, afirma que no hay posibilidad lógica y racional de controlar el acto creado, y que éste debe, por lo tanto, brotar libre de toda traba, de convención o lógica. Este movimiento, paralelo al que en pintura se llama surrealismo, tiene también su base en la excesiva importancia que se dio al subconsciente a raíz de los estudios psicológicos y psicoanalíticos de Sigmund Freud. Sin embargo, su puente inmediato, como el de la mayoría de las tendencias estéticas y artísticas de la época, es Francia, donde el movimiento literario surrealista había encontrado su formulación oficial y mejores modelos en André Breton (1896–1966) y Luís Aragón (n. 1897). Es notable observar la afiliación comunista, tanto en Francia como en España, de las principales figuras de este movimiento.

El superrealismo español, mucho más moderado y menos *surrealista* que el francés y nunca muy popular, encuentra sus mejores representantes en Vicente Aleixandre y Rafael Alberti.

Federico García Lorca   En la poesía y drama de entreguerras se destaca la figura extraordinaria de Federico García Lorca (1898–1936), uno de los miembros más distinguidos de la llamada generación del 27. Nacido en Fuente Vaqueros (Granada), estudió en Granada y Madrid las carreras de Derecho y Filosofía y Letras. Se dio a conocer muy pronto como escritor y conferenciante y, como tal, hizo repetidos viajes por Europa y América. Murió en Granada en el verano de 1936, asesinado por los grupos nacionalistas que se habían sublevado contra la República apoderándose de la ciudad.

La gran contribución lírica de García Lorca es su reacción contra los temas preferidos por los ultraístas, basada en un regreso a lo andaluz: *Canciones* (1927), *Romancero gitano* (1928), *Poema del cante jondo* (1931). En éste, llamado *neopopularismo*, se mezcla lo popular y lo culto de una forma muy personal en la que la poesía pura usa al modo impresionista temas y sentimientos, dramáticos o líricos, estrictamente gitanos y andaluces. Al neopopularismo de su poesía andaluza hay que añadir el superrealismo de *Poeta en Nueva York* que aparece también en aspectos de otras obras suyas, por ejemplo, en *Llanto por la muerte de Ignacio Sánchez Mejías*.

Un gran mérito de Lorca es su intento de renovación del teatro, todavía en las postrimerías del modernismo. Al teatro contribuye con dramas poéticos de evocación romántica: *Mariana Pineda* (1927), *Dona Rosita la soltera* (1935), o con farsas grotescas: *Amor de don Perimplín con Belisa en su jardín* (1931). Aparte de estas obras hay que destacar sobre todo su tragedia de vena neopopular, que iniciada con *Bodas de sangre* (1933) y continuada con *Yerma* (1934), culmina en *La casa de Bernarda Alba* (1936), su obra más importante y la más original de su tiempo.

El mérito de la tragedia de Lorca no radica en el realismo o naturalismo con que representa los caracteres humanos, solos o en acción, sino en el superrealismo a que deben su existencia. Es decir, la tragedia lorquiana no se forma de fuera adentro, desde la observación externa hacia un análisis interior, sino, por el contrario, de dentro afuera. Lo que interesa es el acto psíquico que Lorca coloca bajo el microscopio y lo agranda para ver así su automatismo en todos sus detalles y complicaciones. Sólo entonces se aplica esta imagen, intencionadamente distorsionada, a la acción. No hay que preguntarse, por lo tanto, si España, su sociedad, sus mujeres y hombres son así. No lo son, aunque sí se dan tales pasiones.

García Lorca es considerado como uno de los primeros poetas de la primera mitad del siglo y un auténtico renovador del teatro español. Y, aunque no ha sido capaz de crear una escuela dramática de primer orden, su obra ha ejercido una gran influencia en España y América y mantiene, aún hoy, una gran popularidad a pesar de su estilo culto, no siempre al alcance de las masas.

EL ARTE

En términos generales, el arte de la primera mitad del siglo XX participa de la inquietud que caracteriza todas las manifestaciones culturales de este tiempo. Es una época de crisis. El espíritu científico, las necesidades materiales de un período en que la industria y el maquinismo llegan a un insospechado desarrollo, y la inquietud social que rompe la unidad en todos los terrenos de la vida espiritual, no tan sólo en la comunidad europea, sino también dentro de las comunidades nacionales, son factores determinantes en las formas del arte del siglo XX.

La unidad artística ya quebrantada en el siglo XIX, se rompe definitivamente, sucediendo un período de individualismo exacerbado de libertad absoluta, en la que se busca un nuevo comienzo distinto de los dogmas estéticos tradicionales. En algunos casos, se expresa en el arte un manifiesto eclecticismo que toma, con más o menos fortuna, elementos de todos los estilos anteriores, pero sin que exista una tendencia dominante. Se advierten en arquitectura ciertas tendencias predominantes debidas fundamentalmente a su carácter utilitario, lo mismo ocurre con la decoración interior, donde el nuevo arte *moderno*, llamado también *futurista*, adquiere un sentido más técnico y menos estético.

En las artes figurativas, en especial en la pintura, se multiplican las tendencias, *-ismos*, ya iniciadas desde el fin de siglo. Es la visión subjetiva lo que interesa, pero se mezcla el esteticismo con la conciencia social, y la vanguardia artística con visión social de la sociedad, negativa o positiva, pero ambas postulando cambios que eran con frecuencia sociales y revolucionarios.

En escultura, si bien en ciertos aspectos se sigue una evolución análoga, predomina, no obstante, el sentido de la masa equilibrada, con una cierta tendencia a la estilización, a veces geométrica, de los volúmenes.

Arte deco

Como continuador, transformado del estilo modernista de fin de siglo, concretamente del *art nouveau*, llega hacia los años veinte el nuevo estilo moderno que recibirá el nombre de arte deco. Caracterizado por sus líneas escuetas y limpias, temas florales estilizados y geométricos, con incorporación de temas industriales, lleva una mayor decoración en un principio y se hace más sencillo y geométrico hacia los años 30. Como el estilo modernista, también el arte deco se hizo universal en el diseño, decoración interior, joyería y moda femenina. Algunos de los artistas más famosos de esta época, como Wassily Kandisnky y Pablo Picasso, usaron en su arte las formas de este estilo.

Medios muy populares para la divulgación del nuevo estilo eran las revistas ilustradas de la época, cuyas páginas servían para consagrar las nuevas modas y establecer las normas de la feminidad moderna de los años 20. Dibujante y famoso ilustrador de libros y revistas fue, entre otros, Rafael Penagos (1889–1954), que supo incorporar al mundo español el universalismo del nuevo estilo imperante tras la Guerra Mundial. Obras suyas muy conocidas son las portadas e ilustraciones a la colección de libros populares *Los cuentos de Calleja*. También le dieron fama sus dibujos de mujeres en los que, con su trazado seguro y limpio convertía en estereotipo la frivolidad, la elegancia y el erotismo insinuante y refinado un tanto *unisex* y *a lo garçon*, de la "mujer moderna". En otros de sus dibujos se percibe la incorporación de las líneas geométricas, casi cubistas, del nuevo estilo.

La arquitectura

La arquitectura urbana de las primeras décadas continúa, en estilo y espíritu, las líneas iniciadas en las décadas anteriores, sin ser capaz de transformarlas o darles personalidad especial. Característicos de estos años son el monumental Palacio de Comunicaciones de Madrid (Fig. 13.1), que sigue un barroquismo ecléctico de origen francés, adoptado también en otras capitales; el Ayuntamiento de Valencia; el monumento a Alfonso XII en el Parque del Retiro de Madrid (Fig. 13.2), de un

Figura 13.1 Palacio de Comunicaciones, Madrid

Figura 13.2 Monumento a Alfonso XII en el Parque del Retiro, Madrid

neoclasicismo también francés, obra de José Grases; y el Banco de España, mezcla de estilo renacentista con adornos del *art nouveau* típico de fin de siglo. Siguen, en cambio, una línea de historicismo estudiado los edificios para la exposición Iberoamericana celebrada en Sevilla en 1928.

Más importancia por su novedad tiene la influencia, en técnica y en estilo, de la arquitectura norteamericana manifestada ya en el Edificio de la Telefónica de Madrid, construido en 1926. Esta influencia se extiende con la línea escueta, el adorno estilizado, o geométrico, usado también en la decoración interior, del arte deco.

La escultura

La escultura de principios de siglo sigue, como las demás artes, la misma doble línea de tradición y vanguardia. Aunque los escultores de este tiempo producen sólo una contribución modesta en número, la calidad de las obras de sus mejores artistas es de gran importancia, siendo muchas de ellas todavía admiradas en las ciudades y museos de España y del extranjero.

Aunque anclado fuertemente en la técnica tradicional y en su temática nacional y regionalista, es muy notable el escultor Mariano Benlliure (1866–1947). Su percepción de la realidad está expresada en una reproducción casi fotográfica de los detalles, que sirve de marco a un mundo interior expresado con una fuerza y vitalidad extraordinarias. Su obra gozó de gran aceptación durante su tiempo, de lo que dan testimonio los muchos monumentos que a él se deben. Son importantes su estatua de *San Juan de Ribera* (Fig. 13.3), en Valencia; sus monumentos a Colón en Granada y a la reina María Cristina en Madrid; de tema más popular son los dedicados al torero Joselito (Fig. 13.4), en Sevilla, y al tenor Julián Gayarre, en El Roncal (Pamplona).

Figura 13.3 *San Juan de Ribera,* de Mariano Benlliure, en el Colegio del Patriarca, Valencia

Figura 13.4 Mausoleo al torero Joselito, obra de Mariano Benlliure

Figura 13.5 *Hermanitos de leche,* de Aniceto Marinas

Realista y tradicional fue también el segoviano Aniceto Marinas, autor del monumento a Velázquez, a la entrada del Museo del Prado, y de *Hermanitos de leche* (Fig. 13.5), en el jardín de la Biblioteca Nacional, ambos en Madrid.

Nueva línea realista   Una nueva línea realista queda representada por Lorenzo Coullaut-Valera (1876–1932), que comenzó, a principios de siglo, con obras según el estilo del *art nouveau* para adoptar más tarde una línea realista tradicional. Es muy conocido por su conjunto de Don Quijote y Sancho en el *Monumento a Cervantes* (Fig. 13.6), construido en 1927, en la plaza de España de Madrid y a Bécquer en Sevilla. Esta nueva línea realista queda también representada por el extremeño Enrique Pérez Comendador (1900–1981) cuya obra más conocida es la entrada a la Exposición Iberoamericana de 1929, en Sevilla y, de 1952, el *Monumento a Balboa* en la Ciudad Universitaria de Madrid.

Figura 13.6 *Monumento a Cervantes,* de Coullaut-Valera

Línea de Vanguardia   En contraste con éstos, Pablo Gargallo (1881–1934) representa la línea de vanguardia. También él había comenzado en las líneas lánguidas y vagas del modernismo, pero, pasando por una estilización de líneas, llegó a participar de la tendencia europea hacia una estilización geométrica del arte deco, y, al fin, de la valoración de huecos y vacíos para crear la impresión de volumen. En su obra usa con frecuencia el hierro como material de trabajo. Entre otras muchas, es muy conocida su escultura *El Profeta* (Fig. 13.7), que se halla en Washington.

Uno de los mejores escultores de la vanguardia expresionista es el valenciano Julio González (1876–1942), considerado como uno de los creadores más importantes de principios de siglo. Entre sus obras más importantes se cuenta *Don Quijote, La mujer con el espejo*, realizada en 1936, *El grito* y *Yunque de sueños*. Obras importantes suyas se encuentran en París, Nueva York, aunque la colección más importante y extensa de su obra está en el Instituto Valenciano de Arte Moderno.

En escultura siguen el nuevo estilo realista en consonancia con el arte deco, Mateo Inurria (1867–1924) con una, aunque exagerada, elegante estilización y alargamiento de la figura humana. Aunque es autor de algunos monumentos de línea tradicional, es mejor conocido por sus torsos femeninos. El último, *La forma* (Fig. 13.8), de 1920, es una de sus más bellas creaciones.

Notable es también por su particular realismo José María Clará (1878–1958). Su obra más famosa, *Diosa* (Fig. 13.9), de 1910, fue repetida con diferentes nombres.

Figura 13.7 *El Profeta*, de Pablo Gargallo, Washington D.C.

La pintura

En pintura, Hermenegildo Anglada Camarasa (1871–1959), nacido en Barcelona, es el último de una generación íntimamente unida al espíritu parisino de fin de siglo. Aunque el reconocimiento de su arte, en Europa y en América del Norte y del Sur, lo acompaña hasta su muerte, su primera fama le llega ya a principios de siglo con exposiciones en Paris, Londres, Venecia y Buenos Aires. Sus cuadros de gran luminosidad y colores brillantes, usados abundantemente en el decorado, parecen continuación del espíritu de la *Belle époque*. Sus pinturas, sobre todo de figuras femeninas, como las del vienés Gustav Klimt, son justamente consideradas como una primera representación de la nueva modernidad.

Línea doméstica

Dos direcciones fundamentales son las que dominan en la pintura española desde principios de siglo. Una forma parte de las corrientes de revolución artística en Europa a principio de siglo, adoptando y desarrollando las técnicas y temas franceses, y llega a formar, en España, la llamada vanguardia, o escuela de Paris. La segunda reconcilia y combina los nuevos estilos con los temas tradicionales españoles, formando lo que se ha llamado *línea doméstica de la modernidad española*. Ésta está formada casi en su totalidad por artistas que aunque usaron técnicas y estilos tomados de las escuelas francesas, buscaron su inspiración en las realidades

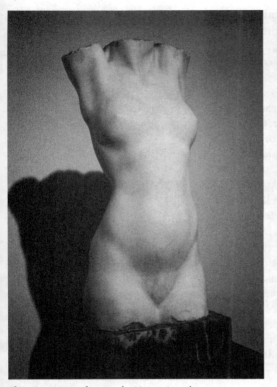

Figura 13.8 *La forma,* de Mateo Inurria
Fuente: Museo Nacional Centro de Arte Reina Sofía, Madrid.

Figura 13.9 *Diosa,* de José María Clará

geográficas y sociales de España. La preocupación de estos artistas por interpretar el mundo español de su tiempo sin buscar refugio en un escapismo técnico o temático, da lugar a una pintura cuyo tema es España y una actitud crítica expresada con un realismo duro. Para ello desvalorizan el dibujo y disminuyen el colorismo, usando en cambio tonos oscuros y ocres. Es, en pintura, expresión de la crisis de conciencia de fin de siglo.

Artistas notables   José Gutiérrez Solana (1886–1945), nacido en Madrid, manifiesta en su pintura su propio carácter, pesimista y atormentado. En su pintura parece criticar duramente las clases sociales y costumbres españolas, prefiriendo también como temas personajes del pueblo o de la baja sociedad, incluso los marginados, a los que representa con una patética exageración superrealista y tremendista.

De importancia, aunque un tanto al margen de la tradición, queda José María Sert (1874–1945). Su pintura es tradicional o histórica por sus temas, pero abierta a los estilos y gustos internacionales.

Es notable también Ricardo Baroja (1871–1953), aunque mejor conocido como hermano de Pío Baroja, fue además de escritor, pintor y notable grabador.

También Ignacio Zuloaga (1870–1945) representa un regreso a la pintura auténticamente española. Hijo de artesanos vascos, Zuloaga comenzó su aprendizaje en la pintura copiando cuadros en el Museo del Prado en Madrid. En 1889 se trasladó a Roma y el año siguiente a París, donde recibió la influencia de los impresionistas y conoció la obra de Van Gogh, Gauguin y Toulouse-Lautrec, con quienes participó en una exposición colectiva. En 1893 se instaló definitivamente en Sevilla, aunque participó con éxito en numerosas exposiciones de pintura celebradas en las capitales europeas y en dos ocasiones, 1916 y 1925, también en Nueva York.

A pesar de la influencia impresionista francesa que se percibe en su obra, la pintura de Zuloaga es fundamentalmente tradicional. En parte idealista, sigue la línea realista de los grandes maestros españoles, siendo Velázquez y Goya a quienes más se asemeja por su técnica y su colorido abundante en tonos oscuros.

La copiosa obra de Zuloaga cubre una multitud de asuntos: retratos, composiciones, desnudos, paisajes y bodegones, pero en todos ellos la nota tónica es el sentimiento severo y sombrío, casi hosco, con que el artista reproduce una naturaleza dura y una sociedad pobre y altanera. En sus cuadros de composición, temas muy importantes son el gitano, los toros, el ambiente castellano, pero sobre todo el paisaje. En éste los pueblos diminutos, aunque perfectamente dibujados, se pierden como abrumados en una naturaleza sin árboles, de tonos duros, secos, expresión de una vida interior profunda pero sin sonrisas.

Claro representante de la línea doméstica es el andaluz Daniel Vázquez Díaz (1886–1969). Comienza a estudiar en Madrid, para continuar en Paris, donde se deja influir por el posimpresionismo. De Cezanne aprende la interpretación ordenada y geométrica, casi cubista, que va a ser característica de su obra. A su regreso conoció a otros artistas, Regoyos y Solana, y escritores, Pío Baroja, Juan Ramón Jiménez, Ortega y Gasset, y también toreros famosos, de quien nos ha dejado numerosos retratos. Vázquez Díaz, al contrario de otros de su generación, es un pintor de colores suaves, casi pálidos, que dan a sus pinturas un tono frío, con líneas claramente idealizantes. Su gran cualidad es el perspectivismo, del que usa para dar mayor expresión de serenidad a la composición. Una de sus obras más famosas son los frescos del monasterio de la Rábida en honor de Cristóbal Colón, obra realizada en 1927. Aunque el sentido de modernidad de su pintura hizo que el reconocimiento le llegara relativamente tarde, hoy es considerado como uno de los más importantes iniciadores de una vanguardia auténticamente española.

Benjamín Palencia (1894–1980) es el representante más claro de la línea doméstica, importante también como puente entre las dos guerras. Había nacido en Albacete, pero estudió en Madrid, donde entabló amistad con Juan Ramón Jiménez, Salvador Dalí y otros muchos artistas y escritores. Más tarde emprendió el viaje obligado hacia Paris, donde conoció a Picasso y Juan Gris. Aunque continuó viajando hasta la Guerra Civil, hacia 1928 se estableció definitivamente en Madrid. Es entonces cuando formó la llamada *Escuela de Vallecas*, "con el deliberado propósito de poner en nuevo pie un arte nacional que compitiera con el de Paris". Este deliberado intento de buscar inspiración en el paisaje castellano, moviéndose entre un poscubismo y un superrealismo, encontró adeptos entre otros artistas, Maruja

Mallo (1909–1995) y escritores, García Lorca, Rafael Alberti. La tarea de este grupo quedó interrumpida por la Guerra Civil.

Pintura española contemporánea

La pintura española contemporánea, sin embargo, está dominada por tres artistas cuya longevidad hace que cubran una gran parte del siglo XX. Hay que incluirlos aquí porque su intensa participación en la vida artística de este tiempo los hace sus representantes más característicos.

Pablo Ruiz Picasso El pintor español contemporáneo más famoso es Pablo Ruiz Picasso (1881–1973), cuya obra ha dejado una profunda huella en la pintura moderna. Es muy difícil situar a Picasso en un período determinado. A pesar de que su longevidad y su no menos extraordinaria productividad, siempre vital y cambiante, han hecho que sobreviva a todos los movimientos y escuelas de la primera mitad del siglo, su presencia en el arte no ha dejado de ser la más controvertida en la pintura contemporánea del mundo. Nacido en Málaga y residente durante un tiempo en La Coruña, Picasso demostró muy pronto sus aptitudes extraordinarias para la pintura por lo que fue admitido, cuando contaba sólo catorce años, en la Escuela de Bellas Artes de Barcelona.

A principios de siglo, mientras imperaba en París el modernismo artístico, Picasso comenzó a pintar jugando con una monocromía a base de tonalidades azules, pintando casi exclusivamente tipos y escenas de los bajos fondos y de la bohemia parisina. Pero más que un naturalismo desesperanzado, sus figuras, dibujadas con un cierto manierismo de líneas, expresan abandono, soledad y resignada melancolía (Fig. 13.10).

En los años que siguen Picasso adopta la monocromía rosa, como símbolo y expresión de una mayor alegría, que usa en la pintura de figuras animadas, en movimiento de bailarines, payasos y máscaras.

De 1906 a 1907, época negra, experimenta con los contrastes producidos con negros, grises y ocres, a la vez que sus figuras pierden la definición de la línea. A esta época pertenece el cuadro *Las señoritas de Avignon*, con el que se abre camino hacia el *cubismo*. En él, Picasso rompe con la tradición impresionista y en vez de aceptar la noción de que las figuras desaparecen en el color de la naturaleza, busca por el contrario su reducción a líneas fundamentales en las que predominan las rectas y angulares (Fig. 13.11). Esta pintura, que abunda en lo que parecen ser cubos, fue llamada entonces, un poco en burla,

Figura 13.10 *Mujer sentada,* de Pablo Picasso

cubismo. En este cuadro se incorpora en los rostros de las muchachas el motivo africano.

La época cubista de Picasso se define hacia 1908, aunque no se determina, puesto que la inquietud insatisfecha que mueve a Picasso lo lleva a cambiar, desde un estilo analítico de reducción a líneas y volumen a base de juego de colores, hasta un cubismo hermético en que líneas y colores ocultan el objeto analizado. En su realización usa una monocromía suave que no oculta completamente las líneas de reducción bajo un conglomerado de líneas y manchas de color. Por estos años el cubismo era ya aceptado universalmente como una alternativa al arte moderno, y Picasso gozaba de una fama extraordinaria en todos los centros artísticos del mundo.

Figura 13.11 *Retrato de Fernando Olivier, de* Pablo Picasso

Hacia 1914 comenzó a experimentar con la técnica del *collage* y con la imitación pictórica de los materiales que en él se usan, aunque sin abandonar el estilo cubista, que llega en estos años a su depuración más perfecta. La belleza de su pintura, su armonía y plasticidad hacen ya olvidar el tema, estos cuadros no "dicen" nada, tan sólo producen una sensación estética. Es la época asociada con el arte deco.

Hacia 1920, tras un viaje a Italia, Picasso creó el llamado *nuevo clasicismo* en el que juega con la monumentalidad de las figuras y su capacidad expresiva.

En 1934 regresó a España con la intención de establecerse en ella durante un tiempo. La Guerra Civil le sorprendió en París, desde donde aceptó el cargo de director del Museo del Prado. Es la época llamada expansionista (1934–1946) del pintor y a ella pertenece uno de sus mejores cuadros, *Guernica*. Pintado en 1937 para el pabellón español republicano de la Exposición Internacional de París, representa una serie de imágenes con las que se evoca la agonía de la guerra total. Inspirado en la destrucción del pueblo vasco de Guernica por las bombas de la aviación alemana, ve la guerra desde el punto de vista de la población civil, de los que no luchan.

Al terminar la Guerra Civil, Picasso emigró a Francia, donde continuó su producción artística, pasando por otra serie de épocas en las que se distingue primero un sentido más íntimo, con colores más suaves y temas más personales y sencillos. Durante sus últimos años Picasso volvió al paisaje, a las figuras estáticas, quietas o dormidas, y a composiciones en las que los modelos desaparecen. También experimentó con otros materiales, escultura (Fig. 13.12) y litografía, para la que usaba una técnica especial. Aunque muy poco de su obra tiene tema social, su abierta adherencia al partido comunista hizo de Picasso el gran defensor de los ideales políticos de la izquierda. Con su fallecimiento en 1973, se cerraba una gran época de la pintura europea.

Figura 13.12 *Mujer,* de Picasso, Pablo (1881–1973), Monument at the Civic Center in Chicago © 2005 Estate of Pablo Picasso/Artists Rights Society (ARS), New York/Art Resource, NY.

Joan Miró   Otra de las figuras de la pintura española del siglo XX que ha merecido fama internacional es Joan Miró (1893–1983). Nacido y educado en Barcelona, comenzó a pintar con una visión de la realidad deformada al estilo expresionista francés y con un colorido influido por la escuela fauvista. Más adelante, a partir de un viaje a París, la pintura de Miró se simplifica bajo la influencia cubista, convirtiéndose en simples alusiones sutiles a la realidad. Desde 1923 se le puede ya considerar adherido a la escuela surrealista, a la que se mantuvo fiel durante el resto de su vida artística. Gran viajero durante los años siguientes, regresó a España en 1940 para instalarse en Barcelona.

En 1942 comenzó a experimentar con la cerámica, cuyo arte desarrolló con gran éxito, junto con la pintura, durante los años siguientes. En 1947 visitó los Estados Unidos y, entre otras obras, realizó el enorme fresco que decora el Hotel Plaza de Cincinnati. En 1955 se le encargaron unos murales cerámicos para el edificio de la UNESCO (Fig. 13.13), en Paris, que fueron terminados en 1958.

Figura 13.13 Murales de cerámica de la UNESCO, de Joan Miró

La pintura de Miró, como también su cerámica, mantiene siempre su afiliación al arte abstracto. Pero no usa de las líneas rectas y angulares del cubismo, sino que realiza sus dibujos a base de perfiles curvos y sinuosos. Sus cuadros no son una abstracción de la realidad deformada en busca de una independencia de la forma sino, más bien, una reducción a líneas que pretenden sugerir imágenes. Miró, aunque surrealista, es alegre e ingenuo, juega con colores brillantes, contrastes fuertes y con líneas que sugieren un primitivismo infantil o arqueológico del arte primitivo levantino.

Salvador Dalí La dirección "realista" del surrealismo está representada en España por Salvador Dalí (1904–1985). Nacido en Figueras, comenzó su formación artística en la Escuela de Bellas Artes de Madrid. Descubrió el surrealismo primeramente a través de sus lecturas de Freud y más tarde, en 1929, cuando con ocasión de su primer viaje a París entabló contacto con el grupo surrealista. En esta época fue amigo íntimo de García Lorca y colaboró con Luis Buñuel en dos de sus películas surrealistas, *Un perro andaluz* y *La edad de oro.*

Entre las muchas técnicas usadas por los surrealistas en la evocación del subconsciente, Dalí ofrece un mundo definido, creado con todo detalle, imágenes y objetos reproducidos con un realismo total y absoluto en el que hace gala de un virtuosismo extraordinario. Sin embargo su composición es extravagante, paradójica, y sus planos, como en los sueños, se superponen o se pierden en una lejanía sin límites.

La pintura de Dalí toma dos formas, surrealistas ambas aunque de tono y espíritu totalmente diverso. Una la constituyen las interpretaciones de sueños o expresiones del subconsciente humano. En éstas abundan los horizontes inmensos y áridos, amarillos y ocres, en los que aparecen en primer plano figuras muertas o en plena corrupción, algunas con insinuaciones eróticas, todas abrumadoras en su soledad o total decadencia (Fig. 13.14). En otros cuadros aparecen evocaciones de

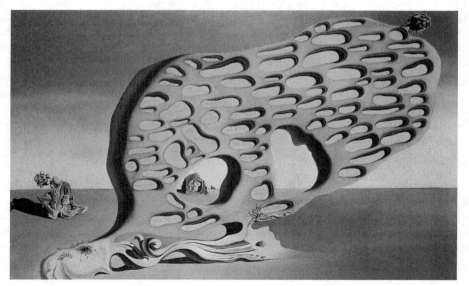

Figura 13.14 *A la madre,* de Salvador Dalí

figuras o cuadros famosos. La segunda forma es la que adopta Dalí para los cuadros de tema, generalmente religioso, en los que lo absurdo del subconsciente humano cede el paso a un simbolismo subconsciente, expresado también con la técnica y el virtuosismo realista que le son característicos. De éstos últimos son famosos *Jesucristo crucificado, La última Cena,* que se conserva en la National Gallery, Washington, y *El descubrimiento de América,* pintado para la asociación americana de Caballeros de Colón.

Aunque los críticos reconocen unánimemente la maestría de Dalí en el dibujo y en el uso del pincel, la evaluación que hacen de su persona y de su calidad artística es muy varia. Todos están de acuerdo en llamarle excéntrico, pero muchos lo llaman, además, frívolo, mientras algunos lo acusan de una falta de "integridad artística", de un exceso de técnica, que dicen ser poco artística. A pesar de ello, Dalí pasa a la historia como uno de los pintores surrealistas más conocidos.

La música

La música de entreguerras ofrece por primera vez la incorporación de la música norteamericana con el *charleston* y *jazzband,* ambos considerados como expresión de la nueva generación y correspondientes al estilo deco.

La música de concierto, aunque continuadora de la afición de fin de siglo por temas españoles y regionalistas, consiguió con sus mejores compositores, momentos de auténtica universalidad musical cuyo valor todavía hoy está reconocido.

Joaquín Turina

Joaquín Turina (1882–1949) fue uno de los compositores que más han contribuido a dar a la música española un carácter nacional. Nacido en Sevilla, comenzó allí sus estudios antes de trasladarse a Madrid. En 1905 Turina marchó como tantos otros intelectuales y artistas de su tiempo a París, donde fue discípulo de Moszkowski y de D'Indy en un ambiente musical monopolizado totalmente por Albéniz. En esos años Turina comenzó su carrera de compositor con *Sonata española* y *La procesión del rocío,* ambas terminadas hacia 1912. Al estallar la Gran Guerra, Turina regresó a España, donde estableció su residencia y realizó la parte más importante de su obra. En ella se destacan su composición orquestal *Sinfonía sevillana* (1921), su *lied Canto de Sevilla* (1927) y, un poco anterior, su *Oración del torero* (1925), que es sin duda uno de los momentos más profundos de la música española contemporánea. Un poco más tardía es su *Rapsodia sinfónica* (1931), en la que experimenta con problemas de forma en una música ya más de vanguardia.

Aunque la influencia de Albéniz en la música de Turina es innegable, también lo es la que ejerció el *romanticismo español* de sus maestros europeos. El resultado es así una musicalidad regional y castiza pero con tonos de universalidad europeizante. La música de Turina habla, concretamente, de Sevilla y de la vida sevillana, pero se trata siempre de una vida sevillana de ciudad, pulida y refinada, que, aunque está presentada con una nota de gran intimidad, está vista a través de los ideales refinados del París de la *Belle époque.*

Manuel de Falla

Manuel de Falla (1876–1946) ha sido sin duda alguna el compositor español más famoso del siglo XX. Nacido en Cádiz, donde aprendió a tocar el piano bajo la dirección de su madre, se trasladó más tarde a Madrid, donde estudió piano y composición con el famoso Felipe Pedrell. A los veintiún años Falla marchó a París, donde llegó a conocer a Debussy, Dukas y Ravel, quienes ejercieron una gran influencia sobre su estilo. De vuelta a España en 1914, se estableció primero en Madrid y después en Granada, pasando más tarde a la Argentina, donde murió en 1946.

Sin embargo, a pesar de éste y otros muchos paralelismos, la semejanza de su música con la de Turina no es grande. La música de Falla no es tanto reflejo de la vida popular refinada y elegante como es la de Turina, sino más bien interpretativa de la psicología de un pueblo, que ofrece, más que las acciones concretas, las fuerzas y las pasiones que mueven a ellas. Por ello el resultado es una música evocativa, sugestiva, sensual y erótica que está basada en leyendas, mitos e interpretaciones de una Andalucía que nunca ha existido. Mientras el de Turina es un andalucismo real, el de Falla es uno mitificado y misterioso.

Falla se había dado a conocer en 1914 con *Siete canciones populares*, en las que se percibe claramente ya la influencia de Albéniz y Debussy. Más importantes y famosas son sus composiciones para ballet *El amor brujo* (1916) y *El corregidor y la molinera* (1919), mejor conocida con el título de *El sombrero de tres picos*. A la vez que éstas, Falla compuso la suite *Noche en los jardines de España*, especialmente sensual y evocadora. En 1922 organizó en Granada un festival de cante hondo para el que compuso una ópera de marionetas, *El retablo de Maese Pedro*, en la que la influencia de la música de Stravinsky es muy marcada. La cantata *La Atlántida*, en la que estaba trabajando cuando le sorprendió la muerte, fue terminada y publicada por sus discípulos.

El género chico

En el género chico, aunque la Zarzuela continúa con su popularidad, es la revista —espectáculo atractivo, a veces simpático, siempre un tanto atrevido— la que atrae más público. Famosa y recordada todavía hoy es, entre otras, *Las Leandras*, la historia de unos muchachos de pueblo que van a un burdel y entran por equivocación en un internado religioso para niñas. Las mejores canciones de ésta, en realidad una obrita vulgar casi inocente a pesar del tema, fueron hechas famosas por Celia Gámez, una de las cantantes del género más conocida y apreciada de su tiempo.

♫ PREGUNTAS PARA ESTUDIO Y REPASO

Vida política

1. ¿Por qué se habla de la desintegración de la hegemonía europea a consecuencia de la Gran Guerra?

2. ¿Qué problemas planteó la Revolución rusa?

3. ¿Cómo se dejaron sentir en España los efectos de la Primera Guerra Mundial?

4. ¿Cómo era la situación política en España durante el reinado de Alfonso XIII?

5. ¿A qué se debió la emergencia de la Dictadura de Primo de Rivera?

6. ¿Cuáles fueron sus resultados sociales y económicos? ¿Cómo se explica su fracaso político?

7. ¿Qué grupos políticos causaron el fin del régimen monárquico en 1931?

Escritores y pensadores

8. ¿A qué se llama Generación del 98? ¿Cuáles fueron sus temas fundamentales?

9. ¿Por qué es importante Ramiro de Maeztu? ¿Qué sentido tiene para él la Hispanidad?

10. ¿Qué actitud adoptó Antonio Machado y cómo definió el *problema* de España?

11. ¿Cómo enjuiciaba Ortega y Gasset la situación europea?

12. ¿A qué atribuía Ortega la decadencia española? ¿Qué soluciones proponía?

13. ¿Por qué se ha dicho que Ortega fue el teórico del totalitarismo español?

Literatura, arte y música

14. ¿A qué se da el nombre de neopopularismo poético?

15. ¿Cuál fue la contribución de Lorca a la poesía y al teatro español?

16. ¿A qué se da el nombre de arte deco?

17. ¿Cómo es la arquitectura de este tiempo?

18. ¿Qué escuelas de pintura se dan?

19. ¿Qué etapas artísticas se manifiestan en la obra de Picasso?

20. ¿Qué carácter tiene el surrealismo de Miró?

21. ¿Qué formas adopta Dalí para su pintura y qué temas cubre?

22. ¿Cuáles son los estilos más importantes en la escultura de este tiempo?

23. ¿Cómo es la música de Falla, qué influencias europeas demuestra y cómo es su andalucismo?

CAPÍTULO
14

La Segunda República y Guerra Civil

Temas

- Políticos liberales y revolucionarios de acción

- Vaivenes de una República: izquierda moderada, conservadora y revolucionaria

- Alzamiento y Guerra Civil

- Las milicias del pueblo, ideales de partido

- Cuestión de legalidad y de significado

- Persecución de la Iglesia

- Intervención extranjera

- Juicios contradictorios sobre la guerra

- Visión extranjera de España

CRONOLOGÍA DE ESPAÑA DURANTE LA SEGUNDA REPÚBLICA Y GUERRA CIVIL

- **1931–1936**   Proclamación de la **Segunda República**
- 1931   Alfonso XIII abandona España sin abdicar
  Gobierno provisional de **Juan Bautista Aznar** (18 de febrero, 1931)
- **1931–1933**   **Etapa liberal**
- 1931   Niceto Alcalá Zamora dimite, le sucede Manuel Azaña
  Proclamación del Artículo 26 y de la Ley de Defensa
  Proclamación del Estatuto de Cataluña
  Constitución republicana de 1931
  Presidente del Consejo: Niceto Alcalá Zamora
- 1932   Proclamación de la **Ley Agraria**
- 1933   José Antonio Primo de Rivera funda **Falange Española**
  Tragedia de Casas Viejas
  Revueltas de Anarquistas y Sindicalistas
- **1934–1936**   **Etapa conservadora**
- 1933   Niceto Alcalá Zamora, presidente
- 1934   Ramiro Ledesma funda las *Juntas de Ofensiva Nacional Sindicalista*
  La *Generalitat* declara el **Estat Catalá** independiente
  Rebelión de Cataluña
  Rebelión de los Sindicatos asturianos
- 1935   Congreso de la III Internacional Comunista. Frente Popular
- **1936**   **Etapa revolucionaria**
  Ramiro de Maeztu fundador de Acción Española es asesinado
  Triunfo del Frente Popular
  Manuel Azaña presidente de la República
  Se restablece la **autonomía de Cataluña**
  Las elecciones de febrero dan el poder al Frente Popular
  José Calvo Sotelo muere asesinado, 13 de julio
  Alzamiento contra la República, 18 de julio
  Alzamiento del Ejército, Falangistas y Requetés
  Armamento de los partidos por el Gobierno. Milicias del pueblo

		Es ejecutado José Antonio Primo de Rivera en la cárcel de Alicante
		Defensa del Alcázar
♦	**1936–1939**	**Guerra Civil**
♦	1936	Llegan a España las **Brigadas Internacionales**
		El gobierno se traslada a Valencia. Francisco Largo Caballero presidente
♦	1937	Durante la batalla del norte, Guernica es destruida
		Decreto de Unificación. Nace el Movimiento Nacional
		El oro del Banco de España es trasladado a Moscú
		Rivalidad armada entre trostquistas y stalinistas en España
		Alemania e Italia apoyan a los rebeldes
♦	1938	La Batalla del Ebro desgasta definitivamente las fuerzas republicanas
		Las Brigadas Internacionales salen de España
		Franco organiza la nueva sociedad. Proclamación del **Fuero del Trabajo**
♦	1939	Inglaterra y Francia reconocen el Gobierno de Franco
		Fin de la Guerra Civil

LA SEGUNDA REPÚBLICA

La salida de Alfonso XIII no dio a España los frutos esperados. Si bien inicialmente generó optimismo en la mayoría de la población, muy pronto pudo apreciarse que las irreconciliables diferencias entre los políticos sólo eran síntoma de la división entre los españoles. Así el quinquenio republicano fue un experimento fallido de gobierno republicano que terminó en la Guerra Civil más cruel y divisiva de la historia española.

EL QUINQUENIO REPUBLICANO (1931–1936)

La historia política de España durante los cinco años que duró la Segunda República, desde la marcha al exilio del rey Alfonso XIII (1931) hasta la desintegración del régimen republicano en el caos político que precedió a la Guerra Civil (1936), es un ejemplo clásico de conflicto entre una teoría liberal y una práctica revolucionaria.

La teoría política de los republicanos liberales proponía una transformación de las estructuras sociales, económicas y políticas de la sociedad española según principios de democracia burguesa a imitación de la francesa. Los partidarios de la acción revolucionaria rechazaban estos principios, que ellos consideraban ya superados e inválidos tras la experiencia europea, principalmente la Revolución rusa, y estaban dispuestos a imponer los cambios políticos, sociales y económicos necesarios para la implantación en España de las ideologías revolucionarias comunistas.

El Pacto de San Sebastián entre políticos liberales y extremistas revolucionarios, llevado a cabo tan sólo para derrocar la monarquía, tuvo algunas ventajas inmediatas, pero a la larga demostró ser fatal para el régimen republicano y trágico para España. A causa de él, la nueva República, estuvo condenada, desde antes de nacer, a una servidumbre radical y revolucionaria de la que nunca logró liberarse. La lucha continua entre los partidos republicanos moderados y los más radicales —socialistas, anarquistas y sindicalistas— a lo largo del quinquenio, fue una de las causas principales de la reacción antirrepublicana y de la desintegración final del nuevo régimen. Así lo anunciaban los diarios norteamericanos de entonces al estudiar la situación española.

Etapa liberal

Tras la marcha de Alfonso XIII al exilio, fue organizado un gobierno provisional cuyo jefe era Niceto Alcalá Zamora, en el que ya se veía el predominio socialista sobre el republicano. Ya desde entonces se hizo sentir la desintegración social que acompañaría al nuevo régimen. En Cataluña se alzó la bandera catalana y el héroe del regionalismo catalán, Francisco Maciá, intentó declarar *el estado catalán bajo un régimen de república catalana.*

En el resto de la Península el nuevo régimen fue saludado con banderas rojas, motines, quemas de iglesias y conventos, asaltos y destrucción de periódicos monárquicos y católicos. Y mientras el Ejército y la Guardia Civil trataban de imponer orden, los políticos se esforzaban por sentar las bases en que funcionara la Segunda República.

Como señal del rompimiento con la tradición, fue decretado el cambio de la bandera nacional (rojo-amarillo-rojo) por una nueva republicana (rojo-amarillo-morado) y la sustitución del himno nacional por el de la República.

El gobierno de la República se esforzó por reducir el espíritu separatista de las propuestas catalanas y consiguió llegar a un acuerdo, en el que prometía la preparación de un "estatuto de autonomía" catalana, que sería incluido en la nueva Constitución, y la creación de un organismo especial, la *Generalitat catalana*, encargado de la administración de las cuatro provincias de Cataluña.

Mayo 1931

En mayo del mismo año, tras unos ataques a miembros del Círculo Monárquico Independiente, se suscitaron graves desórdenes en Madrid y las turbas madrileñas se lanzaron a incendiar iglesias, conventos y edificios públicos o privados que se suponían pertenecer a personas o entidades de derechas. Estos desórdenes se extendieron a numerosas ciudades españolas. El gobierno declaró el estado de guerra en algunas poblaciones y se incautó del edificio del diario conservador *ABC*, clausurando además el Círculo Monárquico.

El cardenal Segura, arzobispo primado de España, el más insigne prelado de su tiempo, protestó duramente ante el gobierno a la vez que en una famosa carta pastoral exhortaba a los católicos a que colaboraran con el nuevo sistema, pero que, a la vez, intentaran convertirlo en uno que reconociera *el orden social* y *los derechos de la religión*. Entendido esto como una proclamación de abierta oposición a los programas republicanos, el cardenal Segura fue condenado al destierro.

Junio de 1931

En junio de 1931 se celebraron elecciones de diputados para las Cortes, tras las que, por la victoria de la coalición socialista, el socialista Julián Besteiro fue nombrado para la presidencia. Muy pronto los partidos de trabajadores comenzaron a exigir que se cumplieran las promesas de socialización que se les había hecho durante la campaña electoral. A esto se unió, durante el mes de julio, el grave problema de la violenta rivalidad entre los anarquistas (CNT) y los socialistas (UGT) cuya demagogia revolucionaria, cada vez más violenta, se tradujo en numerosas ciudades en atentados, incendios, actos de vandalismo y en una serie interminable de huelgas, algunas de larga duración.

Una de las tareas a realizar por las nuevas Cortes fue el proyecto para una nueva Constitución. Entre los artículos propuestos dos encontraron fuerte oposición y fueron objeto de grandes debates: uno fue el *Estatuto de Cataluña*, por el que se creaba una situación privilegiada para las provincias catalanas, en la que muchos veían un grave peligro para la unidad nacional. Mayor oposición causó el Artículo 26, por el que se establecía la separación entre la Iglesia y el Estado, declarándose el Gobierno oficialmente aconfesional. Otras medidas relativas a la Iglesia eran: la supresión y nacionalización de los bienes de las órdenes religiosas de más de tres votos; la prohibición a las órdenes religiosas que se dedicaran a la enseñanza, como también al ejercicio del comercio o de la industria y a la publicación de libros o diarios, y la limitación, además, de los bienes que podían poseer.

Se aprobó también una *Ley de Defensa* de la República, a pesar de que se argumentó en su contra alegando que con ella se podría justificar las represalias del Gobierno contra la oposición.

Octubre de 1931

El 14 de octubre de 1931 Alcalá Zamora presentó su dimisión a la presidencia del Gobierno como protesta contra la legislación antirreligiosa incluida en el Artículo 26. Le sucedió Manuel Azaña, uno de los políticos más caracterizados de la Segunda República y más identificados con sus tendencias radicales y anticatólicas.

La elección de Azaña como Presidente del Gobierno en 1931 fue, con razón, considerada como un

Manuel Azaña, el político más representativo de la Segunda República éxito de los socialistas sobre los republicanos moderados, a los que desplazaron del gobierno. Aunque la derivación de Azaña hacia la izquierda revolucionaria fue paulatina y posterior a 1931, ya durante su gobierno se propuso desarticular el Ejército con la famosa *Ley de Azaña* y aplicar con todo su rigor contra la Iglesia el Artículo 26 de la Constitución.

La frase *España ha dejado de ser católica* pronunciada por Manuel Azaña durante un discurso político, aunque dicha más en tono retórico que fervor revolucionario antirreligioso, fue tomada como declaración oficial de política antirreligiosa. Como reacción contra ella, la sensibilidad religiosa de la mayoría de los españoles se reafirmó, a la vez que se opuso al régimen político de la República al que consideró, desde entonces, ateo y perseguidor de la Religión.

El año 1932

Ante esta política se fue dibujando un frente de derechas, cuyos grupos más representativos fueron el partido político *Acción Nacional*, fundado por Ángel Herrera y en el que colaboraron José María Gil Robles, y la asociación de apostolado laico *Acción Católica*. A ello el gobierno de Azaña respondió con una campaña de represión contra personas, entidades, instituciones, periódicos y diarios católicos.

Por otra parte los grupos anarquistas (CNT y FAI) continuaban atacando al gobierno por considerar que sus reformas no habían sido suficientes para resolver los problemas salariales y económicos del proletariado. Para calmarlos se decretó la *Ley Agraria* de 1932, que ordenaba distribución de tierras entre los campesinos de los latifundios de Andalucía y Extremadura, medida que enfureció a los propietarios sin llegar a satisfacer a los campesinos, convertidos ya a un anarquismo más radical.

Ante la dirección que iba tomando la política republicana, los intelectuales, sus más fieles defensores hasta entonces, dieron voz a su desencanto. En 1932 Pío Baroja, notable escritor y político de simpatías anarquistas, comentaba sobre la situación política. Contestando a la pregunta "¿Triunfará pronto aquí el socialismo?", dijo:

> No lo creo. Los españoles son como son... El socialismo se preocupa demasiado de las formas, y en España es precisa la dictadura para gobernar.

Golpe de estado del general Sanjurjo   El mismo año, el Ejército, inclinado ya desde el siglo anterior a la acción política, intentó dar un golpe de estado, dirigido por el general Sanjurjo, pero al no encontrar apoyo popular, fue fácilmente dominado. A estas protestas el gobierno respondió haciendo uso de la *Ley de Defensa*, decretando la suspensión de periódicos y diarios de la oposición y tomando una serie de represalias contra sus dirigentes.

A pesar de ello la Acción Nacional, que por disposición oficial había sido obligada a cambiar el nombre y era conocida por Acción Popular, reunió en Madrid su primera asamblea, en la que quedó constituida la *Confederación Española de Derechas Autónomas* (CEDA), que agrupaba los varios grupos regionales conservadores y católicos.

El año 1933

El año 1933 comenzó con la tragedia de Casas Viejas, pequeño pueblo en la provincia de Cádiz, donde un pequeño grupo de anarquistas se había sublevado. Azaña para desmentir la fama que tenía de ser duro con los desórdenes de derechas pero contemporizador con los revolucionarios, decidió hacer de esta sublevación una prueba de justicia, por lo que envió a las fuerzas de seguridad a que sofocaran la sublevación. La dureza con que las fuerzas de seguridad llevaron a cabo las órdenes causó grandes protestas, atribuyéndose a Azaña la consigna de: "Nada de detenidos. ¡Tiros a la barriga y nada más!"

Estas represalias trágicamente famosas, sin apaciguar a las derechas, sirvieron para que terminara la paz, más o menos observada, de los partidos revolucionarios con el gobierno. Mientras en las calles de las ciudades se multiplicaban los actos de terrorismo, asaltos, incendios y toda clase de actividades revolucionarias, el diario anarquista *La Tierra* (CNT) se quejaba, en abril de 1933, "de persecuciones ensañadas que tienen en la cárcel a cientos y cientos de proletarios y campesinos" y "de la utilización del poder por parte del socialismo para perseguir ensañadamente a la central obrera". Sin sentirse solidario con la República, el anarquismo proclamaba en el mismo diario: "República es revolución".

Falange Española

Al mismo tiempo se iban formando los primeros grupos de ideología de extrema derecha y acción antirrevolucionaria. De éstos, los más notables fueron las *Juntas de Ofensiva Nacional Sindicalista* (JONS) y la *Falange Española* (FE), fundada en octubre de 1933 por José Antonio Primo de Rivera. En su primera época la Falange era un partido predominantemente universitario y juvenil. Sus miembros, desilusionados con la derecha, que consideraban reaccionaria, y con la izquierda por sus doctrinas revolucionarias, defendían unos ideales entre tradicionalistas católicos y revolucionarios de nuevo estilo, aunque buscaban las raíces de su ideología política más en la tradición española (senequismo cristiano) que en los movimientos contemporáneos. Adoptaron como emblemas el yugo y las flechas de los Reyes Católicos, los colores rojo y negro de la bandera nacional-sindicalista y la consigna *España: ¡Una, Grande y Libre!* Para el grupo rechazaron el título de partido para adoptar, en cambio, el de *Movimiento*. Como expresión de su ideología revolucionaria se atribuyeron la noción usada por los autores de la generación del 98 de una España nueva frente a la decadente, representada, según ellos, por el capitalismo y los partidos políticos, y le dieron una expresión poética y combativa en su himno *Cara al sol*. Su oposición a los partidos, al capitalismo y al marxismo y a la lucha de clases como programa social se refleja en los *26 puntos* proclamados entonces que están llenos de un idealismo social utópico. Su fuerza política, en este tiempo y durante la Guerra Civil, se debía más a su organización que al número de sus seguidores.

La crisis gubernamental y la caída del gobierno de Azaña anunciadas ya en los resultados adversos para el gobierno de las elecciones municipales celebradas durante el mismo año, fueron precipitadas por la dimisión de Jaime Carner, ministro de Hacienda. Así terminó, en septiembre de 1933, el gobierno que Diego Martínez Barrio, republicano radical, definió con la frase célebre de *Sangre, fango y lágrimas*. Ante la perspectiva de nuevas elecciones se sucedieron rápidamente varios gobiernos incapaces de restablecer el orden público y de dominar la rebeldía revolucionaria de los partidos de izquierdas.

Etapa conservadora

Las elecciones celebradas en noviembre de 1933 representaron un resonante triunfo para los partidos del centro, los republicanos moderados, cuyo jefe era Alejandro Lerroux, y, en particular, para la CEDA, dirigida por Gil Robles y los monárquicos, cuyo líder era Calvo Sotelo. En estas elecciones salió diputado por Cádiz José Antonio Primo de Rivera, que comenzó a utilizar las Cortes para dar resonancia nacional a su programa falangista.

El nuevo gobierno, formado por una coalición de "derechas" y "centro", fue presidido por Alejandro Lerroux y fue importante por representar un acercamiento positivo de los grupos moderados y católicos al régimen republicano. Los partidos de la izquierda, sin embargo, no se resignaron con su derrota ni vieron con buenos ojos la moderación del nuevo gobierno. En 1934 Martines Barrio dimitió de su cargo como ministro de gobernación en protesta a la *coalición cedista*, mientras los elementos revolucionarios iniciaron una serie de huelgas llevando a cabo numerosos actos de sabotaje y terrorismo contra el gobierno. El diario *El Socialista* comentaba por ese tiempo: "Ha naufragado la República burguesa… El régimen republicano no nos sirve…".

La importancia de Lerroux y el amplio apoyo que tenía su política de moderación quedaron demostrados por su reelección a la presidencia del Consejo. A pesar de su innegable popularidad, la política moderada de Lerroux debe ser considerada como un fracaso. Con cada cambio de gobierno se fue haciendo más patente la incapacidad de gobernar a que había llegado el régimen republicano.

El fracaso de la República moderada puede ser atribuido en gran parte a la política que imponía su propia moderación. De acuerdo con ella, el gobierno se dedicó a anular las medidas más extremas adoptadas anteriormente por el gobierno de Azaña. A esta política respondieron los partidos de izquierdas, los sindicatos obreros y los grupos revolucionarios con una inusitada y furiosa actividad.

La *Generalitat* catalana, al anunciarse la revisión de su legalidad constitucional, se declaró en abierta rebeldía contra el gobierno. Las provincias vascas, deseosas de obtener su propio estatuto, se declararon en favor de Cataluña. Los sindicatos declararon la huelga general, mientras que sus elementos más extremistas se dedicaron al sabotaje y al terrorismo.

El problema del orden público se agravó todavía más con la reacción falangista, que también comenzó a llevar a la calle su lucha contra la revolución, a la vez que era objeto ella misma de una encarnizada persecución izquierdista.

El año 1934

En el año 1934 la crisis culminó con la rebelión de Cataluña y la insurrección de los sindicatos mineros de Asturias.

En Cataluña la *Generalitat* llegó a armar a diversas partidas, *escamots*, y a las fuerzas dependientes de la autoridad regional contra el gobierno de la República, declarándose independiente. Más grave aún fue la revolución de Asturias, donde una *guardia roja* se apoderó de toda la cuenca minera, constituyendo piquetes de ejecución que establecieron un régimen de terror revolucionario, con una persecución sistemática y desenfrenada contra los católicos, representantes de la burguesía capitalista y de los partidos moderados o de derechas, cometiendo, en el proceso, innumerables asesinatos, robos y actos de vandalismo contra iglesias, conventos y edificios públicos.

Declarado el estado de guerra y con apelación a la *Ley de Defensa,* la región catalana, más a favor de una autonomía regionalista, incluso separatismo, que de una revolución proletaria radical, se dejó pacificar con relativa facilidad. No así Asturias, la cual, contando en sus minas de hierro y carbón con un gran número de obreros afiliados a partidos radicales y revolucionarios, sólo pudo ser sometida tras una verdadera campaña militar encomendada por el gobierno al entonces ya general Francisco Franco. A causa de ella y de las represalias del llamado *Octubre Rojo,* las organizaciones marxistas internacionales se hicieron eco de la furiosa propaganda que contra la República habían iniciado, entre otros, Fernando de los Ríos e Indalecio Prieto, ambos socialistas y opuestos a la política del Gobierno.

El año 1935

El año 1935 representó la desintegración total del régimen republicano moderado. Como consecuencia de las crisis gubernamentales, que se sucedían cada vez con mayor rapidez, siete durante un solo año, el gobierno era totalmente incapaz de preparar programa alguno para la mejora económica o social del país, y cada vez menos capaz de mantener siquiera una apariencia de orden público.

En julio de 1935 delegados de los partidos comunistas asistieron en Moscú al VII Congreso de la III Internacional Comunista (*Komintern*). Entre los acuerdos tomados se decidió la formación de un frente único de comunistas junto con otros partidos y sindicatos revolucionarios como táctica para llegar al poder y así procurar el triunfo del ideario soviético. Se prometió además reforzar el apoyo técnico y económico al partido comunista español para el logro de sus fines. *El Frente Popular de Izquierdas* quedó así virtualmente constituido y en octubre del mismo año hizo en Madrid su primera exhibición de fuerza.

Campaña electoral de 1936

Las elecciones anunciadas para febrero de 1936 fueron causa de una campaña electoral caracterizada por sus extremos. En ella los elementos moderados, ineficaces e incapaces de imponer autoridad alguna, o fueron ignorados o fueron ellos mismos derivando hacia posiciones más radicales. A la exacerbación de los partidos de derechas contribuyó no poco la publicación, el 15 de enero, del documentoprograma del Frente Popular de Izquierdas, de evidente inspiración rusocomunista. La campaña electoral continuó hasta el final, desenfrenada y angustiosa, en medio de atracos, incendios, actos de sabotaje, terrorismo y motines incesantes, inspirados muchos de ellos por la retórica violenta de los políticos.

Por una parte los partidos de izquierdas tomaron como símbolo la revolución de los mineros asturianos, y como grito de combate, *Somos los de octubre,* por otra parte Primo de Rivera advertía que la lucha era ya inevitable "entre el frente…ruso y el frente de la generación nuestra en línea de combate". Santiago Casares Quiroga por su parte decía en un mítin: "Si triunfamos los de izquierdas, el ministro de Gobernación tendrá que ser sordo y ciego durante cuarenta y ocho horas" y Calvo Sotelo en Barcelona: "Dentro de breves días España va a jugar a cara o cruz su existencia".

En las calles, el orden público había dejado de existir, y las actividades subversivas eran generales. Los choques entre los *camisas rojas*, comunistas, y los *camisas azules*, falangistas, se hacían cada vez más numerosos y violentos. Cuando el 14 de marzo fueron clausurados por orden del gobierno todos los centros de la Falange y encarcelados José Antonio Primo de Rivera con los principales jefes del Movimiento, la oposición falangista a lo que ellos llamaban *venta de España a Rusia* se hizo todavía más dura y violenta.

Etapa radical: República recuperada

Las elecciones del 16 de febrero de 1936, que dieron el poder a la izquierda, anularon la mayoría de las leyes tomadas en los dos años anteriores. Una amnistía general y la restauración de la autonomía catalana y del estatuto vasco fueron los primeros pasos en el camino de la República *recuperada*, como la llamaron los socialistas. Con ella subió Azaña de nuevo al poder hasta el mes de mayo, cuando fue nombrado presidente de la República, sucediéndole Casares Quiroga en la presidencia del Consejo. Los partidos extremistas se dispusieron a imponer la revolución que se les había prometido. Francisco Largo Caballero, jefe de los socialistas radicales, conocido por el nombre de *Lenin español*, se dedicó a exaltar los ánimos del partido con una retórica inflamada y llena de promesas revolucionarias, y Margarita Nelken, socialista recién llegada de Moscú, anunciaba ya próxima "la dictadura del proletariado" como preludio "para establecer el socialismo".

En las Cortes el propio gobierno se declaró beligerante contra los partidos de derechas e impuso una revisión de actas que acentuaba la proporción de diputados a favor del Frente Popular, por lo que las minorías derechistas se retiraron del Congreso. Calvo Sotelo, su jefe más prestigioso, se convirtió en el blanco del odio de los grupos más radicales, que veían en él el representante más significativo de una República moderada y católica.

Junio de 1936

El día 16 de junio, Gil Robles, jefe del Partido de Derechas, hizo para las Cortes un balance de la situación desde las elecciones del 16 de febrero. Era así: 113 huelgas generales; 228 huelgas parciales; 224 actos de terrorismo con bombas y explosivos; 10 periódicos destruidos totalmente; 33 saboteados; 381 centros públicos saboteados o destruidos; 417 iglesias destruidas o saboteadas; 269 asesinatos; 1287 heridos. Y concluía su discurso con la siguiente evaluación del estado político de la nación:

> Este gobierno no podrá poner fin al estado de subversión que existe en España y no podrá hacerlo porque este Gobierno nace del Frente Popular y el Frente Popular lleva en sí la esencia de esa misma política, el germen de la hostilidad nacional. Mientras dentro del bloque del Prente Popular existan partidos y organizaciones con la significación que tienen el partido socialista… y el partido comunista no habrá posibilidad de que haya en España un minuto siquiera de tranquilidad… Los grupos obreristas saben perfectamente a dónde van: van a cambiar el orden social existente; cuando puedan, por el asalto al Poder, por el ejercicio desde arriba de la dictadura del proletariado… Un país puede vivir en Monarquía o en República, en sistema parlamentario o en sistema presidencialista o en sovietismo

o en fascismo; como únicamente no vive es en la anarquía, y España hoy, por desgracia, vive en la anarquía.

A continuación, Calvo Sotelo, jefe de la oposición, también en nombre de la Derecha acusó al gobierno de condonar la violencia con el deseo de implantar sus programas revolucionarios y, ante las amenazas a su vida hechas por Casares Quiroga, presidente del Consejo de ministros, contestó con las frases famosas: "Yo tengo, señor Casares Quiroga, anchas espaldas... y es preferible morir con gloria que vivir con vilipendio".

Asesinato de Calvo Sotelo

Como culminación de la anarquía general y del estado de Guerra Civil que, de hecho existía en toda la nación, en la noche del 13 de julio agentes de la Guardia de Asalto, la fuerza de seguridad de la República, asesinaron a José Calvo Sotelo, que ya desde antes de su muerte era para una mayoría símbolo de moderación liberal y cristiana y, con su muerte prueba de extremos irreconciliables.

Al conocerse en Madrid la noticia del asesinato de Calvo Sotelo, fue convocada la Comisión Permanente de las Cortes para prorrogar el *estado de alarma* proclamado desde hacía meses. Durante la reunión, el jefe de la minoría monárquica, *Renovación Española*, anunció su retirada de las Cortes, acusando al gobierno de complicidad en el asesinato del jefe de las derechas, y Gil Robles, jefe de la CEDA, en representación de los partidos de derechas, echó en cara al gobierno su incapacidad de controlar la anarquía impuesta a la nación por los partidos revolucionarios.

> Os están expulsando de la legalidad; están haciendo un baldón de los principios democráticos; están riéndose de las máximas liberales incrustadas en la Constitución; ni en el Parlamento ni en la legalidad tenéis nada que hacer.... Así como vosotros estáis totalmente rebasados, el Gobierno y los elementos directivos, por las masas obreras que ya no controláis, así ya nosotros estamos totalmente desbordados por un sentido de violencia que habéis sido vosotros los que habéis creado y estáis difundiendo por toda España... Cuando la vida de los ciudadanos está a merced del primer pistolero, o cuando el Gobierno es incapaz de poner fin a ese estado de cosas, no pretendáis que las gentes crean ni en la legalidad ni en la democracia... Vosotros podéis continuar; sé que vais a hacer una política de persecución, de exterminio y de violencia de todo lo que signifique derechas. Tened la seguridad... de que vosotros, que estáis fraguando la violencia, seréis las primeras víctimas de ella... las revoluciones son como Saturno que devoran a sus propios hijos.

Víctima de este asesinato, cuya complicidad el Gobierno no se dignó desmentir, fue la misma República. Como dijo por entonces Ortega y Gasset: "No era esto lo que los españoles habían esperado de la República".

Cinco días más tarde, el 18 de julio de 1936, el Ejército, el cuerpo de la Guardia Civil, los carlistas, la Falange, las JONS y, aunque menos organizados, los grupos derechistas e incluso republicanos moderados se declararon en rebeldía abierta contra el gobierno de la República. Esta sublevación, contra la esperanza de todos, llevó a la guerra civil más dura y sangrienta de la historia de España.

LA GUERRA CIVIL (1936–1939)

La Guerra Civil de 1936, ha sido, y es todavía, uno de los acontecimientos de la historia española más difíciles de evaluar. Ello se debe, aún hoy, a que la gran mayoría de escritores españoles y extranjeros que a ella se refieren la evalúan como un conflicto claramente divisible entre *buenos* y *malos*. Hace también difícil su evaluación el antagonismo contra los regímenes totalitarios resultado de la Segunda Guerra Mundial. Estos escritores, al hacer la división, dan a sus juicios una validez absoluta en la que no cabe el diálogo, cuando la situación no fue nunca tan clara, ni los bandos tan definidos.

En términos generales, la situación política en España durante los primeros meses del año 1936 se podría definir de la manera siguiente: por una parte, el gobierno de la República elegido a raíz de las elecciones de febrero del mismo año era una amalgama de partidos, desde los más liberales hasta los revolucionarios declarados. En ella los primeros daban un sentido legal y un aspecto liberal y democrático a la coalición, mientras que los segundos proclamaban cada vez más abiertamente programas de revolución proletaria que presuponían cambios radicales en la Constitución adoptada por el mismo régimen republicano.

Frente a ellos se hallaba una minoría parlamentaria de derechas convencida de que, en realidad, representaba la mayoría de la población española, su clase media, los católicos de todas clases, los tradicionalistas y los conservadores. La oposición de éstos a aquéllos no era tanto, en un principio, contra la forma de un gobierno republicano, democrático y liberal, sino contra la política revolucionaria, socialista y comunista, que éste aceptaba o toleraba, como precio del apoyo que recibía del Frente Popular.

España estaba así dividida en dos campos que iban adoptando ideologías irreconciliables. Por una parte "las derechas", dispuestas a renunciar al sistema republicano para conseguir una estabilidad social, económica y política de acuerdo con la tradición nacional y religiosa del país; por otra "las izquierdas", cuyo objetivo era la consecución de una sociedad proletaria y revolucionaria según el molde ruso soviético. En medio y, hacia el año 1936, con frecuencia incapaces de hacerse escuchar ni por unos ni por otros, estaban los elementos de un centro republicano liberal dispuestos a pactar con las izquierdas con tal de evitar una restauración monárquica o la repetición de una dictadura militar al estilo Primo de Rivera. Soporte casi unánime y sin distinción de clases tenía la República tan sólo en las provincias vascas y catalanas, gracias a la autonomía, más o menos completa, que el gobierno republicano se había comprometido a conceder y respetar.

Situación europea

En el plano europeo la situación tampoco era mucho más clara. Durante los últimos treinta años, la mayor parte de las naciones europeas habían sufrido las consecuencias de los problemas sociales, económicos y políticos causados por la Gran Guerra (1914–1918), agudizados, en los últimos años, por la Gran Crisis de 1929.

Entre los vencedores, Inglaterra buscaba la solución en el retorno a las medidas enérgicas de un gobierno conservador, los Estados Unidos en la política centralizante de intervención federal del *New Deal*, mientras Francia, tras unos gobiernos inestables (1929–1934) y un experimento nacionalista y de derechas (1934–1936) se declaraba partidaria de *la clase obrera*, con un gobierno de Frente Popular de inspiración comunista rusa que iba a durar hasta la firma del tratado germanosoviético en 1939.

En las demás naciones europeas el vacío político causado por la desaparición de los regímenes monárquicos más o menos absolutistas y el desastre económico impuesto por las condiciones opresivas del *Tratado de Versalles* (1918), agudizado en extremo por la depresión económica de 1929, produjo un desgaste de las instituciones democráticas existentes. A esta crisis respondieron las clases más directamente afectadas —media y obrera— con una serie de movimientos radicales, totalitarios ambos, pero de signo contrario: nacionalista unos, comunista los otros. Estos últimos según el modelo revolucionario ruso (Lenin), bajo el control directo de la central moscovita (Stalin).

Para los movimientos nacionalistas el único peligro era el imperialismo rusosoviético, pero Inglaterra y Francia tuvieron que prestar atención además a la amenaza que para ellas podía representar el triunfo de los regímenes totalitarios nacionalistas en el centro de Europa. Por ello al enfrentarse los dos campos en la Guerra Civil española, Inglaterra, opuesta por una parte a la sublevación nacionalista apoyada por Alemania e Italia, no se decidió a defender la República izquierdista, al estar ésta sostenida por Rusia y los partidos comunistas europeos. Por ello la Guerra Civil española, que comenzó siendo un conflicto ideológico nacional, llegó muy pronto a tener un sentido internacional que agravó la división europea, causa de la, ya previsible, Segunda Guerra Mundial.

ALZAMIENTO

El 17 de julio de 1936 se sublevó el ejército de Marruecos, poniéndose a las órdenes del general Franco. En los días siguientes intentos semejantes tuvieron lugar en numerosas ciudades de la Península, siendo los más importantes el de Pamplona, donde además del ejército se sublevaron los grupos carlistas católicos, mayoritarios en toda la región Navarra, y el de las ciudades de Castilla y León, en las que los elementos falangistas eran más numerosos.

En términos generales, se puede afirmar que, en un principio, la sublevación, aunque iniciada y dirigida por jefes militares, triunfó a causa del apoyo que encontró en las zonas agrícolas y ganaderas de Castilla, León y Galicia, más conservadoras y tradicionalmente en favor de la unidad nacional, y en las provincias navarras y aragonesas en las que los sentimientos monárquicos y católicos eran claramente predominantes. Por el contrario, fue derrotada en las grandes ciudades, donde el proletariado industrial era más numeroso, y en las provincias campesinas del sur, en las que no se había solucionado el problema social del proletariado del campo.

En la región vasca y en las provincias de Cataluña la oposición a la sublevación y la lealtad al gobierno tomaron desde un principio un carácter regionalista, al pretender éstas mantener así su autonomía política.

Milicias del pueblo

A la noticia de la sublevación respondió el gobierno con la decisión de armar los sindicatos obreros que quedaron constituidos así en *milicias del pueblo.* Éstas completaron su armamento con una serie de asaltos a arsenales y cuarteles del ejército, algunos de los cuales fueron atacados y defendidos con extraordinaria violencia y tenacidad. Con la ayuda de estas milicias, ya armadas, la sublevación pudo ser dominada en las grandes ciudades, Madrid, Barcelona y Valencia, a la vez que pudo ser contenido el ataque contra la capital lanzado desde el norte por los sublevados, falangistas castellanos y carlistas navarros. Al sur de Madrid, la larga y tenaz defensa que hicieron los cadetes de la Academia Militar de Toledo, encerrados en el Alcázar con miembros de la Guardia Civil y sus familias, permitió la estabilización del alzamiento en las regiones del sur de la Península.

El armamento de las *milicias,* si bien salvó a la República de una posible derrota en los primeros momentos, al convertirse en elemento determinante en la lucha contra los sublevados, tuvo, a la larga, consecuencias desastrosas para el mismo gobierno republicano. Más fieles a sus respectivos partidos políticos que a la República y su Constitución, los milicianos se atribuyeron una autoridad especial, dedicándose a implantar sus programas revolucionarios con poco o ningún respeto a la autoridad legal.

Colectivización

En la parte de Aragón no sublevada, se estableció una nueva sociedad basada en un colectivismo comunista. Numerosas industrias fueron incautadas por los obreros y los latifundios repartidos arbitrariamente entre los campesinos por los comités revolucionarios. Lo mismo ocurrió en Cataluña, donde el gobierno de la *Generalitat,* presionado por los partidos revolucionarios del Frente Popular (CNT, FAI, POUM), inició en agosto de 1936 una serie de medidas de un sentido comunista colectivizante de industrias y propiedades agrícolas, llegando a emitir su propia moneda de curso obligatorio en Cataluña. Una política de "incautación por el proletariado" fue también llevada a cabo en otras partes de España, como Valencia, Murcia y Andalucía. El mismo ejército regular se convirtió en una fuerza al servicio de la revolución gracias a una red de *comisarios políticos* de imitación rusa, con la que se aseguraba el control de la ideología militar.

Persecución religiosa

Proclamando la consigna leninista de que *la religión es el opio del pueblo,* se sometió a la Iglesia a una cruenta persecución, en la que los eclesiásticos y miembros de las órdenes religiosas fueron encarcelados o asesinados y los templos cerrados y convertidos en almacenes y fábricas o simplemente dados a las llamas. La violencia de esta persecución, llevada a cabo en nombre de la República revolucionaria, sirvió para enajenar totalmente a la población católica española, que desde entonces habló de *la tiranía roja.* A ella fue manifestando una resistencia pasiva y hostil que, debilitando la base del gobierno republicano, contribuyó grandemente a su derrota.

A todo ello hay que añadir las divisiones existentes entre los varios partidos, que terminaron con frecuencia en lucha abierta tanto o más dura que la de los frentes de batalla.

Juicios sobre el alzamiento

A pesar del desorden y de la anarquía, la gran mayoría de intelectuales, periodistas, artistas, profesores y escritores extranjeros y un gran número de los españoles prestaron mayor atención a los aspectos legales del conflicto y mantuvieron una postura favorable al régimen republicano. Excepciones fueron Unamuno, Manuel Machado, José María Pemán y algunos otros que se declararon a favor del alzamiento.

Una notable excepción fue Eric Arthur Blair (1903–1950), mejor conocido por su seudónimo de *George Orwell*, quien, anarquista y socialista en un principio, marchó como voluntario a luchar en las *Brigadas Internacionales*. Su experiencia durante la guerra, bajo el gobierno comunista, fue causa de la actitud anticomunista de su relato *Homage to Catalonia*, de su sátira política *Animal Farm* y la crítica acerba de *1984*.

Guerra Civil

Mientras tanto la sublevación había logrado coordinar sus esfuerzos, llegando a dominar Galicia, una gran parte de la meseta castellana y, en el sur, partes de Andalucía y Extremadura, organizándose además un grupo de cuatro columnas que se dirigieron hacia el norte con el objeto de conquistar Madrid. Aludiendo al apoyo de una gran parte de la población con que contaba, el general Emilio Mola acuñó la famosa frase de la *quinta columna,* que desde dentro de Madrid le ayudaría a la conquista de la capital. Ante el peligro en que se encontraba la capital, el gobierno se trasladó a Valencia, a la vez que el ministro de Hacienda, Juan Negrín, socialista adicto a Rusia, decretó el traslado a Moscú de todo el oro del Banco de España.

Mientras los comunicados oficiales de la República afirmaban la derrota del alzamiento en todas partes, se formaba en Burgos una *Junta de Defensa Nacional* presidida por el general Cabanellas, con el objeto de asumir las funciones de gobierno y coordinar las operaciones militares contra la República. Desde el principio, a causa de la superioridad en de los elementos fieles al gobierno republicano, los sublevados tuvieron que recurrir a una mayor organización. Por esta razón todos los grupos sublevados, civiles y militares, tendieron rápidamente a subordinarse y cooperar con los cuadros de mando del ejército sublevado. En septiembre de 1936, el general Francisco Franco fue nombrado Jefe del Gobierno y del Estado español y Generalísimo de los Ejércitos nacionales.

Ayuda extranjera

Ante los avances de los sublevados en todos los frentes y la rapidez con que iban estabilizando sus posiciones, el Frente Popular francés inició una campaña de ayuda al gobierno de la República. Los gobiernos alemán e italiano, temerosos por su parte de una victoria de los grupos anarquistas y comunistas en España, se decidieron a apoyar con efectivos militares la sublevación nacionalista, mientras el gobierno británico, conservador, favorable en un principio al alzamiento, se decidió, por temor a Alemania, a iniciar una política europea de *no intervención*, que todos los países aceptaron pero ninguno respetó.

Sin embargo la ayuda más importante a las fuerzas de la República fue la prestada por la Internacional Comunista (*Komintern*). Bajo su dirección se organizaron en París las llamadas Brigadas Internacionales. Estados Unidos adoptó el

Las etapas de la guerra española de 1936–1939

Zona nacional en julio de 1936
Zona nacional a fines de 1936
Zonas ocupadas por los nacionales
Hundimiento del frente catalán a principios de 1939
Últimos territorios republicanos

⟶ Ataques nacionales
⟶ Ataques republicanos
— Principales centros y líneas de frente
▲ Enclaves nacionales

principio de neutralidad, aunque las simpatías estuvieron declaradamente en favor de los republicanos "leales" y, ante la ayuda alemana e italiana a la sublevación nacionalista, permitieron la organización y envío de un cuerpo de voluntarios a luchar contra los "rebeldes". Los primeros contingentes de voluntarios llegaron a España en octubre de 1936, a tiempo para evitar que Madrid cayera en manos de los rebeldes. Hasta su retirada oficial, ya avanzado el año 1938, estas Brigadas, por su ideología política uniforme y organización militar, fueron las fuerzas de combate más efectivas con que contó el gobierno republicano.

El año 1937

El año 1937 fue el más crítico de la guerra. En los frentes de combate la mayor disciplina de los *nacionales*, como se llamaban a sí mismos, se impuso sobre el mayor número de combatientes y efectivos del ejército republicano que, a pesar de algunas importantes victorias, tuvo que mantenerse a la defensiva. Tras la caída de Bilbao durante el verano, fue pacificada la región vasca, con lo que la zona nacionalista adquirió ya por su extensión geográfica una ventaja declarada sobre la republicana. En sus aspectos políticos, continuó el predominio del gobierno militar de Franco, quien con un Decreto de Unificación amalgamó los varios grupos políticos. Falange Española, más avanzada socialmente que sus demás aliados, intentó oponerse insistiendo en la instauración de sus planes sociales, pero sin el prestigio de su fundador José Antonio Primo de Rivera, asesinado en la cárcel de Alicante en noviembre de 1936, fue incapaz de imponer sus doctrinas políticas. Manuel Hedilla, su jefe, fue condenado a muerte, pero indultado más tarde.

Con la unificación de partidos tradicionalistas y de derechas en uno único, FET y de las JONS, y la prohibición de todos los izquierdistas, la sublevación, ya estabilizada, tomó un sentido estrictamente tradicionalista, nacional, católico, pero de tendencias sociales y políticas avanzadas. Por ello se hablaba ya del Movimiento y del Alzamiento Nacional, y de la Revolución nacional-sindicalista con las "consignas políticas" de *¡vivas!* a España, a la Religión, al Rey, *¡Por Dios, por la Patria y el Rey!* de los carlistas y el falangista de *España: ¡Una, Grande y Libre!*, adoptándose de nuevo la bandera tradicional bicolor y el escudo de los Reyes Católicos.

Purga stalinista

En la zona republicana, por el contrario, se dejaron sentir durante 1937 las consecuencias de la persecución contra Trotsky y sus seguidores y de los procesos de Moscú con que Stalin, con la eliminación de sus adversarios, pretendía dominar tanto el partido ruso como todos los demás partidos comunistas europeos. En las principales capitales españolas la rivalidad entre el partido marxista (POUM), considerado trotsquista, y cuyo centro de poder era Cataluña, y el Partido Comunista (PC), defensor de la línea stalinista, centrado en Madrid, se manifestó con toda su dureza, haciéndose más importante todavía que la lucha en los frentes de batalla. La crisis de esta pugna por el poder llegó a manifestarse en conflictos armados que estallaron en mayo del mismo año en Barcelona, Madrid y Valencia y para cuya solución se llegaron a retirar unidades armadas de los frentes de batalla.

En esta lucha salió derrotado el partido marxista (POUM), decayendo también la influencia del partido anarquista (CNT) que, aunque ideológicamente en desacuerdo con los programas revolucionarios marxistas, desconfiaba también de la purga stalinista y se oponía violentamente a la intervención rusa en la vida política española. Con la derrota de éstos el stalinismo fue adoptado con todo su rigor como la única dirección del comunismo español, y Rosenberg, el embajador ruso en España, se convirtió en la figura de mayor peso en el gobierno republicano. Mientras tanto el diario marxista *Mundo Obrero*, de Barcelona, hablaba de la *represión staliniana* y afirmaba que "un gobierno contrarrevolucionario los había desplazado del gobierno y que se les sometía a una persecución gubernamental", y el órgano de la CNT, *Solidaridad Obrera*, también de Barcelona, hablaba del nuevo gobierno como "contrarrevolucionario" y del "régimen de silencio forzoso" a que la censura gubernamental les obligaba. Al mismo tiempo el pleno del Partido Comunista daba como consigna desde Madrid, "Hay que batallar hasta conseguir que el fascismo, el trotsquismo y los incontrolables sean eliminados de la vida política de nuestro país."

En el campo internacional se puso en movimiento un mecanismo de control a la ayuda extranjera a uno y otro bando, y el presidente Roosevelt firmó una ley prohibiendo la venta de armas a España.

El año 1938

En 1938 el general Franco, seguro ya de la victoria, rechazó una paz de compromiso impulsada por Inglaterra, a la vez que comenzaba a establecer las bases políticas del nuevo estado. En los frentes de batalla los ejércitos nacionales, tras conquistar Teruel, llegaron hasta el mar dividiendo la España republicana en dos partes, aunque una contraofensiva republicana, la batalla del Ebro, logró detener su avance. En el centro, sin embargo, los nacionales conquistaron rápidamente toda la zona de Extremadura y en el norte Lérida, declarando abolido el Estatuto de Cataluña.

El gobierno de la República continuó insistiendo ante la Sociedad de Naciones para que pusiera fin a la política de *no intervención*, pidiendo ayuda contra lo que su propaganda calificaba como *la invasión alemana e italiana*, pero tuvo poco efecto en las naciones europeas, ya más preocupadas por la posibilidad de un conflicto general. Tuvo que acceder, en cambio, a que se retiraran las Brigadas Internacionales. Franco, por su parte, convencido ya de su triunfo, accedió a despedir también los contingentes extranjeros, italianos y alemanes, que le ayudaban.

FIN DE LA GUERRA CIVIL

A comienzos del año 1939, con la rendición de Barcelona y la llegada de las tropas nacionales a la frontera de los Pirineos, la guerra entró en su fase final. Inglaterra y Francia reconocieron el gobierno de Franco quien, a su vez, firmó con Alemania, Italia y el Japón el *Pacto anti-Komintern*.

El gobierno republicano se trasladó a Madrid dispuesto a continuar la resistencia, pero un grupo de socialistas moderados (Julián Besteiro) y anarquistas enemigos de la preponderancia comunista (coronel Casado) negaron su obediencia al Gobierno comunista dirigido por Negrín, proclamando una Junta Nacional de Defensa. Negrín, incapaz de mantener su autoridad o de seguir la lucha, inició muy pronto su traslado a Francia.

La rendición sin resistencia de Madrid y Valencia, el 28 y 29 de marzo respectivamente, puso fin a la guerra, que terminó oficialmente el 1 de abril de 1939 y celebrada con desfiles de victoria.

PREGUNTAS PARA ESTUDIO Y REPASO

Segunda República

1. ¿Qué teoría política proponían los políticos liberales y los revolucionarios?
2. ¿Qué consecuencias tuvo la alianza entre políticos liberales y revolucionarios de acción?
3. ¿A qué se llamaba *el problema catalán*? ¿Cómo intentó resolverlo el Gobierno de la República?
4. ¿Cuál fue el resultado de las elecciones a Diputados de 1931? ¿Cuáles fueron las consecuencias?
5. ¿Qué importancia tuvo el Artículo 26 de la nueva Constitución?
6. ¿Por qué se introdujo la Ley de Defensa y qué consecuencias tuvo su frecuente aplicación?
7. ¿Qué importancia tuvo la Ley Agraria de 1932?
8. ¿A qué se llamó *la tragedia de Casas Viejas* (1933)? ¿Y qué consecuencias tuvo?
9. ¿Cuál fue el resultado de las elecciones de 1933 y a qué se debió?
10. ¿Qué es la Falange Española y qué analogías y diferencias se dan entre el fascismo, el nazismo y la doctrina falangista?
11. ¿A qué se debió el fracaso de la República moderada?
12. ¿A qué se debió la sublevación de Cataluña y qué carácter tuvo?
13. ¿A qué se debió la rebelión de Asturias y qué carácter tuvo?

Alzamiento y Guerra Civil

14. ¿A qué se llamó República *recuperada*?
15. ¿En qué campos irreconciliables se dividía España en 1936?
16. ¿A qué se debía el apoyo popular que la República encontraba en Cataluña?
17. ¿Cómo era la situación política en España a principios de 1936?
18. ¿En qué regiones triunfó la sublevación y a qué causas se debió su triunfo?

19. ¿Qué cambios políticos se introdujeron en Aragón y Cataluña a principios de la guerra?

20. ¿Qué consecuencias tuvo el armamento de los sindicatos obreros?

21. ¿Qué política siguió el Gobierno con la Iglesia?

22. ¿Qué importancia tuvieron las Brigadas Internacionales y la intervención ítalo-alemana?

23. ¿Qué resultados tuvo el Decreto de Unificación de partidos políticos decretado por Franco en 1937?

24. ¿Cómo se dejaron sentir en la zona republicana las purgas de Stalin y qué consecuencias tuvieron?

25. ¿Por qué se ha llamado a la Guerra Civil el *último ensayo* para la Segunda Guerra Mundial?

CAPÍTULO 15

EL RÉGIMEN DE FRANCO

Temas

- Razones de la etapa ideológica

- Etapa social y sus intentos

- Pragmatismo franquista: social y político

- Dictadura y cultura

- Europeísmo a distancia

- Tradición y pasado liberal

- Turismo como fuerza social y cultural

- Ideología en tradición y en arte

- Tradicionalismo triunfante

- Decadencia de ideología

- Nociones de cultura durante el régimen de Franco

- Exiliados y permanentes

- Tradicionalismo en el arte

- Popularidad de los antiguos

- Cultura popular durante el régimen de Franco

CRONOLOGÍA DE ESPAÑA DURANTE EL RÉGIMEN DE FRANCO 1939–1975

- **1939–1975** **Régimen de Franco**
- 1939–1955 Etapa ideológica
- 1939 Comienza la **Segunda Guerra Mundial** (1939–1945)
- 1941 *División Azul* lucha en el frente ruso con los alemanes

  Alfonso XIII Muere en exilio de Roma
- 1944 Primeras actividades de los *Maquis* desde Francia
- 1946 Francia cierra su frontera con España

  Referéndum. Se restablece la Monarquía como régimen oficial

  Muere Ignacio Zuloaga (1870–1946), pintor
- 1947 Se establece el Plan Marshall para la reconstrucción de Europa
- 1952 Regresan de Rusia los prisioneros de la *División Azul*
- 1953 Acuerdos militares con los EE.UU.
- **1955–1960** **Etapa social**
- 1955 España ingresa en la ONU

  Muere Ortega y Gasset (1883–1955), filósofo
- 1956 Plan de Seguridad Social
- 1959 Se crea *Euzkadi te Astasakuna* (ETA)

  Visita del presidente Eisenhower a España
- **1960–1975** **Etapa pragmática**
- 1965 Cuestión de Gibraltar
- 1969 El príncipe Juan Carlos de Borbón es declarado heredero al trono de España
- 1972 Se firma un tratado comercial con la U.R.S.S.
- 1973 Carrero Blanco es asesinado por terroristas
- 1975 Se aprueba la Ley contra el terrorismo

  Se crea la Plataforma de Convergencia Democrática

  Muere **Francisco Franco**

SITUACIÓN EUROPEA

Los treinta y seis años que duró el régimen de Franco cubren un periodo de la historia europea y mundial en que suceden acontecimientos políticos y militares de la mayor importancia. El fin de la Guerra Civil española, en abril de 1939, fue seguido en septiembre del mismo año por la declaración de hostilidades entre Alemania y Polonia con que comenzó la Segunda Guerra Mundial. Con el rompimiento del pacto de no agresión germano-ruso y la alianza de los Estados Unidos e Inglaterra con Rusia, la contienda perdió mucho de su sentido ideológico para convertirse en un forcejeo por el predominio político y económico en Europa.

Francisco Franco

Al finalizar la guerra en 1945 se hizo permanente la ocupación soviética de la Europa oriental, en ella fueron impuestos por la Unión Soviética una serie de gobiernos satélites, con los que se aseguró el predominio político y militar sobre gran parte de Europa. La Guerra Fría con que terminó la alianza de los países democráticos con los comunistas representó una serie de concesiones políticas por parte de aquellos, que, al aceptar la división europea por el *telón de acero*, reconocieron como absolutos los derechos soviéticos sobre los países bajo su control.

Al mismo tiempo los países vencidos comenzaron su reestructuración política sobre bases democráticas, y los países de la Europa occidental su reconstrucción económica, hecha posible por el *Plan Marshall* establecido por los Estados Unidos para la ayuda a Europa.

ESPAÑA FRENTE AL MUNDO

Durante los primeros años del régimen de Franco, la política exterior del gobierno estuvo dirigida por un pragmatismo relativo, comprometido a veces por la decidida oposición de Franco a desvirtuar las bases ideológicas y nacionalistas de su régimen. Todavía durante la Segunda Guerra Mundial se había negado rotundamente a una colaboración militar con Alemania. También rechazó toda aproximación alemana y de los Aliados para que permitiera el estacionamiento o paso de tropas por suelo español, dando como argumento la debilitación de la nación a causa de la guerra pasada. Sin embargo, cediendo a la presión de la Falange, claramente inclinada en favor de Alemania y profundamente anticomunista, accedió a enviar una división de voluntarios falangistas, la *División Azul*, a luchar contra los comunistas en el frente ruso.

La época más difícil del régimen de Franco y, en general, de la sociedad española fueron los años que siguieron inmediatamente a la Segunda Guerra Mundial. En ellos, España comenzó su reconstrucción económica, abandonada a sus propios recursos, con su industria desarticulada por la guerra civil y sin el crédito económico de sus reservas de oro, retenido por la Unión Soviética. A ello se unió el aislamiento a que los aliados vencedores habían condenado al gobierno de España por considerar a Franco cómplice de la ideología de los dictadores vencidos, Hitler y Mussolini. En la Conferencia de Potsdam, 1945, las tres grandes potencias, Inglaterra, Rusia y los Estados Unidos, declararon su oposición a que España fuera admitida como miembro de las Naciones Unidas.

Hostilidad contra el régimen

En los primeros años de la posguerra la hostilidad contra el régimen español se manifestó continuamente. Por la frontera francesa penetraron bandas de guerrilleros, *maquis*, armados y entrenados en Francia; mientras que los emigrados promovían en todo el mundo campañas de propaganda y agitación contra el gobierno español. En 1946 Francia cerró su frontera con España, mientras la ONU recomendaba la retirada de embajadores y la expulsión de los miembros españoles de todos los organismos internacionales, recomendaciones que fueron aceptadas por todos los estados miembros a excepción de Suiza, Argentina, Portugal y la Santa Sede. A consecuencia de ellas, España fue excluida de la ayuda del Plan Marshall.

Las medidas tomadas por los países aliados, presentadas por una prensa dirigida más como medidas antiespañolas que antifranquistas, fueron consideradas por la población española como una concesión arbitraria e injusta a la presión comunista de la Unión Soviética. En consecuencia, causaron un gran resentimiento contra los Aliados, que sirvió para exacerbar el sentimiento nacionalista y fortalecer todavía más la popularidad del régimen de Franco. Las graves dificultades que estas medidas causaron a la economía española fueron en parte aliviadas por la ayuda de Argentina, entonces gobernada por el general Perón, quien firmó en 1946 y 1948 varios convenios comerciales con España.

El año 1947 se celebró un referéndum nacional por el que se declaró de nuevo la Monarquía como el sistema político oficial en España, convirtiendo el régimen de Franco en transitorio, en espera de la restauración de la Monarquía. Aunque entendido de otro modo por las naciones europeas, el referéndum fue, en efecto, un voto popular de confianza al nacionalismo independiente de Franco.

Reconciliación con Europa

La reconciliación de España con Europa comenzó en 1948, a la par que las relaciones entre los Aliados y la Unión Soviética iban empeorando. Con el reconocimiento de una Alemania Occidental por parte de los Aliados, la Guerra Fría con la Unión Soviética llegó a los momentos más peligrosos con el bloqueo de Berlín (1948). En consecuencia, el gobierno estadounidense y, siguiéndole, los de los países aliados, comenzaron a ver las ventajas que ofrecía el anticomunismo estricto del régimen de Franco. A partir de este mismo año, los Estados Unidos comenzaron a conceder algunos préstamos a España, consiguiendo además que la ONU levantara las sanciones impuestas contra el gobierno español.

Bajo la presidencia de Eisenhower las relaciones entre ambos países mejoraron notablemente, llegando a firmarse, en 1953, un pacto de asistencia militar que, aunque ha variado en su formulación, dura hasta el presente. Por él se permitía a los Estados Unidos establecer bases militares en España, *de utilización conjunta, bajo pabellón y mando españoles.* La admisión de España en la comunidad de naciones europeas culminó en 1955 con su admisión en la ONU y con la visita de Eisenhower a España en 1959.

Uno de los conflictos de política internacional que había quedado sin resolver era el de Gibraltar. Cedido a Inglaterra en 1713 como consecuencia de la Guerra de Sucesión de Felipe V, fue exigida su devolución repetidas veces por el gobierno de Franco, que supo hacer de la situación un caso de *honor nacional.* Las fricciones diplomáticos a que dio lugar llevaron, en 1965, a la publicación por parte del gobierno británico del *Libro blanco*, al que el gobierno español contestó con un *Libro rojo* en el que se desmentían las razones ofrecidas por los ingleses para justificar su negativa a aceptar las reivindicaciones españolas.

Hasta su fallecimiento, ocurrido en 1975, la política exterior de Franco se mantuvo fiel a un programa de pragmatismo conservador estrictamente nacionalista, que manifestó, sobre todo, en su interés por mantener relaciones de especial amistad con las naciones latinoamericanas y, además, con Portugal, con todos los países anticomunistas, y con los del bloque árabe. Esta línea pragmática se hizo todavía más clara con las relaciones comerciales establecidas con los países comunistas y culminó con el tratado comercial firmado con Unión Soviética en 1972.

EL RÉGIMEN DE FRANCISCO FRANCO

La larga duración del régimen de Franco y las graves crisis y cambios que Europa atravesó durante ese tiempo explican que la política interior de Franco cambiara fundamentalmente. Aunque la idea falangista de Movimiento y el sistema autoritario opuesto a la existencia de partidos políticos se mantienen, no así el ejercicio del poder con relación a la sociedad. La necesidad de un acercamiento a Europa tras el fin de la Segunda Guerra obliga a proseguir una política interior en la que perdieran preeminencia las ideas falangistas, que aparecían a los Aliados, si no idénticas, sí demasiado próximas a las de las dictaduras derrotadas en la guerra. De aquí que el régimen de Franco se puede dividir, según los planes o cambios introducidos, en una etapa inicial, ideológica, seguida de una social y otra pragmática.

Etapa ideológica

En el orden interno, el régimen de Franco comenzó ya durante la Guerra Civil, con una etapa ideológica claramente influida por los programas sociales y políticos de la Falange. Sus exponentes más claros fueron el *Decreto de Unificación* de todos los partidos del Movimiento (1937) y el *Fuero del Trabajo* (1938), en el que se contenían los principios de un nuevo orden social. Coincidiendo casi con el fin de la guerra se promulgó la *Ley de Responsabilidad Política* (1939) con que se justificó una serie de represalias contra los adversarios del nuevo régimen, ayudando a mantener, aun después de la guerra, una trágica división entre la *zona roja* y la *zona nacional*, entre *republicanos* y *falangistas*. Esta ley se mantuvo en todo su rigor hasta la amnistía concedida en 1945 a los "delitos políticos".

A lo largo del primer decenio de la posguerra se inició un proceso de creación y definición de instituciones: las Cortes (1942) para la preparación y elaboración de leyes, aunque sometidas todas a la sanción del Jefe del Estado. La Jefatura del Estado fue definida como "una magistratura personal, extraordinaria, excepcional y de poderes no definidos". El Jefe del Estado era a la vez Jefe del Gobierno y tenía autoridad para nombrar o separar libremente los ministros. En 1945 se proclamó el *Fuero de los Españoles*, verdadera declaración de derechos, que "pone el acento en las libertades civiles y en los derechos sociales… el principio representativo está articulado… a través de entidades de índole corporativo y el sufragio directo universal tiene sólo una intervención excepcional en el referéndum". *La Ley del Referéndum* (1945) autorizaba y regulaba la consulta directa a la nación y la de Sucesión, aprobada por una mayoría de votos en 1947, definía el régimen como un "Estado católico, social y representativo, que de acuerdo con su tradición se declara constituido en Reino", afirmando que la forma política normal y permanente de España es "la Monarquía tradicional, católica, social y representativa". Con ella la Jefatura del Estado y el régimen de Franco llegaron a constituir de derecho, ya que no de hecho, un sistema de preparación para el retorno de la Monarquía.

Autoridad de Falange Española

Menos clara fue la autoridad de Falange Española cuyos programas se habían convertido, ya desde la Guerra Civil, en la base de la ideología política y social del Movimiento. Al terminar la guerra, sus mandos dejaron de estar subordinados al Ejército, aunque mantuvieron una estructura paramilitar sometida directamente al Jefe del Estado, que era también el Jefe Supremo de Falange. Durante las primeras décadas de la posguerra la Falange ejercía un control efectivo sobre todos los cargos políticos de la nación, siendo sus miembros alcaldes y gobernadores en todas las poblaciones y provincias y, con ellos, los demás empleados de la administración civil del estado. Durante estos años, la ideología falangista, interpretada oficialmente por el Partido, era la única norma a seguir en la educación política y social de la nación. Ésta se llevaba a cabo con la publicación de consignas, con una vigilancia estricta, censura, sobre todas las publicaciones, y la introducción de nuevos planes de enseñanza que los ministros de Información y de Instrucción, todos falangistas, fueron aprobando.

Etapa social

Uno de los experimentos sociales de mayor interés y novedad fue la aplicación del concepto sindicalista, producto último de las ideas sociales del programa falangista. Nacido de la lucha contra el marxismo y contra la idea de la lucha de clases como medio de avance social, la idea sindical falangista postulaba "el exterminio de los errores marxistas, suprimiendo esa mística proletaria que los informa, afirmando en cambio, la sindicación oficial de productores y acogiendo a los portadores de trabajo bajo la especial protección del Estado".

El sindicato falangista es así opuesto a la división de clases característica de los sindicatos de izquierdas. Se le llama vertical, porque incluye a productores y trabajadores del mismo ramo industrial. Es laboral, por estar basados sus derechos y centradas sus funciones en la solución de problemas laborales y no políticos. Es de base unitaria y no partidista, puesto que enrola en sus líneas, con encuadramiento automático, a todos los trabajadores.

El sistema sindical aprobado por ley de 1940 manifestó desde muy pronto todos los inconvenientes y defectos de su completa institucionalización, siendo los más importantes su obligatoriedad y el excesivo control que sobre él podía ejercer el Estado. Por otra parte, la idea sindical falangista ayudó a producir un progreso social cuyas ventajas continúan todavía. Una de ellas es la distinción que introdujeron entre planes laborales y políticos, entre avance social y lucha de clases, causa principal de la tragedia de la Guerra Civil.

Otra ventaja de estos sindicatos fue su ayuda a la formación y desarrollo de un sistema de Seguridad Social como nunca había existido y cuyas normas se han mantenido, aunque con modificaciones, hasta el presente. Ya el *Fuero del Trabajo* (1938) declaraba la intención de implantar un Seguro total. Durante la primera década de la posguerra se realizaron varios intentos (1942, 1944, 1948, 1949), no muy afortunados, para introducir un plan de Seguros Sociales en que se unieran los riesgos a largo plazo (invalidez, vejez, muerte) y los de corto plazo (enfermedad y maternidad) con los de accidente. El año 1950 se inició el estudio de un nuevo Plan de Seguridad Social. Según éste, aplicado en 1956, el estado asumía la responsabilidad del mantenimiento de los Seguros Sociales. Ante las cargas económicas que ello representaría, este plan fue abandonado y, en 1957, se volvió al anterior, según el cual trabajadores y patrones, con sus contribuciones sostenían, en casi su totalidad, los Seguros Sociales. Con fecha de 1963 fue aprobado el proyecto de *Ley de Bases de la Seguridad Social*, que fue elaborado y puesto en efecto durante los años siguientes. Según esta ley, el estado ayuda de una manera fundamental a patrones y trabajadores al sostenimiento del sistema de Seguridad Social. Todos los españoles tienen derecho a sus beneficios como también la obligación de contribuir a ella desde el momento de su primer empleo. La acción protectora del sistema es ejercida en la asistencia en casos de maternidad, enfermedad y accidentes, sean o no de trabajo, con elección de facultativos y dispensación gratuita de medicinas. El Seguro Social cubre, además de las situaciones comunes de invalidez o vejez, el desempleo y la supervivencia, por la que se ofrece ayuda a los supervivientes, hijos o esposa del trabajador.

Etapa pragmática

La última etapa del régimen de Franco es mucho más difícil de definir. Comprende ésta desde los años sesenta hasta su fallecimiento en 1975. En el plano nacional se percibe claramente un desgaste en las ideologías del falangismo causado, entre otras razones, por su misma ambición de abarcar a todos los españoles. El bienestar de los europeos, su descubrimiento de España como país de turismo, y, de no menos importancia, el crecimiento rápido de una clase media española debido a la mejora económica general producida por los años de tranquilidad interna y paz exterior, fueron causas de un cambio cada vez más acelerado hacia una sociedad en la que se imponían de nuevo los ideales burgueses.

Al mismo tiempo, Franco mantuvo una política de paulatino desmonte de los principios falangistas, perceptible en el progresivo alejamiento de los miembros del Partido del control político de la nación. Al dejar de ser obligatorio el alistamiento en la Falange, se restableció de hecho en la administración civil su independencia política. Durante estos años los ministros, que en los primeros años habían sido falangistas en su totalidad, fueron sustituidos en sucesivos cambios de gobierno por los tecnócratas, que abandonaron las ideologías falangistas y restablecieron un sentido capitalista en la política nacional.

Desde 1960

Ya a partir de 1960 la preocupación predominante en el gobierno no era ideológica sino pragmática. Aun sin pertenecer al Mercado Común, cuyo ingreso había sido sistemáticamente rechazado por algunos de sus miembros por razones políticas, aunque en realidad también profundamente económicas, España logró aumentar sus niveles de exportación, sobre todo de productos agrícolas. El crecimiento industrial y agrícola fue además favorecido por los llamados *Planes de Desarrollo Económico y Social* con que se intentaba coordinar, quizá con excesivo énfasis en la programación, los diferentes planes y objetivos económicos y sociales de la nación.

El retorno hacia un sentido pragmático en la vida política y social del país recibió un impulso decisivo con el descubrimiento de España por los turistas europeos. El relativo bienestar y tranquilidad del país, su bajo coste de vida, y la prosperidad y movilidad de la clase media europea, convirtieron a España en meta del turismo. Lo que llegó a ser una verdadera invasión de visitantes produjo, en consecuencia, una auténtica revolución económica en lo que se ha llamado desde entonces industria del turismo, imponiendo a la vez una apertura política y social hacia los extranjeros visitantes sin precedente en España.

En consecuencia el gobierno, sin perder su sentido de dictadura firmemente anclada en la persona de Franco, fue aceptando una serie de medidas de tipo económico que convirtieron a España en una economía dirigida, más que una dictadura política.

Desde 1966

El año 1966 se suprimió la censura, quedando sustituida por una Ley de Prensa en que se delineaban las responsabilidades así como los derechos de periódicos y periodistas. *La Ley Orgánica del Estado* aprobada por las Cortes y el referéndum nacional del mismo año reiteraron los principios monárquicos de la *Ley de Sucesión* (1947), preparando así la sucesión al gobierno de Franco.

En estos años se solucionó también el grave problema de la continuidad en el gobierno con lo que ya se llamaba "el paso a la normalización" que, desde la Ley de Sucesión, representaba el regreso al sistema monárquico. Desde la muerte del último rey, Alfonso XIII (1941), el sucesor y legítimo heredero hubiera sido su hijo, el príncipe don Juan. Éste, sin embargo, por su postura conciliatoria al fin de la guerra y sus críticas al gobierno de Franco después, tenía fama de liberal y contaba con pocas simpatías en la España de la posguerra. Por ello Franco acordó con el príncipe don Juan que el hijo de éste, Juan Carlos, sería el heredero. En 1969 Juan Carlos, que había sido educado en España, fue declarado oficialmente heredero al trono español y en 1972 sucesor de Franco en la Jefatura del Estado.

Una consecuencia del rápido desarrollo que España experimentó durante estos años fue la inevitable alza de precios y con ellos del coste de vida que, como siempre y en todas partes, afectó más duramente a las clases media y trabajadora. A causa de la liberalización de las instituciones se dejaron sentir las primeras manifestaciones de protesta pública. Estas protestas, que el gobierno insistía en llamar *minoritarias*, llevaron en 1969 a la declaración de un *estado de excepción* que duró meses, sin que se pudiera restablecer completamente el orden público.

Las huelgas de obreros que comenzaron a plagar la vida nacional tenían en un principio causas laborales y económicas. Las protestas de los estudiantes sin embargo fueron por lo general ideológicas e iban dirigidas tanto contra injusticias sociales concretas como contra la teoría política e incluso las bases mismas del régimen de Franco. Con ellas apareció también en el panorama político español el fenómeno europeo, no sólo español, del estudiante de clase acomodada absolutamente entregado a un radicalismo de tipo anarquista.

De todas las protestas ideológicas, las más peligrosas han sido las llevadas a cabo por los grupos separatistas vascos que llevan el nombre de ETA. Estos, persiguiendo ideales de total secesión de España, han montado una campaña terrorista cuya sangrienta efectividad les da en la vida nacional, sobre todo en las provincias vascas, una importancia desproporcionada con su reducido número. Sus atentados contra la vida de funcionarios políticos llegaron a su cumbre con el asesinato, el 20 de diciembre de 1973, de Luis Carrero Blanco, figura prestigiosa del Ejército y Jefe del gobierno, a lo que el gobierno se vio obligado a responder con la *Ley Contra el Terrorismo*, que fue aprobada en agosto de 1975. Su aplicación en los meses siguientes fue causa de la última reacción internacional contra el gobierno de Franco.

En noviembre de 1975, a los 83 años de edad, Francisco Franco falleció, después de haber gobernado España durante 36 años. Con él se cerraba uno de los periodos más prósperos económicamente y más discutidos políticamente de la historia de España.

La vida religiosa

Uno de los fenómenos más interesantes de la vida española durante la posguerra fue la exaltación del sentimiento religioso de la población. Como reacción a la violenta persecución religiosa sufrida durante la Guerra Civil en la "zona roja" y favorecido por la declaración del catolicismo como parte esencial de la ideología del Movimiento, el espíritu religioso español se manifestó con una fuerza sin precedentes en la historia de España.

No sólo se inició una rápida reconstrucción de los templos destruidos durante la Guerra Civil, sino que el número del clero, monjes y monjas, diezmado durante la persecución, aumentó con numerosos jóvenes que entraron en seminarios y casas religiosas, muchos de ellos universitarios y procedentes de la clase media y alta. Se dieron también casos frecuentes de conversiones tras largas y distinguidas carreras, políticas y periodísticas, como el caso de Ángel Herrera Oria, o académica como el del filósofo Manuel García Morente, que había sido rector de la Universidad Central de Madrid.

La inclinación religiosa del pueblo fue también extraordinaria durante aquellos años y se manifestaba tanto en las visitas frecuentes a las iglesias, como en el lujo y esplendor con que se celebraban los servicios religiosos y las procesiones públicas. La preparación para las fiestas religiosas de Semana Santa y Pascua se llevaba a cabo durante el tiempo de Cuaresma con una seriedad difícil de imaginar. Las predicaciones, *misiones*, ofrecidas periódicamente a la población de las ciudades se llevaban a cabo al aire libre y generalmente atraían a la gran mayoría de sus habitantes, mientras que otros muchos grupos se sometían al ascetismo, más riguroso, de *retiros* y *ejercicios espirituales*. Los eclesiásticos, procedentes muchos de ellos de clases educadas, iniciaron una reforma cultural creando una cultura católica sin igual en la historia española.

La Iglesia

La Iglesia, favorecida en todo por el gobierno, intentó realizar el ideal tradicional de una nación católica. Para ello buscó una mayor asociación con el estado como medio de dirigir los aspectos sociales de la religión. Las agrupaciones de *Juventudes de Acción Católica* sirvieron con sus actividades como contrapeso a las organizaciones juveniles de Falange. Para éstas insistió además en que tuvieran capellanes, que sirvieran como consejeros y maestros en cuestiones religiosas y éticas. Durante muchos años todos los planes de estudio que se fueron implantando incluyeron "religión" como "asignatura obligatoria" en todos los cursos. Las escuelas y colegios dirigidos por religiosos consiguieron con frecuencia una autonomía especial dentro del sistema educativo que los constituyó de hecho en independientes del estado en su administración y dirección. Muchos de éstos, además, por su mayor calidad educativa y prestigio social, fueron capaces de atraer la mayoría de los niños y muchachos, de ambos sexos, de la clase media y alta, llegando así a tener un predominio casi completo sobre la enseñanza elemental y media.

El Opus Dei

Un movimiento religioso característico de este tiempo fue el *Opus Dei*. José María Escrivá lo fundó en 1928, como una hermandad de profesionales católicos. Este movimiento reunía muchas de las virtudes de los jesuitas primitivos adaptándolas al siglo XX. Nota propia de esta organización es su insistencia en buscar la perfección cristiana en el ejercicio de la propia profesión. Forman parte de ella hombres y mujeres, solteros y casados, y cuentan hoy con numerosas casas en muchos países europeos y americanos. Con objeto de convertir solamente con el ejemplo, los miembros del *Opus Dei* hacían secreto de su afiliación a la asociación, por lo que se les llegó a conocer con el nombre de *masonería blanca*. Favorecidos por el fervor religioso de la juventud universitaria de entonces, y sometidos a una rigurosa selección religiosa y profesional, los miembros del *Opus* llegaron rápidamente a ocupar los puestos más distinguidos de la vida política, académica y profesional española. A miembros del *Opus* se debió en gran parte la dirección pragmática que tomó la política del gobierno de Franco durante la década de los años sesenta.

Sin embargo, con el desgaste de las ideologías políticas ya aparente hacia 1955, se dejó sentir también en la vida religiosa un cierto cansancio y, a medida que el bienestar económico aumentaba, se le hacía más pesado a la población el control que la Iglesia ejercía sobre la vida pública. La Iglesia era además acusada con frecuencia de faltas y errores políticos o sociales cometidos por el gobierno, fuera o no ella la responsable. Para evitar esta complicidad por asociación y también con vistas a la futura restauración de la Monarquía, la Iglesia comenzó a poner en duda su alianza con el régimen de Franco y, en general, con el estado. Esta vez fue la Iglesia misma, con sus prelados más distinguidos, la que buscó una separación entre *la Iglesia y el Estado* como medio para conseguir una mayor independencia política y mantener mejor su autoridad espiritual sobre el pueblo.

A pesar del progresivo distanciamiento de la política, la Iglesia española continuó siendo conservadora tanto en el campo doctrinal como en el social. Unos intentos realizados por sacerdotes jóvenes, *contestatarios*, de protesta radical al estilo de los sacerdotes obreros franceses, fracasaron por oposición del clero y falta de aceptación por parte del pueblo.

Sin embargo, a pesar de este sentido conservador de la población española en materias religiosas, las minorías no-católicas disfrutan, si no de la simpatía popular, de pleno respeto para el ejercicio de su culto, garantizado desde 1967 por leyes que regulan *el ejercicio del derecho civil a la libertad en materia religiosa*.

LA VIDA INTELECTUAL

La vida cultural en España durante el régimen de Franco estuvo dominada por una serie de acontecimientos, herencia unos de la Guerra Civil y otros de la situación política internacional. La cultura de España misma se caracterizó, durante este tiempo, por un sentido nacionalista, tradicional y católico, que lógicamente respondía a las bases ideológicas ventiladas en la Guerra Civil.

Este sentido tuvo el doble efecto de que España tendiese durante un tiempo a cerrarse a las influencias extranjeras, en especial de aquellas naciones que, como Francia, Inglaterra y Estados Unidos, se habían opuesto y continuaban contrarias al nuevo régimen. Por otra parte, este nacionalismo al mezclarse con el tradicionalismo dio nuevo valor a las formas artísticas y culturales tradicionales. Esto se manifestó en un renacimiento de estilos y técnicas populares, bailes y música regional y manifestaciones de artesanía artística de gran importancia y mérito.

La influencia que este sentimiento tradicionalista y conservador ejerció sobre la cultura española de entonces fue causa de que, ni la revolución ideológica falangista ni el régimen franquista llegaran a desarrollar formas artísticas revolucionarias. Así, a pesar de algunos intentos de crear un arte falangista, imitación del arte propio del nazismo alemán y del fascismo italiano, el arte español se mantuvo fiel a los estilos europeos, especialmente franceses, imperantes ya antes de la guerra, o buscó inspiración en el propio pasado artístico. Así se explica que los grandes maestros de la generación anterior a la guerra, a pesar de su diferente ideología política y social, mantuvieran su vigencia en todos los aspectos culturales y artísticos, proyectándola hacia el futuro con escuelas que ellos formaron o cuya formación inspiraron.

Intelectuales en España

Manteniéndose en primera fila, o estableciéndose por vez primera, una serie de escritores notables, discípulos algunos de la Generación del 98, reflejan y contribuyen a formar el pensamiento español de este tiempo. Tienen en común, aunque en grado vario, una mayor seguridad ante la vida, una versión espiritual, incluso profundamente católica de la cultura y de la civilización.

Habría que citar entre otros muchos a Pedro Laín Entralgo (*Sobre la cultura española, La generación del noventa y ocho, España como problema*), Gregorio Marañón (1887–1960), Xavier Zubiri (1898–1983), Manuel García Morente (1888–1942), y Rafael Calvo Serer (1916–1988). Todos ellos constituyen, en muchos sentidos, una continuación, en reverso, del pesimismo de la Generación del 98. Además de éstos hay que incluir un número notable de intelectuales que en las primeras décadas de la posguerra, aceptaron, más o menos, por razón varia y por más o menos tiempo, la ideología del régimen. Entre ellos se puede nombrar a escritores como, Rafael Sánchez Mazas (1894–1966), Eugenio D'Ors (1852–1954), Agustín de Foxá (1903–1959), Leopoldo Panero (1909–1962), Antonio Tovar (y Torrente Ballester (1910–1999); y poetas como José María Pemán (1887–1981), Gerardo Diego (1896–1997), Dionisio Ridruejo (1912–1975), por un tiempo *poeta de Falange* y Luis Rosales (1910–1992), el poeta de la Generación del 36.

Intelectuales y artistas en exilio

Opuesta a ésta, llamada literatura o cultura fascista, se mantuvo una cultura en exilio, que, aunque se desarrolló al margen de las formas e ideas en boga, tuvo, no obstante, una cierta resonancia en España. Se da este nombre a una serie de intelectuales de dirección política muy diversa, aunque en su mayoría liberales o radicales de izquierda, que a causa de la Guerra Civil, por haber participado en ella o como protesta contra el régimen de Franco, prefirieron el exilio a comprometer sus ideologías particulares. Se podrían citar, entre otros muy famosos, el pintor Pablo Picasso (1881–1973), la pintora surrealista Remedios Varo (1908–1963), el violoncelista Pablo Casals (1876–1973), el historiador y filósofo Salvador de Madariaga (1886–1978), el historiador y político Claudio Sánchez Albornoz (1893–1985), el erudito y crítico literario Américo Castro (1885–1985), el filósofo Ortega y Gasset (1883–1955), el poeta Jorge Guillén (1893–1984) y los escritores Ramón Sender (1902–1982) y Francisco Ayala (n. 1906).

La importancia política y cultural de esta generación de artistas, pensadores y escritores exiliados fue muy grande. Por su mayor contacto con la realidad cultural americana y europea y la atención con que se les leía y escuchaba en España, formaron un puente por la que ésta mantuvo su contacto cultural con el extranjero. A pesar de ello, los escritos de estos autores mantuvieron una línea fundamentalmente tradicional, por lo que nunca se separaron mucho de la literatura producida en la Península. Característica de esta literatura es, como es natural, su mayor preocupación por los temas políticos y una visión más amarga de la guerra y sus consecuencias.

La importancia política de esta generación consistió en la afrenta y condenación que su exilio voluntario representaba para el régimen de Franco. Repetidas veces intentó el gobierno español inducirles a que regresaran a España, pero sólo poco a poco, como a disgusto y no todos, se fueron decidiendo a poner fin a su exilio. Ortega y Gasset regresó a ocupar su antigua cátedra de metafísica en la Universidad de Madrid en 1945, los últimos, Ramón Sender y Sánchez Albornoz, lo hicieron en 1976 y 1977 respectivamente, tras casi cuarenta años de destierro voluntario.

LA LITERATURA

Como en otras manifestaciones artísticas, también en la literatura se mantuvo la línea tradicional, sólo imperfectamente interrumpida por la Guerra Civil y la Segunda Guerra Mundial. En la posguerra la literatura continuó representada por maestros ya consagrados con anterioridad al conflicto. A estos se añadieron progresivamente los exiliados, que de regreso o no a España, se fueron incorporando a la vida cultural de la nación. Su obra todavía muy influida por los problemas y consecuencias de la guerra influyeron a su vez en las primeras generaciones de la literatura de la posguerra.

Poco a poco, pero ya discernibles a partir de 1950 con la progresiva decadencia de las ideologías, fueron apareciendo generaciones nuevas que, con sus preocupaciones sociales y actitud de protesta, constituían una literatura de vanguardia en España muy a tono con la europea. Ésta, sin embargo, no fue suficientemente fuerte para eliminar por completo el espíritu y las formas tradicionales españolas de las que, como había ocurrido en siglos pasados con otros movimientos literarios, heredó un mayor sentimiento espiritual y religioso de la vida, un mayor afecto por el pueblo y una menor desesperación ante la vida.

La novela

De la generación anterior, muy en contacto con las corrientes literarias y culturales europeas, mantuvieron gran actualidad, entre otros, Ramón Pérez de Ayala (1881–1962) y Ramón Gómez de la Serna (1891–1963). Pertenece también a este grupo Pío Baroja (1872–1956), aunque tuvo menos importancia en los primeros años de la posguerra por su actitud antiacadémica y duro escepticismo tan poco en consonancia con el ambiente espiritual y político de la época.

A la par con éstos, escribía la que a veces recibe el nombre de Generación del 25, por haber comenzado a dejarse conocer por esos años. Su mayor importancia radica en que ellos fueron los más afectados por la Guerra Civil y por ser ellos los que, unos en exilio y otros en España, mantuvieron la tradición literaria de la preguerra. A éstos pertenece Arturo Barea (1886–1957), defensor convencido de la República, en la que ocupó varios cargos hasta su marcha, a la caída de ésta, a Inglaterra. Su novela más importante, *The Forging of a Rebel* (1951), publicada en inglés, constituye, por sus elementos autobiográficos, un documento de gran interés.

De otra orientación política, a saber falangista, es Agustín de Foxá (1906–1959). Su novela *Madrid de corte a cheka* está considerada como una de las mejores de la ideología falangista. Pero su reciente reedición ha producido una abierta protesta "para evitar que la gente intentara recuperar valores puramente fascistas".

Entre los escritores en exilio opuestos al régimen el más conocido es, sin duda, Ramón Sender (1902–1982). Ardiente defensor de la República, periodista, poeta y gran novelista, recibió en 1935 el Premio Nacional de Literatura por su novela *Mr. Witt en el cantón*. Anteriormente se había dado a conocer con *Siete domingos rojos*, escrito en una vena de marcado realismo crítico social. Al terminar la Guerra Civil, en la que había tomado parte activa, se exilió voluntariamente a los Estados Unidos, donde ha residido por muchos años utilizando el conflicto español como tema para sus obras. *Contraataque* (1942), a pesar de su visión naturalmente parcial y un tanto idealizada, es uno de los mejores libros de este tema. Sender es más conocido por su *Crónica del alba* (1944), en la que recrea las emociones de un muchacho de doce años en la España anterior a la Guerra Civil. Aunque todavía usa las técnicas naturalistas del siglo anterior, Sender se caracteriza por su vigor narrativo y una mezcla, por lo demás muy española, de realidad y fantasía, de lo humorístico y lo macabro, lirismo y efectismo.

Más joven que los anteriores y representando a los escritores que no salieron de España es Juan Antonio de Zunzunegui (1901–1982). Su obra, de tema local generalmente vasco y costumbrista como *Chiripi* (1931) y *El Chipichandle* (1940), es de un realismo un tanto pesimista. En la obra posterior, *La vida como es* (1957), *El hijo hecho a contrata* (1956), busca el tema madrileño con resonancia más general, aunque sigue en ella la misma técnica. Su importancia radica principalmente en que fue uno de los autores más leídos en la España de la posguerra. Muy leído fue también, y lo es todavía, Camilo José Cela (1916–2002). Sus obras más famosas, *La familia de Pascual Duarte* (1941), autobiografía de un criminal en espera de su ejecución, y *La colmena* (1951), la vida en Madrid durante la posguerra, manifiestan un realismo naturalista de un extraordinario efectismo. Ambas novelas son ejemplos clásicos de la tendencia llamada *tremendismo* que han seguido otros autores.

Premios literarios

La creación de premios literarios de novela, como *Nadal, Planeta* y *Ciudad de Barcelona*, iniciados a partir de 1944, sirvió para descubrir una serie de escritores, algunos de los cuales han mantenido una distinguida actividad literaria. Como consecuencia de ello, muchos de estos autores fueron descubiertos y hechos famosos con su primera contribución, a la que no siempre han seguido con otras del mismo mérito.

Notable a partir de estas fechas ha sido la incorporación de numerosas escritoras al campo de la novela actual, muchas de ellas descubiertas y consagradas por los premios de novela. De ellas las más importantes son Eulalia Galvarriato (1904–1997), Elena Quiroga (1921–1995) y Ana María Matute, (n. 1926), entre otras.

De todos los autores premiados los más conocidos son Carmen Laforet (n. 1921) con su primera novela *Nada* (Premio Nadal de 1944), sobre la vida de una joven en Barcelona, y José María Gironella (n. 1917), que ganó el mismo premio en 1946 con su novela *El hombre*. Gironella, sin embargo, es mucho más conocido en España y el extranjero por su trilogía *Los cipreses creen en Dios* (1953), en que describe el ambiente catalán (Gerona) antes de la Guerra Civil y posteriormente continuada con *Un millón de muertos* (1961), sobre la guerra misma, y *Ha estallado la paz* (1966), sobre la vida española durante la posguerra. Las tres están escritas en un estilo simple y lineal desprovisto de retórica y casi periodístico. Luis Romero (n. 1916) recibió el Premio Nadal de 1951 por su novela *La noria*, en la que demuestra un espíritu claramente pesimista y un estilo tremendista en el que ya se anuncia la generación siguiente.

Hacia 1965 comenzó a aparecer una nueva generación de escritores demasiado jóvenes para haber conocido la Guerra Civil. Con ellos la novela sigue un rumbo naturalista de preocupación social muy en consonancia con las corrientes europeas, mientras que su falta de idealismo refleja, a la vez que propaga, el desgaste de ideologías que ya comenzaba a percibirse en otros sectores de la vida nacional. De todos ellos el más importante es Juan Goytisolo (n. 1931). Aunque en su novela *Duelo en el paraíso* (1954) volvió al tema de la niñez durante la Guerra Civil, su punto de vista es ya distinto. *La resaca*, publicada en París y por un tiempo prohibida en España, es literatura de protesta.

Literatura de humor

De extraordinario interés, más como fenómeno cultural que como manifestación literaria, es la novela humorística. En parte porque la ironía y la sátira florecen mejor bajo una dictadura y en una sociedad con instituciones muy definidas, el siglo XX, especialmente el régimen de Franco, puede ser considerado muy bien un siglo de oro del humorismo español.

Entre los mejores literatos del humor hay que considerar a Wenceslao Fernández Flórez (1885–1964), que aunque pertenece a la generación anterior a la guerra, continuó su actividad literaria hasta su muerte, ocurrida en 1964, y Enrique Jardiel Poncela (1901–1952), más conocido como autor teatral, aunque su novela *Amor se escribe sin hache* le ha dado merecida fama por su característico humor arbitrario, cínico y descarado, que no vacila ante ninguna barrera ética o estética.

Aunque de humor muy distinto, hay que citar aquí también a Darío Fernández Flórez (1909–1977), cuya novela *Lola, espejo oscuro*, de género picaresco, pretende ser la autobiografía de una muchacha prostituta. Tanto por el tema como por la ligereza desgarrada con que éste está tratado —"Yo soy una muchacha muy mona. Muy mona y muy cara" son las palabras introductorias— sirvieron para escandalizar y atraer un gran número de lectores. Años más tarde continuó el mismo tema con *Nuevos lances y picardías de Lola, espejo oscuro* y *Asesinato de Lola, espejo oscuro*, que ya no tuvieron la misma resonancia.

Humor codornicesco   De un sentido del humor muy distinto es Alvaro de Laiglesia (n. 1922), fundador de la revista humorística *La Codorniz*, durante muchos años la única que se atrevió a dirigir una crítica acerba contra todos los aspectos políticos y literarios de la España de Franco. Sus muchas novelas humorísticas son importantes por el gran círculo de lectores que encontraron, como atestigua el gran número de ediciones que han tenido las más de ellas. Su humor, basado en la ironía del momento, la alusión paródica velada, se expresa con un tremendismo muy particular que ha acuñado la frase de *humor codornicesco*. Ejemplo de él son los títulos mismos que ha dado a sus novelas: *Todos los ombligos son redondos*, *Sólo se mueren los tontos* y *La gallina de los huevos de plomo*.

Asociado por años con *La Codorniz*, y más tarde en el diario ABC, es Antonio Mingote (n. 1919) el humorista satírico, político y social más importante en la actualidad, miembro de la Real Academia de la Lengua desde 1987. Durante la década de los setenta se hizo famoso por su creación de Gundisalvo, un político inventado, que hacía su campaña electoral ofreciendo las cosas más inverosímiles. La fama de este personaje hizo que miles de personas escribieran su nombre como candidato en las elecciones que se celebraron en aquellos años.

El teatro

El fin de la Guerra Civil tampoco representó para el teatro un rompimiento con el pasado, manteniéndose en escena los mejores autores de la generación anterior, a la vez que los nuevos continúan la línea de "escapismo" o teatro de "evasión" ya iniciada también antes de la guerra.

Autores continuadores de un teatro no muy innovador fueron Juan Ignacio Luca de Tena (1897–1975), *¿Dónde vas Alfonso XII?*; José López Rubio (1903–1996), *Celos del aire;* y Joaquín Calvo Sotelo (n. 1904–1993). Éste había comenzado su actividad literaria con anterioridad a la Guerra Civil, *A la tierra, kilómetro 5000* y *El rebelde*, pero su mayor éxito fue *La muralla*, que batió el récord del teatro de la posguerra con casi cinco mil representaciones. El notable éxito de público de esta obra, la primera de denuncia, se debió a la fibra moral que toca, el problema de conciencia ante las apropiaciones ilegales ocurridas durante la Guerra Civil. Más tarde continuó con obras muy conocidas y varios volúmenes de comentarios periodísticos en los que demuestra una gran independencia política.

Hacia 1950 es cuando comienzan a surgir los primeros valores nuevos, importantes algunos por su calidad dramática, otros por la aceptación que encontraron en un gran público. La figura más importante de estas fechas es Antonio Buero Vallejo, quien con su *Historia de una escalera*, estrenada en 1949, cambió el rumbo de la escena española. En esta obra Buero Vallejo (1916–2000), con una objetividad realista, paralela a la que ofrece la novela del mismo tiempo, presenta la historia de dos generaciones que bajan por la misma escalera. Es la escalera la que enmarca sus problemas al enfrentarse con la vida y el ambiente. *En la ardiente oscuridad* (1950) y *El concierto de San Ovidio* (1962) son dos de sus obras más famosas. En ellas se ofrece con los ciegos, sus personajes principales, el significado simbólico de una ceguera que domina y abruma a la humanidad. El tema de la ceguera, continuado más tarde con *El sueño de la razón* (1970), con referencia a Goya y su relación con el poder absolutista de Fernando VII, hace metáfora de la España de Franco. Con Buero Vallejo comienza en teatro la literatura de denuncia y protesta, y es considerado todavía como uno de los valores más sólidos del teatro contemporáneo.

En el teatro de humor triunfa Miguel Mihura (1905–1977), en realidad precursor también de un teatro de vanguardia. Por su calidad, ternura, ingenio y gracia espontánea, Mihura es uno de los autores más apreciados en España y el extranjero. Han tenido gran éxito *Tres sombreros de copa* y *Maribel y la extraña familia*. Ha escrito, en colaboración con Alvaro de Laiglesia, *El caso de la mujer asesinadita*, una de las mejores obras cómicas de este tiempo.

El más fecundo de los autores de este tiempo fue Alfonso Paso (1926–1978), cuya producción, más de cien obras en pocos años, llegó a inundar el teatro español con un humor negro —*Veneno para mi marido, Usted puede ser un asesino*— que es su característica más acusada.

En plena línea dramática que apunta a veces a la tragedia hay que citar el teatro de denuncia de Alfonso Sastre (n. 1926). En sus obras *Escuadra hacia la muerte, La Mordaza* y *La cornada* se presenta a los personajes, aunque de caracterización débil, como víctimas de la sociedad en un ambiente en el que abunda la violencia y la brutalidad.

Un teatro más moderno está representado en la actualidad por Antonio Gala, (n. 1930) (*Los verdes campos del Edén*), Lauro Olmo, (1922–1994), (*La camisa, de gran interés y enorme éxito*) y Fernando Arrabal (n. 1932) creador del teatro pánico, que reside en París donde ha alcanzado gran resonancia.

La poesía

Tampoco la poesía sufrió un corte con la tradición poética anterior a la Guerra Civil, siendo los poetas ya consagrados los continuadores más apreciados en la España de la posguerra. Además de Antonio Machado, habría que recordar la plasticidad y musicalidad de los versos de su hermano Manuel. Figura cumbre y poeta puro por antonomasia continuó siendo Juan Ramón Jiménez, quien recibió en 1956 el Premio Nobel de Literatura. Muy influyentes y representativos a la vez de la poesía contemporánea continuaron siendo los miembros de la llamada Generación del 27: el poeta amoroso Pedro Salinas; Jorge Guillén, cultivador de la poesía pura; Dámaso Alonso, poeta de gran intensidad; Luis Cernuda, Rafael Alberti y Vicente Aleixandre, premio Nobel de 1978.

José María Pemán

De especial interés es José María Pemán (1897–1981). Nacido en Cádiz, ha sido conocido con frecuencia como el *poeta del Movimiento*, con el que se identificó, por lo que ha sido en las últimas décadas menos apreciado de lo que se merece. Sólo recientemente, y poco a poco, parece recibir una evaluación más justa. Profundamente católico y tradicionalista, Pemán había comenzado a escribir poesía en 1925 utilizando como base el tema andaluz según un estilo neopopularista. Sin embargo le hace importante como testimonio de una época la poesía de contenido religioso y patriótico como *Elegía a la tradición de España* (1931), *Salmo a los muertos del 10 de agosto* (1933), *Por Dios, por la Patria y el Rey* (1940). Notable sobre todo es su *Poema de la Bestia y el Ángel*, publicado en 1938 en plena Guerra Civil, en el que, con tonos épicos exaltados alternando con fino lirismo, busca una interpretación simbólica a la contienda. Pemán ha logrado también gran popularidad como dramaturgo (*El divino impaciente*) y como escritor en prosa de ensayos, narraciones y cuentos.

Miguel Hernández

Más joven y de vida trágicamente corta fue Miguel Hernández (1910–1942) cuyos temas —el amoroso y el bélico en defensa de sus convicciones republicanas y sociales— eran poesía al servicio de la vida. Su producción poética comenzó con una serie de sonetos —*El Rayo que no cesa* (1936)— en los que se advierte el influjo de poetas clásicos españoles: Garcilaso, Góngora y Quevedo; pero se hizo más directa y sencilla en *Viento del Pueblo*, para terminar en *Cancionero y romancero de ausencias*, en pura poesía desnuda. Esta última obra, publicada póstumamente, trata de su encarcelamiento, que no sobrevivió, y de la ausencia de su familia.

Poetas de posguerra

Terminada la Guerra Civil se mantuvo la línea de influjo de poetas clásicos españoles, sobre todo Garcilaso, en poetas como Dionisio Ridruejo (1912–1975). En su juventud, seguidor declarado de Falange y leal al régimen de Franco por un tiempo, terminó enemistado con ambos. De él se ha dicho recientemente, con motivo de la publicación de sus memorias, "Castellano viejo y estoico, quedó incompleto pero no fracasado,… Hizo lo que muy pocos poetas hacen: expresar en verso las vicisitudes de su vida". Otros poetas de la misma línea son León Felipe (1884–1968), Leopoldo Panero (1909–1962) y José García Nieto (1914–2001), que continuaron una nueva generación *neorrenacentista*, llamada así por su poesía, aunque llena de emoción, inclinada hacia una belleza formalista y al uso de composiciones tradicionales.

A la par de ésta, ha ido desarrollándose otra corriente humanizadora, más romántica, cuyos temas preferidos son la muerte, la patria y los sentimientos religiosos. En los últimos años se percibe también una poesía de preocupación social, de protesta, que llega en algunos casos a una expresión tremendista, no muy distinta de la que se percibe en la novela y el teatro.

EL ARTE

El desarrollo de las artes plásticas sigue, en términos generales, las mismas líneas demostradas por las artes literarias, reflejo de la vida española en general. Por una parte, la crisis de la Guerra Civil, continuada en la ideología de los primeros años de la posguerra, impone, una tendencia a seguir líneas nacionalistas de tipo fascista. Pero éstas nunca fueron seguidas exclusivamente, sino que fueron acompañadas y pronto sustituidas por líneas tradicionales con frecuente referencia a la España imperial. Por otra parte también este tradicionalismo se mantiene mezclado con las tendencias y estilos ya introducidos en la Península con anterioridad a la Guerra Civil.

Así como en la literatura, también en las artes plásticas los grandes maestros mantienen su importancia, aunque sus seguidores prefieran, en temas y estilos, una visión más tradicional o nacional. Si se puede hablar en un principio de un arte falangista y comprometido, es de corta duración y más estrictamente para usos y fines políticos que generalizado entre el pueblo. Exalta la persona de Franco, el Movimiento y, desde luego, José Antonio Primo de Rivera (1903–1936), pero carece de la ideología antiburguesa y racista del arte nazi, fascista, o incluso el comunista.

La artesanía

Uno de los aspectos más positivos del nacionalismo tradicionalista del gobierno de Franco y de las actividades organizadas y protegidas por el movimiento falangista fue el magnífico resurgir de la artesanía española, ya desde los años 50. La Obra Sindical de Artesanía dependiente de Falange primero y, más tarde, la Empresa Nacional de Artesanía, establecida por el estado en 1969, prestaron ayuda eficaz a las industrias tradicionales. Sus productos —vidrios baleares y catalanes, cerámica de Talavera, Alcora, Manises y Sevilla entre otros muchos lugares, cueros repujados de Andalucía, encajes de Granada, bordados de Canarias y Lagartera, orfebrería y damasquinados de Toledo, hierros forjados de Cuenca y Mallorca— son manifestaciones de un arte tradicional hoy muy apreciado en España y el extranjero. En los últimos años el desarrollo de la industria artesana ha sido favorecido, económicamente, aunque no siempre artísticamente, por el proceso general de industrialización y comercialización que ha gozado el país durante las últimas décadas.

La arquitectura

Después de 1939 la arquitectura intentó reflejar también el espíritu tradicionalista del Movimiento en la adopción de estilos inspirados en la arquitectura española tradicional, unos según líneas austeras de inspiración herreriana, como el Ministerio del Aire en Madrid, otros siguiendo líneas neoclásicas francesas, como la Cruz de los Caídos en Valencia (Fig. 15.1). Se dieron también algunos intentos de arte falangista, imitación del nazi alemán, como el Arco del Triunfo en Madrid (Fig. 15.2), o una mezcla de éste con otros tradicionales, como la Basílica del Valle de los Caídos (Fig. 15.3), en las proximidades de Madrid, obra de Pedro Muguruza, (1893–1952), arquitecto conocido con anterioridad a la Guerra Civil.

Arquitectura civil

En los años cincuenta se fueron imponiendo otros estilos de influencia internacional en los que predomina el concepto funcional, como los Nuevos Ministerios y la Ciudad Universitaria de Madrid. En general, sobre todo para la arquitectura civil

Figura 15.1 Monumento a los Caídos, Valencia

Figura 15.2 Arco del Triunfo, Madrid

Figura 15.3 Basílica del Valle de los Caídos, Madrid

y privada, se siguió esencialmente el utilitarismo de la línea americana, aunque moderada con frecuencia con adornos modernistas, neoclásicos o barrocos, e incluso manteniendo un cierto regionalismo, como en el edificio del Banco de Valencia, en esta ciudad. Más tarde, ya en la década de los sesenta, se da una revisión realista y otra racionalista de la modernidad en arquitectura, siendo ambos estilos los que ya marcan la fisonomía de las ciudades españolas en la actualidad, como las Torres de Colón en Madrid.

El arquitecto de mayor fama fue sin duda José Luis Sert (1902–1983). Discípulo de Courboisier, tiene un estilo muy propio basado en ladrillo, estuco y techos abovedados. Activo en Barcelona ya en los años treinta, continuó su trabajo en los años cuarenta y cincuenta en Francia. Más tarde residió en los Estados Unidos, donde llegó a ejercer el cargo de Decano de la Facultad de Dibujo en la Universidad de Harvard (1953–1969). Durante este tiempo hizo los planos para numerosos edificios de Boston y Cambridge.

Arquitectura religiosa

También la arquitectura religiosa ha demostrado la misma doble dirección, mientras en muchas iglesias se repiten, con más o menos fortuna, los estilos barroco y neoclásico, otras fueron edificadas según los nuevos estilos de origen nórdico europeo. De éstas son notables el Santuario de Nuestra Señora del Camino en León (Fig. 15.4), la Iglesia de Nuestra Señora de Guadalupe y la Iglesia de los Sagrados Corazones, ambas en Madrid, el Colegio de los Dominicos de Valladolid y la Iglesia del Noviciado de los Dominicos en Alcobendas, Madrid. En todas ellas se siguen líneas, rectas o curvas, dinámicas sin mucho adorno; para los interiores, se prefiere el altar en medio del crucero, por lo que pierden los retablos casi toda su importancia pasada (Fig. 15.5).

Figura 15.4 Santuario de Nuestra Señora del Camino, León

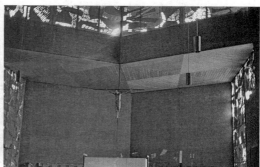

Figura 15.5 Interior de la iglesia de los Sagrados Corazones, Madrid

La escultura

Tampoco en la escultura dejó la guerra española una huella definida. Es cierto que el tradicionalismo conservador en boga durante las primeras dos décadas de la posguerra fue un clima propicio para el desarrollo y continuación de grupos tradicionales y conservadores, pero se trata de artistas ya consagrados, que continúan su obra manteniendo un estilo propio. El más notable de todos es Victorio Macho (1887–1966). Exiliado a raíz de la Guerra Civil, regresó a España en 1952, donde continuó su labor hasta su fallecimiento. Sus obras, que siguen una tradición castellana con tendencias clásicas y tradicionales, adornan numerosas plazas y paseos de las ciudades españolas: monumento al escultor Berruguete (Fig. 15.6). Otros nombres notables son Juan de Avalos (n. 1911), escultor realista, que crea el sepulcro de *los amantes de Teruel,* y las monumentales esculturas de la Cruz del Valle de los Caídos.

Tras el fin de la Segunda Guerra Mundial se impusieron también en España, primero poco a poco, después de forma arrolladora y finalmente con exclusividad tiránica, las corrientes abstractas. Es importante Ángel Ferrant (1891–1961), cuyo arte es protesta contra el uso de materiales nobles, por lo que utiliza corcho, piedra o hierro, sobre el que trabaja sus superficies pulidas, *Diálogo* (Fig. 15.7).

Importante es también el canario Martín Chirino (n. 1925) galardonado con numerosas premios y medallas nacionales e internacionales. Su escultura sigue estrictamente tendencias no imitativas, buscando movimiento y gracia en el desarrollo de la línea. Otros, como Joaquín García Donaire (n. 1926), también notable escultor, catedrático de la Facultad de Bellas Artes en la Universidad Complutense de Madrid desde 1979 hasta su hasta su jubilación en 1998 y los hermanos Julio y Francisco González Hernández, prefieren la forja de hierro que enlazan en soldaduras inverosímiles.

Figura 15.6 *Monumento a Berruguete,* de Victorio Macho, Zamora

Figura 15.7 *Diálogo,* de Ángel Ferrant, Madrid

Pablo Serrano

Pablo Serrano (1910–1985), aragonés de nacimiento, residió en Uruguay hasta 1954. A su regreso a España se relacionó con los grupos de vanguardia *Equipo 57* y *El Paso*. Su obra es una mezcla de vanguardia y tradición. Entre sus monumentos más conocidos cuentan la escultura de Unamuno en Salamanca, y la de Marañón en Madrid, en realidad rostros de impresionante superrealismo sobre masas casi informes de marcadas líneas geométricas. Su obra abstracta, piedra o bronce, juega con los volúmenes sólidos y el espacio en torno consiste en juego de bóvedas cóncavas y convexas en bronce: *Bóvedas para el hombre* y *Hombres-bóveda*. Una de sus "bóvedas" más importantes adorna el Paseo de la Castellana en Madrid, otras están en el Palacio de la Alfajería en Zaragoza y en la Universidad de Houston, Texas. Su última obra fue una escultura del rey Juan Carlos para la sala de las Cortes en Madrid.

Jorge Oteyza y Eduardo Chillida

Jorge de Oteyza (n. 1908) es la figura principal del constructivismo español, a pesar de que abandonó la escultura en activo por los años sesenta, su influencia ha sido y sigue siendo muy importante. Su mérito le ha valido la Medalla de Oro de Bellas Artes concedida por el Rey en 1985.

Casi una generación posterior representa el vasco Eduardo Chillida (1924–2002). Aunque su primera escultura, hacia 1948, era todavía figurativa, dejó muy pronto la figuración prefiriendo utilizar materiales diversos como mármol, alabastro, tierra, cemento, hierro y acero (Fig. 15.8). Su característica más notable parece ser la importancia que los materiales retienen en la obra de arte, por ello se dice que, más que imágenes de hierro o cemento, son hierro y cemento en imágenes. Sus obras son un juego de abstracciones geométricas —*Gudari*, (1974–1975), *Modulación del espacio*, (1963), *Lurra* (tierra) y *Tolerancia*, (1985)— que parecen estar creadas en relación obligatoria con el espacio donde han de ser exhibidas. Ganó el Gran Premio Internacional de Escultura en la Bienal de Venecia 1985. Expuso en Nueva York en 1980 y en Berlín en 1991.

José María Subirachs

De gran importancia es también el catalán José María Subirachs (n. 1927). Expresionista, inclinado hacia la abstracción, decía en 1950 que en su arte quería, "partiendo de la naturaleza, estilizar hasta llegar a la pureza de la abstracción". Ha dejado como obra más conocida el monumento de las Olimpiadas de 1968 en México, y de 1988 en Corea. En muchas de sus obras se inclina hacia la nueva figuración, como las imágenes del Santuario de Santa María del Camino, en León (Fig. 15.9), el monumento al arquitecto de la Catedral de Gerona, y, últimamente, los grupos de la *Crucifixión* y *Cristo a la Cruz* que adornan

Figura 15.8 Escultura de Eduardo Chillida, Cuenca

el Templo de la Sagrada Familia de Barcelona, y que han sido causa de gran polémica en Cataluña.

Escultura monumental

En la escultura monumental, hasta los años sesenta se seguía una línea figurativa que, aunque moderna, tradicional (*Monumento a las Navas de Tolosa*). Aunque también se adoptaba la misma tendencia hacia la abstracción que en otros países, como en el monumento dedicado a Calvo Sotelo y, más reciente, el conjunto dedicado a los viajes de Colón, ambos en Madrid.

La pintura

El contacto con las escuelas europeas, concretamente con París, y la dependencia de ellas en formas y estilos, que fueron las características de la pintura española durante los primeros decenios

Figura 15.9 Imágenes de Nuestra Señora del Camino, de J. M. Subirachs, León

del siglo XX, se rompieron durante la Guerra Civil, sin poderse reanudar hasta después de la Segunda Guerra Mundial. Aunque el nombre de los grandes maestros; Picasso, Miró y Dalí, artistas consagrados ya antes de la guerra se mantiene en la Península, se cultivó durante estos años un arte ecléctico en el que conviven direcciones tradicionales con otras más inclinadas a la experimentación de técnicas nuevas, continuación también del arte de la preguerra.

Escuela de Vallecas

El intento de dar nueva vida a la Escuela de Vallecas por Benjamín Palencia después de la Guerra Civil, duramente criticado por razones políticas, tuvo por resultado resucitar la antigua vanguardia al reunir un grupo de artistas jóvenes. Aunque no siempre continuando la tradición del paisaje, algunos de ellos han alcanzado merecida fama. Entre ellos es notable Alvaro Delgado (n. 1922) a pesar de la influencia patente de los impresionistas franceses, sus cuadros ofrecen un buen ejemplo del nuevo realismo en la tradición de la línea doméstica. Delgado recibió el primer premio de la Primera Exposición Bienal de Arte Mediterráneo que se celebró en 1955. Otros artistas de esta escuela son Francisco San José (1919–1981), Gregorio del Olmo (1921–1977), Carlos Pascual de Lara (1922–1958), Luis Castellanos y Enrique Núñez Castelo.

Godofredo Ortega Muñoz

Otro gran representante de la línea figurativa es Godofredo Ortega Muñoz (1905–1982). Nacido en Badajoz en el año 1905, estudió en Salamanca antes de trasladarse a Madrid donde pasó gran parte de su vida. Murió en la misma ciudad en 1982. Autoeducado, Ortega Muñoz comenzó a pintar siguiendo una línea de primitivismo constructivo, que si bien ha ido suavizándose con los años, se mantiene como la característica principal de su estilo. Es uno de los intérpretes más impresionantes de la geografía espiritual de la meseta de Castilla. Sus paisajes, llenos de castaños solitarios y desnudos, transpiran una emoción humana que es la esencia de su pintura.

Rafael Zabaleta

Rafael Zabaleta (1907–1960), aunque pudiera ser considerado como miembro de la generación de preguerra, pertenece en realidad a la siguiente, ya que empezó a pintar en 1935 y llegó a ser reconocido sólo después de 1943. Después de visitar París sentía una atracción especial por Van Gogh e incorporaba además a su pintura algunos rasgos del surrealismo. Su corazón, sin embargo, pertenecía a la provincia andaluza de Jaén, cuyos paisajes pintaba con cuidado exagerado y lleno de amor. Su estilo aunque figurativo, es interpretativo no tanto de la realidad percibida como de su significado. El pueblo que pintaba está con frecuencia inmerso en tareas o situaciones de trabajo. Pero el trabajo de Zabaleta no es simple ocupación sino el destino humano, que parece dominar la naturaleza y los hombres. Por ello los objetos de Zabaleta, hombres y mujeres, sus vidas, trabajos y placeres, son primitivos y llegan a tener a veces algo de brutal como primitivos y duros son los tonos azules, ocres o grises que utiliza para representarlos. En otros, en cambio, aumenta el cromatismo para dar una mayor dulzura a la imagen (Fig. 15.10).

Figura 15.10 *Desnudo,* de Rafael Zabaleta

Nueva pintura

Al terminar la Segunda Guerra Mundial se fue iniciando, como reacción contra el eclecticismo pasado, un nuevo movimiento de vanguardia pero de dirección indecisa. En el año 1945 se fundó en Barcelona el *Club 49* y en Santander la *Escuela de Altamira* para fomentar el arte abstracto, labor continuada el año 1950 con el *Grupo Lais.* Mientras unos se fueron inclinando hacia el monumentalismo, otros prefirieron la abstracción ideal de tipo informalista. Otros sin embargo, regresaron a un tradicionalismo barroco o incluso medieval. A partir del año 1950 se dio también, como reacción contra la abstracción, la nueva figuración, el realismo social, una exaltación de la realidad específicamente social y de la realidad representativa.

Pintores notables Juan Barjola (n. 1919–2004) está considerado como uno de los mejores representantes del expresionismo español desde los años sesenta. Importante es su serie *Escenas de guerra* en las que pinta con colores sucios y sin brillo la tragedia de los enfrentamientos bélicos. En otra, *Perros y perras,* son los perros que llenan los suburbios de las ciudades los que resaltan el abandono urbano de la sociedad moderna. Recibió en 1985 el Premio Nacional de Artes Plásticas.

El catalán Antoni Tapies (n. 1923), escultor y pintor, ha continuado activo durante una ya larga carrera artística. Comenzó en la corriente surrealista (*Jardín imaginario*) para pasar a un aformalismo y finalmente derivar a un neo-formalismo. Su importancia en la pintura europea actual queda reconocida por su reciente nombramiento como miembro de la Real Academia de Bellas Artes de Estocolmo. Con anterioridad ya lo había sido del *Royal College* de Londres y de la Academia de Berlín. Recientemente ha pintado un lienzo de gran tamaño para el Donnelley *Building* de Chicago.

Carmen Laffón (n. 1934), pertenece a una generación que no conoció la Guerra Civil, y sufrió poco en la crisis económica y social de los primeros años de la posguerra. Laffón es una artista que goza dando a sus cuadros una cualidad auténticamente femenina. Prefiere temas olvidados o menos apreciados por otros pintores, tales como la naturaleza muerta, u objetos menudos sin importancia, que ella transforma con tonos cálidos y pincelada delicada, que son sus características más marcadas.

Antonio López (n. 1936), quien comenzó a pintar hacia 1950, está considerado el gran maestro de la pintura realista: vistas madrileñas, retratos familiares y bodegones. También ha hecho escultura. Ha dicho de su pintura "mi pintura es más alegre ahora que en el franquismo, pero no alegre del todo porque el hombre ha perdido la inocencia hace muchos siglos". López continúa muy activo y es uno de los pintores más cotizados hoy en día.

Alfonso Fraile (1939–1988), andaluz de nacimiento, estudió en el Instituto de Bellas Artes de Madrid, comenzando a ser conocido con su primera exposición en 1957. Durante los años sesenta su trabajo, todavía bajo el signo de la abstracción, se fue acercando a lo que entonces se llamaba *nueva figuración.* En 1962 recibió el Premio Nacional de Pintura y en 1983 el de Artes Plásticas.

A pesar del indudable mérito de estos artistas y de su capacidad de expresar la modernidad al compás de las escuelas europeas, la pintura española de los últimos años continúa dominada por las grandes figuras, auque todos de notable longevidad van muriendol: Pablo Picasso en 1973, Joan Miró en 1984, Joan Pons en 1984, fundador del *Dau al Set,* Manuel Ángeles Ortiz en 1984 y Salvador Dalí en 1989. Así la pintura se mantiene anclada en las direcciones apuntadas desde las décadas anteriores: fundamentalmente la nueva figuración y la abstracción.

La música

Como en pintura, también la música estuvo dominada durante las primeras décadas de la posguerra por la línea de los grandes maestros: Manuel de Falla y Joaquín Turina, ambos muy activos y creadores hasta su muerte en 1946 y 1949, respectivamente. Bajo su influencia la música mantuvo un tono con frecuencia arcaizante, en el que abundan temas regionales.

Música tradicional

De esta escuela el músico más representativo y conocido es el valenciano Joaquín Rodrigo (1901–1999). Aunque nacido nacido con gran anterioridad, su instauración definitiva corresponde a la posguerra. Discípulo predilecto de Paul Dukas, viajó por Alemania y Francia antes de instalarse en París. De regreso en España, al terminar la Guerra Civil, el apoteósico éxito obtenido con su *Concierto de Aranjuez* (1940) hizo de su estreno uno de los momentos más memorables de la música española de este tiempo.

Con influencias de Ravel, Debussy e incluso Stravinsky, difusas en todas sus composiciones, la música de Rodrigo, concretamente su *Concierto de Aranjuez*, es totalmente española sin ser pintoresca. La guitarra, que se utiliza por primera vez en lugar del piano o del violín, juega con tonos cálidos y profundamente tristes en los que cantos y melodías populares se visten de la solemnidad musical del concierto. Además de éste, Rodrigo ha compuesto numerosas canciones españolas y catalanas. La obra más romántica de toda la música española, el *Concierto heroico*, estrenado en 1943, así como muchas otras composiciones, han hecho del compositor ciego, Joaquín Rodrigo, la figura más importante y representativa de la música española contemporánea.

Importante es también Rodolfo Halffter (1900–1987). En 1929 vivía en Granada, donde Falla contribuyó a su formación musical. Durante la Guerra Civil fue activo en el Departamento de Música de la Subsecretaría de Propaganda de la República. En 1939 marchó a México, donde posteriormente aceptó la ciudadanía mexicana. En los años 40 composiciones suyas comenzaron a ser incluidas en repertorios musicales de conciertos organizados en México y Nueva York.

La tradición musical española se mantiene vigente en los años 50, aunque renovada con rasgos propios con Antón García Abril, nacido en Teruel en 1933. Su obra consiste en cantatas, composiciones para orquesta y conciertos para guitarra y orquesta. Es miembro de la Real Academia de Bellas Artes y en 1993 recibió el Premio Nacional de Música.

Música de vanguardia

Por los mismos años, los tonos de música tradicional empiezan a desaparecer en la obra de los compositores más jóvenes, quienes en su mayoría se inclinan a seguir la vanguardia europea. Esta tendencia, que se notaba ya en Rodolfo Halffter, fue llevada a un extremo desde los años 60. En Cataluña, Xavier Montsalvatge

(1912–2002) sigue todavía los atrevimientos de Stravinsky, aunque otros prefieren pertenecen más bien a la línea centroeuropea de Schönberg y Alban Berg. A éstos se pueden añadir los catalanes Cercos y Mestre, el vasco Bernaola y el madrileño Cristóbal Halffter (n. 1930). Todos ellos, nacidos entre los años 1925 y 1930, son compositores ya demasiado jóvenes para haber conocido mucho de la Guerra Civil.

Música y canción de protesta

A fines de los años cincuenta comenzó la canción de protesta social. De gran interés fue el valenciano Ramón Pelegero Sanchos (n. 1940), conocido como *Raimón*, natural de Játiva, Valencia, con sus canciones que comenzaron a aparecer en disco en 1963. Sus más conocidas, *Al vent, Diguem no, Som*, de conciencia social, se hicieron famosas con una promoción iniciada por él mismo y sus amigos, que solicitaban repetidamente su emisión. Raimón fue uno de los primeros que utilizaron la canción como medio para despertar la conciencia social de las masas.

En los años sesenta, María Ostiz, nacida a mediados de los años 40 en Avilés, Asturias se hizo conocer como una innovadora en su composición y canto de baladas. Aunque su gran fama internacional se debió a una canción original, *¡Canta, cigarra!*, por la que le fue otorgado el primer premio de la Organización de Televisión Iberoamericana (OTI) de 1976. En ella Ostiz dio prestigio a la canción de conciencia social. Este movimiento ha sido continuado desde entonces, aunque con mérito muy vario, por numerosos cantantes, como Joan Manuel Serrat, Lluis Llach, Victor Manuel y Luis Eduardo Aute.

Música flamenca contemporánea

Notable en la música flamenca es Agustín Castellón Campos, *Sabicas*, gitano, aunque nacido en Pamplona (1912–1990). Viajero en América, Norte y Sur, desde muy joven residió en México, y más tarde en Nueva York, donde pasó gran parte de su vida. En 1967 regresó a España para recibir el Premio Nacional de Guitarra Flamenca. Junto con Carmen Amaya (1913–1963), la *reina del embrujo gitano*, como se la ha llamado, estableció una escuela de flamenquismo que contribuyó a crear la afición norteamericana a esta música. Se le considera todavía como el gran inspirador y renovador de la guitarra flamenca. Entre sus discípulos se cuenta a Paco de Lucía (n.1947), quizá el más conocido, y también un gran número de otros guitarristas más jóvenes, que ayudan a mantener, con su actividad e innovación, la popularidad del flamenco.

Cine español

La historia del cine español como espectáculo de masas es larga, comenzando con sus primeras producciones ya a fines del siglo pasado. Durante las primeras décadas de este siglo, el cine se hizo espectáculo de masas dirigido al pueblo con películas de estilo y espíritu popular, que estaban en consonancia con los espectáculos "típicos", y tan en boga de la época (la zarzuela), y obras literarias de gran popularidad, cuyos títulos y éxitos explotaban. Así nacieron *La Verbena de la Paloma* (1921), *Currito de la Cruz* (1925), *La Casa de la Troya* (1925), *La Hermana San Sulpicio* (1927), que se repitieron en películas del mismo título y que también alcanzaron gran éxito en la pantalla.

Esta tradición fue continuada en la década de los años treinta con otras de espíritu "castizo" nacional, tales como *La hermana San Sulpicio* (1934), *Nobleza Baturra* (1935) y *Morena Clara* (1936), *Morena Clara* (1940) que también alcanzaron gran popularidad en España, consagradas en parte por la fama y la belleza de las artistas que las representaron, Conchita Piquer (1908–1990), la legendaria Imperio Argentina (1910–2003) y Estrellita Castro (1914–1983) también famosas cantantes del folclor andaluz. Con estas películas se comienza a abastecer el mercado latinoamericano, en el que también encuentran gran éxito. Durante los mismos años Luis Buñuel (1900–1983) comienza a trabajar el medio cinematográfico utilizando técnicas de automatismo y surrealismo con Salvador Dalí en obras como *Un Chien andalou* (1928), o para dar testimonio de dura crítica social. De este genero es *Las Hurdes, tierra sin pan* (1932) que, por la dureza del realismo de sus imágenes, fue censurada por el Gobierno republicano.

La Guerra Civil llevó a importantes producciones de propaganda por ambas partes. *Sierra de Teruel* (1939), por ejemplo, subraya y lamenta el abandono de la República por las naciones democráticas. Por otra parte *Sin novedad en el Alcázar*, ensalza la defensa del alcázar de Toledo por el general Moscardó contra las tropas del gobierno republicano.

El sentido nacionalista tan en boga a raíz de la victoria de Francisco Franco ayudó a mantener la dirección populista con *Suspiros de España* (1939), *Carmen, la de Triana* (1938), a la vez que se continuó llevando a la pantalla obras literarias de ficción como *El clavo* (1944) y *Don Quijote de la Mancha* (1947), o del género histórico, en éste sobre todo con un sentido nacionalista marcadamente idealizado, *Los últimos de Filipinas* (1945) y *Locura de amor* (1948). A la vez, la legislación proteccionista del gobierno restringió la importación de películas extranjeras y exigió el doblaje al castellano de todas las importadas.

Una de las figuras del cine más representativas de la época franquista fue José Luis Sáenz de Heredia (1911–1991). Había comenzado su carrera con anterioridad a la Guerra Civil con la dirección de varias películas, una de ellas, *¿Quién me quiere a mí?* (1936) supervisada por Luis Buñuel. Primo de José Antonio Primo de Rivera, Sáenz de Heredia fue nombrado tras la Guerra Civil Jefe de producción del Departamento Nacional de Cinematografía, que dio lugar, a partir de 1941, a la realización de los célebres documentales NODO. Por entonces fue designado por Franco para que dirigiera la película *Raza* (1941). Como director realizó *El escándalo* (1943), *Mariona Rebull* (1947) y la comedia *Historias de la radio*. En 1960 realizó el documental *Franco, ese hombre*.

El nacimiento del nuevo cine español se puede situar hacia los años cincuenta, perteneciendo a la primera generación de películas, *¡Bienvenido Mr. Marshall!* (1952) dirigida por Luis García Berlanga, continuada en los años siguientes con *La muerte de un ciclista* (1955) y *Calle mayor* (1956), todas ellas en una vena neorrealista reciben atención favorable tanto en España como en el extranjero.

Luis Buñuel, que había tomado residencia en México después de la Guerra Civil continuó allí su trabajo con melodramas para el mercado de masas, dirigiendo además *Los Olvidados* (1950), *Nazarín* (1958) y *El ángel exterminador* (1962). En 1960 llega a Madrid para dirigir, en producción conjunta con México, la película *Viridiana*. Presentada en el Festival de Cannes de 1961, llega a ganar el premio "Palma de oro" del Festival; pero atacada duramente por la prensa católica europea por su presentación de cuadros y momentos ofensivos a los sentimientos religiosos, fue prohibida en España por más de dieciséis años.

Con la paulatina democratización del régimen de Franco durante sus últimos años, comienzan a ser producidas algunas películas de auténtico valor artístico que despiertan además gran interés en el público. Entre ellas figuran *Tristana* (1970) de Luis Buñuel sobre la novela de Pérez Galdós, que consigue múltiples premios y obtiene gran éxito; *Tormento* (1974) y *La Regenta* (1974), también sobre clásicos de la literatura. Temas originales fueron *Furtivos* (1975), drama rural de José Luis Borau y *Cría cuervos* (1975) de Carlos Saura, drama sobre una niña en una casa marcada por la muerte. Ambas obtuvieron también notable éxito.

PREGUNTAS PARA ESTUDIO Y REPASO

Evolución política

1. ¿Qué política exterior adoptó Franco durante la Segunda Guerra Mundial?
2. ¿Qué política adoptaron las grandes potencias con respecto a España?
3. ¿Cuáles fueron las razones que movieron a los Aliados a iniciar la reconciliación con España?
4. ¿Cómo se puede definir la etapa política inicial del régimen de Franco?
5. ¿Qué autoridad tenía la Falange durante las primeras décadas?
6. ¿A qué se llama *etapa social* y qué experimentos sociales se introdujeron?
7. ¿Cómo se puede enjuiciar la última etapa del régimen de Franco?

Sociedad y cultura

8. ¿Qué importancia tuvo para España el turismo europeo?
9. ¿Quién era el heredero a la Corona y por qué fue elegido el príncipe Juan Carlos?
10. ¿A qué se llama *decadencia de las ideologías*?
11. ¿Cómo apareció ETA y cómo justificaron su terrorismo los países europeos y los Estados Unidos
12. ¿Qué es el *Opus Dei*? ¿Qué importancia tuvo durante los años 60?
13. ¿Cómo influyó la Guerra Civil en el desarrollo cultural de España durante la posguerra?
14. ¿A que se llama *cultura fascista*? ¿En qué se distinguía de las otras, alemana o italiana?
15. ¿Qué importancia cultural y política tuvieron los intelectuales en exilio?
16. ¿Qué corrientes se dan en la arquitectura y la escultura?
17. ¿Cuáles son las características de la pintura de esta época?

CAPÍTULO
16

ESPAÑA EN LA ACTUALIDAD: EL REINADO DE JUAN CARLOS I

Temas

- De la dictadura a la democracia

- Transición: cambios y "más de lo mismo"

- España y la Unión Europea (UE)

- Conflictos de España con la UE

- Régimen de Autonomías: justificación e importancia

- Imperialismo autonómico

- Problemas y conflictos del regionalismo

- Retorno a las ideologías

- Mujer y feminismo en España

- Cultura posmoderna

- Problemas de la literatura contemporánea

- Libro, lectura y televisión en España hoy

- Arte popular y arte de masas en España

CRONOLOGÍA DE ESPAÑA EN LA ACTUALIDAD 1975–2004

- **1975–1977** Periodo de **Transición:** gobierno de **Arias Navarro**
- **1977–1982** **Gobierno centrista de Adolfo Suárez**
- **1977** El PCE es legalizado

  Triunfo de la UCD en las primeras elecciones democráticas

  Santiago Carrillo asume la Secretaría del PCE
- **1978** La nueva Constitución (1978) es aprobada
- **1979** Segunda victoria electoral del CDU

  Muere Benjamín Palencia (1894–1980), pintor
- **1981–1982** **Gobierno centrista de Calvo Sotelo**
- **1981** Intento de golpe de Estado (23 de febrero de 1981) por Tejero

  España ingresa en la OTAN
- **1982–1996** Gobierno socialista de **Felipe González**
- **1982** Elecciones generales. Triunfo de los Socialistas (PSOE)
- **1983** Se aprueba la Ley Orgánica del Proceso Autonómico

  Muere Joan Miró (1893–1983) pintor
- **1985** Santiago Carrillo deja el PCE y asume la dirección del PTE

  Ingreso de España en la CEE
- **1986** El príncipe **Felipe** es reconocido sucesor al Trono con el nombre de

  Felipe VI

  Referéndum sobre el ingreso de España en la OTAN: *Victoria del sí*

  Triunfo del PSOE en las elecciones
- **1988** 14 de diciembre, huelga general de los sindicatos contra el gobierno
- **1993** Triunfo minoritario del PSOE en las elecciones

  Alianza con Pujol (PiC)
- **1996–2004** **Gobierno centrista de José María Aznar**
- **1996** Manifestaciones contra ETA
- **1997** Manifestaciones de protesta entre Autonomías

  The Economist declara "la España sonriente"

  Muere Buero Vallejo

  Muere C. Martín Gaite
- **2002** España adopta el euro

Annus terribilis de la bolsa

Muere Camilo José Cela

Muere Eduardo Chillida

◆ 2004   11 de marzo, Masacre terrorista en Madrid

Triunfo del PSOE en elecciones generales

Gobierno socialista de Gutiérrez Zapatero

ESPAÑA EN LA ACTUALIDAD

En los años que siguieron a la restauración de la monarquía en la persona de Juan Carlos I, la vida española se caracterizó por la transformación de las estructuras sociales y políticas que se habían establecido a lo largo del régimen de Francisco Franco. Tanto las organizaciones como los individuos demostraron en estos años una clara conciencia de la importancia de los cambios que se iban introduciendo en la vida nacional al pasar del régimen autoritario y personal de Francisco Franco al de una monarquía constitucional y parlamentaria.

En un principio fue también perceptible en amplios sectores de la sociedad española la conciencia de que los cambios introducidos estaban fundados en las estructuras políticas que habían regido la vida de la nación durante las últimas décadas. Aunque los grupos de oposición insistían en que solamente una transformación rápida podía garantizar la paz, fue, por el contrario, el sentimiento de continuidad con el pasado lo que más contribuyó a que la transición fuera pacífica desde el primer momento.

Crédito especial merece la persona del Rey. Su habilidad política, autoridad y prestigio personal, junto con la institución monárquica que representaba, llenaron el vacío político que Franco había dejado con su muerte y, a la vez que daba un sentido tradicional al nuevo gobierno, legitimaba la introducción de los cambios que la sociedad consideraba necesarios.

Los mismos políticos y escritores españoles, al considerar los acontecimientos de esos años, hablaban de un periodo de transición. Con este nombre expresaban su incertidumbre del camino a seguir y la inseguridad de que la nueva situación política fuera permanente.

Resumen de la primera década (1975–1985), y válido para todos los aspectos de la vida española, tanto política y social como intelectual, fue una actitud de desengaño; como si las esperanzas o ilusiones concebidas como resultado de los cambios introducidos, o no llegaron a realizarse o no lo fueron en el grado que se había esperado. Entonces se hizo común una evaluación

Rey Juan Carlos I y Reina Sofía

del presente en comparación con el pasado. El juicio de la población quedaba muy bien resumido con una doble frase frecuentemente usada:, por una parte, *Con Franco se estaba mejor* del elemento conservador, expresando la nostalgia por un pasado ya idealizado; por otra parte, *Contra Franco se vivía mejor*, con que se satirizaba no solamente la actitud conservadora del nuevo gobierno, sino también las ilusiones de los sectores más liberales, que basaban parte de su fuerza, y podían justificar muchos de sus fracasos pasados, en una oposición que ya no existía.

REINADO DE JUAN CARLOS I

En líneas generales, la vida política de España a partir de 1975 se puede dividir en dos periodos. Uno inicial y estrictamente de transición, que cubre los dos primeros años, desde el cese del régimen totalitario hasta la introducción de las nuevas formas políticas de gobierno. Este período está caracterizado por la pérdida de la seguridad forzada del régimen totalitario y la inestabilidad política de las nuevas instituciones. El segundo período se extiende desde una incipiente madurez del régimen parlamentario hasta el presente, en que las formas políticas democráticas son ya percibidas como estables y permanentes para el futuro. Éste puede ser dividido, a su vez, por el nombre y programa político de sus dirigentes más importantes: uno inicial, centrista, de Adolfo Suárez; seguido de otro, socialista-pragmático, de Felipe González uno centrista-conservador, de José María Aznar y finalmente, uno siguiendo una ideología más marcadamente socialista con Rodríguez Zapatero.

Período de transición 1975–1977: Arias Navarro y Adolfo Suárez

En contra de la opinión de muchos observadores extranjeros que temían que sólo un conflicto armado podría resolver el problema de la continuación o disolución del régimen franquista, el fallecimiento de Francisco Franco, ocurrido en noviembre de 1975, demostró que las estructuras políticas del régimen mantenido durante tantos años llevaban en sí las semillas de una transformación pacífica.

Al fallecer Franco los partidos de la oposición eran todavía ilegales. Su actividad clandestina, que nunca había cesado por completo y que incluso había ido incrementado, concertó durante los últimos meses un frente unido. Los grupos más importantes así formados fueron *La Junta Democrática*, creada en julio de 1974, en la que tomaron parte el Partido Comunista, el Partido Socialista Popular, el Partido del Trabajo de España, la Alianza Socialista, Derecha Liberal y Monárquicos Liberales y *La Plataforma de Convergencia Democrática*, formada en 1975 y en la que se incorporaban los grupos cristiano-demócratas y social-demócratas, regionales y nacionales, junto con el Partido Socialista Obrero Español y otros de extrema izquierda.

El rey Juan Carlos comenzó su reinado en aparente continuación de las estructuras políticas anteriores, todavía jurando fidelidad a los Principios Fundamentales

del Movimiento y formando su primer gobierno de acuerdo con las normas establecidas por el difunto dictador. Arias Navarro fue nombrado presidente y, a pesar de
haber participado activamente en la política del régimen de Franco, incluyó en su
gobierno a personajes que se habían distanciado de éste e inició, además, intentos
de modificación del sistema político vigente.

La vida política de la nación durante este primer gobierno se caracterizó por un
forcejeo entre los poderes establecidos, que buscaban una implantación progresiva
de medidas democráticas; y una oposición que intentaba acelerar los cambios. Así,
los meses que siguieron estuvieron marcados por una gran actividad política. En
marzo de 1976 los partidarios de la oposición, *La Junta Democrática* y *La Plataforma de
convergencia Democrática,* se unieron en un frente único de oposición llamado
Coordinación Democrática, mientras que en las calles de las grandes ciudades comenzó
una intensa actividad política con movimientos de masas, trabajadores y estudiantes.

Pronto, la credibilidad del nuevo gobierno se basó en su capacidad, por una
parte, de controlar una posible tiranía de la oposición política; por otra, del
establecimiento rápido de las reformas que el Rey había manifestado ser su proyecto primordial, entre las que figuraban la amnistía de prisioneros políticos y la legalización de partidos. El nuevo gobierno concedió ambos. Durante la primavera de
1976, los principales partidos políticos y sindicatos laborales fueron legitimizados y,
unos meses más tarde, un decreto de amnistía fue promulgado por el que se puso
en libertad a los prisioneros todavía encarcelados.

El Rey mismo mostró desde el principio ser la fuerza mayor en la transformación política de la nación. Durante una visita a los Estados Unidos en el verano de
1976 proclamó abiertamente en su discurso al Congreso estadounidense los ideales
democráticos de su reinado. Para acelerar su realización, durante el mismo verano
pidió la dimisión de Arias Navarro, nombrando como sucesor a Adolfo Suárez.

El nombramiento de Suárez fue recibido con desconfianza en el extranjero y
en algunos círculos españoles, que veían en él solamente la continuidad con el régimen de Franco. Pues, aunque se había manifestado siempre decidido defensor de
la liberalización jurídica, de la legalización de los partidos políticos y de la
autonomía de las regiones, se había distinguido también como miembro de las
Cortes durante el régimen de Franco, en el que sirvió como secretario del
Movimiento Nacional en 1975. Sin embargo, su nombramiento resultó ser uno de
los aciertos más grandes del Rey, ya que encontró en él una gran ayuda en el proceso de liberalización de las instituciones políticas de España y, a pesar de su ideología
política conservadora, en su gobierno ya no tomaron parte los miembros más identificados con el gobierno y la política autoritaria del régimen de Franco. La contribución más importante de Suárez fue sentar desde un principio las bases de la
nueva Monarquía, parlamentaria y constitucional. Ello fue posible gracias, en parte,
al tacto personal y prestigio político de Suárez, que representaba para grandes sectores de la población al mismo tiempo la continuidad y el cambio.

Legalización de los partidos políticos

La legalización de los partidos políticos y la liberalización de la vida nacional sufrió
su primera crisis importante en 1976 con la negativa del gobierno a legalizar el Partido Comunista Español de acuerdo con la ley, aprobada el mismo año, que prohibía los partidos que "sometidos a una disciplina internacional, intentan implantar

un sistema totalitario". Esta decisión, que los jefes de otros partidos se negaron a aceptar, se complicó con el arresto de Santiago Carrillo, Secretario General del Partido, que había entrado ilegalmente en España.

Ambos problemas se solucionaron con la puesta en libertad de Carrillo y la liberalización de la ley de manera que pudiera incluir el PCE, el cual fue reconocido como legal en abril de 1977. Con esta ley quedaron legalizados todos los partidos y organizaciones de la izquierda.

Gran importancia tuvo también el decreto-ley de 18 de marzo de 1977 por el que se convocaban elecciones generales para las Cortes, que en realidad iban a ser cortes constituyentes, puesto que su tarea más importante sería la formulación de un proyecto para una nueva Constitución. De gran importancia fue también el restablecimiento de la *Generalitat* como organismo de administración conjunta de las provincias catalanas.

Durante este tiempo la inflación, que había sido ya considerable en los años anteriores, se hizo alarmante, amenazando el bienestar conseguido por la clase media y empujando a los trabajadores de nuevo hacia la pobreza. Estos últimos, sobre todo, se manifestaron a lo largo del año con una serie sin precedentes de huelgas de importancia y de apoyo masivo, que agravaron todavía más la situación económica y social de España.

De todos los partidos sólo los socialistas y los comunistas, que habían mantenido cuadros de acción en España y en el extranjero, tenían un mecanismo de campaña electoral. El falangismo, con una ideología desprestigiada y dividido en varios grupos, fue incapaz de despertar nuevo interés en el pueblo. En cambio, desde un principio fue muy popular el Partido Socialista Obrero Español, cuyo jefe Felipe González, rico abogado andaluz y protegido de los socialistas alemanes, fue capaz de dar al partido una dirección pragmática que tuvo gran atractivo para el pueblo.

El partido Comunista, por su parte, comenzó con una campaña electoral muy activa bajo la dirección de su jefe Santiago Carrillo. A él se unió Dolores Ibárruri, *La Pasionaria,* enérgica y agresiva a pesar de sus ochenta años, y figura casi legendaria de la Guerra Civil, en la que se había distinguido como gran activista.

Frente a estos partidos, y como representante de un centro de derechas, se formó la *Unión de Centro Democrático* (UCD). Fiscalmente conservador e ideológicamente moderado, bajo la dirección de Suárez se propuso como el partido más claramente defensor de la Monarquía, de una estabilidad política y económica y de la transición pacífica a la democracia.

Tras una campaña electoral cargada de vehemencia, aunque sorprendentemente libre de violencia, el 15 de junio de 1977 se celebraron las primeras elecciones después de 41 años de régimen franquista.

Gobierno centrista de Adolfo Suárez (1977–1981)

Las elecciones dieron la victoria a la Unión de Centro Democrático, partido formado en torno a Adolfo Suárez, quien se encargó de formar un nuevo gobierno. El 22 de agosto se iniciaron los trabajos de formulación de una Constitución. En ellos intervinieron los grupos más variados: comunista, catalán, socialista y centrista.

El primer proyecto fue publicado el 5 de enero de 1978 y, tras meses de discusión y enmiendas, el 31 de octubre se votó una formulación que, aunque en realidad a nadie agradaba, fue aprobada por una gran mayoría.

El 6 de diciembre 1978 el proyecto fue sometido a referéndum, con el resultado de una participación popular del 67.11%, de ellos un 87.87% a favor. La Constitución de 1978 resultaba así la más popular en la historia de España.

El programa inicial del nuevo gobierno de Suárez estuvo orientado, como ya lo había estado antes, hacia la solución de los problemas económicos más urgentes. Entre éstos se señalaban como los más importantes: la inflación, reconocida oficialmente como del 26.5%; el paro obrero, de más de un 7% con un porcentaje mucho más alto en las provincias del sur; la falta de productividad del obrero, considerada como la menor de toda Europa; y el déficit nacional que llegó ese año a más de 5.000 millones de dólares, con un 25% de él debido a la subida de precio del petróleo.

Ésta había llegado en 1977 a cerca del 30%, forzando la devaluación de la peseta en un 19%. Las medidas adoptadas tuvieron éxito en varios sectores de la economía, fortaleciendo la moneda, acrecentando la exportación y atrayendo nuevas inversiones de capital extranjero. Sin embargo, tuvieron también como consecuencia que el paro obrero aumentara de una manera alarmante.

El mismo año la comisión de la *Comunidad Económica Europea* (CEE) respondió favorablemente a la solicitud de ingreso de España, pero dando un plazo de diez años para su ajuste a las técnicas y normas económicas y mercantiles de la Comunidad.

Constitución de 1978

La nueva Constitución se hizo ley el 27 de diciembre de 1978 Adolfo Suárez disolvió las Cortes y anunció elecciones generales para 1 de marzo de 1979 y municipales y provinciales para el 3 de abril del mismo año. Las elecciones generales, en las que participaron solamente dos tercios del electorado, cambiaron poco la situación política en las Cortes. Tras los resultados electorales, la UCD ganó un voto de confianza y Suárez procedió a formar un nuevo gobierno. Las elecciones municipales, en cambio, dieron una victoria completa al Partido Socialista de González. Todas las ciudades, excepto Bilbao, donde ganó el Partido Nacionalista Vasco, llegaron a tener un alcalde socialista. Tras la aprobación de los estatutos para los Países Vascos y Cataluña, ganaron en las elecciones municipales de ambas regiones los partidos regionalistas moderados.

Durante el año 1980, con partidos moderados dirigiendo los parlamentos vasco y catalán, la atención se dirigió al problema de la autonomía andaluza, cuyos partidarios exigían más derechos de los que el gobierno creía poder reconocer.

En política internacional el gobierno de Suárez anunció su intención de unirse a la OTAN, lo que produjo una oposición vehemente por parte de los socialistas y comunistas en las Cortes y numerosas protestas y manifestaciones en las calles de las grandes ciudades.

El año 1981 comenzó con fuerte presión contra la política de Suárez. La evidente pérdida del apoyo popular a la coalición centrista se debía sobre todo a la insatisfacción de la población por el empeoramiento económico general, el paro obrero, superior al 14%, el aumento del crimen y del terrorismo, los desacuerdos sobre los límites de la autoridades autónomas, la liberalización de las leyes, en especial las concernientes al divorcio. Ante la presión pública, la coalición centrista comenzó a desintegrarse, viéndose Suárez obligado a dimitir.

Gobierno centrista de Calvo Sotelo (1981–1982)

En la sesión de las Cortes del 20 de febrero, Leopoldo Calvo Sotelo, el sucesor designado, no obtuvo los votos necesarios. Una segunda votación tendría lugar unos días más tarde.

Durante la siguiente sesión de las Cortes, el 23 de febrero, con las cámaras de televisión rodando, un grupo de Guardias Civiles encabezados por el teniente coronel Antonio Tejero, entró a mano armada en la sala anunciado a los diputados que "la autoridad militar competente" llegaría pronto a hacerse cargo de establecer un nuevo gobierno. Mientras tanto el teniente general Jaime Miláns del Bosch declaró estado de emergencia en nombre del Rey en la región de Valencia.

Ante este ataque al gobierno, el rey Juan Carlos reaccionó de manera rápida y decisiva, apelando por televisión al pueblo a mantener calma y ordenando a los jefes militares a defender "la corona y la paz". La actitud decidida del Rey y su clara condena del intento de golpe de Estado convencieron a Miláns del Bosch de que debía retirar sus tropas, y al mismo Tejero de que rindiera sus armas. El 27 de febrero más de tres millones de españoles demostraron en las calles su oposición a una dictadura militar, y su aprobación de la firmeza del Rey en defensa del gobierno legítimo. El 28 de febrero, ETA política, más moderada, anunció tregua indefinida y sin condiciones con el gobierno.

Tras estos acontecimientos Calvo Sotelo fue confirmado y formó un gobierno que fue notable tan sólo por la ausencia en él de un representante militar. El resto del año la actividad del gobierno estuvo dedicada, en la política exterior, a discusiones con los miembros de la OTAN con objeto de acelerar el ingreso de España (al que se oponían comunistas y socialistas), y las negociaciones de admisión al Mercado Común, a la que algunas naciones europeas ponían dificultades al creer que sus intereses podrían ser perjudicados por una mayor venta de productos españoles. En la política interior se prepararon pactos económicos entre industriales y sindicatos laborales para solucionar los problemas económicos. Por su parte el gobierno se comprometió a hacer nuevas inversiones en el sector público para crear unos 350.000 nuevos puestos de trabajo como medio de reducir el paro obrero, todavía superior a un 13%. A la vez, España estuvo plagada por la peor sequía en más de un siglo, que iba destruyendo numerosas cosechas e impidiendo la producción industrial.

La política del gobierno quedó dominada por las desavenencias de las regiones en la regulación de las autonomías. Para resolverlas se propuso una mayor lentitud en su concesión, un mayor control de las regiones por parte del gobierno y paridad entre las 16 regiones autónomas. El 30 de junio se aprobó la *Ley Orgánica de Armonización del Proceso Autonómico* (LOAPA), en las Cortes con el apoyo de la UCD y del PSOE y la oposición violenta de los partidos regionales, vascos y catalanes, en especial, y de los comunistas, que temían que la nueva ley diera excesivos poderes al gobierno central. A pesar de ello, se aprobaron los estatutos para Cantabria y entraron en efecto los de La Rioja, Valencia, Murcia, Aragón, Castilla-La Mancha, Canarias y Navarra.

A lo largo del año la desintegración de la UCD, comenzada ya el año anterior, se completó con la victoria de los socialistas en las elecciones regionales de Andalucía y las tensiones creadas en la oposición por las sentencias benignas contra los acusados del intento de golpe de estado el año anterior. Suárez abandonó el partido y fundó un *Centro Democrático y Social*. Los miembros más liberales de la UCD fundaron el *Partido de Acción Democrática*, al que se incorporan algunos socialistas, mientras los más conservadores se unieron a *Alianza Popular*, cuyo líder era Manuel Fraga.

Gobierno socialista de Felipe González (1982–1996)

El 30 de mayo España ingresó en la OTAN como miembro 16 de la organización. El rey Juan Carlos firmó la disolución de las Cortes en agosto como preparación de las elecciones de octubre.

Mientras la UCD trataba inútilmente de recobrar terreno perdido con intentos de alianza con otros partidos afines, los socialistas se lanzaron a una campaña electoral agresiva, aunque de carácter económico. En ella se prometía una disminución radical del desempleo, que había llegado ya a más del 17% de la población activa, con la creación de 800.000 nuevos puestos de trabajo. En política internacional se ofrecía un referéndum sobre la permanencia de España en la OTAN, y en política interna una promesa de no aliarse con los comunistas, ni con el nuevo partido de derechas Acción Democrática.

Las elecciones dieron al PSOE una victoria todavía mayor de lo que se había anticipado. Ganador también en ellas fue el partido Alianza Popular de Manuel Fraga, que pasó de minoría sin importancia a representar el sector conservador centrista de la nación, recuperando parte de la importancia perdida por la UCD. Perdedor en las elecciones salió el Partido Comunista. En consecuencia, el Partido Comunista manifestó una crisis de identidad, acusando a Santiago Carrillo de haber introducido con su ideología eurocomunista una división ideológica. Santiago Carrillo tuvo que dejar la representación del partido en las Cortes y renunciar a la secretaría general, en la que fue sucedido por Gerardo Iglesia. Fuerza Nueva, partido de extrema derecha, quedó sin representación en las Cortes.

El 25 de noviembre el Rey inauguró las Cortes, y el día siguiente el nuevo Jefe de Gobierno, Felipe González, anunció su nuevo gabinete. La política del nuevo gobierno se caracterizó desde un principio más por sus medidas económicas que por la implantación de programas ideológicos. Ello le mereció el apoyo de un gran número de la población conservadora, a la vez que la oposición de los sectores extremos de su partido y de los partidos radicales de izquierdas y regionalistas.

Nicolás Redondo, secretario general de UGT, sindicato laboral de ideología socialista, acusaba ya en 1985 al gobierno de haber creado "más paro, más injusticia, más pobreza. Cuando mandaba la derecha, nos era más fácil. Con la mala conciencia de los franquistas conseguimos más que de nuestros camaradas tan seguros de sí mismos". Refiriéndose a las medidas conservadoras tomadas, se burlaba de que "algunos ministros se sienten muy bien con smoking". Con estas frases, el ala más radical de su partido y de los sindicatos obreros expresaban su oposición a la política pragmática de Felipe González, a quien acusaban de excesivo proteccionismo a las industrias particulares con descuido de los ideales socialistas.

En la política internacional se venía discutiendo desde 1984 con los Estados Unidos la posibilidad de reducir el contingente de fuerzas americanas estacionadas en España y la participación de España en la OTAN. La entrada en esta organización había sido un tema muy debatido en España. Durante la campaña electoral de 1981, los socialistas hicieron de su oposición a la OTAN tema central de su programa electoral, prometiendo someter a un referéndum la continuación española en el Pacto. Consideraciones pragmáticas movieron más tarde a González a defender la permanencia en la OTAN, aunque aceptando un referéndum nacional. Tras las elecciones, éste fue fijado para marzo de 1986. La oposición al programa socialista vino en esta ocasión de ambos extremos, de la derecha y de la izquierda, incluida en ésta el ala más radical del Partido Socialista. En esta contienda el partido centrista conservador, también opuesto, se abstuvo *para no votar con los comunistas.*

En la política exterior, el gobierno socialista siguió una línea independiente, con tonos nacionalistas, que en realidad agradaba más a los conservadores que a los grupos radicales. Ya en 1985 se había firmado el tratado de adhesión de España a la Comunidad Económica Europea (Mercado Común), cuya ratificación permitió el ingreso de España en 1986. A fines del mismo año comenzaron las conversaciones con Gran Bretaña para buscar una fórmula aceptable a todos para la transferencia a España de la soberanía sobre Gibraltar.

Príncipe Felipe reconocido como heredero

En la política interior, el acontecimiento de mayor importancia fue el reconocimiento del hijo de los reyes Juan Carlos I y Sofía. El príncipe Felipe, al cumplir 18 años de edad, el 30 de enero, juró la Constitución ante el Parlamento y fue reconocido como heredero a la Corona de España con el nombre de Felipe VI de Borbón. Este reconocimiento aseguraba la continuación legal de la Monarquía como régimen político en España.

El ingreso de España en el Mercado Común, efectivo desde 1986, fue causa en un principio de una expansión económica que hizo de España un país atractivo para el capital extranjero. Ello se tradujo en una serie de grandes inversiones tanto en las industrias privadas como en las empresas dirigidas por el gobierno, llegándose a pensar de España, en 1988, como un *sun belt* de desarrollo económico.

El panorama político presentó la refundición de Alianza Popular dirigido por Fraga, que desde entonces se presenta como el partido centrista más importante. Sin embargo, en el sector económico y social la economía queda castigada con una serie de importantes huelgas contra las medidas del gobierno. A pesar de ello en las elecciones legislativas del 29 de octubre, el PSOE consiguió mayoría absoluta.

Desde años anteriores se había hecho evidente la profunda corrupción del gobierno socialista. A principios de 1990 el PSOE se opone a la investigación sobre el tráfico de influencias. Sin embargo estalló el *caso Guerra*, vicepresidente del gobierno que era acusado de nepotismo, amiguismo y tráfico de influencias.

El 31 de enero Fraga, presidente de la Xunta de Galicia, renunció a la presidencia del Partido Popular (PP) y le sucedió José María Aznar.

El déficit comercial, a pesar de un aumento en las cifras de exportación, mantuvo durante estos un promedio de aproximadamente mil millones de pesetas anuales. Y la industria del turismo, aunque registraba una disminución, al pasar de los treinta millones de turistas anuales proporcionaba todavía a los mercados españoles de productos y servicios unos meses de intensa actividad que ayudaban a compensar otros saldos negativos.

Economía sumergida

El gobierno intentó poner remedio a la situación con un incremento de impuestos y una reforma del sistema de recaudación fiscal semejante al norteamericano. A ello la población, en número no reducido, respondió con la creación de una riqueza no declarada. En el caso de los trabajadores con empleo, muchos buscaban aumentar sus ingresos con el ejercicio del llamado *pluriempleo*, por otra parte los desempleados procuraban compensar la escasez de los subsidios de desempleo con trabajo no declarado.

Se supone que esta, llamada "economía sumergida", llegaba a representar más del 25% del producto bruto nacional. Sin mejorar la situación económica del país, esto evitó al menos que una media de inflación de casi el 10% y de desempleo de un 18% durante más de diez años no fueran causa de más graves convulsiones sociales.

La primera mitad del año 1991 se caracterizó por su inestabilidad política. Alfonso Guerra, vicepresidente del gobierno, se vio obligado a dimitir bajo presión de sospechas y acusaciones levantadas hacía dos años. La pérdida de apoyo popular al PSOE se manifestó en las elecciones municipales al perder las alcaldías de Madrid, Sevilla y Valencia. Al mismo tiempo estallaron el *Caso Filesa*, de financiación ilegal del PSOE, y el *Caso Gal* (Grupo Antiterrorista de Liberación), con acusaciones al gobierno de financiación de un terrorismo de estado.

El año 1992 fue para el gobierno uno de inversiones por prestigio. Aunque dejaron a las comunidades afectadas y a la nación con un gran déficit, tanto la Exposición Universal de Sevilla, como los Juegos Olímpicos de Barcelona, ofrecieron espectáculos de gran ostentación.

Mientras ETA llevó a cabo graves atentados terroristas, continuaron siendo investigados nuevos casos de alta financiación sospechosos de ilegalidad, como el *Caso Ibercorp* en el que quedó implicado el propio gobernador del Banco de España. Y en Cataluña, *Convergencia i Unió* (CiU) ganó las elecciones y Jordi Pujol fue nombrado presidente.

En consecuencia, el "boom" percibido por unos años desapareció, dejando la sensación de cansancio y desgaste económico. El número de obreros sin trabajo marcado para este año fue de más de 3.400.

La *Unión General de Trabajadores* (UGT) y *Comisiones Obreras* (CCOO) continuaron el curso de colisión contra el gobierno de González, siendo el mayor problema la situación y trato del obrero. Los grupos socialistas insistían en mantener las leyes, muchas todavía en vigor desde la época de Franco, que hacían imposible no sólo despedir al obrero, sino también su cambio de puesto o incluso de métodos de trabajo. El gobierno, por el contrario, consideraba que ante la situación actual estas leyes eran un lujo que la sociedad no se podía permitir y buscaba una solución que ayudara al desarrollo y productividad en el campo industrial. Con una cifra de desempleo del 23%, la inacción en este campo invitaba al desastre, pero una liberalización de las leyes llevaría al gobierno a un rompimiento total con el ala izquierda de su partido.

Tras diez años de gobierno socialista, el PSOE contaba con el apoyo firme de sólo dos de las 17 regiones: Extremadura, la más pobre de España y Andalucía, donde el partido socialista mantenía una política de subsidios a los desempleados, que había sido criticada como una *compra de votos*. Fueron estas regiones las que en las elecciones de 1993 determinaron el triunfo socialista.

Durante los primeros diez años el partido de González, a causa de su gran mayoría, estuvo en situación de ignorar la oposición. Pero la serie de escándalos en los que miembros del gobierno se vieron involucrados en los últimos años, las medidas de austeridad económica, la devaluación de la moneda con el consiguiente desajuste en el comercio exterior e inflación en el interior, junto con la recesión y el ya endémico desempleo que amenazaba como nunca a la clase media, habían permitido que la oposición conservadora apareciera otra vez como una solución viable. Con un programa de mayor liberalización económica de lo que los socialistas podían ofrecer, el Partido Popular (PP), dirigido por José María Aznar, comenzó a aparecer para la mayoría del centro moderado y conservador como su mejor representación política.

La ironía de la situación, que no se escapó a los dirigentes del socialismo radical, era que si se derrotaba a González en las elecciones, el nuevo gobierno centrista podría ser todavía más estricto en sus reformas económicas. Ya el partido socialista se había mantenido en el poder precisamente por su política económica moderada, capaz de atraer el voto moderado.

Ante esta perspectiva de un triunfo electoral centrista los gobiernos autonómicos, catalán y vasco, temerosos de perder las ventajas conseguidas, mantuvieron una alianza con el gobierno socialista que era más de carácter económico que ideológico. Lo mismo ocurría con el ala radical del partido socialista y de los sindicatos de obreros. A pesar de su abierta oposición González temían, con razón, que la política del partido centrista les fuera todavía menos favorable.

Por ello, en las elecciones generales celebradas en junio de 1993, Felipe González fue elegido por cuarta vez presidente del gobierno, siendo el voto de Extremadura y el de Andalucía el que evitó la derrota del partido socialista. Incluso con su victoria, el margen fue lo suficientemente pequeño para quitarles la mayoría. En vista a las elecciones ya advertía la prensa nacional e internacional que los partidos minoritarios o los regionalistas acabarían siendo los ganadores, por convertirse en los determinadores de la dirección política del nuevo gobierno. En efecto, tras largas y costosas negociaciones González fue capaz de formar un gobierno sólo por el apoyo del Partido Regionalista Catalán (PRC), apoyo que le salió caro por las concesiones que se vio obligado a hacer.

El fin primordial de la política exterior continuó siendo la integración política y económica con Europa, y así la nota más importante en 1993 fue la ratificación del tratado de Maastricht.

En el aspecto económico se buscaba la solución en el extranjero con la triple devaluación de la peseta, que llegó a un 24% en total. Mientras tanto la corrupción política y económica de estos años se hizo más evidente con la investigación de los presuntos casos de corrupción o malversación de fondos (Conde, Banesto, Roldán, Ministerio del Interior, Rubio, Ibercorp, Sistemas A. F., Filesa y el mismo PSOE).

El año 1994 comenzó con una huelga general que respondió a la todavía aguda crisis económica, continuando los cierres de empresas y suspensiones de pagos. En el régimen interno se mantuvo la tensa rivalidad entre regiones a causa del llamado *imperialismo autonómico* y en numerosas ciudades españolas se dieron manifestaciones multitudinarias contra el terrorismo de ETA.

En las elecciones al Parlamento Europeo el Partido Popular tomó el puesto ocupado hasta entonces por el Partido Socialista. Durante el año siguiente, continuó la tensión en la vida política y social por la notoriedad de los casos de corrupción y la falta de solución de la crisis económica. En junio, las elecciones municipales y autonómicas dieron la victoria al PP. En Cataluña Pujol (CiU) ganó de nuevo las elecciones, aunque perdió la mayoría absoluta a causa de su apoyo al gobierno socialista.

Gobierno conservador de José Aznar (1996–2004)

En las elecciones generales del 3 de marzo, el Partido Popular consiguió la victoria. Por haber sido ésta una victoria mínima, se inicia una época de pactos globales o lo que llaman el *consenso*. José María Aznar fue elegido Presidente del Gobierno con apoyo del Partido Autonómico de Cataluña.

Aunque seguían los atentados terroristas de ETA, la tensión social y política parecía disminuir. La reforma fiscal de los sistemas de impuestos y recaudación también parecía abrir camino a una recuperación económica que prometía la creación de empleos y alivio económico a las empresas.

El resumen del año **1997** presentó un balance económico positivo al mantenerse la recuperación económica, con la consiguiente disminución del desempleo. Desde el punto de vista social, el terrorismo de ETA continuó con acentuada brutalidad y se reanudó la actividad del *Grupo Revolucionario Antifascista Primero de Octubre* (GRAPO). Las relaciones de las regiones autónomas, nunca muy cordiales, mostraron este año mayor rivalidad. En especial Navarra y Valencia se manifestaron en masa contra las aspiraciones del País Vasco y Cataluña respectivamente.

Al acercarse el fin del milenio, y con ocasión de las elecciones generales que se celebrarían en marzo del año siguiente, tanto el gobierno como varias agencias informativas han hecho sumarios de la situación política y económica de España. El resultado es uno de los más positivos desde la restauración del régimen democrático.

La revista británica "The Economist", comentando la situación económica y política de España frente a las elecciones de marzo del año 2000, titulaba su comentario final con las palabras "España sonriente. Mucho del crédito debiera ir a José María Aznar y su partido en gobierno, el Partido Popular". La referencia se dirige sobre todo a la evidente mejora en la situación económica conseguida durante los últimos años a pesar de haberse efectuado bajo la dirección de un gobierno de minoría, como fue el de José María Aznar.

Los socialistas, ante un panorama electoral nada favorable, buscaron el apoyo de sus aliados tradicionales, los comunistas. Sin embargo, este matrimonio de conveniencia se anticipó que podía ser contraproducente. Por una parte, un acercamiento a la izquierda radical pudiera alejar a los conservadores e incluso enajenar a muchos de los socialistas moderados, sobre todo porque el régimen de Aznar se había mostrado más moderado de lo que muchos de sus adversarios temían, tanto en sus políticas fiscales como en sus políticas sociales. Por otra, el pragmatismo ideológico que en años pasados había hecho atractivo el programa socialista a amplios sectores del electorado, nunca fue compartido por los comunistas, que lo atacaron constantemente con la acusación de "aburguesamiento" y de excesiva aproximación al centro. A ello se puede añadir el desprestigio del partido socialista a causa de la gran corrupción demostrada en los últimos años de su gobierno.

Otro problema que España comparte en la actualidad con algunos países europeos y los EE.UU., es el de la inmigración, en gran parte ilegal. Ésta llega desde África del Norte a las costas de Andalucía cada vez en mayor número y en busca de trabajo, aprestándose a realizar labores que los españoles rechazan a causa de la situación más próspera de la economía. Este problema queda generalmente localizado en el sur y, por el momento, a pesar del número y de la visibilidad, los inmigrantes sólo llegan a un 1,5 % de la población, en comparación con el 6% que es la media europea.

Durante el año 2000, la situación económica fue estable con un fuerte crecimiento, que el gobierno declaró que continuaría durante ese año y el siguiente. Aunque se temía que el crecimiento disminuyera, como ocurría en las demás naciones de la zona del Euro. En la confluencia de los aspectos socio-económicos y culturales de la vida española era de notar que, según un informe de la Asociación de compañías de Seguros, Unespa, y Gallup tras entrevistas con más de 3.000 españoles mayores de 24 años de edad, el 50% de las familias tenía dificultades económicas al fin de cada mes y sólo el 30% podía ahorrar parte de su salario, a pesar de afirmar que creían que ahorrar era muy importante para la familia y que la primera obligación para el ahorro familiar recaía sobre la familia, no sobre el estado. A pesar de ello "no vivir para trabajar, sino trabajar para vivir y gozar de la vida" era el principio básico para el 70% de los españoles que así justificaban la desproporción entre lo que ganaban y lo que gastaban.

En el aspecto social una de las consecuencias de la política de apertura inmigratoria de la UE ha sido y es el aumento de la llamada inmigración ilegal, que causa el doble problema de desestabilización del trabajo, sobre todo en las regiones del sur y las grandes ciudades, que son las más afectadas. Como reacción se percibe un incremento en los actos de desorden publico atribuibles a la oposición de ciertos grupos a los inmigrantes.

El último trimestre del año estuvo marcado en España, como en muchas partes del mundo, por la tragedia terrorista de las Torres Gemelas en Nueva York. La mayoría de los españoles, a juzgar por las manifestaciones de la prensa, expresaron una condena al terrorismo, considerado ya como amenaza mundial. El Presidente del Gobierno, José María Aznar, en una declaración realizada el día 12 de septiembre en el Palacio de La Moncloa, afirmó que España "prestará toda su ayuda a Estados Unidos en su empeño por que se haga justicia", aunque no especificó si esa ayuda incluiría también la militar en caso de que el gobierno del presidente Bush decidiera alguna acción de represalia. La misma cautela manifestaron otros organismos oficiales de las Autonomías.

En los meses siguientes al atentado se expresaba con frecuencia también la crítica a la política antiterrorista de los EE.UU. A la que se acusaba de ver en el terrorismo y su combate más los aspectos que directamente les atañían, que la promoción de una lucha efectiva contra el terrorismo que incluyera el que se sufría en otros países, como España.

El panorama presentado por el año 2002 para España hasta la fecha se puede definir como difícil. A pesar de la estabilidad del Gobierno, que había ganado y mantenido desde las últimas elecciones generales, la situación económica y la política interior manifiestá todo menos una mejora sobre los años anteriores, como se había predicho. Debido en sus detalles a circunstancias muy diversas.

En el aspecto bursátil y financiero fue un "*annus terribilis*" (L. Crawford, *Financial Time*, 31, Octubre 2002). Por una parte la inestabilidad en la bolsa de los EE.UU. tras el ataque terrorista del 11 de septiembre repercutió directamente en España y también a través de las consecuencias sufridas por la Zona del Euro. Por otra parte España, a causa de su agresiva política de inversión en Suramérica pudo haber cometido un error que desestabilizá su propia bolsa. Prestigiosos bancos —Santander, Central Hispano y Banco Bilbao Vizcaya— fueron criticados por invertir más de un tercio de sus reservas en Latín América y en países como México, Brasil y Argentina, plagados, como estaban, por problemas de inestabilidad política y económica; y acusados también de usar métodos de dudosa legalidad en sus negociaciones.

La situación económica de la zona del Euro y la conciencia del peligro terrorista ha tenido una fuerte resonancia negativa en la industria del turismo español, tanto el procedente de Norteamérica como el europeo. La reducción en el número de viajeros y turistas se siente de manera negativa en la industria de los servicios, tanto los de transporte como los hoteleros y de suministros. Ello se ha traducido en una incertidumbre que ha causado la debilitación del mercado interior con un consecuente aumento del desempleo.

En la política interior el problema vasco permanece en primera fila. El intento del gobierno de declarar ilegal al partido político Batasuna, acusado de transacciones y contactos ilegales con la agrupación terrorista ETA, aunque apoyada por el brazo judicial y la mayoría de la población del País Vasco y de España en general, ha exasperado las relaciones con los extremistas. La campaña de intimidación y terror continuó, como también la de oposición, cada vez más abierta, de una mayoría, cada vez, menos callada y silenciosa. En San Sebastián, la plataforma ciudadana llamada *¡Basta Ya!* pudo convocar, en octubre, a una multitud de más de 100.000 personas que se manifestaron contra lo que llamaban el *nacionalismo obligatorio*, presentando a su vez un manifiesto en el que expresaban sus temores y esperanzas para el futuro. En respuesta, ETA extendió al PP y el PSOE, los dos partidos que han puesto en marcha el proceso para sacar de la legalidad a Batasuna, su amenaza de convertir desde ahora en "objetivo militar" —es decir, blanco directo de sus comandos— las sedes de ambas formaciones y "tomar medidas" contra los actos públicos que promuevan ambos partidos.

La inmigración, fenómeno que no había sido tratado como grave problema social en años anteriores, aparece con mayor frecuencia considerado como tal. Esta se divide, como en otros muchos países, en la inmigración ilegal y la que sigue el proceso de legalización oficial.

En España los inmigrantes ilegales proceden en su mayoría del norte de África, en especial Marruecos, y sobre todo de la región del sub-Sahara. Aprovechando la proximidad al continente africano intentan su entrada en la Península en pequeñas embarcaciones "pateras". A pesar del relativamente corto, la falta de conocimiento, las embarcaciones primitivas y las peligrosas corrientes en el estrecho de Gibraltar causan frecuentes tragedias. Aún así los datos oficiales ofrecidos dan la suma de 92.000 extranjeros que fueron repatriados en el año 2003, un 20% más que el año precedente.

De los extranjeros que viven legalmente en España se da la suma total de más de millón y medio (1,6) con unos 276.000 legalizados el año anterior, lo que representa un 24% de aumento en un año. De éstos uno de cada tres está cubierto por la Seguridad Social.

De todos modos el problema de la inmigración aqueja no sólo a España sino que es común a la mayoría de miembros de la UE, entre ellos Alemania e Italia, y no es sólo económico sino también político, ya que afecta la seguridad pública.

Gobierno socialista de Rodríguez Zapatero (2004–)

El primer trimestre del año 2004 tuvo para los españoles un despertar trágico a las realidades del terrorismo mundial con el atentado del 11 de marzo en la estación de Atocha en Madrid, el ataque más sangriento contra la población civil en toda la historia de España. En él murieron 191 personas y unos dos mil quedaron heridas.

El gobierno, acostumbrado a los ataques causados por ETA, acusó a esta organización de la masacre, pero al hacerse públicas las primeras investigaciones las sospechas cayeron muy pronto sobre un grupo marroquí con contactos con Al-Qaeda.

Con la atención dirigida a la participación española en la guerra de Iraq favorecida por el Gobierno, pero a la que la población se había opuesto en su mayoría, según todos los sondeos, el atentado terrorista tuvo un efecto dramático en los resultados de las elecciones celebradas el 14 de marzo. La victoria decisiva que se anticipaba para el Partido Popular gobernante fue anulada por la del Partido Socialista Español dirigido por Rodríguez Zapatero, estrella nueva en la política y alguien que nadie creía capaz de triunfar. Según comentaron líderes políticos tras las elecciones, los terroristas cambiaron la opinión de 30 de cada 100 votantes.

A los dos meses de su nombramiento Zapatero cumplió su promesa de retirar el contingente español del campo de batalla iraquí. Las tropas españolas desplegadas en Iraq cedieron las instalaciones de la Base España de Diwaniya entre el 15 y el 17 de mayo al ejército estadounidense, regresando a España antes del 27 de mayo, fecha límite establecida por el gobierno para la retirada del país.

Este último periodo se puede cerrar en mayo con la celebración del matrimonio de doña Letizia Ortiz con el Príncipe Felipe, reconocido por el Senado desde 1986 como heredero a la corona de España.

En palabras del Rey Juan Carlos I, el acontecimiento es y debiera ser:

> Símbolo de esperanza, semilla de continuidad dinástica y garantía de estabilidad para la Monarquía Parlamentaria que establece nuestra Constitución.

SITUACIÓN FRENTE A LA UNIÓN EUROPEA

A pesar de la importancia de la Unión Europea y del nuevo concepto continental que ha creado, quedan todavía una serie de problemas para los que aún no se ha encontrado solución, algunos existentes desde la gestación de la nueva entidad europea, otros creados a lo largo de la historia española.

El problema fundamental es el de la representación de los miembros en el Parlamento Europeo, si debe estar basada fundamentalmente en grupos nacionales o en el número de habitantes por país disparidad económica y de población entre los miembros, si se da mayor importancia a la población las naciones más pobladas toman sin discusión un papel predominante; si por el contrario se aplica a la representación de las naciones miembros, la disparidad en la población llevaría a una obvia desventaja de la naciones más pobladas que pasarían a estar sub-representadas.

También el control que la Unión Europea ejerce sobre las economías nacionales causa crecientes problemas. Con frecuencia, aunque más a menudo a nivel local, se critica como *micro management* o excesiva intervención el control dirigido desde Bruselas. Éste lleva a la determinación y limitación de la productividad nacional en especial de productos ganaderos y agrícolas. Aunque ella se aplica, en uno u otro sector, a todos los miembros, parece acusarse como más grave cuando se aplica a las naciones de base agrícola. En relación a España se ha discutido en los años pasados el porcentaje de productos de pesca y producción de vinos, y la actualidad la reducción de productividad en aceite, algodón y tabaco.

De otro orden es el problema, discutido ya por años, de cambios en la Constitución europea. A uno de los que Polonia y España, durante el gobierno centrista de José María Aznar, han objetado es el de la Introducción, propuesta por Francia y secundado, por el gobierno socialista alemán de Schroeder, en el que se evidencia, en forma e ideología, la Constitución de la Revolución Francesa. Los miembros que se oponen rechazan tanto el tono francés como la ausencia de referencia a la contribución del Cristianismo, como religión y cultura, en la formación de Europa.

Otro es el problema lingüístico. La UE reconoce actualmente como oficiales 21 idiomas con una disparidad de parlantes que va desde más de 100 millones que hablan alemán a menos de medio millón que usan el maltés, junto con el inglés que es lengua oficial en la isla desde 1934. Ante esa disparidad las regiones autonómicas españolas —Cataluña, El País Vasco y Galicia— insisten en que también sus lenguas sean reconocidas.

El problema agrícola es otro de los desacuerdos que España manifiesta con la Unión Europea y se basa en la disparidad de economías entre los miembros más industrializados y los todavía más dependientes de la agricultura. Éste, aunque de diferente manera, repite el que se da en otros países miembros, como Polonia.

España a lo largo del gobierno de Franco se mantuvo fundamentalmente agrícola. Aunque su industrialización hizo gran progreso, se señalaba todavía que de cada diez españoles cuatro vivían de la agricultura. En los últimos treinta años, con la mayor apertura a Europa y la aceleración del progreso industrial, el porcentaje se redujo a sólo dos de cada diez; y hoy sólo uno de cada diez son los que viven de la industria ganadera y agrícola. A pesar de lo reducido, este porcentaje es todavía muy superior, en comparación, al promedio europeo, que ha sido hasta hace poco de uno cada veinte.

La UE en años pasados tratado de resolver el problema de su exceso de productividad en esos campos con subvenciones, aunque ello sea sólo fue un paliativo temporal y puede reducir a España al papel de país subvencionado y menos contribuyente.

Régimen de Autonomías

La organización del Estado español en comunidades autónomas es uno de los puntos más importantes en la Constitución de 1978. Ésta, en su artículo segundo, señala el derecho de las regiones a su autonomía, a la vez que reconoce y garantiza la igualdad y la solidaridad entre todas ellas, basadas en "la indisoluble unidad de la Nación Española, que es el país común a todos los españoles".

El texto de la Constitución delimita las atribuciones que cada comunidad autónoma puede asumir y cuáles son exclusivas del estado. Así por ejemplo se reconoce el idioma castellano como la lengua oficial del estado, aunque los otros idiomas españoles serán oficiales también en cada una de sus respectivas comunidades autónomas según sus estatutos. De la misma manera la bandera española es la oficial, aunque las comunidades tienen derecho a reconocer como oficial su propia bandera, que ondeará en actos oficiales y edificios públicos junto con la española.

El proceso de reconocimiento de las autonomías tomó varios años, siendo reconocidas las últimas en febrero de 1983. El mapa de España quedó configurado con una división en 17 comunidades autónomas de extensión, riqueza natural, número de población y composición de provincias muy variada. Además, su misma razón de ser es muy variada, mientras unas, como Madrid, responden exclusivamente a razones político-administrativas; otras, como Cataluña, el País Vasco y Valencia, responden a realidades lingüísticas, sociales y culturales establecidas a lo largo de la historia.

El hecho de que todas ellas sean consideradas iguales ante la Constitución fue causa de que las llamadas *autonomías históricas* se sintieran rebajadas a una consideración puramente administrativa, cuando ellas se consideran realidades históricas nacionales, merecedoras de trato y consideraciones especiales. La desigualdad patente de peso nacional y sobre todo económico en la vida de la nación contribuye también a una rivalidad cuando llega la distribución de recursos comunes. Las leyes que la determinan no han sido bien recibidas por todas las regiones. En 1985, Cataluña insistió en unas negociaciones sobre el presupuesto para 1986 que no fuese "discriminatorio contra Cataluña". Pero la diferencia en riqueza, extensión y población de las regiones hace muy difícil encontrar una fórmula que no favorezca a las provincias más ricas con detrimento de las más pobres.

Cataluña

El estatuto de autonomía para la región catalana era el más avanzado tanto en el proceso de su elaboración como en las esperanzas que el pueblo había puesto en su pronto reconocimiento. Tenía además una historia más clara. Por la lengua y por rasgos muy característicos de su cultura, los catalanes habían mantenido su conciencia individual frente a Castilla de una manera más definida que otras regiones de España. Ya durante la Primera República, Cataluña había insistido en un gobierno común para las provincias catalanas, y durante la Segunda, la aceptación por el gobierno de la autonomía de la *Generalitat,* fue unas de las razones de su lealtad republicana. Durante el Régimen de Franco, la reacción nacionalista vio en las divisiones aceptadas por los gobiernos republicanos un ataque a la unidad de España y como tal había sido opuesta, llegándose incluso a la prohibición y la persecución de la cultura regional.

Para las provincias catalanas la democratización de España tenía que ir unida al reconocimiento de sus aspiraciones autonómicas. Un proyecto elaborado por dirigentes catalanes y representantes del gobierno durante el verano de 1979, fue ratificado por las Cortes y, aprobado en referéndum regional por el pueblo catalán el 25 de octubre, fue establecido por la Ley orgánica del 18 de diciembre del mismo año.

El nuevo Estatuto no fue recibido, sin embargo, con la aprobación unánime que se esperaba. Al haber sido incorporado a la propuesta el principio democrático del voto individual, se corría el riesgo, como indicaba el diario ABC aquel verano, de "una hiperrepresentación de Barcelona y su cinturón industrial, exponentes de la sociedad catalana posindustrial y con una población casi mayoritariamente formada por emigrantes".

En efecto, Barcelona, cuya historia en defensa de las tradiciones populares, lengua y cultura catalanas todos reconocen, sufre en la actualidad una crisis muy difícil de medir, pero que podría ser de gran importancia para el futuro de Cataluña y de la cultura catalana. La ciudad, que cuenta con una población muy numerosa de inmigrantes, en su mayoría de origen andaluz, pudiera muy bien llegar a ser dominada por éstos, cuya lealtad a las costumbres, lengua y tradiciones catalanas no está todavía definida. A ello se añade que la mayoría de estos inmigrantes, trabajadores en fábricas, u ocupando empleos bajos, son miembros activos de los partidos militantes de izquierdas y, usando del Estatuto, podrían imponer fácilmente al pueblo catalán formas de gobierno totalmente ajenas al espíritu social y a las tradiciones del pueblo catalán. Los intentos de definir el *catalanismo* y un sistema de asignación de número de representantes que defienda las comarcas y ciudades menos importantes, y así a las tradiciones catalanas frente al centralismo barcelonés, se han encontrado con la oposición de los grupos que se sienten discriminados.

El País Vasco

El problema que presenta la actividad terrorista de ETA en la región vasca y el resto de la Península es todavía el más grave de cuantos confrontan a España todavía hoy. Por una parte el carácter industrioso y trabajador vasco, la riqueza natural de la zona y el tratamiento de preferencia que ha concedido el gobierno, incluso durante el régimen de Franco, a la región para ganar su lealtad, han hecho de las provincias vascongadas una de las regiones más industrializadas y ricas de todo el país.

Por otra parte, la represión ejercida sobre los elementos separatistas de la región durante los años del régimen de Franco ha creado entre los vascos un sentimiento nacionalista agresivo y antigubernamental sin igual en el resto de España. A esto hay que añadir que, contrario a la situación catalana, la política regionalista vasca está tiranizada por un movimiento revolucionario en el que se mezcla el ideal de un país independiente con la utopía de un estado en el que triunfe la revolución marxista en su sentido más ortodoxo.

El partido mayoritario en la región, y en la actualidad en el Parlamento vasco, es todavía el *Partido Nacionalista Vasco* (PNV), que favorece una autonomía limitada y un sistema político moderado. El segundo en representación popular es el PSOE.

Sin embargo el frente político vasco está dominado por el *Herri Batasuna* (Pueblo Unido), que es una coalición de partidos que ha adoptado como lema *Libertar a Euzkadi y construir el socialismo* con una independencia completa de España, cuya nacionalidad se niega a aceptar como propia.

Más conocido es el grupo ETA, rama militante desde 1959, que trata de conseguir los ideales de liberación y marxismo con el arma de agresión revolucionaria. A pesar de su número reducido, la extraordinaria organización de este grupo y sus conexiones con el terrorismo europeo y del Oriente Medio han hecho posible que sean capaces de una actividad terrorista brutalmente eficaz.

Los métodos usados por ETA, que durante el régimen de Franco encontraban fácil justificación para la mayoría de los habitantes de la región, y también para los gobiernos opuestos al franquismo no son ya justificables. La inclusión entre sus víctimas de ciudadanos vascos, políticos o industriales, mantiene atemorizada a la población vasca, hasta el punto de que ésta se ve obligada a ofrecer ayuda y contribuciones impuestas por una auténtica *dictadura de terror*. Acciones terroristas indiscriminatorias llevadas a cabo en Madrid y otras ciudades, y en regiones de concentración turística han causado en la opinión pública una decidida oposición a las aspiraciones separatistas vascas.

En los años 80, el terrorismo de ETA causó además una reacción terrorista de signo contrario, con el *Grupo Antiterrorista de Liberación* (GAL). De afiliación indeterminada, sus miembros se dedicaron, con una efectividad brutal y al margen de la ley y, a la persecución de conocidos terroristas de la ETA. Ello, unido a las leyes antiterroristas aprobadas por el gobierno, la amnistía a los *regresados* y la poca simpatía que sus acciones encuentran en Francia y en el resto de Europa, donde sus miembros buscaban refugio, fue la causa de que el terrorismo, perdiera por un tiempo su eficacia. La detención de algunos miembros de GAL tras un famoso caso de cruel ejecución de miembros de ETA, llevó a que se acusara al gobierno Socialista de colaboración con el Grupo GAL, incluso de subvencionar sus actividades. Las investigaciones y procesos consiguientes han hecho de este episodio uno de los más importantes de los últimos veinte años.

Tras largas deliberaciones y polémicas, el Tribunal Constitucional aceptó, por unanimidad, la sentencia de ilegalidad política sentenciada por El Tribunal Supremo en marzo del año 2003 contra Herri Batasuna y Euskal Herritarrok, ambos acusados por muchos años de complicidad con la política terrorista de ETA.

Ante la decreciente popularidad de la posición nacionalista parece recrudecerse el intento de una redefinición de la identidad política vasca. Acusando de deslealtad a los que más o menos recientemente se han establecido en la región, los independentistas vascos insisten que sin su participación se podría ganar un referéndum de autodeterminación.

Con ello repiten una queja levantada hace más de veinte años. En 1983 para contrarrestar su falta de influencia en las urnas lamentaban que no se pudiera conceder "diferentes grados de valor de voto para nativos y advenedizos", llamando advenedizos a todos aquellos que se establecieron después de la guerra civil.

En este sentido las opiniones recogidas en el sondeo de 1998 fueron prácticamente unánimes considerando que los no nacionalistas son tan vascos como los que sí los son, un 90% de los ciudadanos vascos se declararon a favor de que a la hora de decidir el futuro de Euzkadi, el voto de los que no son nacionalistas debe contar igual que el que sí lo son. Incluso una gran mayoría (86%) de los votantes de HB manifestaron ser de esta opinión.

Un manifiesto del grupo antiterrorista ¡Basta Ya! publicado en octubre del año 2002 en *El País*, definió puntos básicos en su oposición a lo que llamaron "Proyecto delirante", que se pueden resumir como sigue:

> El objetivo de la banda terrorista ETA es imponer un Estado independiente formado por las tres provincias de la Comunidad Autónoma Vasca, Navarra y la región vasco francesa. Este proyecto delirante, que pretende crear de la nada un Estado que nunca existió a partir de pedazos arrancados a Estados democráticos en contra de la voluntad de la mayoría de sus ciudadanos, es algo así como un Frankenstein político. Los 'auténticos' vascos. Los ciudadanos no nacionalistas viven entre atentados y amenazas. ...para ellos, sólo son auténticos vascos los nacionalistas. Limpieza étnica. Miles de vascos no nacionalistas han tenido que optar por marcharse del país. Igualdad de derechos. Nos negamos a aceptar ese planteamiento de nacionalismo obligatorio o sentencia de muerte. Ciudadanía constitucional. Reivindicamos la ciudadanía constitucional desligada de imposiciones étnicas.

Salvo en el periodo de tregua por parte de la organización terrorista —durante el año 1999— ETA ha asesinado de forma ininterrumpida a lo largo de los años, desde 1972, 848 víctimas mortales, sin contar los 78 muertos en 1972 en el incendio del Hotel Corona de Aragón, que también se les atribuye.

IMPERIALISMO REGIONALISTA

Un problema agudo, anterior a la implementación de la Constitución, es el que se podría llamar *imperialismo regionalista*. Lo protagonizan algunas regiones que no se conforman con las fronteras que se les reconocen y buscan incrementarlas a costa de sus vecinos, con aspiraciones que se quieren justificar por razones históricas o políticas no siempre de gran peso.

Estas aspiraciones, no compartidas por todos en las zonas reivindicadas, han creado en la vida nacional una peligrosa división en las regiones discutidas donde han sido defendidas y atacadas con gran vehemencia y actos violentos. Los argumentos usados en favor y en contra han creado en la conciencia española una de las mayores crisis de identidad nacional de su historia.

Si por una parte se defienden formas de vida, sociedad y cultura particulares, establecidas a lo largo de la misma historia y justificadas por los fueros tradicionales de las regiones, por otra parte sirven a grupos locales para buscar avances particulares manipulando esta tradición e imponiéndola a otros grupos, que así se sienten invadidos y oprimidos.

Aunque no son las únicas, las confrontaciones de mayor importancia son las causadas por el nacionalismo vasco, que insiste en la inclusión de Navarra y la zona del Condado de Treviño (Burgos) en el País Vasco; y por el catalán, que aspira a la absorción de Valencia en el concepto de una *Gran Cataluña*.

Política de idiomas

De interés para la historia cultural y lingüística de la España actual es la política de los idiomas y dialectos regionales. En vez de buscar o mantener la unidad lingüística de España, es hoy políticamente correcto mantener y aun promulgar la diversificación regional con medidas políticas aprobadas o toleradas por los gobiernos autonómicos. En la prosecución de esta política, se mantiene un completo desprecio de los segmentos de la población cuya lengua es el castellano y, a la vez, se llega a puntos de proteccionismo de la cultura regional e imposición de la lengua regional paradójicamente análogos a los métodos autoritarios aplicados durante el régimen franquista.

Todavía en el año 2000 se libraba la llamada "guerra de los topónimos" entre la Real Academia Española y las varias autonomías asociadas con lenguas otras que el castellano, concretamente el gallego, el vasco y el catalán. Ante la protesta de que los nombres en aquellas autonomías deberían ser usados en castellano con la ortografía regional, La Real Academia afirmaba que los órganos competentes —las Cortes— pueden tomar decisiones sobre los nombres de lugar y así hacer aceptable su uso en documentos oficiales, pero no declararlos nombres castellanos. Se trataba, entre otros muchos, de nombres como *Donostia* por San Sebastián; *Gastéiz* por Vitoria; *Iruña* por Pamplona; *A Coruña* por La Coruña; *Ourense* por Orense; *San Boi de Llobregat* por San Baudelio de Llobregat; *Barakaldo* por Baracaldo, cuando, por ejemplo, en este último lugar, nunca se ha hablado vasco.

Cataluña

En Cataluña el gobierno de la *Generalitat* ha desarrollado una campaña política y social para defensa de la lengua y desarrollo de la cultura catalana con detrimento, a veces, de las relaciones cordiales con otras regiones y del respeto a la unidad nacional, puntos ambos que, por su asociación con el nacionalismo del régimen anterior, no son muy populares hoy en Cataluña. En el año 1990 la *Generalitat* gastó más de 7.000 millones de pesetas en *hacer cultura de la lengua*.

La región reivindicada es la Comunidad Valenciana. El valenciano, aunque se mantuvo en uso a través de los siglos, sufría una larga decadencia bajo un proceso de castellanización general, sobre todo en las ciudades y poblaciones mayores. A pesar de que durante el siglo diecinueve se hizo un esfuerzo por dar al idioma valenciano nueva vitalidad, ello sólo resultó en algunas fundaciones de tipo regionalista, como *Lo rat penat* (El Murciélago), que no llegaron a tener gran ascendencia sobre la población valenciana. A pesar de algunos escritores en lengua valenciana de cierto interés, la lengua escrita llegó casi a desaparecer completamente, y la hablada quedó relegada a los pueblos, en los que adquirió marcadas peculiaridades locales.

Desde la aplicación del sistema de autonomías, ha comenzado también en Valencia un imperialismo lingüístico que obliga a los residentes a usar el idioma valenciano, aunque éste no sea el propio de ellos. En los últimos años se ha llegado a la protesta abierta contra las medidas impuestas por la *Consellería* que, a la hora de conceder empleos, demuestra preferencia por los hablantes de valenciano. A pesar de que la ley de la Comunidad Valenciana garantiza "que nadie podrá ser discriminado por razón de su lengua" los padres de los estudiantes castellano-hablantes acusaron abiertamente, durante el verano de 1993, a la Consellería de Educación de su imposición sistemática de toda la enseñanza en valenciano, por lo que muchos estudiantes se veían obligados a hacer sus estudios en Murcia, Zaragoza o Madrid.

También en el esfuerzo por revitalizar el idioma se hace evidente la manipulación política. En la región valenciana se da un movimiento catalanista que busca la imposición de una asimilación lingüística del valenciano con el catalán. Revistas valencianistas como *Som* ("Somos [valencianos]") editada por el grupo de acción valencianista se quejaba ya en el año 1990, de que las publicaciones de literatura valenciana se hicieran de acuerdo con las normas lingüísticas del Instituto de Estudios Catalanes, es decir catalanizantes. A esta imposición de lo que llaman *koine híbrida barcelonista de laboratorio* se oponen muchos de habla valenciana, que ven en ella un ataque a su idioma tradicional. La oposición a este movimiento es siempre vehemente y ha llegado en los últimos años a manifestaciones públicas de gran participación.

Desde los años 80 la *Generalitat Catalana* introdujo la iniciativa de crear un órgano destinado a promover el catalán en el mundo. En octubre de 1999 se retomó la iniciativa, dándole una nueva dimensión, de que todos los territorios en que se habla el catalán lo asumieran como propio. A incluir estaban previstos, además de Cataluña, las Islas Baleares, La Comunidad valenciana, y Aragón. La propuesta fue bien acogida en Baleares, también en Aragón, por parte de los 80.000 habitantes de la zona lindante con Cataluña, donde también se habla el catalán. Con menos entusiasmo fue recibida por la *Generalitat* de Valencia, más preocupada por el momento en la constitución de la Academia Valenciana de la Lengua, a la que Cataluña de opone.

El País Vasco

En el País Vasco la política de prosecución de una cultura nacionalista se manifiesta con una intensa manipulación política que llega con frecuencia a medios de dudosa legitimidad y validez cultural. Últimamente se ha extendido al punto de introducir medidas de reglamentación en la enseñanza de historia y geografía, con la exclusión de España y menosprecio a los castellano parlantes, vascos o no, llegando a la exclusión del castellano ante el tribunal de justicia. Estas medidas, no compartidas por todos, están dirigidas a la imposición de una mentalidad cultural vasca tal como nunca antes existió, y han dado lugar a protestas vehementes por parte de los grupos afectados, abiertamente discutidas por la prensa nacional.

La zona reivindicada por el País Vasco es la región autónoma de Navarra. En los últimos años ha pasado de la campaña hablada y escrita a la cibernética, donde Navarra aparece incluida en la noción de País Vasco. A esta apropiación se ha opuesto el gobierno autonómico de Navarra con amenazas de procesos jurídicos.

Sentimiento nacionalista y etnicidad vasca   Basándose en un sondeo sobre el sentimiento nacionalista vasco realizado por Demoscopia, *El País* comentaba en agosto 1998: "Los ciudadanos de Euzkadi se decantan claramente a favor del mantenimiento de su actual configuración como Comunidad Autónoma dentro del Estado, ésta es la idea expresada por el 42%, frente a un 32% partidario de la autodeterminación y de constituirse como estado independiente. Esta opción es la más citada por los votantes de HB (82%), de EA (55%) y del PNV (43%). Entre estos últimos los partidarios del mantenimiento de la actual situación representan, no obstante, un sustancial 31%, con un 15% adicional que se declara partidario de un Estado federal."

Por lo que respecta al euzkera, el 46% de los vascos dice sólo entenderlo, el 35% dice hablarlo, el 26% leerlo y sólo el 21% escribirlo. Por otro lado, un 46% dice ignorarlo por completo.

En todo caso, el 54% de los entrevistados opina que toda persona que trabaje en el País Vasco debería al menos entender el euzkera, aunque no lo hable, y el 65% opina que para ser funcionario en el País Vasco debe exigirse un buen conocimiento del idioma vasco. La aceptación del euzkera como lengua propia de la comunidad parece hallarse muy extendida: lo expresan porcentajes claramente superiores a los que dicen entender la lengua.

Respecto al sentimiento nacionalista, en una escala de intensidad de 0 a 10 en que 0 representa un nivel nulo y 10 un nivel máximo, el valor medio correspondiente al conjunto de la ciudadanía vasca es de 5,64, tan sólo 64 centésimas por encima del valor central. Por tanto, la intensidad del sentimiento nacionalista global registrable en el País Vasco puede calificarse de templada.

En todo caso, la ciudadanía vasca tiene claro que quien tiene que decidir si Navarra forma parte o no del País Vasco son exclusivamente los propios habitantes de aquella comunidad, así lo indica el 66% (porcentaje que sube hasta el 76% entre los votantes del PNV y que incluso entre los votantes de HB alcanza el 63%).

El origen geográfico y la lengua son dos de los principales factores de identificación nacional más comúnmente aceptados. El 56% de los actuales ciudadanos vascos son personas nacidas en Euzkadi de padre y/o madre vascos. Un 19% adicional son personas nacidas en el País Vasco de padres no vascos. En conjunto, pues, los vascos de nacimiento constituyen en la actualidad el 75% de los ciudadanos mayores de 18 años.

Sobre el etnicismo vasco *El País* comentaba en abril del año 2000: Según el estudio del demógrafo José Aranda, publicado hace dos años basado en el censo de 1991, la cuarta parte de los matrimonios de Euzkadi están formados por una persona nacida en el País Vasco y otra proveniente de otro lugar; de los 2,1 millones de habitantes de Euzkadi, 650.000 han sido alumbrados por madres originarias de otra comunidad. Los vascos con sus cuatro abuelos también vascos —es decir, sin un inmigrante entre sus antecesores más inmediatos— suponen un tercio de la población. Si el criterio de nacionalidad fuera la posesión de apellidos vascos, como se proponía, se estaría excluyendo al 79,5% de los habitantes de la Comunidad Autónoma Vasca.

El problema creado por la sociedad misma no tiene una solución que agrade a todos, aunque establece un dilema claro: o se otorga predominio a la etnia vasca o se acepta que ésta no tiene la absoluta y definitiva importancia que los nacionalistas extremados insisten en otorgarle.

La contradicción entre la apuesta por un referéndum de autodeterminación, y la evidencia de que al menos la mitad de la población vota a partidos no nacionalistas —con el dato añadido de la reciente victoria del PP en las tres capitales— está llevando a cuestionar la igualdad del voto de todos los ciudadanos. Explícito en el caso de HB e implícito en el de PNV al culpar a los inmigrantes y a sus hijos de la imposibilidad de una victoria electoral del independentismo.

Ramón Labayen, ex consejero de Cultura del Gobierno vasco a comienzos de los ochenta hablaba de "los inmigrantes que vinieron con su maleta y con su voto". En 1983, a propósito de la elección de un alcalde socialista en Irún, otro ex miembro de la dirección del PNV, José Joaquín Azurza, se lamentaba en un artículo de prensa de que la ley electoral no otorgara "diferentes grados de valor del voto para nativos y advenedizos" entendiendo por tales a "las personas que vinieron a estas tierras con posterioridad a La guerra civil (...), desfigurando el panorama urbano y de composición humana de esta provincia".

Otras regiones

También en otras regiones se percibe algo semejante. Según informe de *La Vanguardia* (19 de mayo de1987) los diputados autonómicos andaluces votaron unánimemente a favor de una resolución de Izquierda Unida pidiendo a la Junta "que promueva el uso y prestigio de las hablas andaluzas y que se evite cualquier tipo de discriminación frente al modo norteño de la lengua castellana". En este caso la política regionalista impone una búsqueda ansiosa de hechos diferenciales y una creación de otros que nunca se dieron en la realidad.

Retorno a las ideologías

Contra la opinión común entre los observadores extranjeros, el peligro para la democracia española no ha sido, como tampoco lo es hoy, de signo derechista o conservador, sino más bien izquierdista. Aun éste es muy relativo, puesto que en la mayoría de circunstancias, también los partidos de izquierdas se han mostrado tan dispuestos a oponerse a los partidos conservadores como a los socialistas. Todavía se puede afirmar que el retorno a las ideologías, es de índole interna, aplicable solamente a los grupos y partidos en que se da. En el orden nacional se tiene desconfianza de ideologías. Y todavía tienen validez las palabras de un comentarista político durante la campaña electoral de 1979:

> Andan por ahí oráculos quejándose de que el debate ideológico es muy pobre, y a Dios gracias. Debates ideológicos bien ricos tuvimos en la década de los treinta por estas tierras, y ya se sabe como terminaron… Aquí, y ahora, se debaten cosas bien concretas, como es el paro, la inflación, o las autonomías, y aquí tienen que hacer muy poco las ideologías y mucho la capacidad de gobernar.

Y éste continúa siendo el problema. Aunque el paro, la inseguridad en el empleo y la inflación son aspectos de la vida española que han encontrado cierta solución, los grupos menos favorecidos pudieran sentir otra vez la inclinación a buscar remedios más radicales. Pero la desaparición del bloque del Este y el consiguiente desprestigio de Rusia ha dado validez a la conciencia de que un regreso a ideologías más radicales tendrá que ocurrir dentro del marco democrático de Europa.

Izquierdas

En el Partido Comunista, la división entre la independencia del llamado eurocomunismo de Santiago Carrillo y la lealtad ciega a las consignas de Moscú exigida por otros representantes de la línea tradicional ha obligado al comunismo español a definirse de nuevo como dictadura de partido en la que no es admisible una desviación de las consignas dadas por la Central, sea ésta nacional o moscovita. Ante esta reafirmación de las posturas ideológicas tradicionales, temen muchos que la aceptación de la Monarquía y de la Constitución hecha por el Partido Comunista de España no sea más que una postura táctica que sus miembros van a mantener hasta que encuentren la oportunidad de implantar sus ideologías revolucionarias.

En el mes de abril de 1985 los miembros del Comité central pidieron la expulsión de Carrillo del PCE, a no ser que cese de intentar "la división" del Partido. En 1987, Carrillo asumió el puesto de líder del Partido de los Trabajadores de España, fundado ese año, "inspirado en la gran revolución socialista de Octubre dirigida por Lenin", aunque, al mismo tiempo, alababa las reformas introducidas por Gorbachev. Pero por el momento, tanto la división, como los esfuerzos por una mayor radicalización ideológica y social han tenido como efecto inmediato la pérdida de alguna popularidad, no muy grande, que el partido tenía.

Más importante es la división ideológica que se da en el PSOE entre los socialistas radicales y los moderados. Frente al programa pragmático de éste éstos, se oponen aquéllos a lo que califican *una progresiva derechización* del Partido. Según él "el partido y los sindicatos no son más que dos instrumentos para organizar la lucha de los trabajadores contra la clase dominante" y su programa exige "el retorno a las ideologías revolucionarias marxistas". Esta división entre sus miembros, aparecida ya en 1979, ha continuado y es considerada por los mismos socialistas como irreconciliable. A pesar de la victoria electoral del Partido en 1982, se ha agravado en los últimos años con las críticas cada vez más duras que el sindicato socialista UGT hacía a la política del gobierno de González y con las manifestaciones públicas y huelgas organizadas para protestar contra sus medidas de austeridad fiscal. Tras Felipe González proponente de una dirección programática para el PSOE, bajo la dirección de Rodríguez Zapatero la política de pragmatismo económico ha cambiado por otra de un mayor radicalismo socialista.

Desde el comienzo de la década de los noventa es Izquierda Unida el frente ideológico más pronunciado. El secretario general del Partido Comunista, Julio Anguita, dirigente de la coalición de izquierdas, se ha presentado como el defensor del trabajador, plagado con desempleo y desilusionado con el socialismo de González. Su programa económico y su defensa del aborto y de objeción de conciencia al servicio militar, hacen de él ejemplo de un socialismo tradicional; su defensa de programas ecológicos, y en contra del racismo, lo muestra capaz de incorporar las nuevas preocupaciones sociales. En un gobierno plagado por el escándalo y la falta de ética política y social, nadie objeta a su integridad personal. Pero su abierta defensa de "la lucha de clases" para transformar la sociedad y sus declaraciones de pertenecer "al impulso revolucionario de 1917 y no tengo intención de cambiar", expresan una visión política ya pasada, que evoca todavía recuerdos de la Guerra Civil y despierta el recelo de los grupos más moderados.

Todavía en 1998 Julio Anguita, secretario general del PCE, pidió en el pleno del XV Congreso de este partido, que se mantuvieran vivos y se reivindicaran "los viejos principios comunistas: anticapitalismo, antisistema y la lucha por una sociedad igualitaria".

Esta lucha ha sido continuada por el grupo GRAPO (Grupo de Resistencia Antifascista Primero de Octubre), grupo de terrorismo urbano dedicado a la oposición al gobierno establecido para reemplazarlo con un sistema marxista con oposición a la participación de España en la OTAN o cualquier alianza con los EE.UU. Su política de terrorismo basado en bombas, asesinatos y secuestros, muy activo en los años 70 y 80, aunque parecer haber perdido mucho de su capacidad de operación en los 90, ha continuado hasta el presente, especialmente en vísperas de las elecciones del año 2000. A pesar de su acción, o posiblemente a causa de ella, GRAPO no tiene apoyo popular ni se puede contar como una fuerza política.

El derrumbamiento de la alianza del Partido Socialista (PSOE) con la Izquierda Unida (IU) en las elecciones de marzo de 2000, atribuida en gran parte a la percepción de una posible radicalización de la postura socialista parece evidenciar, al menos por el presente, que semejante radicalización no es aceptable en las circunstancias actuales.

Derechas

Frente a este renacer de las ideologías de izquierdas, no es perceptible por el momento un fenómeno semejante en las derechas. Los grupos falangistas, ya muy fraccionados desde la última década del franquismo, no han sido capaz de desarrollar nuevos programas, y sin un líder efectivo, no encuentran apoyo en la población. Tampoco se percibe una actividad política organizada por parte de las agrupaciones católicas. Aunque la disolución de UCD permitió el desarrollo rápido de Alianza Popular, partido más conservador, hoy representante de la mayoría conservadora, éste se ha mantenido más pragmático que de acción, y su ideología, aunque conservadora, es poco militante, al menos por el momento.

Tampoco el Ejército representa ya una amenaza real, a pesar de que "el peligro militar" haya sido, y es todavía, usado con frecuencia como una llamada de advertencia. Para sentirse inclinado a *poner orden* por sí mismo necesitaría recobrar el sentimiento de una *misión liberadora* para defender la Constitución o la Monarquía misma, que tuvo en otra época. Para tenerlo de nuevo el Ejército necesitaría un apoyo popular mayoritario y una orden del Rey. Nada de ello es verosímil hoy en día. Clara prueba fue la reacción de los partidos conservadores y del Rey mismo al intento de golpe de estado de Tejero, o del 23-F como se lo llama, que fue en realidad un golpe vacío de fines y carente de verdadera importancia. Si la tuvo fue de signo contrario, pues los grupos conservadores demostraron desde el principio su falta de interés en apoyar al Golpe, y los de izquierdas una fe, nunca antes demostrada, en que la colaboración con la Monarquía y el sistema democrático era el mejor camino a seguir. En este sentido el golpe de estado fue lo mejor que pudo ocurrir para estabilizar la democracia en España e incrementar la popularidad del Rey, como persona y como institución, que hoy por hoy es la mejor garantía para el futuro político de la Nación.

En el panorama llamado de derechas, sólo aparecen los grupos llamados "cabezas rapadas", o sencillamente "skinheads", "ultras violentos" que proceden, en su mayoría, de las hinchadas del fútbol y son un fenómeno europeo, más social que político. Pero tanto por sus actividades como por su ideología de desorden carente de programa constructivo, se manifiestan más como fuerza de disrupción social que la población teme, que como un cuerpo político que pueda contar con número importante de seguidores. A causa de ellos el "boom" de la violencia racista se ha acrecentado en la última década.

Las Comunidades autónomas —Cataluña, Madrid y Andalucía— son las que acusan una mayor presencia de grupos violentos, estimados en tres mil miembros en cada una. A causa del movimiento *skinultra*, la xenofobia y la intolerancia se han extendido preocupantemente por todo el territorio nacional durante la década de los 90 pero, en especial, por las grandes ciudades.

LA SITUACIÓN ECONÓMICA

En términos generales se puede afirmar que el fin del régimen de Franco y la instauración de un sistema político democrático no ha influido grandemente en la vida económica de los españoles, aunque sí, como en la vida política, ha acelerado una liberalización iniciada ya durante los años precedentes. Ya desde entonces, al ser una dictadura más pragmática que ideológica, eran las circunstancias económicas, más que una herencia ideológica del pasado o la reacción contra ella, las que iban gobernando el desarrollo de la vida social de los españoles.

España ha sufrido en los últimos años una crisis económica de índole semejante a la que han experimentado otros países, aunque por su duración y el número de la población que ha afectado haya probado ser mucho más grave. El desarrollo económico que España experimentó durante el último cuarto de siglo encontró un fin rápido con la crisis internacional del petróleo (1973), que fue más grave en España por su mayor dependencia de la producción extranjera. La inflación, unida a una recesión económica, confrontó a la nación con la realidad de que sólo medidas de austeridad económica podrían salvar el bienestar relativo conseguido por los españoles.

Las medidas tomadas por el gobierno de Suárez no dieron todos los resultados esperados. Si bien redujeron la inflación, causaron al mismo tiempo un paro obrero y una recesión industrial, casi tan graves como la inflación que pretendían eliminar. Las consecuencias políticas fueron graves para el gobierno, ya que la población respondió con vehemencia en la campaña electoral del año 1981 en la que los socialistas prometían una mejora rápida de la situación económica. La debilitación y pérdida de prestigio del gobierno socialista se debe tanto o más que a la corrupción en el gobierno, a la falta de mejora económica causada por sus programas económicos.

En general, todavía se puede afirmar que la vida española mantiene un ritmo tradicional, incrementado por el mayor número de individuos que disponen de medios económicos y la mayor prisa en gastarlos que demuestran por miedo a que la inflación les reste su poder adquisitivo. En este sentido, la sociedad española se distingue poco de la de otros países, demostrando los mismos deseos por una mecanización que haga la vida más fácil: automóviles, televisores, máquinas de lavar y de fregar, ya comunes en numerosas familias; o una automatización de trabajos y servicios, también muy extendida. Una visita a un supermercado o almacenes se distingue muy poco de una visita a empresas semejantes en otros países. Aunque el consumismo, y en general, los gustos, modas y costumbres adolecen del mismo sentido internacional que también se observa en otros países, la influencia que ejerce Estados Unidos es todavía la mayor y la más determinante, sea por importación de sus estilos y productos o por su adaptación a las formas españolas.

LA VIDA SOCIAL

Como la vida política, también la social está dominada en la actualidad por un pragmatismo impuesto por el bienestar material amenazado por repetidas crisis económicas. Pero este pragmatismo, más que servir de acicate a la acción, parece resolverse en un sentimiento general entre temeroso del futuro y totalmente despreocupado. En la España actual, todavía en plena decadencia de ideologías, democracia significa para muchos una despreocupación más o menos absoluta de toda clase de ideologías y doctrinas, sean éstas totalitarias o democráticas. Esta actitud, por lo extendida que está, ha necesitado de una palabra nueva *pasota*, con la que se designa a los que *se pasan*; es decir, se despreocupan de todo. En compensación, se advierte en España un mayor interés por el entretenimiento y las diversiones, que se traduce en una gran aglomeración de público en el fútbol, toros, cines, teatros y salas de espectáculos.

El gran público mantiene su preferencia por la revista ligera y musical. El teatro en cambio se ha convertido en espectáculo de público minoritario. Por ejemplo, el record de recaudación para el año 1985 fue la revista *Sí, al amor*. En una encuesta realizada recientemente por el Ministerio de Cultura, un 38% de la población española asiste con cierta regularidad a espectáculos de deportes, y todavía un 37% al cine, pero sólo un 16% al teatro.

Sigue siendo muy popular la costumbre de salir a comer en los restaurantes, a principio de la tarde y sobre todo los días festivos, en los que se pasa largo tiempo *de sobremesa*. Es notable el número de cafés y bares que hay en las ciudades españolas, el mayor en comparación con los demás países de Europa. En ellos, más que en las casas particulares, se lleva a cabo, *tomando unas copas*, la mayor parte de la vida social de los españoles. Los bares, con sus muy variados aperitivos, constituyen un lujo muy del gusto español. A pesar de que los precios parecen ser prohibitivos, la asistencia a locales de diversión y espectáculos, el consumo en bares y cafés y, en general, las compras de los artículos más variados, desde los de primera necesidad hasta los de mayor lujo, dan la sensación de un ritmo urgente, de una prisa nerviosa Como Chicago y Nueva York, Madrid y Barcelona son ciudades apresuradas. Pero en ellas, como decía un humorista español, "no se tiene prisa en trabajar sino en vivir".

Más reciente, y expresión de una generación de jóvenes, fue en las décadas pasadas la llamada "movida", que manifestaba una elegancia decadente digna de una nueva *Belle époque* europea o los *Roaring Twenties* americanos. Elegante, sibarita, despreocupada y, de una manera u otra, con medios económicos, sus adeptos viven al margen de los problemas y necesidades de la sociedad mayoritaria de la que no se sienten parte. Como una de sus más conocidas representantes respondió al ser interrogada en una entrevista: "más me interesa tener una cita con un político que votar por él".

Desamor y moralidad

Una modalidad de la vida social en España en los últimos decenios ha sido la rápida disolución del sentido comunitario, con el consiguiente sentimiento de desinterés y de soledad, de *desamor* como se le ha llamado, entre los individuos en general, pero incluso entre las generaciones de una misma familia. Este fenómeno, que se debe a razones económicas y de desarrollo industrial, junto a la creciente movilidad de la población, hace que la vida urbana española se vaya haciendo cada vez más semejante a la de otros países.

Un aspecto de la vida española en el que se advierte más claramente la liberalización de la vida social es la llamada *moral pública*. Por muchos años, durante el régimen de Franco, los organismos encargados de la censura, formados por miembros políticos y eclesiásticos, se habían preocupado tanto de las ideologías políticas como de los valores morales defendidos o atacados, escritos o presentados en espectáculos públicos. Por un tiempo también tomaron como su responsabilidad la moralidad de las acciones en público. En consecuencia se aplicaron, en un principio con gran rigor, normas de conducta relativas al manejo de la sexualidad tanto en los espectáculos públicos como sobre los mismos individuos. Sobre todo en las playas, donde se llegó a imponer un código de vestido e intentó la separación de los sexos y familias. A partir de los años sesenta el rigor inicial de estas normas fue perdiendo su eficacia a medida que el turismo en masa fue imponiendo normas en uso en el resto de Europa.

Con la eliminación de los organismos de censura, también se eliminó cualquier control a la moralidad pública. En 1977 España fue el país europeo que presentó un mayor porcentaje de películas eróticas al concurso cinematográfico de Cannes en Francia. Aunque en 1972 la película más famosa de la temporada había sido *El último tango en París*, prohibida en España por razones de moralidad pública, pero que un gran número de españoles vio en las localidades del sur de Francia donde se proyectaba con subtítulos en español. En los años siguientes, la gran mayoría de las películas de estreno de Madrid usaban del erotismo como motivo principal de atracción, y los teatros exponían al público como propaganda fotografías de desnudos, anunciando "desnudos frontales de larga duración" como la atracción más importante. En realidad parecía como si el español hubiera descubierto al fin el goce abierto de la sexualidad.

En la actualidad, el ciudadano goza en España de una libertad tan grande o mayor que en las demás capitales europeas. Las playas españolas ofrecen una ostentación de desnudo, sobre todo femenino, sin comparación en otras del

Mediterráneo. La conducta en las playas españolas manifiesta, tanto en las acciones como en el vestido o desnudo, la misma libertad de otras playas europeas, pero no en los Estados Unidos. Numerosas revistas de interés primordialmente político y literario incluyen fotografías de desnudos dignas de revistas eróticas. Éstas, españolas o ediciones en español de otras americanas y europeas, se exponen abiertamente a la venta en kioskos y librerías.

A pesar de que el terrorismo es la nota que los diarios sensacionalizan con mayor frecuencia y por el que el mismo público manifiesta más claramente su oposición, lo que más les preocupa a los españoles es la falta de seguridad pública que España, como otros países, sufre en un grado nunca antes conocido. Ello hace que los españoles vayan abandonando la costumbre de salir de noche con la libertad con que antes lo hacían. Se indican dos causas: el desempleo y el abuso de la droga. Ambos son los problemas más graves de la sociedad española actual.

A pesar de ello, o quizá debido a todo ello, el español no ha perdido su humor tradicional, su normal simpatía y sobre todo su actitud un tanto hedonista que define todavía con su tradicional axioma de que *se trabaja para vivir, no se vive para trabajar.*

La mujer

Sin duda el segmento de la sociedad que más ha experimentado los cambios políticos y sociales es la mujer. No tanto por una ideología franquista o falangista, sino por la supervaloración de los llamados valores tradicionales y conservadores predicados por la tradición católica y que el régimen aceptaba.

Así la mujer española continuó siendo juzgada, hasta muy avanzado el siglo, según los ideales de familia, esposa o madre, su papel más importante en la sociedad. La idea de que *las señoras no trabajan,* originaria del siglo anterior, se mantuvo vigente hasta bien avanzado el siglo XX. Aunque, de hecho, la mujer se había incorporado al mercado laboral, era generalmente la necesidad quien dictaba su participación, y su función quedaba restringida a labores de subordinación y de servicio.

Se daban casos de mujeres dedicadas a profesiones mercantiles, médicas o literarias, pero con mayor frecuencia servían de maestras, dependientas, obreras en fábricas y asistentes en las tiendas.

La liberalización moral y social de las últimas décadas ha introducido también cambios radicales en las funciones y actividades, responsabilidades y derechos sociales de la mujer española. En los años sesenta, la mujer casada era todavía dependiente del marido aunque estuviera legalmente separada de él. No estaba autorizada a tener cuentas corrientes de banco independientemente de su marido, y necesitaba de su autorización para cualquier gestión legal. Hoy en día, la igualdad de ambos sexos ante la ley es un hecho.

Por otra parte la legalización, aunque restringida del aborto y el divorcio, no se perciben necesariamente como una mejora en este sentido. Sobre todo la ley de legalización del divorcio tenía más apoyo entre los hombres que las mujeres. El avance real de la sociedad española ha sido la necesidad de revisar las leyes concernientes a la mujer, divorciada o no, en todos sus derechos sociales. Aunque la posibilidad del divorcio le proporciona una sensación de independencia incluso en el matrimonio, el precio es la falta de seguridad de la vida matrimonial, pues si ella se puede divorciar del marido, también el marido se puede divorciar de ella. En efecto, aunque el porcentaje de divorcios en España es todavía el más bajo de Europa, las estadísticas señalan ya una disminución en la seguridad matrimonial de la pareja.

La mujer y el trabajo

La mujer española tiene en el campo laboral los mismos horizontes que en otros países occidentales. El gobierno ha establecido un *Plan de Oportunidades de la Mujer* para contrarrestar la inercia con que se desarrollaba su integración total. En la actualidad no es ya un caso excepcional la participación de mujeres en puestos directivos de política, economía o dirección cultural.

Esta política, iniciada durante el gobierno socialista de Felipe González, fue continuada durante el de José María Aznar y posteriormente por Rodriguez Zapatero. En todos ellos mujeres ocupan o han ocupado cargos importantes.

Pero no se puede hablar de igualdad completa en la vida real. En España, como en otros países, no es fácil para la mujer el avance profesional a niveles directivos, y de ella se espera una contribución mayor de la que se espera de un hombre en la misma posición. Sin embargo, el cambio es importante y empieza a afectar la vida pública.

A la vez, Carme Chacón, Secretaria de Educación, Cultura e Investigación de la Comisión Ejecutiva Federal del PSOE, resaltó recientemente el hecho de que, por primera vez en España, el número de mujeres universitarias supera al de hombres.

LA VIDA RELIGIOSA

En pocos aspectos de la vida española se percibe el deseo de una liberalización de la vida y la falta de interés por las ideologías con mayor claridad que en la vida religiosa del pueblo. Por primera vez en la historia de España como nación, la religión católica ha dejado de ser para la mayoría de los españoles esencial al sentimiento nacional. No sólo se acepta la libertad religiosa del individuo y la separación del estado y de la Iglesia, sino que otras creencias religiosas son consideradas compatibles con el catolicismo.

El católico español, conocido a través de la historia como defensor incondicional de la ortodoxia dogmática, rechaza hoy el dogmatismo católico y muchas normas eclesiásticas, como si fueran una imposición política y no parte integral del catolicismo histórico. En consecuencia, se advierte un menor cumplimiento de las leyes eclesiásticas y menor asistencia a las funciones religiosas. Se ha generalizado, además, una postura abiertamente opuesta al catolicismo tradicional en puntos fundamentales como el control de la natalidad, el aborto y el divorcio, que son defendidos con la misma dedicación de otros países no católicos.

Esta falta de interés por la Iglesia como institución y por sus doctrinas morales como norma de vida se ha traducido, al igual que en otros países, en una disminución dramática del número de jóvenes de ambos sexos que quieren dedicar su vida al servicio de la Iglesia. Por primera vez en España la Iglesia está pasando por una aguda crisis de vocaciones religiosas.

En el campo de la política nacional la Iglesia española, ya desde los últimos años del régimen de Franco, había tratado de compensar su identificación pasada con el régimen con un mayor distanciamiento y una menor intervención en la vida política. Para muchos eclesiásticos las relaciones ideales entre la Iglesia y el Estado eran la separación total entre ambos poderes, lo cual es también una noción nueva en España. Sin embargo, ante el proyecto de Constitución, el cardenal primado, monseñor González Marín, objetó en una carta pastoral a lo que en su opinión era una constitución *agnóstica*, que no garantizaba la libertad de enseñanza, ni protegía los valores morales de la familia. A ella contestó el diario *ABC*, de conocida tradición derechista conservadora y católica, con el reconocimiento escueto de que una Constitución ya no podía ser escrita para un pueblo de católicos porque "muchos son los españoles que sin abandonos o negaciones espectaculares de su fe, viven de hecho con una ética y unos modos de pensar ajenos al catecismo, y también son españoles".

Parece evidente que la Iglesia española, eclesiásticos y católicos en general, ha desarrollado una nueva conciencia política y social, menos autoritaria y más compatible con una sociedad que como tal ha dejado de ser católica. En contraste, el cardenal Enrique Tarancón (1907–1994), uno de los eclesiásticos más liberales de las últimas décadas y conocido por sus repetidas críticas al régimen de Franco, se lamentaba hace no muchos años, de las consecuencias de la liberalización "excesivamente rápida" de la sociedad española, de "su pérdida, a consecuencia de ella, de valores religiosos y morales, de la desintegración de la familia".

Esto no quiere decir que los españoles hayan dejado de ser católicos. Incluso dentro de una actitud despreocupada, se preocupan por la religión y quieren que sus hijos también lo hagan, como decía un incrédulo que enviaba a sus hijos a la iglesia "por si acaso fuera verdad".

La Iglesia cuenta todavía con un gran número de escuelas y colegios de gran prestigio académico, a los que asisten un gran número de estudiantes de segunda enseñanza. También sus agrupaciones siguen activas, aunque cuenten con un menor número de miembros y menos confianza en el apoyo oficial. Aunque el católico se siente tentado como nunca antes a seguir el materialismo de la vida moderna y las formas abiertas de la sociedad de hoy, la crisis del catolicismo español consiste fundamentalmente en que los católicos españoles quieren sentirse responsables de su religión, ser, o no, católicos por elección y convicción, no porque así lo exijan unas formas sociales o políticas impuestas por tradición y costumbre. Esto, claro está, no es necesariamente un mal pronóstico

LA VIDA CULTURAL

Una de las características más notables de la vida intelectual y artística de los últimos años es la conciencia cada vez más clara en artistas y críticos, de que la transformación política que siguió a la desaparición del régimen de Franco no iba acompañada de cambios radicales en la vida cultural de la nación. Ni todas las figuras más importantes de las décadas anteriores perdieron su prestigio, ni los movimientos por ellos iniciados su vigencia. Las libertades políticas de que goza la población y la libertad social que necesariamente las acompaña no han dado como resultado un gran cambio ni en la temática, ni en las actitudes de los artistas, ni siquiera en el gusto del pueblo.

En todas las manifestaciones artísticas se puede llegar a la misma conclusión: a pesar de la dictadura, censura, o intervención del estado, las generaciones "mayores" pudieron ejercer su *metier* y las "jóvenes" iniciar un desarrollo interior del que vive el arte actual en España. Sin embargo, tras la dictadura, los artistas han tenido que proponerse nuevos caminos a seguir, libremente elegidos y ya sin la excusa de condiciones políticas adversas. Por otra parte se oye con frecuencia, sobre todo en el cine y teatro, la queja de situaciones económicas que hacen difícil la competencia con producciones extranjeras, en el caso del cine, o una falta de apoyo estatal que sostenga un teatro falto de público.

La libertad de que goza la prensa en la actualidad ha hecho innecesaria la publicación en el extranjero de obras teatrales, literarias o de cine por miedo a que se las censure en España. Por otra parte, muchas de las obras que vivieron por un tiempo con su fama de *prohibidas* no han sabido mantener su vitalidad ni la aceptación del público, al dejar de serlo.

En los últimos años las relaciones culturales entre España y el resto de Europa se han intensificado. Los artistas españoles toman mayor parte en concursos y exposiciones internacionales, la exposición de EUROPALIA 1985 estuvo dedicada al tema de la cultura española y, en 1992 Madrid fue elegida Capital de la Cultura Europea.

El libro y la lectura

En cierto sentido se puede hablar en España de una crisis de la literatura en general y del libro en particular. Se trata de una crisis que no se debe a la falta de calidad de escritos y escritores, ni se manifiesta, si se da crédito a los editores, en una disminución de títulos publicados o en cifras de edición, pero sí es evidente en la mayor inclinación de las casas editoriales a concentrarse en temas de venta segura y de producción de coste reducido. La crisis se debe a la falta y calidad de lectores.

Como ya decía un crítico literario el año 1987, "la gente prefiere gastarse mil quinientas pesetas en una botella de champán a setecientas en una buena novela".

El libro

En España, al igual que en otros países, el libro tiene que competir en el campo público no sólo con la literatura popular, *subliteratura*, y hasta con los *comics*, sino, sobre todo, con la industria audio-visual: radio, cine y televisión. Los éxitos comerciales de novela, y los *best-sellers*, señalan una dependencia de los medios audio-visuales muy semejante a la que se percibe desde hace ya años en otras naciones, pero que es nueva en España. Esta dependencia no consiste sólo en que reciban publicidad por la radio o la televisión, sino que en muchos casos, han sido antes un éxito de cine o, sobre todo de televisión, siendo ello la causa de una nueva demanda por el libro. Este es el caso, entre otros muchos, de la novela de Emilia Pardo Bazán *Los pazos de Ulloa*, de obligada reedición ante el éxito de la serie televisiva.

Desde los años de la transición la lectura más apasionante fue la de aquellos libros que venían a interpretar o reinterpretar el pasado inmediato. Así durante esta época se han multiplicado las obras que tratan de explicar la historia y acusan al régimen anterior de su injusticia y sus fallos, con un descuido de la literatura de ficción. Todavía hoy parece ser que los más comprometidos con el pasado son los intelectuales y no la población. En una reunión de escritores celebrada a fines de 1992 sobre el tema de Franco y la historia contemporánea, una de las cuestiones propuestas y más discutidas fue la de si "se merece Franco una revisión objetiva". La división fue tan radical y vehemente como hubiera podido serlo medio siglo antes. Mientras unos contestaron con un NO rotundo, otros en cambio arguyeron que "Los ataques a Franco son desmesurados y proceden de los que nunca han criticado a Stalin, a Castro o a la Pasionaria". Ambas afirmaciones despiertan la conciencia de que la vehemencia ideológica pesa más que la razón.

La lectura

Tan importante como la crisis que la televisión y el cine causan para el libro, es la producida por el bajo nivel actual de lectura. Como ya decía un crítico literario, el año 1987, "la gente prefiere gastarse mil quinientas pesetas en una botella de champán a setecientas en una buena novela".

Es difícil encontrar acuerdo entre los datos proporcionados por la industria y los organismos independientes. Según datos que la industria proporcionó para el año 1993, la producción del libro había aumentado considerablemente en los últimos años. Por otra parte el Ministerio de Cultura, en una encuesta publicada el mismo año, señalaba que el 42% de los españoles mayores de 18 años nunca leen un libro. Lo cual situaría a España en el penúltimo lugar de la Comunidad Europea, sólo delante de Portugal. Según se informaba en la encuesta, el joven español medio de 15 a 19 años pasaba diariamente 121 minutos ante la televisión, 75 minutos dedicados a *charlar y tomar copas*, y sólo 14 a leer libros. Sin embargo un sondeo realizado para el diario *El País* había declarado, en el año 1988, que el 50% de los españoles se declaraban amantes de la lectura, aunque al mismo tiempo sólo un 35% afirmaba estar leyendo un libro o haber terminado uno recientemente.

Aunque la forma en que se presentan las preguntas tiende a generar respuestas diferentes, la realidad parece ser la misma. La afición real a la lectura está en crisis, más aún si se considera que en la lectura encuestada cuentan por igual la lectura de evasión y la más selectiva. Peor es la situación de la poesía, cuya edición en libros se realiza en tiradas de números muy bajos, a veces de sólo algunos pocos centenares.

Todavía en mayo de 2001 la entonces ministra de Cultura, Pilar del Castillo, introdujo un ambicioso y costoso plan dirigido a los escolares entre ocho y dieciséis años para fomentar la lectura y se hablaba de "la tozuda estadística según la cual casi la mitad de los españoles no lee nunca o casi nunca un libro" (*El Correo*, 8 de mayo, 2001). Reconociendo que el Ministerio de Cultura no poseía datos sobre la eficacia de las campañas anteriores por el fomento de la lectura, afirmaba que los datos que se conocían apuntaban a que el 42% de los españoles no lee "casi nunca" un libro y que el 23% admite no hacerlo "nunca". Pero en ninguno de los casos se hacía distinción entre las varias categorías de libros ni se determinaba el nivel de lectura.

La literatura

De la misma manera que el regreso a una vida política basada en instituciones democráticas no causó en la vida intelectual y cultural un rompimiento con el pasado inmediato, tampoco lo causó en las artes. En todas ellas continúan con reconocimiento los artistas ya consagrados en las décadas anteriores o se distinguieron nuevos artistas que ya habían iniciado su carrera en los años anteriores.

Sin embargo fue evidente que con la restauración del régimen democrático y la mayor apertura política y económica a los países europeos y la integración en la Comunidad Europea, las artes todas experimentaron una mayor y más acelerada aceptación de la influencia extranjera.

La novela

Desde el punto de vista literario no se puede hablar de una ruptura, de temática o técnica, en la novela a partir de 1975, sino de una transformación evolutiva de gustos y preferencias de autores, críticos y público, que ya era de notar en los años precedentes, y sólo acelerada tras la desaparición de la censura. De los escritores ya reconocidos desde la época anterior son de notar: Camilo José Cela (1916–2002), con su *Nuevo viaje a la Alcarria;* Miguel Delibes, conocido desde 1948 por *La sombra del ciprés es alargada* y cuya producción había continuado interrumpida desde entonces —*Parábola del náufrago* (1969), *El príncipe destronado* (1974)— llega a la década de los 80 con *Los santos inocentes* (1981), y, a fines de la década, con el tema de la Guerra Civil, *Madera de héroe* (1987). También es notable Juan Goytisolo (n. 1931), quien recibió el premio de literatura Europalia 85 en Bruselas, y cuyas obras son apreciadas en su espíritu de exilio voluntario y por su especial interés por otras culturas.

Otros son Juan Benet (1927–1993), tras su libro de relatos *Nunca llegarás a nada,* publicado en 1961, se mantuvo como escritor de primera línea con su novela *Herrumbrosas lanzas* (1984); y Juan Marsé, cuya novela *Si te dicen que caí* había sido publicada en México (1973), continúa su labor con *La muchacha de las bragas de oro* (1979), *Un día volveré* (1982) y otras todavía más recientes. Una generación más joven está representada por Francisco Umbral (n. 1935) y Antonio Muñoz Molina (1956) y entre las escritoras, Carmen Martín Gaite (1925–2000) y, aunque más conocida como periodista, Rosa Montero (n. 1951).

La poesía

A pesar de la desaparición de la censura y una mayor libertad en la expresión, tampoco se percibe en la poesía actual ni un renacer notable ni una transformación profunda tal como quizá se hubiera esperado. Como con la literatura de ficción, también en la poética se tiende a evitar el riesgo de nuevos talentos. Con notables excepciones, se advierte que el motivo principal en la publicación de una obra poética no es el afán poético de sus editores sino el publicitario y comercial. Por ello el número de volúmenes concedidos a cada edición suele no sobrepasar el de unos pocos centenares.

Entre los *novísimos,* o última generación poética, se puede destacar a José Cohen, Premio Nacional de Poesía 1982, Antonio Colinas con una poesía personal algo surrealista, *Noche más allá de la noche* (1983); José María Álvarez (n. 1942) cuya obra, *Museo de cera, Tosigo ardento,* ha sido traducida ya a varios idiomas; y también Jaime Siles (n. 1951), valenciano, aunque de padres andaluces y residente en Austria, a quien se considera, con su obra *Alegorías, Música de agua,* uno de los poetas más prestigiosos de hoy. Hay que nombrar también a Juan Carlos Mestre (n. 1957), premio de poesía 1985 Adonais, por su libro *Antífona de otoño en el Bierzo,* cuya poesía demuestra una corriente neorromántica que supera ya las anteriores tendencias surrealistas.

Con el pretexto de buscar una línea más personal, esta generación se manifiesta como una mezcla de tradición y modernidad (con modelos tales como Rilke, Verlaine y Holderlin), respeto por unos y menosprecio de otros de los pasados (sobre Miguel Hernández se ha llegado a comentar que es *mal poeta, provinciano y de escasos recursos*).

Por razones económicas se da preferencia en la publicación a nombres ya establecidos, cuya fama puede atraer la atención de los críticos y, quizá, de los lectores. Así, se publica y reedita la obra de la llamada Generación del 27: Vicente Aleixandre, premio Nobel de Literatura; Jorge Guillén, que regresa del exilio y fallece en 1984, cuya obra se reedita y aumenta en 1975 con *Y otros poemas.* En 1977 recibió el Premio Cervantes, el más prestigioso de las letras españolas, que ya había recibido con anterioridad Dámaso Alonso, quien a pesar de su edad mantiene su labor poética; y Rafael Alberti, que en 1979 publicó *Coplas de Juan Panadero,* libro en el que recoge algunas poesías escritas en el exilio y otras posteriores.

Perteneciente a una generación anterior, pero cuya obra se mantiene en aprecio, son Carlos Bousoño, profesor y crítico, nombrado en 1980 miembro de la Real Academia de la Lengua, y José García Nieto, que lo fue en 1982 y cuya obra, reconocida desde años antes, continúa con la publicación de otros libros en verso a lo largo de la década, *El arrabal,* 1982; y la obra de José Ángel Valente (1931–2002) y Francisco Brines, nombrado recientemente miembro de la Real Academia de la Lengua.

El teatro

Las libertades políticas introducidas desde 1976 tuvieron como consecuencia no sólo la eliminación de la censura, sino también, por un tiempo, de las ayudas y subvenciones del estado para el teatro. Hay que apuntar que en muchos casos el teatro escrito en oposición y denuncia del autoritarismo, había perdido su validez, sin ser capaz de despertar el interés de un público cada vez más interesado por el cine y la televisión. Por ello la crisis del teatro español de hoy es de complejidad notable, pues refleja tanto aspectos económicos, como el cambiante interés del público y la transformación del teatro escrito en los últimos años.

En teatro, el puente con el pasado inmediato lo forma Miguel Mihura, quien en 1976 fue nombrado miembro de la Real Academia de la Lengua, y cuyo teatro ha tenido una revalorización en los últimos años. Buero Vallejo, generalmente reconocido como el más importante de los dramaturgos contemporáneos, continúa su obra con *La detonación* (1977), *Jueces en la noche* (1979), y *Caimán* (1981). Alfonso Sastre publica en 1976 su *Pipirijaima, la sangre y la ceniza,* obra escrita en 1965, y unas versiones del francés Sartre. Más joven es Ana Diosdado, que a pesar de escribir un teatro para el gran público, trata de dar a sus personajes y situaciones una cierta profundidad intelectual —*"Usted también podrá disfrutar de ella"* (1973), *Los comuneros* (1974)— y cuya actividad continúa hasta el presente. Lauro Olmo, conocido desde la década anterior, es parte de un nuevo teatro "realista", con mayor conciencia social. Obras suyas son *Mare nostrum S.A.*, en el que critica las consecuencias negativas del turismo, y *La condecoración*, testimonio sobre la juventud del día. José María Rodríguez Méndez, cuyo teatro, social, comprometido y de denuncia, continúa ya una tradición que había iniciado en las décadas anteriores. Antonio Gala, cuyo teatro lleno de ironía, sabe atraer al público, desde *Los buenos días perdidos* (1972) y *¿Por que corres Ulises?* (1975) hasta *El cementerio de los pájaros* (1982). Su *Petra regalada* (1979) fue uno de los mayores éxitos de público de los últimos años. Gala recibió en 1990 el Premio Planeta por su primera novela *El manuscrito carmesí*, supuestas memorias de Boabdil, último rey de Granada. A ésta siguió *La pasión turca* (1993).

Caso singular es el de Fernando Arrabal. Éste había logrado su fama en Francia y era conocido en los círculos críticos académicos estadounidenses, en los que constituye la quintaesencia del teatro *underground*, o perseguido. Sin embargo la representación de sus obras *Oye, patria, mi aflicción* y *El cementerio de los automóviles*, defraudan al público español y no son apreciadas por la crítica. Más tarde el estreno de *El arquitecto y el emperador de Asiria*, en Barcelona y en Madrid en 1983, demostró que su teatro es marginal al gusto actual del público y de los críticos. Tampoco sus novelas *La torre herida por el rayo*, ni *La piedra iluminada*, publicada en 1985, fueron recibidas muy favorablemente, diciéndose de él que era "brillante en ocasiones, demasiado pálido casi siempre". El de Arrabal es un caso notable por indicar que la oposición política ya no es suficiente para fundamentar la fama en España.

En los últimos años se aprecia un interés mayor por parte del gobierno en la protección y desarrollo del teatro, no sólo en las grandes ciudades sino también en las provincias y ciudades menores. Pero hay un excesivo número de teatros y de compañías, lo cual hace que aunque haya aumentado el número de espectadores de 1978 a 1985 en casi un 50%, el porvenir económico de la mayor parte de ellos no sea muy optimista. Como decía un miembro del Ministerio de Cultura, "En España hay casi más aspirantes a actor que espectadores". Es decir, que el primer problema del teatro actual es la conquista del público.

El cine español en la actualidad

Con el fin del régimen de Franco y la desaparición oficial de la censura, el cine intenta la exploración de temas prohibidos anteriormente, unos políticos, otros de comedia satírica. Entre éstas, por ejemplo, *La escopeta nacional* (1977) de Luis G. Berlanga. El público, sin embargo, se abalanza a ver las películas extranjeras prohibidas anteriormente por razones políticas o, más todavía, de moralidad pública, olvidando el cine nacional.

En las últimas décadas llega el cine español a su madurez con notables producciones que atraen numeroso público en España y la atención internacional. Algunas están basadas en temas literarios, como *Ultimas tardes con Teresa* (1984) de Gonzalo Herralde y *Los santos inocentes* (1984) de Mario Camus, premiada en Cannes en 1984 por la interpretación de personajes masculinos. Otras abordan la Guerra Civil, como *La colmena* (1983), también de Mario Camus y premiada en Berlín, y en 1990

¡Ay, Carmela! de Carlos Saura, "llena de ternura hacia las personas que padecieron la guerra, pero brutal contra la guerra misma". Otras tienen temas originales como *Carmen* (1983), también de Saura, premiada en Cannes el mismo año y que fue muy bien recibida por la crítica y el público en España y en el extranjero. La comedia española está representada por *Las bicicletas son para el verano* (1984) de Jaime Chávarri, también de gran éxito. El cine español está dominado, además de Carlos Saura y Víctor Erice, por Almodóvar, cuyos éxitos de público, *¿Qué he hecho yo para merecer esto?*, *Mujeres al borde de un ataque de nervios*, y *Átame* lo han convertido en una de las figuras del cine español más conocidas hoy.

Sin embargo, y a pesar de su mayor calidad, a medida que el uso de la televisión se populariza y mejora en cantidad y calidad su programación, la asistencia a las salas de cine decae. Por ello el cine se enfrenta en España, al igual que en los demás países occidentales, con la concurrencia de la televisión, aumentada todavía más en los últimos años con la popularidad de las videocasetes y discos de video. Pero, desde el punto de vista de espectáculo público, la asistencia a los cines es todavía una de las costumbres españolas. En todas las ciudades los fines de semanas se celebran con una visita casi obligatoria a una de las salas de cine. Por otra parte, el cine español tiene la concurrencia de las producciones extranjeras, que por su número y la calidad de muchas de ellas siguen atrayendo a la mayoría del público.

La arquitectura

Desde la década de los años setenta, la arquitectura española demuestra una línea difusa de posmodernidad con tendencias eclécticas moderadas en algunos casos, neomodernas o clasicistas en otros, y, por lo general, siguiendo líneas seguidas en los otros países europeos y americanos.

Edificios notables por su línea exterior moderna e interiores luminosos son el Palacio de Congresos de Salamanca y el Museo para los bisontes, en las proximidades de La Cueva de Altamira, Santander, ambos obra de Navarro Baldeweg; y El Ferial, un conjunto de viviendas en la M-30 de Madrid, de Francisco J. Sáenz de Oiza. En esta tendencia tiene hoy aceptación internacional Ricardo Bofill, autor del Teatro Nacional de Cataluña y, más recientemente, del *Donnelley Building* de Chicago (Fig. 16.1), obra inaugurada en 1992, y el Centro de Congresos, todavía en construcción, en Madrid. Bofill, que define su obra como un cruce entre tecnología y clasicismo con frecuentes referencias a la arquitectura clásica, proyecta dos rascacielos más, uno en Houston, el otro en Chicago.

También tienen reconocimiento internacional el navarro Rafael Moneo (n. 1937) , autor de la nueva estación de Atocha, del Kursaal de San Sebastián, y de la ampliación, muy discutida, del Museo de Prado en Madrid, además de haber participado, con varios edificios, en la gigantesca obra de reconstrucción de la Potsdamer Platz de Berlín (Fig. 16.2) y en la nueva catedral de nuestra Señora de los Ángeles, en Los Ángeles, California. Alfaro, es conocido por su decoración arquitectural con escultura de acero del Banco de Santander, en la calle 53 de Nueva York, en la que sigue la línea deco de los arquitectos americanos de los años treinta. Son también de gran interés las atrevidas líneas usadas por el arquitecto valenciano Santiago Calatrava (1951) en sus obras en España y en el extranjero: puentes en Sevilla, Argentina, Italia y Holanda; y sus museos: el de las Ciencias en Valencia (Figs. 16.3, 16.4); el nuevo museo de Arte en Milwaukee, el estadio para los Juegos

Figura 16.2 Hyatt Hotel, Potsdamer Platz, Berlin, de Rafael Moneo

Figura 16.1 Donnelly Building en Chicago, de Ricardo Bofill

Olímpicos de Atenas y, en proyecto ya aprobado, la estación de Metro del *Ground Zero*, en Nueva York. Estos tres creadores son quizá los más elegantes representantes de una nueva línea arquitectónica.

Por otra parte es de notar también en España el mismo internacionalismo y globalización arte que se observa en otros países, con las Torres Kío, en Madrid, obra promovida por una corporación árabe (Kuwait Investments Office) pero diseñada por los arquitectos norteamericanos Phillip Johnson (1906–2005) y John Burgee (1933). También son notables el Museo de Arte contemporáneo en Barcelona, obra de Richard Meier y el museo Guggenheim en Bilbao, promovido por la Fundación Solomon R. Guggenheim y diseñado por Frank Gehry. Ambos son notables arquitectos norteamericanos. Obra todavía más reciente es el llamado, entre otros nombres, *El pepino* en Barcelona inaugurada en 2005. Aunque alabada por su originalidad es evidente su aproximación en diseño al "pepino" de Norman Foster, de construcción anterior, que se encuentra en el Distrito Financiero de Londres.

La escultura

La escultura de hoy está todavía dominada por grandes maestros como Pablo Serrano (1910–1985), Jorge Oteiza (1908), Eduardo Chillida (1924–2002), Antonio

Figura 16.3 Museo de las Ciencias en Valencia, de Santiago Calatrava

Figura 16.4 Interior del Museo de las Ciencias en Valencia, de Santiago Calatrava

Figura 16.5 Torres Kio, Madrid

Figura 16.6 Museo de Arte Contemporáneo, Barcelona, de Richard Meier

López (n. 1936) pintor y escultor, José María Subirachs (1927), y el más joven, Juan Muñoz, muerto a los 48 en 2001. Todos ellos iniciaron su trabajo en el segundo tercio del siglo XX pero muchas de sus obras pertenecen ya a las últimas décadas del siglo.

No enteramente nueva, pues ya había comenzado en los años 70, es la llamada escultura "urbana" que adorna con creciente frecuencia los paseos y avenidas de las ciudades. Se caracteriza por su aproximación representativa a los personajes históricos o figuras de ficción que se intentan destacar en la vida ordinaria urbana. Sin pedestales que enaltezcan su representación o los alejen del público ordinario, adoptando posturas propias o comunes, es ésta una escultura "ordinaria", circunstancial, a veces algo irónica. Muchas no despliegan el nombre de su autor, pero son interesantes de observar, como elemento permanente e inmóvil, en torno a la vida que les rodea. Entre las numerosas esculturas que se pueden citar destacan "*El peregrino descalzo*", sentado en la plaza contemplando la Basílica en Zaragoza; "*Gerardo Diego*", sentado en un banco de piedra contemplando la Bahía de Santander; "*Antonio Gaudí*" sentado y, con narcisismo de artista, admirando su palacete "El Capricho" en Comillas, Santander; "*La Regenta*" en la plaza de la catedral de Oviedo; "*Valle Inclán*" *y Niños leyendo un libro* (Fig. 16.7), en Madrid. El material usado es generalmente el bronce o hierro, su estilo frecuentemente realista, aunque hay algunas figuras en las que se sigue una línea de moderna neofiguración, hasta casi abstracta.

La pintura

Los artistas actuales expresan frecuentemente un deseo de independencia de las tradiciones pasadas, incluidas las de vanguardia. Sin embargo, aunque en su obra se evidencia la influencia de las generaciones anteriores, tradicionales y de vanguardia, sus interpretaciones son tan marcadamente personales que no permiten su simple calificación como continuadoras de otras escuelas. Es también nota característica en las corrientes actuales el intento consciente de una mayor correspondencia con las tendencias europeas de última hora, aun a riesgo de perder el carácter nacional.

Figura 16.7 Monumento al Libro, Madrid

Así es notable el andaluz Cristóbal Toral (1940), excelente dibujante. Es conocido sobre todo por su pintura en la que sigue la línea del nuevo realismo. Sus temas, muy característicos, de vacíos interiores, desnudos femeninos en abandono, expresan un concepto social de soledad, muy poco en consonancia con el estereotipo andaluz. A la generación siguiente pertenece Guillermo Pérez Villalta (n. 1948), que recibió el Premio Nacional de Artes Plásticas de 1985, y es representante de una vanguardia figurativa netamente española.

Como prueba de la atención que la pintura moderna de España atrae en el extranjero se podría citar la exposición de la *Corcoran Gallery* en Washington celebrada en 1984, consistente en su mayoría de artistas entonces todavía de poco renombre internacional, entre otros Rosa Torres, J. F. Cárceles y J. M. Cuasante.

En la última pintura, todavía en desarrollo y cambiante, incluso en las cortas épocas de estos artistas jóvenes, se sigue en parte nueva figuración o abstracción, incluso nueva expresión y nuevos colorismos. Son dignos de mención el gallego Carlos Alcolea (n. 1949), el aragonés José Manuel Broto (n. 1949), el mallorquín Miguel Barceló (n. 1957), y el madrileño José María Sicilia (n. 1954), entre otros escogidos en 1992 para una exposición de arte actual en el antiguo Museo de Arte Contemporáneo.

La música

En la actualidad cuenta España con notables contribuciones al mundo de la realización musical, contando desde la generación anterior con músicos como Pablo Casals (1876–1973), violonchelista; Andrés Segovia (1898–2002), guitarrista fallecido en 1987; Narciso Yepes (n. 1927), guitarrista; Nicanor Zabaleta (1907–1993), arpista vasco innovador del instrumento; y otros en la guitarra clásica y flamenca. Pianista de fama mundial reconocida es Alicia de Larocha. Voces famosas son la de Victoria de los Ángeles, Monserrat Cavallé, Teresa Berenganza, Plácido Domingo, Alfredo Kraus (1928–1999) y José Carreras; y, a nivel de la canción, Julio Iglesias y su hijo, Enrique.

En la vanguardia de la música popular son notables algunas transformaciones de la música flamenca con mezcla de otros ritmos. Es especialmente notable la inclusión de ritmos modernos americanos que ha recibido el nombre de rock-flamenco. De la misma manera esta apertura del flamenco a la música moderna se manifiesta también en la actualidad con su acercamiento a los ritmos de jazz. Entre otros conjuntos, se puede citar el "grupo internacional y pluralístico" llamado Jazzpaña; y las interpretaciones, tan conocidas en los Estados Unidos, de los Gipsy Kings, y el grupo de nuevo flamenco Ketama.

Cultura popular y cultura de masas

La separación entre cultura normativa y selectiva, por una parte, y por otra la del pueblo, generalmente concebido como estamento inferior en la sociedad, ha sido un fenómeno que acompaña la historia de la humanidad desde la antigüedad. Y aunque sólo la cultura selectiva tiende a ser documentable, también la popular se ha dejado conocer de muchas maneras, ya sea por el atractivo que ha ejercido sobre la selectiva o por la influencia que ésta ha ejercido sobre la popular o incluso su éxito comercial.

Desde principios del siglo XX, en España, como en el resto del mundo occidental, se ha hecho evidente que lo que tradicionalmente ha sido llamado cultura popular ha cambiado de significado. La movilidad vertical de los grupos sociales en la escala económica, desde la revolución industrial y acelerada en el presente, hace que la denominación clase baja, media y alta no tengan siempre un equivalente en los aspectos sociales, económicos y culturales.

También la migración interior y la movilidad ofrecida por los medios de transporte y tráfico modernos han sido causa de que las manifestaciones de la cultura popular no estén fijadas en lugares o formas permanentes.

En consecuencia, lo que se denomina cultura popular se refiere más bien a la aceptación de elementos culturales por la "masa", posiblemente la mayoría de la población, sin que éstos sean realmente populares, pues ni nacen del "pueblo" ni son aceptados por él. En estos casos se debe hablar de cultura de masas o mayoritaria, más que popular.

Este fenómeno incluye la diferenciación que se da en lecturas, espectáculos, bailes y música, de cultura popular y de masas. Esta última puede estar dividida además por número solamente o también por edad, en cuyo caso se debiera hablar más bien de cultura de masas o generacional que de cultura popular. En todo ello España ha seguido, ya desde los años 60, la misma pauta que los demás países europeos, aunque su ritmo se ha ido acelerando hasta el presente.

Pero no sólo se ha perdido la definición entre clase urbana, media, baja y alta de la sociedad, sino también entre pueblo y ciudad. En los grandes grupos urbanos de Europa y América, la movilidad creciente de la población y el número de los que se mueven, sea por migración permanente o simplemente transitoria, hace que la tradicional diferencia entre ciudad y pueblo haya perdido mucho de su carácter, en especial en los pueblos situados a distancia accesible de una gran ciudad.

Cultura de masas y cultura generacional

En España, aunque Madrid y Barcelona son ejemplos típicos de atracción de los pueblo periféricos, también otras muchas ciudades desde Valencia y Sevilla hasta otras mucho menores, se han convertido en focos a donde marchan los habitantes de los pueblos, sobre todo los jóvenes, durante los fines de semana y días festivos. A su regreso éstos tienden a preferir e imitar la cultura que encuentran en la ciudad.

En ciertas zonas de España también la migración temporal de visitantes y turistas veraniegos o nuevos residentes es causa de introducción de costumbres ciudadanas nacionales, o internacionales, con detrimento de las costumbres de tradición local. Caso extremo es el de Marbella, Málaga, pero lo mismo ocurre en la zona catalana de la Costa Brava, en la valenciana de Benicasim (Castellón de la Plana), en Mallorca, Ibiza en algunas de las Islas Canarias y otras muchas. Todas ellas están contaminadas, incluso dominadas, por una cultura que no es popular, y, en muchos aspectos, ni española.

Cultura popular

Se podría todavía considerar como auténtica cultura popular todas aquellas manifestaciones y acciones que naciendo en las clases modestas del pueblo o ciudades menores resisten a los cambios que impone la moda. Suelen éstas tener funciones sociales determinadas para las cuales han sido creadas, en su mayoría resistiendo la comercialización como su fin primordial. Por ello se mantienen con una cierta rigidez, entre solemne y anticuada. A ésta se ha denominado con frecuencia cultura folklórica.

Fiestas populares

Las fiestas auténticamente populares tienden a ser en parte o totalmente de acción comunitaria, de fiestas de familia, de gremio, del pueblo entero. Algunas son de origen histórico o sirven para una celebración nacional, otras tienen un sentido originario religioso, otras son simplemente lúdicas y sociales. Muchas otras formas de festejos populares han derivado más bien en espectáculo, en el que los miembros de la comunidad intervienen más que como actores, como espectadores. Ejemplo de ello son los juegos de cucañas, el paso de fuego de los toros embolados, o ensogados, o las corridas de toros, espectáculos flamencos; mientras que otros, como los famosos encierros de San Fermín, los de Canet de Berenguer (Valencia), las de El Torito en Teruel y otras muchas festividades celebradas en numerosas poblaciones españolas en las que la acción queda abierta y en ella participan todos aquellos que lo desean. Otras son celebraciones de tipo más o menos religioso, como las hogueras de San Juan, o incluso producto de supersticiones o creencias que por siglos han sido características de un grupo o de una región. Especialmente ricas en ellas son las regiones del norte, asturiana y vasca, y en el sur, la andaluza.

En este aspecto, España es un país donde la cultura auténticamente popular se preserva con una gran riqueza y variedad. No hay región en la que no se celebren fiestas típicas, expresión de costumbres tradicionales, algunas muy antiguas. Aunque muchas de estas fiestas, auténticamente populares y españolas, van quedando reducidas a zonas más aisladas, ciudades de menor importancia, o son mantenidas sencillamente por generaciones de mayores que continúan conscientemente las tradiciones culturales del pasado. Todo ello tiene como resultado que, con frecuencia, al hablar de fiestas y costumbres populares nos refiramos a espectáculos, celebraciones y otras costumbres que los mismos españoles de ciudad desconocen, porque o nunca los han presenciado o, si lo han hecho alguna vez, ha sido en contactos más o menos transitorios con el pueblo o villa donde aún se mantienen.

En algunos casos, costumbres y fiestas populares, como los Toros de San Fermín en Pamplona (7 de julio), las Fallas de Valencia (19 de marzo) e incluso algunas de carácter religioso, como la Semana Santa de Sevilla, o histórico, como los Moros y Cristianos de Alcoy, etc., han mantenido su actualidad y hasta acrecentado su popularidad, aunque su éxito va acompañado de una comercialización en forma y contenido que ya no es parte de la tradición popular.

Caso de especial interés es el mantenimiento de la música y bailes populares, cuya colección y estudio se inició el siglo anterior, y su aprecio y cultivo aumentó con el sentido nacionalista de los primeros años del régimen de Franco. Así mismo las "tunas estudiantiles", aunque medievales en su origen y resucitadas en el siglo XX, han ganado gran popularidad, buscando conscientemente formas, vestidos y músicas populares.

Hay que notar asimismo que muchos de los espectáculos que se representan en España, aunque populares y de larga historia, prestan atención al gran público y al turista extranjero, por lo cual sufren de una gran contaminación, más o menos afortunada, de cultura de masas y de comercialización, como sucede con los "tablaos" flamencos y la música del llamado *rock-flamenco*.

A MODO DE CONCLUSIÓN

La brevedad de este último período y la proximidad de los acontecimientos que en él se incluyen dan a estas últimas observaciones un valor provisional. Es importante su inclusión porque en ellos se percibe, con suficiente claridad, una serie de cambios políticos y culturales que parecen situar a España en una encrucijada de su historia. Tras un avance cauteloso, como tímido, hacia una liberalización social y cultural, perceptible ya en los últimos años del régimen de Franco, se da en los años presentes una rápida y vertiginosa transformación hacia la modernidad. Tras unos años que historiadores y periodistas llamaron "de transición", España se cree a sí misma una sociedad nueva, europea y moderna, con un ansia por parte de sus gobernantes por pertenecer y formar parte de la nueva Europa del tratado de Maarstricht, que es a la vez refrescante en su optimismo y patética en su inocencia. Y aunque la liberalización de la sociedad no ha sido satisfactoria en muchos de sus resultados, y nadie en España cree hoy que la sociedad en sí ha mejorado, o que los españoles viven mejor, todavía mantienen, en una gran mayoría, una fe incuestionable en la democracia. La defensa de los "principios democráticos" tiene casi un fervor religioso, y su aplicación sirve con frecuencia tanto como motivación para una mayor liberalización de la vida, como excusa para evitar responsabilidades que se pudieran contraer.

Nunca se vuelve a ser lo que se fue, y así tampoco el pueblo español volverá a ser lo que fue. Es posible, y de desear, que tras las experiencias pasadas, aprendan los españoles de hoy, mejor que los de ayer, a practicar la *contemporización*, palabra tan española como poco usada a través de la historia por su sabor antidogmático. No se trata de que España sea de esta o de aquella manera, sino de tal manera que todos los españoles puedan convivir en ella.

Muchos de los problemas con que España se enfrenta hoy son ya producto de decisiones tomadas desde la restauración de la monarquía. Las medidas de gobierno que se están tomando y su aplicación quedan ya a cargo de generaciones que han vivido siempre en paz. Sería de desear, sin embargo, que los españoles no olvidasen su historia y que otros países fueran cambiando sus nociones de una España que no existe.

ℳ PREGUNTAS PARA ESTUDIO Y REPASO

Vida política

1. ¿Cómo se caracterizó la vida española durante los años que siguieron a la muerte de Franco?
2. ¿Por qué se llamó a éste *un período de transición*? ¿Qué política siguió el gobierno?
3. ¿Qué representaba el gobierno de Suárez para la mayoría de los españoles?
4. ¿Cómo se explica el Golpe de Estado del 23 de febrero de 1981 y cómo se explica su fracaso?
5. ¿A qué se debió la victoria electoral de los Socialistas en 1982?
6. ¿Qué política siguió el gobierno de Felipe González?
7. ¿Cuáles fueron los problemas más graves que confrontó su gobierno?
8. ¿Qué relaciones tuvo González con los sindicatos laborales?
9. ¿A qué se debió la derrota del PSOE en 1996?
10. ¿A qué se llama Estatutos de Autonomía?
11. ¿Cuáles son las llamadas Autonomías históricas y qué problemas presentan?
12. ¿Qué problemas presentaba el Estatuto catalán?
13. ¿En qué consiste el problema vasco?
14. ¿En qué se diferencia el movimiento autonomista vasco del catalán?
15. ¿A qué se llama *imperialismo regionalista*?

Sociedad y arte

16. ¿Por qué se habla de una crisis de la literatura y del teatro, en qué consiste y a qué se debe?

17. ¿Cómo se explica la continuidad en las artes, desde el período de Franco hasta la actualidad?

18. ¿Cuáles son los problemas en la sociedad española hoy, y cómo reacciona el español ante ellos?

19. ¿Cómo ha cambiado la vida religiosa en España en los últimos años?

20. ¿Qué cambios ha experimentado la situación de la mujer?

21. ¿Cómo es la cultura de masas y la popular en la actualidad?

Vocabulario

The vocabulary has been compiled to help students understand any unfamiliar words and expressions they may encounter in the text. Although the vocabulary list is quite extensive, it is a selective listing of words that are most likely to be unfamiliar to students. Not included in the vocabulary are articles, pronouns, possessive and demonstrative adjectives, most adverbs ending in *-mente* when the adjectival form is given, all verbal and easily recognizable nominal derivatives if the basic form is given and they retain the same meaning, and most nouns and adjectives which have a similar spelling and have the same meaning in English.

Nouns and adjectives are identified in all doubtful cases and when this distinction has a lexical bearing. Gender is not indicated for masculine nouns ending in *-o* and *-or*, or for feminine nouns ending in *-a, -ad, -ud* and *-ión*; it is indicated in all so-called irregular cases or less obvious forms.

The Spanish alphabet has been used for grouping words in the vocabulary. Thus words beginning with *ch* and *ll*, which in Spanish are single consonants, are listed after words beginning with c and l, respectively.

Abbreviations: *adj.* adjective, *adv.* adverb, *f.* feminine, *m.* masculine, *n.* noun, *pl.* plural, *prep.* preposition.

abadía abbey
abalanzarse to rush; to launch into, throw upon
abarcar to comprise, contain
abastecer to supply, purvey
abigarrar to paint with ill-matched colors, fleck
abismo abyss
abogado lawyer, advocate
abovedado arched, vaulted
abrumador oppressive, vexatious
abrumar to crush, oppress, overwhelm
abulia loss (lack) of will power
aburguesamiento (excessive) acceptance of bourgeois values
abnegado selfless, self-denying
acabar to end, finish
acaecer to happen
acarrear to carry, convey, to cause
acaso *adv.* perhaps, by chance
acceder to agree, consent
acequia irrigation canal
acerbo harsh, severe
acercamiento approximation, rapprochement
acercar(se) to place; to draw near, approach
acero steel
acertar to hit the mark, succeed
acicate inducement, goad
acierto success, lucky hit
acoger to receive, accept; **-se** to join, resort to
acogida reception

acomodado well-to-do, wealthy
acontecimiento event
acordar to agree, resolve; **-se de** to remember
acosar to pursue, harass
acrecentar to increase
acto act, action; public function
actualidad present time
acudir to attend, assist, resort
acuerdo accordance, agreement; **de ... con** in accordance with
acuñar to coin
acusar to accuse, to acknowledge (receipt), to show
achacar to impute, blame
adelanto advancement, progress
además moreover, likewise, also; **... de** besides
adentrar to enter
adepto adept, follower
adinerado wealthy, rich
adivinar to predict, foretell; **-se** to become noticeable
adhesión adhesion, joining
adolecer (de) to suffer from
adscribir to assign, attach (a person to a place of work)
aduana customs
adueñar to dominate; **-se** to seize
adulador *adj.* flattering; *n.* flatterer
advenimiento arrival
advertencia warning, advice
aeródromo airport
afán *m.* eagerness, solicitude; *pl.* labors, toils

aferrar grasp, seize; **-se** to hold on, persist in (an opinion)
afición liking, fondness
afiliado member (in a association)
afín akin; close, analogous
aformalismo abstract "matter" painting
afrontar to face, confront
agotar to exhaust, drain off
agradable agreeable, pleasant
agradar to please
agrado liking
agrandar to enlarge
agravar to deteriorate
agregado attaché
agreste rustic, wild
agrio sour, acrid
agrupación group, organization
agrupar to collect, gather
agudeza with acumen; sharpness of mind
agudización worsening
agudizar to sharpen; **-se** to become acute
ahogar to choke, strangle; to stifle
airado angry
ajeno alien, foreign, strange
ajorca bracelet
ajustar to adjust, fit; **-se** to conform
ajusticiar to execute, put to death
ala wing
alabanza praise
alabardero halberdier
alarde *m.* boasting, ostentation; **hacer ...** to boast, brag
alardear to boast
alcalde *m.* mayor
alcance *m.* reach; **al ... de** within reach
alcanzar to overtake, achieve, obtain
aldea village
alejamiento removal, distance
alejar to remove; **-se** to withdraw, go away
alentar to encourage
alfarería pottery
alfarero potter
algarrobo carob tree
algodón *m.* cotton
alhaja jewel
alistamiento enrollment, conscription
almacén *m.* warehouse, store
almirante *m.* admiral, commander of a fleet
altanero haughty, proud
alterar to alter, change; **-se** to become disturbed
altisonante *adj.* high-sounding
alumbrado *adj.* illuminated, enlightened; *n.* heretic, *illuminati* (claiming special divine illumination)
alumbramiento illumination, childbirth

alza rise
alzamiento rising, uprising
alzar to raise; **-se** to rise
allegar to accumulate; **-se** to approach
amalgamar to combine, mix
amanerado full of mannerisms, affected
amaneramiento affectation, mannerism
amargao (colloquial for **amargado**) bitter, embittered
amargar to embitter
ambos both
amenazar to threaten
ameno pleasant, delightful
amontonar to heap, pile up
amotinar to incite to rebellion; **-se** to mutiny
amparo protection
ampliar to expand, amplify, enlarge
amplio wide, large
ampuloso pompous, grand
anciano old (man)
anclar to anchor
ancho broad, wide
andante *see* **caballero**
andariego restless
angustia anguish
anhelante anxious, eager
anhelo eagerness
anillo ring
aniquilar to annihilate, destroy
anquilosado still (suffering anchylosis), stagnated
ansiedad anxiety
antes (de) before; **... que** before that, rather than
antepasado ancestor
antidinástico opposed to the (reigning) dynasty
antigüedad antiquity
antonomasia antonomasia; **por ...** preeminently
anular to annul, make void
añadir to add
apacentar to graze
apacible peaceful
apaciguar to appease, pacify
apagar to extinguish
apariencia appearance, aspect; **en ...** apparently
apartar to remove
apasionado passionate, impassioned
apelación appeal (legal)
apenas (si) scarcely, hardly
aperitivo appetizer
apertura opening; overture
aplacar to appease, pacify

aplastar to flatten, crush
apoderar to empower; **-se** to take possession, take over
apologeta apologist (especially Church Fathers whose writings defended Christianity)
apologético apologetic, argumentative (in defense of)
apología apology (writing in defense of some doctrine)
aportación contribution
aportar to contribute
apoteósico extraordinary (success)
apoyar to support; **-se** to lean on
apoyo support
aprehender to seize, apprehend
apresuradamente hastily
apresurar to accelerate, hasten; **-se** to make haste
aprovechar to use, take advantage; **-se de** to avail oneself, profit by
arboleda woodland, grove
ardoroso ardent, fiery
argumento plot
árido arid, dry
armada (war) fleet
armamento armament, act of providing weapons
arraigar to take root, consolidate
arraigo hold, foundation
arrabal *m.* suburb (esp. lower class or ethnic)
arrastrar to drag along, prompt, urge
arrebatar to snatch away
arrebato sudden fit, rage, rapture
arriesgado risky, daring
arrojar to throw; **... saldo** to show (positive) balance
arrollador sweeping
arruinar to ruin, destroy; **-se** to become ruined
artesanía handicraft
artesonado panelled ceiling
articulista *m. & f.* writer of newspaper articles
artifice *m. & f.* artisan, maker
artificiosidad excessive artfulness; artificiality
artificioso skillful; artificial
ascendiente *m.* ancestor; influence
asentar to settle; **-se** to settle down
asequible attainable; understandable
asesorar to advise
así so, thus; **... como** just as
asignación assignation
asignatura subject of study

asnillo diminutive of *asno*, little donkey
asolar to devastate
asombro amazement, astonishment
aspereza roughness, rough place
áspero rough, harsh
aspirar to aspire, covet
astilla chip, splinter
astur *adj.* (old) Asturian (native of NW Spain)
asunto matter, affair
atañer to concern
atemorizar to terrify, frighten
atemporal timeless
atinado opportune, prudent
atinar to hit the mark, act prudently
atraco holdup
atraer to attract
atraso delay, backwardness
atravesar to pierce, go through
atreverse to dare
atrevido daring
atribución prerogative
atún *m.* tuna fish
audaz bold, daring
auge *m.* incrementation, culmination; **tomar ...** to increase
augurar to augur, foretell
aun even, still
aún yet
aunar to unite, join
ausentarse to absent oneself
autonomía home rule, right to self-determination
autonómico autonomous; **proceso ...** process towards regional autonomy
avanzar to advance, progress
avasallador enslaving, overwhelming
avasallar to enslave, subdue
avería damage
averiado damaged
averiguar to inquire, find out
avidez *f.* eagerness, avidity
avivar to enliven
ayudar to help
azabache *m.* jet (to describe a quality of black)
azulejo glazed tile

bailarín *m.* dancer
bajorrelieve *m.* bas-relief
baldón *m.* affront, insult
baluarte *m.* bastion, bulwark
banalidad banality, triviality
bancario banking, financial
banda sash, scarf
bandera banner, flag

bandolero robber
baño bath
barato cheap
barco boat, ship
barraca hut; rustic dwelling (esp. in Valencia)
basar to base
basílica basilica, rectangular church with open hall and side aisles; ecclesiastical honorary title given to churches of distinguished merit
belleza beauty
bello beautiful
berenjena eggplant
biblioteca library
bien well; **. . . o** either . . . or; **si . . .** although
bienestar *m.* well-being; comfort
blanco *adj.* white; *n.* aim, target
bloqueo blocade
boato pomp, splendor
boceto sketch, cartoon
boda wedding, marriage
bodegón *m.* still-life
boga vogue, fashion; (estar) **en . . .** (to be) fashionable
bondad goodness, kindness
bordar to embroider
borde border **al...de** on the brink
borgoñón Burgundian
borrar erase, cross out
bosque *m.* forest
bostezar to yawn
botín *m.* booty
bóveda vault; arch
bragas panties
broma joke
brújula compass
brusco rough, rude
bucólico pastoral, serene
bulevar *m.* boulevard
bulla noise, clatter
bullanguero noisy, riotous
burla scorn, mockery
burlar to ridicule
burlesco comical, funny
burlón *adj.* mocking; *n.* mocker, jester
búsqueda search
busto bust

caballero gentleman; **. . . andante** knight-errant
caballo horse; **a . . .** astride; **. . . de tiro** drafthorse; **. . . de vapor** horse-power
cabecilla ringleader
caber to be possible, to fit in
cabo end; cape; **llevar a . . .** to carry out

cabotaje *m.* coasting trade
cacique *m.* (Indian) chief; political boss
caciquismo bossism
caduco worn out, decrepit
caer to fall
cala cove, creck
calefacción heating (system)
cálido warm
caligrafía penmanship
calumniar to slander
caluroso hot
calzada paved highroad
camarera waitress, chambermaid, lady-in-waiting
cambiar to change
cambio change; **en . . .** on the other hand
campesino *adj.* rustic; *n.* countryman, peasant
campestre rural
campo field, country; **. . . de lucha** battleground
canalizar to channel
canónigo canon
cansancio fatigue, weariness
cante hondo (flamenco) popular Andalusian gypsy song
cantonalismo decentralization into districts **(cantones)**
caña cane, reed
capa cloak; segment, class
capaz capable
capital *adj.* principal; *n. f.* capital
captación attraction; perception
captar to captivate
cara face; **. . . o cruz** heads or tails; **echar en . . .** to blame, reproach
carbón *m.* charcoal, coal
cárcel *f.* jail
carecer (de) to lack
carencia want, lack
carente lacking
carga burden
cargo charge; post; office; **a . . . de** in charge of
carmelita pertaining to the order of Carmelites
caro expensive; costly
carrera course, race
carta letter
cartuja Carthusian monastery
casco casque, helmet
casta caste, race, lineage
castaño chestnut
casticismo traditional popular purism
castizo of a good breed, pure and traditional

cátedra (university) chair, professorship
catedrático university professor
cauce *m.* river bed
caudal *m.* volume (of water)
caza hunt, chase
ceder to grant, yield
cedista pertaining to the political party
    CEDA
ceguera blindness
celda cell (in prison or convent)
celo zeal, *pl.* jealousy
cercano near, close
cerco ring, blockade; **poner ...** to lay siege
cereza cherry
cerro hill
certero accurate
cetro scepter, power
cima summit, top
cimiento foundation, basis
cincel *m.* chisel
cinturón belt
cisne *m.* swan
cuidadanía citizenship
cuidadano *adj.* town-bred; *n.* citizen
claustro cloister
clausurar to close
clave *f.* key, code
cobrar to collect
codicia greed
colgante pendant
colina hill
colmar to bestow liberally, heap up
colocar to place
colorido coloring, character
collar *m.* necklace
comarca district, region
combate *m.* bout, fight
comedia comedy, play
comenzar to begin
comerciante *m.* merchant
comicidad comicalness
comienzo beginning
comitiva suite, retinue, party, group
compartir to share
compás *m.* compass; **al ... de** at the same
    time
comprometer to compromise; **-se** to
    commit oneself; to promise, pledge
comunero Castilian insurgent against
    Charles V
conato effort, attempt
concertar to arrange, harmonize
concertista concert performer
concorde concordant, agreeing
condado earldom
condenar to condemn

confabulación conspiracy
confección manufacture
conferenciante *m. & f.* lecturer, speaker
confesionalidad (religious) sectarianism
conformar to conform; **-se** to yield, submit
congoja anguish, dismay
conjunto ensemble, group; *adj.* joined,
    linked
conjurar to plot, conjure; to avert
consagrar to consecrate; **-se a** to dedicate
    oneself to, **-se como** to be known as
consecución attainment
conseguir to attain, obtain
consejo advice; council
consigna watchword; directive
consonancia consonance, conformity
constar to consist of
constituyente constitutional
consultivo advisory
consumición consumption (of provisions)
consumismo orientation toward
    consumption
consumo consumption (of provisions,
    merchandise, fuel)
contado numbered, few
contemporización temporization,
    compromise, coming to terms
contemporizador complier, temporizer
contención contention; **muro de ...**
    retaining wall
contienda contest, struggle, fight, war
continente *m.* continent, countenance
contorno contour, outline
contraer to contract
contrahecho deformed
contrapeso counterbalance
contribución tax
convenio agreement, pact
conversión conversion; change
convivencia coexistence
copla song
coraza cuirass, armor plating
cordillera mountain range
cornisamento entablature
corresponsal de prensa newspaper
    correspondent
corona Crown, kingdom
cortante sharp
cortejo courtship, entourage
cosaco cossack
cosecha crops
coste *m.* expense, price
costear to go along the coast; to pay for
costoso costly, hard to obtain
coyuntura conjunction, occasion
cráneo skull

crecer to grow
creces *f. pl.* increase; **con ...** amply, abundantly
creciente increasing
crepúsculo twilight
cronista chronicler
cruce *m.* crossing, road intersection
crudo rough, crude
cruento bloody, fierce
cuadro square, picture, formation (of troops)
cuantioso copious, numerous
cuanto *adj.* as much as, as many as; **en ...** as soon as; **en ... a** as refers to
cuartear to quarter; **-se** to split into pieces
cuartel *m.* (military) barracks
cuarto *adj.* fourth; *n.* room
cuenca river basin
cuenta account; **tener en ...** to take into account
cuento short story
cuero leather
cueva cave
cuidado *adj.* polished; *n.* care, regard, attention
cuidar to care, look after
culpable guilty
culpar to blame
cultivo cultivation
culto *adj.* cultivated; elegant; *n.* cult, worship
cumbre *f.* peak, summit
cumplimiento observance
cuna cradle, origin
cundir to spread, multiply
cura *m.* parish priest; cure
curandero charlatan, medicine man
cursar to study
cursi flashy, pretentious
curso course, direction, school year
curvilíneo curvilinear
cuyo whose, of whom
charanga fanfare
chico *adj.* small
chiste *m.* joke
chocante provoking, surprising
chocar to crash, clash, collide, surprise
chopo black poplar tree
choque *m.* clash, crash

dar to give; **... a conocer** to make known
deber to owe; ought to; *n .m.* duty; **-se a** to be due to
debilitar to debilitate, weaken
década ten years
decaer to decline
decenio ten years

decepcionante disappointing
decidida decisive
declive *m.* decline, dip
decorado *adj.* adorned; *n.* ornamentation
decorar to adorn
dedicar to devote; **-se** to devote oneself
deducir to deduce, infer
déficit deficit; **... comercial** imbalance of payments
defraudar to frustrate, disappoint
dejar to leave, relinquish
deleitar to delight, entertain
delinear to delineate, draft, spell out
demarcación demarcation, boundary
demarcar to mark out bounds or limits
denigrar to defame, vilify
denso dense, thick, obscure
deponer to depose; make a deposition; **... las armas** to lay down one's arms
depurar to cleanse, purify
derechización drift to the right
derecho *adj.* right; *n.* law
derivar to derive
derogar to abolish
derribar to demolish
derrocar to precipitate, oust, pull down
derrochar to squander
derrotar to defeat
derrotero course, way, direction
derrumbar to precipitate; throw head-long; **-se** to crumble away, tumble
desacertar to err, act unwisely
desacuerdo disagreement
desagradar to displease
desalentar to discourage
desamortización disentail
desaparición disappearance
desarrollar to develop
desavenencia discord, disagreement
desbordar to overflow, run over
descabellado dishevelled, illogical, wild
descansar to rest, pause
descarado impudent, fresh
descarnado bare, unadorned
desconcertar to disarrange, disturb, confuse
desconfiar to mistrust
desconocer to ignore, disregard
desconocido unknown
desconsuelo affliction, mournfulness
descuidar to neglect
desdeñoso disdainful
deseable desirable
desembarcar to put ashore; debark
desembocadura mouth of a river
desembocar to end at

desempleo unemployment
desenfrenado unbridled, unruly, ungoverned, licentious
desengaño disillusion, disappointment
desenlace *m.* end, outcome
desesperanzado hopeless, despairing
desgarrado torn, tattered licentious, *fig.* dissolute, bold, harsh
desgastar to waste, wear away, consume
desgaste *m.* attrition, wear and tear
desgracia misfortune
desligar to untie, unbind; **-se** to break away
deslumbrar to dazzle
desmán *m.* excess (in words or action), misbehavior
desmentir to contradict, deny
desmoronar to crumble, fall, decay
desnivel *m.* unevenness, inequality
despachar to dispatch, send away, dismiss
despectivo contemptuous
despertar to awaken
despiadado cruel, merciless
desplazar to displace, drive out
desprecio disregard, scorn
despreocuparse to ignore, discard, to be unconcerned
desprestigiar to discredit, bring into disrepute
desprevenido unaware, unprepared
desprovisto deprived, lacking
destacar to excel, to stand out, to emphasize
desteñir to fade, rub off
desterrar to banish, exile
destierro exile
destituir to dismiss from employment
desvergonzado impudent, shameless
desvestir to strip, undress
desviación deviation
desvirtuar to detract from, to lessen the value, strength or merit of
detener to stop, arrest
devastar to desolate, waste
devolver to return, restore
diario daily, newspaper
dibujar to draw, depict; **-se** to appear
dictamen *m.* judgment, opinion
diferencia difference; **a ... de** unlike
difundir to spread, diffuse
difunto deceased, late
digno worthy, dignified
diminuto small, minute
dimisión resignation from office
dimitir to resign
diputado deputy, delegate; **... a Cortes** member of Spanish Parliament

dirigente *adj.* directing, leading; *n.* leader
discernible apparent; perceptible
diseminar to scatter, spread
diseño design, sketch
disfrazar to disguise
disfrutar to enjoy, benefit by
disgusto dissatisfaction, displeasure; **a ...** unwillingly
disminuir to diminish, decrease
disolución dissolution
dispar disparate, diverse, various
disponer to dispose, arrange, prepare
distancia(miento) distance, remoteness
distinto different
divertido amusing, amused
divisar to sight
divisorio dividing
divulgar to spread
doblaje dubbing
doblar to bend, double
docente educational
doliente sorrowful
dolor *m.* sorrow, pain
dolorido aching, mourning, doleful
doncella maiden, virgin; housemaid
dorado gilded
dotar to endow
dote *f.* dowry; *f. pl.* natural talents
dragar to dredge
dramatismo dramatic quality
dueño owner
dulcificar to sweeten
duna dune
durante during
durar to last
dureza hardness; obstinancy; cruelty

eclesiástico *adj.* ecclesiastical, clerical; *m.* clergyman
echar to throw, cast, eject; **... en cara** to accuse, blame
edad age
edificar to build
efectismo striving after effect
efectista sensational
efecto effect, operation; **poner en ...** to put into operation
efectuar to carry out
eficacia efficacy, efficiency
egoísmo selfishness
ejecución execution, completion, realization
ejercer to exercise, perform
ejército army
elaborar to elaborate, manufacture, make
elegía elegy

elegir to elect, choose
elevado high
elogiar to praise
emanar to emanate
embarazo pregnancy
embarcación vessel, ship
embarcar to embark; **-se** to embark, engage
embargo sin ... nevertheless
embarque *m.* shipment, boarding
embellecer to beautify, embellish
embestir to attack, assail, rush against
emboscar to ambush
embutido sausage, salami
emigrado exile
empaque *m.* affected seriousness, gravity
emparentado related (by marriage)
empeño determination, insistence
empeorar to worsen
empleado employee
emprender to undertake, start
empuje *m.* impulse, thrust
enajenar to alienate
enardecer to inflame
encabezar to head, lead
encadenar to chain
encapotado cloaked
encarcelar to jail, imprison
encargar to entrust with, advise
encargo commission, charge, errand
encarnar to embody
encarnizado furious, merciless
encarnizar to infuriate, provoke
encauzar to channel, guide
encerrar to enclose, lock in *or* up
encomendar to entrust
encomienda land grant
encontrar to find
encrucijada crossroad
encuadramiento bringing into (military) ranks
encuadrar to frame, bring into (military) formation
encubrir to hide, conceal
encuentro meeting
enfermizo sickly
enfrentar to oppose; **-se** to face
engalanar to adorn; dress elegantly
engañar to deceive
engendrar to generate, produce
engrandecer to enlarge; augment, exalt
enlace *m.* union, tie
enlazar to tie, bind, link
enmarcar to frame
enojar to annoy
enredo tangle, intrigue
enriquecer to enrich, **-se** to become wealthy

ensalzar to exalt, praise
ensanchar to expand, broaden
ensangrentar to stain, cover with blood
ensañadamente cruelly, ferociously, mercilessly
ensañar to enrage; **-se** to gloat; to vent one's fury
ensayo essay; try-out
ensombrecer to darken
entablar to initiate (relation), establish
enteco infirm, weak
enterar to report, inform; **-se** to learn
entierro burial
entrado entered; **muy ...** well advanced
entregar to hand over; **-se** to surrender
entreguerras between the wars
entrenar to train
entretenimiento amusement, entertainment
entrevistar to interview; **-se** to have an interview
entroncarse to descend from, be related
enunciar to state
envejecimiento oldness, aging
envenenar to poison
envergadura importance, wingspan
envolver to wrap up, mix, implicate
epopeya epic poem, epopee
equilibrar to counterpoise
equilibrio balance, poise, moderation
erigir to erect, establish
errante roving, errant
esbeltez *f.* slenderness, elegance
esbelto slender, fine
esbirro constable, hired ruffian
escala stopping place (seaport)
escalofriante chilling, frightening
escarabajo scarab
escarnecer to mock, ridicule
escaso limited, scanty, small
escénico theatrical
escisión division, schism
escoger to choose
esconder to hide, conceal; to include
escorzo foreshortening
escrúpulo scruple, hesitation
escuadra fleet
escudo shield, coat of arms
escueto unadorned, plain, succinct
esforzarse to make an effort, exert oneself
esgrimir to wield
esmerado executed with care
espalda back, shoulders; **tener anchas las -s** to have great power of endurance
espantoso frightful
especia spice

especie *f.* kind, sort
espectáculo spectacle, show
espera waiting
esperanza hope
espuma foam, froth, lather
esquematizar to sketch, outline
esquivo elusive, coy, evading
estacionamiento stationing
estado state, condition; **... de guerra** martial law
estallar to explode, burst; to break out
estancamiento stagnation
estaño tin
estatal pertaining to the state
estepario pertaining to the steppe
estilizado stylized
estimular to stimulate, excite, encourage
estipular to stipulate, contract
estrago ravage, waste, ruin
estrechar to tighten
estrechez *f.* narrowness, penury
estrecho *adj.* narrow, close, tight; *n.* strait
estrenar to use, present for the first time; to open
estreno debut, first performance
estribación slope
estribar to rest on, consist in, lie in
estridente strident, screeching
estrofa stanza
estruendo clamor, noise
estulticia stupidity
etapa stage, period
eucaristía Eucharist
evadir to avoid, evade
evitar to avoid
exacerbación exacerbation, exasperation
exacerbar to exacerbate, irritate
exagerar to exaggerate, overstate
exaltado hotheaded, carried away, ultra-radical
excepción exception; **estado de ...** state of emergency
exhortar to encourage
exigencia demand
exigir to demand, request, exact
exiliar to send in exile
eximir to exempt
exotismo quality of being exotic
expatriado exile, expatriate, emigré
expatriarse to emigrate, go into exile
exponente *n.* exponent, manifestation
expósito *adj.* exposed; *n. m. & f.* foundling
expulsar to drive out, expel
extender to spread
exterior outside, exterior
exteriorizar to externalize, make manifest

extranjero *adj.* foreign; *n.* foreigner; **en el ...** abroad
extraño strange
extremeño pertaining to Extremadura

fábrica factory
fábula fable
facción faction; feature
faceta facet, aspect
facultad faculty; authority
facultativo health personnel; doctor
fachada facade
faja zone; sash
fajín *m.* sash
falta shortage, lack; **a ... de** in want of
faltar to lack
fallar to fail
fallecer to die
fallecimiento death, demise
fama reputation
fango slime
fantasear to fancy, imagine, dream
fastuoso ostentatious
fauvista fauvist; wild
fecundidad fertility
fecundo fertile, prolific, abundant
ferrocarril railroad
ferroviario pertaining to railways
festejar to entertain, court
festín *m.* banquet
fidedigno trustworthy
fiel faithful, loyal
fijar to fix, fasten
fila line, row; rank
filmación act of filming
filtrar to filter; **-se** to seep in, leak out
fin *m.* end, purpose, **a ... de** in order to; **a ... (de) que** in order that; **a ...(es) de** at (to) the end of; **al ...** finally
finura delicacy
firmar to sign
firmeza firmness
fisco national treasury
fis(i)onomía physiognomy, features
flamenco Flemish; Andalusian song and dance
flecha arrow
florecer flourish, prosper
florido flowery
flotante floating
foco focus, center
fogoso vehement, fiery
folletín *m.* serial story
folletinesco serial-like; exciting
folleto pamphlet, booklet
fondo stock, bottom

foral pertaining to **fueros** (statutes, privileges)
forcejeo struggle, strife
fortalecer to fortify, strengthen
forzoso forced, obligatory; **paro ...** unemployment; **silencio ...** censorship
foso moat, pit
fracasar to fail
fraccionar(se) to divide, split
fraguar to forge, plan
franco *adj.* frank, open, plain; *n.* Frank
francmasón *m.* freemason
franja band, stripe
fratricida *adj.* fratricidal; *n.* a person who murders a brother
fregar to wash, rub, mop
frente *m.* frontline; **... a** facing against; **al ... de** at the head of; **hacer ...** to face, oppose
frialdad coldness, unconcern
fronterizo pertaining to frontier
frutal fruit bearing
fuente *f.* spring, source
fuero law, statute, jurisdiction, privilege
fuerza force, strength; **... pública** police, armed forces
fugaz fleeting, brief
funcionar to function
funcionario civil servant
fundir to fuse, cast, blend
funerario funeral
funesto dismal, regrettable, lamentable
fusilar to execute by shooting

gabinete cabinet
gala gala, formal court dress; ostentation; **hacer ...** to boast of
galanura ornamentation, elegance
galera galley
galo Gallic
gallego native of Galicia, Galician
ganadería livestock raising
ganadero stock breeder
ganado herd, livestock
ganancia gain
garantía guarantee
gastar to spend, consume
gasto expense, expenditure
gavilla sheaf (of grain), bundle
gaviota seagull
genial brilliant
gestión negotiation
girar to revolve, rotate
giro turn, idiomatic expression
gleba land
goce *m.* enjoyment

golondrina swallow
golpe (de estado) coup (d'etat)
gorro cap
gozar to enjoy
grabado engraving
grabar to carve, engrave
grácil gracile, graceful
grandeza greatness
grato pleasant
gremio guild
grey flock, herd
grito cry
grosero gross, coarse
gruta cave
gualda yellow
guarnición garrison
gubernamental governmental
guerrillero guerilla fighter
gusto taste, liking

hábil clever, skillful
habilidad ability, skill
habitación dwelling
habitar (en) to inhabit
hacer to make; **... tiempo** (time) ago; **-se** to become
hacienda (landed) property; **... pública** exchequer, public treasury
hacha ax
halagar to flatter
halago flattery, adulation
hallar to find
hallazgo finding, discovery
hastío disgust, boredom
haya beech tree
hazaña (great) deed, adventure
helar to freeze
heredad (inherited) land, property
heredar to inherit
heredero heir
herencia inheritance, heritage
herir to wound, strike
hermanastro(a) stepbrother (-sister)
hermandad brotherhood
herradura horseshoe
hidalgo gentleman, nobleman
hipérbaton *m.* inversion of word order
hiperrepresentación excessive representation
hiriente hurting, offensive
hoguera bonfire, stake
hoja leaf, blade
hondo deep; **cante ...** Andalusian gypsy song
honra honor
honroso honorable

hormigón concrete
hortaliza vegetable
hosco dark-colored; sullen, gloomy
hueco *adj.* hollow; *n.* empty space
huelga strike
huella trace
huerta orchard, irrigated land
huerto garden, orchard
huir to flee
humorismo humor
hundimiento sinking, collapse
hundir to sink
Hurdes, Las region in the province of
　　Cáceres

idear to invent, conceive
ideario ideology, (ideological) program
ilustre illustrious
impedir to prevent
imperante prevailing
imperar to dominate, prevail
implantar to implant, establish, adopt
imprenta printing press, printing shop
imprimir to print, imprint; to fix (in the
　　mind)
impropio inappropriate
impuesto tax
impugnador objector, contradictor
impulsar to impel, drive, push on
inadaptado maladjusted
inagotable inexhaustible
incautación attachment (of property)
incautar(se) to attach (property), confiscate
incendiar to set fire, burn
incertidumbre *n. f.* uncertainty
incidente *adj.* incidental; *n. m.* incident;
　　occurrence, event
inclemencia rigor, harshness
incluso included, even
inconfundible unmistakable
inconsciente unaware
incrédulo unbeliever, agnostic
incrementar to increase
inculto ignorant
incumbir to pertain, concern
indagar to investigate
independización emancipation
independizar(se) to become independent
indeseable undesirable
indigno unworthy
indiscutible indisputable
individuo individual, person
índole *f.* disposition, idiosyncrasy, character,
　　nature
inesperado unexpected
infante *m.* prince, *also* nobleman

infatigable untiring
influjo influence
información information; **ministro de …**
　　propaganda minister
infrahumano subhuman
infundado unfounded, groundless
ingenio wit
ingenioso ingenious
ingenuo naive
inigualado unsurpassed
ininterrumpidamente without interruption
innegable undeniable
innovador innovating, innovative
inquietante disturbing
inquieto disturbed, restless
inquietud uneasiness, anxiety
insatisfacción dissatisfaction
insigne notable, distinguished
insólito unusual, odd
insostenible indefensible
instancia instance, petition; **a …(s) de** at
　　the insistence of
instar to press, urge
instauración restoration
insubordinar to incite to insubordination;
　　-se to rebel, mutiny
insumisión disobedience, rebellion
insuperable insuperable, insurmountable
intelectualidad intelligentsia
inteligencia intellect; mind
intentar to attempt, try
intercalar to intercalate, insert
intercesión intercession, mediation
interino provisional, temporary
interminable endless
interrumpir to interrupt, hinder
intervenir to intervene, interfere, mediate;
　　to take part
intranscendente unimportant,
　　inconsequential
intrigante scheming
introspección self-examination,
　　introspection
inundación flood
inusitado unusual
inútil useless
invalidez disability
inverosímil unlikely, improbable
inversión investment
invertir to invest; to invert, reverse
invicto invincible, unconquerable
ira ire, anger
irascible irascible, choleric
irradiar to irradiate, emit (beams of light)
irreal unreal
irrumpir to burst, invade suddenly

isleño islander
islote small (barren) island
izquierdista *m. f.* leftist

jabalí *m.* wild boar
jaque *m.* check (as in chess); **tener en ...** to hold back
jardín *m.* garden
jocoso humorous, comical
joven young
joya jewel
júbilo joy, rejoicing
judaico Jewish
juego play, game
juez judge
jugar to play
juglar minstrel
juicio judgment
junta council, committee
junto together; **... a** along with, next to
jura oath
jurar to swear
jurídico legal, juridical
jurisconsulto jurist

laboriosidad industriousness, assiduity
labrador farmer, tiller, peasant
labrar to till, plough
labriego rustic, peasant; farmer, farmhand
lado side
ladrillo brick
lágrima tear
lámpara lamp
lanzar to launch, throw
lapso lapse, course of time
largo long; **a lo ... de** along, throughout
lástima pity, grief
lastimar to hurt
lastimoso sad, doleful
latifundio (vast) landholding, rural property
latifundista large landowner
latrocinio robbery, thievery
lazarillo blind person's guide (usually a child)
lazo bond
legumbre vegetable
lejano distant, far away
lema *m.* motto
lentitud slowness
lento slow
letrado man of letters, lawyer
levadizo that can be raised or lifted; **puente ...** drawbridge
levantamiento uprising, elevation; insurrection

levantar to raise; **-se** to rise
levante *m.* eastern seaboard
levita frock coat
libertad liberty, freedom
libertinaje *m.* licentiousness
librar to liberate, free; **-se de** to escape from
libre exámen freedom to interpret (the Bible); *fg.* less dogmatic interpretation of religious and moral doctrines
librepensador *adj.* freethinking; *n.* freethinker
lícito lawful, permissible
lienzo canvas
ligereza lightness
ligero light, nimble
límite *m.* boundary
limonero lemon tree
limosna alms
limpiar to clean
limpieza cleanliness, purity
lindar to border
liquidar to liquidate, settle
lírica lyric poetry
lirismo lyricism
litoral *adj.* coastal; *n. m.* coast, shore
lobato wolf cub
logia lodge
lograr to obtain, succeed (in)
logro gain, attainment, success
lombardo pertaining to Lombardy (Italy)
longevidad longevity, long life
losa flagstone, gravestone
luego later, then; **desde ...** of course, certainly
lugar place
lujo luxury
luminosidad luminosity
lusitano Lusitanian, Portuguese
luto mourning, sorrow
llama flame
llamar to call, name
llanto weeping
llanura plain
llegar to arrive, reach, attain
llenar to fill
llevar to take, carry, wear

macizo *adj.* compact, massive; *n.* massiveness, mountain range
madrileño of Madrid
madrugada dawn
madurar to mature, ripen
madurez *f.* maturity
maestría mastery
magiar Magyar (pertaining to the tribe that settled the area now called Hungary)

magistratura magistracy, judgeship
majada sheepfold
majestuosidad majesty
malandanza misfortune, calamity
maldición malediction, curse
maléfico harmful, injurious
malestar malaise, dissatisfaction
malgastar to waste
malhechor criminal
malogrado unfortunate, wasted
malograr to waste, lose, fail
maltratar to ill-treat, abuse
malversación misappropriation
manantial *m.* source, spring
manchego pertaining to La Mancha
mandíbula jaw (bone)
mando command; authority
manera way
maniático extravagant; whimsical
manifestación (public) demonstration
manifestar to show, declare
manifiesto *adj.* evident; *n.* manifesto
maniobra stratagem, trick
mano hand; **a ... armada** with weapons drawn
mantener to maintain; **-se en vigor** to remain in force
maquinaria machinery, tools
maquis *m.* (French) wild, bush land (in Corsica); free fighter
maragato native of Astorga
maravilloso marvelous
marcado pronounced
marco frame
marcha progress
marfil *m.* ivory
márgen *m. f.* margin; **al ... de** outside
marina navy
marioneta puppet
máscara mask
masonería Freemasonry
matanza massacre, slaughter
matiz *m.* shade, aspect
matización shade
matizar to adorn, give a shade (of tone, meaning)
mayoritariamente for the largest part
maza war club, mace
meandro meander; winding course (of a river)
mecenas *m.* patron of the arts
mediado(s) middle; **a ...** toward the middle of
mediano medium, mediocre
mediante by means of
medida measure; **a ... que** as

mediodía *m.* south; noon, midday
medir to measure, evaluate
mejor better, best
mejorar to improve
melena long lock of hair
mendigo beggar
menina lady-in-waiting
menos less, least, fewer
menospreciar to despise
menosprecio contempt
mentir to lie
menudo minute, small; **a ...** frequently
meramente solely, purely
merced *f.* favor, mercy, gift; **... a** thanks to; **quedar a ... de** at the mercy of
merecer to deserve
meridional southern
mero mere
mesnada armed retinue
mestizaje *m.* crossbreeding
mestizo of mixed racial heritage (especially white and Indian)
meta limit, goal
mezquita mosque
miedo fear
mientras while; **... tanto** in the meanwhile
milla mile
millar thousand
mimetismo mimesis, imitation
minarete *m.* minaret; slender tower attached to a Moslem mosque
minero miner
ministerio ministry, cabinet
minucioso minute
minúsculo tiny, very small
mira sight, view, purpose, aim
miseria misery, poverty
mísero miserable, wretched
mitificar to mythicize
mixtilíneo in architecture, a mixture of straight and round or curved planes or lines
moda fashion
momento moment; **de ...** for the time being
monacal monastic
monacato monasticism
monárquico monarchist
moneda coin, money, currency
monja nun
monje *m.* monk
montañés *adj.* mountainous; *n. m.* highlander
morado violet, purple
moraleja maxim, moral of a fable
mordaz biting, acrimonious, sarcastic

moribundo dying, near death
morriña sadness, melancholy
mortificación mortification, vexation; ascetism
moscovita of Moscow
mostrar to show
movilizar to mobilize
muerto *adj.* dead; *n.* body, corpse
muestra sample, sign; **dar ... de** to show signs of
mundano worldly
muralla wall, rampart
muro wall

nacer to be born, arise
naciente growing, rising
napolitano Neapolitan, pertaining to Naples
naranja orange
naranjo orange tree
narración narrative
natalidad birthrate
naturaleza nature
naufragar to be shipwrecked, suffer a shipwreck; to fail
navío ship
negar to deny; **-se** to refuse
negocio business, affair
nieto grandson
nieve snow
nivel *m.* level
nivelar to level, balance
nobiliario pertaining to nobility
nombramiento appointment, nomination
nombrar to appoint
nómina catalogue, payroll
noria well for drawing water, draw well
noticia notice, news
novela novel; **... por entregas** serial
novelesco novelistic, fictional
noventiochesco pertaining to (the Generation of) 1898
novio(a) bridegroom (bride)
nube *f.* cloud
núcleo nucleus, center
nuevamente again, once more
nunca never
nutrir to nourish, feed, to foment, encourage

obedecer to obey; to respond, be due to
obligar to force, compel
obligatoriedad obligatoriness, condition of being obligatory
obra work; **... cumbre** (maestra) masterpiece

obrecilla (for **obrita**) little work, without importance
obrerista *m. & f.* laborite
obrero worker, (factory) worker, day laborer
observancia observance (of rules and customs); custom
observar to observe, notice; to conform to
ocasionar to cause
ocaso sunset, twilight, decline
ocioso idle, lazy
ocultar to hide
ocurrir to happen
oeste *m.* west
ofrecimiento offer
ofrenda offering, gift
ojival having the shape of a pointed arch
olmo elm tree
olvidar(se) to forget
olvido oblivion, neglect
ombligo belly button
operario laborer, worker
optar to choose, prefer
oración prayer
orar to pray
ordenar to order, command, to put in order
ordenanza statute
orfebre *m.* goldsmith, silversmith
orfebrería gold or silver work
orgullo pride
orientación direction
orientador guiding
orientar to aim, direct
orilla shore
oscurecer to darken
oscuro dark
ostentar to display
otorgar to grant
ostracismo ostracism, isolation

pabellón *m.* pavilion, national flag
pactar to make a pact
padecimiento suffering, illness
paga pay, salary
pago payment
país *m.* country
paisaje *m.* landscape, countryside
paisajista *m. f.* landscape painter
palaciego pertaining to palace; *n.* courtier
paleta palette
paliativo palliative, mitigating
pálido pale
palo stick
paloma dove
palpitante vibrating; burning, actual

pandereta tambourine
pantalla screen
pantano marsh, swamp; dam, reservoir
paño cloth
papado papacy
papel *m.* paper; role
par equal; **a la ...** at the same time
pardo brown
parecer to seem; **al ...** apparently
parecido similar, like
pared *f.* wall
pareja pair
parentesco kinship, kindred
paridad parity, equality
parisino Parisian, partaining to Paris
parlamento parliament; (theater)
    monologue, speech
paro unemployment
participar to share
particular private
partida squad (of soldiers), gang, band;
    departure; game
partidario supporter, partisan
partidismo (political) sectarianism
partir to start, leave; **a ... de** starting from
parto childbirth, parturition
pasajero transient, transitory
pasar to pass, go over; **al ... (de)** with the
    passing of
paso step; **... previo para** step leading
    toward; **... de Semana Santa** procession
    of sculptured images carried through
    streets during Holy Week
pastar to graze
pastor shepherd
pastoreo pasturing, tending flocks
patente evident
paternal fatherly
patetismo pathos
patria fatherland
paulatinamente slowly, little by little
paulatino slow by degrees
pavimentar to pave
payaso clown
payés *m.* (Catalán) countryman
pecar to sin
pedante pedantic
pedernal *m.* flint
pelear to fight
peligro danger
pelirrojo redhaired
peluso fuzzy
pendiente *m.* earring, pendant; *f.* slope
pendón *m.* standard, banner
penoso painful, laborious
pensamiento thought

pensar to think
pensionar to confer a pension, retirement,
    stipend
peñasco (large) rock
percibir to perceive, receive; to notice
perder to lose; to ruin; **-se** to disappear, to
    get lost
pérdida loss
perdurar to last
peregrinación pilgrimage
peregrino *adj.* peregrine, foreign, strange;
    n. pilgrim, foreigner
pereza laziness
perfeccionar to improve
perfil *m.* profile
pericia expertness
periódico newspaper
periodismo journalism
perjudicar to harm
permitir to allow
personaje *m.* (important) person,
    personage
personal *adj.* personal; *n. m.* personnel
pertenecer to belong
perturbación agitation, disturbance
pesa weight
pesado heavy
pesar to weigh; *n. m.* sorrow; **a ... de** in
    spite of
pesca fishing
pese (a) in spite of
peso weight
pesquero fishing
piadoso pious
pícaro rogue
pico peak; **(sombrero) de tres ...s** three-
    cornered (hat)
pictórico pictorial
piedra stone
pierna leg
pincelada brushstroke
pintoresco picturesque
piquete *m.* picket, small party of soldiers
piratería piracy
pistolerismo terrorism
pistolero gunman
placa (art) plaque
placentero pleasant
plagar to plague, infest
plagio plagiarism, copy
planicie *f.* plain
plano *adj.* flat, smooth; *n.* plan, design
planta plant, floor plan
planteamiento presentation (of a problem)
plantear to plan, state, present (a
    problem); to pose, raise

plástico plastic; sculptural in form or effect
platillo pan (of scales)
playa beach
plaza square; **... fuerte** stronghold
plegaria prayer
pleito lawsuit
pleno full; **en ...** in the middle of
plomo lead
pluma pen
poblado town, settlement
poblar to settle, inhabit
pobreza poverty
poder to be able; *n.* power
poderío might, power
polícromo polychromatic
políglota polyglot, in many languages
pólvora gunpowder
pontificio pontifical, papal
popa stern
populacho populace, mob
portavoz *m.* speaker
porvenir future
poseer to possess
posguerra postwar
postergación disregard, neglect
postizo artificial, false
postrimería(s) last (years) of
potencia power
prado meadow
pragmática royal ordinance
pragmático *adj.* pragmatic
precedente *adj.* preceding; *n. m.* precedent
preceptista *m. & f.* one who sets precepts
preceptiva set of precepts and rules
precipitado abrupt, hasty
presión pressure
prestar to loan, credit
presto *adj.* soon, quickly
presunto presumed; **... heredero** (heir) presumptive
presupuesto budget
pretendiente *m.* pretender
pretensión pretension, claim
pretor (Roman) governor
prevalecer to prevail
prever to foresee; anticipate
prima prime; **materia ...** raw material
primo cousin
primogénito firstborn
primordial original, principal
principio principle, beginning; **al (en) (un) ...** at first
privado *adj.* private; *n.* favorite
privanza favor at court; rule by a favorite
probar to prove
procedencia origin

proceder to proceed, come from; to behave, act; *n. m.* conduct, behavior
procesar to sue, indict
procurador deputy
procurar to endeavor
pródigo prodigal, lavish
producir to produce; **-se** to occur, take place
producto product, produce
progresar to progress, advance
progresista *adj.* progressive; *m. & f.* progressionist
prohibitivo forbidding
proletariado proletariat, working class
proletario *adj.* proletarian; *n.* laborer, proletary
prolongador *adj.* prolonging, extending
prolongar to prolong, extend, continue
promedio average
pronóstico prediction, prognosis
pronunciamiento military revolt
propiedad property, ownership
propietario owner, landlord
propio own, self
proporcionar to proportion; supply, grant
propósito purpose
propuesta proposal
propugnar to defend
prorrogar to extend, defer
proseguir to proceed, continue
prosista *m. & f.* prose writer
provecho profit, benefit
provenir to originate
provinciano pertaining to small town (as opposed to the elegance of the city)
prueba proof, trial
puente *m.* bridge
puerto port, harbor
pues then, for
puesto post; **... que** since
pugna battle, conflict
pujante powerful, strong, vigorous
pulcritud neatness, tidiness
pulir to polish, burnish
puñal *m.* dagger
puñao (colloquial for **puñado**) fistful
purificador purifying
puro pure, clean

quebrantar to break, crush
quebrar to break, weaken
quedar to remain, be left
quejarse to grumble, complain
quemar to burn
quieto still
quinquenio five years

quintilla five-line stanza
quitar to take off, away; suppress

rabia rage
radicar to take root
raíz *f.* root; **a ... de** right after
rama branch
ramo bough, branch
rapidez *f.* speed, rapidity
raquítico rachitic, rickety, feeble
raramente rarely
rasgo trait, feature
rayar to draw a line; to border
rayo thunderbolt, lightning
razzia raid, plundering
reaccionar to react
reacio uncooperative, opposed
realizar to accomplish, carry out
reanudar to resume, renew
rebaño flock, herd
rebasar to trespass, exceed
rebosar to overflow, abound
rebuscar to inquire, search (carefully, excessively)
recaer to fall back
recargar to overcharge, overload
recaudación collection (of taxes); revenues
recelar to be suspicious
recelo suspicion, mistrust
recinto enclosure, precinct
recio strong, robust
reclamar to reclaim, demand; to protest
recluir to shut up, seclude
recobrar to recover
recoger to get, gather, collect
recompensa reward
reconocible recognizable, perceptible
reconstruir to rebuild
recopilar to collect, compile
recordar to remember, remind
recorrer to travel, go over
recrear to amuse, delight; **-se** to be pleased, have pleasure
recuerdo memory, trace
recuperar to recover, regain
recurrir to resort, revert; to make use of
rechazar to repel, reject
red *f.* net
redacción composition
redactar to write, compile
redondo round
reemplazar to replace
reflejar to replace
reflejo reflex; reflection
refrán *m.* refrain, proverb
refugiarse to seek refuge

refundición recasting
regadío irrigation; irrigated land
regar to irrigate
regio royal
regir to rule, govern
reglamentar to regulate
regresado *n.* "returned," applied to terrorists voluntarily returning to the social and democratic order
regreso return
reimprimir to reprint
reinar to reign
reír to laugh; **-se de** to scoff
reiterar to repeat, reiterate
reivindicar to recover, regain
religioso *adj.* religious; *n.* member of a religious order
reminiscencia reminiscence, memory
remontarse to tower, soar; go back
rémora sucking fish; hindrance
rendición surrender
rendimiento yield
rendir to subdue, conquer; **-se** to yield, surrender
reno reindeer
renovador reforming
renta revenue, rent
renuncia renunciation, resignation
reordenar to rearrange
repartir to divide, distribute
reparto distribution
repente *m.* sudden movement; **de ...** suddenly
repetir to repeat
réplica answer
reposado calm, quiet, serene
reposar to rest
represalia reprisal
reprobable reprehensible
repujar to emboss
requisito requirement, requisite
resaca undertow
resaltar to become evident, stand out; to emphasize
rescatar to ransom, rescue
resentimiento resentment, grudge
residuo remnant
resignarse to resign oneself
resonante resounding
restante remaining
resto rest, remnant
resumen *m.* extract, summary
resurgimiento revival, recovery, reappearance
resurgir to reappear
retablo altarpiece, stage

retirada retreat
retorcer to twist
retraso delay, backwardness
retrato portrait
retribuir to reward
retroceso return
revisar to examine, reexamine
revista journal, magazine
rezar to pray
ría estuary (of a river)
ribera shore, bank
riego irrigation
riesgo risk
rígido rigid, stiff, harsh
rigor rigor, precision; **ser de ...** to be
   indispensable
rima rhyme
riñón *m.* kidney
riqueza wealth, richness
risueño smiling, pleasant
rivalizar to rival, vie with
rizo curl, ringlet
roble *m.* oak tree
robo theft, robbery
robustecer to strengthen
rodar to roll (TV cameras)
rodear to surround
romance *m.* ballad
románico Romance (language)
   Romanesque
romper to break
rompimiento break, rupture
rostro face
rotundamente explicitly, categorically
roturar till, plough
rozamiento friction, disagreement
ruedo bull ring
ruindad malice, meanness, baseness
rumbo direction
ruptura rupture, break

saber to know; *n. m.* knowledge, learning
sabiduría wisdom
sable *m.* saber, sword
sabor *m.* flavor
sabotear to sabotage
sacar to take out, bring out
sacerdote *m.* priest
sacudir to shake, jerk, shake off
sainete *m.* one-act farce
sala hall, room
saldo balance; **... de ganancia** profit
salazón *f.* salted meats or fish
salida outlet
saliente outstanding, noticeable
salmanticense of Salamanca

salón *m.* drawing room
salto leap, jump
salud health
salvador savior
salvar to save
salvo *adj.* saved, safe; *prep.* except for
sancionar to sanction, ratify
sanear to improve, reform (land)
sano healthy
saquear to ransack, plunder
sarcófago sarcophagus, tomb
sayo loose coat
seco dry
secreto secret; **hacer ... de** to hide
secuaz *m.* follower, henchman
secuestrar to kidnap, abduct
secundar to second, help, aid
sed *f.* thirst
seda silk
sede *f.* see (papal or apostolic)
seducir to charm, seduce
seguir to follow
según according to, as
seleccionar to select
sello seal
semanario weekly
semilla seed, origin
seminarista *m.* seminarian
sencillez *f.* simplicity
sensiblería exaggerated sentimentality
sentar to set up, establish
sentido sense, feeling, meaning
sentir(se) to feel
señalar to signal, mark; **-se** to appear
septentrional northern
sepulcro tomb
sepultar to entomb, bury; conceal
sequía drought
séquito retinue
serio earnest, grave, dignified
servir to serve; **-se de** to make use of
seso brain, intelligence, wisdom
(p)seudónimo pseudonym
si if; **... bien** even though
siempre always; **... que** whenever
sierra mountain range
siguiente following
silvestre wild, rustic
simplismo excessive simplification
sindicación enrolling in a syndicate
sindicato trade union
sindicar to enroll in a syndicate
sino (que) but, on the contrary
sitiar to besiege
sitio place, siege
situar to place, locate

soberanía sovereignty

soberano *adj.* supreme, superior; *n.* sovereign

soberbio arrogant, haughty; superb

sobrepasar to exceed, surpass

sobresaliente outstanding

sobresalir to stand out, excel

sobrevaloración overappreciation, overestimation

sobrevivir to survive

sobrino nephew

sobrio sober, temperate

solariego manorial; of noble ancestry

soldadura soldering, welding

soledad solitude

soler to be usual, usually

solicitar to request

soliviantar to rouse, upset

solterón old bachelor

solucionar to solve

sombra shadow, shade

sombrío gloomy, somber

someter to submit, subject

sonado celebrated, famous

sonreír to smile

sonrisa smile

soñador dreamer, visionary

soñar to dream

soportar to tolerate, endure

soporte *m.* support

sordo deaf

sorprender to surprise

sosegado calm, peaceful

sospechar to suspect

suavizar to soften, ease

súbdito subject

subir to ascend, raise, to rise

sublevación insurrection, revolt, uprising

sublevar(se) to rebel, revolt

sublimar to elevate, exalt, heighten

subsistir to last, exist

subsuelo subsoil

subterráneo underground

subvencionar to subsidize

suceso event

sucio dirty

sudeste *m.* southeast

sueldo salary

suelto loose, separately

suerte *f.* fate, luck

suevo Swabian

sugestionar to influence, suggest

suicidarse to commit suicide

sumamente highly, exceedingly

sumergir(se) to submerge, sink, plunge

suministrar to supply

sumir to submerge, plunge

sumiso submissive

sumo supreme

superponer to superimpose

supervivencia survival

suplantar to supplant, displace

suprimir to suppress, abolish

surcar to cut (through water); to sail

surgir to arise, emerge, appear,

suscitar to stir up

sustituir to replace

sutileza subtlety

tacha flaw, blemish

tachar to cross out, to blame, accuse

tahur *m.* gambler, cheater

tajo gorge

tal such; **... como** such as; **... vez** perhaps

tallar to carve, engrave

taller *m.* workshop, factory

tamaño size

tapar to cover up

tapiz *m.* tapestry

tanto such, so much; **en ...** in the meantime; **estar al ...** to know, be aware; **... como** as much as, as well as; **un ...** somewhat

tardar to be long in

tardío belated

tarea task

tartana (round-topped, two-wheeled) carriage

tasa rate, tax

techo roof, ceiling

tejer to weave, knit; to scheme, intrigue

tejido *adj.* woven; *n.* fabric

telón *m.* curtain

temer to fear

temeroso fearful

temible dreadful

temor dread, apprehension

tempestad tempest, storm

templado temperate

temporada space of time, season

tendencia tendency

tender to tend, direct; be inclined

tentar to tempt

teorizante theorist

terminar to end, finish

ternura tenderness

terrateniente *m. & f.* landowner

terremoto earthquake

terreno *adj.* earthly; *n.* land, **ganar ...** to gain ground

terso smooth, polished

tertulia social or literary gathering

tesón *m.* endurance, tenacity
tesoro treasury
tétrico gloomy, sullen
tibio lukewarm, indifferent
tiempo time, weather
tímido shy
tirar to cast, throw, fire (a shot) pull, draw
tiro cast, shot
titular to entitle; *adj.* titulary
tocado headdress
tocar to touch; to deal
tomar to take, seize
tomo volume
tono tone; **a ...** in keeping
torcer to twist
torcido crooked, twisted
tornero turner, lathe operator; messenger in a nunnery
torno wheel, lathe; **en ... a** around
torpe stupid
torpedamiento torpedoing
torpeza clumsiness, rudeness
torre *f.* tower
tosco rough, coarse
traducir to translate; **-se en** to be the cause of
traductor translator
traer to bring (about)
trama plot
tramo segment
tranquilidad tranquility, calm, peace
tras (de) after, behind
trasladar to move, transfer, transport; **-se** to move
trastornar to upset
trastorno upheaval, disturbance
tratar to treat; to try
través a ... de across, through
trazado outline, design
trazar to plan, outline
tregua truce
tremendo tremendous, frightful
trienio three years
trigo wheat
triste sad
tropa troop
tropezar to stumble; **... con** to come up against
tumulto tumult, uproar
turba crowd, mob

ultrajar to outrage, insult, abuse
ultraje *m.* insult, abuse
ultramar *m.* beyond the sea
unámine unanimous
ungir to anoint

unificar to unify
urbanización urban renewal
urbanizar to lay or carry out plans for urban renewal
urbano urban, urbane, courteous, refined, well-bred
usar to use, wear; to be accustomed
usatge *n. m.* (Catalán) custom
útil useful
utilizar to put to use, make profitable
uva grape

vaciedad emptiness; nonsense
vacilar to hesitate
vacío *adj.* empty; *n.* vacuum
vacuna vaccine; *adj.* bovine
vagar to wander, rove, roam
vagaroso errant, wandering
vago roving; vague
valer to be worth, deserve; **-se de** to make use of
válido valid, solid, firm
valido *n.* favorite, confidant
valioso valuable
valor valor; value
vanguardista avant-garde
vanidoso vain
vaporoso vaporous, ethereal
variante *adj.* varying; *n. f.* variant
vario varied; **-s** several
varón *m.* male
vasco Basque
vascón pertaining to the ancient Basque tribe
vascuence Basque language
vasija vessel
vecino neighbor
vega meadow, valley
vejamen *m.* ill treatment, harassment
vejar to vex, harass
vejez *f.* old age
velar to keep vigil, watch over; to veil, cover
vencedor victor
vencer to defeat
venganza revenge, vengeance
vengar to avenge
venir to come
venta sale
ventaja advantage
ventana window
ventanal *m.* large window
ventilar to ventilate, discuss, be at stake
verano summer
veracidad truthfulness
veras truth, reality; **de ...** truthfully, sincerely

veraz truthful
verbena neighborhood night festival, especially in Madrid
verdadero real, true
verdugo executioner
vergonzoso shameful
vergüenza shame
verificar to verify; to carry out
versado versed, conversant
vertiente *f.* watershed, slope
vestíbulo vestibule, hall
vestido *adj.* dressed, clothed; *n.* dress
vestir to clothe, dress
vez *f.* time; **a la ...** at the same time; **tal ...** perhaps
vía way, road
viajar to travel
viaje *m.* travel, trip, voyage
viajero *adj.* travelling, journeying; *n.* traveller
vicaría vicarage
vicio vice
vicioso licentious
vid *f.* grapevine
vidrio glass
vienés Viennese
viento wind
vigente in force, prevailing
vigésimo twentieth
vigor vigor, force; validity; **en ...** in force
vilipendio contempt

vinculación entail
vincular to entail, tie, bind
vínculo tie, link
viñedo vineyard
virrey *m.* viceroy
virtuosismo virtuosity
vista view
víspera eve, day before; **en ...(s) de** on the eve of
vistoso showy
viveza liveliness
vivificar to enliven
volver to turn, return; **... a** to do again
votación voting, vote, balloting
voto vote, vow
voz *f.* voice; **dar ...** to express, divulge
vuelo flight
vuelta turn, return

yermo waste, desert; *adj.* uncultivated
yerno son-in-law
yeso plaster
yugo yoke

zaherir to censure, reproach, tease
zanja trench
zapatero shoemaker, cobbler
zar czar, Russian emperor
zaragatero noisy
zarcillo (vine) tendril

ÍNDICE DE NOMBRES